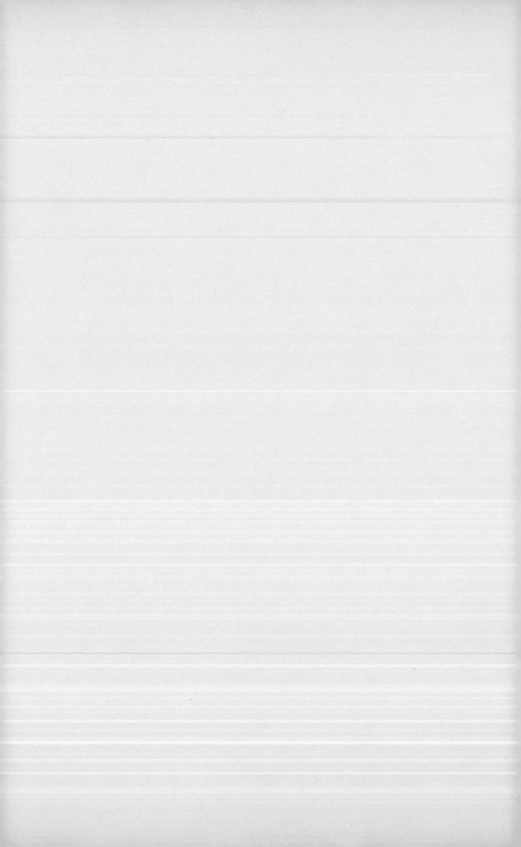

태서신사 언역본 주해

주해 **허재영**

- 현재 단국대학교 교육대학원 교육학과 국어교육 부교수.
- 국어문법사를 전공하였으며, 국어 교육사와 제2언어로서의 한국어 교육 분야에 관심을 갖고 연구를 진행하고 있음. 건국대학교, 춘천교육대학교, 성신여자대학교, 경원대학교 등 여러 학교에서 강의를 하였으며, 서울대학교 국어교육연구소 선임연구원, 호서대학교 겸임 교수, 건국대학교 강의 교수를 지냈음.
- 논저로는『부정문의 통시적 연구』(2002, 역락),『국어과 교육의 이해와 탐색』(2006, 박이정),『제2언어로서의 한국어교육의 이해와 탐색』(2007, 보고사),『국어의 변화와 국어사 탐색』(2008, 소통),『우리말 연구와 문법 교육의 역사』(2008, 보고사),『일제강점기 교과서 정책과 조선어과 교과서』(2009, 도서출판 경진),『통감시대 어문교육과 교과서 침탈의 역사』(2010, 도서출판 경진), 일제강점기 어문 정책과 어문 생활 시리즈로『일제강점기 어문 정책과 어문 생활』(2011, 도서출판 경진),『조선 교육령과 교육 정책 변화 자료』(2011, 도서출판 경진),『일본어 보급 및 조선어 정책 자료』(2011, 도서출판 경진), 그 밖의 국어사 및 국어과 교육 관련 논문이 다수 있음.

태서신사 언역본 주해

© 허재영, 2015

1판 1쇄 인쇄__2015년 07월 30일
1판 1쇄 발행__2015년 08월 10일

주해자__허재영
펴낸이__양정섭
펴낸곳__도서출판 경진
　　　등록__제2010-000004호
　　　블로그__http://kyungjinmunhwa.tistory.com
　　　이메일__mykorea01@naver.com

공급처__(주)글로벌콘텐츠출판그룹
　　　대표__홍정표
　　　편집__김현열 송은주　**디자인**__김미미　**기획·마케팅**__노경민　**경영지원**__안선영
　　　주소__서울특별시 강동구 천중로 196 정일빌딩 401호
　　　전화__02-488-3280　**팩스**__02-488-3281
　　　홈페이지__http://www.gcbook.co.kr

값 32,000원
ISBN 978-89-5996-471-0 93370

태서신사 언역본 주해

허재영 주해

경진출판

본문에 밑줄을 긋거나 글꼴을 바꾼 것은 주해자가 임의로 한 것임을 밝힙니다.

태서신사남요(泰西新史攬要) 한문본과 언역본

1. 태서신사남요

『태서신사남요(泰西新史攬要)』는 로버트 맥켄지(Robert Mackenzie, 한어명: 馬懇西)가 1880년 영국에서 저술한 『19세기: 역사(The 19th Century: A History)』(London, T. Nelsan and Sons)를 티모시 리처드(Timothy Richard, 한어명: 李提摩太)가 1895년 상해에서 번역한 것으로, 대한제국 건양 2년(1897) 6월 학부에서 한문본과 언역본 2종을 발행하였다. 염수진(2011)에 따르면 티모시 리처드가 번역한 책은 상해 미화서관(美華書館)에서 발행한 것으로 알려져 있는데, 학부에서 펴낸 책은 상해 광학회(廣學會)에서 인발(印發)하였다.

상해 광학회는 1887년(처음에는 '동문서회') 영국인 선교사들이 중심이 되어 상해에 창립된 단체였다. 이 단체는 태서신사 발행 전후 국내에서도 큰 관심을 끈 것으로 알려져 있는데, 이는 『독립신문』 1899년 2월 6일의 '광학회 스긔'에도 소개된 바 있다.

(1) 광학회 스긔

(전략) 상히에 흔 회가 잇스니 일홈은 광학회(廣學會)라. 원릭 교즁 사름들이 츌렴ᄒ야 창설흔 지가 十二년즘 되엿ᄂᆞᆫ듸 그 목적은 예수교의 도덕을 근본삼아 풍쇽을 불오 잡고 지식을 넓히ᄂᆞᆫ 일이라. 슈년릭에 구미 각국 사름들의 보죠금이 근 二万원이오 셔칙 방믹흔 돈이 근 三万원이라 ᄒ니 그 ᄉ업의 셩취가 쇽ᄒ고 광대흠을 보겟도다. 광확회 ᄉ무에 각쟝 명예 잇ᄂᆞᆫ 사름 즁에 미인 뎡위량(丁韋良)은 북경대학교 교쟝이오 공법회통(公法會通) 등 셔칙을 번력ᄒ엿고, 미인 림낙지(林樂知)ᄂᆞᆫ 만국공보(万國公報) 쥬필이오 즁동젼긔(中東戰記) 등 셔칙을 져슐ᄒ엿고, 영인 리졔마틱(李提摩太)ᄂᆞᆫ 광학회 셔긔로 져슐흔 칙이 만흐나 대한에 만히 팔이기ᄂᆞᆫ 태셔신셔오 덕인 파벌 씨ᄂᆞᆫ ᄌ셔죠동(自西組東) 등 칙을 져슐ᄒ고 기외에도 이 회에셔 번력 져슐ᄒ야 청국 전국에 전파ᄒᄂᆞᆫ 셔칙이 一년에 여러 十万권식일너라. (하략)

이 기사에 등장하는 뎡위량은 미국인 윌리엄 A. 파슨스 마틴(Willam A. Parsons Martin)으로 『만국공법』을 저술하고, 『공법회통』을 번역하였으며, 림낙지는 미국인 선교사 영 존 알렌(Young Jon Allen)으로 『중동전기』를 저술하였다. 이 책들은 모두 『태서신사람요』의 '광학회 서목'에 들어 있다.

태서신사에 대한 선행 연구로는 염수진(2011)의 「대한제국기 태서신사 편찬 과정과 영향 연구」가 유일해 보인다. 비록 석사논문이지만 이 논문에서는 티모시 리처드(李提摩太)의 한역본과 학부 인발 태서신사람요, 언역본, 1896년 고다 시게모토(幸田成友)가 일본에서 번역한 『십구세기사(十九世紀史)』(東京, 博文館) 등을 비교하고, 『독립신문』, 『황성신문』 등에 나타난 『태서신사』의 영향을 논의하였다. 이밖에 구희진(2004), 백옥경(2010) 등에서 교육적인 차원이나 저역술의 차원에서 이 책이 갖는 의미를 논의한 바도 있다. 그럼에도 선행 연구에서는 근대

교과서이자 독본으로서 『태서신사남요』와 『태서신사 언역본』이 갖는
의미를 규명한 것으로 보기는 어렵다.

태서신사는 책명이 의미하는 것처럼 서구의 역사책이다. 그러나 '신
사(新史)'가 암시하듯이 이 책은 단순한 역사책이 아니라 서구의 근대
사를 중심으로 한 역사책이자 교과서로서의 의미를 갖는다. 특히 학부
에서 인발(印發)한 근대 교과서라는 점에서 독본(讀本)으로서의 가치뿐
만 아니라 갑오개혁기의 근대 지식의 성격을 보여 준다.

2. 『태서신사남요』 한문본

『태서신사남요』 한문본은 '정오표', '남요역본서(攬要譯本序)', '범례
(凡例)', '목록(目錄)', '오주각국통속전도(五洲各國統屬全圖)', '인지제명표
(人地諸名表)'를 포함하여, 24권 상·하 2책으로 구성되었으며, 하권에는
목록에 제시하지 않은 '양민유법(養民有法)'과 '광학회 서목(廣學會書目)'
이 들어 있다.

'역본서(譯本序)'는 번역자인 리처드가 쓴 것으로, 채이강의 도움을
받아 맥켄지의 책을 번역하였음을 밝혔는데, 그 내용은 다음과 같다.

(2) 泰西新史攬要譯本序

(前略) 僕不敏而灼知欲渡無梁之苦 我爲焦慮者歷有年所繼 而喟然曰明鏡足以
鑑姸媸**新史** 足以究隆替曷不發篋出書 以華人泰山大海之助乎 及 **讀英國馬懇西**
先生所著十九周大事記 [西例以耶蘇降世以後每百年爲一周 今適在十九周中也]
則誠新史而兼明鏡之責也. 中國服官之衆 讀書之士其於中國之古訓 自己爛熟於
胸中 **若欲博考西學振興 中土得此入門之秘鑰於以知西國之所以興興 夫利弊之**
所在以華事相印證 若者宜法 若者宜戒 則於治國讀書之道 思過半矣. 夫西國之
廣輿多在近百年中 是書撮近人著作之華刪 其繁蕪運以才識 國分事繫殫見治聞

故欲考近事無有出其右者 欲治近世亦無有出其右者 如欲兼考數千年來之掌 故
則西國之書 奚啻汗牛充棟學者循序漸進 非必以一書囿也. 光緒十八年 揭來上
海 亟思繙譯華文 以餉華人爰延訪譯書之有名者聞蔡君芝綬於中外交涉之事 久
經參考遂以禮聘之來 晴几雨窓偶得暇晷 即共相與紬繹迄今三載 始克卒業蓋誠
鄭重乎其事也. (下略)

[언역본] 복이 비록 불민ᄒᆞ나 중국을 위ᄒᆞ야 염녀ᄒᆞᆫ지 다년이러니 이제
영국 마간셔 션ᄉᆞᆼ의 져슐ᄒᆞᆫ 바 틱셔신ᄉᆞ롤 보니 진실노 식 사긔요 겸ᄒᆞ야 중
국의 거울이 될지라. 이제 중국의 진신셰가와 독셔ᄉᆞ지 중국엣 글은 이
왕 흉즁에 요연ᄒᆞ니 다시 더 강마ᄒᆞᆯ 거시 업고 만일 셔국 학문을 상고ᄒᆞ야
즁국을 흥코ᄌᆞ ᄒᆞ면 이 ᄉᆞ긔롤 보아 셔국의 엇지 흥흠과 ᄯᅩ 리히득실을 가져
다가 중국일과 셔로 츰호ᄒᆞ고 인징ᄒᆞ야 어느 거슬 법바드며 어느 거슬 경
계ᄒᆞ면 치국ᄒᆞᄂᆞᆫ 도리 ᄌᆞ연 분명ᄒᆞᆯ 거시요, ᄯᅩ 셔국의 흥흠이 젼혀 빅년
이릭에 잇ᄉᆞ니 그 일과 그 치국ᄒᆞᄂᆞᆫ 법을 알고ᄌᆞ ᄒᆞ면 이 글에셔 더 지날
거시 업슬지라. 복이 광셔 십팔년에 상희에 이르러 이 글을 번역ᄒᆞ야 즁국ᄉᆞ
롤을 쥬고ᄌᆞ ᄒᆞ야 채공이강의 다문박식흠과 겸ᄒᆞ야 셔국 ᄉᆞ졍에 통투흠을 듯
고 례로써 마자 셔로 딕ᄒᆞ야 호분 누셕ᄒᆞ야 강론ᄒᆞᆫ지 숨년만에 비로소 이
글을 번역ᄒᆞ니

인용문에 나타난 것처럼, 리처드는 1892년(광서 18년) 상해에 이르
러 맥켄지의 『19주 대사기』를 번역하고자 하였으며, 채이강을 만나 강
론하면서 3년에 걸쳐 이 책을 중국어로 번역하였으며, '남요서'는 그
내용을 그대로 수록한 것이다.

'범례'는 책을 읽을 때, 참고해야 할 사항을 정리한 것으로, 10개 항
으로 구성되었는데, 그 내용은 다음과 같다.

(3) 泰西新史覽要 凡例

一. 西曆以每百年爲一周 耶蘇降世而後 又卽從誕日起計相沿 至一千八百一年

是爲第十九周 此書專記 一千八百餘年之事 故西名第十九周大事 記譯稿
未定之際 曾以泰西近百年來大事 記爲名旋定今名以衷簡要 (서력은 백년
마다 한 주(세기)를 이루는데, 예수가 이 세상에 온 이후 또 탄신일로
부터 계산하여 1801년에 이르기까지를 19세기가 된다. 이 책에 기록
한 것은 1800여년의 일이므로, 서양 이름으로는 19세기의 대사건이
다. 미정한 때의 기록과 번역은, 일찍이 태서의 근 백년 이래의 주요
사항을 기록함으로써, 지금의 이름을 살펴 절충하여 간요하게 한 것
이다.)

一. 是書 以國爲經 以事爲緯 英國者泰西之樞紐也 故所紀爲獨詳, 法國者歐洲
亂之所由萌 亦沿之所由基也 故首二三卷 先以法事爲張本 復以兩卷綴英
事 後若德奧意俄土 則繼法事 而各爲一卷 美國遠在美洲 以與歐事相關 亦
爲一卷. 大都皆可取法者也 殿以教皇一卷 有宜爲鑑戒者卽寓其中 而以歐
洲安民之善政終焉.(이 책은 나라를 날줄로 삼고 사건을 씨줄로 삼는
다. 영국은 태서의 중심축이므로 오직 상세하게 기록한다. 프랑스는
유럽 난세의 맹아에 해당하므로 역시 그 기초를 따라 앞의 2~3권에
서 먼저 프랑스 관련 사항으로 책을 시작한다. 다시 두 권에서 영국
관련 사항을 서술하며 그 후에 독일 오스트리아 이탈리아 러시아 토
이기 등은 프랑스 이후에 이어 서술하여 각 한 권의 책이 되게 한다.
미국은 멀리 미주에 있으나 구주와 더불어 상관이 있으므로 또한 한
권을 이룬다. 대도회는 모두 프랑스의 것을 취할 수 있으니 이로 교
황을 한 권으로 한다. 거울로 삼고 경계하는 것은 곧 그 가운데 있어
야 마땅하니 구주의 안민 선정으로써 마무리한다.)

一. 是書所紀 全係西事在西入之習聞掌故者 自各開卷了然. 及傳譯華文 華人
不免有隔膜處 故闕採華事以相印證原書則無是文也.(이 책에 기록한 것
은 모두 서양 사정과 관련된 것으로, 서양인이 배우고 듣고 주관하는
것들인 까닭이다. 이어 중국 글자로 번역 보급하는 것은 중국인이 격
막한 땅에서 벗어나지 못하므로 중국의 일을 채록하여 인증한 것은
곧 이 글에는 없었던 것이다.)

一. 朝鮮 建陽 元年 丙申 卽 西曆 一千八百九十六年 而是書所紀年月 專從西
曆閱者 不免茫然 故檢查朝鮮 及 西國長曆每於年月下標明　我朝鮮年代
庶易於披攬也. [學部增補](조선 건양 원년 병신년 곧 서력 1896년에
이 책의 연월을 기록했는데, 오직 서양 역사만을 보기 때문에 아득함
을 면하지 못하여, 조선 및 서양의 역사를 조사하여 모든 연월 아래
에 밝혀, 우리 조선 연대로 피람(披覽)하는 데 쉽게 하였다. [학부에
서 증보함])

一. 書中所述權度量衡 與 夫圜法地畝道里之屬 皆從西制 而博考中華今制 以
證之亦注釋體也.(책 속의 저울, 도량형 및 환법(圜法: 천문을 나타내
는 단위), 지묘(地畝: 토지를 나타내는 단위), 도리(道里: 거리를 나타
내는 단위)는 모두 서양 제도를 따르고, 중국 현재의 제도를 널리 상
고하여 주석으로 밝혔다.)

一. 讀他國書莫苦於人地諸名 記憶不清 且鈔胥偶誤 或有以一人而誤 作兩人
一地而誤分兩地者. 故此書卒業而後 別作人地諸名合壁表一卷 以冠諸首
書中 前後字樣偶有歧出者 卽注表中 庶幾循環瀏覽豁然貫通.(다른 나라
의 책을 읽을 때에는 인명과 지명보다 고통스러운 것이 없다. 기억하
기 어렵거나, 혹은 한 사람이 바꾸어 놓은 것도 있고, 두 사람이 한
지명을 두 지명처럼 잘못 나눈 것도 있다. 그러므로 이 책을 마친 이
후 별도로 인지명표 한 권을 만들어서 머리 권 앞에 두고, 전후 자양
(字樣)이 여러 갈래 짝이 있는 것은 곧 표 가운데 주석하여 두루 살펴
활연히 꿰뚫어 볼 수 있게 하였다.)

一. 西塾書籍隨事繪圖地球 及 各國分合諸圖 尤皆童而習之 華人則已失古者
左圖右史之良法 故山川疆域罕能了然於心 爰先繪一地球圖於卷首 以爲
標識 讀是書者披圖印證豈曰小補之哉.(서양 학교 서적의 지구 회도(繪
圖) 및 각국 분합도(分合圖)를 따라 아동이 그것을 익히도록 하였으
니 중국인은 좌도우사(左圖右史: 〈당서〉 '양관전'에서 유래한 말로
왼쪽에 지도를 놓고 오른쪽에 역사를 둔다는 뜻. 세상사를 이해하기
위해서는 시간과 공간에 대한 인식이 뚜렷해야 한다는 뜻)의 좋은

법을 잃어버리고 있으므로 산천 강역을 명료히 이해하는 것이 드물다. 먼저 지구도 한 폭을 수권(首卷)에 두어 표지로 삼고 이 책을 읽을 때 그림으로 인증하게 하니 이 어찌 작은 보탬이라 하겠는가.)

一. 是書誰譯作華文 而一句一字不敢意爲增損 惟中西文氣之互異者 則於一節中有或前或後之別 而已傳譯之際煞費 經營脫稿之時 幾經點竄要視 此書爲振興中國之鴻寶 故不敢輕心 以棹祇惜學識有限才力不逮 尙望博通 中西新學諸君繩衍糾謬尤爲厚幸.(이 책은 누군가 중국어로 번역하며 일자일구도 감히 그 뜻을 증보하거나 훼손하지 않았으니, 혹 한 구절에서 혹 전후의 차이가 있는 것은 오직 중국어와 서양어의 차이일 뿐이다. 번역을 할 때 수많은 경비가 들었으며, 탈고할 때 그 경점(經點)과 찬요(竄要)를 볼 따름이니, 이 책은 중국을 진흥시키는 큰 보배이다. 그러므로 감히 가벼운 마음을 가질 수 없으며 도기(棹祇)로도 학식이 유한하고 재주가 미치지 못함이 안타까우니 널리 통할 수 있기를 바라노라. 중서의 신학문을 공부하는 제군들이 더욱 승연규류(繩衍: 줄을 다듬고 잘못을 바로잡아)하면 다행이라 하노라.

一. 是書首二卷 爲初繹書者秉筆於原書之次序 間或有互易處閱者鑒之.(이 책의 머리 두 권은 원서를 처음 번역할 때 덧보탠 것으로 다음 차례로 참고하여 볼 수 있다.)

범례에서는 서양에서 사용하는 '일주(一周)'의 개념, 책의 구성 원리, 학부에서 증보한 것, 외국 인지명표 등을 제시하여 책을 읽는 데 도움을 줄 수 있도록 하였다.

'오주각국통속전도'는 1897년 3월 학부 편집국에서 중간한 세계 지도로, 상단에 두 개의 지도와 하단의 '각국 분계 도설(各國分界圖說)'로 구성되었다.

'인지제명표'는 『태서신사남요』에 등장하는 서양 인명과 지명을 대조한 표로, '범례'에서 밝힌 바와 같이, 해당 권수와 절을 표시하고, '한글 음역'과 '한자', 인지명의 성격을 대조하였다. 예를 들어 제1권 제1

절에 등장하는 '유럽'은 '유롭: 歐羅巴: 洲'와 같은 방식으로 총 24쪽에 이르는 비교적 많은 양의 인지명이 수록되어 있다.

흥미로운 점은 목록에 제시하지 않은 '양민유법'이 수록된 점인데, 부록에 수록한 '광학회 서목'을 참고하면, 이 글은 번역자인 리처드가 저술한 '광학(廣學), 공작(工作), 운전(轉運), 통상(通商), 격치 겸 화학(格致兼化學), 전기(電氣), 보관(報館, 신문사), 유학(遊歷), 신학(新學), 교화(教化)' 등의 10개 항에 대한 부국책(富國策)이다.

3. 언역본

언역본은 '역본 서', '목록', 24권 2책(원형리정 4책으로 구성하였으나 2책으로 제본함)으로 구성되었다. 언역본에서는 한문본 수권(首卷)에 포함된 정오표, 범례, 인지제명표, 양민유법, 광학회서목 등을 언역하지 않았으며, 본문의 인지명은 한문본의 한자를 한국식 한자음으로 표기하였다. 예를 들어 한문본 인지제명표의 '쓰란스: 法蘭西: 國'과 같은 경우 '법란서'로 표기하는 방식이다. 이 점에서 일부 인명과 지명은 그 대상을 명료하게 밝히기 어려운 경우도 있다.

현재까지 언역자가 누구인지 밝혀진 바는 없으나, 한문본의 '양민유법' 다음에 수록된 '대조선 건양 이년 유월 일 학부 편집국 서적 정가 금표(大朝鮮 建陽 二年 六月 日 學部 編輯局 書籍 定價金表)'에 한문본과 국문본이 모두 광고된 점을 고려할 때, 한문본 편찬과 함께 언역본도 만들어진 것으로 추정된다. 흥미로운 점은 언역본의 '목록'에 제시한 목차와 본문에 사용한 제목이 일치하지 않는 곳이 많은 점이다. 예를 들어 목록에서는 '뎨일권 구라파 쥬 빅년 전 정형이라'라고 제시하였으나, 본문에서는 '뎨일권 구쥬 빅년 전 정형이라'라고 하여, 용어 또는 표기가 일치하지 않는다. 이러한 차이는 편집상의 실수라기보다 언역자가 여러 사람이었을 가능성이 있음을 의미한다.

언역본의 체제와 내용은 한문본과 다르지 않으나, 언역 과정에서 일부 내용은 발췌 번역되기도 하였다. 예를 들어 제22권 '교황이라'의 제7절부터 제9절까지는 원문을 그대로 번역하지 않고 주요 내용만을 언역하였다.

4. 『태서신사남요』의 의미

『태서신사남요』(한문본, 국문본)는 근대식 학제 도입 이후 학부에서 편찬한 대표적인 교과서이다. 『황성신문』 1898년 3월 8일자 별보(別報)에서는 이 시기 학부에서 평안남도 공립 소학교에 보낸 공문을 게재하였는데, 이 훈령에서는 공립 소학교에 『공법회통(公法會通)』, 『태서신사(泰西新史)』(국한문), 『서유견문(西遊見聞)』, 『중일사략(中日史略)』, 『아국약사(俄國略史)』, 『심상소학(尋常小學)』 등의 교과서를 보내면서, 태서신사를 읽고 답할 수 있는 문제를 아울러 보냈음을 확인할 수 있다. 그 내용은 다음과 같다.

(4) 學部에셔 平安南道 公立小學校에 訓令흔 草本을 左에 記ᄒ노라.

向日 接讀修身論 諸編에 入門이 頗正ᄒ니 足見 留心聖學에 爲斯文幸이 多矣로다. 然이나 本部ㅣ 職司敎育에 玆 將學業大槪ᄒ야 爲諸生誦之ᄒ노라. 夫幼而學之ᄂ 欲壯而行也라. 然則 立說著書가 俱要實踐寔踏이오 不可但以空言無補而已라. 故로 泰西諸國學校之制가 設有小學中學大學之等級ᄒ야 其年幼者ᄂ 先入小學校而敎授之法이 極其淺近易曉ᄒ야 但求通文算並地球史學等書ᄒ며 或兼 習他國言語文字ᄒ고 至十五歲以後則所習者ㅣ 天文 側算 格物 化學 重學 製造學 政治學 法律學 富國學 交涉學이오 並 傍通 動物 植物 金石 繪畵 音樂 農商礦工 等 各學ᄒ야 學成則 升大學校ᄒ니 其所學은 與中學校로 大略 相同而工之淺深이 特相異ᄒ고 惟是精益求精ᄒ야 期臻絶頂ᄒ

ᄂᆞ니 所以此學이 一經卒業ᄒᆞ면 卽可以出則事君澤民에 邦國이 安於磐石ᄒᆞ고
入則理産居富에 家産이 飽于樂歲ᄒᆞ야 國日以强ᄒᆞ고 民日以饒ᄒᆞ니 若觀西國
近史ᄒᆞ면 其梗概ᄅᆞᆯ 可一目瞭然이거ᄂᆞᆯ 我國則不然ᄒᆞ야 爲士者ㅣ 徒尙虛文
ᄒᆞ야 自幼至老에 所讀者ᄂᆞᆫ 不過 四書三經 及 漢唐史記而已오 所知者ᄂᆞᆫ 詩
賦表策이라. 及其臨事決謀에 動稱聖賢而實則胸無主宰ᄒᆞ야 東西ᄅᆞᆯ 不辨ᄒᆞ니
若日天下形勢와 國家盛衰ᄂᆞᆫ 不但分毫莫曉이라. 並妄作妄行에 觸處錯誤ᄒᆞ야
國民이 危如累卵而視若秦越ᄒᆞ고 父母가 貧至凍餒而漠無活計ᄒᆞ되 尙欲强詞奪
理ᄒᆞ야 自稱讀書之道라 ᄒᆞ니 何不思之甚也오. 大抵推原其故ᄒᆞ면 不過徒能讀
古書ᄒᆞ고 不知達變通權故耳라. 然則處今之世ᄒᆞ야 欲行今之道ㅣ딘 不如一變
舊習ᄒᆞ고 以就新法而已라. 其變之之法이 維何오. 曰 我國習尙風俗이 其來古
矣니 欲令一朝에 改從他轍이면 不亦憂乎難哉나. 然이나 若果欲變之ㅣ딘 亦
不難也라. 今泰西各國之富强이 超出遠古而究其實則百餘年前 其國之榛狉蠻
荒이 有不堪言狀而幸名人達士ㅣ 苦心孤詣ᄒᆞ고 窮理盡心ᄒᆞ야 方有今日ᄒᆞ
니 所以開化之久云者ᄂᆞᆫ 不過四五十年이오 其近者則乃數三十年이라. 由此
觀之면 如彼者ㅣ 尙能驟進如此여든 況我國은 異於是ᄒᆞ야 四千年來箕聖之化
ㅣ 尙有遺存ᄒᆞ고 及至我朝ᄒᆞ야 尤復講而明之ᄒᆞ야 文學 政治가 超越百國에 足
爲世界矜式이오 惟向來閉關自守에 拘於見聞ᄒᆞ야 不能達觀時變이니 此則不爲
之過오 非不能也며 若其人物之秀傑則 乙支文德은 以孤軍으로 殲隋帝二百萬
衆ᄒᆞ고 李舜臣은 以輕舸數百으로 破秀吉狼貪之師ᄒᆞ며 此外에 高尙如崔致遠
과 經濟如黃喜와 賢如李齊賢 姜邯贊 金庾信과 忠如鄭夢周 成三問 義如三學士
林敬業 諸公은 皆天下之英豪而求之世界萬國ᄒᆞ야도 罕有其人ᄒᆞ며 又若其山川
則處在亞洲樞要之地라. 試觀甲午戰爭ᄒᆞ라. 東學之初期論者ㅣ 擧曰 此是國
內小亂이라 無足爲外國重輕이라 ᄒᆞ더니 豈料寡起于我而淸日이 相關ᄒᆞ야
淸則一敗塗地ᄒᆞ고 日亦無所利焉ᄒᆞ며 此外에 英俄法德奧意諸大國이 鐵艦
水雷가 霧聚雲集于海上ᄒᆞ야 莫不瞠目該心에 殺氣ᄂᆞᆫ 達于宵漢ᄒᆞ고 羽檄은 遍
于地球ᄒᆞ야 皆欲伺寡先發ᄒᆞ며 制人死命而已라. 若不幸而事至滋蔓이런들 擧
萬國而將大亂也리니

然則 我邦之關係于天下가 豈不大哉아. 夫以如此之國으로 人物이 爲天下最

14

ᄒᆞ고 山川이 又據要衝ᄒᆞ야 若及今大修德政ᄒᆞ야 以致富强則雖不能朝諸侯而有
天下라도 儼然强國氣象이 當與歐亞諸邦으로 相伯仲ᄒᆞ리니 豈不偉哉아. 然而
富强之道ᄂᆞᆫ 寔係于整頓國政이오 整頓國政은 莫急於學校而又尤在於實心做實
學ᄒᆞ야 期與各西國으로 並駕齊驅ᄒᆞ야 建萬世不拔之基ᄒᆞ고 立五洲獨立之業이
니 此豈非諸生之責而本部之望諸生者豈淺尠哉아. 然이 今觀諸生論說諸篇ᄒᆞ
니 言固可觀而但襲古人皮毛ᄒᆞ야 粉飾外樣ᄒᆞ고 絶無實用工程ᄒᆞ니 此可謂
近來迂儒緖餘라. 旣無補於當世ᄒᆞ고 又無益於身家ᄒᆞ며 且工法이 如出一口ᄒᆞ
야 甲乙兩班이 雖少有工拙之分而或借手成章ᄒᆞ며 代筆寫冊ᄒᆞ야 其中孰眞孰贗
을 莫可明辨ᄒᆞ야 恰如場屋中擧子十數輩가 俱曰 應試나 實則寫手巨擘兩人이
作之書而已오 脫令無借無代ᄒᆞ고 親書親作이라도 如此尋章摘句之習을 烏可
長也리오. 現今 更張之餘에 又踏此轍則非但虛實相蒙ᄒᆞ야 眞才를 難以復見일
ᄲᅮᆫ더러 將年少後生이 習慣成俗ᄒᆞ야 無以奬拔其志氣오 恐徒成懶惰之風ᄒᆞ리니
豈不慨然가. 現今 本部諸般이 猶屬草創ᄒᆞ야 敎科等書를 全不備라. 玆先將 <u>公
法會通 二秩 泰西新史國漢文 各 五秩, 西遊見聞 一冊, 中日略史 十冊, 俄
國略史 二十冊, 尋常小學 十秩, 大韓圖 二幅, 小地球圖 五幅</u>을 齎送ᄒᆞ야 以
便習讀而其法則隨其年才差等ᄒᆞ야 授以冊子難易ᄒᆞ고 <u>並寄問題十數條ᄒᆞ야 使
諸生으로 訓令到付後限 三個月准九十日內에 逐條著論送部ᄒᆞ야 俾作刮目
之資</u>ᄒᆞ며 <u>旣不許倩人作寫</u>ᄒᆞ고 <u>且不必强意全用漢文</u>ᄒᆞ며 其以國漢文交用이 實
爲可合而其全用國文도 亦無不可ᄒᆞ야 惟任其意興所到에 暢達意見ᄒᆞ라. 盖本部
敎導之職이 全在於發達進步ᄒᆞ야 使人智見이 日開ᄒᆞ며 其於文章之浮華와 虛
飾之外套ᄂᆞᆫ 不但不欲勸勉이라. 並當禁而戒之ᄒᆞ야 以至實事求是ᄒᆞ야 使國家
로 轉弱爲强ᄒᆞ고 民習이 回詐返淳이니 凡在校諸生은 務遵此訓ᄒᆞ야 毋負本部
期望之心이 可也라.

〈問題〉

法國이 何故 大亂ᄒᆞ며 拿破崙 第一皇은 何如ᄒᆞᆫ 英雄고.

英國은 何以興盛ᄒᆞ야 世界 一等國이 되며 政治善不善이 我國에 比ᄒᆞ면

何如ᄒᆞᆫ고. 隱諱치 말고 據實直書흠이 可흠.

印度國은 何故로 英屬國이 되야 至今ᄭᅥ지 自主치 못ᄒᆞᄂᆞᆫ고.

普法戰爭에 普國은 何以勝이며 法國은 何以敗오.

奧地利 皇帝 飛蝶南은 何故 遜位ᄒ며 今에ᄂᆞ 其國 情形이 何如오.

意太利國 史記 中 拿破螺師王 飛蝶南 第二가 其民을 暴虐ᄒ다가 各國에게 見侮ᄒ얏스니 其情形과 是非가 何如오.

俄國이 政治와 拓地홈과 所得 屬地國民을 何以待之며 其國과 深交홈이 何如ᄒ고.(此ᄂᆞ 我國略史를 熟覽ᄒ고 條對홈이 可홈.)

突厥國은 何如ᄒᆫ 國인고. 其政治 善不善을 言홈이 可홈.

美國은 世界 中에 敎化와 各情形이 何如ᄒ다 ᄒ고.

新政이 興ᄒᆫ 後 世界가 比前ᄒ면 何如오.

我大韓은 何政治를 用ᄒ여야 世界 一等國이 되며 또 舊習은 不改ᄒ면 何境에 將至홈고. 昭昭明白히 著論홈이 可홈. (完) 以上 問題ᄂᆞ 다 泰西新史를 先讀ᄒ고 條對홈이 可홈

이 기사에 나타난 것처럼, 태서신사는 교과의 개념이 뚜렷하지 않던 시대에 역사뿐만 아니라 수신, 독서에도 중요한 교과서로 활용되었다. 더욱이 학부에서 태서신사를 읽고 공부할 수 있는 문제를 제시한 점은 이 교과서의 활용도가 높았음을 의미하는 것으로 해석된다. 특히 언역본은 근대식 학제 도입 직후 학년 및 교과의 개념이 뚜렷이 정착되지 않은 상황에서 한문 독해력을 갖추지 못한 학습자에게 유일한 교과서로 활용되었음을 확인할 수 있는데, 이는 『제국신문』의 다음 '논설'에서도 확인할 수 있다.

(5) 아직신지도 동셔를 분간치 못ᄒᆞᄂᆞᆫ 사름은 말홀 것 업거니와 대강이라도 세상 형편을 짐작ᄒᆞᄂᆞᆫ 이는 기명쥬의가 하로밧비 확쟝되여야 부지홀 것이오 기명쥬의를 확쟝코ᄌᆞ 홀진디 교육이 아니면 엇지홀 슈 업는 쥴을 다 얼어들지라. 그런즉 교육이 아니면 나라의 빅셩이 흥왕발달홀 슈 업스니 교육이 뎨일 급ᄒᆞ다 ᄒᆞᄂᆞᆫ바ㅣ니 교육에도 분간이 잇는지라. 학교를 셜시ᄒᆞ야 인지를 닉쟈 홈은 교육에 대지가 될 터이나 학교는 무슴 돈으로

방방곡곡이 일조일석에 셜시ᄒ깃스며 셜령 방방곡곡이 셜시ᄒ다 ᄒᆞ들 당장에 셔칙이 업슨즉 일어나 영어를 몃ᄒᆡ 비화가지고 그 글로 칙을 볼 만ᄒᆞᆫ 후에야 참 학문을 공부ᄒᆞ야 보깃고 ᄯᅩ혼 그 후엔들 학도된 이들만 학문이 잇고 기여 젼국 남녀는 다 어두어셔 동셔를 분간치 못ᄒᆞᆯ진ᄃᆡ 엇지 교육 공효가 잇스리오. 그런즉 지금 뎨일 급ᄒᆞ고 긴ᄒᆞᆫ 것은 식 학문 셔칙이라. 일변 학교를 셰우고 싱도를 ᄀᆞ라치려도 <u>국문으로 번역ᄒᆞᆫ 학문 셔칙이 잇셔야 ᄒᆞ깃고</u> 일변으로 공부 못ᄒᆞᆯ 사ᄅᆞᆷ과 아니ᄒᆞᄂᆞᆫ 젼국 남녀로소들로 ᄒᆞ야금 사ᄅᆞᆷ마다 보고 일거 것가량은 다 알녀 가지고야 학교에셔 공부ᄒᆞᄂᆞᆫ 학도들도 효험이 업슬 것이오 ᄯᅩ한 빅셩들이 학문의 긴ᄒᆞᆫ 쥴을 알아셔 국ᄌᆡ를 의뢰ᄒᆞ지 아니ᄒᆞ고 각기 ᄌᆞ의로 학교를 셜시ᄒᆞ야 셔로 권면ᄒᆞ며 ᄀᆞ라칠지니 <u>경쟝 시초에 뎨일 몬져 ᄒᆞᆯ 일이 셔칙을 만들어 젼국에 퍼치는 것이라.</u> 그러나 우리나라에 이십여 년ᄅᆡ로 경쟝쥬의를 인연ᄒᆞ야 ᄂᆡ란도 몃번 잇셧고 법률도 곳쳐 보앗스나 오날ᄭᆞ지도 칙 만들어 젼파ᄒᆞᆯ 회샤라든지 공회를 지은 것은 업고 <u>년젼에 학부에셔 편집국을 셰워 대한 스긔, 디지 완, 심샹소학, 공법 회통, 틱셔신스 등 칙권을 쳥국셔 만든 ᄃᆡ로 번간ᄒᆞ야 도로 한문을 닉고 다만 틱셔신스를 국문으로 번역ᄒᆞ엿스나 한문 모로는 이는 볼 슈 업시 만들엇고 기외에 현칙 씨가 칙질이나 번역ᄒᆞᆫ 것이 ᄯᅩ한 국한문으로 셕거 만든 것이오</u> 기외에는 다시 들어보지 못ᄒᆞ엿스며 년ᄅᆡ 신문으로 인연ᄒᆞ야 픽가망신ᄒᆞᆫ 이도 잇스나 그 후로는 칙과 글에 올혼 말ᄒᆞ다가 다시 화를 당ᄒᆞ엿다는 이는 업슨즉 국즁에 인민이 무엇으로 기화의 리익을 ᄭᅢ달으리오. (하략) ─『제국신문』, 1902.10.28. 논셜

『태셔신사남요』는 근대 지식의 수용과 보급이 절실한 상황에서 서양의 정치사뿐만 아니라 지리, 경제, 학문 발전 등과 관련된 종합적인 지식을 담고 있으므로, 그 의미가 매우 크다. 그렇기 때문에 현채는『태셔신사남요』의 제1권~제3권, 제8권, 제14권~제15권의 프랑스 관련 내용을 발췌하여 『법란서신사(法蘭西新史)』(광무 10년 7월 20일, 搭印社 印刷)를 편역하기도 하였다. 특히 학제 도입 이후 학과와 학년 개념이 뚜

17

렷하지 않은 상황에서 학습자가 쉽게 읽어낼 수 있는 교과서가 거의 없는 상황에서 언역본을 발행한 것은 의미 있는 일이다. 그럼에도 논설에서 밝힌 바와 같이, 언역본의 어휘가 한문투를 직역하거나 일반인이 쉽게 이해하기 어려운 용어가 많다는 점에서, 독본으로서의 한계를 보인 면도 있다.

참고문헌

구희진(2004), 『한국 근대 개혁기의 교육론과 교육 개편』, 서울대학교 박사논문.

백옥경(2010), 「한말 세계사 저·역술에 나타난 세계 인식」, 『한국사상사학』 35, 한국사상사학회, 174~210쪽.

염수진(2011), 『대한제국기 태서신사 편찬 과정과 영향 연구』, 고려대학교 석사논문.

허재영(2010), 『통감시대 어문교육과 교과서 침탈의 역사』, 도서출판 경진.

목차

셔문

　이 글은 어두운 집의 등불이오 흐미흔 나루에 쥬즙이니 질뎡흐야 말흐면 쏘 빅셩 구흐는 자(4자 략) 나라을 보젼흐는 구든 셩이며 가난흠을 부즈되게 흐는 보비요 쳥국을 긔화흐야 시세계를 믄드는 긔계니 졍병 십만과 젼션 쳔 쳑으로 가이 비홀 비 아니라. 대져 즁국이 옛쌔에는 항상 슈신졔가치국평텬하흐는 도를 힝흐고 타국 사름을 디졉흠이 가인 부즈와 갓트며 국가 법령이 지극히 착흐고 지극히 공졍흔 고로 룽이 아세야쥬에 가장 크고 가장 놉픈 나라이 되야 셩명이 디구상에 넘치더니 엇지흐야 근듸 이릭로 량법미규는 다 바리고 홀연이 패관즈슈흔다는 말을 창긔흐야 타국과 왕릭홈을 원치 아니흐니 대져 타국에도 션인군즈ㅣ 업지 아니흐거늘 즁국이 미양 의심흐고 싀긔흐니 그 가셕흠이 엇더흐리요.

　지어 셔양인이 즁국에 통상홈은 진실노 리를 취흔다 흐려니와 연이나 나의 잇는 거스로 타인의 업는 것과 밧고며 져 사름의 족흔 거스로 나의 부족흠을 기우면 즁국은 쏘흔 무슴 희가 잇스리오. 이에 즁국은 불연흐야 편벽되이 권셰를 밋고 민스를 억득으로 압졔흐며 교만흐고 인슌흐니 이는 즁국의 큰 병이요 티셔 각국은 원릭 익민홈을 치국흐는 근본으로 아는 고로 부득불 병력을 자뢰흐야 상무를 졍돈흐며 쏘 갈오듸 즁국이 타국과 사괴지 아니홈은 상텬이 한갈갓치 보시는 쯧에 합지 아니흔다 흐야 미양 젼징을 이리키니 기실은 타국도 다 올흔 일

22

은 아니라. 연이나 타국과 교도를 싣코 혼단을 짓기는 그 허물이 중국에 잇는 고로 젼쟁이 흔번 일면 싸을 버히고 은을 비상ᄒ며 더욱이 이왕 일을 미봉치 못ᄒ고 뒷일이 ᄯ 련쳡ᄒ야 지금신지 이르다가 맛츰닉 흔 조고마흔 일본도 익이지 못ᄒ니 오호라 이 뉘의 허물이뇨. 대져 중국이 근년에 텬심을 밧지 아니ᄒ고 타국을 화호치 아니ᄒ며 착흔 ᄉ름을 공경치 아니ᄒ야 위티ᄒ고 픠흠을 ᄌ취흠이니 오직 바라는 바는 구습을 곳치고 허믈을 씻다라 깁히 싱각ᄒ고 널니 상고ᄒ라. 그 량칙을 아릭 긔록ᄒ노라.

일은 만국이 이제 한 큰 판국을 일우엇스니 만일 일을 당ᄒ면 반듯시 합ᄒ야 공의흠이 각싱이 황뎨를 밧듬과 각인이 왕법을 쥰힝흠과 갓타야 교화를 셔로 달니 아지 말고 각항 셰젼을 한 법으로 쥰힝ᄒ면 이는 합ᄒ야 편안흔 도요 ᄯ 각국이 셔로 구이흠이 업스미 다 ᄌ유ᄌ지ᄒ야 타국의 금졔흠을 밧지 아니ᄒ면 이는 난회여 각기 편안흔 도ㅣ라. 대져 이갓치 나의 도리를 힝ᄒ다가 타국과 혼단이 잇거든 가이 각국을 쳥ᄒ야 곡직을 평론ᄒ되 만일 오히려 강흔 거술 밋고 젼쟁을 일슴는 ᄌㅣ 잇거든 텬하ㅣ 다 이러 그 죄를 셩토ᄒ면 이는 영영이 병단이 업슬 거시오

일은 금일 치국ᄒ는 도ㅣ 겨우 셰 가지 잇스니 틱셔 각국 구셰교와 중국 유교와 토이기 등국의 회회교요 기즁 교화ㅣ 가장 너른 ᄌ는 구셰교ㅣ라. 그런 고로 오대쥬 각국 남녀 인구 합 십오만만닉에[십오만만은 빅만씩 일쳔오빅이라] 구셰교를 쥰힝ᄒ는 ᄌㅣ 구만만 여인이요 유교를 쥰힝ᄒ는 ᄌㅣ ᄉ만만 여인이요 회교를 쥰힝ᄒ는 ᄌㅣ 팔쳔만 인이요 오딕쥬 륙디가 합ᄒ야 오만만 여 방리닉에 구셰교의 관할이 ᄉ만만 이쳔만 방리요 유교의 관할이 ᄉ쳔만 방리요 회교의 관할이 숨쳔만 방리요

일은 금일에 흥국ᄒ는 도에 단연이 업지 못홀 ᄌㅣ 네 가지니 도덕과 학교와 안민흠과 양민흠이니 므릇 이 네 법을 잘 힝ᄒ는 ᄌ는 그 나라이 ᄌ연 타국에 웃듬이 되고 만일 그 법을 온젼이 힝치 아니흔 ᄌ

는 스름의 뒤가 되며 더욱이 조곰도 뉴심치 아니ᄒᆞᄂᆞᆫ 나라ᄂᆞᆫ ᄯᅩ 그 뒤에 잇슬지라. 이졔 티셔 각국이 다만 인구가 년년이 더 느러갈 ᄲᅮᆫ 아니라 ᄯᅩ 국가이 부요ᄒᆞ고 인민이 편안ᄒᆞ야 일신월셩ᄒᆞ거늘 즁국은 오십년릭로 인구도 더ᄒᆞ지 아니ᄒᆞ고 직물도 부ᄒᆞ지 못ᄒᆞ니 만일 직물노 말ᄒᆞ면 구쥬 각국에 믹년 셰입은 영금으로 칠만만 방이로딕[일 방은 은젼 십원 가량이라] 이ᄂᆞᆫ 쥰민고틱홈이 아니요 인민이 부요ᄒᆞ야 국용이 ᄌᆞ연 족ᄒᆞ며 즁국은 셰입이 불과 이쳔오빅만 방이요 지어 회교 각국은 인구ㅣ 년년이 감ᄒᆞ믹 인민의 곤궁홈도 ᄯᅩᄒᆞᆫ ᄯᅡ라 년년이 더ᄒᆞ니

대져 즁국과 셔양 졍형이 여ᄎᆞᄒᆞ믹 이를 보면 즁국의 근릭 착오ᄒᆞᆫ 일은 언어로 형용치 못홀지라. 다힝이 황틱후와 공친왕과 리즁당1)과 장상셔ㅣ 다 말슴ᄒᆞ야 왈 스름이 남의게 바ㅣ호믹 슈치가 아니요 스름의게 뒤짐이 진실노 슈치라 ᄒᆞ니 만일 이 ᄯᅳᆺ슬 가지고 졍ᄉᆞ를 힝ᄒᆞ면 즁국의 큰 경ᄉᆞㅣ라. 연이나 식견이 너그럽고 진츙갈력ᄒᆞᄂᆞ니와 구습을 바리ᄂᆞᆫ 즈ㅣ 심이 젹고 셜령 긔현역쳘ᄒᆞ야 신법을 힝코즈 ᄒᆞᄂᆞᆫ 즈ㅣ 잇셔도 각국의 량법미규를 아지 못ᄒᆞ야 착슈키 어려운지라. 복이 비록 불민ᄒᆞ나 즁국을 위ᄒᆞ야 염녀ᄒᆞ지 다년이러니 이졔 영국 마간셔2) 션싱의 져슐ᄒᆞᆫ 바 틱셔신ᄉᆞ를 보니 진실노 식 ᄉᆞ긔요 겸ᄒᆞ야 즁국의 거울이 될지라. 이졔 즁국의 진신셰가와 독셔ᄉᆞᄌᆞㅣ 즁국엣 글은 이왕 흉즁에 요연ᄒᆞ니 다시 더 강마홀 거시 업고 만일 셔국 학문을 상고ᄒᆞ야 즁국을 흥코즈 ᄒᆞ면 이 스긔를 보아 셔국의 엇지 흥홈과 ᄯᅩ 리힉 득실을 가져다가 즁국일과 셔로 참호ᄒᆞ고 인증ᄒᆞ야 어ᄂᆞ 거슬 법바드며 어ᄂᆞ 거슬 경계ᄒᆞ면 치국ᄒᆞᄂᆞᆫ 도리 ᄌᆞ연 분명홀 거시요, ᄯᅩ 셔국의 흥홈이 젼혀 빅년 이릭에 잇스니 그 일과 그 치국ᄒᆞᄂᆞᆫ 법을 알고즈 ᄒᆞ면 이 글에셔 더 지날 거시 업슬지라. 복이 광셔 십팔년에 상회에 이르러 이 글을 번역ᄒᆞ야 즁국스름을 쥬고즈 ᄒᆞ야 채공이강3)의 다문박식홈

---

1) 리즁당: 이홍쟝(李鴻章)
2) 마간셔: 맥켄지.
3) 채이강: 맥켄지의 『19세기의 역사』를 중국어로 옮김.

과 겸ᄒ야 셔국 ᄉ졍에 통투홈을 듯고 례로써 마자 셔로 딕ᄒ야 호분 누셕ᄒ야 강론ᄒ지 ᄉ녑년만에 비로소 이 글을 번역ᄒ니 이ᄂ 이 일이 졍즁ᄒ 고로 감이 경솔이 ᄒ지 못홈이요, 복이 이졔 감이 즁국을 위ᄒ야 두 가지 됴목을 뎡ᄒ노니

일은 즈금으로 과거를 보일 ᄶ에 시관이 틱셔ᄉ긔로 글졔를 닉여 향시 경시에 다 셔국 ᄉ졍에 통투ᄒ ᄉ름으로 과거를 쥬며

일은 즈금으로 황뎨의 시위 근신이나 한림 각신을 다 이 글을 쥬어 셥렵게 ᄒ고 긔즁 년긔 ᄉ휩셰 이닉되ᄂ ᄌ로 ᄒ야곰 각 셔국에 유람ᄒ야 신법을 연습ᄒ야 슈년이 되거든 직로를 ᄶ라 퇴용홈이라.

과연 이 두 법을 힝ᄒ면 즁국의 흥홈을 가이 날을 졍ᄒ야 기다릴지라. 대져 틱셔ᄂ 빅년 이릭에 빅셩의 부요홈이 셕일보다 오빅가 되얏스니 즁국 빅셩은 엇지 홀노 그러치 못ᄒ리요. 만일 즁국 빅셩이 부요홈이 젼일보다 오빅가 되면 다만 타국 ᄒ나만 방어홀 ᄲ 아니라 타쥬 각국도 ᄯᄒ 방어ᄒ기 어려움이 업슬 거시어늘 [타쥬라 홈은 즁국이 아셰아쥬에 잇스니 타쥬ᄂ 곳 구라파쥬 등ᄉ 대쥬라] 져 무식ᄒ 소인은 미양 갈오딕 병력으로 젹국을 막는다 ᄒ니 대져 젼징은 흉ᄒ 일이라. 망녕되이 동치 못홀 거시요, 셜녕 미젼 필승ᄒ며 도쳐 득리ᄒ다 ᄒ야도 긔실은 아릭로 싱령의 화단을 부르며 우흐로 상쳔의 화긔를 상ᄒ리니 그 이 글을 집히 궁구ᄒ야 졍치에 용심ᄒ야 무형 즁에 은연이 외환을 막음이 엇더ᄒ뇨. ᄯᅩ 즁국 디방의 너름이 구라파 일쥬와 갓고 즁국의 인민이 구라파 일 쥬 인민을 당홀지라. 연이 구라파 각국 부고에ᄂ 미년 셰입이 영금 칠만만 방이거늘 즁국은 미년에 불과 구라파쥬 셰입의 이십팔분지일에 지나지 못ᄒ니 이ᄂ 무타ㅣ라. 신법이 흥치 못ᄒ 연고ㅣ니 만일 신법이 흥ᄒ면 당장에 곳 셰입이 누긔만이 되지 못홀지라도 지금에 비ᄒ면 몃 갑졀은 될지니 엇지 져 일본에 빅상금 겨우 슈만만 냥 되ᄂ 거슬 염녀ᄒ리요. 대져 금일을 당ᄒ야 젼습을 곳

치고 시 긔틀을 여러 전화위복게 ᄒ면 이는 상텬이 즁국을 흥케 ᄒ심이라. 엇지 아름답지 아니ᄒ리요. 연이나 ᄯ 극히 한 요긴ᄒ 일이 잇스니 즁국이 금일에 곳 학교의 제도를 곳치지 아니ᄒ고 다만 즁국의 고셔만 읽고 ᄌ칭 대국이라 ᄒ야 타국을 만모ᄒ면 타국의 조혼 법을 비호지 못ᄒ ᄲᆞᆫ 아니라 뭇ᄎ춤ᄂᆡ 즁국의 본릭 잇ᄂᆞᆫ 조혼 일도 이러바릴 거시요, 듸져 일언이폐지ᄒ고 만가지 병과 만가지 악이 다 타국 ᄉ경 모르ᄂᆞᆫ 데셔 싱ᄒ미니 만일 타인과 갓치 신법을 힝ᄒ야 모로ᄂᆞᆫ 거슬 변ᄒ야 아ᄂᆞᆫ 데로 나아가면 즁국을 구ᄒᄂᆞᆫ 긔틀이 젼혀 이에 잇슬지라. 오호ㅣ라. 엇지 살피지 아니ᄒ리요. 허물며 즁국의 남녀됨이 지금에셔 더 심홀 거시 잇스니 슈년이 지나면 반듯시 화단이 보일지라. 셜ᄉ 긔시ᄅᆞᆯ 당ᄒ야 졸연이 곳치고ᄌ 홀지라도 발셔 일은 낭픽되야 회지무급ᄒ리니 복의 말이 촉휘될 쥴 아노라. 연이 이 말이 다 진실 무망ᄒ 말이라. 만일 금일에 나의 말을 듯지 아니면 타일에 반듯시 닉 말을 싱각ᄒ고 기리 탄식홀 거시요, 나의 말을 싱각ᄒ고 탄식홀 디경에 이르면 엇지 금일에 나의 말이 스이지 아니홈이 나의 불힝이 되기만 ᄒ리요. 깁히 싱각홈을 바라노라.

광셔 이십일년 을미 밍하
셔력 일쳔팔빅구십오년 오월
영국 리졔마틱[4]ᄂᆞᆫ 상히 광학회에셔 셔ᄒ노라.

---

4) 리졔마틱: 티모시 리처드(Timothy Richard, 한어명: 李提摩太).

태셔신사 목록

십팔절 법국 인민이 크게 이러남이라
십구절 법국이 셰가 의원권을 삭탈흠이라
이십절 법국 국수를 의론흠이라
이십일절 보로사 오지리아 냥국이 법왕을 도옵고즈 흠이라
이십이절 보로사 후의 격셔라
이십습절 법왕이 위를 실흠이라
이십스절 법인이 왕의 당을 죽임이라
이십오절 법국이 보병을 파흠이라
이십륙절 법인이 왕을 죽임이라
이십칠절 법국이 대란흠이라

데이권 법황 나파륜의 힝장이라

일절 법국이 과셔가도를 취흠이라
이절 나파륜이 싱흠이라
습절 나파륜이 쳐음으로 병권을 잡음이라
스절 나파륜이 의대리국을 익임이라
오절 나파륜이 익급국을 취흠이라
륙절 영국 수군이 법국 병션을 소탕흠이라
칠절 나파륜이 법국을 총통흠이라
팔절 나파륜이 영국과 화친코즈 흠이라
구절 나파륜이 의대리국에셔 오지리아 군수를 파흠이라
십절 영국이 단묵의 쓰홈이라
십일절 나파륜이 영국과 화친흠이라
십이절 나파륜이 국수를 정돈흠이라
십습절 영법 냥국의 병졔라. 상고의 정형을 병부라
십스절 다시 젼징을 이릐킴이라
십오절 나파륜이 영국을 취코자 흠이라

28

십륙절 영국 제독 닉리손이 쏘 법국 군함을 셔반에서 파홈이라

십칠절 나파륜이 보로사를 파홈이라

십팔절 나파륜이 오특리사에 승쳡홈이라

십구절 나파륜이 보로사를 파홈이라

이십절 나파륜이 아라사와 두 번 쌋홈이라

이십일절 나파륜의 위엄이 구라파에 진동홈이라

이십이절 셔반아와 포도아 냥국의 스긔라

이십슴절 영국 장군 혜령탄이 군스를 거느리고 셔포 냥국에 이름이라

이십스절 나파륜이 아라스 도셩 목스구에셔 픠홈이라

이십오절 픠흔 후 관계됨이라

이십륙절 나파륜이 위를 퇴흐고 희도 즁에 갓침이라

이십칠절 나파륜이 가마니 법국에 도라옴이라

이십팔절 나파륜이 활쳘로에셔 픠홈이라

이십구절 나파륜이 졸홈이라

슴십절 나파륜이 구라파 시국에 관계됨이라

데슴권 각국이 오지리아국 도셩에 모힘이라

일절 각국이 란리 젼 졍형이라

이졀 나파륜이 츌셰흔 후 졍형이라

슴졀 오지리아 도셩의 대회흔 쯧이라

스졀 각국이 란리 젼 옛 규모를 힝홈이라

데스권 영길리국이라

일졀 장식의 고가ㅣ라

이졀 식가라

슴졀 외국 량식을 금홈이라

ᄉ절 련ᄒ야 흉년이 들미라

오절 부셰라

륙절 형률이라

칠절 옥이라

팔절 빈민이라

구절 되소 셩쳡과 진뒤라

십절 빅셩을 모라 군졍에 박음이라

십일절 군졍이라

십이졀 상흔 군사ㅣ라

십ᄉᆷ졀 노예라

십ᄉ졀 부녀와 아희 광산의 고용흠이라

십오졀 동자ㅣ 연창을 쓸미라

십륙졀 공장이라

십칠졀 군긔와 병함이라

십팔졀 직조창에셔 동ᄌ를 고용흠이라

십구졀 우쳬의 지쳬됨이라

이십졀 수륙발셥이라

이십일졀 공장을 약속흠이라

이십이졀 빈긱을 뒤졉흠이라

이십ᄉᆷ졀 녜졀이라

이십ᄉ졀 학교라

이십오졀 셩명을 바리고 ᄊ홈흠이라

이십륙졀 양싱ᄒᄂ 법이라

뎨오권 졔도ᄅ 곳침이라

일졀 영국 륜돈 소격난 량싱의 치민ᄒᄂ 졍형이라

이졀 법국 대란흔 관계라

30

습졀 영인이 의원의 장졍을 곳치고즈 홈이라
스졀 영국 졍부ㅣ 장졍 곳침을 허치 아니홈이라
오졀 영국에 신법을 조와ᄒᆞᄂᆞᆫ 관원이 빅셩을 도와 의론을 창시홈이라
륙졀 법국이 ᄯᅩ 어지러옴이라
칠졀 영인이 급히 장졍을 곳치고즈ᄒᆞ니 샹의원이 허치 아님이라
팔졀 영국이 비로소 졔도 곳침을 허홈이라

뎨륙권 샹편 영국이 젹폐를 곳침이라(일)

일졀 졔도를 곳친 후 졍형이라
이졀 빅공을 허ᄒᆞ야 공소를 셜시케 홈이라
습졀 교에 이동을 물론ᄒᆞ고 벼슬을 허홈이라
스졀 텬주교인을 허ᄒᆞ야 벼슬ᄒᆞ게 홈이라
오졀 돈을 ᄂᆡ야 흑노를 속량홈이라
륙졀 직조창에서 부녀와 어린아ᄒᆡ를 학ᄃᆡ치 못ᄒᆞ게 홈이라
칠졀 학교를 졍돈홈이라
팔졀 셩시에 신장졍을 세움이라
구졀 빈민을 구졔ᄒᆞᄂᆞᆫ 신장졍이라
십졀 신보관에 면셰홈이라
십일졀 우졍을 졍돈홈이라
십이졀 부녀와 아ᄒᆡ의 기광홈을 금홈이라
십습졀 형률을 산졔홈이라
십스졀 만국이 통상에 면셰홈이라
십오졀 직샹이 퇴위홈이라
십륙졀 샹션에 물건 싯ᄂᆞᆫ 신장졍이라
십칠졀 스탕의 셰라
십팔졀 빅공이리익을 바듬이라

데륙권 하편 영국이 격페를 계흠이라(이)

일절 질병을 예방흠이라
이절 교중에 싯다로온 젼례를 계흠이라
슴절 관원 공천흐는 법을 널님이라
ᄉ절 다시 공천흐는 법을 더 널님이라
오절 학교를 확장흠이라
륙절 아이란 교회라
칠절 아이란의 젼답이라
팔절 아이란 이권을 분코즈 흠이라

데칠권 영민의 렬명졍쟝이라

일절 민간 약조라
이절 빅셩이 국가를 핍박흠이라
슴절 빅셩이 란을 싱각흠이라
ᄉ절 민단이 훗터짐이라

데팔권 젼징이라

일절 법황이 구셰교의 대권을 유틱국에 낫틱니고즈 흠이라
이절 나파륜이 원을 일움이라
슴절 아황이 토이기를 치고즈 흠이라
ᄉ절 타국이 화천을 권흠이라
오절 영법 냥국이 다 ᄊ호고자 흠이라
륙절 격셔를 젼흠이라
칠절 아라마의 젼장이라
팔절 사파사토발을 에움이라

32

구졀 파라극탑와의 젼장이라

십졀 영극만의 젼징이라

십일졀 영병이 곤홈이라

십이졀 사파스토발을 파홈이라

십삼졀 각국이 졍약 파병홈이라

십사졀 젼징 후 졍형이라

십오졀 영국이 일쳔칠빅년으로부터 일쳔팔빅년ᄭ지 젼징ᄒ 일이라

십륙졀 영국이 일쳔팔빅년 이후 젼징이라

십칠졀 아부한국 이급국 소단싱 각 교셥이라

십팔졀 영미 냥국이 시비를 공결ᄒᄂ 법을 창시홈이라

십구졀 병비라

뎨구권 상편 지치의 융셩이라(일)

일졀 영국의 상무ㅣ 디구상에 웃듬이라

이졀 영국의 공작이 틔반이나 타국에 비홈이라

삼졀 도로를 통키 젼이라

사졀 양융 양포와 비단을 쓰ᄂ 졍형이라

오졀 수륙 각로를 수축고ᄌ 홈이라

륙졀 화륜긔계 쳐음을 힝홈이라

칠졀 사와 베를 쓰ᄂ 긔계라

팔졀 통상무역 장졍이라

구졀 면화ㅣ 직조창에 부죡홈이라

십졀 빅공이 흥셩홈이라

십일졀 금은을 긔광홈이라

십삼졀 화륜거ㅣ 쳐음 훙홈이라

십사졀 젼보ㅣ 쳐음 힝홈이라

십오졀 번긔의 빗치 쳐음 힝홈이라

십륙졀 신보관이 쳐음 셜시홈이라

십칠졀 션쳑이라

십팔졀 시 긔계를 만히 닉임이라

십구졀 긔계를 리흐게 홈이라

이십졀 빅공의 졍형이라

데구권 하편 지치의 융셩이라(이)

일졀 의술의 신법이라

이졀 광인을 션비홈이라

습졀 즈긔황이라

수졀 지봉침 긔계라

오졀 수진이라

륙졀 지조라

칠졀 농수라

팔졀 농공의 총론이라

데십권 교화라

일졀 교화의 실상이라

이졀 교화의 조당홈이라

습졀 가리인도에셔 젼교홈이라

수졀 교화딕회의 근원과 지파라

오졀 교화의 효험이라

륙졀 후수를 예료홈이라

데십일권 착흔 일이라

34

일절 착혼 일을 힝흠이라
이절 영국 븍싱의 힝션ᄒᆞᄂᆞᆫ 회라
슴절 션힝이 날로 더흠이라

뎨십이권 인도국이라

일절 뒤샹국의 근원라
이절 뒤샹국의 근원과 지파라
슴절 토디 엇기를 가장 널니흠이라
ᄉᆞ절 춍판이 토디 널임을 금흠이라
오절 셔븍에 쏘 슴싱을 긔쳑흠이라
륙절 란리의 일이라
칠절 미로특의 란이라
팔절 공파의 란이라
구절 란을 평흠이라
십절 노극나를 구흠이라
십일절 덕리를 평흠이라
십이절 란당을 징치흠이라
십슴절 학교라
십ᄉᆞ절 각 항구의 ᄌᆞ쥬ᄒᆞᄂᆞᆫ 권이라
십오절 션후지칙을 졍돈흠이라
십륙절 농ᄉᆞ와 젼답이라
십칠절 외국과 통샹이라
십팔절 공부아문의 싴 졍ᄉᆞ라
십구절 은역을 피ᄒᆞᄂᆞᆫ 법이라
이십절 부셰라
이십일절 영국이 인도 다스리ᄂᆞᆫ 춍론이라

뎨십습권 시로 어든 싸히라

일절 영인이 원방에 거흠이라
이절 죄인을 안치흐는 디방이라
습절 감나디 싸히라
ᄉ절 영국 속디가 무한이 큼이라
오절 속디를 다스리는 법이라

뎨십ᄉ권 법국이 다시 군주를 셰움이라

일절 활철노 젼징 後에 법국 졍형이라
이절 즁흥이 속흠이라
습절 옛 인군을 존슝흐는 편당이라
ᄉ절 법왕노의 뎨십팔이라
오절 시 졍ᄉ라
륙절 후례왕 뎨십이라
칠절 젼일에 원억흔 ᄉ름을 위무흠이라
팔절 법인이 왕이 텬주교ᄉ의게 고혹흠을 의심흠이라
구절 왕이 민심을 엇지 못흠이라
십절 신법을 닉여 빅셩을 곤케 흠이라
십일절 나라히 어지럽고 왕이 도망흠이라
십이절 노의비례 신왕이라
십습절 시 인구니 민심을 화합지 못흠이라
십ᄉ절 신법을 졍흠이라
십오절 학교라
십륙절 븍아비리가 쥬 아리젹 싸에 ᄉ젹이라
십칠절 쳘로라
십팔절 나파륜의 신톄를 법국에 장ᄉ흠이라

십구절 파리에 포딕를 슈축흠이라

이십절 법민이 불안흠이라

이십일절 빅셩이 의원에 호소ᄒ야 장졍을 곳침이라

이십이졀 법왕이 셔반아국과 혼인을 결흠이라

이십슴졀 파리 도셩이 ᄯᅩ 어지러옴이라

이십ᄉ졀 법왕이 도망흠이라

이십오졀 법국이 ᄯᅩ 변ᄒ야 민주국됨이라

데십오권 법국이 다시 황뎨를 세움이라

일졀 노의 나파륜이 법국에 도라옴이라

이졀 노의 나파륜을 세워 민주군을 삼음이라

슴졀 노의 나파륜이 황뎨의 권을 오로지 흠이라

ᄉ졀 황뎨의 위엄을 셰움이라

오졀 큰 혼인이라

륙졀 시로 졔도를 셰움이라

칠졀 영국에셔 법국이 그 ᄯᅡᄒᆞᆯ 침탈홀가 방비흠이라

팔졀 법국이 군ᄉ를 보닉여 셔리아와 묵셔가에 이름이라

구졀 법국이 영국으로 통상조약을 졍흠이라

십졀 법국이 보로사와 교셥이라

십일졀 법인이 보로스와 ᄊ호고ᄌ 흠이라

십이졀 법황이 민궈을 줌이라

십슴졀 법병이 방비 업슴이라

십ᄉ졀 ᄉ이포하수라

십오졀 보병이 법국 디경을 드러옴이라

십륙졀 법병이 픽흠이라

십칠졀 유단 ᄶᅡ의 대젼이라

십팔졀 법황이 ᄉ로잡힘이라

십구졀 보병이 파리를 취흠이라

이십졀 보법이 립약 파병흠이라

이십일졀 법국이 쏘 변ᄒ야 민주국이 되미라

이십이졀 신 졔도라

이십ᄉ졀 교화와 학교라

이십ᄉ졀 병법 신졔라

이십오졀 국용과 국채라

이십륙졀 싸흠 난호ᄂᆞᆫ 법이라

이십칠졀 통상이라

이십팔졀 철로와 우편과 젼신이라

이십구졀 농민이라

ᄉ십졀 법국 변란이 졍흠과 졍치 아니흠이라

뎨십륙권 덕의지국이라 초명은 보로ᄉ요 쏘 일이만이라

일졀 보로ᄉ국 일쳔팔빅십오년 젼 졍형이라

이졀 국가ㅣ 불안이라

ᄉ졀 일이만 렬방ᄉ름이 다 ᄌᆞ쥬코ᄌᆞ 흠이라

ᄉ졀 럴방이 립약 통상흠이라

오졀 일이만의 일쳔팔빅ᄉ십팔년 졍형이라

륙졀 덕국 ᄌᆡ상 비스믹의 힝격이라

칠졀 보오 냥국의 교섭이라

팔졀 후당총이라

구졀 ᄉ도와 젼장이라

십졀 보법의 교섭이라

십일졀 셰력이라

십이졀 치민ᄒᆞᄂᆞᆫ 법이라

십ᄉ졀 교화와 학교라

십ᄉ절 군정이라

십오절 직력과 상무 ㅣ라

데십칠권 오지리아 국 일명은 오사마가 국이라

일절 오국 일쳔팔빅ᄉ십이년 전후 졍형이라

이절 오국 일쳔팔빅ᄉ십팔년 졍형이라

ᄉ절 국톄를 졍돈홈이라

ᄉ절 상무와 토산이라

오절 국채라

륙절 병비라

데십팔권 의딕리 국이라 곳 의국이라

일절 라마국이 픠흔 후 졍형이라

이절 나파륜이 의딕리를 졍돈홈이라

ᄉ절 합ᄒ야 ᄌᄌ쥬ᄒ는 긔틀이라

ᄉ절 일쳔팔빅ᄉ십팔년 졍형이라

오절 교황이 구츅을 당홈이라

륙절 나파륜 데습이 다시 교황을 라마부에 셰움이라

칠절 가부이후의 힝적이라

팔절 의국이 영법 냥국과 화친홈이라

구절 의국이 오국과 젼징홈이라

십절 나파사 ㅣ 포학ᄒ거늘 영국 직상이 그 감옥소를 의론홈이라

십일절 가례파지 장군이 나파나사에 들어감이라

십이절 의국이 ᄯ 오국과 젼징홈이라

십습절 교황의 ᄯᆞ홀 취홈이라

십ᄉ절 가부이후 ㅣ 졸홈이라

십오졀 의국이 합ᄒ야 ᄒ나이 된 리익이라
십륙졀 학교라
십칠졀 공장과 상고ㅣ라
십팔졀 국용이라
십구졀 쳘로와 젼션이라

뎨십구권 아라사국이라

일졀 피득황뎨라
이졀 크게 강토를 기쳑ᄒᆞᆷ이라
ᄉᆞᆷ졀 니고랄 황뎨의 ᄶᆡ라
ᄉᆞ졀 애렬산덕 황뎨의 ᄶᆡ라
오졀 작인을 방셕ᄒᆞᆷ이라
륙졀 젼답을 난호ᄂᆞᆫ 법이라
칠졀 형법을 졍돈ᄒᆞᆷ이라
팔졀 각쳐에 회의소를 셜시ᄒᆞ고 구법을 곳침이라
구졀 빅셩이 무식ᄒᆞᆷ이라
십졀 인구와 치국법이라
십일졀 병졔라
십이졀 탁지라
십ᄉᆞᆷ졀 국ᄉᆞ를 진흥ᄒᆞᆷ이라
십ᄉᆞ졀 쳘로라
십오졀 교회라

뎨이십권 돌궐국이라 번역ᄒᆞᄂᆞᆫ 자ㅣ 그릇 토이기라 ᄒᆞᆷ이라

일졀 돌궐의 근원과 지파라
이졀 동라마 경셩을 파ᄒᆞᆷ이라

슴졀 그 셔방은 기쳑지 못홈이라

수졀 돌궐이 토디 어듬이 너름이라

오졀 돌궐의 셩졍이라

륙졀 돌궐의 풍속이라

칠졀 졍치가 착지 못홈이라

팔졀 아라사 | 돌궐의 경셩을 병탄코즈 홈이라

구졀 렬국이 그 위권을 억졔ㅎᄂ 법이라

십졀 희랍이 돌궐을 항복지 아님이라

십일졀 차관이라

십이졀 파시년등 졔싱이 반홈이라

십슴졀 발이긔리아 인을 포학홈이라

십스졀 아라사 | 이긔리아 인의 고싱홈을 춤지 못홈이라

십오졀 돌궐이 아라사와 젼졍홈이라

십륙졀 돌궐과 아라사 | 약조를 졍홈이라

뎨이십일권 미리견국이라

일졀 국톄라

이졀 일쳔팔빅십이년에 영미 냥국 젼졍이라

슴졀 국셰 크게 흥홈이라

스졀 노예라(일)

오졀 일쳔팔빅륙십년에 인군 거쳔홈이 미흡홈이라

륙졀 남방 졔싱이 항목지 아님이라

칠졀 남북싱이 교젼홈이라

팔졀 항구를 봉홈이라

구졀 노예라(이)

십졀 최후 젼졍이라

십일졀 젼쟁 후 졍형이라

십이졀 림궁 대통령이 피히홈이라
십슴졀 즁흥홈이라
십스졀 빅공을 진흥홈이라
십오졀 교화와 학교라
십륙졀 션쳑과 탁지라

뎨이십이권 교황이라

일졀 텬쥬교 총론이라
이졀 나파륜과 교셥홈이라
슴졀 기격리 뎨십륙이라
스졀 본국 졍형이라
오졀 벽하 교황이 셩모를 의론홈이라
륙졀 교황의 칙지라
칠졀 마라부 디회라
팔졀 교황이 즈존ᄒᆞᄂᆞᆫ 쯧이라
구졀 즈존홈이 쇠피ᄒᆞᄂᆞᆫ 장본이라
십졀 나라를 일홈이라
십일졀 벽하 뎨구 교황이 훙홈이라

뎨이십슴권 구라파쥬의 빅셩을 편안이 홈이라

일졀 법국 디란의 관계라
이졀 오국 도셩 유야랍 디회라
슴졀 일쳔팔빅이십년 구라파 규 남방 나라의 변경홈이라
스졀 일쳔팔빅슴십년에 법민이 옛 인군을 항복지 아님이라
오졀 일쳔팔빅스십팔년에 법민이 시 인군을 항복지 아니홈이라
륙졀 신법을 셰워 빅셩을 편케 홈이라

칠절 구라파 셔방에서 옛법을 폐ㅎ고 신법을 힝홈이라

팔절 신법을 힝흔 후 크게 홍흠이라

데이십ᄉ권 부록이라

일절 회당이라

이절 구라파 쥬의 ᄼᆝ 졍ᄉ라

ᄉᆷ졀 구라파 쥬 학교라

나라 일홈과 싸 일홈표

법국 영국

구라파쥬 아셰아 쥬

> 사름 일홈표5)
> 나파륜 몽 특사구
> 국명과 디명은 오른편에 늬리 것고
> 인명은 외인 편에 ᄂᆞ리 것소

---

5) 상자 안의 설명은 본문의 인명과 지명 표시 방법을 설명한 구절임.

틔셔신사 권일 구쥬 빅년 전 정형이라

영국 마간셔 원본, 청국 채이강 술고, 리제마티 번역

뎨일졀 총논이라

　빅년 이젼 <u>조선 뎡종대왕 쌔에 구라파 쥬 풍긔는</u> 금일에 비ᄒ면 인즈
홈과 포학홈이 가위 소양지판이라. 당시 각국 인군이 다 병혁을 일삼
고 녜의을 슝상치 아니ᄒᄂ 고로 구라파 쥬 일경 인민이 겨우 일만칠
쳔만 명이어늘 군졍에 속ᄒ 즈ㅣ 사백만에 이르니 이ᄂ 국가에셔 초모
ᄒ며 혹 즈원 츙군도 ᄒ며 츳외에 슈분ᄒᄂ 량민과 농부와 상고들이
다힝이 틔평무사시를 당ᄒ면 안거 낙업ᄒ다가 일조에 격셔ㅣ 이르ᄂ
쌔ᄂ 다 그 싱업을 바리고 젼장에 다라드니 비컨되 누거만 젼직를 실
은 큰 빅가 졸연이 풍파를 만남과 갓ᄐ야 파션치 아니ᄒ리 업ᄂ지라.
　오호ㅣ라 이 쌔를 당ᄒ야 각기 젼직를 원랍ᄒ야 군수를 부조ᄒ며 츳
외에도 긔계를 졔조ᄒ며 셩쳡을 수보ᄒ니 무어시 빅셩의게 취치 아니
ᄒ미리오. 이럼으로 민간의 곤홈은 불가형언이오 허믈며 구라파쥬 일
경은 북으로 북히에 이르고 남으로 디즁히에 이르고 동으로 아셰아쥬
에 이르고 셔으로 틔평양에 이르니 폭원이 여차이 요활ᄒ 싸이라. <u>병
단이 흔번 일면 그 다힝이 이긘 즈ᄂ 환텬희디ᄒ야 기가를 부르고 군수를
노아 노략질ᄒ미 범평일에 상고와 농부들이 다 변ᄒ야 살인강도가 되고</u>

그 불힝이 픠ᄒᆞᄂᆞᆫ 즈ᄂᆞ 이통비샹ᄒᆞ야 싱계가 돈졀ᄒᆞᄂᆞᆫ지라. 그런 고로 봉화ㅣ 가르치ᄂᆞᆫ 곳에 셩곽이 문어지고 촌락이 소삭ᄒᆞ야 빅셩이 살 길이 업스며 여ᄎᆞ히 지닌 지 이십오년만에 사름 죽은 즈ㅣ 수빅만이라. 비록 인인군즈ㅣ 극녁 쥬션ᄒᆞ야 각국으로 ᄒᆞ야곰 화친케 ᄒᆞ나 필경 잔인 박힝ᄒᆞ미 형용ᄒᆞᆯ 슈 업스니 되져 구라파쥬 빅년 이젼의 병화ᄂᆞᆫ 텬하만고의 뎨일이라.

왕왕히 어린 아히 ᄶᆞ에 써러지미 곳 창황웅마 즁에 싱장ᄒᆞ야 나이 이십이 지나도 의연이 승평셰계를 보지 못ᄒᆞ니 <u>쳠혹ᄒᆞ도다</u>.

뎨이졀 법국 난리 젼에 졍형이라

구라파 각국 즁에 법국[1]이라 ᄒᆞᄂᆞᆫ 나라이 잇셔 포학ᄒᆞ기로 유명ᄒᆞ며 빅년 이젼에 빅셩이 이쳔오빅만이 잇스니 당시 타국에도 ᄯᅩᄒᆞᆫ 졍사ㅣ 젼션진미치 못ᄒᆞ고 오즉 각기 졔 나라를 다사리나 샹하지간이 친목지 못ᄒᆞ거늘 더욱이 법국은 <u>인군이 권셰롤 쳔단ᄒᆞ야 이증과 시비롤 임의로 ᄒᆞ고 젼혀 공도롤 힝치 아니ᄒᆞ니 빅셩이 호소ᄒᆞᆯ 길이 업셔 격동이 되야 변란을 지어 사쳐 봉긔ᄒᆞ야 다 국가의 졍사고치ᄅᆞᆯ 구ᄒᆞ니 난리의 시초ᄂᆞᆫ 실노 법국으로부터</u> 이러ᄂᆞ더라.

법국 인군이 집권ᄒᆞᆯ 째에ᄂᆞᆫ 빅셩의 셩명과 직물을 익기지 아니ᄒᆞ고 법률을 임의로 변경ᄒᆞ야 부셰 가즁ᄒᆞ며 조졍빅관이 잇셔도 의논치 아니ᄒᆞ고 약조가 잇셔도 직희지 아니ᄒᆞ고 사랑ᄒᆞᄂᆞᆫ 나라ᄂᆞᆫ 극히 보호ᄒᆞ고 미워ᄒᆞᄂᆞᆫ 나라ᄂᆞᆫ 침어토식ᄒᆞ고 ᄊᆞ홈으로 일을 삼고 인명을 초기갓치 알며 무죄ᄒᆞᆫ 빅셩을 한번 옥에 가두면 혹 수십년 혹 삼ᄉᆞ십년을 금고ᄒᆞ며 그 도셩에 파ᄉᆞ지[2]라 ᄒᆞᄂᆞᆫ 것슨 큰 옥이라. 법국 력ᄃᆡ 졔왕이

---

1) 법국: 프랑스.
2) 파ᄉᆞ지: 바스티유 감옥.

그 회로를 짜라 사름을 가두니 이 째에 영국 사름 하나이 그 옥에 갓친지 삼십년이 되야도 무슨 죄명이 잇는지 모르더라. 또 법황 일인이 포학헐 쑨 아니라 그 총이하는 졔 대신과 밋 근시하는 사름들이 다 권셰를 희롱하고 위력을 베푸러 빅셩을 능멸하며 지물을 탈취하고 인명을 살히하니 법국 빅셩이 죽을 마음만 잇고 살 싱각이 업더라.

뎨삼졀 법국 노의왕 뎨십오[3]의 힝젹이라

조선 영조시를 당하야 법국 <u>노의왕 뎨십오</u> ㅣ 왕위에 잇슨 지 륙십 년에 선정을 힝하지 아니하고 포학무도하야 써 발하되 나라라 하는 거슨 나의 물건이라. 신민이 엇지 졍사에 춤예하리오 하고 이천오빅만 빅셩 알기를 초기갓치 녀기여 싱지살지하며 딕신 보기를 기와 갓치 하야 심지어 졔반 천역을 다 식켜 노복과 갓치 넉이고 딕신도 쏘한 감이 간치 못하고 오즉 왕의 긔식을 보와 아당하고 납첨흠을 일삼고 광은 황음무도하야 국고의 지물을 임의로 쓰고 지어 후궁의 졔반 잡비도 국가 지물을 남용하야 조곰도 익셕지 아니하더니 왕이 말년에 이르러 졈졈 자긔의 그름을 쎄닷고 이에 <u>복녹특이</u>[4]와 밋 모든 션비의게 죄를 돌녀보니니 복녹특이는 법국 명사 ㅣ 라. 글을 지어 셰상에 젼하민 일국이 흠앙하거늘 왕이 말하되 졍사의 잘못되는 거슨 션비의 허물이라 하고 자긔가 임의 망힝하야 하늘이 노하고 사름이 원망흠을 모르더라. 복녹특이 비록 도학 군즈는 아니나 국스를 의논하민 다 공평케 하더라. 그의 논즁에 하엿스되 왕의 하는 모든 법령이 다 치국하는 도가 아니어늘 왕이 곳치지 아니하는 데 엇지헐고 하엿더라.

---

3) 노의왕 뎨십오: 루이 15세. 별칭은 친애왕 루이(Louis Le Bien-Aimé). 프랑스의 왕(재위 1715~1774). 무기력한 통치로 프랑스 대혁명을 유발함.

4) 복녹특이: 볼테르. 본명은 François-Marie Arouet. 1694.11.21~1778.5.30. 프랑스의 작가·사상가.

뎨스졀 법국 셰가라

이 째를 당ᄒ야 법왕만 무도헐 ᄲᅮᆫ 아니라 <u>셰가 대족 범 십오만인이</u> <u>거</u>의 다 법률을 간범ᄒ고 긔강을 문란케 ᄒ야 조졍에 대권이 잇스면 셰가ㅣ 난와 가지고 큰 옥사가 잇스면 셰가ㅣ 난와 다스리며 쳔쥬교 즁에 대교사ᄂᆞᆫ 셰가ᄌᆡ졔요 병권을 맛튼 듸원슈ᄂᆞᆫ 셰가 후예요 각국에 출사ᄒᄂᆞᆫ 듸신은 셰가의 친쳑이요 국가ㅣ 부셰를 바들시 소민은 그 즁 ᄒᆫ 거슬 졵코 셰가ᄂᆞᆫ 그 경흠을 졵치며 심지어 혼가이 부셰를 밧치지 아니ᄒᄂᆞᆫ ᄌᆞ도 잇스며 일졀 졍ᄉᆞ를 도모지 다사리지 아니ᄒ고 다 다 토ᄂᆞᆫ 바ᄂᆞᆫ 무비 빅셩을 학듸ᄒ고 악ᄒᆫ 일을 힝헐 ᄲᅮᆫ이라. 셕일에 영국 듸신 ᄒ나이 법국에 갓다가 도라와 항상 말ᄒ야 왈 법국의 권셰 잇ᄂᆞᆫ 신하ᄂᆞᆫ 다만 그 용모와 거지만 보아도 무식무ᄌᆡᄒ고무릉무지흠을 가 이 알 거시오 듸스ᄆᆡ ᄉᆞ름으로 ᄒ야곰 가증ᄒ다 ᄒ니 아ᄂᆞᆫ ᄌᆞㅣ 말ᄒ 되 졍평이라 ᄒ더라. <u>법국 모든 셰가ㅣ ᄯᅩ 평민을 노복갓치 넉이여 더부</u> <u>러 언어를</u> ᄒ지 아니ᄒ며 평민에도 ᄯᅩᄒᆫ 직조 잇ᄂᆞᆫ ᄌᆞㅣ 잇스나 영영이 벼슬흠을 허치 아니ᄒ니 문벌의 분별은 나라의 근심이요 법인이 농ᄉᆞ 를 힘스ᄂᆞᆫ ᄌᆞㅣ 열에 칠팔이니 조졍이 자이ᄒᆫ 션졍을 힝ᄒ여야 비로소 살깃거늘 이졔 그 졍ᄒᆫ 바 법률은 젼혀 인군과 셰가를 편ᄒ게 ᄒ고 빅 셩의게 리ᄒ며 빅셩의게 편ᄒᆫ 일은 원릭 듯지도 아니ᄒ고 각 향촌에 쳐쳐이 구실을 최촉ᄒᄂᆞᆫ 관쇽이 쥬야로 소요를 씻치ᄆᆡ 민간에 계견이 편안치 못ᄒ야도 맛츰ᄂᆡ 감이 거역ᄒᄂᆞᆫ ᄌᆞㅣ 업더라.

뎨오졀 법국 빅셩이라

법국이 공장과 샹고들 모든 일에ᄂᆞᆫ 다 부조ᄒ야 셩사케 ᄒ고 <u>오즉</u> <u>농민에 이르러ᄂᆞᆫ 칠빅년이 되도록 젼혀 능멸ᄒ고 포악ᄒ야 심지어 극즁</u> <u>ᄒᆫ 부셰가 십분에 륙분을 밧ᄂᆞᆫ ᄌᆞㅣ</u> 잇스니 농민의 곤궁이 지츠ᄒ야 뉵축을 쏘한 만이 기르지 못하는 고로 뉵축이 적으민 거름이 주연 넉넉지 못하니 츄슈ㅣ 엇지 성실하리오. 드듸여 방옥이 경퇴하고 농긔가 샹하고 썩으며 의복이 남누하나 다힝이 농민이 부지런하고 검박하야 비록 학정이 만호되 졀의졀식하야 지닉더라.

뎨륙졀 법국 셰가ㅣ 빅셩을 포학하미라

이 쌔에 법국 도셩을 돌니여 동산이 잇스니 쥬회 삼십리라. 오즉 셰가ㅣ 그 안에 드러가 산양하고 짐싱이 혹 나와 빅셩의 화곡을 샹홀지라도 거민이 감이 잡지 못홀 쑨 아니라 또 감이 쏫지도 못하며 혹 망동하는 주ㅣ 잇스면 곳 잡아 옥에 가두고 용셔치 아니하는 고로 소민이 농사하는 나머지에 짐싱을 놀닐가 염녀하며 또 거름 즁에 혹 짐싱의게 히 될 거시 잇슬가 하야 시시로 살피고 염녀하니 이는 국닉에 함정노음과 갓더라.

듸져 모든 셰가ㅣ 췌리를 삼아 셰금을 밧으니 여차히 빅셩의게 불편흔 일을 쳔 번 호소하고 만반 익걸하되 불문부지하고 그 더욱 희연흔 주는 셰가의 명부ㅣ 우연이 젹은 병이 잇셔 <u>긔구리 소리를 실혀하야 억지로 빅셩을 식켜 쥬야로 쏫치라</u> 하니 빅셩이 견듸지 못하야 이에 여러히 출염하야 금을 퇴물흔 연후에야 비로쇼 기구리 쏫는 고역을 면하니 법민이 무삼 싱셰지락이 잇스리오.

뎨칠졀 법국 관원이라

법국 셰가의 벼살하는 주ㅣ 문벌노 써 듸듸승습하고 직덕을 숭샹치 아니하는 고로 급기 관장이 되면 송스를 당하민 흠무쥬심하야 왕왕이 시비를 갈희지 못하니 엇지 능이 공평케 판단하리오. 민간이 말하되 우리 억울흔 일이 잇셔도 뢰물이 업스면 득송치 못흐니 송亽 아니홈이 올타 흐더라.

뎨팔졀 법국 도로라

법국 대도회쳐의 도로ㅣ 졍결평탄흐야 구쥬 각국 즁에 뎨일이 되니 보는 즈ㅣ 칭찬 아니리 업스나 실은 관원이 억지로 빅셩을 식여 치도흔 거시오 국고금을 닉여 슈츅흔 바ㅣ 아니러라.

뎨구졀 법민이 괴로음을 이긔지 못흐야 학문을 힘씀이라.

일쳔칠빅오십칠년 <u>영조 삼십삼년</u>에 법인 달면[5]이 민심이 이산홈을 알고 법왕을 모히코즈 흐다가 탄로되야 형벌을 당홀시 큰 가위를 불 속에 너어 통홍이 되게 흐야 달면의 살을 간을게 쓸어 조각조각이 닉고 그 쌔를 낫낫치 씻써리니 이러흔 잔혹흔 형벌은 능지쳐亽에 비흐야도 더흐거늘 오히려 말호듸 이는 시군흔 즁죄라 흐며 그 외에도 죄명 잇는 즈는 슈뢰박회에 결박흐고 철퇴로 그 골졀을 쳐 부슈지르니 이는 고시에 거렬흐는 형벌이라. 오호ㅣ라 <u>법국 졍부의 잔학흐미 여츠흐니 텬도ㅣ 엇지 무심흐리요.</u> 인심이 변을 싱각흐야 보복고즈 홈이니 빅셩이 악흐다 흐지 말지어다.

법국이 이러트시 학졍을 힝흐미 타국이 다 그 잔인홈을 믜워흐더니 법국 젼 인군 노의 뎨십亽[6]ㅣ 지위흐야 더욱 쌋홈을 조와흐야 각국에 결원흐니 민간이 류리곤궁흐야 사망이 상계흐다가 노의 왕 뎨십오ㅣ

---

5) 달면(達免): '쟈미엔스'. 1757년 루이 15세의 암살 미수범인 로베르 프렌코이스(거사 실패 후 살을 뜯기고 지지는 고문을 받고 죽음)로 추정됨.
6) 노의 뎨십亽(魯意第十四): 로위스 옂틴. 루이 14세.

즉위ᄒᆞᄆᆡ 병화ㅣ 점점 젹은 고로 빅셩이 오히려 틱평지복을 누리니 다 힝ᄒᆞ도다. 이에 상무를 졍돈흠과 제조를 경영흠으로[졔죠ᄂᆞᆫ 각식 물건을 ᄆᆞᆫ든ᄂᆞᆫ 말이라.] 급무를 삼고 ᄯᅩ 히에에 시로 어든 짜은 영국 법을 의방ᄒᆞ야 다 기쳑ᄒᆞ며 통상ᄒᆞᄂᆞᆫ 항구와 져ᄌᆞᄂᆞᆫ 년년이 느러가니 그 무역ᄒᆞᄂᆞᆫ 샹고ㅣ 셩지에 발글 ᄲᅮᆫ 아니라 ᄯᅩ흔 독셔흠을 조와ᄒᆞ야 일홈난 교슈를 쳥ᄒᆞ야 그 ᄌᆞ녀를 ᄀᆞᄅᆞ침이 셰가보다 더 독실ᄒᆞ니 국가ㅣ 인지를 미양 이 ᄉᆞᄅᆞᆷ 즁에셔 탁용ᄒᆞ고 셰가 즁에도 일이인이 리치를 통흔 ᄌᆞㅣ 잇셔 구법이 착지 못흠을 알고 관민을 합ᄒᆞ야 일체를 ᄆᆞᆫ드러 셰가와 농부와 샹고들이 다 문벌을 보지 아니ᄒᆞ고 평등으로 샹ᄃᆡᄒᆞ고 항상 희랍 라마 두 나라 고셔의 말을 일커러 말ᄒᆞ야 왈 [희랍과 라마ᄂᆞᆫ 옛젹 문명흔 두 나라이라.] 무릇 ᄉᆞᄅᆞᆷ이 귀쳔은 물논ᄒᆞ고 맛당이 ᄌᆡ덕 잇ᄂᆞᆫ ᄌᆞ를 즁이 알 거시라 ᄒᆞ며 ᄯᅩ 법국 명ᄉᆞ 복녹특이[7]의 말을 인졍ᄒᆞ야 왈 나는 보토ᄉᆞ[8]의 아들이요 ᄉᆞᄅᆞᆷ의 노예가 아니라 가장 무도흔 인군을 믜워흔다 ᄒᆞ니 보토ᄉᆞᄂᆞᆫ 라마국 고시인이라. 일즉이 무도흔 인군을 죽이ᄆᆡ 무왕이 쥬를 침과 갓트미라. 만좌ㅣ 듯고 다 그 옛말 인용흠을 잘흔다 ᄒᆞ고 쳥찬ᄒᆞ니 대져 당시 법국 셰가도 ᄯᅩ흔 영국과 밋 타국이 빅셩 ᄃᆡ졉ᄒᆞ기를 이갓치 포악이 업슴을 알더라.

뎨십졀 텬하 션사를 사괴미라

법국 고등관 몽특사구[9]ㅣ [고등관은 놉픈 벼슬이라] 시로 한 글을 져슐ᄒᆞ야 영국이 치국ᄒᆞᄂᆞᆫ 규모ㅣ 법국보다 승ᄒᆞ다 ᄒᆞ니 법인이 보고 부러워ᄒᆞ야 일동일졍을 다 영국 제도로 뼈 법식을 삼아 의관이 다 영국을 조치며 지어 화초를 길으며 치소 심으ᄂᆞᆫ 것도 영인의 법을 본바

---

7) 복녹특이(福錄特爾): 볼테르.
8) 보토ᄉᆞ(普魯士斯): 부르투스.
9) 몽특사구(蒙特斯邱): 몬틔스퀴엔. 몽테스키외.

드며 쏘 큰 지물을 앗기지 아니ᄒ고 영국말과 영국차를 사셔 타는 즈
ㅣ 잇스며 수환ᄒ는 스룸도 영인을 고용ᄒ니 영국 상고ㅣ 대리를 엇는
지라. 이런 고로 셕년에는 법국이 영국 물건 사른 거시 미년 영금 구만
방에 지니지 못ᄒ더니 [영금 일방은 즉금 조선 시가로 의론ᄒ면 거의 십
원 가량이라.] 영국 졔도를 조친 후에는 일년에 팔십삼만 방이 되니 말
ᄒ는 즈ㅣ 법인이 영국의 복식 긔용을 조와ᄒᆫ다 ᄒ야도 [복식 긔용은
의복과 긔명 집물이라] 긔실은 영국의 법도 뎐장을 조와ᄒᆞ야 이에 이
름을 아지 못ᄒᆞᆷ이라.

뎨십일졀 법국 션비라

노의왕 졔십오 말년에 문풍이 셩ᄒᆞ야 긔간ᄒᆫ 글은 다 통달ᄒᆫ 스룸
과 지조 잇는 션비의 지은 바ㅣ라. 조졍 대소ᄉ무를 낫낫치 말ᄒᆞ되 그
명의ᄒᆫ 바는 무비 웃스룸으로 ᄒᆞ야곰 구습을 바리고 신법을 좃치라
ᄒᆞᆷ이라. 그런 고로 권셰를 빙즈ᄒ는 무리 국졍을 잡으미 민심을 속박
ᄒᆞ야 능멸ᄒᆞ며 속이고 쌰달고 각박ᄒᆞᆷ이 무소부지ᄒ니 이는 다 소민들
의 불원ᄒ는 바이어늘 우에 잇는 즈ㅣ 미스를 다 잘ᄒᆞ노라 ᄒᆞ고 강핍
자용ᄒᆞ야 도로ㅣ 측목ᄒ고 인인이 통심질슈ᄒᆞᆫ다 ᄒᆞ며 쏘 말ᄒᆞ되 하늘
이 스룸을 니인 후에 비로소 인군을 셰윗스니 맛당이 민심을 슌이ᄒᆞᆷ
으로 중ᄒᆞ게 알 거시오 하민이 인군의게 셰운 바ㅣ 아니니 인군에 마
음만 쌰르는 거스로 중히 녀이지 아니ᄒᆞᆯ 거시라 ᄒᆞ고 말이 더욱 간졀
ᄒᆞ니 통국 문스ㅣ 이 글을 스랑ᄒᆞ지 아니리 업셔 손에 놋치 아니ᄒᆞ고
입으로 읍쥬리어 환희 고무ᄒᆞ야 곳 조졍으로 ᄒᆞ야곰 즉각에 구식을
변ᄒᆞ야 <u>민쥬가 된 연후에 빅셩이 평안무스ᄒᆞᆯ 것</u> 갓치 녀기더라.
이 째에 복녹특이 지명이 더욱 셩ᄒᆞ야 져술ᄒᆞᆷ이 만코ᄒᆞᆷ이 족히 인
심을 감동ᄒᆞᆯ너라. 항상 말ᄒᆞ되 자고로 달인 명스ㅣ 여염에 곤궁ᄒᆞ야도
포학ᄒᆫ 인군을 질겨 셤기는 즈ㅣ 업다 ᄒᆞ더라. 복녹특이 영국에 잇슨

지 삼 년에 영국에 법도와 장정을 일일이 유심 고찰ᄒ야 글을 지엇스니 그 대지가 관장의 권과 교즁의 권을 항복지 아니므로 위쥬ᄒ고 일천칠빅칠십팔년 [명종 이년]에 졸ᄒ니 년이 팔십이러라.

나싀10)은 법국의 명사ㅣ라. 민심을 고동ᄒ미 복록특이보다 더 속ᄒ더라. 일천팔빅오십삼년 [철종 ᄉ년]에 한 글을 지어 일홈ᄒ야 왈 <u>빅셩 분등ᄒᄂ 근원이라</u> ᄒ고 법국의 군신지도ㅣ 문란ᄒ 연유를 말ᄒ고 ᄯᅩ 치국 양민ᄒᄂ 법을 상고ᄒ야 엄졀이 말ᄒ야 조곰도 은휘치 아니ᄒ니 일시에 만구일담이 다 올타 ᄒ여 다토와 사셔 보고 셕일 민간의 익든 셔칙은 다 속지고각ᄒ고 ᄉᄌ들은 압혜셔 부르며 빅셩은 뒤에셔 화답ᄒ야 집집이 외이고 가가이 익ᄂ 즈ㅣ 무비 ᄂ싀을 글이요, <u>법국 호부 샹셔 늬극11)</u>은 일천칠빅팔십일년 [뎡종 오년]에 국가ㅣ 여러 히 부셰 츌납ᄒᄂ 셔격과 밋 탁지부의 지츌흠을 가지고 츌입을 비교ᄒ야 편즙ᄒ야 글을 지으니 법국 션빅 ᄯᅩ 각기 집에 한 권식 두고 나싀의 지은 글과 맛초아 보니 다 낫낫치 약합부졀이라. 이에 도셩 즁에 조희 갑시 돈연이 귀ᄒ고 인츌ᄒᄂ 장싀도 쥬야 빅이여 늬되 오히려 쳔만인의 구흠을 당치 못ᄒ더니 죵차로 일젹월누ᄒ야 법인이 다 명빅 투특ᄒ야 다시 당년 몽즁에 잇슬 쌔와 갓치 아니ᄒ더라.

뎨십이졀 미국이 민쥬국이 되미라

법인이 이믜 치국ᄒᄂ 법을 씌닷고 졍이 조셕으로 강론할시 영국에 속흔 아미리가 쥬 인민이 홀연이 이러나 영국을 비반ᄒ고ᄌ 립ᄒ야 나라이 되야 빅셩으로 ᄒ야곰 지덕잇ᄂ 즈를 공쳔ᄒ야 인군을 삼고 국호를 미리견이라 ᄒ니 소식이 법국에 이르믹 셰가 즁 현인과 독셔

---

10) 나싀(羅索): 로슈. 루소.
11) 늬극(內克): 늬커. 로크.

스지 이 말을 듯고 희불ㅈ승ㅎ야 곳 미쥬 [미쥬는 곳 아미리가 쥬라]
에 이르러 민쥬 셰우는 스름을 도읍고자 ㅎ니 법왕이 듯고 엄렬이 금
지ㅎ고 빌업특12)이라 ㅎ는 사름을 잡아 가두엇스되 오히려 스스로이
도망ㅎ야 미국으로 가는 ㅈ 만터라.

이윽고 미국이 법국에 쥬찰ㅎ는 스신을 보뉘니 법국 빅셩이 다 환
텬희지ㅎ야 우례로 뒤졉ㅎ는지라. 왕과 그 신하 부득이ㅎ야 졉견홀
시 의관이 박누ㅎ여 화려치 못홈을 보고 심이 더레이 너기더니 밋 그
언론을 드르믹 광명준위ㅎ야 족히 인심을 감동홀지라. 법국 관민이 무
불흠양ㅎ고 법왕도 부득불 미국을 도와 영인을 뒤젹홀지라. 드듸여 약
조를 졍ㅎ니 ㅈ시 이후로 법국 사민이 다시 왕의 구법을 좃지 아니ㅎ
더라.

뎨십삼졀 법국 국고가 공허ㅎ미라

법국 풍속이 원릭 사치를 조와ㅎ고 궁졍에는 더욱 심ㅎ야 역딕 이
릭로 항상 세입이 세츌을 당치 못ㅎ야 부득이 타국에 차관ㅎ믹 젹채
여산ㅎ야 지어 영금 이억 이쳔스빅만 방에 이르니 믹년에 변리만 ㅎ
야도 영금이 이쳔뉵빅스십만 방이라야 겨우 상하팅셕ㅎ깃거늘 이에
셰입은 불과 일쳔팔빅팔십만 방이라. 이러므로 빅셩이 빈곤ㅎ고 싱계
돈졀ㅎ니 왕은 오즉 탁지부를 칙망ㅎ나 탁지 대신도 쪼흔 엇지헐 길
업는지라. 이에 여러 번 대신을 체츠ㅎ다가 일쳔칠빅팔십삼년 [뎡종 칠
년]에 가룽13)으로 호부 상셔를 삼으니 가룽이 국채를 졈졈 졍돈ㅎ며 풍
죡ㅎ고 부요흔 긔샹을 낫타뉘여 왕궁을 화려이 슈리ㅎ고 항구의 션창
을 증셜ㅎ야 흥리ㅎ는 근원을 여는지라. 이에 국용을 가이 지팅헐 쑨

---

12) 빌업특: 미상.
13) 가룽(嘉龍): 카르논. 카르뇽.

아니요 부고 즁에 쏘흔 여지 잇스니 스룸이 다 이르되 가룡이 나라를 의원ᄒᆞᄂᆞᆫ 수단이 잇다 ᄒᆞ야 각쳐 은힝이 금은을 ᄭᅮ이여 분분이 믹기더니 밋 은힝에 재물이 다흔 후에ᄂᆞᆫ 의연이 한 계칙도 업스니 딕져 가룡이 외모ᄂᆞᆫ 싱재를 잘ᄒᆞᄂᆞᆫ 듯ᄒᆞ나 기실은 젼혀 각 은힝을 빙즈ᄒᆞ야 허장셩셰ᄒᆞ얏는 바ㅣ러라. 가룡이 헐 길 업셔 가마니 왕게 고왈 지금에ᄂᆞᆫ 오즉 구법을 회복ᄒᆞ고 쏘 <u>셰가와 교사와 상고 농민 범 상등인을 불너 회의ᄒᆞ야</u>14) 셕년에 세가와 교사의 부셰를 경ᄒᆞ게 ᄒᆞ든 폐를 다 쓰러바리고 상고와 농민과 갓치 일쳬로 부셰를 밧치게 ᄒᆞ면 비단 국용이 요족ᄒᆞᆯ 쑨 아니라 삼등 인민이 대소 경즁지별이 업스미 빅셩이 반ᄃᆞ시 심열 셩복ᄒᆞ리이다 ᄒᆞ거늘 왕이 대희ᄒᆞ야 세가와 교사 등을 약회ᄒᆞ야 의론ᄒᆞ라 ᄒᆞ니 세가 교사 등이 다 발연대로ᄒᆞ고 셩셰흉즁ᄒᆞᄂᆞᆫ지라. 왕이 겁ᄂᆡ여 가룡을 면관 식이고 셰가와 교사ᄃᆞ려 다시 양칙을 싱각ᄒᆞ라 ᄒᆞ니 별노이 조흔 법이 업고 필경 빅셩이 의연이 궁곤ᄒᆞ니 이ᄂᆞᆫ 일쳔칠빅팔십칠년 [뎡종 십일년] 일이러라.

뎨십ᄉᆞ졀 법국 션빗 졍사를 의논홈이라

법국 옛법에 왕이 권리를 잡으미 민간이 국용 츌납을 아지 못ᄒᆞ더니 근년 이릭로 국용을 긔록ᄒᆞ야 빅셩 보이ᄂᆞᆫ 법을 힝ᄒᆞ미 이에 빅셩과 농민들이 다 사사로이 의논ᄒᆞ여 왈 이 장졍은 오즉 인군과 셰가이 안향부귀ᄒᆞᆯ 쑨이요 괴롭고 궁곤ᄒᆞ기ᄂᆞᆫ 오즉 우리 상과와 농군들이라 ᄒᆞ며 공장들도 다 말ᄒᆞ되 왕이 치국ᄒᆞᄂᆞᆫ 법을 아지 못흔다 ᄒᆞ고 모든 <u>션빗ᄂᆞᆫ 월보 [ᄆᆡ월에 한 번식 ᄂᆡᄂᆞᆫ 신문지라]를 ᄂᆡ여 졍사를 의논ᄒᆞ야 가가호호이 나노아 쥬며 쏘 스룸을 식이여 져즈거리로 단이면서 월보를 강논ᄒᆞ야 무식흔 스룸도 알게 ᄒᆞ니</u> 이에 쥬막과 시졍 간에 의논ᄒᆞᄂᆞᆫ 바도

---

14) 삼부회: 1787년 네케르의 요청에 의해 1789년 5월 5일 베르사이유 궁전에서 개최함.

무비 국가사 ㅣ 라. 통국 인민이 다호되 소민의 곤궁홈이 다 왕과 셰가의 정치를 모르는 연고 ㅣ 라 호고 드듸여 의원을 거쳔호야 [의원은 국사를 의논호는 스룸이니 각국에 다 잇슴이라] 셰가와 교사와 상고 농부 삼등인을 모아 놋코 별노이 조혼 법을 의논호야 기현역철홀 게교를 싱각호더라.

뎨십오졀 법국 대회라

일천칠빅팔십칠년 [뎡종 십일년] 오월 이일에 일국이 의원 일천이빅 인을 공쳔호야 비싁야15)데 모이여 [비싁야는 법왕이 당시에 잇는 곳이니 파리 경성과 불원혼 싸이라] 구법을 고치고자 헐시 셰가와 교사를 쳥호야 레비당에 모이니 교사는 화려혼 자쥬빗 옷슬 입고 압혜 셔고 즁혼 즈는 빅룽관을 쓰고 쳥싁옷슬 입고 우에 금션으로 슈 노은 반뵈를 더호엿스니 이는 셰가 화족이요 뒤에 잇는 즈는 민간이 거쳔혼 농상공 각싁인이라. 또 푸른 의복을 입으미 다 질박호고 오즉 압혜 잇는 교사와 셰가보다 슈효가 만터라. 모이기를 다호미 교사와 셰가들이 즁논을 이긔기 어려울가 염녀호여 혼 곳에셔 의논호기를 원치 아니호는지라. 왕이 다시 명호야 삼쳐로 나노와 상의호라 호니 농상공 졔인은 긔혀히 한 곳에셔 의논호야 공평혼 냥칙을 어들가 호나 교사와 셰가들이 필경 듯지 아니호나 작사 도방에 무삼일이 될이오. 두 달이 지나도록 의논의 정치 못호는지라. 통국 인심이 분운호여 왈 이러타시 결단치 못호면 다른 국사는 판리헐 날이 업스리라 호더라.

---

15) 비싁야(非色野): 우명 배건(又名 裴蹇). 애쎄일스. 法宮. 베르사이유.

데십륙절 법국 하의원이 회의홈이라

이윽고 농샹공 등 ᄉ룸이 하의원에 권을 셰워 즈립ᄒᄂᆞᆫ 쥬견을 졍
ᄒ야 왈 즈금 이후에ᄂᆞᆫ 아등이 공의ᄒᄂᆞᆫ 회를 일홈ᄒ야 국회라 ᄒ고
회즁인이 졍ᄒᆞᆫ 바 률법은 곳 나라 법이 될지라. 져 셰가와 교사들이
우리와 회동 샹의치 아니ᄒ니 아등이 공의ᄒᆞᆫ 후에ᄂᆞᆫ 곳 그 법을 좃차
시힝ᄒᆞ미 가타 ᄒ더라. 말ᄒᄂᆞᆫ 지 일으되 이ᄂᆞᆫ 미국 사신 차비손[16]이
가만이 모쥬ㅣ 되야 농샹공 등인으로 ᄒ야곰 졍치를 긔혁ᄒ야 미국과
갓게 혼다 ᄒ더라.

국권을 곳친 후에 왕과 셰가 교사 등이 망지소조ᄒ고 다만 업ᄂᆡ여
농샹공의 말ᄒᄂᆞᆫ 디로 쥰힝치 아니치 못ᄒ니 종ᄎᆞ로 파리 셩 [파리 셩
은 법국 도셩이라] 밋 각쳐 농공샹들이 다 크게 질겨ᄒ야 왈 이러틋
젹년 폐단을 일조에 쓰러바리니 련통이 속히 되기를 가히 잘지요 ᄯᅩ
한 ᄉ룸도 상히ᄒ지 아니ᄒ얏스니 하늘의 복을 어덧다 ᄒ더라. 연이나
왕과 밋 셰가 졔 대신은 면종홀 ᄲᅮᆫ이요 ᄯᅩ 빅셩이 젼혀 싀법을 조와힐
길이 업고 오즉 농샹공 등이 작란ᄒᆞᆫ 바이라 ᄒ고 이에 권력을 돌녀여
위복을 지으리라 ᄒ여 이히 칠월에 군사 삼만과 대포 일빅 좌를 조발
ᄒ여 파리셩외 비싀야에 진치고 병력으로 민심을 억졔코즈 ᄒ니 국회
당이 듯고 왕게 말ᄒ야 쳘병홈을 청ᄒ되 왕이 불청ᄒ고 군사를 노와
파리에 니르니 파리 빅셩이 차경차로ᄒ야 문을닷고 져ᄌᆞ를 거두며 닉
외 졔민이 판리헐 계칙을 의논홀식 일시에 요언이 스긔ᄒ야 일으되
쟝찻 농공샹 등인을 자바 다사리고자 ᄒ야 대포를 걸고 파리를 파흔
다 ᄒ며 ᄯᅩ 말ᄒ되 파사지[17] 대옥즁에 발셔 대포와 탄환을 예비ᄒ야
셩을 파ᄒ고 농공샹인 등은 ᄒ나토 도망치 못ᄒ게 혼다 ᄒ니 법민이
이 말을 듯고 다 분긔츙텬 왈 아등이 반치 아니면 각인을 구ᄒ지 못ᄒ

---

16) 차비손(遮非遜 又名 姐飛生): 쩨퍼손. 재퍼슨.
17) 파사지: 바스티유

리라 ᄒ고 이에 젼셩이 대란ᄒ야 일호빅응ᄒ야 하로 동안에 군사되기를 ᄌ원ᄒᄂ 즈ㅣ 슈만인이요 각 공쟝은 군긔를 졔조ᄒ니 풀무의 화광이 츙텬ᄒ며 쏘 병긔 잇ᄂ 즈ᄂ 병긔를 ᄂ여 슈름을 나호아 쥬며 쏘 농긔로 군긔를 ᄆᄃ나 군사ㅣ 만은 고로 오히려 부족ᄒ고 쏘 말호ᄃㅣ 나라 군긔고에 군긔 마니 잇다 ᄒ여 빅셩이 다토와 드러가 창과 약탄을 탈취ᄒ여 가져가되 금ᄒ리 업더라.

데십칠졀 법인이 대옥을 셰치미라

법국 졍사 즁에 더욱 민심을 어긔ᄂ 바ᄂ 파사지옥 갓틈이 업ᄂ지라. 슈름이 그 옥문을 지ᄂ면 곳 살촉이 마음을 질으ᄂ 닷ᄒ여 말호ᄃㅣ 국가ㅣ 이 옥을 두어 잔학ᄒᆫ 위엄을 힝ᄒ니 셕년에 우리 조부와 부친들이 다 원통이 이 옥에 드러가 악형을 당ᄒ얏스니 이제 이 긔회를 어덧스미 이러ᄒᆫ 함졍을 타파치 아니ᄒ면 화근을 졔ᄒ지 못ᄒ리라 ᄒ고 말이 맛지 못ᄒ야 만구일셩에 다 옥문 압헤 이르니 옥의 견고ᄒ미 젹국을 방비ᄒᄂ 포대와 갓타 야쟝원이 견실ᄒ고 쏘 담에 구녕을 ᄯᆞᆯ어 대포를 놋케 ᄒ고 문 밧게 하슈를 깁히 파고 겨우 한 다시 잇셔 리왕을 통헐지라. 만일 다리를 회쳘ᄒ면 비조불입이오 옥즁에 병졍을 두어 각기 창포를 가지고 방어ᄒ더라. 다힝이 빅셩의 슈효ㅣ 만코 쏘 다 보슈헐 마음이 잇스미 옥에 잇ᄂ 병졍들도 과불젹즁헐 쥴 알고 분분 도피ᄒ니 이ᄂ 칠월십사일 사이러라. 법인이 지금까지 령졀이라 ᄒ고 ᄆㅣ년 초일에 긔를 달고 잔치를 비셜ᄒ야 셔로 하례ᄒ고 다 말호ᄃㅣ 국가ㅣ 구법을 변ᄒ야 우리 인민이 승평ᄒᆫ 복을 누리미 다 이날로부터 긔초를 셰윗다 ᄒ더라. 졔인이 옥ᄂ에 드러가 보니 흑암여칠ᄒ고 별로이 검은 길과 깁은 굴을 파고 갓갓이 형구를 버렷스니 다 일홈을 알 길이 업고 큰 돌로써 평상을 ᄆᄃ들고 쏘 쇠로써 옷슬 지어 죄인을 입피며 종종 악ᄒᆫ 형구를 불가승언이라. 보ᄂ 즈ㅣ 무불 졀치통ᄒᆫᄒ더라.

뎨십팔졀 법민이 대긔라

노의 뎨십뉵왕이 비싀야에 잇셔 파리의 소식을 듯고 헤오딕 닉 군사 삼만이 잇스니 무란이 평졍ᄒ리라 ᄒ야 파사지에 포셩이 잇스되 오히려 경동치 아니ᄒ더니 밤에 이르러 보ᄒ되 빅셩이 다 파사지 옥을 깃쳣다 ᄒ거늘 왕이 비로소 숑연ᄒ야 무러 왈 우리 빅셩들이 참 다 반ᄒ얏ᄂ냐. 한 관원이 딕답ᄒ야 왈 빅셩이 반홈이 아니요 국사를 졍돈코자 홈이니이다. 왕이 대오ᄒ고 십오일 식벽에 국회에 칙유ᄒ야 왈 비싀야의 군사 삼만은 격셔ᄒ야 다 돌녀보닉엿스니 너의 빅셩은 안심ᄒ라 ᄒ더라. 연이나 즈차 이후로 민권이 즁ᄒ고 군권이 경ᄒ얏더라.

법민이 옥을 파ᄒ믹 인ᄒ야 셕년에 셰가의 능멸ᄒ고 잔학 바드믈 싱각ᄒ여 셜분코자 ᄒ야 분독한 마음을 이긔지 못ᄒ야 혹 스스 원슈의 머리를 버혀 창긋헤 꾀여 거리로 단이기도 ᄒ며 혹 죽이여 그 비를 갈으며 혹 그 피를 가져 슐에 화ᄒ야 마시기도 ᄒ고 혹 셰가의 집에 드러가 지물을 창탈ᄒ고 즈녀를 슐히ᄒ여 그 참혹ᄒ고 악독홈이 참담ᄒ 긔운이 텬일을 가리는 듯ᄒᄂ지라. 여러 셰가ᅵ 이 란을 지닉고 틱반이나 타국에 도망ᄒ니 민심이 비로소 편안ᄒ더라.

뎨십구졀 법국이 셰가의 권을 삭홈이라

이히 팔월에 국회를 당ᄒ야 젼일에 불공평한 법을 다 산졔홀식 그 셰가의 부셰를 밧치지 아니홈과 딕딕로 벼살을 승습홈과 사사로이 원림을 차지홈과 원랍ᄒ고 벼살홈과 도고ᄒ야 취리ᄒᄂ 모든 일을 일병에 혁졔ᄒ고 교사ᅵ 향일에 오로지 한 바 십분에 취일ᄒᄂ 리를 쏘한 업시바리고 셩닉와 지방의 일이 형자에 관원이 ᄒ난 일을 다 공쳔한 지방관으로 ᄒ여 판리ᄒ게 ᄒ고 국가의 부셰는 셰가와 평민을 물논ᄒ고 고르게 상랍ᄒ야 경즁이 업스며 관민의 사숑을 공평이 결단ᄒ야 수정과 원억홈이 업게 ᄒ고 벼살ᄒᄂ 자ᄂ 세가와 평민을 물론ᄒ고 직덕 유무로 퇴용ᄒ니 법민이 이에 회츌망외ᄒ야 말ᄒ되 슈빅년 폐정과 퇴풍을 일조에 소탕 졔거ᄒ니 종차로 고침무우ᄒ리라 ᄒ더라.

법을 곳친 후에 파리 셩즁에 노둔 나타ᄒ 빅셩이 말ᄒ되 국회에셔 무론 귀쳔ᄒ고 벼살을 식인다 ᄒ니 우리도 모듸ᄒ고 인신 가지기ᄂ 곳 여반장이라 ᄒ고 망상을 닉야 싱계ᄅᆯ 일삼지 아니ᄒ며 농ᄉᄅᆯ 힘쓰지 아니ᄒ고 셰월을 보닉고 망녕되이 국졍을 의론ᄒ며 혹 셕일에 왕과 셰가 학듸ᄒ든 일을 토론ᄒ야 그 직룡을 낫타닉고 대져 ᄉᄅᆷ이 텬지간에 싱기여 사농공상이 다 온젼ᄒ 법이 잇셔 자싱홈을 아지 못ᄒ더라. 이윽고 나타ᄒ 빅셩이 업을 황폐ᄒ고 긔한이 교박ᄒ야 그 안분치 아니ᄒᄂ 지 다 파리셩에 이르러 국회에셔 공쳔ᄒ 지방관을 향ᄒ야 의식을 구쳥ᄒ니 지방관이 진력 구졔ᄒ나 ᄉᄅᆷ이 슈다ᄒ야 조획이 무칙ᄒ고 겸ᄒ야 즁인이 밤즁에 답지ᄒ야 잇튼날 먹을 냥식을 달나ᄒ니 졸지에 변통헐 길 업셔 만분 경황ᄒ고 여러 빈민은 그 ᄉᄅᆷ이 만음을 밋고 소요홈을 마지 아니ᄒ고 심지어 지방관의 목을 민야 죽이ᄂ 지 잇스민 국닉 평안치 못ᄒ고 무역이 닝낙ᄒ야 부셰 쪼ᄒ 십분에 삼ᄉ가 감ᄒ니 국고의 공허ᄒ미 셕년 가룡이 호부샹셔로 잇슬 쌔에셔 더 심ᄒ고 쪼 셕년의 가룡이 의론ᄒ든 법을 왕이 감이 힝치 못ᄒ더니 지금은 국회 잇셔 다 판단헐새 션시에 법국에 교회 가장 부ᄒ야 교사의 직산이 젼국 토지 삼분일을 가졋스니 그 갑이 영금 팔쳔만 방이라. 국용이 여츳가 필졀헐 쌔ᄅᆯ 당ᄒ야 국회에셔 엄히 률을 졍ᄒ고 회즁의 직산은 몰슈이 나라에 밧치고 츅년ᄒ야 교사의 월급을 졍급ᄒ고 교즁에 부비ᄅᆯ 쪼ᄒ 국가로셔 발급케 ᄒ니 왕이 즁론을 어긔지 못ᄒ고 다만 공슈 유유헐 ᄲᆫ이러라.

슈일이 지닉미 홀연이 부녀 슈빅이 셩군작당ᄒ야 비싁야 왕궁에 이르러 왕을 보고 파리셩으로 가믈 쳥ᄒ니 왕이 도망코자 ᄒ나 그 틈을 엇지 못ᄒ고 부득이 붓들녀 가다가 드듸여 억지로 셩닉 타릭리 궁[18]에 안치홈을 당ᄒ미 겨우 병졍 슈인이 호위헐 ᄲᆫ이요 왕이 비록 궁즁에 안거ᄒ나 밧게 나오지 못ᄒ야 갓침과 갓더라.

데이십절 법ᄉ룰 의론홈이라

법국이 법령을 고치ᄆ 구쥬 각국이 다 유심이 살펴지 아니리 업셔 그 신법이 심이 공평ᄒ단 ᄌ도 잇고 그 구규를 문란홈이 심이 망녕되단 ᄌ도 잇스니 신법이 올타 ᄒ야 대렬ᄒᄂ ᄌᄂ 렬국의 사셔인들이니 그 의론에 왈 법국이 젹년 고싱ᄒ든 ᄉᄅ이 이 법 ᄀ혁ᄒ 후에 다 승평지복을 밧으니 구쥬 각국으로 론ᄒ면 법국이 극빈극곤ᄒ 나라이라. 이졔 일조에 어질어온 것을 헤치고 바른 데 도라오게 ᄒ야 젼약위상ᄒ고 젼위위안ᄒ얏스니 연즉 다른 나라에 젹폐 업ᄂ ᄌᄂ ᄌ연 변혁ᄒ기 더욱 쉽지 아니ᄒ냐 ᄒ며 법국 인민은 셔로 하례ᄒ야 왈 셕년에 관민과 빈부를 갈희여 냥등에 난호왓더니 이졔 다 일쳬되니 지덕 잇ᄂ 션비 다 씨일지라. 결단코 다시 곤궁치아니리니 이만 다힝이 업다 ᄒ며 영국 관원 모ᄂ 갈오ᄃ 궁고이리 민쥬지국이 업국 이번에 곳친 신법갓치 공졍ᄒ ᄌ ㅣ 업다 ᄒ며 그 법인이 구장을 문란이 ᄒ얏다 ᄒᄂ ᄌᄂ 렬국의 왕과 셰가이라. 이르되 조졍 뎡ᄉᄂ 맛당이 인군이 쥬쟝헐지라. 범 국가의 권셰와 영광이 본ᄅ 샹뎐이 쥬신 바이니 그러무로 인군은 우에셔 권셰를 잡고 셰가와 대신은 아ᄅ에셔 졍ᄉ를 난호와 가지고 소민은 봉령승교ᄒ야 감이 어긔지 못헐지라. 이졔 법국이 구법을 고쳐 졍ᄉ와 호령을 다 민간에셔 의론ᄒ야 힝ᄒ니 반상ᄒ고 픠리홈이 텬지 번복홈과 갓ᄃ ᄒ더라.

---

18) 타리리 궁: 튈르리 궁젼. 1789년 10월 5일 파리의 수많은 여성들이 무기를 들고 빗속에서 파리시청 앞 광장에 모여 베르사이유 궁전에 난입하여 국왕과 의회에 음식을 요구하는 생존권 투쟁을 하였다. 이들의 압력으로 루이 16세는 압력을 받아 프랑스 인권 선언을 인정하고 그녀들에게 이끌려 파리 튈르리 궁전에 가족과 함께 이주 당한다. 이후, 루이 16세 일가는 파리시민의 감시 속에서 살게 된다. 『위키백과』

뎨이십일졀 보국과 오국이 법왕을 돕고ᄌ 홈이라

법국이 대란ᄒ 후에 렬국 인군이 법왕과 통샹 상관되ᄂ 즈ᄂ 다 법왕을 도와 졍권을 다토고ᄌ 혈ᄉ 오국 황졔ᄂ [오국은 오지리아라] 법왕의 친절ᄒ 결네라. 마음이 더욱 간절ᄒ고 보로사 후ㅣ 쏘ᄒ 도웁고자 ᄒ며 법국 셰가ㅣ 도망ᄒ야 일이만에 가 잇ᄂ 즈ㅣ 십만 여호라 [보로사19)와 일이만20)은 다 덕국의 옛 일홈이니 원리 일이만 나라 즁에 보로사와 밋 여러 나라이 되더니 즉금 대군쥬 폐하 건양 이십팔년 젼에 합ᄒ야 덕국 한나라이 됨이라] 다 신졍 부당을 진명ᄒ고 듸권을 쎄아셔 법국 군신으로 ᄒ야곰 그 위를 편안케 ᄒ리라 ᄒ니 국회 ᄉ름이 듯고 오국 보국 등 졔국 인군의게 글을 보ᄂ여 왈 우리 등이 국가의 싸달오은 졍ᄉ를 바든 지 여러 히라. 이졔 신법을 셰워 빅셩이 직싱되믈 경ᄉᄒ거늘 이에 귀국이 폐국왕을 도와 권셰를 다토고ᄌ ᄒ니 이ᄂ 우리 국법을 문란ᄒ고 우리 민심을 요란케 홈이라. 우리 마음이 엇지 달게 너리리오. 귀왕이 만일 ᄯᄉ이 잇거든 맛당이 아국을 향ᄒ야 사죄ᄒ고 불연이면 폐국이 원컨듸 올은 쪽에 젼동을 차고 외인 쪽에 치직을 가지고 귀왕과 한 번 쏨을 쥬션ᄒ리라 ᄒ니 이ᄂ 일쳔칠빅구십이년 [뎡종 십뉵년] 일이러라.

법인이 보오 냥국과 힐난홀 즈음에 영국은 춤예치 아니ᄒ얏더니 법인이 헤오듸 금번 쏨에 의례이 젼필승공 필취홈을 아지 못홀지라. 용계ᄒ야 빅셩을 리산식킴만 갓지 못다 ᄒ고 가만이 <u>각국 인민을 쇠야 왈 국가ᄉᄂ 인군이 젼권헐 거시 아니라 물론 하국ᄒ고 민쥬국을 몬드러 구법을 고치고 군권을 졔ᄒ랴 ᄒᄂ 즈ㅣ 잇스면 법국이 병력으로써 도으리라</u> ᄒᄂ지라. 영국이 듯고 크게 불열ᄒ야 법국더러 일너 왈 나라를 둔 즈ㅣ 무론 민쥬 군쥬ᄒ고 ᄉ사로 졍법이 잇스믜 민쥬국됨을 초

---

19) 보로사(普魯斯 新名 德意志): 프로이센. 프러시아.
20) 일이만(日耳曼): 저먼. 독일.

불간에 ᄒᆞ얏스니 네 감이 아국의 법령을 문란케 ᄒᆞ면 단단코 용셔치 아니리라. 법인이 듯고 심이 로ᄒᆞ나 무사가답이요 ᄯᅩ 군쥬 각국이 법왕을 도아 국권을 쎅슬가 넘녀ᄒᆞ야 드듸여 일쳔칠뷕구십삼년 [뎡종 십칠년] 졍월 하슌에 왕을 죽이니 영국이 그 시군흠을 보고 이는 스룸의 도리 업다 ᄒᆞ야 드듸여 졀교ᄒᆞ고 법인이 비록 글을 보늬여 방문을 통ᄒᆞ나 다 ᄃᆡ답지 아니ᄒᆞ니 법인이 영국이 욕ᄒᆞᆫ다 ᄒᆞ야 치고ᄌᆞ ᄒᆞ거늘 아라스ㅣ ᄯᅩ흔 영인의 ᄒᆞᄂᆞᆫ 바ㅣ 졍리에 압ᄒᆞᆫ다 ᄒᆞ고 영국으로 더부러 약조를 졍ᄒᆞ고 법국을 막으니라.

뎨이십이졀 보로사 후의 격셔라

션시 일쳔칠뷕구십이년 [뎡종 십뉵년]에 보로사 분슈 후21)ㅣ 보오냥국 군사 십ᄉᆞ만과 밋 법국의 촐망흔 모든 셰가를 거느리고 법국을 향ᄒᆞ야 진발헐ᄉᆡ 격셔를 지어 법인을 쥬어 왈 과인이 금번 옴은 너의 왕과 밋 너의 교회를 위흠이라. 너의 국회당이 다힝 부도ᄒᆞ야 시군란 졍ᄒᆞ고 뎡도를 바리고 망영되이 시법을 늬며 국권을 젼쳔ᄒᆞ야 뷕셩으로 ᄒᆞ야곰 뉴리젼픠케 ᄒᆞ니 이졔 오지리아 황졔22)ᄂᆞᆫ 너의 왕과 친쳑이라. 좌시불구허기 어렵고 겸ᄒᆞ야 너의 셰가 대신이 파월ᄒᆞ야 밧게 잇스니 이럼으로 과인과 갓치 너의 나라에 가 조졍을 졍돈ᄒᆞ고 뷕셩을 구ᄒᆞ고ᄌᆞ ᄒᆞ니 너의 무리 지식이 잇ᄂᆞᆫ ᄌᆞᄂᆞᆫ 단사호장으로 우리 왕사를 맞고 만일 집미불오ᄒᆞ면 왕사 일으는 곳에 후회막급ᄒᆞ리라.

---

21) 분슈 후(奔雎 侯): 듁 오뿌 쌕런스워크. 프러시아의 왕.
22) 오지리아(奧地利阿) 황졔: 오지리아. 오사마가. 오스트리아(헝가리 포함). 오스트리아 황졔. 당시 오스트리아 황졔는 마리 앙트와네트의 오빠로 신성 로마졔국의 황졔를 겸하였음.

뎨이십삼졀 법왕이 위롤 일음이라

이 째에 법인이 국가의 속박됨을 버셔나고 환희고무ᄒ야 군무롤 일 삼지 아니ᄒ고 지어 각쳐에 가셔 나무롤 심어 공을 포ᄒᄂᆫ 자도 잇고 쏘 민싱에 유익ᄒᆫ 모든 일을 드러국회에 품ᄒ야 신법을 흥코ᄌ ᄒ더 니 밋 보후의 격셔롤 보니 법국 군신을 도아 위롤 회복게 홈이라. 다 말ᄒᄃᆡ 이ᄂᆞᆫ 왕이 셰가로 더부러 권셰롤 쎅셔 우리롤 학ᄃᆡ코자 ᄒᆞᆷ이 라. 만일 보오 냥국이 득지ᄒ면 우리 어ᄂᆞ날 다시 텬일을 보리오 ᄒᆞ고 이에 각인이 다 군긔롤 졍돈ᄒ야 젹군을 방비헐ᄉᆡ 혹이 말ᄒᄃᆡ 져의 격셔로써 우리롤 효유홈이니 우리 먼져 그 격셔롤 상고ᄒ야 과연 인 민롤 요란코자 ᄒᄂᆞᆫ 뜻이 잇거든 곳 죄로써 다사려 져로 ᄒ야곰 자구 지단이 업게 ᄒ라 ᄒ니 모든 쟝사ㅣ 듯고 짓거려 왈 밧게ᄂᆞᆫ 강병이 잇 고 안에ᄂᆞᆫ 왕당이 잇셔 식언실신ᄒ니 왕은 혼군이라. 젹병을 불너 우 리롤 히코자 ᄒᆞᆷ이니 우리 왕을 머물너 무엇에 쓰리오. 그 버리미 편ᄒ 고 격셔의 말로 론ᄒ면 분명이 왕과 셰가ㅣ 망령되이 지은 요언이라. 무삼 상고홀 거시 잇스리오 ᄒ고 드듸여 군사 삼만을 합ᄒ야 타릐리 궁23)에 이르러 슈궁ᄒᆫ 셔사국24) 군사롤 결박ᄒ야 다 쥭이니 법왕이 왕비와 밋 모든 왕ᄌ와 왕의 쳑속을 거ᄂᆞ리고 도망ᄒ야 국회에 드러 와 구원을 쳥ᄒ거늘 국회당이 곳 옥에 ᄂᆡ리니 이ᄂᆞᆫ 일쳔칠ᄇᆡᆨ구십이년 [뎡종 십뉵년] 팔월 십일일이러라.

뎨이십ᄉ졀 법민이 왕의 당을 쥭이미라

보국 분슈 후ㅣ 법국에 이르러 여입무인지경이라. 공셩략디ᄒᄆᆡ 막

---

23) 타릐리 궁: 튈르리 궁젼.
24) 셔사(瑞士) 국: 스위스.

는 주ㅣ 업더라. 비돈셩25)을 파ᄒ니 법인이 비도 파흠을 듯고 말호ᄃᆡ 비돈셩은 파리와 머지 아니ᄒ니 보오의 군사ㅣ 곳 장구대진ᄒ리라 ᄒ야 이에 인심이 황황ᄒ지라. 한 스름이 크게 외여 왈 우리 법국을 어지레고 우리 민싱을 히흠은 다 왕의 당과 셰가이라. 금에 쏘 외국의 군사를 불너 우리 부모형뎨 쳐ᄌ를 힘을 히흠ᄒ니 우리 죽을 힘을 드리지 아니면 맞춤ᄂᆡ 평안무ᄉ치 못ᄒ리라 ᄒ며 법인에 조탄26)이란 주ᄂᆞᆫ 고담웅변이 입에 하슈를 단 듯ᄒ고 쏘 담이 큰 조자룡 갓트며 일을 당ᄒ면 용왕직젼ᄒ야 겁이 업더라. 이 변고를 당ᄒᄆᆡ 몸을 쒸여나와 중인을 호령ᄒ야 왈 외병의 옴은 실노 왕당이 불너 우리를 히흠이라. 우리를 히ᄒᄂᆞᆫ 주ᄂᆞᆫ 곳 원슈ㅣ라. 이졔 왕당을 증치ᄒ야 ᄂᆡ응을 ᄭᅳᆫᄂᆞᆫ 거시 올으니 ᄂᆡ의 말을 올타 ᄒᄂᆞᆫ 주ᄂᆞᆫ ᄂᆡ 뒤를 싸르라 ᄒ니 법인이 듯ᄂᆞᆫ 주ㅣ 다 용냑지 아니리 업더라. 구월 초일일에 파리 스름이 형법아문을 셰우고 옥중에 가득ᄒ 주ᄂᆞᆫ 다 왕당이라. 왕당이 무고이 외병을 불너 우리 무죄ᄒ 스름을 죽이고자 ᄒ니 우리 먼져 왕당을 죽이리라 ᄒ고 그 가속친족과 밋 평일에 원슈 잇ᄂᆞᆫ 스름은 무론 남녀ᄒ고 일일이 다 국문ᄒ야 그 중에 조곰도 죄상업ᄂᆞᆫ ᄌ와 쏘 비단 죄상이 업슬 쓴 아니라 범평일에 자자위션ᄒ야 셰상이 션인이라 ᄒᄂᆞᆫ 주도ᄐᆡ반 다 사죄로 졍ᄒ고 중인이 독ᄒ 마음이 한번 일ᄆᆡ 억졔치 못ᄒ야 ᄂᆡ란을 간졍ᄒ고야 외병을 막으리라 ᄒ고 곳 스름 일천일ᄇᆡᆨ 명을 죽이고 그졔야 군오를 졍돈ᄒ야 보오의 군사를 막을ᄉᆡ 병단이 열ᄆᆡ ᄌ초이년 중에 법국 인민이 사망과 잔히흠이 드듸여 구쥬 천고이ᄅᆡ에 뎨일 대겁을 지ᄂᆡ니 춤혹ᄒ도다.

---

25) 비돈셩: 예던. 비돈(裵敦). 프랑스의 지명.
26) 조탄: 언역본은 '조탄'이나 한문본은 '단탄(旦呑)'. '쏜톤'.

뎨이십오졀 법이 보병을 파홈이라

파리 졔장 즁에 다모렴²⁷⁾이라 ㅎᄂ 즈ㅣ 잇스니 효용ㅎ야 싸홈을 잘ㅎᄂᆫ지라. 드듸여 장군을 삼아 보국과 싸와 대파ㅎ니 분슈후ㅣ 오보 냥국의 군사ᄅᆞᆯ 거ᄂ리고퇴ㅎ니 구월 이십팔일에 법국 일경이 일졔 슉쳥ㅎ야 빅셩이 다 안도ㅎ더라.

뎨이십뉵졀 법이 왕을 죽이미라

보오 냥국 군사ㅣ 물너가ᄆᆡ 국회당이 왕을 쳐치코자 ㅎ야 의론ㅎ야 왈 혼군이 우리ᄅᆞᆯ 히ㅎᄆᆡ 이에 이르니 엇지 그 셰월을 안과ㅎ야 여년을 맛치게 ㅎ리오 ㅎ고 드듸여 왕의 죄 그대ㅎᄆᆡ 버혀 죽일 죄로 쳐단ㅎ다 ㅎ더라. 이 ᄢᆡ에 법왕이 옥에 잇슨 지 발셔 넉달이라. 일즉 영국 사긔ᄅᆞᆯ 보다가 사리왕²⁸⁾ 뎨일 럴젼에 ㅎ얏스되 왕이 빅셩과 언약을 비반ㅎ얏더니 빅셩이 죽이엿다 홈을 보고 탄식왈 과인이 장ᄎᆞᆺ 영왕의 뒤을 ᄯᆞᄅᆡ로다 ㅎ더니 일쳔칠빅구십삼년 [뎡종 십칠년] 졍월 십구일에 국회에서 왕을 닉여 임히 국문ㅎ고 션고ㅎ야 왈 국회에 졍ᄒᆞᆫ 법률을 범ᄒᆞᆫ 즈ᄂᆞᆫ 반격과 갓치 다사린다 ㅎ얏거늘 왕이 국회의 법을 범ㅎ니 맛당이 신슈이 쳐헐 형벌을 더ㅎ리라 ㅎ고 션고ᄅᆞᆯ 맛친 후에 비심관 열두 스름을 명ㅎ야 의론ㅎ라 ㅎ니 [비심관은 법률관이라] 이ᄂᆞᆫ 왕을 시ㅎᄂᆫ 대스ㅣ라. 즁론이 불일호되 오즉 왕을 시ㅎ자ᄂᆞᆫ 즈ㅣ 만은 고로 사소종즁ㅎᄂᆞᆫ 젼례를 좃ᄎᆞ 사죄로써 쳐ㅎ고 이십일일에 왕을 법쟝에 ᄂᆡ일ᄉᆡ 몬져 로방에 병졍을 파슈ㅎ야 엄이 직희고 구경ㅎᄂᆞᆫ 즈ㅣ 쳔만인이라. 다 말호되 왕이 우리ᄅᆞᆯ 히코자 ㅎ니 맛당이 죽이리

---

27) 다모렴(多慕廉): 듀모리어. 프랑스 장군.
28) 사리왕(沙里王): 우명(又名) 하례(荷禮). 찰스 1세.

라 ᄒ더니 법장에 일으ᄆ 왕이 말ᄒ고ᄌ ᄒ거ᄂᆯ 즁인이 북을 두다려 스름으로 ᄒ야곰 듯지 못ᄒ게 ᄒ고 감츔관이 왕을 왕을 결박ᄒ고 리도가 한 번 두르ᄆ 왕의 머리 발셔 ᄯᅳᆯ어지ᄂᆫ지라. 조탄이 대호왈 군왕이 우리를 희코자 ᄒ니 우리 이ᄆ 죽엿노라. 누구든지 왕당을 위ᄒᄂᆫ ᄌᄂᆫ 나ㅣ 맛당이 군왕의 머리를 그 압헤 더져 ᄇ셩을 희ᄒ고 욕심을 부리ᄂᆫ 인군을 알게 ᄒ고 우리 군왕을 지하에 좃게 ᄒ리라 ᄒ더라.

뎨이십칠졀 법국이 대란이라

초에 보오의 란이 잇슬 ᄹᅢ에 법인이 풍셩학녀[29])로 셔로 위틱ᄒ고 셔로 의심ᄒ야 거동이 이샹ᄒ ᄌㅣ 잇스면 곳 왕과 셰가의 당이라 필연 인심을 고혹ᄒ야 구법을 회복ᄒ고 우리를 구속ᄒ야 다시 고초를 밧게 ᄒ리라 ᄒ고 옥에 가두니 ᄆ일갓ᄎᄂᆫ ᄌㅣ 팔구쳔인이라. 간일 일차식 스름을 죽이니 만으면 칠팔십 명이요 젹어도 팔구 명이요 비판 파리셩ᄲᅮᆫ 아니라 외도도 역연ᄒ야 통계ᄒ야 죽은 ᄌㅣ ᄇ만에 나리지 아니ᄒ며 그 함험ᄒ ᄌㅣ 잇스면 다 왕당이라 지목ᄒ야 죽이니 죵츠로 원슈를 셔로 ᄆ져 살육이 날로 나니 춤혹ᄒᄆ 텬일이 업스며 지어 국회 즁 스름들도 ᄯᅩᄒ 각기 당뉴를 난호와 피츠 시긔ᄒ야 갑당이 권셰를 가지면 을당을 죽이고 을당이 득셰ᄒ면 갑당을 죽이여 셔로 잔히ᄒ야 필경 법인이 다 업슬지경이 되야야 말 것 갓더니 이에 명쳘ᄒ 션ᄇ 잇셔 혜오ᄃ 긔즁에 필연 반간을 부치여 스름을 희ᄒᄂᆫ 놈이 잇다 ᄒ여 뉴심 고찰ᄒ야 냥년만예 비로소 나픠사별[30])이란 ᄌㅣ 잇셔 갑당을 보면 을당을 희ᄒ고 을당을 보면 갑당을 춤소ᄒ야 스름으로 ᄒ야곰 셔로 시긔케 흠이라. 일쳔칠ᄇ구십ᄉ년 [뎡죵 십팔년] 칠월 이

---

29) 풍셩학녀(風聲鶴唳): 바람소리와 학의 울음.
30) 나픠사별(羅貝斯別爾): 롭스피어. 프랑스인.

십칠일에 나픽사별이를 잡아 슈죄ᄒ고 죽이니 ᄌᄎ 이후로 법국 옥즁에 다시 죄인이 업고 즁인이 다 의심을 풀고 상안무ᄉᄒ더라.

뎨이권 법황 나파륜의 힝장이라

영국 마간셔 원본, 청국 채이강 술고, 리제마티 번역

뎨일졀 법국이 과셔가 도롤 취ᄒ미라

구라파 쥬 디즁히 바다에 과셔가1)라 ᄒᄂᆫ 셤이 잇스니 법국 동남 디경이니 의대리2) 럴방 경나야 국3)에 속ᄒᆫ 짜이라. 법인이 쎗고즈 ᄒ 다가 아니될 쥴 알고 이에 큰 지물로 그 짜을 사고 군사롤 보늬여 졈 령ᄒ니 이ᄂᆫ 일쳔칠빅뉵십구년 [영조 ᄉᆞ십오년] 일이러라.

---

1) 과셔가: 코르시카(코르시카어: Corsica, 문화어: 꼬르스) 혹은 코르스(프랑스어: Corse).
   지중해의 4번째로 큰 섬으로, 이탈리아의 서쪽, 프랑스의 남부, 사르데냐 섬의 북쪽에
   위치한 프랑스의 레지옹이다. 코르시카는 프랑스의 26레지옹 중 하나이나 공식 명칭은
   레지옹이 아니라 '영토집합체(collectivité territoriale)'로 되어 있다. 섬 전체가 산이어서
   목축 외에는 이렇다 할 산업이 없고 관광지로서 알려져 있다. 본토로 이주하는 주민이
   많고 나폴레옹의 탄생지로 유명하다.
2) 의대리: 이탈리아.
3) 경나야(耕羅亞) 국: 이탈리아 제노바. 이때 제노바는 이탈리아의 소국임.

뎨이졀 나파륜이 싱하미라

과셔가는 촬이 소도요 명산대쳔이 아니라. 디령이 업스니 엇지 인걸이 싱ᄒ리오. 연이 만고 영특ᄒ 나파륜이 차디에서 나아 법국 인군된지 이십년에 법인을 노복갓치 부리고 금은을 와륵⁴⁾갓치 바리여셔 법난셔로 하야곰 구쥬의 가장 피폐ᄒ고 빈약ᄒ 나라를 ᄆᆞᆫ드니 이상ᄒ도다. 일쳔칠ᄇᆡᆨ뉵십팔년 [영조 ᄉᆞ십ᄉᆞ년]에 과셔가도 ᄉᆞ름 법률 교사ㅣ 나파륜을 나으니 이 ᄯᅢ에 과셔가도ㅣ 법국에 예속지 아니ᄒ얏더라. 밋 나파륜이 인군이 되ᄆᆡ 법인이 다 이르되 이ᄂᆞᆫ 과셔가도 ᄉᆞ름이라 ᄒ거늘 나파륜이 발명ᄒ야 왈 나ᄂᆞᆫ 일쳔칠ᄇᆡᆨ칠십년 [영조 ᄉᆞ십년]에 나은 ᄉᆞ름이라 ᄒ니 이ᄂᆞᆫ 과셔가도ㅣ 법국에 예속ᄒ 후 일년이니 ᄌᆞᄀᆡᄂᆞᆫ 곳 법국 ᄉᆞ름이라 ᄒᄂᆞᆫ 말이라. 나파륜이 여ᄎᆞ가 ᄉᆞ름을 농낙ᄒ야 평싱의 괴휼ᄒ미 이와 갓고 나파륜의 붓인은 비록 률사ㅣ 되얏사나 월급이 풍족지 못ᄒ고 슬하에 ᄌᆞ녀ㅣ 만으ᄆᆡ 싱계 간난ᄒ다가 불ᄒᆡᆼ이 즁년에 셰상을 바리니 나파륜의 모친이 홀노 잇셔 아녀를 무양ᄒᄆᆡ 간고를 비상ᄒ니 나파륜도 가련ᄒ 인싱일너라.

뎨ᄉᆞᆷ졀 나파륜이 쳐음으로 병권을 잡으미라

나파륜이 아시로부터 무예를 조아ᄒ야 십일셰에 무비학당에 드러 공부ᄒ다가 슈년만에 법국에 민란이 잇슴을 보고 토룡⁵⁾셩 싸에셔 긔병ᄒ야 ᄆᆡ젼 졉승ᄒ더니 밋 파리셩 군변이 이러나ᄆᆡ 나파륜을 공쳔ᄒ야 군ᄉᆞ를 거ᄂᆞ려 치라 ᄒ니 나파륜이 가ᄂᆞᆫ 곳에 곳 안연ᄒ지라. 다 그 지용을 탄복ᄒ야 붓쏫ᄂᆞᆫ ᄌᆞㅣ 더욱 만코 일홈이 진동ᄒᄂᆞᆫ지라. 조

---

4) 와륵: 와력(瓦礫)의 원말. '깨진 기와 조각'으로 하찮은 사람.
5) 토룡(土龍)셩: 투론. 프랑스의 지명.

정이 그 웅지대략이 잇슴을 알고 병권으로써 믹기더라.

뎨ᄉ졀 나파륜이 의대리국을 익이미라

법국이 의대리국과 불화ᄒ야 쟝ᄎ 치고ᄌ 홀ᄉᆡ 국회에셔 나파륜을
명ᄒ야 치라 ᄒ니 이ᄂᆞ 일쳔칠ᄇᆡᆨ구십뉵년 [뎡종 이십년]이러라. 나파
륜이 군ᄉᆞ 수만을 거ᄂᆞ리고 의대리ᄅᆞᆯ 향ᄒᆞᆯᄉᆡ 군량이 죡지 못ᄒ고 의
복도 갓초지 못ᄒ얏더라. 연이 ᄒᆡᆼ군ᄒ야 일르ᄂᆞ 곳에 련견련승ᄒ야 불
과 ᄉᆞ례빅에 [한례빅ᄂᆞ 한공일이오 한공일은 일칠일이라] 오사마가
국6) 속국 살체니아 국7) 군ᄉᆞᄅᆞᆯ 파ᄒ고 ᄯᅩ 냥년늬에 의대리에 둔찰ᄒᆞᆫ
오국 군ᄉᆞ와 ᄊᆞ화 대젼 십팔ᄎᆞ에 다 크게 파ᄒ고 무릇 오국 속디가 의
대리 경늬에 잇ᄂᆞ ᄌᆞᄅᆞᆯ 다 법국에 부치니라. 션시에 나파륜이 의대리
에 향ᄒᆞᆯᄉᆡ 오국 인군이 맛ᄎᆞᆷ 법국을 치고ᄌ ᄒ다가 불의에 나파륜이
몬져 오국에 일으ᄂᆞᆫ지라. 오국이 급히 화친을 쳥ᄒ고 교황도 ᄯᅩᄒᆞᆫ 나
파륜을 막고ᄌ ᄒ다가 ᄯᅩ 픠ᄒᆞᆫ 바ㅣ 되야 교황이 도망ᄒ야 면ᄒ고 [교
황은 텬쥬교의 황뎨라] 교황 부하의 군ᄉᆞㅣ 거의 다 죽고 교황의 부고
창늠을 다 쓰러바리니 의듸리 국 북반부의 모든 속국이 다 법국의 예
속ᄒᆞᆫ 군현이 되얏더라. 나파륜이 긔가를 부르고 도라오니 시년이 이십
구셰라. 법인이 다 희희ᄒ야 불너 왈 구쥬 뎨일 되장군이라 ᄒ고 존슝
아니리 업더라.

---

6) 오사마가국: 오스트리아
7) 살체니아(薩諦尼亞)국: 쓰듸늬아. 사르디니아. 이탈리아의 지명. 이때 이탈리아의 소국임.

뎨오졀 나파륜이 익급국을 취홈이라

법난셔 국회당이 셔로 의론ᄒ야 왈 나파륜이 만일 파리에 잇스면 우리 되권이 장ᄎᆺ 셋기리라 ᄒ고 인ᄒ야 나파륜을 달뇌여 왈 장군은 영걸ᄒᆫ 장ᄉ ㅣ 라. 엇지 울울이 여긔 잇슬이오. 만일 타인이 힝치 못ᄒᆯ 일을 창시ᄒ면 위명이 만고에 잇슴이라 ᄒ며 ᄯᅩ 말ᄒ야 왈 영길리ᄂᆫ 우리와 갓갑고 ᄯᅩ 흔단이 잇스니 만일 용병코자 ᄒ거든 영국으로 좃ᄎ 시작ᄒ라 ᄒ니 나파륜이 대희 왈 ᄎ언이 졍합오의라 ᄒ고 이에 혜오디 구쥬 각국 즁에 영국이 가장 강대ᄒ니 몬져 영국을 항복 밧지 못ᄒ면 나의 횡힝텬하ᄒᆯ ᄯᅳᆺ을 일우지 못ᄒᆯ 거시오 ᄯᅩ 익급국은 영국이 그 속국인 인도[8]국 단니ᄂᆫ 길이라. 몬져 익급국[9]을 파ᄒ면 인도ᄂᆫ ᄌ연 직희지 못ᄒᆯ 거시오 인도 ㅣ 직희지 못ᄒ면 영국을 평졍키 어렵지 아니ᄒ리라 ᄒ니 국회당이 그 의론을 듯고 다 일으되 ᄎᄉ ㅣ 즁되ᄒ니 여의키 어렵다 ᄒ더라. 연이나 나파륜이 파리에 잇스믄 심복지환이라. 아직 져의 의론을 좃ᄎ 다힝이 익이면 영광이 나의게 도라오고 익의지 못ᄒ면 허물이 나파륜의게 잇슬이라 ᄒ고 드듸여 젼별ᄒ야 그 힝ᄒ믈 최촉ᄒ니 나파륜이 군사를 거ᄂᆞ리고 익급국에 이르러 몬져 흉계로 달뇌여 왈 나의 오믄 너의 토디를 셋고ᄌ 홈이 아니라 너의를 위ᄒ야 포학ᄒᆫ 인군을 졔ᄒ고 너의 교화를 졍돈ᄒ야 회회교로 도라오게 홈이라 [회회교ᄂᆫ 텬쥬교 야소교와 갓치 ᄉᆞ름을 가라치ᄂᆫ 거시라] 이에 장구 대진ᄒ야 익급 ᄯᅡ 북부 사막 극졀ᄒᆫ 곳 익급 왕 능침에 이르러 군즁에 물이 업셔 군ᄉ ㅣ 원망ᄒᄂᆫ 말이 잇더라. 익급은 아비리가[10] 쥬에 잇ᄂᆫ 나라이라. 긔벽ᄒᆫ 지 ᄉ쳔년에 졔왕의 능침이 다 명산 승지에 잇고 그 풍속이 미양 한 능을 쓰으면 미년에 반다시 그 능을 둘너 돌노ᄡᅥ 한 박휘식 싸아 뉵십년이 되미 놉기 산과 갓트니 실노 오

---

8) 인도(印度)국: 인듸아. 인도.
9) 익급(埃及)국: 이집트.
10) 아비리가(亞非利加): 아ᄭᅳ리카. 아프리카.

딕쥬 각국 고적 즁에 뎨일이라. 나파륜이 군심이 변헐가 염녀ᄒ야 호령ᄒ야 왈 너의 삼군지사는 나의 한 말을 드르라. 이는 수쳔년 된 고모(묘) ㅣ 라. 신령이 잇셔 너의 힘스고 아니 스믈 보는다 ᄒ니 모든 군자(스) ㅣ 듯고 용긔빅빅ᄒ야 다 한 번 죽기를 결단ᄒ애 위명을 낫닉고 ᄌ ᄒ니 이급 군사 ㅣ 당헐 ᄌ ㅣ 업고 그 북반부의 속디 다 나파륜의 가진 바 ㅣ 되니 이는 일쳔칠빅구십팔년 [뎡종 이십이년] 칠월 간 일이러라. 나파륜이 이급의 북부를 웅거ᄒ야 법도를 셰우고 졍스를 힝ᄒ야 졈졈 틱평ᄒ 데 이르니 지금까지 이급 스룸이 말호디 나파륜이 이급 다사리든 실노 공윤평졍ᄒ다 ᄒ고 칭도ᄒ기를 마지 아니ᄒ더라.

뎨뉵졀 영국 슈군이 법국 병션을 소탕홈이라

영국이 법국의 이급 치고ᄌ ᄒ믈 듯고 가만이 장졸을 보닉야 방비ᄒ더니 나파륜이 긔병홈을 알고 슈사 졔독 닉리손[11]으로 ᄒ야곰 디즁ᄒ에 이르러 법국을 막고ᄌ ᄒ다가 즁로에 대풍을 맛나 힝션치 못ᄒ고 나파륜은 발셔 이급에 갓거늘 닉리손이 이윽고 연희변에 이르러 슈탐홀식 아포기[12] 바다 어귀에 일으러 법국 병션이 잇스믈 보고 닉리손이 군즁에 령을 나려 왈 명일에 장ᄎ 쓰홀 터이니 너의 장사는 다 각각 뢰력ᄒ라. 무릇 우리 군사로 ᄒ야곰 쓰화 익이면 비단 닉가 셰습ᄒ는 버슬을 헐 쑨 아니라 너의 등도 쏘한 큰 상을 바들 거시오 쓰화 익이지 못ᄒ면 나는 오직 유진무퇴ᄒ고 일홈을 륜돈 딕레빗당에 머믈니라. [륜돈은 영국 도셩이니 영국 옛법에 큰 공업이 잇스면 셰습ᄒ는 벼살을 쥬고 공이 잇고 죽으면 그 셩명을 륜돈[13] 레빗당에 긔록ᄒ야

---

11) 닉리손(奈利孫): 닐손. 넬손.
12) 아포기(亞布其): 아부커. 아부키르. 이집트의 해구(海口). 1798년 나폴레옹이 이집트 원정 시 아부키르에서 전투를 치름.
13) 륜돈(倫敦): 론돈. 런던.

표젹을 삼으미라] 잇튼날 영법이 교병홀시 닉리손이 분용션진ᄒ고 삼군이 뒤을 이으니 법군이 픽젹ᄒ야 법국 병션이 거위 편범도 불환ᄒ니 이는 팔월 초일일이러라. 법국 슈군이 픽ᄒ미 나파륜이 급히 잔병을 모하 의론ᄒ야 왈 슈군이 비록 픽ᄒ얏스나 만일 이 쌔를 타 급히 아극14)으로 향ᄒ야 동으로 인도를 웅거ᄒ면 금일 슈치를 씨슬이라 ᄒ고 이에 가만이 뉵로로 좃차 셔리아15)를 지나 곳 찰발16) 바다 어귀에 이르러 그 셩을 파ᄒ야 스름 사쳔을 죽이고 쥬야 북으로 힝ᄒ야 아극 히구에 이르니 영국 장군 사미17)가 나파륜이 올 쥴 알고 몬져 병션 두 쳑을 거느려 히구를 막거늘 나파륜이 엇지 헐 길 업셔 상지ᄒ 지 두 달에 익이지 못헐 쥴 알고 다시 헤오딕 닉 수군이 이믜 픽ᄒ고 뉵군도 쏘ᄒ 리치 못ᄒ니 혹 나의 뒤를 음습ᄒᄂ 자ㅣ 잇스면 엇지 ᄒ리요 ᄒ고 이에 젹은 빅를 타고 가만이 법국에 도라가니 영국이 비록 임의 예 윗스나 나파륜의 도망ᄒ을 아지 못ᄒ니 그 괴휼ᄒ 계교ㅣ 잇스믈 가이 알지라. 이는 일쳔칠빅구십구년 [뎡종 이십삼년] 팔월 이십이일 일이러라. 타일 나파륜이 죽을 쌔에 말ᄒ야 왈 닉 평싱에 아극을 익이지 못ᄒ미 뎨일 실칙이라. 만일 아극을 익의엿스면 구라파와 아셰아의 인도 등 나라이 다 나의 장악에 드러오고 닉 장찻 도대쥬에 치빙ᄒ야 징웅쳔하헐지라. 엇지 지금 일의 곤ᄒ미 잇스리오 ᄒ더라.

뎨칠졀 나파륜이 법국을 총통ᄒ이라

시에 국회에셔 보닉야 타국과 싸호든 군사ㅣ 다 딕픽ᄒ고 도라오니

---

14) 아극(亞克): 아커. 아크레. 이집트 원정 당시 프랑스 해군이 넬슨에게 패배한 뒤 나폴레옹이 아크레로 진군함.
15) 셔리아(敍利亞): 시리아.
16) 찰발(札發): 짜빠.
17) 사미(斯美): 스미쯔. 영국 장군.

이러므로 몬져 어덧든 의딕리도 쏘흔 타인의게 속흐고 아라사와 오사
마가[18]와 영길리 습국이 쏘 식로 화친을 졍흐야 법인을 치고자 흐는
지라. 당시 시흐야 법국이 밧게는 젹국의 환이 잇고 안에는 왕당과 셰
가가―빅셩을 요동흐야 파리에 관민과 상하ㅣ 다 견듸기 어렵고 국회
당도 쏘흔 문호룰 난호와 권셰룰 다토니 의논이 분운흐야 졍혈 바룰
아지 못헐너라. 이에 인심이 란리룰 싱각흐야 졍히 급급헐식 홀연이
나파륜이 회국흠을 듯고 다 말흐되 츠인이 슈년 닉에 익급을 파흐고
의듸리룰 항복 바드며 공셩약듸에 젼무불승흐니 그 지룡이 당금 뎨일
이라. 이 스롬을 츄듸흠만 갓지 못흐다 흐며 쏘 나파륜을 달닉는 스롬
이 잇셔 말흐야 왈 이졔 판탕흔 째룰 당흐야 공이 나오지 아니흐면 창
싱에 엇지헐고 흐거늘 나파륜이 이 말을 듯고 장사 슈인을 다리고 국
회에 나아가니 회즁인이 다 착악실조흐더라. 나파륜이 앙연이 가온데
셔셔 말흐야 왈 법국이 난리룰 당흐야 졍령이 무상흐니 두리건듸 위
망이 조셕에 잇슬지라. 닉 이졔 너희룰 위흐야 잠간 국졍을 다사리고
자 흐노니 너희는 다 젼리에 도라가라 흔듸 국회당이 본릭 나파륜을
두려흐다가 이 말을 듯고 상고히연흐야 분분이 물너가거늘 나파륜이
드듸여 국졍을 맛트미 슈무듸소흐고 다 혼즈 쳐결흐니 듸져 법난셔
기국 이릭로 웅지듸략이 잇는 인군이라도 나파륜의 이번 갓치 집권흐
는 이는 쳐음이러라.

뎨팔졀 나파륜이 영국과 화친코즈 홈이라

일쳔칠빅구십년 [뎡종 이십습년] 십이월 이십오일에 나파륜이 국권
을 잡으미 곳 영국과 화친흐믈 쳥흐니 영국이 불허 왈 법인이 각국 빅
셩을 유인흐야 그 인군을 빅반케 흐얏스니 이졔 만일 화호흐면 일후에

도덕과 례의를 일코 상하ㅣ 분의 업셔 각국이 다 어질러울 거시오 또
법인의 마음이 신실치 아니ᄒᆞ야 간사ᄒᆞᆫ 계교ㅣ 잇슬지라. 이졔 비록
동밍ᄒᆞ나 후일에 반드시 비반홀 거시오 또 법국이 한나라 힘을 밋고
각국을 ᄃᆡ젹코자 ᄒᆞ니 이졔 다시 각국과 다 화친치 아니ᄒᆞ면 영국은
결단코 독이 허락지 아니ᄒᆞ리라 ᄒᆞ거늘 나파륜이 듯고 ᄃᆡ희ᄒᆞ야 ᄲᅥ 이
르되 차후에 영국과 교젼ᄒᆞ야도 혼단이 ᄂᆡ게 잇지 아니ᄒᆞ니가 이 법민
을 달닐 거시오 또 가이 공업과 웅장ᄒᆞᆫ 긔기를 일우리라 ᄒᆞ더라.

뎨구졀 나파륜이 의대리국에셔 오지리아 군ᄉᆞ를 파홈이라

아라사 인군은 보라ㅣ라. 나파륜이 다시 계교를 변ᄒᆞ야 친이 보라[19]
를 보고 감언으로 ᄲᅥ 달ᄂᆡ여 화친을 쳥ᄒᆞ니 보라ㅣ 대열ᄒᆞ야 허락ᄒᆞ더
라. 시에 오국은 영국과 친목ᄒᆞ야 오법 냥국이 교젼홀 ᄶᅢ에는 영인이
군량을 도아쥬는지라. 나파륜이 이에 장군 마라[20]를 보ᄂᆡ야 일이만
지경에 잇는 오국 군사를 치게 ᄒᆞ고 ᄌᆞ긔도 또 친이 군사 슈만을 거느
려 의대리에 둔찰ᄒᆞᆫ 오국 군사를 치니 오국이 ᄯᅩᄒᆞᆫ 졍병 슈만으로 ᄲᅥ
막을ᄉᆡ 오군이 츌기 불의에 법병을 음습ᄒᆞ야 크게 파ᄒᆞ고 드듸여 법
병을 업슈이 넉기여 방비치 아니ᄒᆞ거늘 나파륜이 급히 대군을 모아
다시 두 번 ᄊᆞ화 오국 젼군을 함몰ᄒᆞ고 법국 국회에셔 일엇든 ᄯᅡ을 다
시 쎗앗고 오국의 포ᄃᆡ 다 법인의 가진 바ㅣ 되니 이는 일쳔팔빅년 [뎡
종 이십ᄉᆞ년] 뉵월 십ᄉᆞ일 일이러라. 십이월 초슴일에 법장 마라ㅣ ᄯᅩ
ᄒᆞᆫ 일이만에 잇는 오병을 쳐 크게 파ᄒᆞ니 오국의 남북 냥로군이 다 픽
ᄒᆞᄆᆡ 오국 장졸이 토붕와히ᄒᆞ는지라 오왕이 속슈무칙ᄒᆞ야 나파륜의게
항복ᄒᆞ더라.

---

19) 보라(保羅): 폴. 러시아 황제.
20) 마라(磨羅): 모류. 프랑스 장군.

뎨십졀 영국이 단묵의 ᄊ홈이라

아라사ㅣ 법국과 화친ᄒᄆᆡ 영국의 밋ᄂᆞᆫ 바ᄂᆞᆫ 다만 오국이러니 이졔 오국이 일픠도디ᄒᄆᆡ 영국이 고립무원ᄒᆞ야 지팅키 어렵고 더욱이 보로사ᄂᆞᆫ [즉금 덕국이라] 향ᄌᆞ에 좌관셩픽헐 ᄲᅮᆫ이러니 이졔 영인이 단약홈을 보고 영국의 일이만에 잇ᄂᆞᆫ 숙디ᄅᆞᆯ 초잠식지ᄒᆞ고 [일이만도 ᄯᅩᄒᆞᆫ 덕국 일홈이라] 의대리 하란21) 셔반아22) 각국이 ᄯᅩ 다 법국을 겁ᄂᆡ야 공슈쳥명ᄒᆞ며 아라사ᄂᆞᆫ 단묵23) 셔젼24) 냥국과 화친ᄒᆞᄆᆡ 단져 냥국이 ᄯᅩᄒᆞᆫ 법국에 붓ᄂᆞᆫ지라. 나파륜이 이에 사신을 모든 ᄂᆞ라에 보ᄂᆡ여 왈 우리 각국 병션이 바다에 단일 ᄶᆡ에 ᄆᆡ양 타인의 슈험홈을 바드니 이졔ㅣ 각국이 동심합력ᄒᆞ야 시로이 법을 졍ᄒᆞ고 젼일 규모ᄅᆞᆯ 고침이 가타 ᄒᆞ니 대져 만국공법에 ᄒᆞ엿스되 냥국이 젼징이 잇슬 ᄶᆡ에ᄂᆞᆫ 젹국 션쳑이 물건을 싯고 타국 긔호ᄅᆞᆯ 달고 가만이 힝ᄒᆞᄂᆞᆫ ᄌᆞᄂᆞᆫ 그 비ᄅᆞᆯ 머믈고 슈험ᄒᆞᄂᆞᆫ지라. 이졔 나파륜이 이 계교ᄅᆞᆯ ᄂᆡᆫ 영인이 ᄌᆞ긔의 깁픈 쇠ᄅᆞᆯ 방희헐가 염려홈이러라. 영국이 이 말을 듯고 헤오ᄃᆡ 이ᄂᆞᆫ 나파륜이 반ᄃᆞ시 단묵 셔젼 등 국의 긔호ᄅᆞᆯ 비러 달고 사사로이 군긔ᄅᆞᆯ 운젼ᄒᆞ고ᄌᆞ 홈이라 ᄒᆞ고 이에 슈사 졔독 ᄂᆡ리손을 명ᄒᆞ야 븍희에 이르러 슌희ᄒᆞ다가 단국과 ᄊᆞ화 그 병션과 긔계ᄅᆞᆯ 쎗앗스니 이ᄂᆞᆫ 일쳔팔ᄇᆡᆨ일년 [슌조 원년] ᄉᆞ월 이일이라. 단국이 이믜 픠ᄒᆞᄆᆡ 영국과 젹국이 되난 ᄌᆞᄂᆞᆫ 오즉 법국 셔젼 아라사이러라.

---

21) 하란(和蘭 或作 荷蘭): 네덜란드.
22) 셔반아(西班牙 或作 日斯巴尼亞): 스페인.
23) 단묵(丹墨): 뗀마크. 덴마크.
24) 셔젼(瑞典): 스위든.

뎨십일졀 나파륜이 영국과 화친홈이라

아왕 보라ㅣ 심질이 잇셔 닉졍과 외교에 왕왕이 시비를 불분ᄒᆞ야 국 사를 방히ᄒᆞᄂᆞᆫ지라. 아국 모든 대신이 크게 념녀ᄒᆞ야 왈 우리 왕이 필 경 오국 히민ᄒᆞ여 쟝ᄎᆞᆺ 화ㅣ 종사에 밋칠이라 ᄒᆞ고 인ᄒᆞ야 죄졍 졔신 과 의론ᄒᆞ야 고인의 말에 빙경이 즁ᄒᆞ고 사직이 버금이 되고 인군이 가븨엽다 ᄒᆞᆷ을 징거ᄒᆞ야 부득이 일쳔팔빅일년 [슌조 원년] 삼월 이십 삼일에 왕을 목믹여 쥭이고 그 아달 익렬산덕25)을 셰워 왕을 삼으니 익렬산덕이 즉위ᄒᆞ야 국졍을 졍돈ᄒᆞ고 외교를 심신ᄒᆞ야 다시 영국과 화친ᄒᆞ니 이에 영국이 밍쥬ㅣ 되야 각국에 포고ᄒᆞ야 왈 졔국이 각각 ᄌᆞ쥬ᄒᆞᄂᆞᆫ 권이 잇스니 맛당이 각각 그 나라를 다사리고 타인의 쇼이 ᄂᆞᆫ 말을 듯지 말나. 나의 말로써 그르다 아니헐진딘 쳥컨딘 이 말을 좃차 밍셰ᄒᆞ면 피차 다 평안무ᄉᆞᄒᆞ리라 ᄒᆞ니 각국이 원릭 병혁을 스 릭여 ᄒᆞ고 화의를 돈목고자 ᄒᆞ야 다 영국을 좃ᄂᆞᆫ지라. 나파륜이 엇지 ᄒᆞᆯ 길 업셔 쏘ᄒᆞᆫ 부수쳥명ᄒᆞ고 이에 법국 싸 아면26)에 약회ᄒᆞ야 화약 을 졍ᄒᆞ니 ᄌᆞ차 이후로 구쥬 각국이 잠간 억긔를 쉬이더라.

뎨십이졀 나파륜이 국ᄉᆞ를 졍돈홈이라

나파륜이 대권이 장악에 잇스믹 거동이 인군과 무이ᄒᆞ고 쏘 영무홈 이 ᄉᆞ룸에 쮜이나고 묘칙과 긔계 신츌귀몰ᄒᆞ아 두 번의 대리를 평ᄒᆞ 고 한번 익급을 졍ᄒᆞ며 쏘 오사마가를 쳐 파ᄒᆞ믹 구쥬 각국의 훈신과 슉장이 그 우에 더풀 ᄌᆞㅣ 업고 그 부하 딕쇼 장사도 한번 나파륜을 싸라 그 지휘를 바든 ᄌᆞᄂᆞᆫ 쏘ᄒᆞᆫ 능히 강젹을 익이고 구든 셩을 파ᄒᆞᆯ지

---

25) 익렬산덕(愛烈珊德 又名 亞力三打): 아랙ᄉᆞᆫ더. 알렉산더. 러시아 왕.
26) 아면(鴉眠): 아미엔스. 프랑스 땅.

라. 그 영걸홈과 긔특홈이 여ᄎ홈나 나혼 겨우 삼십삼셰라. 법국인이 공경홈이 신명갓치 알며 두려우미 스승갓치 녀기더라. 그 치국홈이 ᄯᅩ 혼 극히 공평ᄒ고 순량ᄒ야 적폐ᄒᆫ 나라라도 틱평ᄒᆫ 셰월을 보게ᄒᆫᄂ 고로 법이 한 번 졍ᄒ면 빅셩이 환희고무ᄒ야 령힝금지ᄒ더니 아뎐 화약27) 이후로 우유한일ᄒ야 더욱 국ᄉ를 졍돈ᄒ야 홍리졔폐ᄒ고 지 무불위ᄒ며 나파륜이 본리 텬쥬교를 즁이 넉기지 아니ᄒ더니 지시ᄒ 야 말ᄒ되 치국ᄒᄂᆫ 법은 몬져 교화를 힘슨다 ᄒ고 다시 교회를 졍돈 ᄒ고 례빅일과 인민이 학도ᄒᄂᆫ 젼례를 졍ᄒ고 ᄯᅩ 대학교를 셰워 인 민을 가라치고 부셰를 공평이 ᄒ야 다소 경즁지별이 업게 ᄒ고 셰원 바 법률이 신구를 춤작ᄒ야 변통ᄒ며, ᄯᅩ 파리 빅셩이 부언을 션동홈 을 란리를 당ᄒ야 싱계 업ᄂᆫ 연고ㅣ라 ᄒ야 이에 안으로 도셩을 슈축 ᄒ고 밧그로ᄂᆫ 하슈를 통케 ᄒ며 ᄯᅩ 돌노 길을 씨아 슈례를 힝ᄒ게 ᄒ 야 토목 지역을 자조 이리켜 실업ᄒᆫ 빅셩으로 ᄒ야곰 싱계가 되게 ᄒ 니 인심이 졈졈 졍ᄒ며 ᄯᅩ 셕일에 법국셰가ㅣ 타국에 도망ᄒᆫ 즈를 다 불너 도라와 안거 싱업ᄒ게 ᄒ고 젹몰ᄒ얏든 ᄯᅡ을 일일이 다 차자 쥬 니 모든 셰가ㅣ 딕열ᄒ며 션시에ᄂᆫ 졍령 풍속이 각즉 부동ᄒ야 지어 일읍 일쥬갓치 져근 데라도 ᄯᅩ 혼 읍 각 부동ᄒᄂᆫ 폐 잇더니 이졔 신 법을 졍ᄒ야 통국으로 ᄒ야곰 법을 균일ᄒ게 ᄒ니 빅셩이 더욱 안도 락업ᄒ야 지싱홈을 경ᄉᄒ더라.

뎨십ᄉ졀 영법 냥국의 병졔라. 상고의 졍형을 병부라

법국이 딕란홈으로 봉화ㅣ 쓴이지 아니혼 지 범 구년이라. 법국 풍 속과 뎡령이 이를 인ᄒ야 크게 변ᄒ고 영국은 법국과 이웃되ᄂᆫ 고로 뎡ᄉㅣ ᄯᅩ혼 ᄯᅡ라 변ᄒ야 병션으로 말ᄒ야도 셕일에 불과 ᄉ빅쳑이러

<hr>

27) 아뎐 화약: 화약(和約).

니 이졔는 팔빅쳑이 되야 가히 수군 십이만 명을 실을지라. 궁고 이리로 수군에 셩홈이 이에 지닐 주ㅣ 업스며 지어 법국 병션ㅎ야는 셕년에 비ㅎ면 오히려 반이 감ㅎ고 영국 뉵군은 셕년에 다만 팔만 명이러니 지금은 오십만이 되고 법국 뉵군은 젼에는 이십칠만 명이러니 지금을 일빅만 명이 되니 법국 수륙군 군비는 미면 영금 이쳔이빅만 방이요, 영국 수륙 병비는 미년 영금 뉵쳔만 방이 되고 법국 국치는 새로이 차관ㅎ 거시 영금 오쳔오빅만 방이요, 영국 국치는 젼에 다만 이억 수쳔수빅만 방이러니 지금은 사억 팔쳔수빅만 방이 되나 다힝이 무역이 번셩ㅎ야 셕일에 진츌구 [진츌구는 항구에 드러오고 나가는 물건이라]ㅎ는 물건이 겨우 영금 수쳔만 방이 되더니 지금은 칠쳔만 방이 되는지라. 되져 영국이 봉봉발발ㅎ야 증증일상홈은 지상지인이 상무를 힘뼈 무역ㅎ는 도룰 졍돈홈이요 법국은 병화 이후로 빅셩이 실업ㅎ야 상무ㅣ 흥왕치 못혼 고로 싱지ㅎ는 도ㅣ 거위 업더라.

뎨십수졀 다시 젼칭을 이리킴이라

영법 냥국이 비록 화친ㅎ얏스나 나파륜이 항상 앙앙불락ㅎ야 구라파 쥬의 싸을 초잠식지ㅎ는지라. 영국이 그 비약홀 줄을 알고 인급과 지즁히에 잇는 군사룰 명ㅎ야 엄이 방비ㅎ라 ㅎ고 쏘 각국 신문사에 부탁ㅎ야 법국에 힝사ㅣ 파측홈을 의론ㅎ니 나파륜이 듯고 비록 조와 아니ㅎ나 오히려 마음을 억졔ㅎ고 식병안민혼다는 말을 빙자ㅎ더니 겨우 이십 삭이 지니미 영인이 법국과 화친을 쓴코 불통왕리ㅎ야 드되여 일쳔팔빅습년 [순조 습년] 오월에 병단이 다시 이러 상지혼 지 십이년에 병련화결ㅎ야 구쥬에 편안혼 날이 업더라.

영인이 구쥬룰 웅거홈은 각국을 보젼ㅎ야 법인의 만모룰 밧지 아니ㅎ고자 홈이요, 손인리긔홀 마음이 아니어늘 나파륜은 싱각ㅎ되 영국은 구라파의 강국이라. 영국을 항복 바드면 타국이 의지홀 곳이 업셔

ᄌ연 법국의 명령을 드르리니 이ᄂ 법국이 각국에 뎨일되리라 ᄒ더라. 각국이 그 ᄯᅳᆺ슬 알고 조셕 계엄ᄒ야 불측흠을 막을ᄉᆡ 이 ᄢᅢ에 영국이 아라사와 돈목ᄒᄆᆡ 셔젼은 아라사ᄅᆞᆯ 의지ᄒ니 ᄌ연 영국과 다른 말이 업고 오국은 법국의게 픽흔 이후로 그 강흠을 무셔워 감히 항형ᄒ지 못ᄒ고 오즉 바라ᄂᆞᆫ이 영아 냥국이 법인을 파ᄒ야 ᄌ긔로 ᄒ야곰 그 구속을 버셔나게 ᄒ며 셔반아 의듸리 하란 셔사와 밋 일이만의 모든 소국은 법국과 화친ᄒ나 실은 그 위엄을 겁ᄂᆞ고 덕을 품음이 아니요 보로사ᄂᆞ 영법간에 중립ᄒ야 강약을 ᄯᅡ라 향비ᄅᆞᆯ 습고자 ᄒ더니 이윽 고 나파륜의 춤언을 듯고 일이만에 잇ᄂᆞᆫ 영국 속디 한낙비[28]ᄅᆞᆯ 졈령 ᄒ얏ᄃᆞ가 다시 후회ᄒ나 이믜 ᄎᆔ흔 비라. 다시 보ᄂᆡ기ᄅᆞᆯ 즐겨 아니ᄒ 며 ᄯᅩ 영인이 보복홀가 염녀ᄒ야 부득이 법국에 의탁ᄒ니 이ᄂᆞᆫ 구쥬 당일 각국의 형세 듸략이러라.

뎨십오졀 나파륜이 영국을 취코자 홈이라

나파륜이 급히 영국을 항복 밧고자 ᄒ야 몬져 가만이 듸션 이쳔 쳑 에 정병 십오만 인을 싯고 영국과 갓가온 포구로 군사ᄅᆞᆯ 건네여 영국 뉵군을 칠ᄉᆡ [영법 냥국이 바다로 디경을 졍홀ᄉᆡ 갓가온 데ᄂᆞ 조션 리 수로 겨우 이ᄇᆡᆨ리 되ᄂᆞᆫ 데가 잇슴이라] 셔반아 병션 뉵십 쳑을 불너 호위ᄒ니라. 연이 영국이 알고 방비홀가 염녀ᄒ야 영국 병션을 유인ᄒ 여 셔희[29]로 가게 ᄒ고 그 틈을 타 군사ᄅᆞᆯ 건네리라 ᄒ고 쇠ᄅᆞᆯ 졍ᄒᄆᆡ 곳 말을 ᄂᆡ여셔 희ᄅᆞᆯ 건너 영국의 속국 셔인도[30]ᄅᆞᆯ 친다 ᄒ니 영국 졔 독 ᄂᆡ리손이 급히 병션을 거나리고 셔희로 향홀ᄉᆡ 법국 장구ㅣ 급히 공을 이르고ᄌ ᄒ야 영국 병션 오믈 보고 중로에셔 ᄇᆡᄅᆞᆯ 돌리여 다시

---

28) 한낙비(漢落非 又名 漢諾非): 하노예. 영국 속지.
29) 셔희: 도버해협.
30) 셔인도(西印度): 왜스트 인듸스. 서인도, 영국 속지.

동으로 향ᄒᆞ거늘 늬리손이 그졔야 그 쇠를 알고 쾌흔 빅를 조발ᄒᆞ야 영국 조정에 고ᄒᆞ니 영국이 딕경 차 로ᄒᆞ야 각 병선을 불너 법병선과 ᄊᆞ와 크게 파ᄒᆞ니 법병이 바다를 건너지 못ᄒᆞ더라.

뎨십륙졀 영국 제독 늬리손이 ᄯᅩ 법국 군함을 셔반에서 파홈이라

영인이 각국 병선이 법국을 도을가 염녀ᄒᆞ야 먼져 위엄으로 써 각국에 보이고ᄌᆞ ᄒᆞ야 일쳔팔빅오년 [순조 오년] 십월 이십일일에 영국 제독 늬리손이 병선을 거ᄂᆞ리고 셔반아 남방 타발가31) 바다예셔 각국 병선과 ᄊᆞ올ᄉᆡ 범 팔십여 일에 미일 금고 소리 하늘을 들네며 영병이 무불 일당빅이라 각국 슈사ㅣ 젼군이 복몰ᄒᆞ야 한 돗딕도 도라간 자ㅣ 업더라. 영병이 긔가를 부르고 도라올ᄉᆡ 제독 늬리손이 군무에 심력을 다ᄒᆞ야 믄득 병을 어더 맛ᄎᆞ니 일지 못ᄒᆞ니 혁혁흔 일홈이 셰상에 류젼ᄒᆞ야 지금ᄭᆞ지 일컷더라. ᄌᆞ차 이후로 나파륜의 교휼ᄒᆞ고 밍렬홈으로도 다시 수군을 가지고 영국을 향ᄒᆞ지 못ᄒᆞ니 진실노 구쥬 바다에 졀무근유흔 대젼이라.

뎨십칠졀 나파륜이 보로사를 파홈이라

나파륜이 영국과 ᄊᆞ호기 젼에 법국 신민이 다 그 공업을 일컷고 군졍이 애딕ᄒᆞ야 츄존ᄒᆞ야 법국 황졔를 삼으니 나파륜이 드듸여 ᄌᆞ만ᄌᆞ 대ᄒᆞ야 혜오ᄃᆡ 닉 임의 존위에 올낫스니 맛당이 구쥬 각국을 통합ᄒᆞ

---

31) 타발가(他發加): 트라팔가. 1805년 발생한 트라팔가 해전에서 프랑스군이 넬슨의 영국 군에게 패함.

야 위명을 진동홀지라. 오즉 먼져 영국을 항복 바드면 타국은 염녀홀 거시 업다 호고 이에 통국 수륙 군사를 조발호고 겸호야 동밍 졔 각국을 불너 한 북소릭에 영국을 평정코즈 호더니 불의에 법병이 패홈을 듯고 불승분로호야 다시 혜오디 이졔 임의 패호얏스니 다시 영국과 쏘올 길이 업고 법국의 셩명이 즁도에 문어젓스니 가이 붓그러울지라. 이졔 난인하32)를 건너 오국을 도모호느니만 갓지 못호다 호고 젼에 영국을 치라 보닉스든 빅를 돌니여 가만이 오국을 치니 이눈 나파륜의 평싱 뎨일 젼공이라 말호눈 즉ㅣ 일으되 법국이 영국을 치랴호눈 군사ㅣ 홀연이 변호야 오국을 파홀 줄 뉘 아랏스리요 호고 셰수변쳔이 여츳홈을 탄식호더라. 션시에 오국이 나파륜의게 픽호믹 밧그로눈 복종호나 밋양 분한홈을 익이지 못호야 졍병 팔만으로 써 변방을 직희여 긔회를 기다리고 쏘 일너 왈 만일 법국이 영국과 쏘와 패호거든 조령을 기다리지 말고 셩야 진발호야 법국을 치여 여러번 패호 욕을 갑호라 호니 나파륜이 듯고 분한이 녀겻다가 이졔 맛츰 영국에 패호믹 드듸여 군사를 옴기여 오국을 향호야 진발호니 오국의 변방 직휜 쟝수눈 오히려 나파륜이 그 쇠를 아지 못호다 호고 방비치 아니호얏더니 불의에 나파륜이 스십일 닉에 군사 십팔만과 밋 젼일 영국 치든 군사를 합호야 그 형셰 틱산 갓투야 호호탕탕이 오국으로 향호니 오병 팔만이 곤직히 심호야 도망홀 길이 업눈지라 즉일에 빅긔를 놉히 달고 젼국이 항복호니 [틱셔 법에 항복호눈 즉눈 빅긔를 달미라] 나파륜이 곳 오국 경셩 유야랍33)에 드러가 [유야랍은 오국 경셩 일홈이라] 냥식과 군긔를 다 쎗앗더라.

뎨십팔졀 나파륜이 오특리사에 승쳡홈이라

---

32) 난인하(蘭因 河): 라인. 라인 강.
33) 유야랍(維也拉 又名 溫): 예에나. 비엔나. 비인. 오스트리아 수도.

아라사에셔 오국에 난이 잇슴을 듯고 구원코즈 ᄒ다가 나파륜이 오국 경셩에 드러가믈 알고 혜오ᄃᆡ 법병이 이믜 심입즁디ᄒᆞ얏스니 오사마가 인민이 필연 봉긔헐 거시오, 내 쏘 각국 군사를 거느려 그 밧글 치면 오국의 씻친 빅셩이 쏘 그 안에셔 작난ᄒᆞᆯ 거시니 나파륜을 가히 부즁어옹즁별갓치 잡으리라 ᄒᆞ고 이에 아황 애렬산덕이 친이 웅병을 거느려 오국을 구원ᄒᆞᆯᄉᆡ 오국 각싱 군사ㅣ 분분이 와 도으며 보로사국은 평일에 법국의 만모ᄒᆞᆷ을 분히 넉여 셜치코즈 ᄒ다가 아병이 대긔ᄒᆞᆷ을 듯고 쏘ᄒ 가만이 대병을 조발ᄒᆞ야 아라사와 합ᄒᆞ야 법병을 칠ᄉᆡ 나파륜이 그 쇠를 듯고 오특리사[34]에 둔찰ᄒᆞ야 거짓 피곤ᄒ 형셰를 보이여 각국 군사 오기를 기다리니 오특리사라 ᄒᆞᆫ 싸은 오국 산군읍이라. 슈목이 춤쳔ᄒᆞ고 산쳔이 험조ᄒᆞ야 비복ᄒᆞ기 쉽고 겸ᄒᆞ야 산이 놉하 건령지셰되민 가히 젹병을 구버볼지라. 나파륜이 먼져 웅거ᄒᆞ야 아황을 기다리니 아황은 솔병 원릭ᄒᆞ민 지형을 즈셰이 아지 못ᄒᆞ고 쏘 나파륜이 곤경에 잇다 ᄒᆞ야 곳 힝군하야 오특리사에 다다르니 나파륜이 산에 올나 아병 오믈 보고 탄식ᄒᆞ여 왈 져 더병머리 아히 무식ᄒᆞ야 맛츰니 졀지에 이르럿도다. 무릇 용병ᄒᆞᄂᆞᆫ 법은 바욱 둠과 갓타야 한 졈이 실슈되면 젼판이 다 지ᄂᆞᆫ지라. 아황은 나의 젹슈ㅣ 아니라 ᄒᆞ더니 이윽고 젹병이 갓가이 오믈 보고 친이 사졸을 독촉ᄒᆞ야 진문을 열고 일졔 납함ᄒᆞ며 나파륜이 친히 항오에 쓰여 지휘 호령ᄒᆞ니 신긔묘산은 가이 알 슈 업더라. 이윽고 한 번 쏘호민 각국 군사ㅣ 츄풍낙엽갓치 대픽ᄒᆞ야 도망ᄒᆞ며 죽고 상ᄒᆞᆫ 즈ㅣ 슘만 인에 닉리지 아니ᄒᆞ더라. 아황 애렬산덕이 본릭 병법을 안다 ᄒᆞ나 필경 나파륜의 지용이 겸비ᄒᆞᆷ을 당치 못ᄒᆞᆷ이니 이ᄂᆞᆫ 일쳔팔빅오년 [순조 오년] 십이월 초이일이러라. 아오 냥국이 이믜 픽ᄒᆞ민 엇지ᄒᆞᆯ 길 업셔 법국에 화친을 쳥ᄒᆞ니 법국 형셰ᄂᆞᆫ 더욱 장ᄒᆞᆫ지라. 션시에 영국 지상 비특[35]이 각

---

34) 오특리사(奧特利司): 오스터릐ᄶ. 오스트리아 嚴邑.
35) 비특(醫特): 핏트. 영국 수상.

국을 달니여 혼가지 법국을 막고져 호고 쏘 아국과 동밍호야 약조를 정호되 아국이 군사 십만을 니여 법국을 치면 영국은 맛당이 금전 일빅이십만 방을 니여 군량을 부조혼다 호야 만일 이 계교를 힝호면 반드시 법국을 파호리라 호엿더니 지시호야 크게 픠호미 비특이 분괴함을 익이지 못호야 병든 지 십수일에 쭉은니라.

뎨십구절 나파륜이 보로사를 파홈이라

보로스 국이 항상 법국의 만모를 바다 원한호는 마음을 발셜치 못호더니 밋 각국이 련병호야 법국을 치를 듯고 드듸여 그 달 십오일에 군수를 이리켜 아오 제국을 도아 법국을 듸젹고져 호니 대져 이 쌔는 젼보 l 업셔 군즁 소식을 속히 통치 못호는지라. 힝군호야 오국 도셩 유야랍에 다다라 비로소 오특리사에서 대젼호고 각국이 화친홈을 듯고 대구호야 드듸여 그 주최를 감초아 각국과 갓치 법황 나파륜을 향호야 화친을 졍호니 나파륜이 이믜 그 쇠를 아랏스나 강잉호야 허락호고 종차로 더욱 그 비루홈을 미워호야 결단코 멸호고져 호니 이럼으로 비록 각국과 갓치 동밍호엿스나 겨우 슈월 후 쏘 간과를 동호더라.

보로사 l 이믜 오국을 돕지 못호미 드듸여 그 형젹을 감초아 화친호얏스나 나파륜이 더욱 학되호는지라. 보인이 견듸지 못호야 거국이 진동호야 긔병호야 법국을 치고져 호니 보왕이 민심을 어긔지 못호야 불탁덕불량력호고 군사를 니니 대져 약소혼 보국이 원릭 쏘홈에 익지 못호고 병익도 슈효가 차지 못호고 쏘 병법을 아지 못호는 나라이라. 이졔 구쥬 강대혼 나라와 승부를 결단코져 호니 이는 당낭거쳘이라. 무슴 션후지칙이 잇슬이오. 허믈며 법황 나파륜은 이왕부터 보국을 숨키고져 호나 한갓 화약혼 지 불구호미 졸연이 흔단을 니지 못호더니 이졔 보국이 감이 거병홈을 보고 대희호야 왈 니 이졔 병출유명이라 호고 대군을 이릐혀 보국을 막더라. 초에 보국이 타국을 도으지 아니

ᄒᆞᄆᆡ 지금에 비록 구원을 청ᄒᆞ야도 타국이 ᄯᅩᄒᆞᆫ 슈슈방관ᄒᆞᆯ ᄲᅮᆫ이라. 이에 차낭셩36) ᄯᅡ에셔 냥군이 셔로 맛나 격셔를 젼ᄒᆞ고 ᄡᅡᄒ�ᆯᄉᆡ 법황이 먼져 일군을 조발ᄒᆞ야 오아사타37)라 ᄒᆞᄂᆞᆫ 익구에 ᄆᆡ복ᄒᆞ야 보군의 귀로를 ᄭᅳᆫ코 냥군이 상지ᄒᆞᆫ 지 두레비 동안에 나파륜이 위엄을 ᄯᅳᆯ쳐 보군을 쳐 범 십여합에 크게 파ᄒᆞ니 보군 팔만이 사상이 산젹ᄒᆞ고 ᄒᆞ나토 사라 도라간 자ㅣ 업스니 이는 일쳔팔ᄇᆡᆨ뉵년[순조 뉵년] 십월 십ᄉᆞ일이라. 보로사의 포ᄃᆡ와 군긔를 다 법국에 ᄲᅢᆺ긴 ᄇᆡ 되얏더라. 드듸여 승승쟝구ᄒᆞ야 곳 보국 경셩을 핍박ᄒᆞ야 참슴과 부로를 다 노략ᄒᆞ고 보국 ᄉᆞ름을 원슈갓치 ᄃᆡ졉ᄒᆞ니 셕일에 법국이 타국을 익일 ᄯᆡ에ᄂᆞᆫ 오히려 관후ᄒᆞᆫ 곳이 잇더니 지금에 비ᄒᆞ면 곳 소양지판이러라. ᄯᅩ 보국 옛인군 분묘 압혜 보긔와 완호지물을 다 가져가고 [보국 젼왕이 싱젼에 션졍을 마니 ᄒᆡᆼᄒᆞ야 ᄇᆡᆨ셩이 츄모ᄒᆞᄂᆞᆫ 고로 보븨그릇과 완호지물을 그 분묘 압혜 두어 ᄋᆡ경ᄒᆞᄂᆞᆫ 포를 삼으미라] ᄯᅩ 보국 ᄉᆞ름ᄃᆞ려 일너 왈 ᄂᆡ 너의로 ᄒᆞ야곰 걸인이 되야 셰월을 보ᄂᆡ게 ᄒᆞ고 너의 통국 ᄉᆞ름으로 나의게 ᄆᆡ이게 ᄒᆞᆫ다 ᄒᆞ야 그 잔학ᄒᆞᄆᆡ 여ᄎᆞᄒᆞᄆᆡ 보인이 비록 외양은 순종ᄒᆞ나 심즁의 통한홈은 법국과 불공ᄃᆡ텬이러라.

데이십졀 나파륜이 아라사와 두 번 ᄡᅡ�홈이라

보오 냥국이 픠ᄒᆞᄆᆡ 법국과 ᄃᆡ젹ᄒᆞᆯ ᄌᆞᄂᆞᆫ 오즉 영아 냥국이요 영국이 젼에 비록 법국 병션을 함몰식엿ᄉᆞ나 오히려 뉵젼은 못ᄒᆞ얏고 다만 아라사 국이 가이 나파륜과 자웅을 결헐너라.

시는 룽동텬긔라 나파륜이 의연이 파병치 아니ᄒᆞ고 대병 십만을 거ᄂᆞ러 아라사를 칠ᄉᆡ 일쳔팔ᄇᆡᆨ칠년 [순조 칠년] 이월에 엄한이 풀니지

---

36) 차낭(遮拿)셩: ᄶᅦ나. 프랑스 지명.
37) 오아사타(奧兒斯打): 오어스탓트. 프랑스 지명.

아니ᄒ야 날리ᄂ 눈이 장사의 갑옷셰 가득ᄒ더라. 초팔일에 법병이 익락38) ᄯ에 이르러 아병과 ᄊ화 식벽에 시작ᄒ야 일모토록 불분승부ᄒ니 냥군의 죽은 ᄌ 오만 인이요 ᄒ가 함지에 ᄶ러지고 하늘에 별이 종종ᄒᆫ 연후에 비로소 파젼ᄒ더라. 넉달을 지고 뉴월 초ᄉ일에 ᄯ 비려난39) ᄯ에서 대젼ᄒ니 지금까지 병사를 말ᄒᄂ ᄌ 이르되 구쥬 북방에 젼징 잇슴으로부터 감이 법인을 이갓치 항거ᄒᄂ ᄌ 업다 ᄒ더라. 이윽고 아병이 대픽ᄒ야 ᄉ망ᄒᆫ ᄌ 심이 만은지라. 아황 애렬산덕이 혜오디 각국이 돕ᄂ ᄌ도 업고 영국도 ᄯᄒᆫ 군사와 량식을 보닉지 아니흠으로 픽ᄒ얏ᄃ ᄒ고 드듸여 대로ᄒ야 ᄌ치 이후ᄂ 다만 나의 봉강을 보전ᄒ고 나의 변방을 직희미 올타 ᄒ고 망녕되이 동치 아니ᄒ더라. 이에 법황과 화친ᄒ고 법아 냥군이 리문하40)의 목별41)이라 ᄒᄂ ᄯ에서 화약을 졍ᄒ니 그 ᄃ지에 ᄒ엿스되 극라파쥬를 분ᄒ야 냥국이 관할ᄒ자 ᄒ니 ᄃ져 모ᄉᄂ 비록 ᄉ름의게 잇스나 셩ᄉᄂ 필경 하늘에 잇스니 이 화약이 실노 망녕되믈 면치 못ᄒᆯ너라.

뎨이십일졀 나파륜의 위엄이 구라파에 진동흠이라

일쳔팔빅칠년 [순조 칠년]에 나파륜의 나이 겨우 슴십구셰니 나파륜이 십이년 젼에ᄂ 일기 무부로 고관대작도 아니요 ᄯ 쳔거ᄒᆫ ᄉ름도 업거ᄂ 슈년 간에 황졔 위에 오르고 ᄯ 구쥬 일인군이 되야 무론 모국ᄒ고 인군의 즉위와 퇴위ᄒ며 지어 치국ᄒᄂ 법도를 다 나파륜의게 품명ᄒ야 감이 어긔지 못ᄒ며 ᄯ 나파륜이 병법에 익을 ᄲᆫ 아니라 겸ᄒ야 구변이 잇셔 대ᄉ를 의론ᄒ면 그 말이 도도불쳘ᄒ야 ᄉ름으로

---

38) 익락(哀略): 에로. 에르노. 러시아 지명.
39) 비려난(飛麗欄): ᄲ리드랜드. 러시아 지명.
40) 리문하(離門 又名 尼門): 늬민. 러시아 바다.
41) 목별: 미상.

ᄒ야곰 질겨 청종케 ᄒ니 이러므로 아황의 웅무도 나파륜을 보고 한 번 그 의론을 드르민 또흔 ᄌ연이 그 농락ᄒ미되야 츄존ᄒ야 만인 우에 올리고 칙칙 칭탄ᄒ야 경례홈을 마지 아니ᄒ니 그 지조를 가이 혜아리지 못ᄒ러라.

오사마가 국은 심이 법국을 믜워ᄒ야 음히코ᄌ ᄒ나 감이 현언치 못ᄒ고 기차는 보로사ㅣ 전원슈를 갑고ᄌ ᄒ나 토디 이믜 셋기이미 력급지 못ᄒ고 의대리와 하란과 밋 일이만 제 소국은 오즉 유유청명헐 ᄯᅲᆫ이요 단묵 셔반아 포도아는 비록 병션이 잇스나 또흔 법황의 약속을 밧고 릉히 법왕과 항거ᄒ는 ᄌ는 오즉 영국ᄯᅲᆫ이러라.

나파륜이 지득의만헐 ᄯᅡ를 당ᄒ야 다시 혜오디 각국의 인군이 다 심복이 아니라 일조유변ᄒ면 필연 나의 픽업을 일을 거시니 [픽업은 각국 중 뎨일 읏듬되난 말이라] 이계 나의 종척 친족과 밋 친신흔 대신으로 ᄒ야곰 각국 인군을 슴으면 비컨디 슈죽이 머리와 얼골을 호위홈과 갓타야 법국이 가이 안여반셕ᄒ리라 ᄒ고 이에 그 미부로써 의디리에 속흔 나파나사42) 왕을 봉ᄒ고 그 아오 노의43)로 하란왕을 슴고 약슬44)노써 셔반아 왕을 슴고 염낙밀45)노써 일이만 각국 즁에 위사법리아46) 왕을 슴고 그 계계 유셕은47)은 평시에 의론이 불합흔 고로 감이 나라를 봉치 못ᄒ고 또 유극나48)로써 큰 누의 이려살49)을 쥬고 과살타랍50)은 그 다음 누의 보령51)을 쥬고 일이만 렬국 즁에 파등52)은 그 황후의 질녀를 쥬고 차외에 의ᄌ모를 의ᄒ야 파와리아53)

42) 나파나사(羅城螺蠟): 나풀스. 나폴리.
43) 노의(魯意): 로위스. 법황의 아우.
44) 약슬(約瑟): 쬬스웊. 법황의 아우.
45) 염낙밀(葉落密): 쎄롬. 법황의 아우.
46) 위사법리아(威士法利亞): 왜스뺘리아. 일이만(日耳曼) 소국. 독일의 작은 나라.
47) 유셕은(劉錫恩): 루시엔. 법황제(法皇弟).
48) 유극나(瀏克): 룩카. 작은 나라(小國).
49) 이려살(伊麗薩): 에릭써. 법황자(法 皇姊).
50) 과살타랍(瓜薩他拉): 써스탈릭. 소국(小國).
51) 보령: (색인에 없음) 법황의 누이.

왕의 공쥬를 취ᄒᆞ야 그 쳐를 삼게 ᄒᆞ고 장군 피랍다특54)은 셔뎐왕을 삼고 이에 혜오ᄃᆡ 이러타시 분모렬토ᄒᆞ야 각기 왕을 봉ᄒᆞ얏스니 져의 응당 나의 은혜를 감동ᄒᆞ야 가이 법국을 호위ᄒᆞ리라 ᄒᆞ더라. 시에 나 파륜의 모친은 식견이 초월ᄒᆞ고 국량이 활ᄃᆡᆫ 녀즁군ᄌᆡ라. 항상 말 ᄒᆞᄃᆡ 나파륜의 ᄒᆞᄂᆞᆫ 일이 젼혀 올치 아니ᄒᆞ고 ᄯᅩ 결단코 오ᄅᆡ지 못ᄒᆞ 리라 ᄒᆞ야 득지ᄒᆞᆫ 이ᄅᆡ로 다른 일은 치지물문ᄒᆞ고 오즉 나파륜을 향 ᄒᆞ야 월급을 차자 자자위리ᄒᆞ야 널리 금젼을 져츅ᄒᆞ며 혹 그 취리홈 을 조롱ᄒᆞ면 곳 답ᄒᆞ야 왈 너의등이 지금 귀홈이 왕위에 잇스나 맛ᄎᆞᆷ ᄂᆡ 오ᄅᆡ 누리지 못헐지라. 타일 실셰ᄒᆞ면 필연 나의 ᄌᆡ물노 의식을 삼 으리라 ᄒᆞ니 당시에 다 밋지 아니ᄒᆞ더니 밋 나파륜이 군사ᅵ 픽ᄒᆞ고 몸이 사로잡힌 바ᅵ 되ᄆᆡ 형졔ᄌᆞᄆᆡ 친척이 다 의지헐 곳이 업셔 그 부 인의 말과 갓치 약합부졀ᄒᆞ더라.

나파륜이 영국을 익이지 못ᄒᆞᄆᆡ 다시 혜오ᄃᆡ 영국의 셩홈은 상무를 통홈이니 만일 영국의 무역을 막으면 영국이 ᄌᆞ연이 어지러워 평ᄒᆞ기 어렵지 아니ᄒᆞ리라 ᄒᆞ고 이에 조셔를 ᄂᆡ리여 각국으로 ᄒᆞ야곰 영국과 통상을 금ᄒᆞ라 ᄒᆞ니 영국이 듯고 ᄯᅩᄒᆞᆫ 령을 ᄂᆡ려 왈 각국이 그릇 나파 륜의 말을 듯고 나와 통상치 아니ᄒᆞᄂᆞᆫ ᄌᆞᄂᆞᆫ 내 곳 ᄯᅩ 그 나라로 ᄒᆞ야 곰 다른 나라와 통상치 못ᄒᆞ게 ᄒᆞ리라 ᄒᆞ니 각국이 법국을 두려워ᄒᆞ 야 영국의 령을 좃지 아니ᄒᆞᄂᆞᆫ지라. 영국이 드듸여 영법 냥국 젼례에 타국이 먼져 ᄊᆞ호고ᄌᆞ ᄒᆞ면 그 나라 셤쳑을 쎗앗ᄂᆞᆫ 법을 의지ᄒᆞ야 무 론 하국 상션ᄒᆞ고 장사의 물건을 보면 그 빅ᄂᆞᆫ 머믈고 물화ᄂᆞᆫ ᄲᅢ셔 속 공ᄒᆞ고 ᄉᆞ름은 사죄에 쳐ᄒᆞ며 법국은 보로사 국 함보55) 항국에서 셜 당 가진 빅셩을 잡아 [셜당을 영국과 잠상ᄒᆞᆫ가 의심ᄒᆞᄆᆡ라] 곳 금물이 라 ᄒᆞ야 양창으로 ᄡᅥ 쳐 죽이니 대져 영법 냥국이 비록 잠상홈을 금ᄒᆞ

---

52) 파등(巴登): ᄲᅡ든. 독일 지역의 소국.

53) 파와리아(巴蛙利亞): ᄲᅢ애리아. 소국.

54) 피랍다특(被拉多特): ᄲᅢ네돗트. 법장(法將). 프랑스의 장군.

55) 함보(咸堡): 한벅. 프러시아의 해구.

나 각쳐의 무역이 쏘흔 젹ᄌ비 아니ᄒ고 겸ᄒ야 나파륜이 밧그로는 금
ᄒ나 미양 상고로 ᄒ야곰 큰 지물을 밧치고 빙표를 쥬어 통상케 ᄒ니
그 지물이 거의 영금 일쳔뉵빅만 방이라. 법황이 이 지물을 어드미 탁
지부에 보ᄂᆡ지 아니ᄒ고 병부에 두어 장찻 병비를 슴고ᄌ ᄒ더라.

뎨이십이졀 셔반아와 포도아 냥국의 스긔라

법황 이년 용병ᄒ미 셔반아 포도아는 법국의 속국이 아니로ᄃᆡ 냥국
의 군량과 지부를 다 법황의 명령을 좃ᄎ 허비ᄒ니 셔반아 병선이 법
국을 도아 영국과 쓰호다가 영국 장슈 ᄂᆡ리손의게 파흔 바ㅣ 되고 나
파륜이 아라사를 칠 째에도 쏘 셔반아 뉵군을 조발ᄒ야 아라사와 두
번 쓰호니 다 동북 변방의 한닝흔 싸이라. 셔반아 인이 온화흔 디방에
싱장ᄒ다가 이 째를 당ᄒ야 쓰인 눈이 무릅흘 싸지고 찬 어름이 슈염
에 응결ᄒ고 쏘 강젹이 압헤 잇스니 차고 쥬리며 죽고 상ᄒ는 ᄌㅣ 불
가승슈ㅣ라. 연이나 감이 원망치 못ᄒ고 포도아는 본ᄅᆡ 영국과 화호ᄒ
다가 한갓 법황의 핍박을 견ᄃᆡ지 못ᄒ야 영국과 절화ᄒ고 심지어 영
인의 포도아 디경에 잇는 ᄌ를 모다 구츅ᄒ고 그 지산을 젹몰 속공ᄒ
니 연즉 셔포 냥국이 법국에 봉령승교ᄒ기를 스스 순종ᄒ야 대국 셤
기는 례를 다ᄒ얏스되 법왕은 오히려 부죡다 ᄒ야 법국 남방 셔포 냥
국과 졉계된 곳에 서로이 한나라를 세워 그 친신흔 대신을 봉ᄒ고 즁
병으로 진압ᄒ야 엄연이 병탄헐 쯧이 잇는지라. 포왕이 대구ᄒ야 도망
ᄒ야 남아미리가56) 쥬 속디에 이르러 파셔국57)에 웅거ᄒ고 셔왕은 양
두ᄒ지 아니ᄒ거늘 나파륜이 핍박ᄒ야 쫏고 셔반아 젼국으로써 그 아
오 약슬을 봉ᄒ야 왕을 삼더라.

---

56) 남아미리가(南阿墨利駕): 남아묵리가. 남미. 쓰우의 아메리카. 남아메리카.
57) 파셔국(巴西國): 쌕레일. 국명.

뎨이십솜졀 영국 장군 혜령탄이 군ᄉ롤 거ᄂ리고 셔포 냥국에 이름이라

셔포 냥국 인민이 말ᄒ오디 닉 나라ᄂ 본릭 법국 속방이 아니어늘 나파륜이 먼져ᄂ 위엄으로 핍박ᄒ고 필경에ᄂ 무고이 그 짜을 겸병ᄒ다 ᄒ야 법황이 북구쥬 칠 째를 당ᄒ야 남구쥬의 셔반아 인이 ᄉ름을 공쳔ᄒ야 총독을 ᄉ마 법인의 일인일긔라도 셔반아 디경에 드지 못ᄒ게 홀ᄉ 다만 국소 병과ᄒ기로 법국을 디젹지 못홀 쥴 혜아리고 즉시 항셔를 닥가 영국에 올리고 구원병을 쳥ᄒ니 영인이 싱각ᄒ되 젼쟈에 법국과 ᄊ홀 째에 오즉 슈뎐은 ᄒ얏ᄉ나 뉵로ᄂ 다만 군량으로 타국을 도아주고 일즉이 한 번 디진 졉뎐치 못ᄒ얏거늘 이졔 법국이 아라ᄉ를 파ᄒ미 셩셰호대ᄒ지라. 당ᄎ시ᄒ야 분명 익일 승산이 업스미 쥬져ᄒ다가 다시 혜오디 법국의 위엄이 졈졈 셩ᄒ니 만일 닉가 셔반아를 돕지 아니ᄒ면 장릭에 구쥬의 화란이 쉬일 날이 업스리라 ᄒ야 드듸여 군ᄉ 일만을 거ᄂ려 혜령탄58)으로 장군을 삼고 포도아에 나아가 둔찰ᄒ야 셔포 냥국을 구원홀ᄉ 일쳔팔빅팔년 [슌조 팔년] 팔월 이십일일에 법인과 비미랍59) 짜에셔 ᄊ화 크게 파ᄒ니라. 초에 혜령탄이 법병과 상지ᄒ 지 뉵년이라. 모다 그 광일지구홈을 의심ᄒ더니 이에 이르러 법국을 파ᄒ미 말ᄒᄂ 즈ㅣ 다 이르되 혜령탄 장군의 영용지모ㅣ 나파륜 외에ᄂ 힐항ᄒ리 업다 ᄒ더라. 혜령탄이 용병ᄒ미 항상 장사진을 쳐 젹병이 이르면 곳 일군이 젼력으로 뻐 막으며 나파륜은 군ᄉ를 두어층에 분ᄒ야 션봉이 익이면 후진이 갑졀이나 나가고 만일 압헤 군ᄉㅣ 픽ᄒ면 일군이 다 놀나 문어지ᄂ지라. 이럼으로 혜령탄의 병법을 짜르지 못ᄒ며 금번 비미랍 ᄊ홈이 영법 냥국 뉵젼의 시초ㅣ라. 혜령탄이 이믜 익이미 곳 법쟝 슈뇌60)로 더부러 언약을 결ᄒ고 그

---

58) 혜령탄(惠靈呑): 웰링톤. 웰링턴. 영국의 장군.
59) 비미랍(非彌拉): 빠미에라. 포지(葡地). 포르투갈의 지명.
60) 슈노(囚璐): 쭈노트. 법쟝(法將). 프랑스 장군.

군스를 핍박ᄒᆞ야 포도아 지경 밧그로 쫏차 닉니 법장이 부득이 허락ᄒᆞ나 맛ᄎᆞᆷᆫᆡ 퇴치 아니ᄒᆞ더라.

혜령탄이 법장과 약조를 졍ᄒᆞ고 조졍에 보ᄒᆞ니 영국 집뎡 대신이 그 약조 즁에 한 조관이 불합ᄒᆞ다 ᄒᆞ야 혜령탄의 병권을 쎅앗고 목이[61]로 ᄡᅥ 장군을 슴아 군스 삼만을 더ᄒᆞ야 깁히 셔반아에 드러가 법병을 음습ᄒᆞ라 ᄒᆞ니 이 ᄯᅢ에 법황 나파륜이 친이 셔반아에 둔찰ᄒᆞ야 그 부하에 졍병 슴십만이 잇스ᄆᆡ 호랑이갓치 보며 룡갓치 ᄲᅱ노라 위엄이 원근에 진동ᄒᆞ더니 목이 그 익이지 못헐 줄 알고 일쳔팔ᄇᆡᆨ팔년 [순조 팔년] 십월에 군스를 물녀 도라올ᄉᆡ 법병이 빈도ᄒᆞ야 ᄶᅡ로와 곳 영진을 누르ᄂᆞᆫ지라. 영국 쟝슈ㅣ 부득이ᄒᆞ야 몸을 도릐혀 ᄡᅡ화 다ᄒᆡᆼ이 법병을 퇴ᄒᆞ얏스나 목이 장군이 필경 젼망ᄒᆞ니 이ᄂᆞᆫ 일쳔팔ᄇᆡᆨ구년 [순조 구년] 뎡월 십뉵일이러라.

목이 죽으ᄆᆡ 그 뒤를 이어 군스를 거ᄂᆞ린 즈ㅣ 혜오ᄃᆡ 법인이 비록 피ᄒᆞ얏스나 병력이 심이 장ᄒᆞ니 필연 우리를 ᄶᅡ를지라. ᄯᅩ 우리 식로 장슈ㅣ 죽엇스니 엇지 져당ᄒᆞ리오 ᄒᆞ고 급히 ᄃᆡ군을 최촉ᄒᆞ야 셩야퇴귀ᄒᆞ니 영인이 ᄃᆡ실소망ᄒᆞ야 말호ᄃᆡ 영국이 오즉 수젼만 헐 ᄲᅮᆫ이오 만일 뉵젼ᄒᆞ량이면 한갓 슘군의 피로ᄡᅥ 법인의 칼에 발은다 ᄒᆞ더라.

영국이 법국과 ᄡᅡ호ᄂᆞᆫ 소식이 오국에 이르니 오국이 다 희불ᄌᆞ승ᄒᆞ야 말호ᄃᆡ 이 긔회를 타 영인은 그 남을 치고 우리ᄂᆞᆫ 그 북을 치면 법인이 복빅수젹헐지라. 필연 지팅치 못ᄒᆞ리니 죵ᄎᆞ로 풍치뎐쳘ᄒᆞ야 즉각에 법국 죵스를 뭇질을 거시오 원수를 가이 갑푸며 수치를 가이 씨슬리라 ᄒᆞ야 이에 군스와 빅경이 다 용략ᄒᆞ야 츌젼코즈 ᄒᆞ더니 ᄯᅩ 영국이 그 군량을 도으니 오인이 더욱 깃거ᄒᆞ야 급히 진군홀새 나파륜이 이 ᄯᅢ에 졍이 법국 남편에셔 영국 장군 목이를 쫏다가 일쳔팔ᄇᆡᆨ구년 [순조 구년] 뎡월 초일일에 오국이 긔병ᄒᆞ야 법국 북방을 친다 ᄒᆞᄂᆞᆫ 말을 듯고 나파륜이 의불급갑ᄒᆞ며 마불급안ᄒᆞ고 급히 북으로 ᄒᆡᆼ

---

61) 목이(穆爾): 무어. 영장(英將). 영국의 장군.

ᄒᆞ여 연로에 격셔를 날녀 각쳐에 산지흔 군사를 부르니 도로ㅣ 요원ᄒᆞ
고 긔한이 촉박ᄒᆞ야 그 속히 오믈 바라지 못헐너라. 연이나 나파륜의
호령 아리 장사ㅣ 다 팔을 쏩닉고 이려나 셕달이 못ᄒᆞ야 ᄉᆞ졸이 구름
뫼잇듯ᄒᆞᄂᆞᆫ지라. 군젹을 졈검ᄒᆞ니 발셔 슴십만 인이라. 이러타시 신속
흠은 나파륜도 ᄯᅩ흔 싱각지 못흔 일일너라. 곳 격셔를 젼ᄒᆞ야 오국 장
군의게 보닉고 잇튼날 ᄊᆞ홈을 쳥ᄒᆞ니 오인이 딕경ᄒᆞ야 비장군이 하늘
로 좃차 닉려왓다 ᄒᆞ고 긔운이 져상ᄒᆞ야 억지로 지팅ᄒᆞ다가 겨우 한
달이 되믹 법인이 ᄯᅩ 오국 유야랍 경셩을 파ᄒᆞ니 오인이 분긔츙텬ᄒᆞ
야 다시 ᄊᆞ화 빅일만에 력진ᄒᆞ야 황북ᄒᆞ니라.62) 나파륜이 이믜 익이
믹 셩하지밍을 밧고 오국 ᄯᅡ 오분일을 베혀 법국 속디를 삼고 ᄯᅩ 벌금
뉴거만을 바드며 ᄯᅩ 명ᄒᆞ야 양병흠을 십오만에 지나지 못ᄒᆞ게 ᄒᆞ며
심지어 오국 셩쳡을 문으졀러 진퇴간에 미들 거시 업게 ᄒᆞ니 딕져 오
국으로 ᄒᆞ야곰 빈궁잔약ᄒᆞ야 다시 일지 못ᄒᆞ게 흠이라. 오국이 엇지헐
길 업셔 다 일일쳥명ᄒᆞ나 법국을 통한ᄒᆞ기ᄂᆞᆫ 일심일일ᄒᆞ더라.

이히 사월에 오법 냥국이 졍이 상지헐새 영국 장군 혜령탄이 ᄯᅩ 군
ᄉᆞ 이만을 거ᄂᆞ리고 포도아 경닉에 이르러 법인을 구축고ᄌᆞ ᄒᆞ니 법
병이 셔반아와 포도아에 잇ᄂᆞᆫ ᄌᆞㅣ 오히려 슴십만이라 즁과ㅣ 현수ᄒᆞ
믹 감이 ᄊᆞ오지 못ᄒᆞ고 이에 셔포 냥국 군ᄉᆞ를 초모ᄒᆞ야 날노 훈련ᄒᆞ
나 군ᄉᆞ 수효ㅣ 필경 법국을 당치 못홀지라. 혜령탄 장군이 이에 영을
옴기여 포국 ᄯᅡ 탈누사비특랍ᄉᆞ63)에 진 치니 이 ᄯᅡ은 의산방수ᄒᆞ야
험흔 익구가 가이 일부당 관에 만부막기요 뒤ᄂᆞᆫ 큰 포구 잇셔 군량을
가이 운견헐지라. 이예 산상에 포딕를 ᄊᆞ고 삼문을 굿게 지어 딕영을
빅셜ᄒᆞ고 혜령탄이 다시 군ᄉᆞ를 거ᄂᆞ리고 셔반아 변방에 이르러 법병
을 치니 법병이 딕지ᄒᆞᄂᆞᆫ지라. 혜령탄이 퇴병ᄒᆞ야 포살과64)에 둔 치
니 포살과ᄂᆞᆫ 수목이 총잡ᄒᆞ야 가이 믹복헐너라. 법병이 ᄯᆞ라오ᄂᆞᆫ ᄌᆞ를

---

62) 황북ᄒᆞ니라: 항복하니라.
63) 탈누사비특랍ᄉᆞ(脫累斯非特拉斯): 토뤼스 앧드라스. 포지(葡地). 포르투갈의 지명.
64) 포살과(布薩科): 쑤사코. 서지(西地). 스페인의 지명.

한번 싹화과ᄒᆞ고 인ᄒᆞ야 다시 탈누사비특랍사에 퇴군ᄒᆞ얏더니 미긔에
법국 장군 마손랍[65]이 장구 듸진ᄒᆞ야 탈누사비특랍스를 향ᄒᆞ니 이 ᄯᅡ
ᄂᆞᆫ 험쥰ᄒᆞ야 졉족헐 곳이 업스미 법병이 감이 드러오지 못ᄒᆞ고 혜오
듸 즁병으로 ᄡᅥ 에우고 그 량도를 ᄭᅳᆫ으면 필연 항복ᄒᆞ리라 ᄒᆞ더니 여
러 날이 지니도 영인의 군량이 산뒤 포구로조ᄎᆞ 수운ᄒᆞᄂᆞᆫ지라 법병은
오즉 산을 바라보고 잇슬 ᄲᅮᆫ이요 더욱이 듸병이 머무ᄂᆞᆫ 곳에 량식이
ᄭᅵᆸ졀ᄒᆞ야 급히 퇴병ᄒᆞ니 이ᄂᆞᆫ 일쳔팔빅십년 [순조 십년] 십월이러라.
혜령탄 장군이 이에 북을 울니고 나아가니 법병이 픠ᄒᆞ야 도망ᄒᆞ거ᄂᆞᆯ
드듸여 셔포 냥국 변방에 이르러 련ᄒᆞ야 법군을 파ᄒᆞ고 셔반아 경셩
에 드러가니 셔인이 영국의 긔치를 보고 다 환혼고무ᄒᆞ야 지싱홈을
하례ᄒᆞ더라. 듸져 이ᄂᆞᆫ 혜령탄이 법국과 교봉ᄒᆞᆫ 이리로 법국의 퇴병ᄒᆞ
ᄂᆞᆫ 시초ㅣ라. 혜령탄 장군이 긔모이 칙을 니여 일년유여에 포티 삼좌
를 ᄲᅢ앗고 셔반아 경셩을 회복ᄒᆞ얏스나 오히려 경니에 잇ᄂᆞᆫ 법인이
심이 만으미 졸연이 다 구축ᄒᆞ기 어렵더라. 이ᄂᆞᆫ 일쳔팔빅십이년 [순
조 십이년] 졍월이러라.

뎨이십ᄉᆞ졀 나파륜이 아라ᄉᆞ 도셩 목ᄉᆞ구에셔 픠홈이라

이히 봄은 법아 냥국이 화약ᄒᆞᆫ 지 발셔 오년이라. 초에 법황이 혜오
듸 구쥬 각국에 오즉 영국이 법국을 두려워 아니ᄒᆞ고 기타 각국은 법
국과 항형헐 ᄌᆡ 업거ᄂᆞᆯ 이에 아라사ㅣ 강대홈을 밋고 법국을 츄존치
아니ᄒᆞ니 이ᄂᆞᆫ 용셔키 어렵다 ᄒᆞ고 곳 긔병ᄒᆞ야 아국을 칠셰 혜오듸
나라이라 홈은 미양 경셩으로 근본을 삼ᄂᆞ니 근본이 요동ᄒᆞ면 지엽은
ᄌᆞ연 ᄯᅥ러질지라. 이졔 곳 아국 경셩을 쳐 어든 후에 그 ᄯᅡ을 다 취ᄒᆞ
면 영국이 ᄌᆞ연 고립이 되야 나로 더부러 강약을 다토지 못ᄒᆞ러니와

---

65) 마손랍(瑪孫拉): 마세나. 법장(法將). 프랑스의 장군.

아국은 디대물풍ᄒ고 아인이 ᄯ흔 용한ᄒ야 타국에 비헐 빈 아니라. 이졔 법국과 밋 속국의 정병을 합ᄒ면 가이 일빅이십오만이 될 거시니 반은 두어 법경을 직희고 반은 가지고 아국을 치면 필연 빅젼빅승ᄒ리니 무삼 염녀ᅵ 잇스리오 ᄒ고 이에 각 싱에 전령ᄒ야 각기 군ᄉ 졀반을 조발ᄒ야 일쳔팔빅십이년 [순조 십이년] 뉵월 이십ᄉ일로 퇴일ᄒ야 아법 냥국지경에 모이라 ᄒ고 법황이 친이 원슈ᅵ 되야 군ᄉ를 졈검ᄒ니 법병이 삼십삼만이오 오사마가와 의대리와 파란66)과 셔셔와 하란 등 모든 속국 군시 ᄯ흔 삼십삼만이 너문지라. 군ᄉ를 합ᄒ니 뉵십칠만 팔쳔이라. 대뎌 ᄌ고이릭로 군용의 셩홈과 군ᄉ의 슈효 만으미 이번 갓튼 지 업더라. 후인이 그 둔병ᄒ얏슨 짜을 일홈ᄒ야 왈 대영67)이라 ᄒ더라.

법국 디군이 리문하를 건너 아국지경에 드러갈ᄉ 법황이 친이 북을 두다리고 슴군을 졈검ᄒ니 군ᄉ의 용밍홈과 장ᄉ의 츙렬홈이 가이 ᄉ름으로 ᄒ야곰 공경홈션헐너라. 나파륜이 대희ᄒ야 이로디 ᄂᆡ 긔병ᄒ야 옴으로 젼필승공 필취ᄒ야 텬하에 대젹홀 지 업스나 긔계 졍ᄒ고 군시 만으며 긔운이 가이 두우를 질을지라. 물ᄯᆞᆮ틋 구름 모이듯 이러타시 셩ᄒ고 장홈은 금일에 쳐음이요 이졔 칙씩을 더지면 가이 강을 ᄯᆞᆮ을 거시오 한 번 말을 먹이면 리문하 하슈물이 즉각에 마를니니 아라사ᅵ 비록 강국이나 엇지 감이 나를 디젹ᄒ리요 ᄒ더라. 슬푸도다. 슈월이 못되야 이 뉵십여만 대병이 부질업시 한 틔ᄯᆯ이 될 쥴을 뉘 아라스리요. ᄊᆞᆷ홈을 조아ᄒᄂᆞᆫ 지 가이 싱각헐지어다.

아라사ᅵ 법국이 크게 긔병홈을 듯고 대구ᄒ더니 혹이 헌칙ᄒ야 왈 법국이 먼리 오미 냥식이 부족ᄒ리니 벽을 굿게 ᄒ고 들을 말키ᄂᆞᆫ 법을 힝ᄒ야 본국 인민으로 ᄒ야곰 미곡과 노젹을 다 거두어 감츄고 뉵축도 ᄯ흔 밧게 두지 말게 ᄒ라. 법병이 이르러도 먹을 거시 업스면

---

66) 파란(波瀾): 포랜드. 폴란드.
67) 대영(大營): 큰 병영.

즈연 무너지리라 흔딕 아황이 올희이 넉여 그 계교를 좃치니라. 법군이 이믜 아디에 드러오니 도쳐에 막는 즈ㅣ 업고 적디 천리에 사호를 어들 바ㅣ 전혀 업고 오즉 보이고 들니는이 산 그림즈와 물소릭ᅌᆝᆫ이러라. 졈졈 깁히 드러가니 군량이 핍졀ᄒᆞ야 쥬린 즈ㅣ 틱반이요 법국으로부터 오는 냥식은 도로ㅣ 요원ᄒᆞ야 아모리 군령이 엄ᄒᆞ나 필경 오는 즈ㅣ 더듸며 급긔 사막에 이르니 다만 쥬릴 샏 아니라 쏘흔 목말나도 먹을 물이 업고 더욱 텬긔 열열ᄒᆞ야 원망ᄒᆞᄂᆞᆫ 소릭 스면에 일며 병졍은 왕왕이 도망ᄒᆞ야 다시 도라오지 아니ᄒᆞ고 그 도망치 못ᄒᆞᄂᆞᆫ 즈ᄂᆞᆫ 혹 독흔 더위에 질병이 이러도 의약이 여의치 못ᄒᆞᄆᆡ 병들고 쥬려 죽ᄂᆞᆫ 즈ㅣ 길에 낙역ᄒᆞ니 힝군ᄒᆞ야 지나는 곳에 빅골이 들에 차고 밋 아국 목사구[68] 도셩에 이르니 현존흔 법병이 다만 슘십여만 인이요 그 졀반은 엇지된 쥴 모르니 춤혹ᄒᆞ도다. 법병이 목사구에 일으니 이 째ᄂᆞᆫ 구월 초일일이라. 아국과 한 번 쏘화 냥군이 상지ᄒᆞ야 죽은 즈ㅣ 십여만 이러라. 이윽고 아병이 퇴ᄒᆞ니 비록 픽ᄒᆞ지ᄂᆞᆫ 아니ᄒᆞ엿스나 겁ᄂᆡᄂᆞᆫ 마음이 엇더니 츳일에 아황이 신민을 거ᄂᆞ리고 분분이 도망ᄒᆞ거ᄂᆞᆯ 나파륜이 대희ᄒᆞ야 혜오딕 도즁에셔 비록 천신만고ᄒᆞ얏스나 이졔 아경을 어덧스니 종츠로 사마를 휴식ᄒᆞ고 틱평을 누리리니 엇지 깃부지 아니리요 ᄒᆞ며 법국 장사ㅣ 쏘흔 흔희과망ᄒᆞ야 이에 장구즉입ᄒᆞ니 다만 보건딕 부고창늠과 인민의 직산을 다 싯고 갓스며 쳐쳐에 화약을 뭇어 법황이 드러간 지 오릭지 아니ᄒᆞ야 스면에 불이 일어 경각간에 화광이 츙텬ᄒᆞ고 가사와 방옥이 다 직가 되니 법병이 ᄒᆞ나토 어든 바이 업는지라. 법황이 그 계교에 쌔진 쥴 알고 스스로 용랍헐 싸이 업더니 다힝이 뒤길에 량식이 오는 즈ㅣ 잇는지라. 강잉이 춤고 스십여 일을 잇다가 도라가즈 흔즉 분ᄒᆞ믈 익의지 못ᄒᆞ고 잇즈흔즉 셩즁이 공공동동ᄒᆞ야 직와 와륵ᄲᅥᆫ이요 겸ᄒᆞ야 아디는 조한ᄒᆞ야 츄말동초에 발셔 링긔가 셔리를 응결ᄒᆞ니 법인이 견딕지 못ᄒᆞ야 부득불 급히

---

68) 목사구(木司寇): 모스코. 아구도(俄舊都). 러시아 옛 도읍지. 모스크바.

회군헐지라. 나파륜이 드디여 령을 너리여 십월 십구일에 회군헐시 군적을 졈검ㅎ니 다만 십만인이요 아국은 병졍 량족ㅎ고 겸ㅎ야 이 일디로 ㅎ며 또 삭방에서 싱장훈 군ㅅ ㅣ 라. 한링을 능이 견듸는 바 ㅣ 요 법국의 퇴병훔을 보고 ㅅ면으로 음습ㅎ니 법병이 집에 도라갈 싱각이 급ㅎ야 각각 ㅆ홀 마음이 업스니 비록 나파륜의 지조로도 ㅅ호 속규무칙ㅎ며 뒤에 잇는 군ㅅ ㅣ 여러 번 아병의게 픽ㅎ야 ㅆ라오는 ㅈ ㅣ 날로 젹은지라. 법황이 크게 분로ㅎ야 친이 뒤를 막을시 이에 부하 친병이 ㅅ또 다 아인의게 죽인 바 ㅣ 되니 이에 젼군이 다 도망ㅎ다가 대군을 ㅆ라오지 못ㅎ는 ㅈ는 다 아인이 즁로에셔 죽이며 슈일이 지니미 우셜이 비비ㅎ야 동ㅅㅎ는 ㅈ ㅣ 불게긔슈요 쥬야분체ㅎ야 심ㅅ ㅣ 편안치 아니ㅎ고 복즁이 ㅅ또 쥬리여 심지어 일일간에 죽는 ㅈ ㅣ 슈쳔인이 되니 이러훈 가련ㅎ고 춤혹훈 형상은 고금ㅅ칙에도 보지 못헐너라. 비리시랍[69] 하슈에 이르니 산곡간에 복병이 일어 포셩이 련쥬갓치 산명곡응ㅎ야 탄환이 비오듯ㅎ는지라. 법군이 불에 죽지 아니ㅎ는 ㅈ는 곳물에 죽으니 곡셩이 진텬ㅎ더라. 이듬히 봄을 당ㅎ야 빙셜 즁에셔 ㅅ름의 시신을 건져니니 범 일만이쳔여 인이러라. 십이월 심숨일에 법병이 비로소 리문하에 이르니 젼일 츌병ㅎ든 군용을 싱각건듸 엇지 한심치 아니리요. 잔군을 졈검ㅎ니 불과 팔만이요 또 긔즁에 법국이 ㅅ로 보니여 나파륜을 영졉훈 군ㅅ와 밋 즁로에셔 항복훈 ㅅ름이요 다 당시옛 부곡 병사 ㅣ 아니니 통계ㅎ면 뉵십칠만 팔쳔 ㅈ데 즁에 싱환훈 ㅈ ㅣ 멎치 아니될지라. 이는 ㅈ고급금에 일대 겁운이러라.

데이십오졀 픽훈 후 관계됨이라

나파륜이 대픽ㅎ고 도라오미 말ㅎ는 ㅈ ㅣ 일으되 승픽는 병가에 상

---

69) 비리시랍(俾爾西納): 쩨리써나. 러시아 하구.

스ㅣ라 ㅎ나 연이나 시국에 관계됨이 심이 크도다. 대져 법국이 이긔면 구라파 쥬에 뎨일 강대훈 나라이 되려니와 이졔 법이 픽ㅎ엿시니 각국이 다 무불환희ㅎ야 이르되 이졔는 가이 법국을 멸망케 ㅎ고 죵츄로 각국이 평안무스ㅎ리라 ㅎ며 아라사도 ㅿ또훈 싱각ㅎ되 법국이 만일 소셩이 되야 다시 병단을 일이키면 후환이 크리라 ㅎ야 이에 각국 군스를 합ㅎ야 법황을 잡고ㅈ ㅎ니 보로사의 군신 상하ㅣ 이 말을 듯고 먼져 돕고ㅈ ㅎ고 오국은 비록 원슈를 갑고ㅈㅎ나 병익이 젹어지고 군냥이 핍졀ㅎ야 싸홀 방칙이 업ㄴ지라 영국이 군비 영금 일쳔만 방을 보조ㅎ며 셔뎐국도 ㅿ또훈 각국을 도아 긔병ㅎ고 오즉 단묵과 밋 일이만 경즁에 각소국이 오히려 법국을 돕고ㅈ ㅎ니 이ㄴ 당비거쳘이라. 엇지 각 대국를 당ㅎ리요. 법국의 위험훔이 불가승언이러라.

뎨이십륙졀 나파륜이 위를 퇴ㅎ고 희도 즁에 갓침이라

나파륜의 픽보ㅣ 파리에 이르니 빅셩이 곡셩이 진텬ㅎ고 그 슬푸고 분한홈은 비헐 데 업더라. 나파륜이 다시 젼령ㅎ야 군스를 소모홀시 모이ㄴ 즈ㅣ 틱반이나 로약이요 년긔 쟝셩ㅎ고 긔력이 웅건훈 즈ㄴ 젼번 싸홈에 거위 다 죽고 다시 셕일 긔상이 업ㄴ지라. 이에 쟝졍을 곳쳐 년긔 십칠셰 이상과 밋 신쟝이 영쳑 오쳑 일촌되ㄴ 즈ㄴ 다 초션ㅎ야 일쳔팔빅십슴년 [슌조 십슴년] ㅅ월에 나파륜이 군스 이십만을 거ㄴ리고 다시 익이빅하70)에 이르니 대져 법황의 용병홈은 미양 션발졔인 홈으로 쟝긔를 슴ㄴ지라. 이졔 각국 대병이 모이기 젼에 먼져 아오 냥국을 칠시 두어번 싸화 승부를 불분ㅎ더니 필경 련젼련픽ㅎ야 일이만 디경을 퇴ㅎ야 나오니 ᄎ시에 영국이 졍병 십만을 조발ㅎ야 혜령탄으로 대쟝군을 슴고 법국 셔남지경을 칠시 각국 군스ㅣ 거의 빅만이라.

---

70) 익이빅하(厄爾白): 엘베. 법하(法河). 프랑스 하구.

드듸여 파리셩에 이르러 나파륜을 에우니 나파륜이 속슈무척ᄒᆞ야 연일 쓰홈애 무불대픽라 당추시ᄒᆞ야 형셰 곤ᄒᆞ고 스긔급박ᄒᆞ니 나파륜이 비록 텬하 영웅인들 엇지ᄒᆞ리오, 이에 각국의 명을 좃ᄎᆞ 옛날 왕족 노의왕 뎨십팔71)의게 젼위ᄒᆞ니 각국이 드듸여 나파륜을 잡아 도라가니라.

나파륜이 잡핀 후에 타인이 히혈가 겁닉여 ᄌᆞ결코ᄌᆞ ᄒᆞ얏더니 각국이 다 우례로 딕졉ᄒᆞ고 존칭ᄒᆞ야 황졔라 ᄒᆞ고 ᄆᆡ년 녹봉을 영금 십만 방으로 졍ᄒᆞ야 그 일용을 쓰게 ᄒᆞ고 호위병 ᄉᆞ빅명을 쥬어 의대리국 셔편 익릐파72) 히도 즁에 안치ᄒᆞ니 이 셤은 법황이 싱장ᄒᆞ든 과셔가 도와 갓가우니 이ᄂᆞᆫ 그 슈토ㅣ 나파륜의게 맛가짐을 위홈이라.

이 ᄯᅢ에 법국 인심이 대변ᄒᆞ야 다 말ᄒᆞ되 법황이 평일에 궁병독무ᄒᆞ야 누ᄎᆞ 픽혈 ᄲᅮᆫ 아니라 셜령 익일지라도 쏘ᄒᆞᆫ 사망을 면치 못ᄒᆞ야 국즁에 장뎡이 다 타국에셔 죽엇다 ᄒᆞ야 분한ᄒᆞ지 아니리 업거늘 나파륜이 타인이 히혈가 두려워ᄒᆞ야 왕왕이 미복으로 줌힝ᄒᆞ더라.

뎨이십칠졀 나파륜이 가마니 법국에 도라옴이라

나파륜이 익릐파 도에 이르니 그 셤의 쥬회 불과 이빅리라. 아홉 달이 지ᄂᆞᆷ ᄆᆡ 궁실을 지으며 도로를 슈츅ᄒᆞ고 ᄌᆞ릐슈 통을 뭇으며 [ᄌᆞ릐슈ᄂᆞᆫ 쇠로 통을 ᄆᆞᆫ드러 ᄯᅡ에 뭇고 물을 인도ᄒᆞ야 스사로 오게 홈이라] 쏘 익릐파 도 겻헤 잇ᄂᆞᆫ 젹은 셤을 ᄲᅢ셔 웅거ᄒᆞ고 즁부셰를 바드니 도민이 령을 거역ᄒᆞᄂᆞᆫ지라. 나파륜이 말ᄒᆞ되 나ᄂᆞᆫ 텬하 영웅이라. 이제 울울거ᄎᆞᄒᆞ야 호령이 한도즁에도 힝ᄒᆞ지 못ᄒᆞ니 엇지 분한치 아니리오 ᄒᆞ고 이에 그 부하 친병 ᄉᆞ빅인을 조련ᄒᆞ며 혹 구라파 쥬 일을 말

---

71) 노의왕 뎨십팔(魯意 第十八): 로위스 씩스틴. 『태서신사남요』에서는 '로위스 씩스틴'으로 표기하여 루이 16세.

72) 익릐파(애래파): 엘바. 해도(海島).

흐는 즈ㅣ 잇스면 거짓 듯지 안는 테흐고 다만 갈오디 나는 오즉 나의 방옥과 우마계견만 일슴을 쑌이라 흐더라.

각국 인군이 오국 경성 유야랍에 모이여 의론흘ㅅㅣ 각국이 다 나파륜의게 쎅앗긴 토디롤 찻고ㅈ 흐니 이졔 법국을 평졍흔 나라는 불가라 흐야 왈 우리 평일에 군스롤 슈고로이 흐고 량식을 허비흐며 심력을 갈진흐야 비로소 나파륜을 평졍흐얏거늘 이제 각국이 다 그 싸을 츠지흐면 우리는 로이무공이오 졔군은 편이 안져 그 리익을 바듬이니 이러헌 리치도 잇는가 흐며 각기 토지롤 쎅앗슬 쯧이 잇더니 홀연이 보호되 나파륜이 이릭파 도로부터 법국에 도라왓다 흐거늘 다 대경실식흐더라. 나파륜이 이릭파 도에 잇슬 째에 스졸을 훈련흐고 츄후 졈졈 병익을 느리여 일쳔명에 이르고 쏘 사사로이 소션 칠쳑을 어더 가만이 회국흘 계칙을 졍흐고 졔구롤 다 가춘 후에 퇴일흐야 대연을 비셜흐고 도즁에 잇는 관원을 마즈 잔치흘ㅅㅣ 그 모친과 누의을 청흐야 쥬인이 되야 디긱흐게 흐고 미리 군스 일쳔인을 보늬여 비에 올리고 잔치롤 맛치지 못흐야 잠간 늬당에 드러간다 칭탁흐고 뒤문으로 나와 히변에 이르러 거러비에 드르가 돗츨 놉피 달고 법국으로 도라오니 도즁 스룸이 아는 즈ㅣ 업더라. 나파륜이 법국에 이르믜 법국 싀 인군이 그 당치 못흘 쥴 알고 위롤 사양흐고 도망흐니 법국에 신임 대신이 쏘흔 도망흐는 즈ㅣ 만터라. 이 째에 각 영 병졸은 나파륜 장하에 예속이 되고 신임흐얏든 신하도 쳐음에는 나파륜을 좃지 안코자 흐다가 밋 그 의론을 드르믜 다 심무쥬장흐야 나파륜을 츄디흐기롤 원흐고 오즉 바라는 바는 옛 허물을 싱각지 말나 흐더라. 법국 장군 늬[73]와 병부상셔 속[74] 두 사룸도 쳐음에는 다 심복지 아니흐더니 [늬와 속은 다 흔자 일홈이라] 이윽고 다 혼연 열복흐는지라. 그 연고롤 무르니 스스로 씌닷지 못흔다 흐더라.

---

73) 늬(內): 네이. 법쟝(法將). 프랑스 장군.
74) 속(束): 솔트. 법병부(法兵部). 프랑스 병부 장관.

데이십팔졀 나파륜이 활쳘로에셔 픠홈이라

법황이 다시 병권을 잡으미 각쳐의 군ᄉᆞ를 조발ᄒᆞ야 젼일 슈치를 씻고ᄌᆞ ᄒᆞ니 각국이 크게 놀나 다시 군ᄉᆞ 일빅만을 합ᄒᆞ야 법국을 치고ᄌᆞ 홀새 이 째에 법국 근쳐에 잇는 군ᄉᆞ ㅣ 오즉 영국 장군 혜령탄과 보국 장군 포로거75)의 거ᄂᆞ린 바 이십만 명ᄲᅮ이라. 나파륜이 영보 냥국이 합병ᄒᆞ기 젼을 승시ᄒᆞ야 먼져 보병을 파ᄒᆞ고 ᄯᅩ 늬 장군을 명ᄒᆞ야 혜령탄을 듸젹ᄒᆞ니 혜령탄이 그 부하를 거ᄂᆞ리고 새벽부터 일모ᄭᅡ지 듸젼ᄒᆞ야 불분승수ㅣ러니 이윽고 영국 군ᄉᆞㅣ ᄉᆞ면으로 이르니 늬 장군이 구원 잇슴을 보고 이에 믈너가니라. 이 째에 혜령탄 장군이 거ᄂᆞ린 바 뉵만 칠쳔 인에 기즁 영병이 다만 이만 ᄉᆞ쳔이요 기타는 비리시와 일이만 렬국 즁에 한락비76)의 군ᄉᆞ요 법국은 졍병 팔만이라. 혜령탄이 듸젹지 못홀 줄 알고 졈졈 퇴ᄒᆞ야 활쳘로77)에 이르니 듸져 활쳘로는 산쳔이 험조ᄒᆞ야 직흴 곳이 만코 ᄯᅩ 한락비 군ᄉᆞ를 합ᄒᆞ야 에우기 쉬운지라. 드듸여 일면으로 진을 치고 일면으로 한락비 장슈의게 격셔를 보늬여 졉응ᄒᆞ라 ᄒᆞ니 나파륜이 ᄯᅩ혼 혜령탄의 계교를 알고 급히 군ᄉᆞ를 최촉ᄒᆞ야 압호로 힝ᄒᆞ야 영병의 단약홈을 파ᄒᆞ고 타국의 셩셰를 썩고ᄌᆞ ᄒᆞ야 이번 ᄊᆞ홈은 타일에 비ᄒᆞ면 더욱 ᄉᆞ름으로 ᄒᆞ야곰 놀납더라. 듸져 법국이 이 째를 당ᄒᆞ야 국가의 홍망이 일조에 잇는지라. 만일 ᄊᆞ화 익의면 의연이 구쥬의 웅국이 될 거시오, 불연ᄒᆞ야 한 번 것구러지면 다시 일지 못ᄒᆞ리니 그 관계됨이 엇더ᄒᆞ리오. 법병이 이믜 이르미 영병이 산상에 진 치믈 보고 법병도 ᄯᅩ흔 그 건너 산 머리에 진을 빅셜ᄒᆞ고 즁간에 산곡을 지경ᄒᆞ야 냥군이 셔로 듸ᄒᆞ야 직흴새 혜령탄이 법국 형셰 졈이 셩홈을 보고 보병을 최촉ᄒᆞ야 구원을 삼고 ᄌᆞ긔는 구지 진문을 닷고 이일듸로ᄒᆞ니 법병이 쥬야 음습ᄒᆞ야

---

75) 포로거(捕魯車): ᄲᅳᆯ 뤼춰. 프러시아 장군.
76) 한락비(漢落非 又名 漢諾非): 하노예(14졀). 영국 속지.
77) 활쳘로(滑鐵盧): 워터루. 워털루.

북소릭 산쳔이 진동ᄒ고 인마ㅣ 물 ᄯᅮᆲ듯ᄒ며 탄환이 바름을 ᄯᅡ라 비오
ᄂᆞᆫ 듯ᄒ더라. 연이나 헤령탄 장군이 구지 산을 직희여 촌보도 부동ᄒ
고 오즉 보병 오기만 기다리다가 포셩이 나는 곳에 보병이 옴을 알고
각기 위엄을 썰쳐 산하로 ᄂᆞ려가니 나파륜이 ᄯᅩᄒᆞᆫ 구원병이 옴을 알
고 이 ᄯᆡ를 타 영군을 ᄑᆞᆸ치 아니ᄒ면 필연 ᄂᆡ로 합공을 당ᄒᆞᆯ 염녀ㅣ
잇다 ᄒᆞ고 이에 신션ᄉᆞ쟐ᄒᆞ야 수하 정병을 거ᄂᆞ리고 곳 줏쳐 다라드
니 영국 군ᄉᆞㅣ 구원옴을 밋고 담이 더욱 장ᄒᆞ야 대젼 십여ᄎᆞ에 필경
법군이 ᄑᆡᄒᆞ야 다라나ᄂᆞᆫ지라. 나파륜이 단긔로 도망ᄒᆞ야 불분쥬야ᄒ
고 곳 파리셩에 이르러 급히 대신을 불너 다시 군ᄉᆞ 슴십만을 조발코
ᄌᆞ ᄒᆞ니 법국이 이 ᄯᆡ를 당ᄒᆞ야 근력이 진ᄒᆞ고 형셰 궁ᄒᆞ야 다시 ᄊᆞ홈
을 말ᄒᆞᆯ 수 업ᄂᆞᆫ지라. 피ᄎᆞ 셔로 한탄ᄒᆞᆯ ᄲᅮᆫ일너라.

나파륜이 ᄯᅩᄒᆞᆫ 엇지ᄒᆞᆯ 길 업셔 다시 황졔 위를 ᄉᆞ양ᄒᆞ고 친이 영국
병션에 이르러 한 디방을 어더 셰월을 보ᄂᆡᆷ을 쳥ᄒᆞᆫ디 영국이 그 젼에
실신홈을 의심ᄒᆞ야 이에 디셔양 가온디 히리랍78) 히도에 귀양보ᄂᆡ니
그 쥬외가 불과 빅리라. 나파륜이 비록 그 젹옴을 혐의ᄒᆞ나 다시 이
ᄯᆡ를 당ᄒᆞ야 면ᄒᆞᆯ 길 업ᄂᆞᆫ지라. 이에 수두상긔ᄒᆞ고 히리랍 도에 드려
가니라.

데이십구졀 나파륜이 졸홈이라

법황이 익리파 도에 잇슬 ᄯᆡ에ᄂᆞᆫ 비록 ᄯᅡ이 편소ᄒᆞ나 오히려 가이
ᄌᆞ쥬ᄒᆞ더니 지금은 비단 셤이 더 적을 ᄲᅮᆫ 아니라 ᄯᅩ 도즁에 관원이 잇
셔 가만이 샤로 약속ᄒᆞ야 법황의 일동일졍을 다 살피니 법황이 더욱
부득 ᄌᆞ유ᄒᆞ야 임의로 지ᄂᆡ지 못ᄒᆞ고 머리를 돌니켜면 잔화ㅣ 링락ᄒ
고 수목이 파사ᄒᆞ며 눈을 들면 히수ㅣ 창망ᄒᆞ고 산운이 암담ᄒᆞ니 긔셰

---

78) 히리랍(聖希利納): 쎄인트 헤릭나. 세인트헬레나.

영웅이 말로를 당흐미 즈연 체루ㅣ 종횡흐는지라. 스스로 회복혈 긔약이 업스믈 혜아리미 조곰도 싱셰지락이 업셔 울울흔 병이 늬죵이 되야 필경 이지 못흐고 드듸여 일쳔팔빅이십이년 [순조 이십이년] 오월 초오일에 졸흐니 년이 오십이셰러라.

데숨십졀 나파륜이 구라파 시국에 관계됨이라

나파륜이 지위 시에 헤오듸 빅셩은 나라의 근본이니 근본이 구더야 나라이 평안흐다 흐야 셕일에 빅셩이 웃스름의게 억졔 밧으믈 불상히 넉이여 각국으로 흐야곰 옛법을 곳쳐 민쥬국이 되라 흐니 각국이 졸연이 듯지 아니흐는지라. 드듸여 그 지조를 밋고 스름을 만모흐야 민간의 희뮘을 도라보지 아니흐고 급기 각국이 이러날 째를 당흐야 필경 병픽국파흐고 력갈신망흐니 셕지로다. 나파륜이 이믜 피흐미 법국이 다시 노의뎨 십팔왕을 셰워 왕을 숨으니라. 딕져 나파륜이 창립흔 바 뎐쟝법도79)ㅣ 국계와 민싱에 유익흠이 만코 각국의 관계되는 즉ㅣ 쏘흔 불소흔지라. 이제 각국이 그 법을 본바다 졸연이 흥왕흔 즉ㅣ 만으니 나파륜은 진실노 인걸이더라.

나파륜이 지위 이십년에 구쥬 인민이 란셰를 당흐야 틱평흠을 보지 못흐고 싱령을 잔희흠이 수빅만이요 목의문견이 무비살긔라. 리국편민흐는 션졍을 힝치 못흐고 빅셩의게 밧는 부셰는 다 군용에 업셔지니 당시에 스름들이 실노 편벽히 고초를 바닷스나 후셰의 리익은 다 여긔셔 긔초를 졍흠이러라.

션시에 구쥬 각국이 다만 옛날 규모를 직희여 범스를 군권으로 힝흐고 민간의 향비랄 뭇지 아니흐더니 밋 나파륜의 졍돈흠을 지늬미

---

79) 뎐쟝법도: 1804년 제정한 나폴레옹 법전. '프랑스 민법전'으로 각 지역의 여러 가지 관습법과 봉건법을 하나로 통일한 최초의 민법전으로 '만민의 법 앞에의 평등', '국가의 세속성', '종교의 자유', '경제 활동의 자유' 등 근대적인 가치관을 도입한 획기적인 것이었다.

각국이 다시 헤오딕 민심을 불순ᄒᄂᆫ 즈ᄂᆫ 결단코 틱평을 누리지 못ᄒ리라 ᄒ야 이에 다 두려운 마음이 잇고 ᄯᅩ 병혁이 잇슬가 넘녀ᄒ야 급히 법도를 곳쳐 하민으로 ᄒ야곰 곤경을 당치 아니케 ᄒ야 ᄎᆞ후로 오십년간에 구라파의 흥왕홈이 긔벽이릭 처음이 되니 그 릭력을 말ᄒ면 무비 나파륜의 공업이라.

총이언지ᄒ면 나파륜이 평싱에 나라를 셰우고 빅셩을 길으ᄂᆫ 도에 진심갈력ᄒ니 가위 쳔고 이릭에 뎨일 영웅이요 그 빅셩을 힉홈도 ᄯᅩ흔 즈고이릭의 포학흔 인군이니 셕일에ᄂᆫ 타국이 각기 군권으로 졍ᄉᆞ를 힉ᄒ다가 나파륜이 민쥬를 ᄆᆞ든 후에 이르러 각국이 다 민심을 순종홈을 올타 ᄒ야 의딕리 갓튼 나라도 수빅년 젼에ᄂᆫ 졍ᄉᆞ에 착지 아니미 몽즁에 잇슴과 갓타야 이르되 상뎐이 오즉 우에 잇ᄂᆫ 스름만 보호흔다 ᄒ야 인간질고를 뭇지 아니ᄒ고 다만 디상 흔 스름의 말을 좃차 가부를 졍ᄒ더니 밋 나파륜이 민쥬국을 ᄆᆞᆫ드러 리국편민홈을 듯고 즉일에 황연대오ᄒ야 법도를 고쳐 젼일과 상반ᄒ고 이졔 층층일상ᄒ야 크게 흥셩ᄒ고 일이만 모든 소국도 처음에ᄂᆫ 말ᄒ되 이ᄂᆫ 다 하늘이 졍흔 바ㅣ라 ᄒ야 다시 감이 변경치 못ᄒ더니 나파륜의 말을 듯고 헤오딕 소국이 만은 고로 졍령이 불일ᄒ야 인심이 고로지 못ᄒ고 형셰 단약ᄒ야 나라이 되지 못흔다 ᄒ고 각 방을 합ᄒ야 한 큰 나라를 ᄆᆞᆫ드러 자후로 오십년 간에 옛 장졍을 다 곳치여 이졔ᄂᆫ 구쥬 즁에 엄연흔 강국이 되고 아미리가 쥬의 화셩돈은 민쥬를 ᄆᆞᆫ들고 화셩돈이 졸흔 후에 나파륜이 그 장수를 명ᄒ야 군ᄉᆞ 이르ᄂᆫ 곳에 화셩돈이 민쥬국을 셰움이 착흔 일이라 ᄒ야 칭송ᄒ기를 마지 아니ᄒ고 타국으로 ᄒ야곰 미국을 비호라 ᄒ며 ᄯᅩ 이 말을 빙즈ᄒ야 각쳐 민심을 수습ᄒ고 나파륜이 용병홈도 다 이 ᄯᅳᆺ으로 힉ᄒ믹 법국이 나파륜의 조셔를 보면 무불락종ᄒ며 ᄯᅩ 구쥬 각국의 읏듬이 되고즈 ᄒ야 억지로 각국을 명ᄒ야 장졍을 곳치라 ᄒ고 간과를 동ᄒ고 상ᄌᆞ히민홈이 ᄉᆞᆽ치 업ᄂᆫ 고로 그 안민ᄒᄂᆫ 법은 크게 각국에 유익ᄒ나 힉민ᄒᄂᆫ 화ᄂᆫ 홀노 법난셔 국이 당ᄒ며 필경 병련화결ᄒ고 곤궁뉴리ᄒ야 죽으니 이ᄂᆫ 나파륜이 즌취지화ㅣ라. 나파륜이 이믜 졸ᄒᆞ믜 모든 일이 일조에 다 업셔지고 오즉 안민ᄒᆞ고 양민ᄒᆞᄂᆞᆫ 졔반 조혼 법은 각국이 본바다 목하 구쥬 각국이 릉이 일신월셩ᄒᆞ야 흥왕ᄒᆞᄂᆞᆫ 즈ㅣ 만코 불연이면 날노 쇠약ᄒᆞ니 이는 법황 나파륜의 공이라. 지금ᄭᅡ지 구쥬 스름이 칭찬 아니리 업더라.

데슴권 각국이 오지리아국 도셩에 모힘이라

영국 마간셔 원본, 쳥국 채이강 술고, 리졔마틔 번역

데일졀 각국이 란리 젼의 졍형이라

법난셔 황졔 나파륜이 이러나기 젼에 각국의 토디가 스분오열ᄒ야 나파륜의 곳친 바와 되상부동ᄒ니 이졔 그 옛일을 상고ᄒ면 가히 알지라. 당시에ᄂ 구쥬에 강대ᄒᆫ 나라이 멋치 아니오 그져 근ᄌ는 불하슴ᄉ빅이니 각 소국의 인군이 그 졍ᄉ와 군무와 부셰와 률법을 다 각기 혼ᄌ 쥬장ᄒ야 쳐단ᄒᄂᆫ지라. 옛 늘근이 셔로 젼ᄒ되 아비리가 쥬[1] 한 곳에 왕왕이 상거 수빅리에 곳 언어ㅣ 불통ᄒ야 그 싸에 유람ᄒᄂᆫ 자ㅣ 각국의 말을 다 비호ᄌ ᄒ면 쉽지 아니ᄒ다 ᄒ더니 ᄎ시 구쥬 각국이 다 이와 ᄀᆺᄐ야 법령이 인ᄒ야 달은 고로 그 싸에 이르ᄂᆫ 지ㅣ 풍속과 금법을 물을 결은이 업고 만일 근신치 아니ᄒ면 곳 죄에 다다르니 이ᄂ 그 졍ᄒᆫ 법률이오 또 인군의 어질고 포학ᄒᆫ 것과 빅셩의 조와ᄒ고 믜워ᄒᄂᆫ 지방이 빅리오 빅은 칠십리오 ᄌ와 남은 오십리되애 대국의 명령 바들 째에 비ᄒ야도 상거ㅣ 심이 머더라.

구쥬에 의대리ᄂ 강국이라. 그 셩홀 째에ᄂ 스경지ᄂ에 촌토가 그 싸이 아니미 업고 일민이 그 신하 아임이 업더니 이윽고 나마 국[2]이

---

[1] 아비리가 쥬: 아프리카 대륙.

의대리 북방에 잇는 토번을 치다가 [토번은 아국말로 ㅎ면 쥰쥰무식
ㅎ 오랑캐라] 승승장구ㅎ야 의대리에 드라와 그 토디를 분ㅎ야 짜라
온 모든 장수를 쥬니 즛츠로 의국이 변ㅎ야 제 소국이 되고 밋 수리만
대졔3) [디졔는 큰 황졔라] 득의ㅎ얏슬 째에 약ㅎ고 적은 나라를 병탄
ㅎ야 석일 규모랄 회북ㅎ더니 수리만 디졔 훙한 후에 나라이 쏘다시
난호여 흐터지고 조션 기국 후 빅년 닉외간에 의디리 디신 염졀4)이
모든 소국을 합ㅎ야 한 큰 나라를 믄들고 나마 부로뼈 도셩을 숨고즛
ㅎ더니 쏘 셔력 일쳔팔빅년 [뎡종 이십수년]에 의디리 다시 홋터 합지
아니ㅎ야 폐망5)이 한 나라히 되고 파나스6)도 일국이 되고 비리셜7)도
일국이 되고 윤파졔8)는 오국의 어든 바이 되야 곳 오국의 쥬장이 되
고 경나아9)는 비록 나라히 못 되나 쏘흔 즈쥬ㅎ며 교황에 속흔 자ㅣ
이빅만 인이오 이외에도 난호와 봉흔 여러 나라히 잇고 심지어 한 통
상ㅎ는 도회에도 즈쥬ㅎ는 즈ㅣ 잇셔 안 근심과 밧 우환이 잇스면 피
츠 약조를 졍ㅎ야 도와주고 무스홀 시에는 셔로 간셥지 아니ㅎ니 만
일 한 영걸이 잇셔도 모ㅎ량이면 병탄ㅎ기 어렵지 아니ㅎ얏슬너라.

    일이만 일경에는 즈쥬ㅎ는 나리히 슴빅이니 의대리에 비ㅎ야도 오
히려 령셩ㅎ고 슴빅 인군 즁에 문왕이라 ㅎ는 자도 잇고 교왕이라 ㅎ
는 자도 잇고 [교왕은 빅셩을 가라친다는 말이라] 쏘 가히 권도로뼈
셰워 황졔라 ㅎ는 왕과 쏘 유명무실한 왕이 잇스니 [유명무실흔 왕은
일홈만 잇고 짜히 업다 홈이라] 이 거시 다 왕이오 그 즈쥬ㅎ는 통상
도회쳐가 의디리와 근스ㅎ고 오지리아 국과 보로스 국이 셔로 피졔후

2) 나마 국: 로마국.
3) 수리만 대졔(沙里曼 大帝): 차릭멘. 로마의 황졔.
4) 염졀(廉節): 뤼쓰. 이탈리아 신하.
5) 폐망(蔽망): 피드몬트. 이탈리아 작은 지방(나라).
6) 파나스: 나파나스의 오기. 나폴리.
7) 비리셜(飛泥雪): 예니스. 베니스. 이탈리아 작은 지방.
8) 윤파졔(倫巴提): 롬바듸. 롬바르드. 이탈리아 작은 지방.
9) 경나아: 제노바.

가 되고 혹 오지리아 국왕이 엄연이 황졔되야 일이만을 관할ᄒᆞ니 그 말에 왈 나의 위망과 권셰ᄂᆞᆫ 다 나마 교황이 쥰 비라 ᄒᆞ야 젼쥥을 당ᄒᆞ면 가히 모든 소국을 명ᄒᆞ야 군ᄉᆞ를 ᄂᆡ여 돕게 ᄒᆞ더라. [교황이 권을 쥬엇다 ᄒᆞᆷ은 당시에 텬쥬교황이 모든 나라 권을 가지고 임의츌쳑ᄒᆞᄂᆞᆫ ᄱᅢ라]

오지리아 국이 구쥬 가온ᄃᆡ 잇셔 구쥬의 ᄃᆡ권을 가진 지 슈빅년이 되니 인구ㅣ 이쳔오빅 만이오 일이만이 항상 그 관할ᄒᆞᆫ 빅 되고 하란 국의 불난덕10)과 의ᄃᆡ리의 윤파졔 두 ᄯᅡ히 그 웅거ᄒᆞᆫ 빅 되고 셔북 ᄃᆡ경의 틀로 셩11)과 항가리 셩12) [곳 마가라]이 ᄯᅩᄒᆞᆫ 오황의 호령을 바다 감히 어긔지 못ᄒᆞ더라.

보로ᄉᆞᄂᆞᆫ 원ᄅᆡ 대국에 춤예치 못ᄒᆞ고 그 인민이 ᄯᅩᄒᆞᆫ 팔빅만에 넘지 못ᄒᆞ나 용밍ᄒᆞ야 ᄊᆞ호기를 잘ᄒᆞ며 비질례 대왕13)이 직위ᄒᆞ야 더욱 훈련ᄒᆞᄆᆡ 병력이 강ᄒᆞ야 텬하에 ᄃᆡ젹홀 쟈ㅣ 업다 ᄒᆞ야 그 인근 졔소국을 멸코즈 ᄒᆞ니 소국이 다 두려워ᄒᆞ더라.

파란국은 아라ᄉᆞ 오지리아 보로ᄉᆞ 숨국이 합병ᄒᆞ야 멸ᄒᆞᆫ 빅 되야 그 ᄯᅡ흘 숨분ᄒᆞ니 유지ᄒᆞᆫ 지 ᄆᆡ양 회복홀 ᄯᅳᆺ을 두더라.

션시에 하란국이 희외에 웅장ᄒᆞ야 위엄이 멀니 진동ᄒᆞ더니 영길리 강ᄒᆞᆷ으로븟터 젼일의 셩명이 업고 ᄂᆡ졍은 민주국이오 팅평무ᄉᆞᄒᆞ야 오즉 타국과 통상ᄒᆞ야 치부ᄒᆞᆷ을 힘쓰나 외국 교셥은 별로 유의치 아니ᄒᆞ고 빅셩이 부지런ᄒᆞ야 졔조ᄒᆞᄂᆞᆫ 직죄 [졔조ᄂᆞᆫ 물건 ᄆᆞᆫ든다ᄂᆞᆫ 말이라] 날노 늘어가고 그 ᄶᅡᄂᆞᆫ 팅반이 믈이라 그 인슈ᄒᆞ고 셜슈ᄒᆞᄂᆞᆫ 법을 어든 후에 젼야가 다 옥토가 되얏더라. [셜슈ᄂᆞᆫ 물을 ᄲᅩᆸ아ᄂᆡᆫ다 ᄒᆞᄂᆞᆫ 말이라]

하란의 인국은 바리시14)라. 비록 오지리아 국에 속ᄒᆞ나 외교와 ᄂᆡ

---

10) 불난덕(佛蘭德): ᄲᅮ랜더스. 프랜더스. 네덜란드의 지명.
11) 틀로 셩(忒魯 城, 특로 셩): 틔롤. 오스트리아 지명.
12) 항가리 셩(恒加利 卽 馬加): 형가리. 오스트리아 지명.
13) 비질례 대왕(斐迭禮 又名 飛特里): ᄲᅮ릐더릭. 프리드리히 대왕.

치가 가관홀 자ㅣ 만터라.

셔셔15)는 민쥬ㅎ는 소방 이십이국을 합ㅎ야 한 나라히 되얏스니 인구ㅣ 불과 이빅만이오 셔왕이 인국의 셔로 잔멸홈이 도가 아니라 ㅎ야 딕딕로 경계ㅎ야 다만 그 나라를 직희고 타국일에는 좌우간 상관이 업더라.

이상은 다 구라파 쥬 당일 정형이라. 법국이 졸연히 고릭ㅈ치 닉다라 강을 번득이고 바다를 뒤집어 각국으로 ㅎ야곰 이십년 ㅅ이에 틱평혼 복을 누리지 못ㅎ게 홀 줄을 뉘 아랏스리오.

뎨이절 나파륜이 출셰혼 후 정형이라

나파륜이 의대리를 어드민 모든 정ㅅ를 경장ㅎ니 당시에는 비록 괴로오나 연이나 의국에 크게 리익이 잇더라. 당시에 나파륜이 의대리 북부 칠반을 버혀 한 큰 민쥬국을 세우니 기즁에 불합다 ㅎ는 자ㅣ 잇거날 나파륜이 일너 왈 짐이 너의 일경을 합ㅎ야 큰 나라를 ᄆ들지라. 곳 교황의 관할혼 싸도 쏘혼 기즁에 잇고 짐이 곳 너의 민쥬국의 인군이 되리라 ㅎ니 빅셩이 깃거ㅎ더라. 이 쌔 의대리가 나파륜의게 속혼 자ㅣ 십거팔구러니 이윽고 나파륜이 그 ᄆ부를 봉ㅎ야 나파나ㅅ16) 왕을 슴으니 의대리 일경이 다 그 장악에 들고 나파나ㅅ 왕이 법국의 관할되미 법국 번속과 달음이 업스니 의대리에 정치가 돈연이 변ㅎ엿더라.

하란은 나파륜이 그 아오 노의를 봉ㅎ얏더니 미긔에 나파륜이 노의를 명ㅎ야 정ㅅ를 곳치라 ㅎ니 민심이 불복ㅎ는지라. 노의 후환이 잇슬가 ㅎ야 왕위를 ㅅ양ㅎ민 하란이 인ㅎ야 법국 속지되야 나라을 일

---

14) 바리시: 벨기에.
15) 셔ㅅ: 스페인.
16) 나파나ㅅ: 나폴리.

우지 못ᄒ더라.

　비리사도 ᄯᅩᄒᆫ 법국에 속ᄒ니라.

　일이만 젼국 즁에 오황의 명을 좃지 아니ᄒ고 ᄌ립고ᄌ ᄒᄂᆫ 자ㅣ
잇거ᄂᆯ 나파륜이 가만이 도와주더니 그 도셩은 난인하17)와 ᄀᆺ가온지
라. 인ᄒ야 일홈을 지어 왈 난인 합즁국이라 ᄒ니 인구ㅣ 뉵십만이라.
대셰 이믜 졍ᄒ민 ᄌ쳥ᄒ야 법국의 속방이 되니라. 일이만이 쳐음에는
소국 슘빅이러니 지시ᄒ야 슘십국이 되고 기즁에 보로사ㅣ 분ᄒ야 둘
이 되니 이ᄂᆫ 나파륜이 일이만에 잇ᄂᆫ 친밀ᄒᆫ 나라로 쥬장ᄒ게 ᄒ고
ᄯᅩ 나파륜이 별노히 한 나라를 셰워 일홈ᄒ야 왈 위ᄉ법리애18)라 ᄒ
야 그 아오 엽락밀19)을 봉ᄒ야 왕을 슴고 오국도 ᄯᅩᄒᆫ 분ᄒ야 둘을 믄
들고 파란국은 젼일에 보로ᄉ에 예속ᄒ얏든 ᄯᅡ을 취ᄒ야 살극ᄉ20)의
왕을 쥬니 이에 일이만의 옛 규모ㅣ 젼혀 변ᄒ얏더라.

　나파륜이 대권을 잡으믹 셔ᄉ국을 병탄ᄒ고 졔도를 변경ᄒ야 말ᄒ
되 여ᄎᆞᄒ면 가허 타인의 엿봄을 면ᄒᆫ다 ᄒ더라.

뎨숨졀 오지리아 도셩의 대회ᄒᆫ ᄯᅳᆺ이라

　나파륜이 모든 각국을 변경흠이 여ᄎᆞᄒ다가 밋 ᄉ로잡히믹 각국 왕
이 옛 산하를 다시 ᄎᆞᄌ 일월을 ᄉᆡᆨ롭게 ᄒ니 엇지 깃부지 아니ᄒᆯ이오.
연이나 사톄 지극히 즁딖ᄒ믹 심신치 아니ᄒ면 화란이 곳 ᄊᆞ를지라.

---

17) 난인하(蘭因合): 라인 콘예더례숀.
18) 위ᄉ법리애: 베스트팔렌. 1807년, 나폴레옹은 폴란드로 진격하였다. 같은 해, 프로이센
　　을 구원하러 온 러시아군을 아일라우 전투와 프리틀란트 전투에서 격파하였다. 나폴레
　　옹은 러시아의 알렉산드르 1세와 틸지트조약을 체결하여, 프로이센의 영토를 크게 축소
　　시키고 폴란드 지역들을 하나로 묶어 바르샤바 대공국을 형성시켰으며, <u>남동생 제롬 보</u>
　　<u>나파르트를 베스트팔렌의 왕으로</u> 임명하여 두 나라를 프랑스 제국의 위성 국가로 지정
　　하였다. 『위키백과』
19) 엽락밀: 제롬 보나파르트.
20) 살극ᄉ(薩克思義): 삭소늬. 국명.

앗갑도다. 졔군이 심모원려ㅣ 업셔 오경에 모일 쌔에 다만 목젼만 도라보고 구쥬 대셰를 싱각지 아니ᄒᆞ며 쏘 겨우 그 군왕의 위만 보젼ᄒᆞ고 민졍을 살피지 아니ᄒᆞ니 딕져 나파륜이 졍ᄉᆞ홀 쌔에ᄂᆞᆫ 믹ᄉᆞ를 빅셩의게 유익게 ᄒᆞ야 빅셩이 다 씩다랏ᄂᆞᆫ지라. 형언이 이십년 젼에 안분슈긔ᄒᆞ든 빅셩에 비홀 비 아니어늘 이에 졔군은 다만 나파륜이 셰계를 어질렷다 ᄒᆞ고 그 인민의게 편케훈 거슨 싱각지 아니ᄒᆞ야 의론이 무비 셕일에 긔업을 츳고ᄌᆞ ᄒᆞᄂᆞᆫ 고로 ᄌᆞ긔의 위를 다 회복ᄒᆞ고 법국과 인국되ᄂᆞᆫ 소방은 도와쥬어 법인의 ᄉᆞ나옴을 막깃다 ᄒᆞ며 각국의 딕소 졍령이 셕일이라도 힝치 못홀 ᄌᆞ를 다 복고ᄒᆞ야 이럿트시 교쥬고슬ᄒᆞᄆᆡ 불과 긔일에 쏘 딕란이 이러 거위 수습부득ᄒᆞ더라.

뎨ᄉᆞ졀 각국이 란리 젼 옛 규모를 힝홈이라

이 쌔에 오국 도셩 유야랍[21]에셔 회의ᄒᆞᄂᆞᆫ 자ㅣ 아왕 오왕 보왕 영 대신이 ᄒᆞᆫ가지 대권을 가지고 교황과 밋 법난셔 셔반아 포도아 셔젼 졔국이 쏘혼 각기 ᄉᆞ신을 보닉야 모이고 츠외에 소구이 쏘혼 만ᄒᆞ나 다 아오보영의 명을 들으니 아오보영의 군신이 다 혜오딕 이계 나파륜을 금고홈은 우리의 공이라 구쥬 각국이 무불흠앙ᄒᆞ고 다 부슈쳥명ᄒᆞ니 무슴 빅셩을 관계ᄒᆞ야 도로혀 분운케 홀이오 ᄒᆞ고 딕지를 졍혼 후에 틱일 회의ᄒᆞ니라.

그날을 당ᄒᆞ야 먼져 법국일을 의논홀ᄉᆡ 일쳔칠빅구십이년 [뎡종 십뉵년] 이후로 나파륜이 각쳐에 쎅아슨 토디와 인구 ᄉᆞ쳔이빅만 명을 츠ᄌᆞ 본쥬의게 돌녀 보닉고 기즁 젹은 싸 두어 곳을 법국에 속ᄒᆞ니라.

다음에 의딕리를 의논홀ᄉᆡ 의국은 딕국을 믄들고ᄌᆞ ᄒᆞ나 아직 그 쌔가 아니라 ᄒᆞ고 윤파졔ᄂᆞᆫ 이믜 오지리아의 관할되얏고 츠외에 비셜

---

21) 유야랍: 비인. 오스트리아 수도.

니 일국은 오국에 속ᄒ야 나파륜을 파ᄒᆫ 공로를 갑게 ᄒ고 교황의 옛
싸이 의대리에 잇난 즈는 교황의게 밧치고 나파나스는 일즉이 나파륜
이 그 미부를 쥬엇든 싸히라 이제 본쥬를 츠즈 쥬고 기여 의대리에 제
후는 그 권리를 누리게 ᄒ며 이 쌔에 경나아22) 인민은 폐망의 약속을
밧지 안코즈 ᄒ나 희즁이 치치불문ᄒ니 딕져 그 쯧이 의대리는 이왕
에 ᄉ분오렬ᄒᆫ 나라히라. 이제 거의 복고되얏스니 다시 더ᄒᆯ 수 업다
홈이라. 연이나 의뒤리의 일통됨은 이번 회의에 긔초를 세워 오십년
후에 일우니라.

일이만은 렬방이 불가승수ㅣ라. 각각 그 위를 회복ᄒ게 ᄒ고 또 그
여러나라히 약조를 졍ᄒ야 연방을 믄들고 [연방은 여러 나라을 연ᄒᆫ
다는 말이라] 밍셰ᄒ야 왈 연방 즁에 무론ᄒ고 만일 외인의 능모를 밧
거든 제국이 합력ᄒ야 막즈 ᄒ고 오지리아 보로스 양국을 놉피여 밍
주를 숨으니 대져 셕년에 오지리아 국이 일이만 렬방 즁에 읏듬이 된
고로 이제 인ᄒ야 복고ᄒ얏스나 보국은 이 쌔에 날노 강셩ᄒ야 오국
과 병가졔구ᄒ기로 피츠 셔로 투긔를 면치 못ᄒ더라.

기츠 하란 비리시23)는 죵민원ᄒ야 일국을 숨고

한락비24)는 영국의 속디라. 나파륜의 란에 보로사ㅣ 츠지ᄒ얏더니
이제 영국에 돌녀 보닉고

셔젼 나위25) 양국은 하란 비리시의 젼례를 조츠 또ᄒᆫ 일국을 숨고

다시 셔스국 일을 의론ᄒᆯ시 모든 인군이 그 즈쥬는 허락ᄒ되 오즉
시로 졍ᄒᆫ 구쥬 각국의 국체를 쥰ᄒᆼᄒ야 다시 졍돈케 ᄒ고

파란은 셕년에 이믜 난호와 가국에 예속되얏는지라. 이제 합ᄒ야 즈
주ᄒ기를 허락지 아니ᄒ고 오즉 아라사ㅣ 베허 가진 외에 즈못 그 리

---

22) 경나아: 제노바.
23) 비리시: 벨기에.
24) 한락비: 하노버. 하노버시(Hannover)는 라인 강 중류에 위치한 니더작센 주의 주도이다.
    역사적으로 영국의 하노버 왕가가 선제후(후에는 국왕)로 있었던 하노버 선제후령(후에
    는 하노버 왕국)의 수도이기도 하다. 『위키백과』
25) 나위(노위, 瑙威): 노뤄이. 국명. 노르웨이.

익을 밧게 ᄒ며 ᄯ 그 ᄇᆡᆼ셩 일쳔오ᄇᆡᆨ만을 취ᄒᆞ야 아라스 오지리아 보로스 숨국에 붓치니 되져 이 셰 나라이 법국을 파ᄒᆞᆫ 공이러라.

살극스의 국은 나파륜의 포학ᄒᆞᆷ도 밧지 아니ᄒᆞᄀᆞ 먼져 항복ᄒᆞ얏다 ᄒᆞ야 더러이 녁이여 그 나라 졀반을 베혀 보로사에 부치니라.

당시에 영국이 법국 속지ᄅᆞᆯ ᄲᅢ아ᄉᆞᆫ 쟈ᅵ 가장 만터니 이졔 영국은 오즉 구라파 쥬의 틱평무ᄉᆞᄒᆞᆷ을 바라고 별로이 구ᄒᆞᄂᆞ 바ᅵ 업ᄂᆞᆫ지라. 겨우 ᄒᆞᆫ ᄯᅡ을 머물너 표젹을 숨고 기타ᄂᆞᆫ 다 법국에 돌녀 보니니 말ᄒᆞᆫ 쟈ᅵ 일으되 영국이 법국 딕졉ᄒᆞᆷ이 가장 후ᄒᆞ다 ᄒᆞ더라.

회의ᄅᆞᆯ 맛치ᄆᆡ 구쥬 일경에 모든 일이 평졍ᄒᆞ고 되소 각국 군신이 낙역히 도라가고 말ᄒᆞ되 ᄌᆞ츠 이후ᄂᆞᆫ 가히 장치구안ᄒᆞ리라 ᄒᆞ야 경텬동디홀 일이 잇슴을 요량ᄒᆞᄂᆞ 쟈ᅵ 업스니 그 소홀ᄒᆞᆷ을 가히 알지라. <u>되져 회즁의 졍ᄒᆞᆫ 바ᄂᆞᆫ 다 인군의 부귀존영만 취ᄒᆞ미니 나라ᄂᆞᆫ ᄇᆡᆼ셩이 근본이라.</u> ᄇᆡᆼ셩이 업스면 인군이 어듸 잇슬이오. 엇지ᄒᆞ야 각국의 군신이 민ᄉᆡᆼ의 휴쳑은 도라보지 아니ᄒᆞ고 막연부지ᄒᆞ다가 다시 <u>오십년을 지ᄂᆡ고 그졔야 인군과 ᄇᆡᆼ셩이 셔로 칙망ᄒᆞᄂᆞ 화ᄅᆞᆯ 일위여 곳 양법미규ᄅᆞᆯ 창시ᄒᆞ야 타당이 조쳐ᄒᆞᆫ 후에야 편안홀 줄을 뉘 아랏슬이오.</u>

데스권 **영길리국이라**

영국 마간셔 원본, 청국 채이강 술고, 리제마틴 번역

조선 대군주 폐하 습십년 계스는 셔력 일쳔팔빅구십삼 년이라. 시에무에 유심ㅎ는 자ㅣ 다 말ㅎ되 영국의 부강이 만국의 웃듬이라 ㅎ나 빅년 이젼에는 영인의 곤궁홈이 쪼흔 거의 오듸쥬에 뎨일됨을 뉘 알니오. 쳐음에 법황 나파륜이 구쥬에 픠업을 칭홀 째에 각국이 평안혼 날이 업는지라. 영국에셔는 군신이 심을 다ㅎ야 지팅ㅎ며 빅졀불회ㅎ는 긔운을 가지고 홀노 법국을 항거ㅎ니 각국이 놉피여 밍쥬를 숨는지라. 나파륜이 말ㅎ되 영국을 항봇 밧지 못ㅎ면 법난셔의 위엄을 베풀 슈 업다 ㅎ고 호시탐탐ㅎ니 영국 정부ㅣ 더욱 엄히 방비ㅎ야 부득이 젼쟝에 종스ㅎ니 빅셩을 히ㅎ고 욕심을 치오고즈 홈이 아니라. 연이나 영국이 젹폐지여에 더욱 젼징을 일숨아 국뇌에 쟝졍되는 자ㅣ 딕강 스빅만 명 즁에 항오에 든 자ㅣ 일빅만 명이라. 다 그 싱업을 바리고 날로 위틱홈을 발부니 그 괴로옴이 말홀 수 업거늘 허물며 정부ㅣ 젼징에 젼력ㅎ야 안민 양민ㅎ는 졍스에 결을치 못ㅎ야 빅셩이 즈연 곤궁리산ㅎ야 변란을 싱각ㅎ니 그 화됨이 쪼흔 불가형언이라. 연이나 다힝이 영인의 텬셩이 굿고 춤는 긔운이 잇셔 비록 뉴리군익을 당ㅎ야도 국가에 진츙ㅎ야 픠홈으로 써 그 지조를 변치 아니ㅎ고 빈궁홈으로 써 그 마음을 동치 아니ㅎ는 고로 쏘홈이 쳐음일 째에 인구ㅣ 이천만이 되얏스니 쏘흔 그 인싱이 번셩흠을 알지라. 이졔 일빅년 젼 영인의 정형을 말흐야 뻐 당축주1)의 거울을 숨노라.

데일졀 장식의 고가ㅣ라

각국이 분징흘 째에 영국 븍싱은 소격난2)이니 공장되는 쟈ㅣ 한 례비에 공젼이 겨우 영금 팔실닝 [흔 실닝은 조션 시셰로 엽젼 두 냥 너 돈 가량이라] 남싱은 아이란3)이니 장식 공가이 한 례비에 겨우 영금 십일 실닝이오 븍싱의 미장이와 목수는 한 례비에 공가이 영금 일방 이십 실닝이 되고 [일방은 은젼 십원 가량이라] 남싱은 일방 오 실닝 이 되고 쏘 포목 쓰는 장식이 잇셔 한 례비에 븍싱은 십일 실닝이오 남싱에는 일방 오 실닝이러니 오국 경셩에셔 화약 졍흔 후로부터는 영인이 병혁을 면흐미 미장이 목수는 공젼이 젼과 다를 거시 업스되 지어 포목 장식은 젼보다 뒤단히 틀니니 일은 병화를 지닌 후에 그근 이 상망흐야 의복 입는 스름이 젹은 연고오 일은 직조흐는 그계가 새 로이 나미 인력으로 흐는 거시 그계를 뒤젹지 못흐는 고로 공젼이 헐 흐야 반갑이 되니 져의 부지런흔 거스로 졸흔 거슬 깁고즈 흐야 미일 십뉴 졈종[조션시 여딜시라]으로 십팔 졈종[조션시 아홉시]신지 골몰 흐야도 소득이 불과 영금 일 실닝이라. 졈졈 궁불즈손흐야 의원에 등 소흐야 아마리가 쥬에 잇는 영국 속디 감나뒤4) 짜에 보니야 호구흠을 청흐고 쏘 포목 짜는 신법 그계를 금흠을 청흐니 의원이 다 허락지 아 니흐는지라. 이에 장식 등이 셩군작당흐야 직조그계창에 일으러 그계 를 부수며 기즁에 안분흐는 즈는 다시 의원에 청흐야 가장 쳔흔 공젼

---

1) 당축주: 당국자의 오기. 원문에는 모국자(謨國者)
2) 소격난(蘇格蘭): 스코트랜드. 스코틀랜드.
3) 아이란(阿爾蘭): 아이란드. 아일랜드.
4) 감나뒤(坎拿大): 카나다. 캐나다.

을 정ᄒ야 달나 ᄒ니 의원이 ᄯ 홀 길 업다 ᄒ고 민간에셔는 긔계로 ᄊᆞ는 포목이 갑시 헐ᄒ고 물건이 아름답다 ᄒ야 쟝식의 손으로 ᄶᆞ는 바는 젼혀 ᄆᆞᆺ는 ᄉᆞ룸이 업스니 이 ᄒᆞᆫ가지를 보와도 구법이 신법을 ᄯᆞ르지 못ᄒᆞ너라.

뎨이졀 식가라

나파륜이 젼ᄌᆡᆼ을 일슴아 각국에 결원ᄒᆞᆫ 지 이십 여년에 영국 공쟝의 공젼이 비록 젼보다 현슈치 아니ᄒᆞ나 식물이 지귀ᄒᆞ야 빈민이 견딀 수 업고 ᄯᅩ 젼토가이 날로 고등ᄒᆞ더니 밋 각국이 화친을 졍ᄒᆞᄆᆡ 토가ㅣ 거의 갑졀이 되는지라. 가ᄉᆞ젼답이 빅셕직이 잇든 ᄉᆞ룸은 다시 빅셕직이를 더 가진 듯ᄒᆞ며 졍부ㅣ ᄯᅩ 외국 양식이 들어옴을 금ᄒᆞ야 곡가이 빅가 더ᄒᆞ니 농부의 부ᄌᆞ됨은 말홀 것 업거니와 거간ᄒᆞ는 ᄉᆞ룸도 ᄯᅩᄒᆞᆫ 여리가 잇고 상고도 인ᄒᆞ야 부요ᄒᆞᄆᆡ 졔조ᄒᆞ는 모든 신법을 챵긔ᄒᆞ야 졈졈 흥왕ᄒᆞ야 지금에 부상대고가 다 긔시에 직물 어든 ᄉᆞ룸이러라. 연이나 빈민의 곤궁ᄒᆞᆷ은 ᄯᅩᄒᆞᆫ 형용홀 수 업스니 그 현져ᄒᆞᆫ 결로 론ᄒᆞ야도 가령 금 일방에 젼일에는 식물을 ᄉᆞ면 가이 십일 량식이 되더니 지금은 겨우 오일 량식이 되며 일쳔칠빅구십이년 [뎡종 십뉵년]에는 보리갑시 한 셤에 영국 통용ᄒᆞ는 소은젼 ᄉᆞ십칠 긔러니 일쳔팔빅일년 [슌조 원년]에는 ᄀᆞᆺ튼 보리 ᄒᆞᆫ 셤에 소은젼 일빅팔십 긔가 되니 이는 곳 ᄉᆞ비가 되얏고 그 젼ᄌᆡᆼ시에도 보리 ᄒᆞᆫ 셤에 혹 소은젼 팔십ᄉᆞ 긔가 되니 ᄯᅩ 귀ᄒᆞ기 갑졀이오 영국 졍부ㅣ 이믜 타국의 미곡 들어옴을 금ᄒᆞ고 혹 타국에 군ᄉᆞ를 쳥ᄒᆞ야 법황을 치고ᄌᆞ ᄒᆞ다가 듯지 아니ᄒᆞ면 곳 령을 나리여 그 량식비를 겁탈ᄒᆞ니 대져 법황이 셰계를 어질어이ᄆᆡ 영인이 치고ᄌᆞ ᄒᆞᆷ은 각국을 위ᄒᆞᆷ이어늘 각국이 듯지 아니ᄒᆞᆷ은 진실로 죄어니와 연이나 그 량식을 겁박ᄒᆞᆷ을 ᄯᅩᄒᆞᆫ 올치 아니ᄒᆞ니 가위 이 포역포이라 홀 만ᄒᆞ더라.

뎨숌졀 외국 량식을 금홈이라

이 째에 영국 의원 중에 법률을 가진 주는 다 밧치 만코 곡식이 족
흔 스룸이라. 젼징이 일믹 호믜를 가졋든 농군이 변ᄒᆞ야 창을 메오고
군사ㅣ 되니 영국이 이러ᄒᆞ믹 타국은 하독불연이리오. 젼답이 날로 것
즐어 창고의 져츅이 더욱 븨며 각국의 량식도 겨우 그 빅셩을 건질지
라. 진실로 멀니 영국에 들어오지 아니홈을 가히 알 거시니 금홀 것
업고 승평흔 후에는 영국이 혜오딕 만일 타국 량식이 들어오면 곡가ㅣ
쳔홀 거시오 곡가ㅣ 쳔ᄒᆞ면 젼답의 도디돈이 ᄯᅩᄒᆞᆫ 짜라 쳔홀이니 이는
우리 항상 부요홈을 보젼키 어렵다 ᄒᆞ야 일쳔팔빅십오년 [순조 십오
년]에 흔 신법을 졍ᄒᆞ야 왈 보리 흔 셤에 소은젼 팔십 긔가 넘거든 다
시 여섯 달을 지닌 후에 비로소 죰간 외국 량식을 영국에 들이라 ᄒᆞ니
그 쯧은 곡가ㅣ 과히 쳔케 되지 말고 젼답의 도디도 항상 만흐믈 보젼
코즈 홈이니 이는 주긔만 알고 인민은 모로는 거시라. 이 법 이후에
조금 변ᄒᆞ얏스나 젼후 슘십년에 영국의 빅셩은 다 곤궁무료ᄒᆞ야 비흘
데 업더라.

뎨ᄉᆞ졀 련ᄒᆞ야 흉년이 들미라

우에 일은 바는 오히려 풍년 일이어니와 병화를 지닌 후에 반다시
흉년이 잇슬지라. 쥬려 죽는 자ㅣ 길에 쓰고 그 중에 격디되는 고을은
스망이 편만ᄒᆞ야 츰불인견이라. 소격난 회즁에셔 진휼ᄒᆞᄂᆞ 션심을 힝
ᄒᆞ야 여덜 집이 합ᄒᆞ야 한 빈호를 구ᄒᆞ되 맛츰닉 뒤를 잇지 못ᄒᆞ며 영
국 법률에 ᄒᆞ얏스되 대겸지년5)을 당ᄒᆞ면 관가ㅣ 령을 나려 빅셩 믹
일명에 곡식 약간을 스게 ᄒᆞ니 이는 돈 잇는 스룸이 곡식을 과히 살가

---

5) 대겸지년: 원문은 대황지셰(大荒之歲). 곧 큰 흉년.

염녀홈이라. 연이나 곡가ㅣ 여추히 귀호민 쟝식공젼은 더욱 쳔호니 빈
곤이 날로 심호거늘 당시 졍부 의론은 지극히 어리셕고 지극히 더러
워 국가의 법률이 챡지 아님은 싱각지 아니호고 다만 인다디협호니
스셰무가닉하ㅣ라 호며 타국에눈 무궁호 량식이 잇스나 영국의 금령
을 두려워 감히 오지 못홈을 아지 못호고 다만 일으되 디지소츌이 원
릭 스룸보다 부족호니 관가의 탓홀 것 업다 호며 또 즈칭 박학호눈 션
비 잇셔 의론을 닉되 스룸 싱육호눈 법을 감호야 [속담에 낫치도 말고
길으지도 말나 호눈 말과 갓틈이라] 죵츠 이후로 스룸스룸이 즈손만
당호 괴로옴이 업스면 곳 식구가 날로 번셩홀 염녀ㅣ 업다 호니 그 우
미무식홈이 여추호더라.

허믈며 당시에 씩달오온 졍사ㅣ 이뿐 아니라 또 외국으로 오눈 육식
을 금호니 대져 소와 양 갓튼 거슨 갑의 귀쳔은 물논호고 영원이 들이
지 아니호며 그 연고를 무르면 답호야 왈 나라히 되고 즈식 기력호야
빅셩이 스지 못호면 이눈 픠망호눈 도ㅣ라. 외국이 무용호 식물을 가
지고 나의 요긴호 금은을 밧구니 얼마되야 핍졀치 아니리오. 나라히
구추홀진된 츠라리 빅셩이 죽눈 거시 올타 호고 그 농민되눈 스룸은
또 말호야 왈 타국 량식이 들어오면 우리 결단코 즁가를 밧지 못홀이
라 호고 의원에 잇눈 스룸은 법률을 졍호야 농민의 소원을 맛치고 농
민은 곡가히 써러진다 호야 답쥬를 공동호고 박학즈눈 싱산을 적게호
라눈 의론을 창긔호야 빅셩이 셔로 혹호야 날로 곤경에 쌘즈도 씩닷
지 못호더라.

뎨오졀 부셰라

영국의 부셰 또훈 극즁호니 법국과 싸홀 째눈 빅만 명을 발병호되
오히려 부족다 호야 타국 군스를 불너 나파륜을 막을새 타국이 만일
빈약호다 호면 졍부ㅣ 곳 군량을 되여쥬눈 고로 법국과 싸호든 쳣히에

군량이 영금 이천만 방을 허비ᄒᆞ고 국채ᄂᆞᆫ 발셔 영금 이만뉵천팔빅만 방이오 전징을 맛치든 ᄒᆡ에ᄂᆞᆫ 군수의 량향이 영금 일만칠빅만 방이 되고 수홈을 파ᄒᆞ고 국채ᄅᆞᆯ 통계ᄒᆞ니 합 영금 팔만만 방이라. 그 수ᄅᆞᆯ 가히 헬 슈 업스며 법국 란리 일기 전에 미국이 영국을 빈반ᄒᆞ고 ᄌᆞ립 ᄒᆞ거늘 영인이 ᄊᆞ호다가 익이지 못ᄒᆞ얏스나 금은 쓰기ᄅᆞᆯ 와륵과 니토 ᄀᆞᆺ치 ᄒᆞ야 그 빅셩의게 취ᄒᆞᄂᆞᆫ 자ㅣ 믜인 민년에 영금 일방이 되얏스니 근년에 믜인민면 이방 칠 실닝에 비ᄒᆞ면 오히려 적다 ᄒᆞ련이와 일쳔팔빅십ᄉᆞ년 [순조 십ᄉᆞ년]은 곳 영법이 ᄊᆞ홈ᄒᆞ든 말년이니 무론남녀ᄒᆞ고 민인민년에 영금 뉴방을 바드니 ᄌᆞ고이릭 보텬지하에 이러ᄒᆞᆫ 후세가 잇스리오. 영국이 일쳔칠빅구십ᄉᆞ년 [뎡종 십칠년]부터 일쳔팔빅십오년 [순조 십오년]ᄭᆞ지 타국의 병비ᄅᆞᆯ 부조ᄒᆞᆫ 것과 나파륜이 픽ᄒᆞᆫ 후에 법국 노의왕을 쥬어 궁즁 용비ᄅᆞᆯ 쓰라ᄒᆞᆫ 영금 이십만 방 병ᄒᆞ야 합 영금 뉵쳔팔빅만 방을 허비ᄒᆞ얏스나 영국 빅셩의게ᄂᆞᆫ 조금도 리익이 업ᄂᆞᆫ지라. 승평ᄒᆞᆫ 후에 탁지부에 일년 국용을 상고ᄒᆞ니 믹년 영금 오쳔이빅만 방ᄲᆞᆫ이라. 드듸여 믜인민년에 뉴방 니든 수효ᄅᆞᆯ 감ᄒᆞ야 이방십이 실닝으로 감정ᄒᆞ니 빅셩이 환희고무ᄒᆞ나 오히려 량법이 아니라 가ᄉᆞ 량식에 셰가 잇스면 빅셩만 괴롭고 나라에ᄂᆞᆫ 리익이 업고 그 유익ᄒᆞᆫ ᄌᆞᄂᆞᆫ 오즉 부ᄌᆞᄲᆞᆫ이오 ᄎᆞ와 스탕이 ᄯᅩᆫ 셰가 잇ᄂᆞᆫ 고로 일쳔칠빅구십일년 [뎡종 십오년]으로부터 일쳔팔빅ᄉᆞ십일년 [순조 ᄉᆞ십일년]ᄭᆞ지 범 ᄉᆞ십년 즁에 인민 일쳔ᄉᆞ빅만이 점점 느러 이쳔이빅만이 되고 스탕은 이빅구십 분으로부터 ᄉᆞ빅오십팔 분에 넘지 못ᄒᆞ고 ᄎᆞᄂᆞᆫ 겨우 이십ᄉᆞ 분으로부터 이십뉵 분에 일으러 그 더ᄒᆞᆫ 물건이 더ᄒᆞᆫ ᄉᆞ름을 되젹지 못ᄒᆞ니 이ᄂᆞᆫ 부셰가 즁ᄒᆞ야 빅셩이 만히 믄드지 아니홈이오, 집을 짓ᄂᆞᆫ ᄌᆞ도 벽돌과 유리가 셰가 즁하다 ᄒᆞ야 쓰는 자ㅣ 전보다 적으며 황쥬ᄅᆞᆯ 빗ᄂᆞᆫ 자ㅣ [황쥬ᄂᆞᆫ 술 일홈이라] 즁셰홈으로붓터 거두ᄂᆞᆫ 거시 ᄉᆞ십년 후에 안져 ᄉᆞ십년 전과 비ᄒᆞ야 보니 비단 십분의 오가 감홀 ᄲᆞᆫ 아니라 민간에 술 먹ᄂᆞᆫ 자ㅣ 황쥬ᄅᆞᆯ 먹지 아니ᄒᆞ고 화쥬ᄅᆞᆯ 마시미 [화쥬ᄂᆞᆫ 소쥬라] ᄉᆞ름의 긔운이 날로 손상ᄒᆞ니 그 ᄒᆡ됨을 가히 알 거시오, 또 유리창 셰를 그 유리의 장단활협을 좃촌 중히 바드니 미년에 영금 일만이쳔오빅 방이 될지라. 연이나 민간에셔 집을 지으미 혹 창을 만드지 아니ᄒᆞ고 다만 조고마흔 창을 여니 비단 불편 홀 ᄯᅳᆫ 아니오 증울흔 긔운이 발셜치 못ᄒᆞ야 병 나ᄂᆞᆫ 자ㅣ 날로 만흔지라. 이ᄂᆞᆫ 빅셩을 괴롭게 ᄒᆞᄂᆞᆫ 학정이오, 활판소의 글ᄌᆞ 만드ᄂᆞᆫ 연이라 ᄒᆞᄂᆞᆫ 쇠가 미방에 영금 이 변니를 밧으미 [한 변니ᄂᆞᆫ 고션 엽젼 두 돈 가량이라] 국가의 일년 소입이 주ᄌᆞ공젼보다 숨 비가 더ᄒᆞ며 신문ᄉᆞ 의 신문셰가 흔 장에 영금 일 변니를 밧다가 졈졈 더ᄒᆞ야 영금 ᄉᆞ 변 니에 일으니 그 ᄯᅳᆺ이 일은 돈을 만히 국가에 보틱고 일은 신문지 수효 를 감ᄒᆞ야 민간으로 ᄒᆞ야곰 국ᄉᆞ의 폐단을 아지 못ᄒᆞ게 흠이오, 넘셰 ᄂᆞᆫ 넘가보다 ᄉᆞ십 비가 더ᄒᆞ야 빅셩이 히변에 ᄉᆞᄂᆞᆫ ᄌᆞᄂᆞᆫ 바닷물을 고 아먹고 불연이면 오즉 담식ᄒᆞ야 짠 거슬 먹지 아니홀 ᄯᅳᆫ이오, 또 포목 을 ᄶᆞᄂᆞᆫ 직조창은 소입졔물이 셰 업ᄂᆞᆫ 거시 업셔 통이 회계ᄒᆞ면 거의 원물건 갑보다 갑졀이오, 보험국은 [보험국은 무슴 물건이든지 밋기여 잘 수운ᄒᆞ야 쥬고 셰를 밧ᄂᆞᆫ 처소라] 영금 일쳔 방에 이 방을 랍셰ᄒᆞ 며 상고ㅣ 물건 팔기를 위ᄒᆞ야 신문지에 고시를 늬고ᄌᆞ ᄒᆞᄂᆞᆫ ᄌᆞᄂᆞᆫ 한 벌에 셰금 이 방을 늬며 지어 약지로 논ᄒᆞ야도 미년 셰가 영금 오빅만 방이 되ᄂᆞᆫ지라.

　ᄉᆞ름이 조롱ᄒᆞ야 왈 어린 아히 ᄯᅡ히 셔러지면 입ᄂᆞᆫ 저고리와 두렁 이에 셰가 잇고 조금 ᄌᆞ라셔 놀 만ᄒᆞ면 희롱ᄒᆞᄂᆞᆫ 저긔에 셰가 잇고 급 기 졈졈 장셩ᄒᆞ고 늙기ᄭᅡ지 한 물건도 셰 업ᄂᆞᆫ 거시 업다 ᄒᆞ며 심지어 죽은 후 관에도 셰가 잇고 장ᄉᆞᄒᆞᄂᆞᆫ 셕곽에도 셰가 잇고 또 그 ᄉᆞ름의 싱젼에 가졋든 가ᄉᆞᆫ을 분ᄒᆞ야 관가에 밧치니 오호ㅣ라. 영국 빅셩이 구쥬 요양흔 ᄯᅢ를 당ᄒᆞ야 진실로 대불힝ᄒᆞ더라.

뎨륙졀 형률이라

쏘 영국의 형법이 지극히 식다로와 다만 스죄 범흔 자ㅣ 즁흔 형벌을 당홀 쑨 아니라 당초에 죄지경즁은 물논흐고 오즉 즁률로 다스려 왈 빅셩의게 위엄을 보인다 흐니 이는 다 빅년 뉘에 졍흔 거시오, 스빅년 젼에 졍흔 거시 아니며 그 스죄 조목이 범 이빅이십슴 조ㅣ 잇스되 기즁에 가장 무위흔 거슨 어로의 다리를 상흐거나 혹 홀연이 이상흔 복식을 입거나 이거시 다 춤흐는 죄오, 만일 스룸이 조고마흔 나무를 버히거나 남의 조고마흔 토끼를 죽이거나 스룸의 직물을 도젹흐되 영금 슴 실닝 갑시 되거나 스룸의 셰답흐는 포목을 도젹흐거나 글을 지어 조고마흔 직물을 속이거나 졍비간 자ㅣ 긔한이 츠지 못흐야 비소로셔 도망흔 즈는 다 교죄에 처흐며 법관이 말흐야 왈 범법흔 즈는 결단코 용셔치 못홀지라. 용셔흐면 두 가지 히가 잇스니 일은 량민의게 히로움이 잇고 일은 타인이 본밧는 거시니 죽이는 데셔 더 묘흔 계칙이 업다 흐며 일쳔팔빅십뉴년 [순조 십뉴년]에 일시에 사죄로 졍흔 자ㅣ 오십팔 인이라. 기즁에 흔 어린아히 잇스니 나히 불과 열흔 살이오 형벌흐는 법장이 뷔일날이 업스니 춤혹흐도다. 일쳔칠빅칠십뉴년 [영조 오십이년]에 흔 목사ㅣ 말흐되 [목스는 텬쥬교 야소교의 교스라] 반월 젼에 내 젼례를 좃츠 법장에 일으러 죄인 이십 명을 권도흐니 [영국 법에 스죄를 당흐야 죽는 스룸은 목사ㅣ 법장에 일으러 그 회과흠을 권흐야 죽은 후 령혼이 잘 되야 가라 흠이라] 다 셩심으로 회과흐거늘 필경 죽기는 면치 못흐고 흔 례빅를 지닌민 쏘 이십 인을 죽일시 국가ㅣ 나를 보닉야 권도흐라 흐얏다 흐니 일로 밀위여 보면 그 춤통흠이 거의 텬일이 업스며 쏘 타국과 쏘올 째에는 타국 군스를 스로잡으면 그 딕졉흠이 곳 스룸의 리치가 업고 곳 국문 득졍흔 후 분분춤슈흐며 일쳔팔빅이십년 [순조 이십년]에 모반흐는 자ㅣ 잇거늘 먼져 교죄에 처흐고 다시 목을 보히니 인리지츠에 텬도를 히론흘이오. 그 흉악흐고 무도흠이 말홀 수 업더라.

뎨칠졀 옥이라

영국 옥도 쏘훈 올치 못하니 영인 곽덕6)은 착훈 스룸이라. 일천칠빅 칠십숩년 [영조 스십구년]에 구쥬 각국 옥을 구경하고 도라와 말하야 왈 옥관이 봉급이 업거늘 맛춤니 뇌물을 드리고 옥관을 도득하니 옥 에 잇는 죄인이 례랍젼이 잇셔 옥관의 의식과 가계가 다 여긔셔 싱하 야 돈을 밧치는 즈는 음식을 후히 디졉하고 갑슬 만히 바드며 돈이 업 는 즈는 누습훈 싸에 두며 방송홀 긔한이 되야도 니여보니지 아니하 고 그 친척이 올지라도 돈이 아니면 드리지 아니하며 직조 잇는 죄인 은 물화를 제조하야 쇠스실 믄치로 져즈에 나가 발미하야 옥관의게 밧치고 직조업는 즈는 그 가인이 음식을 먹이며 혹 창틈으로 쇠막디 를 니미러 로방힝인의게 구걸하며 그 옥이 좁고 나져 혹 암하고 울젹 하며 쏘 창이 적어 공긔가 드지 못하는 고로 염질 알는 자ㅣ 만코 남녀 노유를 불분하고 한집에 가도와 머리를 셔로 다히며 다리를 견우고 잇스니 그 정형은 춤혹하야 말홀 길 업는지라. 여츠 장정은 다 급히 곳치미 올타 하며 법국은 죄인의 음식을 관가로 판급하민 그 법이 영 국보다 조금 나으나 각종 형구ㅣ 만코 죄인을 단련홈은 영국보다 더 혹독하다 하더라.

뎨팔졀 빈민이라

당시 영국에 빈민이 심다하거늘 나라에셔 구제홀 방칙은 아지 못하 고 다만 안빈하라 하더니 일천스빅년 니외 [아국 틱종 세종년] 간에 걸인을 금하야 그 곤궁은 물론하고 각기 제 디방을 써나지 말나 하니 빈민이 견디지 못하야 스방에 홋터지니 혹이 말하되 이는 일천숩빅년

---
6) 곽덕(藿德 又名 藿准德): 호와드. 영국 지식인.

간 [고려시라]에 영병이 셔리아7)를 치고 도라오민 민심이 간졍치 못
흔 연고ㅣ라 흐나 기실은 구츳소치라. 필경 견듸지 못흐야 도젹으로
싱계를 슴으니 나라에셔는 구졔홀 도리를 싱각지 아니흐고 오즉 엄히
다사려 일쳔오빅여년 [아국 덕죵 즁년] 간에 일으러는 스리왕 뎨팔8)
이 즉위흐야 령을 나려 왈 빅셩이 힝걸흐는 즈는 칙직으로 싸리고 두
번 범흐거든 그 귀를 버히고 셰 번 범흐거든 죽이라 흐니 령이 힝치는
아니흐되 그 포학흠을 가히 알너라. 이윽고 쏘 빅셩을 권흐야 구졔흐
라 흐니 맛춤늬 락죵흐는 자ㅣ 업는지라. 녀왕 이리스빅9)이 직위 시
[션조 시]에 일으러 부요흔 빅셩의 직산 다소를 싸라 빈민을 구졔케
쥰힝흔 지 이빅 여년이러니 일쳔팔빅숨십스년 [순조 숨십사년]에 비
로소 그 법을 파흐니라. 기젼에는 나라에셔 스실흐야 빈곤흠이 과연
실거 잇는 즈는 졔 집에 잇게 흐고 미일 량식을 구급흐니 폐도 극쳐에
빈민이 더욱 만하다 말흐되 안져 먹는 거시 죵일 근고흐야 버리흐니
보다 낫다 흐야 그 업을 폐흐고 졈졈 나타흐야 일쳔팔빅일년 [순조 원
년]에는 아이란에 속흔 위리스10) 일싱으로 논흐야도 미년 영금 스빅
만 방이 되더니 일쳔(팔)빅십팔년 [순조 십팔년]에는 영금 팔빅만 방
이 되야 폐단이 졈졈 깁허 심지어 뎐답 가진 자ㅣ 말흐되 젼지소츌이
밧갈고 농사흐는 잡비를 졔흐면 남아지가 셰젼이 못된다 흐야 그 토
디를 바리여 빈민을 쥬니 빈민이 쏘흔 토다가 누ㅣ 된다 흐야 고수불
수흐니 졍부에셔 구졔흐는 법은 비록 간졀흐나 폐단이 여츳흐고 쏘
빈민이 나라에 돈은 공흔 거시라 흐야 슐 먹고 랑비흐니 스셰도츳에
부득불 기현역쳘니흐더라.

---

7) 셔리아: 시리아.
8) 스리왕 뎨팔(亨利 第八, 非沙里 第八): 헤느리 에잇트. 영국 국왕.
9) 녀왕 이리스빅(以利沙伯): 에릭싸베뜨. 엘리자베스 여왕.
10) 위리스(威利土): 웨일스.

데구졀 디스 셩쳡과 진디라

당시에는 모든 셩진이 즉금ᄀ치 번셩치 못ᄒ니 영경 륜돈[11]으로 말
ᄒ야도 지금은 인구ㅣ 스빅만이로되 당시에는 겨우 일빅만이오, 만졸
특[12]셩에도 셕일은 십일만이러니 지금은 눅십만이 되고 리믈포[13]에
도 십만이러니 쏘한 눅십만이 되고 븍명형[14]에도 팔만오쳔이러니 지
금은 스십만이오 소격난의 격납스 항구[15]는 이졔 오십이만이오 소격
난 도회는 이십뉵만이라. 당시에는 다 불과 십만이오 전일은 그 도로
를 말ᄒ면 은구법이 업셔 더러온 믈이 뉴통치 못ᄒ야 거리에 예긔가
징등ᄒ야 스룸이 그 긔운을 마시면 곳 염질을 어드며 쏘 밤에 길을 나
면 곳 흑암흠이 지옥 갓ᄐ야 여간 등불이 잇셔도 명량치 못ᄒ더니 일
쳔팔빅칠년 [순조 칠년]에 비로소 믹긔등을 켜니 등유 파는 장스들이
말ᄒ되 믹긔등을 켜면 비단 우리만 싱업이 업슬 ᄲᆞᆫ 아니라 고릭잡는
어부도 싱애가 업슬 거시오 [영국 옛젹에 어유를 쓰며 더욱 고릭 기름
을 만히 씀이라] ᄎᆞᄎᆞ 깁히 말ᄒ면 일로 인ᄒ야 어부의 비가 적을지라.
즈연 비 짓는 장식도 적어진다 ᄒ야 나라에 호소ᄒ거늘 나라에셔 답
ᄒ야 왈 풍고월흑한 ᄯᅢ에도 적이 은신키 쉬운 고로 등을 단다 ᄒ더라.
이 두어 가지 일을 보와도 치민ᄒ는 거시 일ᄒ기에 잇고 빅셩 다소에
잇지 아님을 가히 알너라.

---

11) 륜돈: 런던.
12) 만졸특(曼拙忒): 만치스터. 맨체스터.
13) 리믈포(利物浦): 릭얘풀. 리버풀.
14) 븍명형(北明亨 又名 伯鳴罕): 쎄밍함. 버밍햄.
15) 격납스 항구(格拉斯哥 又名 憂斯哥): 그롸스코. 영국 해구.

뎨십졀 빅셩을 모라 군졍에 박음이라

영국에 조련훈 군사ㅣ 잇스니 처음에는 국가로셔 핍박ᄒ야 군젹에
들게 ᄒ고 병션의 고용ᄒᄂᆫ 스름을 ᄯᅩᄒᆫ 억지로 수군을 ᄆᆫ들기도 ᄒ
며 혹 상션의 스공을 수군 슴기도 ᄒ야 젼졍이 심홀 ᄯᅢᄂᆫ 각기 바다
어귀에 스름을 노아 요망ᄒ다가 상션이 옴을 기다려 곳 스공들을 몰
아다가 병션에 들게 ᄒ야 감히 어긔지 못ᄒ더라.

뎨십일졀 군졍이라

근릭ᄂᆫ 군즁에 죄 잇ᄂᆫ 즈를 혹 틱 이십 도 삼십 도를 치나 그러나
당시에ᄂᆫ 군령이 슴엄ᄒ야 조고마ᄒᆫ 허물이 잇셔도 곳 오빅 도를 치
되 오히려 헐ᄒ다 ᄒ며 그 칠 ᄯᅢ에 집쟝ᄒᆫ 군사ㅣ 힘이 다ᄒ면 다른
스름을 밧고와 즁치ᄒ라 ᄒ고 겻히 ᄒᆫ 의스를 셰워 그 죄인이 즁히 상
ᄒ야 다시 마질 수 업슨 연후에야 비로소 졍지ᄒᆞ얏다가 하로를 지닉
고 다시 그 오빅도를 치오더니 활쳘로16)에셔 나파륜을 파ᄒ고 유공ᄒᆫ
쟝스를 상쥬ᄉᆞ 판 관원이 발론ᄒ야 왈 모든 쟝사ㅣ 이럿트시 공을 셰
윗스니 후일에 죄 잇셔도 틱 일빅을 넘기지 말게 ᄒ야 그 공을 갑즈ᄒᆫ
디 답ᄒ야 왈 아국의 상쥬ᄂᆫ 거시 원릭 후ᄒᆞ미 벌도 맛당히 즁홀이라
ᄒ야 듯지 아니ᄒ더니 일쳔팔빅스십뉵년 [헌종 십이년]에 일으러 한
구사ㅣ 틱를 맞다가 죽거늘 졍부ㅣ 그졔야 측은이 녁이여 법률을 곳쳐
틱 오십 도에 지나지 아니ᄒᆞ게 ᄒᆞ고 일편팔빅뉵십뉵년 [금상 대군주
슴년]에 ᄯᅩ 법을 곳쳐 임의로 치죄치 못ᄒ게 ᄒᆞ얏더니 지금 삼십년에
군ᄉᆞ의 틱벌 당ᄒᆫ 자ㅣ 통계 슴인이러라.

---

16) 활쳘로: 월털루.

데십이절 상ᄒᆞᆫ 군사ㅣ라

영인이 츌전ᄒᆞ다가 죽은 ᄌᆞ를 말ᄒᆞ되 젹병의 칼과 춍에 죽엇다 ᄒᆞ나 이졔 영아 양국이 흑히[17] 전ᄌᆡᆼᄒᆞᆫ ᄉᆞ젹을 보면 전장에셔 죽은 ᄌᆞᄂᆞᆫ 불과 이쳔뉵ᄇᆡᆨ 인이오 병원에셔 죽은 ᄌᆞᄂᆞᆫ 일만 팔쳔 인이라.

전ᄌᆡᆼ이 일어ᄂᆞᆫ 지 일곱 달 ᄉᆞ이에 병원에 들어 치료ᄒᆞ든 자ㅣ 사망이 날로 심ᄒᆞ야 만일 그 슈효를 계산ᄒᆞ면 ᄆᆡ년 ᄆᆡᄇᆡᆨ 명에 뉵십 명이 될지라. 그 우연히 적은 병이 잇든 ᄌᆞ라도 도라보ᄂᆞᆫ 자ㅣ 업셔 마ᄎᆞᆷᄂᆡ 쥭ᄂᆞᆫ 자ㅣ 잇스니 이ᄂᆞᆫ 병원의 허물이 전장보다 더 심ᄒᆞ고 ᄯᅩ 양군이 상지ᄒᆞᆯ ᄣᅢ에 ᄊᆞ호지 아니ᄒᆞ고 진즁에 가만이 잇셔도 쥭ᄂᆞᆫ 자ㅣ 졔 집이 잇ᄂᆞ니보다 갑절이 되ᄂᆞᆫ지라. 영국법에 군사 일 ᄃᆡ에 군의 ᄒᆞ나를 두어 병을 치료ᄒᆞ다가 ᄉᆞ홈이 나면 상ᄒᆞᆫ 자ㅣ 혹 일시에 수천 명이라. 군의 ᄒᆞ나히 엇지 허다히 상ᄒᆞᆫ ᄉᆞᄅᆞᆷ을 구ᄒᆞᆯ이오. 불과 수ᄉᆞᆷ일에 쥭ᄂᆞᆫ 자ㅣ 불가승수ㅣ라. 영인이 크게 ᄭᆡ닷고 ᄉᆡ로이 조흔 법을 세워 상ᄒᆞᆫ 군ᄉᆞ를 치료ᄒᆞ게 ᄒᆞ니라.

데십ᄉᆞᆷ절 노예라

옛적에ᄂᆞᆫ ᄌᆞ신을 방ᄆᆡᄒᆞ야 노예되ᄂᆞᆫ 자ㅣ 만흐니 아리ᄉᆞ ᄇᆡᆨ셩은 ᄐᆡ반이 다 노예요, 항가리라 ᄒᆞᄂᆞᆫ ᄯᅡ에ᄂᆞᆫ 만키가 구ᄇᆡᆨ만 명에 일으로 오지리아와 보로ᄉᆞ 량국 ᄇᆡᆨ셩도 ᄯᅩᄒᆞᆫ ᄐᆡ반이나 노예가 되고 미국은 일쳔팔ᄇᆡᆨ팔년 [순조 팔년]에 아비리가 쥬에 가셔 ᄉᆞᄅᆞᆷ을 ᄉᆞ다가 노예 ᄆᆞᆫ듬을 금ᄒᆞ얏스나 이왕 미국에 잇ᄂᆞᆫ 흑노를 물건ᄀᆞᆺ치 ᄆᆡᄆᆡᄒᆞ고 [흑노ᄂᆞᆫ 아비리가 쥬 ᄉᆞᄅᆞᆷ이 다 빗치 거믄 고로 흑인이라 ᄒᆞ며 ᄯᅩ 노예를 삼ᄂᆞᆫ 고로 흑노라 ᄒᆞᆷ이라] ᄯᅩ 일쳔팔ᄇᆡᆨ년 [뎡종 이십사년]으로부터 일

---

17) 흑해(黑海): 색락 씨. 흑해.

천팔빅칠년 [순조 칠년]신지 일곱 히에 아비리가 쥬로부터 스 오는 흑인이 스만 명 닉외에 일으고 미국과 아비리가 쥬 중로에 대히가 잇셔 수로 ㅣ 요원하고 겸하야 션쳑이 속지 못하미 [이 쌔는 화륜션이 업는 쌔라] 길에셔 죽는 자 ㅣ 틱반이요, 영국은 노예 두는 법이 업스나 영국의 아미리가 쥬에 잇는 속디에셔는 노예를 스름으로 딕졉지 아니하야 조금 불합하면 곳 치직으로 짜리는지라. 활쳘로 딕젼 후 팔년에 녀노 짜리는 법을 금하얏더니 [녀로는 계집종이라] 그 빅성이 듯고 말하되 국가 ㅣ 우리를 박딕한다 하야 심지어 반코즈하는 자 ㅣ 잇더니 영국이 간졀이 기유효칙한 지 이십년에 비로소 그 법을 곳치니라.

뎨십스졀 부녀와 아히 광산의 고용홈이라

영국 소격난 짜에 셕탄을 파고 담베를 믄드는 노예 잇셔 셕탄 우물과 담베젼을 믹믹하면 노예 몃 명신지 한 데 파더니 일쳔칠빅구십년 [뎡종 이십삼년]에 그 노예를 다 방셕하야 평민이 되게 하얏스나 부녀와 동자 ㅣ 오히려 디굴속에 들어가 종일토록 수레를 쯰을며 어린 아히도 쏘 그 속에 잇셔 믹일 십스졈종 [조션 시 일곱 시] 혹 십뉵 졈종신지 [죠션 시 여덜 시] 쉬이지 못하며 이 쌔에는 셕탄 파는 긔계 업는지라 모든 부녀 ㅣ 셕탄 광쥬리를 등에 지고 놉횬 사다리를 올으며 나리니 그 고싱을 가히 알너라.

뎨십오졀 동자ㅣ 연창을 쓸미라

영인이 셕탄을 퓌여 어한홀시 연창 속에 [연창은 란로 아궁지라] 쌋인 지 잇스면 어린 아히를 스셔 그 속에 들어가 직를 슬어늬게 하니 연창이 쓰거울 쌔는 살이 타고 쌔가 상하며 연창이 찰지라도 구명이

126

적으면 츌입홀 길 업스니 그 고싱을 가히 알지라. 그 후에 연창에 직룰
그러닉는 긔계룰 믄들고 일쳔팔빅ᄉ십년 [헌종 뉵년]에 졍부ㅣ 아히
고용을 금ᄒ니라.

뎨십륙졀 공작홈이라

빅년 젼에는 영국에 통힝ᄒ는 긔계 겨우 두어 가지러니 빅년 이리
로 영인이 각국보다 강홈은 반이나 직조룰 잘ᄒ는 연고ㅣ라. 일쳔칠빅
뉵십구년 [영조 ᄉ십오년]에 아극뇌특18)이라 ᄒ는 스룸이 스룰 ᄶ는
긔계룰 창시ᄒ고 일쳔칠빅칠십오년 [영조 오십일년]에 항탄19)이라 ᄒ
는 스룸이 실 믄드는 긔계룰 창시ᄒ고 일쳔칠빅팔십칠년 [뎡종 십일
년]에 히탈20)이라 ᄒ는 스룸이 직포긔계룰 창시ᄒ고 일쳔칠빅구십ᄉ
년 [뎡종 십칠년]에 혜쳘남21)이 면화 트는 긔계룰 창시ᄒ니 일로좃ᄎ
스룰 ᄶ고 면화룰 틀며 베룰 ᄶ는 시 긔계 일시 병츌ᄒ미 외모로 보면
불과 한 젹은 긔계로딕 그 관계는 오대쥬 만국이 모다 힘을 입고 영국
은 맛ᄎᆷ닉 무역장에 령수ㅣ 되야 셰계에 대젹홀 자ㅣ 업고 오즉 양의
털로 물건 ᄶ는 거슨 날로 쇠ᄒ니 이는 영국 이특와왕 뎨뉵22) 지위 시
[아국 국초라]부터 일쳔팔빅칠년 [순조 칠년]ᄭ지 일이쳔 년 젼 나마
국의 젼릭ᄒ 구법을 힝홈이오 ᄶ 슴으로 직포ᄒ는 법도 ᄯᅩ한 일이쳔
년이 되도록 곳치지 아니ᄒ다가 신법이 난 후로 양의 털과 슴을 다 긔
계로 ᄶ더라.

옛젹에 실 맨듬도 다 녀공으로 ᄒ니 [녀공은 여자ㅣ ᄒ다는 말이라]

---

18) 아극뇌특(亞克雷特): 악크롸잇트, 아크라이트(Sir Richard Arkwright: 1732~1792). 영국
   의 직물제조업자·발명가.
19) 항탄(坑呑, 갱탄): 크롬톤. 영국인.
20) 히탈(稽脫, 계탈): 카트롸잇트. 영국인. 카트라이트.
21) 혜쳘남(惠鐵南): 윗트늬. 영국인.
22) 이특왕 뎨뉵(愛特窪 第六): 에드와드 씩스. 영국 국왕.

숨수천 년 전에 이급국 희랍국과 유틱국에 소록문 왕[23) 째에도 [긔즈시] 다 이 법이오 영국도 수슴천 년 이리로 쪼흔 이 법이러니 일쳔칠빅뉵십여년 [영조대왕 시]에 영국이 비로소 신법을 어더 먼져 사 쓰는 박회를 믄드러 흔 스름의 힘으로 일시에 사 일이빅 필을 쯔고 [구법은 흔 스름이 흔 필식 쓰더니 지금은 일이빅 필을 흔 긔계로 흔 스름이 짠다 흠이라] 쪼 오십년 후에 다시 물과 증긔력과 [증긔력은 물을 쓸여 그 긔운을 가지고 박회를 돌님이라] 혹 화륜의 힘을 빌어 일시에 가히 수쳔 필을 쯔올지라. 자후 구법을 다 폐기ᄒ더라.

뎨십칠졀 군긔와 병션이라

구쥬 젼징이 이십오년ᄭ지 일으럿스나 신긔흔 긔계 업고 오즉 구식 양총을 쓰니 총을 노홀 째는 부쇠를 쳐 불을 니야 화약에 달히며 일쳔팔빅십오년 [순조 십오년]에 비로소 동모탄환을 쓰고 [동모탄환은 탄환 우희 구리를 씨이고 그 속에 약을 너허 방아쇠를 틀면 탄환이 나오ᄂ니라] 구식 양창은 규모가 미비ᄒ야 보수와 듸림봄이 준 젹이 업고 믹양 헛도이 놋는 고로 영법이 셔반아에셔 쓰홀 째에 탄환이 빅무일 즁ᄒ고 혹 맛치여도 탄환의 즁수가 스름의 즁수와 ᄀᆺ다 ᄒ니 일로 밀우여 보면 탄환이 허발흠을 가히 알 거시오, 오즉 밋는 바는 창 ᄭᆺ히 칼이라. 그러나 왕왕히 병인긔졉에 셔로 피ᄒᄂ 고로 영법 젼징에 칼로 쓰호기는 불과 일이츠이요, 영국 스리왕 뎨팔이 [즁종 시] 쳐음으로 대포와 후당총을 지엇스나 식양이 초창ᄒ야 쓰지 못ᄒ고 오즉 격군을 만나면 쥭기로 써 유진무퇴ᄒ야 대젹ᄒᄂ 고로 릉히 나파륜을 항거ᄒ고 수스 졔독 닉리손의 병함도 쪼흔 구식이라. 그 가장 큰 빅 ᄒ나히 겨우 이쳔오빅 돈을 실으니 [흔 돈은 일쳔뉵빅팔십 근이라] 작목으로

---

23) 소로문(蘇祿門) 왕: 소로몬. 솔로몬 왕.

써 비를 맨들고 [작목은 견실흔 나무니 화륜션 맨드는 나무는 싸로지 못흠이라] 비 우회 오류층 누각을 짓고 풍셰를 싸라 힝션을 ㅎ며 대포 일빅이십 좌를 싯고 기즁 최대흔 포는 오십여 근 되는 탄환이 잇스나 다 유명무실ㅎ야 근리 신식은 아니요, 병션에 불과 대포 칠십수 좌와 군수 오뉵빅 명을 싯고 그 여러 대포가 일시에 놋는 탄환이 일쳔팔빅여 근에 지나지 못ㅎ니 지금 신식 대포로 말ㅎ면 대포 일좌의 탄환이 거의 그 근량이 될지라. 당시에 법국 병션이 영국보다 나흔고로 민양 법인의 비를 쎄셔 탓더라.

뎨십팔졀 직조창에셔 동ㅈ를 고용홈이라

소격난에 히등24)이라 ㅎ는 교수 냥인이 잇스니 형제라. 평싱에 인심을 감화ㅎ기로 일숨더니 일쳔칠빅구십칠년 [뎡종 이십일년]에 민특나ㅅ25) 싸에 긋다가 여러 동자ㅣ 셩군작당ㅎ야 잇슴을 보고 글을 읽으라 권ㅎ니 답ㅎ야 왈 직포창에 고용키로 독셔홀 결을이 업다 ㅎ고 지상 위량비특26)은 상위에 잇슬 째에 사 쓰는 신법이 수력과 화륜으로 긔계 운동홈을 보고 말ㅎ야 왈 우리 영인의 변화무궁흔 직조는 측냥키 어렵다 ㅎ나 연이나 동ㅈ의 고용홈은 셕일에 업던 고싱이러라.

구쥬에 전칭 잇기 젼에는 포목이 만히 쓰이는 고로 직조창이 쏘흔 날로 셩ㅎ야 무수흔 어린 아히 창에 들어가 고용ㅎ민 미일ㅎ는 시간이 작정이 업셔 혹 십습 뎜종 혹 십오 뎜종식 되니 어린 아히 무슴 지각이 잇스리요. 유시로 몸이 피곤ㅎ야 긔계를 의지ㅎ고 즘을 일우니 무정흔 긔계 그 신명을 히홀지라. 이러홈으로 창을 맛튼 자ㅣ 아히의 조으는 거슬 보면 칙직으로 쏠이니 긔계에 닷칠가 염녀홈이라. 연이나

24) 히등(海騰 又名 哈騰): 홀단스. 영교사(敎士).
25) 민특나ㅅ(悶式螺螄): 몬트로스. 영국 지명.
26) 위량비특: 핏트.

줌을 일우지 못ᄒᆞ미 졍신이 손상ᄒᆞ야 음식을 ᄯᅩᄒᆞᆫ 먹지 못ᄒᆞ고 기중 어린 아ᄒᆡᄂᆞᆫ 겨우 칠셰도 잇스니 져의 부형은 챵과 칼을 메고 멀니 츌젼ᄒᆞ미 만리 젼쟝에 쳔신만고ᄒᆞ야 싱ᄉᆞ가 호흡간에 잇슬 ᄲᅮᆫ이오 가즁에 ᄌᆞ식을 나하 싱쟝ᄒᆞᆷ도 아지 못ᄒᆞ며 오즉 그 어미가 례빅일마다 이 아ᄒᆡ를 다리고 학당에 보ᄂᆡ야 글을 읽히나 대져 ᄒᆞᆫ 공일 ᄉᆞ이에 뉵일 신고ᄒᆞ고 셜녕 하로 한가ᄒᆞ다 ᄒᆞ나 젼혀 흥미 업셔 신쳬가 ᄌᆞ라지 못ᄒᆞᆯ ᄲᅮᆫ 아니라 긔혈이 ᄯᅩᄒᆞᆫ 활발치 못ᄒᆞ야 형용이 고목ᄀᆞᆺ트며 허로징과 졔반 잡병이 층싱쳡츌ᄒᆞ야 그 죽ᄂᆞᆫ ᄌᆞᄂᆞᆫ 말ᄒᆞᆯ 것 업고 다힝이 산다 ᄒᆞ야도 츙실치 못ᄒᆞ고 쟝수키 어려우며 ᄯᅩ 글을 빈호지 못ᄒᆞ야 쥰쥰 무식ᄒᆞ게 되니 그 졍경을 싱각ᄒᆞ면 가히 낙누ᄒᆞᆯ지라. 일엄으로 국가에셔 군ᄉᆞ를 초모ᄒᆞᆯ ᄶᆞ에 녕ᄒᆞ야 왈 어렷슬 ᄶᆞ에 직조챵에 고용ᄒᆞᆫ든 ᄉᆞ름은 군젹에 들이지 말나 ᄒᆞ니 그 잔약 가련ᄒᆞᆷ을 가히 알너라.

뎨십구졀 우톄의 지쳬됨이라

젼일 우톄의 지쳬됨을 지금 싱각ᄒᆞ면 가히 우슈울지라. 연이나 당시에ᄂᆞᆫ 법외에 량칙이 업슬가 ᄒᆞᆷ이러라. 활쳘로 젼징 후에 승젼ᄒᆞᆫ 쳡보가 슴일 후에야 겨우 영경에 일으니 그졔야 각 신문ᄉᆞ에셔 신문에 올니여 우편국 우편 싯ᄂᆞᆫ 수레에 너허 주야파젼ᄒᆞ야 일 졈죵 사이의 겨우 이슴십 리를 힝ᄒᆞ야 수레 큰 거리를 당ᄒᆞ미 여러 ᄉᆞ름이 길가에 셧다가 소식을 무르며 소도쳐에 수레 오기를 기다려 활쳘로 젼징ᄉᆞ를 알려 홀식 급기 슈레 우에 챵챵히 푸른 나뭇가지 ᄭᅩ진 거슬 보고 그졔야 활쳘로에셔 대쳡ᄒᆞᆷ을 아라 [쳥국은 홍긔를 가지고 승젼ᄒᆞᆫ 쳡보를 표ᄒᆞ고 셔양은 푸른 가지로 표ᄒᆞᆷ이라] 분분이 수레를 에워 ᄊᆞ고 무르니 수레 모ᄂᆞᆫ 자ㅣ 수즁으로 셔찰을 ᄂᆡ여 우쳬인부를 쥬어 각쳐에 젼ᄒᆞ게 ᄒᆞ며 입으로ᄂᆞᆫ 젼징ᄒᆞᆫ든 경상을 연셜ᄒᆞ고 나파륜이 이믜 잡히엿스니 셰상이 가히 틱평ᄒᆞᆯ이라 ᄒᆞ며 셔간을 다 젼ᄒᆞᆫ 후에 각을 불고 수레랄 모라 [각은 수레 써날 쌔에 부는 거시라] 각 쥬 각 군으로 향ᄒ야 여젼히 편지를 젼ᄒ니 대져 츌젼흔 군ᄉ의 가쇽으로 ᄒ야 염녀를 말게 흠이라. 연이나 우편의 지쳬흠이 쳐ᄎ하니 이는 일쳔팔빅년 [뎡종이십ᄉ년] 으로 일쳔팔빅ᄉ십년 [순조 말년]ᄭ지 무불여차ㅣ러라.

뎨이십졀 수륙발셥이라

우졍거는 비단 셔간을 실을 ᄲᅮᆫ 아니라 [우졍거는 편지 싯고 다니는 수레라] 겸ᄒ야 힝긱을 실으니 당시에 다 편ᄒ다 ᄒ더라. 우졍거 나기 젼에는 영인이 타향에 노는 자ㅣ 말을 타고 일힝 빅리 혹 일빅이슴십리ᄒ미 미양 즁도유벽흔 곳에 병긔를 가져 도젹을 방비ᄒ니 뉘 원힝을 긔탄치 아니리오. 영졍27)이 ᄯᅩ흔 통구뒤도를 슈츅지 아니ᄒ더니 일쳔칠빅여년 [슉종 경종 시]에 비로소 뒤로를 슈츅ᄒ고 ᄉᆞ로히 힝긱 싯는 수레를 ᄆᆞᆫ드니 그 수레 네 박회 잇셔 말 네 필로 멍에ᄒ고 혹 둘히나 셰ᄉᆞ나 수레 대쇼를 ᄯᆞ라 증감ᄒ며 그 속에 좌쳐를 냥층으로 ᄆᆞᆫ드러 십여인이 안질지라. 일쳔칠빅칠십ᄉ년 [영조 오십년]에 흔 관원이 수레를 타고 일쥬야에 ᄉᆞ빅 리를 단이니 그 쇽흠28)이 비ᄒᆞᆯ 뒤 업고 ᄯᅩ 한 대관이 숨일숨야에 급히 몰아 일쳔ᄉᆞ빅 리를 힝ᄒ얏더니 그 친구ㅣ 말녀 왈 ᄎ사ㅣ 만만불가ᄒ니 인명이 지즁흔지라. 헛되이 힝ᄒᆞᆯ 일이 아니라 ᄒ더라.

영인이 수로로 힝ᄒᆞᆯ 쌔에 미양 져근 목션을 타는 고로 순풍을 맛나면 수빅리를 순식간에 단이되 불연이면 수일이 되야도 촌보를 가지 못ᄒ며 소격난의 리특히29)는 영경과 상거ㅣ 일쳔오빅 리라. 혹 ᄉᆞ십일만에 득달ᄒ며 만일 영국에셔 미국을 가랴 ᄒ면 대셔양을 지ᄂᆞ니

---

27) 영졍: 영국 졍부.
28) 쇽흠: ᄲᅡ름.
29) 리특히(理式 海): 릭쯔. 리니드 해.

속ᄒ여야 일월이요, 더듸면 슴삭이 되니 지금 륜션은 칠일 혹 뉴일이면 득달ᄒᄂᆫ 데 비ᄒ면 지속이 엇더ᄒᆯ이오. 일쳔팔ᄇᆡᆨ일년 [순조 원년]에 영인 복이탄30)이 나파륜의게 헌칙 왈 내 룽히 신법을 ᄂᆡ야 화륜션을 창시ᄒ야 대ᄒᆡ를 건너게 ᄒ리라 ᄒ거늘 나파륜이 수슴 관원을 명ᄒ야 회의ᄒ라 ᄒ엿더니 다 의심ᄒ고 밋지 아니ᄒ야 왈 이ᄂᆞᆫ 허황ᄒ니 화력을 비러 륜션을 어거ᄒᆫ단 말은 만고 우주간에 업ᄂᆞᆫ 일이라 ᄒ고 그 의논을 파ᄒ니라.

빈민이 원힝코즈 ᄒ면 범ᄇᆡᆨ이 난어샹텬ᄒ야 원유ᄒᄂᆫ 자ㅣ 심이 적은 고로 왕왕이 그 ᄊᆞ에셔싱쟝노소ᄒ야 ᄒ거름도 동리에 ᄶᅥ나지 아니ᄒ며 심지어 불샹왕ᄅᆡᆨᄒ야 고향을 연연불망ᄒ니 소견이 좌졍로 언어를 통치 못ᄒᄆᆡ 우연히 원인이 오면 곳 그 불쾌지심이 잇다 ᄒ며 각 향촌간에 ᄀᆡ라도 본처 스름이 아니면 ᄒ아히 지지ᄆᆡ 열어히 다 지져 들네니 기타를 가히 알너라.

뎨이십일졀 공쟝을 약속ᄒᆷ이라

영국이 오ᄇᆡᆨ년 젼에 괴질이 대치ᄒ야 인민 죽은 자ㅣ 틱반이오 병긔 간졍 후에ᄂᆫ 농부ㅣ 부족ᄒ야 농ᄉᆞᄒᄂᆫ 자ㅣ 적으니 디광인희31)ᄒ야 토가이 써러지고 곡가ᄂᆫ 귀흔 고로 쟝식의 공젼이 인ᄒ야 고등ᄒ니 국가ㅣ 곳 령을 나려 금호되 쟝식이 만일 고가를 늑식ᄒ거나 지쳬코 오지 아니ᄒᄂᆫ 자ᄂᆫ 곳 옥에 가두고 일너 왈 괴질이 잇기 젼에 공젼이 졍흔 거시 잇스니 만일 쟝식이 작당ᄒ야 힐난ᄒ거나 혹 그 일ᄒᄂᆫ 시각을 감ᄒ거나 혹 경흔 갑슬 올니거나 ᄒᄂᆫ 즈ᄂᆫ 다 조률엄치ᄒᆯ이라 ᄒ니 대져 국가히 부즈를 호위ᄒᆯ 쥴만 알고 빈민은 고셕지 아니ᄒᆷ이

---

30) 복이탄(福爾呑): 풀톤. 풀턴.
31) 디광인희(地廣人稀): 땅이 넓고 사람이 드물어.

라. 이 법이 졍흔 후로 일쳔습빅오십년 [고려 시라]으로부터 오빅년을
지니되 변흐지 못흐다가 일쳔팔빅이십ᄉ년 [순조 이십ᄉ년]에 일으러
비로소 곳치니 대져 이 법이 힝흔 후로부터 공장이 그 압졔를 바다 감
히 조졍에 호소치 못흐더라.

뎨이십이졀 손을 졉ᄃᆡ홈이라

팔구십년 [순조 쌔] 젼에 영인이 손을 조와흐나 례모를 아지 못흐고
주인이 손을 ᄃᆡ졉홀 쌔에는 술로써 즁케 역이여 통음흐야 주졍치 아
니면 곳 주인을 멸시흔다 흐고 쥬인도 ᄯᅩ흔 손이 진취홈으로 써 경례
라 흐야 심지어 대취흐야 불셩인ᄉ흐고 ᄌᆞ는 자ㅣ 잇스면 례를 다흐얏
다 흐더라.

뎨이십솜졀 례모라

영인의 례모ㅣ ᄯᅩ흔 지극히 누흐야 언어간에 ᄭᅮ짓고 나믈홈이 셩습
흐야 ᄭᅮ짓는 ᄌᆞ와 밧는 자ㅣ 다 심상이 알며 웃스름이 아ᄅᆡ스름을 거
ᄂᆞ림이 ᄯᅩ흔 ᄭᅮ짓기로 위주흐야 말흐되 ᄭᅮ짓지 아니흐면 져의 ᄂᆡ령을
늣지 아니흔다 흐며 젼교흐는 스승이 ᄯᅩ흔 ᄭᅮ짓는 법을 가르치며 부
녀도 역연흐야 비단 언어간에 욕홀 ᄲᅮᆫ이라. 셔ᄉ[32] 왕복에도 ᄯᅩ흔 ᄭᅮ
지즈며 남ᄌᆞᄂᆞᆫ 부인을 욕흐고 관장은 리민을 욕흐며 왕은 그 좌우를
욕흐고 그 좌우ㅣ ᄯᅩ흔 욕흐기로 일숨으니 지금 스름으로 볼진ᄃᆡᆫ 귀를
갈이고 듯지 아니흘너라. 문ᄌᆞ 져술홈은 도셔와 경문 외에 ᄯᅩ 음란흔
글을 지어 칙젼에셔 엄연이 ᄆᆡᄆᆡ흐야 근년에 금단홈과 ᄀᆞᆺ지 아니흐고

---

32) 셔ᄉ: 편지.

쏜 남녀ㅣ 왕왕 모이는 곳에 외양은 뎡인군주 굿트나 슈작간에 진진이 말흐는 비 다 셜만흔 말이오 피추에 조금도 긔휘흠이 업고 듯는 주도 쏜흔 씨닷지 못흐더라. 스가탈33)은 영국 오십년 전 명사ㅣ라. 흔 노고 ㅣ 칙보기를 청흐거늘 스가탈이 칙 일 권을 쥬엇더니 노고ㅣ 보고 말 흐야 왈 쳡이 소년 시에는 이런 칙을 남녀 모힌 곳에서 고셩낭독흐야 도 그 불합흠을 아지 못흐얏더니 지금 이 셰계에 일으러는 이러흔 음 셔를 뎡인군자ㅣ 볼 거시 아니라 흐고 도로 보느니 이 흔가지를 보아 도 오십년 이릭의 풍속이 빅년 전보다 나흐믈 가히 알 거시러라.

뎨이십스절 학교라

영국 학교를 론흐면 구십 년 전 [순조 시]에는 겨우 슘쳔슘빅뉵십슘 쳐ㅣ러니 일쳔팔빅십구년 [순조 십구년]에는 국늬 아히 입흔 자ㅣ 겨 우 졀반이 되니 대져 영국 법률에 부부ㅣ 셩혼흘 째에 먼져 례빅당과 혹 아문에 일으러 주긔의 셩명을 긔록흐야 [아국에 혼셔지와 굿틈이 라] 증거를 슴을시 당시에 남주가 졔 셩명 쓰는 자ㅣ 겨우 슘분일이오, 녀주는 불과 십분일이니 그 무식흠을 가지오, 쏜 긔계창에 굿가이 잇 셔 장식 노릇흐는 주는 남주 즁에 글주 아는 자ㅣ 민 빅인 즁에 겨우 뉵십인이오 녀주는 빅인 즁에 슘십 오인에 지나지 못흐며 소위 안다 흐는 자ㅣ 겨우 주긔 일홈을 긔록홀 쑨이러라.

구쥬 전징 후에 빅셩이 간난흐야 의복을 굿초는 자ㅣ 적은 고로 포 목 쓰는 장식도 쏜흔 날로 빈곤흐니 무슴 녀가에 글을 빅호리오. 허믈 며 어린 아히들이 셩립흘 만흐면 곳 긔계창에 너허 고용흐게 흐니 셜 녕 글을 읽히고주 흐나 의식이 부죡흐니 히가에 문묵을 죵스흐며 독 셔 죵자ㅣ 적으민 유식흔 자ㅣ 어듸 잇스리오. 이럼으로 정부ㅣ 민망

---

33) 스가탈(師可脫): 월터 시코트. 영국인.

히 역여 일조에 번연 기오ᄒ더라.

뎨이십오졀 셩명을 바리고 쏘홈홈이라

영인이 원굴ᄒᆞᆫ 자ㅣ 신원ᄒᆞᆯ 곳이 업셔 셜녕 관가에 졍소ᄒᆞ야도 ᄌᆞ셰히 살피지 아니ᄒᆞ고 오즉 관장의 이중과 사심으로 시비ᄅᆞᆯ 결쳐ᄒᆞ니 무슴 곡직이 분변될이오. 이에 헤오딕 텬도ㅣ 소소ᄒᆞ니 관장보다 나을지라. 하늘에 쳥ᄒᆞ야 시비ᄅᆞᆯ 판단ᄒᆞ니만 ᄀᆞᆺ지 못ᄒᆞ다 ᄒᆞ야 송ᄉᆞᄒᆞᆯ 일을 당ᄒᆞ면 원고 피고 갑을 양인이 날을 졍ᄒᆞ야 쏘ᄒᆞᆯᄉᆡ 타인이 조력홈을 밧지 아니ᄒᆞ고 밋 싸화 갑이 이긔면 하늘이 도음이라 ᄒᆞ며 을이 죽으면 무죄ᄒᆞ야도 하늘이 죽임이라 그 죄 ᄌᆞ연 맛당ᄒᆞ다 ᄒᆞ고, 구쥬 븍방에 한 부락이 잇스니 일홈은 낙이만34)이라. 이졔 셔뎐과 나위35)와 단믁 졔국이 다 그 묘예요 이럿트시 쏘호ᄂᆞᆫ 젼례ᄂᆞᆫ 그 부락으로 좃ᄎᆞ 시작ᄒᆞ니 셕시에 즁국에ᄂᆞᆫ 븍방에 금인의 화ㅣ 잇셔 초즘식지하고 구쥬에ᄂᆞᆫ 영국 법국의 국이닉이만 부락의 화ㅣ 잇셔 그 싸ᄒᆞᆯ 셱스며 그 풍속이 젼ᄒᆞ야 이에 구쥬 각국이 판결ᄒᆞᆯ 대사ㅣ 잇스면 곳 셔로 쏘홈ᄒᆞ기로 묘법이라 ᄒᆞ야 수븩년을 지닌 후에 비로소 그 무리ᄒᆞ고 야만의 풍속인 줄 씨닷고 각국이 회의ᄒᆞ야 셕일에 병긔로 뻐 시비ᄅᆞᆯ 분간ᄒᆞᄂᆞᆫ 젼례ᄅᆞᆯ 금지ᄒᆞ니라. 대져 븩셩이 명을 바리고 쏘홈홈은 불과 시비ᄅᆞᆯ 분간코ᄌᆞ 홈이라. 이졔 각국이 다 금ᄒᆞ얏스니 션진 션진라. 그 착ᄒᆞᆫ 뻐음을 가히 한량ᄒᆞᆯ 길 업도다. 연이나 나라라 홈은 븩셩을 모와 되얏거늘 미양 져근 혼단을 인ᄒᆞ야 젼칭을 일삼아 무고히 여러 싱령으로 간뢰도지ᄒᆞ며 뉴혈셩거ᄒᆞ니 엇지 당츅ᄒᆞᆫ ᄌᆞ의 즐겨ᄒᆞᆯ 일이리오. 이졔 미병ᄒᆞᆯ 의론이 잇스니 [미병은 ᄌᆞ금 이후로 다시 젼칭을 쉬이ᄌᆞ

---

34) 낙이만(諾爾曼): 노만스. 노르망(?) 부락 이름.
35) 나위: 노르웨이.

홈이라] 각국이 화약을 정홀 째에 한 조건을 더ᄒᆞ야 왈 타일에 흔단이 잇거든 타국의 방관ᄒᆞᄂᆞᆫ 나라흘 쳐ᄒᆞ야 공평히 쳐단케 ᄒᆞ즈 ᄒᆞᆺ스면 종ᄎᆞ로 가히 전징이 업슬 듯ᄒᆞᆯ이로다.

영법 등국이 그 스스로이 ᄊᆞ홈홈을 금ᄒᆞᆺ스나 구습을 졸연이 변치 아니ᄒᆞ고 혐의 잇ᄂᆞᆫ 즈와 혹 망즈존듸ᄒᆞᄂᆞᆫ 즈를 맛나면 왕왕히 ᄊᆞ홈을 일의키며 혹 빅셩이 셩군작당ᄒᆞ야 스름을 죽이ᄂᆞᆫ 즈도 잇ᄂᆞᆫ지라. 영국이 신법을 세워 왈 무릇 양쳑36) 즁에 한 스름이 죽거든 그 싱흔 즈ᄂᆞᆫ 곡직을 물론ᄒᆞ고 곳 살인흔 죄로 조률ᄒᆞ야 죽이리라 ᄒᆞᆺ스나 급기 ᄎᆞ등 안건이 잇스면 법관이 말ᄒᆞ되 이ᄂᆞᆫ 양쳑이 즈원흔 바ㅣ라 필경 무고히 살인홈과 달으다 ᄒᆞ야 죽이ᄂᆞᆫ 데 쳐ᄒᆞ지 아니ᄒᆞᄂᆞᆫ지라. 일엄으로 미양 셰미스를 인ᄒᆞ야 ᄊᆞ화 죽ᄂᆞᆫ 자ㅣ 잇고 일쳔팔빅ᄉᆞ년 [순조 ᄉᆞ년]에 빅작으로 잇ᄂᆞᆫ 대관이 그 친고 박시37)가 어언이 불경ᄒᆞ다 ᄒᆞᆺ다가 이윽고 그 불연홈을 알고 후회ᄒᆞ나 쏘다시 헤오듸 닉 져의게 후회홈을 보임이 모양에 관계된다 ᄒᆞ야 긔혜히 ᄊᆞ홈을 쳥ᄒᆞ거늘 박시 부득이 허락ᄒᆞ고 흔 번 ᄊᆞ화 그 대관이 죽은 바ㅣ 되고 쏘 부장 가진 스름 ᄒᆞ나은 [부장은 듸장지ᄎᆞ 벼슬이라] 즈긔의 길으ᄂᆞᆫ 긔가 그 벗의게 마졋다 ᄒᆞ야 그 벗과 ᄊᆞ호며 일쳔팔빅이십이년 [순조 이십이년]에 영국 듸관 모ㅣ 수어를 신문에 올니엿더니 그 결례되ᄂᆞᆫ 스름이 보고 말ᄒᆞ되 나를 히코즈 홈이라 ᄒᆞ고 그 듸관과 칼을 가지고 ᄊᆞ홈즈도 잇고 ᄎᆞ외에도 모모 듸관들이 다 죽기로 즈쳐ᄒᆞ고 ᄊᆞ혼 자ㅣ 잇셔 일으되 여ᄎᆞ히 시비를 판결홈은 법관보다 오히려 공평ᄒᆞ니 닉가 셜령 죽일지라도 원통치 아니타 ᄒᆞ야 이 풍속이 뇌불가파ㅣ라. 갑이 편지를 보닉여 을과 ᄊᆞ홈을 쳥ᄒᆞ민 만일 을이 듯지 아니ᄒᆞ면 을이 목숨만 즁히 알고 의를 경ᄒᆞ게 안다 ᄒᆞ야 업수히 녁이더니 다힝이 신법이 졍ᄒᆞ민 이 풍속이 졈졈 감ᄒᆞᆺ스나 일쳔팔빅ᄉᆞ십년 [헌종 뉵년]ᄭ지지도 하

---

36) 양쳑: 양측(?)

37) 박시(泊尸): 쎄스트. 영국인.

의원 두 관원이 시비로 싸호다가 다힝이 피츠 상치 아니ᄒᆞᄆᆡ 비로소 다시 화호ᄒᆞ더라.

뎨이십륙졀 양ᄉᆡᆼᄒᆞᄂᆞᆫ 법이라

ᄉᆡᆼ민의 큰 ᄒᆡ 잇스니 두역으로 죽ᄂᆞᆫ 자ㅣ 십분일이요, ᄯᅩ 영국은 비 오ᄂᆞᆫ 날이 만코 긔일 ᄯᅢ가 적은 고로 만일 인수ᄒᆞᄂᆞᆫ 긔쳔이 잇셔 오예 ᄒᆞᆫ 거슬 통치 아니ᄒᆞ면 도로가 츄ᄒᆞ고 더러워 그 긔운을 마시면 곳 학질을 알ᄂᆞᆫ 고로 농부의 학질로 죽ᄂᆞᆫ 자ㅣ 두역과 방불ᄒᆞ고 셩즁에 도로ㅣ 오예ᄒᆞ고 방옥이 악착ᄒᆞ야 ᄇᆡᆨ셩이 병을 어드니 이ᄂᆞᆫ 다 영국의 병통이라. 일ᄇᆡᆨ오십년 [영조 시] 젼에 영국에 ᄆᆡ 쳔명을 합ᄒᆞ야 일년 통계ᄒᆞ니 죽ᄂᆞᆫ 자ㅣ ᄉᆞ십명이러니 지금은 겨우 이십일 명이 되고 ᄯᅩ 젼에ᄂᆞᆫ 온역이 심다ᄒᆞ고 의슐이 ᄯᅩᄒᆞᆫ 근년ᄀᆞ치 졍명치 못ᄒᆞ야 죽ᄂᆞᆫ 자ㅣ 만터니 지금 수ᄇᆡᆨ년 젼에 비ᄒᆞ면 현저히 낫더라.

영인의 슈를 근년에 비교ᄒᆞ니 금년이 작년보다 더ᄒᆞ고 명년이 금년보다 더ᄒᆞ야 일쳔칠ᄇᆡᆨ팔십년 [뎡종 ᄉᆞ년]에ᄂᆞᆫ ᄆᆡ ᄉᆞ십인 즁에 ᄆᆡ년 ᄒᆞ나히 죽고 일쳔팔ᄇᆡᆨ년 [뎡종 이십ᄉᆞ년]에ᄂᆞᆫ ᄉᆞ십팔인 즁에 ᄒᆞ나히 죽고 일쳔팔ᄇᆡᆨ이십년 [순조 이십년]에ᄂᆞᆫ 오십칠인 즁에 ᄆᆡ년 ᄒᆞ나히 죽으며 젼에ᄂᆞᆫ 어린 아ᄒᆡ를 만히 길으지 못ᄒᆞ야 일쳔팔ᄇᆡᆨ년 [뎡종 이십ᄉᆞ년]에 통이 회계ᄒᆞ니 죽ᄂᆞᆫ 자ㅣ ᄉᆡᆼᄒᆞᄂᆞ보다 만터니 일쳔팔ᄇᆡᆨ십년 [순조 십년]에 일으ᄂᆞᆫ 광경이 졈졈 ᄉᆡ로와 ᄉᆡᆼᄒᆞᄂᆞᆫ 자ㅣ 죽ᄂᆞᆫ 자보다 만코 의슐이 ᄯᅩᄒᆞᆫ 날로 졍ᄒᆞ니 ᄉᆞ름의 수에 유익홈이 엇지 적다 ᄒᆞ리오.

데오권 제도를 곳침이라

영국 마간셔 원본, 청국 채이강 술고, 리제마티 번역

나파륜이 구쥬를 요란홀시 영국의 군신 상하 ㅣ 다 말ㅎ되 법국을 파
흔 후에야 구쥬 각국이 편안홀이라 ㅎ야 병ᄉ에 젼력ㅎ야 지어 초야간
이라도 말ㅎ되 우리 나파륜을 파치 아니ㅎ면 틴평홀 날이 업다 ㅎ야
빈궁곤핍을 고렴치 아니ㅎ고 만일 비긔지욕으로 말ㅎᄂ 자 ㅣ 잇스면
다 웃고 조롱ㅎ야 왈 너의 소힝은 우리 영인의 종자 ㅣ 아니라 ㅎ더라.
나라를 말ㅎᄂ 자 ㅣ 영국에 ᄉ름이 업다 ㅎ지 말나. 영졍이 치국ㅎ
ᄂ 법이 합당치 아닌 ᄌᄂ 반다시 긔혁ㅎ고 장치구안홀 방칙을 싱각
ㅎᄂ니 활쳘로 되젼ㅎ기 오십년 젼에 어진 지상 ᄒ나히 잇스니 긔탄[1]
이라. 졔도를 변통코ᄌ ㅎ니 영인이 옹옹이 바라더니 긔탄의 아들은
비특[2]이라. 그 부친을 이어 지상이 되니 이는 법국 린리 젼 십년이라.
그 부친의 뜻을 계젹ㅎ야 쥬야로 졍ㅎ를 변통코ᄌ ㅎ며 ᄯ 일쳔칠빅
칠십뉴년은 곳 법국 린리 젼 십ᄉ년이라. 영국 관원 미각세[3] 졔도 변
통ㅎᄂ 계칙을 초창ㅎ다가 맛ᄎᆷᄂᆡ 셩ᄉ치 못ㅎ얏스나 근년의 힝ㅎᄂ
법이 틴반이나 다 그 의론과 암합ㅎ고 일쳔칠빅구십일년 [뎡종 십오

---

1) 긔탄(揩炭): 차얌. 영국 수상.
2) 비특: 핏트.
3) 미각시(尾刻詩): 윌크스. 영원(英員)

년]에 대신 마흠토시4) 선언ᄒ야 왈 아조의 정사ㅣ 민심을 체첩흠이 업고 나라의 대권을 황족과 모든 셰가에셔 가졋스니 즉금 이후로 변통치 아니ᄒ면 두리건ᄃᆡ 평안치 못홀가 ᄒ노라 ᄒ니 이는 다 식견이 탁월ᄒᆫ 스름이요 ᄎᆞ외에도 국인이 다 구법이 타당치 못ᄒ다 ᄒ야 급히 곳치고ᄌᆞ ᄒ더라.

데일졀 영국 륜돈 소격난 량셩의 치민ᄒᄂᆫ 졍형이라

영국 구졔가 원ᄅᆡ 인군과 ᄇᆡᆨ셩이 한가지 다스리ᄂᆫ 쯧을 두ᄂᆫ 고로 상하 두 의원을 셰워 인군과 모든 셰가ㅣ 상의원을 주장ᄒ야 하의원에셔 올니ᄂᆫ 바 의론을 바다 혹 허 혹 불허ᄒ니 하의원의 원은 민간에셔 공거ᄒᄂᆫ 바이라. 연이나 법구 폐싱ᄒ야 변통치 아니ᄒ면 ᄇᆡᆨ셩을 구홀 길 업슬지라. 집졍자ᄂᆫ 말ᄒ되 하의원은 다 민간의 공쳔ᄒᆫ 바ㅣ라. 민간의 관계되ᄂᆫ 자ㅣ 잇스면 엇지 말ᄒ지 아니리요 ᄒ니 그 말은 근스ᄒ나 기실은 민간이 쳔거흔다 흠이 유명무실ᄒ니 이졔 먼져 영륜으로 말ᄒ야도 가히 알지라. 셰가의 가장 유력ᄒᆫ ᄌᆞᄂᆫ 한 스름이 여러흘 쳔거ᄒᄂᆫ 고로 작신5)에 낙복6)은 의원 십일인을 쳔거ᄒ야 하의원에 보ᄂᆡ며 셰직7)에 윤ᄎᆞᄃᆡ8)ᄂᆫ 의원 구 인을 쳔거ᄒ며 작신에 노특난9)은 의원 뉵인을 쳔허ᄒ니 이에 하의원의 원은 거연히 상의원의 파견ᄒᆫ 자ㅣ 십분의 뉵칠분이라. 곳 ᄇᆡᆨ셩이 거쳔흔다 ᄒ야도 영륜10)에 속ᄒᆫ 유명ᄒᆫ 두회와 셩시 숨십오 쳐에셔 의원 칠십인을 쳔거ᄒ나 숨십오쳐

---

4) 마흠토시(麻欽吐詩): 막킨토쉬. 영국 대신.
5) 작신: 지명. 미상.
6) 낙복(諾福): 노폴크. 영국 공작.
7) 셰직(世職): 셰습 직위.
8) 윤ᄎᆞᄃᆡ(倫此坮): 똔스데일. 영국 셰직(英世職).
9) 노특난(盧忒蘭): 뤄트랜드. 영국 공작.
10) 영륜(英倫 卽 倫敦): 잉그란드. 런던.

인민 중에 그 권을 가진 자ㅣ 실로 몃치 아니요, [영국법에 빅셩이 관원 천거ᄒᆞᄂᆞᆫ 권이 잇스나 그 스름과 ᄌᆡ산이 장정에 합ᄒᆞᆫ 연후에야 그 권을 가지게 ᄒᆞ고 불연즉 그 권을 허치 아니ᄒᆞᄂᆞ니라] 쏘 구스윤11) ᄌᆞ호로 논ᄒᆞ면 두 의원을 천거ᄒᆞᄂᆞᆫ 권은 잇스나 필경 쳔ᄒᆞᆫ 스름은 ᄒᆞ낫토 업스며 갓탄12) ᄌᆞ혼 ᄒᆞᆫ두 의원을 천거ᄒᆞᄂᆞᆫ 권이 잇샤도 빅셩의 천거ᄒᆞᄂᆞᆫ 권 가진 자ㅣ 겨우 일곱 스름이라. 이럼으로 셰가ㅣ 말호되 우리 권셰를 당홀 ᄌᆡ 업다 ᄒᆞ고 회뢰를 밧고 천거ᄒᆞ니 갓탄 ᄌᆞ 두 의원을 거쳔ᄒᆞ면 그 갑시 영금 십만 방이 되고 쏘 무셔ᄒᆞᆫ 관권이 의원을 천거홀 ᄲᆡ에ᄂᆞᆫ 나라에셔 젼교를 ᄂᆡ려 다른 스름을 시기라 ᄒᆞ니 그 관원은 엇지홀 길 업셔 상의를 봉ᄒᆡᆼᄒᆞᄂᆞᆫ지라. 이에 영륜 일경에 하의원 관원 슴빅명이 불과 진신셰가 일빅뉵십여 인의 파견과 ᄎᆞ출ᄒᆞᆫ 바ㅣ라. 뉴폐지ᄎᆞᄒᆞ니 갈승탄ᄌᆡ리요. 니ᄌᆞ13)라 ᄒᆞᄂᆞᆫ ᄌᆞ에 빅명한14)과 만졸특15)이 다 ᄒᆡ변의 큰 항구라. 호구ㅣ 극히 번셩ᄒᆞ나 그 인민이 틱반 공장ᄲᅮᆫ이라 ᄒᆞ야 하의원 관원 천거ᄒᆞᄂᆞᆫ 권이 업고 혹 ᄌᆞ젼을 원랍ᄒᆞ야 의원을 ᄒᆞ고ᄌᆞ ᄒᆞᄂᆞᆫ ᄌᆞᄂᆞᆫ 먼져 영금 뉵쳔 방을 들이니 영인이 신문지에 올녀 왈 무릇 의원이라 훔은 민심을 쳬찰ᄒᆞ고 빅셩을 ᄃᆡ신ᄒᆞ야 흥리졔폐ᄒᆞᄂᆞᆫ 거시어늘 ᄌᆡ물을 밧치고 의원된 ᄌᆞᄂᆞᆫ 의론ᄒᆞᄂᆞᆫ 바ㅣ 다 민졍을 거슬이고 불법ᄒᆞᆫ 일을 ᄒᆡᆼᄒᆞ되 물니칠 싱각은 아니ᄒᆞ고 다만 목젼에 소리만 탐ᄒᆞ야 그 갑만 도드니 후일의 ᄒᆡ가 쟝ᄎᆞᆺ 엇더홀이오. 국스를 의론훔이 시졍에 모리빅 ᄀᆞᆺ야 시비곡직을 무론ᄒᆞ고 갑의 뇌물이 후ᄒᆞ면 갑을 올타 ᄒᆞ고 을의 뇌물이 만흐면 쏘 변ᄒᆞ야 을이 올타 ᄒᆞ니 국사ㅣ 지ᄎᆞ에 쏘 무를 거시 업다 ᄒᆞ더라.

영왕 쳘이치 ᄃᆡ숨16)이 ᄌᆞ위 시에 ᄆᆡ관뉵작을 일슴을ᄉᆡ 일쳔칠빅팔

---

11) 구스윤(舊沙倫): 올드 사륜. 영국 지명.
12) 갓탄(嘉呑): 까톤. 영국 지명.
13) 니ᄌᆞ(呢子): 릭드스. 영국 지명.
14) 빅명한(伯鳴罕 又名 北明亨): 쌔밍함. 버밍햄.
15) 만졸특: 맨체스터.
16) 쳘이치 ᄃᆡ숨(哲而治 第三): 씨오지. 영국 국왕.

십ᄉ년 [뎡종 팔년] 이젼의 법률은 무릇 민간이 의원을 쳔거ᄒᆞ면 ᄉᆞ십여 일을 지닌고 비로소 인군의게 졍탈ᄒᆞ든 바ㅣ라. 쳘이치 뎨습이 령을 나리여 십오일을 넘지 말나 ᄒᆞ니 이에 의원을 희기ᄒᆞᄂᆞᆫ 무리가 조혼 슐과 안쥬를 가지고 여러 ᄉᆞ름을 쳥ᄒᆞᆷ야 대취토록 먹이여 즁인의 마음을 ᄉᆞ며 민간이 이를 인ᄒᆞ야 죵신토록 쥬광이 되ᄂᆞᆫ 즈도 잇고 그럿치 아니면 이 과궐을을 도모코즈 ᄒᆞ야 친구 교졉간에 젼장과 ᄀᆞᆺ치 ᄊᆞᄒᆞ니 민간의 히ᄂᆞᆫ 더욱 말ᄒᆞᆷ[17] 것이 업더라.

소격난 일경은 영륜에 비ᄒᆞ야도 더욱 심ᄒᆞ니 ᄇᆡᆨ셩이 거관ᄒᆞᄂᆞᆫ 권이 업고 [거관은 관원 쳔거ᄒᆞᆷ이라] 미양 거관홀 ᄶᆡ를 당ᄒᆞ야 일졍혼 규모ㅣ 업고 오즉 죵치ᄂᆞᆫ 소리 들니면 비로소 의원 쳔거ᄒᆞᆷ을 알고 일쳔팔ᄇᆡᆨᄉᆞᆷ십년 [순조 삼십년]에 소격난 일셩을 합ᄒᆞ야 거관ᄒᆞᄂᆞᆫ 권을 가진 쟈ㅣ 불과 이쳔인이오, 기즁 파탈[18]이라 ᄒᆞᄂᆞᆫ 고을은 겨우 혼 ᄉᆞ름이 거관홀지라. 뭇춤 의원의 궐이 잇거늘 그 ᄉᆞ름이 곳 즈긔 셩명을 쳔거ᄒᆞ야 의원을 즈구ᄒᆞ니 그 가소로옴이 말ᄒᆞᆯ 것 업고, 더욱 우수운 즈ᄂᆞᆫ 당시에 의원 쳔거혼다는 즈ᄂᆞᆫ ᄇᆡᆨ셩이로되 기실은 다 국가의 왕족이 아니면 곳 셰가라. 거관홀 ᄶᆡ에ᄂᆞᆫ ᄇᆡᆨ셩의게 뭇지 아니ᄒᆞ고 임의망힝ᄒᆞ야 황족이나 셰가의 졀졔ᄃᆡ로 쥰힝ᄒᆞ며 만일 이 ᄉᆞ름이 그 즈졔를 거쳔코즈 ᄒᆞ면 국가에셔는 그 봉령 승교ᄒᆞ야 국ᄉᆞ를 마니 ᄒᆞ얏스니 부득불 한즈리를 쥬어야 올타 ᄒᆞ야 공장의 고까 쥬ᄂᆞᆫ 것과 ᄀᆞᆺ치 시힝ᄒᆞ니 ᄇᆡᆨ셩의 곤궁ᄒᆞᆷ이 어ᄂᆡ날 소셩ᄒᆞ리요. 슬푸도다.

뎨이졀 법국 대란혼 관계라

법국이 젹폐틱심ᄒᆞ야 드의여 민란을 일우니 각국 ᄇᆡᆨ셩이 듯ᄂᆞᆫ 쟈ㅣ

---

17) 말ᄒᆞᆷ 것이 업더라: '말홀'의 오식.
18) 파탈(波脫): 뷰트. 영국 해구.

막불상고동싁ᄒ야 국가 폐단을 곳치고ᄌ ᄒ면 국가히 아니 듯지 못ᄒ
며 영민은 이 말을 듯고 ᄯᅩ흔 법을 곳치고ᄌ ᄒ야 일국 스름이 다 말
ᄒ되 법민의 일이 올타 ᄒ고 신문지에 의론ᄒ며 지어 연희장에도 [연
희장은 광ᄃᆡ 소리 듯ᄂᆞᆫ 데라] ᄯᅩ흔 법국 일을 말ᄒ되 법인이 그졔야
그 익을 면ᄒ얏다 ᄒ며 영국지상 비특이 ᄯᅩ흔 일너 왈 이졔 법난셔ㅣ
졔도ᄅᆞᆯ 곳치니 실로 이 각국 즁에 츌뉴발최홈이라 ᄒ고 ᄃᆡ신 복극
스[19]도 ᄯᅩ흔 말ᄒ야 왈 이ᄂᆞᆫ 법국에만 유익ᄒᆯ 샏 아니라 구라파 각국
에 유익홈이 ᄃᆡ단이 크믜 그 반가옴이 불근날이 동으로 쳐음 도듬과
ᄀᆞᆺ다 ᄒ며 사리담[20]은 영국에 셩망이 탁탁흔 ᄌᆞ이라. 션언ᄒ야 왈 법
민의 닷토ᄂᆞᆫ ᄌᆞᄂᆞᆫ 리치요 ᄯᅩ 큰 션졍이라 ᄒ야 슘인의 말이 약합부졀
ᄒ며 영인의 국ᄉᆞᄅᆞᆯ 졍돈코ᄌᆞ ᄒᄂᆞᆫ ᄌᆞᄂᆞᆫ 다 말ᄒ되 영국이 법국과 흔
물이 격ᄒ얏스니 법인은 익을 면ᄒ얏거니와 영인도 ᄯᅩ흔 학졍을 면ᄒ
여야 올타 ᄒ더라.

대져 법인이 졔도ᄅᆞᆯ 곳칠싀 민심을 순히 흔다 ᄒ더니 ᄆᆞᆺᄎᆞᆷᄂᆡ 졍흔
바 신법이 ᄇᆡᆨ셩의게 편치 못ᄒ고 ᄯᅩ 인국에 관계되야 드듸여 승평흔
복을 누리지 못ᄒ고 ᄯᅩ 나파륜이 대권을 가지믜 민주국이라 빙자ᄒ고
구쥬 각국에 화ᄅᆞᆯ ᄭᅵ치니 구쥬 각국이 도로혀 겁ᄂᆡ여 왈 아국이 구법
을 곳치면 ᄯᅩ 편안치 못ᄒᆯ이라 ᄒ야 셕일에 법인을 올타 ᄒᆞᆫ 자ㅣ 도
로혀 법인을 멸시ᄒ고 비단 지상 자ㅣ 그러ᄒᆯ 샏 아니라 감히 이 일로
ᄡᅥ 조졍에 쳥ᄒᄂᆞᆫ 지 업스며 지상 비특도 ᄯᅩ흔 쳐음 의론을 변ᄒ야 왈
ᄎᆞ시에 신법은 만만불가ᄒ니 만일 망녕되이 변ᄒ면 화ㅣ 어ᄃᆡ 밋칠지
몰은다 ᄒ야 만구일담이 다 졔도 곳침은 고이흔 의론이라 ᄒ고 다만
나파륜을 평졍ᄒᆯ 계교만 일슘더라.

---

19) 복극스(福克思): 폭스. 영국 대신.
20) 사리담(舍利淡): 셰리단. 영국 신하.

뎨솝졀 영인이 의원의 장졍을 곳치고즈 홈이라

영국이 병스를 일숨아 민싱의 질통 곤궁을 고렴치 못ᄒ다가 승평ᄒ
후에 비로소 폐단을 봇치니 대져 이 쌔에 젼쥥을 인ᄒ야 여간 리를 취
ᄒ든 즈ᄂ 간과ㅣ 쉬이미 즈연 발알 거시 업고 여러히 국가로셔 민간
에 딕입ᄒ 국채ᄂ 불가승수ㅣ라. 어늬날 갑홀지도 모로며 겸ᄒ야 수년
흉년을 면치 못ᄒ니 빅셩의 곤궁이 쟝춧 엇더홀이오. 일쳔팔빅십뉵년
[순조 십뉵년]에 영금 일 실닝 [아국 엽젼 두 냥 너돈이라]에 겨우 보
리 네 방을 스고 [한 방은 열 두 냥즁이라] 이젼에 공쟝 위업ᄒᄂ 즈ᄂ
더욱 한거무스ᄒ며 셜녕 일이 잇셔도 공젼이 지박ᄒ고 시샹에 져주ᄂ
취리가 령셩ᄒ야 각 덤이 분분이 문을 닷쳐 만목황향에 긔한이 교박
ᄒ니 즈연 훗터져 도젹이 되고 불을 노와 직물을 겁탈ᄒ며 공쟝은 긔
계창과 직조창이 져의 싱업을 쎄셧다 ᄒ야 창에 들어가 긔계를 바수
며 통샹ᄒᄂ 각 항구에ᄂ 즈조 민란이 나고 소격난의 알스가[21] 항구
에ᄂ 화젹이 챵궐ᄒ야 관병이 냥일만에 겨우 탄압ᄒ니라.

영민의 곤궁ᄒ기 여ᄎᄒ미 모다 말ᄒ되 국가ㅣ 다시 구법을 곳치지
아니면 우리 살 길이 업다 ᄒ더라. 가빈특[22]은 영국 명사ㅣ라. 졔도 곳
치ᄂ 의론을 챵긔ᄒ야 글을 지어 셰샹에 돌니니 그 글에 ᄒ얏스되 민
싱의 곤ᄒ미 텬직가 아니요 즉 국가의 졍치가 착ᄒ지 아닌 비라. 빅셩
을 구코즈 ᄒ면 먼져 의원 쳔거ᄒᄂ 법을 곳침이 올타 ᄒ니 영인이 다
크게 감동ᄒ야 각쳐에 판공소를 셰우고 주야 강마ᄒ야 구민ᄒᄂ 계교
를 의론ᄒ더니 이히 겨을에 거국 스름이 다 일으되 우리 고초를 그만
치 바닷스니 맛당히 의원 공쳔ᄒᄂ 권을 가지깃다 ᄒ더라.

---

21) 알스가(憂斯哥 又名 格拉斯哥): 그라스코. 영국 해구.
22) 가빈특(可倍特): 콥빗트. 영국 명사.

데수졀 영졍이 장졍 곳침을 허락지 아님이라

즉츳 이후 오십년식지 졍치를 변통코즈 ᄒ나 집뎡자ㅣ 믹양 치지불
문ᄒ니 대져 구쥬 옛법에는 군국 대수를 당ᄒ면 젼국이 의론ᄒ야 졍
ᄒ거늘 지금에 법이 히틔ᄒ야 국가 대권을 왕과 밋 좌우 대신이 수수
로이 의론ᄒ야 졍ᄒ니 그 편벽되고 그른 일이 업스리요. 또 말ᄒ되 법
난셔의 대란을 일조탕평ᄒ얏스니 졍의 소민이 엇지 감히 졍부를 항거
ᄒ이오 ᄒ고 일젹월누ᄒ야 졈졈 셰력을 밋고 빅셩을 압졔ᄒ니 빅셩이
더욱 곤궁ᄒ고 조졍 대신은 다 민간의 공쳔ᄒ 바ㅣ 아니라 민심이 불
복ᄒ야 뻐 ᄒ되 져의 불과 벼슬을 의지ᄒ야 우리를 압졔홈이라 ᄒ며
각 대관은 헤오딩 소민이 엇지 큰 폐단을 알리요. 한갓 국수를 현란케
홀 쑨이라 ᄒ야 기즁에 빅셩을 위ᄒ야 호소ᄒᄂ 즈는 도젹의 괴수라
ᄒ고 그 거관ᄒᄂ 권을 회복고즈 ᄒᄂ 즈는 역당이라 ᄒ야 오직 권셰
로 압졔ᄒ더라.

대젼지후를 당ᄒ야 민궁지갈ᄒ되 국가ㅣ 도라보지 아니ᄒ며 더욱이
젼졍 시에는 국가ㅣ 민간의 물건 갑슬 지폐로 쥬고 일쳔팔빅십구년
[순조 십구년]에 일으러는 홀연이 지폐를 폐ᄒ고 젼혀 금을 쓰라 ᄒ니
항구에 츌구 화물이 졈졈 감ᄒ고 국닉에 물건은 날로 쳔ᄒ야 향일 영
금 일 방 되는 거시 지금 겨우 십 실닝이 되야 상고ㅣ 다 자본을 일코
농공도 더욱 곤ᄒ야 조불려셕ᄒ더라.

영인의 곤홈이 일심일일ᄒ야 이에 다 말ᄒ되 조졍이 귀족을 딩뎝홈
은 과연 은혜 즁ᄒ거니와 우리 소민은 무슴 죄로 도탄 즁에 잇게 ᄒᄂ
고. 이제 조졍이 거관ᄒᄂ 권을 쥬지 아니면 빅셩의 싱로ㅣ 업슬리라
ᄒ고 거국이 일시 동셩ᄒ며 기즁 우쥰ᄒ 빅셩은 명분과 신졀을 직희
지 아니ᄒ고 한가지 밍셰ᄒ야 국가에셔 셰젼 밧ᄂ 물건은 미미치 아
니ᄒ고 공장들은 련무와 기예를 일슘으며 또 각쳐 도회와 큰 져주에
셔는 몃 스름을 공쳔ᄒ야 국가를 픱박ᄒ야 하의원에 들게 ᄒ고 이 무
리가 수다ᄒ야 일을 즈단ᄒ더라.

이 째 만졸특23) 셩에 빅셩 뉵만 명이 모히혀 관가에 호소ᄒᆞ야 관원 천거ᄒᆞᄂᆞᆫ 권을 청ᄒᆞᆯᄉᆡ 국가ㅣ 급히 마보병을 조발ᄒᆞ야 대포를 싯고 남녀로유를 불분ᄒᆞ고 뭇지르니 이ᄂᆞᆫ 일쳔팔빅십구년 [순조 십구년]이라. 졍부ᄂᆞᆫ 그 무고흠을 민망이 녁이지 아니ᄒᆞ고 도루혀 글을 나리여 그 평졍흔 공을 포장ᄒᆞ고 기즁에 괴수를 잡아 옥에 가두니라.

기시 영국 관원이 편당을 지어 ᄒᆞ나흔 수구당이요 ᄒᆞ나흔 기화당이라.24) 피츠 셰력이 ᄀᆞᆺ트나 뭇ᄎᆞᆷ 슈구당이 대권을 가지고 신법 여섯 가지를 졍ᄒᆞ니 그 글에 ᄒᆞ얏스되 일은 ᄌᆞ금 이후로 관가 명령이 아니요, 오십 명 이상 빅셩이 모히면 범법으로 다스리고, 이ᄂᆞᆫ 민간에 혹 모힐 째라도 긔치를 다지 못ᄒᆞ며, 숨은 병긔 잇ᄂᆞᆫ 곳은 관가로셔 임의 슈탐ᄒᆞᆯ 거시오, ᄉᆞᄂᆞᆫ 민간에셔 긔예를 익히지 못ᄒᆞ고, 오ᄂᆞᆫ 신문지에 국ᄉᆞ를 의론ᄒᆞ면 벌금을 바들 거시오, 뉵은 무론하쳐ᄒᆞ고 일이 잇스면 그 탄압ᄒᆞᄂᆞᆫ 권을 잡식뇌25)와 밋 셜질마26) 두 되관의게 밋긴다 ᄒᆞ얏더라.

뎨오졀 영국에 신법을 조와ᄒᆞᄂᆞᆫ 관원이 빅셩을 도와 의론을 창시홈이라

영국의 기화당이 권셰를 잡지 못ᄒᆞ얏스나 ᄆᆡ양 민심과 합ᄒᆞ야 오즉 소심 근신ᄒᆞ며 민당과 슈구당 가온ᄃᆡ 참작ᄒᆞ야 말을 셰우니 이 째에 빅셩의 청ᄒᆞᄂᆞᆫ 바를 슈구당이 일졀 허락지 아니ᄒᆞᄂᆞᆫ지라. 기화당 즁 총리 나식27)이 말ᄒᆞ야 왈 거관홀 째에 큰 도회 빅셩은 관원 천거ᄒᆞᄂᆞᆫ 권이 잇게 ᄒᆞᆯ즉 ᄒᆞ니 슈구당이 허락지 아니ᄒᆞ고 오즉 향일 거관ᄒᆞᄂᆞᆫ

---

23) 만졸특: 맨체스터.
24) 17세기 이후 영국의 정당: 토리당(보수당), 휘그당(개화당)의 두 정당이 대립함.
25) 잡식뇌(卡式雷): 카스트러레이. 영무원(英武員).
26) 셜질마(雪迭摩): 시드몬ᄯᅳ. 영무원(英武員).
27) 나식(羅色): 루셀.

권이 잇샤도 즉금은 인호가 업셰 폐기훈 싸에만 쥬고자 ᄒ니 [이ᄂ 일
홈만 권을 준다 ᄒ나 기실은 빅셩으로 ᄒ야곰 권이 업게 ᄒᄌᄂ 쯧이
라] 영국 빅셩이 다 말ᄒ되 우리 영민이 다 거관ᄒᄂ 권이 잇슬지라.
차후에ᄂ 거관홀 째에 웃스름의 졀졔를 밧지 아니케 ᄒ야 그 억지로
스름을 쳔거ᄒᄂ 일과 ᄯ 그 쳥촉을 시ᄒᆼ 아니ᄒ면 능학ᄒ고 침어ᄒ
ᄂ 페 업게 혼다 ᄒ니 수구당이 다 불쳥ᄒ야 왈 국졍의 가부를 오즉
관장이 잡을지라. 소민이 엇지 간예홀이요 ᄒ고 국스를 의론ᄒᄂ 지
잇스면 치죄ᄒ니 민심이 더욱 불복ᄒ나 법령소죄에 인긔탄셩ᄒ야 감
히 교계치 못ᄒ고 다만 졍신을 가다듬어 그 ᄌᄌᆃᄒ 마음을 표ᄒ야 십
년이든지 이십년이든지 긔허이 일을 셩공혼다 ᄒ더라.
　긔화당 즁에 ᄯ 한 스름이 잇스니 격뇌28)라. 나싁으로 더부러 령수
ㅣ 되야 즁민을 효유ᄒ야 왈 너의 등이 마음을 굽히여 쌔를 기다리라.
반다시 공평훈 법이 잇셔 편안케 ᄒ리라 ᄒ니 빅셩이 다 열복ᄒ더라.

뎨륙졀 법국이 ᄯ 어지러옴이라

　일편팔빅솝십년 [순조 솝십년]에 법국 빅셩이 그 인군의 법령을 좃
지 아니ᄒ고 파리 도셩 인민이 졸연이 일을 일릐켜 군권당과 대젼훈
지 솝일만에 맛춤ᄂ 그 인군을 쫏고 셩언ᄒ되 인군이 빅셩으로 써 근
본을 솝지 아니ᄒ니 엇지 나라를 다스리요 ᄒ고 드듸여 법난셔의
군주국을 변ᄒ야 민주국을 믄드니 영인이 듯고 다 쒸놀며 왈 우리 영
인은 졔도를 곳치ᄌ 홈이 불과 미말셰스어늘 지금 십오년에 분호도
허락지 아니ᄒ니 영국과 법국은 인국이라, 법인이 달게 녀기지 아니ᄒ
거든 영인은 하독불연홀이요 ᄒ고 이에 거국이 무리를 모아 국스를
의론ᄒ야 왈 법민의 소위가 빅 번 올ᄒ니 그 쾌홈이 비홀 데 업슬지라.

---

28) 격뇌(格雷): 그레이. 영국 대신.

우리도 쏘흔 법령을 곳친 연후에야 틱평흘이라 ᄒᆞ더라.

뎨칠졀 영인이 급히 쟝졍을 곳치고ᄌᆞᄒᆞ니 상의원이 허치 아님이라

법왕이 빅셩의게 쫏겨 도망ᄒᆞ야 영국에 일으니 이 ᄶᆡᄂᆞᆫ 영왕이 훙ᄒᆞ고 그 아오 혜량왕 뎨ᄉᆞ29) ᅵ 즉위흘 ᄶᆡ라. 영국 법률에 싀 인군이 즉위ᄒᆞ면 의원도 쏘흔 싀로이 쳔거ᄒᆞᄂᆞᆫ지라. 모든 신임 의원이 민심을 톄쳡ᄒᆞ야 졍ᄉᆞ를 졍돈ᄒᆞ더라.

신임 의원이 당ᄉᆞᄒᆞ미 긔화당 령수 격뇌30) 곳 션언ᄒᆞ야 우리 영국이 공평졍직흔 법을 닉여 빅셩을 구ᄒᆞ리라 ᄒᆞ더니 이 ᄶᆡᄂᆞᆫ 슈구당 혜령탄31) 재상이 대쟝군을 겸ᄒᆞ얏ᄂᆞᆫ지라. 격뇌다려 왈 나의 우견은 영국 졔도ᅵ 진션진미ᄒᆞ니 다시 졍돈흘 거시 업다 ᄒᆞ더라. 밋 즁의원이 회의흘싀 다 긔혁흠을 말ᄒᆞ니 혜령탄이 즁의 불합흠을 보고 곳 벼슬을 ᄌᆞ퇴ᄒᆞ고 격뇌 이어 재상이 되얏더니 쏘 의론이 불합ᄒᆞ거늘 격뇌 쏘 ᄌᆞ퇴왈 졍부ᅵ 분운미졍ᄒᆞ니 여ᄎᆞ 졍형은 쟝찻 법국의 복쳘을 발부리라 ᄒᆞ고 급히 향리로 도라가니 영민이 듯고 대구ᄒᆞ야 막지소조ᄒᆞ며 각쳐의 품쳥쟝이 격셩권쥬ᄒᆞ야 뻐 ᄒᆞ되 국용은 오즉 민간으로 죳ᄎᆞ 상랍ᄒᆞᄂᆞᆫ 거시니 하의원이 쥬쟝흠이 올커늘 이졔 국가ᅵ 민졍을 죳지 아니ᄒᆞ니 이ᄂᆞᆫ 빅셩을 능멸이 녀김이라. ᄌᆞᄎᆞ 이후ᄂᆞᆫ 국가 부셰를 하의원이 밧치지 못ᄒᆞ게 ᄒᆞ리라 ᄒᆞ고 드듸여 국가 죵은힝에 일으러 [총

29) 혜량왕 뎨ᄉᆞ(惠良 第四): 윌릭암 쏘. 윌리엄 4세. 1830년 조지 3세가 죽고, 윌리엄 4세가 등극함. 이때 아서 웰즐리가 수상이 됨.

30) 격뇌: (인명) 찰스 그레이. Baron Grey(1801~1806), Viscount Howick(1806~1807)이라고도 함. 1764. 3. 13 잉글랜드 노섬벌랜드 팰러던~1845. 7. 17 노섬벌랜드 하의원. 휘그(자유)당 지도자로 총리를 지냄(1830~1834) 영국 정치가. 1832년 영국의 선거법 개정안을 통과시킴.

31) 혜령탄: (인명) 웰즐리. 보수당인 토리당의 당수.

은힝은 국가로셔 세운 은힝이라] 믹기엿든 돈을 ᄎᄌ가며 ᄯ 도쳐 인산인히ᄒ야 국ᄉ를 의론ᄒᄆ 릉히 금지ᄒᆯ 수 업스며 ᄯ 괴수되는 ᄌ 말ᄒ되 국가ㅣ 우리를 보호치 아니ᄒ니 우리는 부셰를 닉지 아니ᄒᄆ 올타 ᄒ고 ᄯ 기예를 연습ᄒ야 딕젹을 치는 듯ᄒ며 두어 항구는 발셔 분분 요란ᄒ더라. 이윽고 상의원 헤령탄이 안민ᄒᆯ 방칙이 잇다 ᄒ고 령을 나리여 오즉 권셰로 ᄡᅥ 빅셩을 압졔치 아니ᄒᆫ다 ᄒᆯ ᄲᅮᆫ이요 별로 달은 법은 업더라. 연이나 이 ᄯᅢ 수구당은 다 벼슬을 발이고 젼리에 도라가니 격뇌 다시 재상이 되니라.

뎨팔졀 영국이 비로소 졔도 곳치믈 허흠이라

격뇌 다시 ᄌ상이 되ᄆ 영국 졔도ㅣ 비로소 기혁이 되니 이는 일쳔 팔빅ᄉ십이년 [순조 ᄉ십이년]이라. ᄌ후로 영졍이 빅셩을 즁히 넉여 대소 관원이 민졍에 미흡ᄒ 쟈는 곳 면관 식이고 빅셩을 명ᄒ야 어진 ᄉ람을 쳔거ᄒ야 그 직임을 딕신ᄒ게 ᄒ니 영인이 다 크게 희열ᄒ더라.

셕일 영국 구법에 무론 모쳐ᄒ고 셩닉에 거ᄒ 인민이 ᄆᆫ년에 방옥과 젼장 부셰가 영금 십 방 되는 쟈와 향촌인 간 인민이 부셰가 영금 ᄉ십 방 되는 쟈 다 관원 쳔거ᄒᄂ 권이 잇ᄂ 고로 영뉸 일싱에 셩 잇ᄂ 곳이 오십뉵 쳐이오 ᄆᆯ 셩에 인민이 불과 이쳔인이라. 연이 오십뉵 쳐 셩시를 통합ᄒ야 관원 일빅십일 명을 쳔거ᄒ야 하의원에 들게 ᄒ더니 이제 그 권을 훗터 각 향진 각 도회에 분비ᄒ야 인민의 수효를 ᄯᅡ라 권을 가지게 ᄒ고 시로이 렬닌 항구 이십 쳐는 셕일에 거관ᄒᄂ 권이 업더니 지금은 ᄆᆯ 항구에 각기 의원 일인식 쳔거ᄒ게 ᄒ고 ᄯ 셕일은 영국 일경 향촌 간에 다만 구십ᄉ 명을 쳔거ᄒ더니 이졔는 일빅오십구 인을 쳔거ᄒ게 ᄒ며 소격난 각 항구도 각기 거관ᄒᄂ 권을 쥬니 통이언지ᄒ면 셕일은 젼혀 공평치 못ᄒ야 왕왕 토광인희ᄒ 곳이

관원을 쳔거ᄒᆞ고 지대물박ᄒᆞᆫ 데는 도로혀 쳔거ᄒᆞᆯ 권이 업더니 지금에
는 다 일일이 졍ᄒᆞ야 반ᄃᆞ시 공평ᄒᆞ고 반ᄃᆞ시 졍직ᄒᆞ며 각 향진 각 도
회에 편벽되거나 치우침이 업고 다 ᄇᆡᆨ셩 의원을 좃는 고로 물망 잇는
재 ᄌᆞ연 의원의 직칙을 당ᄒᆞ더라.

데륙권 상편(亨) 영국이 격폐를 곳침이라(일)

영국 마간셔 원본, 청국 채이강 술고, 리제마티 번역

데일졀 제도를 곳친 후 졍형이라

당시에 수구당이 졍치 곳치즈 ᄒᆞᄂᆞ 지 잇스면 곳 반당이라 지목ᄒᆞ고 긔화당은 말ᄒᆞ되 반당이 아니라 국ᄉᆞ를 졍돈코즈 홈이니 치국ᄒᆞᄂᆞ 법은 맛당히 근본을 다스림이 올타 ᄒᆞ더라. 대져 셕일에ᄂᆞ 군주ᄒᆞᄂᆞ 나라히 혹 인군이나 셰도ᄒᆞᄂᆞ 스름이 졍ᄉᆞ를 맛타 발호시령홈이 젼혀 즈위신계요 빅셩을 도라보지 아니ᄒᆞ며 지금 민주국은 그 창시홀 ᄯᅢ에 영덕미 졔국인이 다 일으되 빅셩은 나라의 근본이라, 빅셩이 편치 아니ᄒᆞ고 나라히 편안홈을 보지 못ᄒᆞ얏다 ᄒᆞ고 영국은 졔도를 곳친 후에 영민이 다 관장 거쳔ᄒᆞᄂᆞ 권이 잇ᄂᆞ 고로 져의 몸이 존귀홈을 알고 즈 즁히 처신ᄒᆞ며 ᄯᅩ 자자히 학문에 힘쓰니 유ᄎᆞ관지ᄒᆞ면 <u>스름이 국ᄉᆞ를 의론홀 권이 업쓰면 금슈와 다름이 업ᄂᆞ지라.</u> 학문을 통ᄒᆞ야 무엇ᄒᆞ리오.

긔혁한 후 오십년에 그 리히를 평론ᄒᆞ면 일언에 가히 알지라. 법률로 말ᄒᆞ야도 일쳔팔빅ᄉᆞ십이년 [순조 삼십이년] 이젼에ᄂᆞ 혹 ᄒᆞᆫ 스름이나 ᄒᆞᆫ 당뉴를 보호ᄒᆞ고즈 ᄒᆞ야 공졍한 법을 힝치 아니ᄒᆞ니 가령 토디 가진 자를 위ᄒᆞ고즈 ᄒᆞ면 외국셔 오ᄂᆞ 우양과 수목과 양융과 량식

등을 다 세를 즁히 ᄒ야 감히 드러오지 못ᄒ게 ᄒ니 본국 소산은 자연 갑이 만코 리가 후ᄒ며 부ᄌ를 보호코ᄌ ᄒ면 영국 션쳑에 잇는 물화는 항국에 임의 츌립ᄒ고 타국 션쳑은 ᄀ튼 물건이라도 셰가 즁ᄒ 고로 다 닷토아 영국 ᄇᆡ에 실으니 이는 선상을 보호흠이오, 외국으로 들어오는 비단과 젼과 ᄇᆡ와 조희 유리 쳘긔 등은 다 즁세를 바다 오지 못ᄒ게 ᄒ니 이는 영국 국ᄂᆡ 공장을 보호흠이오, 영국 물건이 타국에 가는 ᄌ는 졍부ㅣ 자본을 도아쥬되 홀로 양의 털은 츌구치 못ᄒ게 ᄒ니 대져 영인으로 ᄒ야곰 본국에 잇셔 직조ᄒ게 흠이요, 차외에 ᄯᅩ 직조챵은 보호ᄒ는 법이 잇셔 공장 즁 직조를 잘ᄒ는 ᄉᆞ름과 직조에 관계되는 긔계를 다 외국에 보ᄂᆡ지 아니ᄒ니 이는 타국이 ᄇᆡ홀가 염녀흠이요, 장식이 공젼을 륵식ᄒ는 ᄌ를 엄금흠은 물건 본젼이 과다ᄒ야 발ᄆᆡᄒ기 어려울가 흠이라. 이상 졔반 일이 다 국가의 보호를 바다 리익이 싱기니 소위 보업법이라 [보업법은 아국 각젼 각시에서 나라에 셰를 밧치고 도고흠과 ᄀᆺ트야 독젼긔리흠이라] 연이나 보호 밧는 ᄌ는 <u>부익부ᄒ고 빈ᄌ는 뎐익궁곤ᄒ야</u> 호소무쳐ᄒᄆᆡ 민졍이 황황ᄒ되 법지소지에 막가ᄂᆡ하ㅣ러라.

　영국의 ᄉᆞ환가와 셰가와 상고와 젼장이 잇는 ᄉᆞ름은 긔혁ᄒ기 젼에 다 조졍의 보호를 바드니 소위 보업ᄒ야 싱익를 가진 ᄉᆞ름이요, 기여 ᄇᆡ셩은 조졍이 젼불고견ᄒ야 치지도외ᄒ더니 일쳔팔ᄇᆡᆨ슴십이년 [순조 슴십이년]에 일으러 다 혁파ᄒ고 <u>평동으로 되졉ᄒ야</u> 빈부친소를 물론ᄒ고 경즁의 편벽된 폐를 다 더러바리니 이는 리익을 즁인의게 균쳠흠이요, ᄯᅩ 소민의게 히 되는 ᄌ를 다 혁졔ᄒ야 일쳔팔ᄇᆡᆨ슴십이년 [순조 슴입이년]부터 ᄉᆞ십년에 ᄇᆡᆨ셩으로 다 ᄐᆡ평가를 불으게 되니 대져 법난셔 대젼 후에 통국 인민이 그 리히를 ᄌᆞ히 알고 국졍을 졍돈코ᄌ ᄒ야 비로소 신법을 셰윗더라.

뎨이졀 공장이 회의소롤 셰우게 홈이라.

그 혁파훈 중 뎨일 폐단은 빅공의 공소롤 허홈이라. [공소는 회의소
라] 구법에 빅공이 회의홈을 금ᄒᆞ얏더니 일쳔팔빅이십ᄉᆞ년 [순조 이
십ᄉᆞ년]에 공장의 폐단을 곳칠ᄉᆡ 무릇 공장이 타국의 공젼이 만타 ᄒᆞ
야 가ᄂᆞᆫ 즈롤 임의 왕릭ᄒᆞ게 ᄒᆞ며 ᄯᅩ 공젼을 놉히고즈 ᄒᆞᄂᆞᆫ 즈롤 억륵
으로 금지치 아니ᄒᆞ며 긔계에 츌구홈도 다 금지치 아니ᄒᆞ니 이에 빅
송이 격곤지여에 광탕지뎐을 맛나 공소롤 빅셜ᄒᆞ고 졀목을 셰우더라.

뎨ᄉᆞᆷ졀 교에 이동을 물론ᄒᆞ고 벼슬을 허홈이라

일쳔뉵빅뉵십년간 [인조대왕 시]에 영국 사리왕 뎨이 직위 시에 텬
쥬교의 히롤 겁ᄒᆞ여 한 법을 닉되 텬쥬교롤 신종ᄒᆞ고 영국의 졍훈 바
감독회교롤 좃지 아니ᄒᆞᄂᆞᆫ 즈ᄂᆞᆫ [감독회ᄂᆞᆫ 야소교 즁 훈 명목이라] ᄉᆞ
로에 드지 못ᄒᆞ리라 ᄒᆞ니 이ᄂᆞᆫ 텬쥬교롤 금지ᄒᆞᄂᆞᆫ 률이라. 대져 야소
교롤 신종ᄒᆞᄂᆞᆫ 자ㅣ 감독회 외에도 장로회 공리회 침례회 유ᄉᆞ리회[1]
각 문호ㅣ 잇셔 다 벼슬에 ᄎᆞᆷ에치 못ᄒᆞ니 비록 텬쥬교롤 인ᄒᆞ야 파급
이 됨이나 인직 믹몰홈이 엇지 젹으리오. 쳔칠빅구십년 [뎡종 십ᄉᆞ년]
에 복극사ㅣ 건의ᄒᆞ야 텬쥬교만 막고 기여 각 교회ᄂᆞᆫ 이금홈이 올타ᄒᆞ
ᄃᆡ 영졍이 불허ᄒᆞ니 이 ᄲᅢᄂᆞᆫ 영인이 오히려 군명을 즁히 알고 국법을
어긔지 못훈다 ᄒᆞ야 견집불쳥ᄒᆞ더니 일쳔팔빅이십팔년 [순조 이십팔
년]에 나쇡[2]이 직상이 되야 률을 쳠입ᄒᆞ야 왈 텬쥬교인이야 비로소
입ᄉᆞᄒᆞ게 훈다 ᄒᆞ니 이에 야소 각 교회 ᄉᆞ롬이 다 입ᄉᆞ홀지라. 불공불
평훈 폐단이 업스되 오즉 유틱교인이 하의원에 드지 못ᄒᆞᆷ이 오히려

---

1) 유ᄉᆞ리회(惟斯理會): 천주교의 일파.
2) 나쇡: 루셀. 인명.

편벽됨을 면치 못ᄒ더니 다시 슴십년을 지ᄂ여 유틱교인도 입ᄉᄒᆷ을 허ᄒ니 죵ᄎ로 사로에 교를 인ᄒ야 구애ᄒᄂ 폐단이 업더라.

뎨ᄉ졀 텬주교인이 립사ᄒᆷ을 허ᄒᆷ이라

수빅년 전에 텬주교인이 영국의 대권을 잡고 야소교인을 학딕ᄒ더니 밋 야소교인이 득셰ᄒ믹 곳 률법을 셰워 그 원슈를 갑고ᄌ ᄒ니 이ᄂ 당나라 ᄶ에 셕교와 도교가 셔로 시긔ᄒᆷ과 ᄀᆺ틈이라. 아이란 ᄶ 빅년 전에 의원은 야소교인이라. 다 텬주교를 뮈워ᄒ야 왈 우리 텬주교의 히를 당ᄒ얏스니 이졔 보슈ᄒ다 ᄒ고 곳친 바 법률이 젼혀 각박ᄒ야 텬주교인은 의원에 드지 못ᄒ고 지어 관원 쳔거ᄒᄂ 권과 의사와 법률사에도 드지 못ᄒ며 텬주교인의 ᄌ졔 만일 야소교를 힝ᄒᄂ ᄌᄂ 벼슬을 쥬어도 오히려 져의 부친으로 ᄒ야곰 양육ᄒ게 ᄒ고 [셔양 풍속에 ᄌ식이 나히 장셩ᄒ면 졔 ᄌ산으로 ᄉᄂ 법이라. 이졔 져의 부친이 길으게 ᄒᆷ은 그 교를 뮈워ᄒ야 지물을 업시게 ᄒᆷ이라.] 텬주교인은 말을 ᄉ되 영금 오방 이상 되ᄂ 거슬 금ᄒ야 만일 조혼 말을 가진 자ㅣ 잇스면 그 갑 다소ᄂ 뭇지 아니ᄒ고 영금 오방을 쥬고 말을 쎗스며 영국 법에 ᄉ름이 죽으면 그 ᄌ산을 장ᄌ의게 쥬거ᄂᆯ 아이란 신법에ᄂ 텬주교인의 져근 아들이 야소교를 좃치면 곳 장ᄌ의 ᄌ산을 쎅셔 쥰다 ᄒ며 텬주교인이 죽을 ᄶ에 유언이 잇지 아니ᄒ면 그 산업을 텬주교에 보ᄂ지 아니ᄒ며 야소교의 률사ㅣ 텬주교인의 ᄯᆞ르과 혼인ᄒ면 그 률ᄉ의 ᄎ쳡을 쎅앗고 텬주교인이 혼인에 참예ᄒ게 ᄒᄂ ᄌᄂ ᄉ죄에 처ᄒ며 텬주교인이 의원에 와셔 의원의 말ᄒᆷ을 엿듯ᄂ 자ㅣ 잇스면 잡아 욱(옥)에 가두고 즁죄로 다슬이며 모든 법률이 극히 엄즁ᄒ더니 일쳔팔빅일년 [슌조 원년]에 영국이 아이란의 의원을 쳘하ᄒ야 영눈 의원과 합ᄒ고 다시 신법을 졍ᄒᆯᄉᆡ 오히려 텬주교를 좃ᄂ ᄌᄂ ᄉ로에 드지 못ᄒᆯ이라 ᄒ야 텬주교인이 히 바든지 오릭믹 격동ᄒ야 변을 지어 관장을 살히ᄒᆞ거늘 영졍이 발병탄압ᄒᆞ니 텬주교인이 아이란을 바리고 피ᄒᆞᄂᆞᆫ 자ㅣ 만터라.

영국 대신 비특3)이 입상ᄒᆞᄆᆡ 텬주교인의게 허ᄒᆞ야 왈 구법 중에 폐단을 곳치리라 ᄒᆞ고 왕게 쳥ᄒᆞ니 왕이 일즉 텬주교의 히를 당ᄒᆞ얏ᄂᆞᆫ지라. 엇지 질겨 들으리요. 겸ᄒᆞ야 왕이 즉위 시에 빅셩의게 허락 왈ᄂᆡ 야소교를 쥰힝혼다 ᄒᆞ얏스니 이졔 률문을 곳치면 식언이 된다 ᄒᆞ고 곳치지 아니ᄒᆞ더니 틱자ㅣ 위를 이어 왕이 되ᄆᆡ 텬주교인의 원굴ᄒᆞᆷ을 불상이 녁여 법을 곳치고ᄌᆞ ᄒᆞ다가 ᄆᆞᄎᆞᆷᄂᆡ 힝치 못ᄒᆞ니라. 대져 이 ᄊᆡ에 텬주교인이 뉴빅만이라. 또 뉴십년을 의구히 곤고ᄒᆞ니 물논 이 그 원통ᄒᆞᆷ을 말ᄒᆞ지 아니리 업더라.

옥가랍4)은 텬주교를 신종ᄒᆞᄂᆞᆫ 스름이라. 웅변고담이 셔셰에 덥풀지 업스니 ᄒᆞᆫ 번 입을 열면 아이란 사름이 동셩상응ᄒᆞ야 칭찬 아니리 업고 거국이 약광ᄒᆞ야 붓좃ᄂᆞᆫ 지 만혼지라. ᄆᆞᄎᆞᆷᄂᆡ 옥가랍을 드러 텬주교인을 위ᄒᆞ야 신원ᄒᆞ라 ᄒᆞ니 옥가랍이 더욱 졍신을 가다듬어 인심을 무마ᄒᆞ며 시셰를 짜라 옹용쳐스ᄒᆞ니 스름이 더욱 그 어질믈 칭탄ᄒᆞ며 글을 지어 셰상에 젼ᄒᆞᄆᆡ 교훈ᄒᆞᆷ과 비유ᄒᆞᆷ이 스리에 젹당치 아닌 곳이 업ᄂᆞᆫ지라. 기럼으로 아이란 일싱의 관민이 다 옥가랍의 말을 순종ᄒᆞ야 조졍의 명령을 밧지 아니ᄒᆞ더니 당시에 혜령탄 공이 피리5) 딕신과 ᄒᆞᆫ가지 집권ᄒᆞ야 구법을 직횔시 옥가랍의 강론을 듯고 다 젼ᄉᆞ를 후회ᄒᆞ고 왕을 권ᄒᆞ야 구법을 곳치라 ᄒᆞ니 왕도 또ᄒᆞᆫ 부득이ᄒᆞ야 이에 일쳔팔빅이십구년 [순조 이십구년]에 구법을 다 산졔ᄒᆞ고 옥가랍을 명ᄒᆞ야 의원에 들게 ᄒᆞ니 ᄌᆞᄎᆞ 이후로 영졍의 용인ᄒᆞᆷ이 인재를 보와 츌쳑ᄒᆞ고 입교에 이동은 뭇지 아니ᄒᆞ더라.

---

3) 비특: 핏트.

4) 옥가랍(屋可納): 오 콘넬. 영국 의원.

5) 피리 딕신(披利 大臣): 필. 영국 대신.

뎨오졀 돈을 늬야 흑노룰 속량홈이라

영국 의원이 각교의 폐단을 혁졔ᄒ고 다시 구법에 착지 아닌 일이 잇슬가 염녀ᄒ야 이에 헤오ᄃᆡ 이십오년 젼에 졍부ㅣ 흑노 ᄆᆡᄆᆡ홈을 금ᄒ얏거늘 지금 아미리가 쥬에 잇ᄂᆞᆫ 영국 속디 ᄒᆡ도 즁에 흑노 뉵십만 명이 오히려 의구ᄒ다 ᄒ야 곳치고ᄌᆞ 홀ᄉᆡ 션시에 극납극ᅀᅵᆼ6)이라 ᄒᄂᆞᆫ 사름이 잇셔 글을 늬여 셰상 스룸을 권ᄒ야 왈 흑노ㅣ 비록 우쥰ᄒ나 하늘이 스룸을 늬시ᄆᆡ 존비귀쳔과 현불초ㅣ 업시 다 동등으로 보거늘 우리 닷당히 형뎨로 알지라. 엇지 여ᄎᆞ 학ᄃᆡᄒ리오. 이ᄂᆞᆫ 텬리룰 어긔고 인ᄉᆞ에 힝치 못홀 비라 ᄒ고 ᄯᅩ 영국 관원 혜피복시7)와 밋 보시돈8) 두 스룸이 갈진심력ᄒ야 흑노룰 방셕고ᄌᆞ ᄒ니 이럼으로 수년간에 거국 스룸이 다 그 말을 올히 녁이더라. 연이나 흑노룰 둔 ᄌᆞᄂᆞᆫ 다 말ᄒ되 져의 본ᄅᆡ 흑노가 업스ᄆᆡ 타인의 ᄉᆞ졍은 아지 못ᄒ고 오직 흑노의게 은혜룰 ᄉᆞ고자 홈이라. 우리 조흔 금은을 바리고 흑노룰 삿거늘 이졔 일조에 보늬고ᄌᆞ ᄒ니 져의ᄂᆞᆫ 호말도 상홈이 업고 우리ᄂᆞᆫ 무단이 안잣다가 ᄒᆡ룰 당ᄒ니 이런 리치도 잇ᄂᆞᆫ가 ᄒᄂᆞᆫ지라. 졍부ㅣ 이 말을 듯고 일너 왈 조졍이 엇지 헷말로 너의룰 ᄒᆡᄒᆡᆯ이요. 너의 그 갑슬 말ᄒ라. 졍부ㅣ 장ᄎᆞᆺ 갑ᄒ리라 ᄒ니 그 스룸들이 ᄃᆡ답홀 길 업ᄂᆞᆫ지라. 이에 영금 이쳔만 방을 늬여 다 속냥ᄒ야 평민을 ᄆᆞᆫ드니 이ᄂᆞᆫ 일쳔팔ᄇᆡᆨᄉᆞ십ᄉᆞ년 [순조 ᄉᆞ십ᄉᆞ년]이러라.

뎨륙졀 직조창에셔 부녀와 어린아ᄒᆡ룰 학ᄃᆡ홈을 금홈이라

영국 직조창에 폐단이 봉긔ᄒ니 우심ᄒᆞᆫ ᄌᆞᄂᆞᆫ 유치에 아ᄒᆡ창에 들어

---

6) 극납극ᅀᅵᆼ(克拉克生): 크락손. 영국 학자.
7) 혜피복시(惠被福施): 윌버포스. 영국 관리.
8) 보시돈(補施敦): ᄲᅢᆨ스톤. 영관(英官).

고용홈이라. 대져 영국의 부가 l 장식을 고용ᄒᆞᄆᆡ 임의 망힝ᄒᆞ야 학ᄃᆡ 홈이 ᄌᆞ심ᄒᆞ고 지어 직조창ᄒᆞ야ᄂᆞ 더욱 젹폐소직에 뇌불가파요 허믈며 목젼의 병이 깁흐ᄆᆡ 만일 인순ᄒᆞ면 ᄂᆡ두를 구홀 수 업다 ᄒᆞ야 이에 졍부 l 법률을 셰워 왈 장졍된 남ᄌᆞᄂᆞ 창에 들어 고용 여부를 ᄌᆞ힝ᄌᆞ지홀연이와 부인과 아ᄒᆡᄂᆞ 보호ᄒᆞ야 창 주인의 능학을 밧지 안케 ᄒᆞ라 ᄒᆞ고 일쳔팔빅ᄉᆞ십ᄉᆞ년 [순조 ᄉᆞ십ᄉᆞ년]에 위시ᄒᆞ야 므릇 아ᄒᆡ 나ᄒᆡ 구셰 못된 ᄌᆞᄂᆞ 창에 드지 못ᄒᆞ며 십ᄉᆞ셰 이하ᄂᆞ 칠일 ᄂᆡ 례비일을 졔ᄒᆞ고 뉵일을 작공ᄒᆞ되 시간은 ᄉᆞ십팔 졈종으로 졍한[죠션 시 ᄆᆡ일 네 시라]ᄒᆞ고 십팔 셰 이하ᄂᆞ 칠일 ᄂᆡ에 뉵십구 졈종으로 졍한ᄒᆞ라 ᄒᆞ더니 일쳔팔빅ᄉᆞ십ᄉᆞ년 [헌종 구년] 이후에 다시 엄ᄒᆞᆫ 법을 셰워 부녀와 아ᄒᆡ 십팔 셰 이하ᄂᆞ ᄌᆞ금 위시ᄒᆞ야 장졍을 셰운 후 ᄉᆞ년 ᄂᆡ에ᄂᆞ ᄆᆡ일 십일 졈종이요, ᄉᆞ년 이후ᄂᆞ 십 졈종으로 졍ᄒᆞ야 일을 식이라 ᄒᆞ니 당시에 직조창 ᄉᆞ름이 다 원망ᄒᆞ야 왈 나라에셔 시간을 작졍ᄒᆞᄆᆡ 타국은 이런 법이 업스니 우리 츌구ᄒᆞᄂᆞ 포속이 타국만 못ᄒᆞ야 싱ᄋᆡ 남의게 쎗기리라 ᄒᆞ고 쏘 말ᄒᆞ되 영국의 직조창 만흔 곳이 만졸특셩9) 이라 이졔 엄히 약속ᄒᆞ얏스니 그 ᄯᆞ히 필연 빈터히 될이라 ᄒᆞ더니 이졔 만국 통상법을 열ᄆᆡ 각 직조창이 조금도 감ᄒᆞᄂᆞ 긔상이 업고 오히려 싱계 젼일보다 나흐니 이ᄂᆞ 당일에 바라지 못ᄒᆞᆫ 일이러라.

뎨칠졀 학교를 졍돈홈이라

영국이 인구ᄂᆞ 년년히 느러가고 학교를 졍돈치 못ᄒᆞ야 양민ᄒᆞᄂᆞ 신법이 업ᄂᆞ 고로 빅셩이 날로 곤궁ᄒᆞ니 ᄃᆡ두 염녀 l 젹지 아니ᄒᆞᆫ지라. 각처에 사리를 통달ᄒᆞᆫ ᄉᆞ름이 누누이 학교 셰우믈 의론ᄒᆞ나 아직 조흔 법이 업고 쏘 국ᄂᆡ의 교사 l 감독회 ᄂᆡ 감독회 외 두 문호을 분별ᄒᆞ

---

9) 만졸특 셩(城): 맨체스터.

야 국가로셔 감독회 닉를 보조ᄒ면 감독회 외인에 공정치 아니ᄒ다 ᄒ고 만일 감독회 외인을 도으면 회닉인은 말ᄒ되 우리ᄂ 나라에 소중ᄒᆫ 바이어늘 도리혀 분별이 업다 ᄒ고 불합ᄒᆷ을 원망ᄒ니 이렴으로 국가히 ᄉ지냥난ᄒ야 치지물문ᄒ더니 이윽고 빅성이 도처에 학당을 셰워 ᄌ뎨를 가ᄅ치니 일쳔팔빅십팔년 [순조 십팔년]에ᄂ 영인 십칠 명 중에 글 읽ᄂ 쟈ㅣ 겨우 ᄒ나이러니 일쳔팔빅슴십슴년 [순조 슴십슴년]에ᄂ 십일 명 중에 ᄒ나히 되고 일쳔팔빅오십일년 [철종 이년]에ᄂ 여덜 명 중에 ᄒ나히 학당에 가더라.

이 째에 각처 교회 ᄉ룸이 ᄯ혼 처처에 학당을 빅셜ᄒ고 ᄯ 별로히 례비일 학당을 셜시ᄒ니 대뎌 빈한ᄒᆫ ᄌ뎨 정공ᄒᄂ 여가를 승시ᄒ야 글 읽게 ᄒᆷ이요 그 속수지례를 밧지 아니ᄒ니 이ᄂ 일홈ᄒ야 왈 권션 학당이라. 일쳔팔빅십팔년 [순조 십팔년]에 영인 이십ᄉ 명 중에 ᄒ나히 입학ᄒ더니 일쳔팔빅슴십슴년 [순조 슴십슴년]에 일으러ᄂ 아홉 ᄉ룸 중에 ᄒ 아히 입학ᄒ고 일쳔팔빅오십일년 [철종 이년]에ᄂ ᄯ혼 팔인 중에 ᄒ나히 되더라.

정부ㅣ 날로 학교를 정돈코ᄌ 홀시 처음에ᄂ 규모ㅣ 오히려 협착ᄒ야 믹년에 겨우 국고금 이만 방을 닉여 보조ᄒ야 [영금 일 방은 지금 시셰로 십 원 가량이라] 감독회닉 감독회외를 다 균쳠케 ᄒ나 학도ㅣ 일빅만에 일으니 구구ᄒᆫ 돈이 엇지 효험이 잇스리오. 일쳔팔빅슴십구년 [헌종 오년]에 일으러 영금 슴만 방을 닉여 보조ᄒ고 말ᄒ되 이ᄂ 거관이라 ᄒ더니 뭇춤닉 학무를 확장치 못ᄒᆫ 고로 당시에 칭찬ᄒ야 학문이 업박타 ᄒᄂ 쟈ㅣ 지금 ᄉ룸에 비ᄒ면 거의 학문이 업ᄂ 스룸과 ᄀᆺ트며 심지어 말ᄒ되 곤궁ᄒᆫ ᄉ룸으로 ᄒ야곰 일조에 다 입학게 ᄒ면 안분ᄒᆯ ᄉ룸이 적으리라 ᄒ니 그 의론의 픽리ᄒᆷ이 여ᄎᄒ더라.

일쳔팔빅오십년 [철종 원년]에 영정이 다시 학교로써 급무를 숨아 국고 금 십팔만 방을 닉여 일년 경비를 보조ᄒ고 일쳔팔빅칠십년 [금상 대군주 칠년]에ᄂ 일빅만 방에 일으니 영인의 학문이 증증일상ᄒ야 구쥬각국에 웃듬됨이 맛당ᄒ도다.

뎨팔졀 셩시에 신장졍을 셰움이라

영졍이 졔도를 곳칠 째에 소민이 주주지권 잇슴을 허치 아니ᄒᆞ야 지어 대도회처라도 의연히 두어 부ᄌᆞ히 관활ᄒᆞ고 ᄯᅩ 지방관을 수습인이 쳔거ᄒᆞ야 식힌 주도 잇스며 ᄯᅩ 관원 쳔거ᄒᆞᄂᆞᆫ 권을 가진 자ㅣ 비록 가셰침체ᄒᆞ나 본시 권이 잇ᄂᆞᆫ 고로 무슴 과궐이 잇든지 스름의 현불초ᄂᆞᆫ 뭇지 아니ᄒᆞ고 뢰물 다소를 보와 나라에 쳔거ᄒᆞ야 벼슬을 식이니 향일에 원랍ᄒᆞ고 벼슬ᄒᆞᄂᆞᆫ 듸 비ᄒᆞ야도 폐막이 더 심ᄒᆞ고 그 벼슬ᄒᆞᆫ 자ㅣ 일읍 빅셩 우에 안ᄌᆞ 처ᄉᆞ홈이 주연 공졍치 못ᄒᆞ고 빅셩의 직물을 쎄셔 뢰물ᄒᆞᆫ 돈을 츙수ᄒᆞ며 겸ᄒᆞ야 셰가를 쳬결ᄒᆞ야 그 녹위를 보젼ᄒᆞ고 심지어 공화를 건몰ᄒᆞ야 ᄉᆞ락을 ᄆᆞᆫ들며 권셰 잇ᄂᆞᆫ 스름을 의지ᄒᆞ야 주긔를 쳔ᄒᆞ야 의원에 들게ᄒᆞ니 그 말을 듯ᄂᆞᆫ 자ㅣ 주연 쳥젼이 잇슬지라, 괄시키 어려워 시힝ᄒᆞ고 소격난 일셩의 민졍국 동ᄉᆞᄂᆞᆫ [민졍국 동ᄉᆞᄂᆞᆫ 그 지방을 가음아ᄂᆞᆫ 스름이라] 과만이 되야 쳬귀홀 째ᄂᆞᆫ 임의로 다른 스름을 츄츌ᄒᆞ야 주긔를 듸신ᄒᆞ니 민간이 질수통심ᄒᆞ야 분한홈을 견듸지 못ᄒᆞ더니 밋 긔화당이 의원에 들어 졍ᄉᆞ를 곳칠 시 소격난 빅셩이 말ᄒᆞ되 우리 이졔 관원을 쳔거ᄒᆞᄂᆞᆫ 권이 잇스니 엇지 본토의 민졍국 동ᄉᆞ를 쳔거치 못홀이요 ᄒᆞ고 만구일담이 긔혜히 젼일 폐단을 긔혁고ᄌᆞ ᄒᆞ거늘 영졍이 ᄯᅩ한 허락ᄒᆞ야 일쳔팔빅ᄉᆞᆷ십오 년 [헌죵 원년]에 신법을 졍ᄒᆞ야 왈 각처 인민이 부셰를 밧치ᄂᆞᆫ 주ᄂᆞᆫ 다 민졍국 동ᄉᆞ를 공쳔ᄒᆞ라 ᄒᆞ니 죵ᄎᆞ로 젹폐 다 업셔지니 대져 영민이 주주지권을 가지고 관원 쳔거홈으로부터 안거락업ᄒᆞ더라.

뎨구졀 빈민을 구졔ᄒᆞᄂᆞᆫ 신법이라

영국이 빈믄 구졔ᄒᆞᄂᆞᆫ 법이 폐단이 극다ᄒᆞ니 대져 빈민이 헤오듸 우리ᄂᆞᆫ 국가ㅣ 구ᄒᆞ리라 ᄒᆞ야 싱계를 힘쓰지 아니ᄒᆞ니 그 폐 ᄒᆞ나히요 부호의 지산은 다 근고 중으로 좃ᄎ 왓거늘 이제 무고히 징츌ᄒᆞ야 나타ᄒᆞᆫ 빈민을 쥬니 그 폐 두 가지라. 이ᄂᆞᆫ 현연ᄒᆞᆫ 일이요 이를 인ᄒᆞ야 부호에셔 만모 다 닉난 거시 믹년 영금 팔빅만 방에 일으니 엇지 가셕지 아니며 ᄯᅩ 뎨일 국가에 손상되ᄂᆞᆫ 즈ᄂᆞᆫ 즈윽이 쳬면 잇ᄂᆞᆫ 자ㅣ 쳐음에ᄂᆞᆫ 오히려 밧지 아니ᄒᆞ다가 필경 넘치를 모몰ᄒᆞ고 구걸ᄒᆞ며 혹 품을 팔 곳이 잇ᄂᆞᆫ 즈도 빈량이 잇스믹 [빈량은 나라에셔 구졔ᄒᆞᆫ 량식이라] 구타여 이 고싱ᄒᆞᆯ 리치 업다 ᄒᆞ고 싱계를 폐ᄒᆞ며 장식들은 일을 맛치고 쉬ᄂᆞᆫ 나머지에 졔빈국에 일으러 [졔빈국은 빈민을 구ᄒᆞᄂᆞᆫ 쳐소ㅣ라] 돈을 달나ᄒᆞ야 공젼의 부족ᄒᆞᆷ을 치우니 물건을 졔조ᄒᆞᄂᆞᆫ 각 창 쥬인이 더욱 공젼을 감ᄒᆞ야 ᄡᅥ 혜오되 국가ㅣ 반다시 빈민을 구졔ᄒᆞ리니 공젼을 적게 쥬어도 무방ᄒᆞ다 ᄒᆞ야 피ᄎ 관망ᄒᆞ며 희기ᄒᆞ야 장식은 날로 적어지고 공젼은 말로 감ᄒᆞ며 졔빈국이 부비ᄂᆞᆫ 날로 만아지니 이ᄂᆞᆫ 일인일가ㅣ 아니요, 맛ᄎᆞᆷ닉 일읍과 일경이 틱반이나 빈량을 먹으며 지어 농부ᄒᆞ야ᄂᆞᆫ 일년을 신고ᄒᆞᆫ 츄수가 오히려 졍칙ᄒᆞ야 닉ᄂᆞᆫ 빈량이 못되고 [영국법에 농부의게 빈량을 분비ᄒᆞ야 거두어 빈민을 구졔ᄒᆞᆷ이라] 나라에셔ᄂᆞᆫ 말ᄒᆞ되 농부ᄂᆞᆫ 젼토ㅣ 잇스니 가히 지닉리라 ᄒᆞ야 그 량식을 ᄭᅦᆨ스니 이럼으로 빅셩이 감히 농ᄉᆞ에 힘쓰지 못ᄒᆞ고 빈민이 빈량 밧ᄂᆞᆫ 즈ᄂᆞᆫ 이ᄂᆞᆫ 의례히 잇ᄂᆞᆫ 법이라 ᄒᆞ야 왕왕히 아히 시로부터 늙어 죽기ᄭᅡ지 빈민이 되고 그 즈녀ㅣ ᄯᅩᄒᆞᆫ 딕를 이어 빈민이 되야 안즈먹고 싱업을 일ᄉᆞᆷ지 아니ᄒᆞ고 그 졔조창을 가진 쥬인은 공젼을 감코즈 ᄒᆞ야 쳥젼을 들이고 즈긔의 공장을 빈민칙에 긔록ᄒᆞ야 빈량을 타다가 공젼을 쳠보ᄒᆞ니 뉴폐지ᄎᆞ에 소위 구졔ᄒᆞᆫ다ᄂᆞᆫ 법이 부즈의 지물을 ᄲᅢᆨ셔 업시ᄒᆞᆯ ᄲᅮᆫ이요, 빈민들의게ᄂᆞᆫ 고금도 유조ᄒᆞᆷ이 업더라.

일쳔팔빅ᄉᆞᆷ십ᄉᆞ년 [순조 ᄉᆞᆷ십ᄉᆞ년]에 신법을 셰워 왈 즈금 이후로 년긔 장셩ᄒᆞᆫ 즈ᄂᆞᆫ 다시 빈량을 쥬지 말고 그 과연 간난ᄒᆞ야 싱계 업ᄂᆞᆫ 즈ᄂᆞᆫ 양빈국에 너허 졔반 쳔역을 식키게 ᄒᆞ고 기외에ᄂᆞᆫ 다 혁파ᄒᆞ라 ᄒᆞ니 이에 빈민이 졈졈 부지런ᄒᆞ고 각 창에 공젼이 ᄯᅩᄒᆞᆫ 증가ᄒᆞ며 국

가의 졔빈ᄒᆞᄂᆞᆫ 돈이 쏘ᄒᆞᆫ 십분에 ᄉᆞ분이 감ᄒᆞ며 전일에 빈량 먹든 ᄌᆞ
ᄂᆞᆫ 종일 무ᄉᆞᄒᆞ야 심지어 음풍을 일솜더니 지금은 근로ᄒᆞ야 셰월을
보ᄂᆞ미 ᄌᆞ연 언힝이 순박ᄒᆞ더라. 이에 소격난 일싱에ᄂᆞᆫ 빌량을 밧ᄂᆞᆫ
ᄌᆞ ᅵ 이십슘 인 즁에 일인이 되고 아이란싱에ᄂᆞᆫ 칠십ᄉᆞ 인 즁에 일일
이 잇스니 만일 영류싱10)과 합ᄒᆞ야 통이계지ᄒᆞ면 미년에 오히려 영금
칠빅만 방을 허비ᄒᆞ니 젼ᄌᆞᄂᆞᆫ 고ᄉᆞᄒᆞ고 쳥빅순량ᄒᆞᆫ 빅셩으로 ᄒᆞ야곰
톄면을 일코 이런 비루ᄒᆞᆫ 일을 힝ᄒᆞ게 ᄒᆞ니 풍속과 인심의 불힝ᄒᆞᆷ을
엇지 다 말ᄒᆞ이요.

데십졀 신보관에 면셰ᄒᆞᆷ이라

영국 인민이 다 관원 쳔거ᄒᆞᄂᆞᆫ 권을 자잣스니 만일 국ᄉᆞᄅᆞᆯ 아지 못
ᄒᆞ면 엇지 일을 판단ᄒᆞ며 신문을 보지 아니ᄒᆞ면 엇지 국ᄉᆞᄅᆞᆯ 알니요.
연즉 신문지ᄂᆞᆫ 진실로 민간에 업지 못ᄒᆞᆯ 거시라 ᄒᆞ야 일쳔팤빅슘십뉵
년 [헌종 이년]에 각쳐 신문지 미권에 셰젼 영금 ᄉᆞ 변니ᄅᆞᆯ 바드니 [일
변니ᄂᆞᆫ 조선 엽젼 두 돈이라] 소민이 의식에 구구ᄒᆞ미 무슴 여가ᅵ 잇
셔 신문을 ᄉᆞ리요. 이럼으로 신문 보ᄂᆞᆫ ᄌᆞ ᅵ 통국에 불과 슘십만 인이
오 각 신문ᄉᆞ의 일년 발미ᄒᆞᄂᆞᆫ 신문이 쏘ᄒᆞᆫ 슘쳔뉵빅만 권쑨이라. [당
시에 신문이 미 례비일에 ᄒᆞᆫ 권식 인츌ᄒᆞᆷ이라] 영민이 다 깃거 아니ᄒᆞ
고 더욱이 폐단이 싱ᄒᆞ야 ᄉᆞ상 미미ᄒᆞᄂᆞᆫ 고로 신보ᄂᆞᆫ 비록 만흐나 셰
젼은 도뤼혀 격거든 긔화당 각인이 셰젼을 감ᄒᆞ야 미권에 영금 일 변
니ᄅᆞᆯ 밧고ᄌᆞ ᄒᆞ니 슈구당이 불가 왈 이졔 셰젼을 감ᄒᆞ면 하류 불초ᄒᆞᆫ
무리 무근지셜을 지어 임의로 신문지에 올닐 거시니 셰도 인심에 뒤
단히 관계 잇슬지라. 이ᄂᆞᆫ 금지ᄒᆞᆷ이 올코 오직 가비다관11) [ᄎᆞ 파ᄂᆞᆫ

---

10) 영류싱: 잉글랜드. 런던.
11) 가비다관: 커피, 차를 파는 곳.

집이라]에 각 신문이 잇셔 갑슬 밧지 아니ᄒᆞ니 소민이 신문을 볼야 ᄒᆞ면 가비다관에 가셔 봄이 올코 ᄯᅩ 소민의 구ᄒᆞᄂᆞᆫ 바ㅣ 신문지 갑만 젹기를 발암이 아니요 ᄉᆞ분의 쳔흠을 구ᄒᆞᄂᆞᆫ 쟈ㅣ 만흐니 이졔 ᄉᆞ분의 셰를 감ᄒᆞ면 소민이 다 의복을 졍결이 ᄲᅢ라 입을지라, 질병이 젹을 거시오, 다만 신문지만 쳔케 ᄒᆞ면 무슴 유익이 잇스리요 ᄒᆞ거늘 긔화당이 듯지 아니ᄒᆞ고 징론ᄒᆞᆫ 지 오ᄅᆡ더니 필경 감셰ᄒᆞᄂᆞᆫ 신법을 셰우ᄆᆡ 보관이 ᄌᆞᄎᆞ로 님님춍춍ᄒᆞ야 도쳐에 신문이 잇고 ᄯᅩ 신문의 쥬ᄌᆞ셰를 혁파ᄒᆞ니 보관이 더욱 셩ᄒᆞ더라.

뎨십일졀 우졍을 졍돈흠이라

영국 우졍국은 나라에셔 창셜ᄒᆞᆫ 빅라. 민간의 ᄉᆞ립흠을 금ᄒᆞ고 갑슬 즁히 밧으니 이졔 영경으로부터 북ᄅᆡ탄 ᄒᆡ[12] 항국에 가기 불과 일빅오십리어늘 셔간 일봉에 영금 팔 변니를 밧으며 만일 외도에 붓치랴 ᄒᆞ면 민봉 십뉵 변니에 일으니 빈한ᄒᆞᆫ 빅셩은 ᄌᆞ연 싱의치 못ᄒᆞ고 상고들도 ᄯᅩᆫ 만히 붓치지 아니ᄒᆞ더니 활쳘도 듸젼 후 이십년 ᄂᆡ로 빅셩은 날로 번셩ᄒᆞᄆᆡ 무엿도 ᄯᅩᆫ 날로 흥왕ᄒᆞ나 우졍국의 셰입은 별로이 더ᄒᆞ지 아니ᄒᆞᄂᆞᆫ지라. 혹 헌칙ᄒᆞᄂᆞᆫ 쟈ㅣ 잇셔 우졍국의 흥치 못흠은 갑시 과흔 연고ㅣ라. 셰를 경ᄒᆞ게 흘 만 갓지 못ᄒᆞ다 ᄒᆞ되 다 신쳥치 아니ᄒᆞ더라. 대져 이ᄎᆡ를 당ᄒᆞ야 영인은 ᄉᆞᄉᆞ로이 왕복ᄒᆞ며 ᄯᅩ 관리 간 편지에ᄂᆞᆫ 셰젼이 업다ᄒᆞ야 관원을 쳬결ᄒᆞ야 관문셔 즁에 녀허 왕ᄅᆡᄒᆞ니 이럼으로 우졍국 셰입이 유명무실ᄒᆞ더니 일쳔팔빅ᄉᆞ십칠년 [헌종 십년]에 나란희리[13]라 ᄒᆞᄂᆞᆫ 스름이 ᄒᆞᆫ 계교를 ᄂᆡ여 왈 국가로셔 먼져 젹은 표지[14]를 ᄆᆡᆫ들어 민간에 팔되 ᄆᆡ 일 쟝에 영금 일 변

---

12) 북ᄅᆡ탄 ᄒᆡ(北來呑 海): ᄲᅮ라잇톤. 영국 해구.
13) 나란희리(羅蘭希利): 로랜드 힐. 영국인.
14) 젹은 표지: 우표를 말함.

니를 밧고 도로 원근을 침즉호야 그 표를 가져다가 편지봉에 혹 흔 장 혹 수숨 장 스오 장을 붓쳐 우정국에 부탁호야 전호게 호면 갑시 지헐 호미 즈연 붓치는 자ㅣ 만홀지라. 셰입이 인호야 더호리라 호니 우정 국 관원이 다 불편타 호며 대신 피리15)도 쏘흔 올히 넉이지 아니호더 니 필경 빅셩이 원호는 자ㅣ 만혼 고로 이에 일쳔팔빅삼십구년 [헌종 오년]에 영졍이 나란희리의 말을 좃추 우졍을 힝호거니 거국이 희열 호고 지금까지 그 법을 힝호며 틔셔 각국이 쏘 모다 의방호야 우졍을 셜시호니 그 리익을 불가승언이요, 영국으로 호면 구법을 쓸 째에는 통계 미년 미인에 겨우 네 봉을 붓치더니 신법을 힝혼 후로 일쳔팔빅 칠십오년 [금상 대군주 십이년]신지는 미인에 숨십숨 봉이 되고 추외 에 봉투에 넛치 아니호는 편지는 반갑슬 밧는지라, 이 거시 쏘흔 이 히에 십만만 봉이 되고 [십만만은 빅만식 쳔 갑절이라] 쏘 신문지와 셔젹 등이 이만만 만오쳔구빅만 봉이 되니 일년 셰입이 영금 오빅오 십만 방이라. 우정국 부비를 졔호고 실이 영금 일빅팔십만 리익을 어 드니 가위 공스량편이러라.

데십이졀 부녀와 아히 기광홈을 금홈이라

션시 영인이 기광홀 째에 부녀와 아동이 광소에 품삭을 팔미 그 고 싱호는 졍상은 춤불인견이라. 일쳔팔빅스십숨년 [헌종 구년]에 시 법 을 졍호야 부녀와 밋 십셰 젼 아히는 고용치 못호게 호고 십셰 이상 되는 아히라도 쏘흔 시각을 졍호야 어긔는 즈는 벌이 잇고 다시 감찰 호는 광무관을 니여 스실호더라.

---

15) 대신 피리: 대신 필. 영국 의원.

뎨십슷졀 형률을 산기홈이라

영정이 졔도 곳치기 수십년 전에는 형법이 틱즁ᄒ나 오히려 비심관 법을 닉여 [비심관은 슈실ᄒᄂᆫ 관원이라] 옥졍이 잇스면 비심관 열 둘을 청ᄒ고 ᄯᅩ 그 죄인의 동뉴되ᄂᆫ 스름을 불너 슈실ᄒ야 기즁 진위를 살피니 가슈상고ㅣ 죄 잇스면 시졍 스름을 청ᄒ고 농부ㅣ 죄 잇스면 농부를 청ᄒ야 슈실ᄒᄂᆫ 고로 법이 비록 엄ᄒ나 비심관들이 극진이 발명ᄒ야 경ᄒ게 ᄒ니 대져 영국 구법에ᄂᆫ 져즈에 지물을 도젹ᄒ되 영금 오 실닁 [ᄒᆫ 실닁은 조션 엽젼 두 냥 너 돈 가량이라]이 되거나 인가와 밋 션쳑 즁에 지물를 도젹ᄒᄂᆫ 자ㅣ 영금 이 방이 되면 다 사죄라, 지금에 비심관이 죄인의 공초를 바들 쌔에 만일 장젼이 만흘 듯ᄒ면 거짓 밋지 아니ᄒᄂᆫ 체ᄒ고 일너 왈 이 구구ᄒᆫ 미물이 영금 이 방이나 오 실닁이 엇지 될이요 ᄒ며 ᄯᅩ 의론 왈 이러ᄒᆫ 미셰스로 스름을 죽임이 불가ᄒ다 ᄒ야 귀즁ᄒᆫ 물건을 도젹ᄒ야도 ᄯᅩᄒᆫ 다 오 실닁이 못된다 말ᄒ니 법관이 엇지 홀 길 업셔 왕왕 경ᄒᆫ 률로 쳐치ᄒᄂᆫ지라. 이에 법은 극즁ᄒ나 비심ᄒᄂᆫ 조흔 법이 잇셔 믹년에 도젹으로 죽ᄂᆫ 자ㅣ 별로이 업더라.

일쳔팔빅팔년 [순조 팔년]에 영국 대관 나미례[16]ᄂᆫ 덕힝과 학문이 셰상에 유명ᄒ더니 형법의 포학홈을 민망이 넉여 왈 우리 영국이 비심관을 닉여 즁죄 잇ᄂᆫ 즈를 왕왕 경ᄒ게 다스리니 이ᄂᆫ 법을 희롱홈이라. 연즉 법을 환롱ᄒᄂᆫ 자ㅣ 반다시 경ᄒᆫ 죄인도 즁률에 쳐홀이라 ᄒ야 하의원에 형률 감홈을 청ᄒ야 젼후법 십년에 고심혈셩으로 혀가 타고 입살이 말으더라. 하의원이 그 의론을 탄복ᄒ야 형률 두어 조건을 감졍ᄒ야 상의원의 허가를 텽ᄒ되 상의원의 귀족들이 허치 아니ᄒ고 오직 물식들이ᄂᆫ 집에 비단과 포목을 도젹홈과 스름의 몸에 잇ᄂᆫ 지물을 속여 도젹ᄒᄂᆫ 두 조건을 감ᄒ야 스죄를 면ᄒ게 ᄒ고

---

16) 나미례(羅米禮): 로밀릭. 영국 대신.

기여는 곳치지 아니ᄒᆞ거늘 나미례 엇지 홀 길 업스나 형벌을 경히ᄒᆞᆷ은 이 ᄉᆡ로부터 시작ᄒᆞ엿더라.

이윽고 마홈토시17)는 ᄯᅩᄒᆞᆫ 대관이라. 정부를 권ᄒᆞ야 일천팔ᄇᆡᆨ이십년 [순조 이십년]에 비로소 법을 곳칠ᄉᆡ 젼ᄌᆞ에ᄂᆞᆫ 흑야에 타인의 집과 동산에 들어가 ᄉᆡ와 짐싱을 산양ᄒᆞ거나 도젹ᄒᆞᄂᆞᆫ ᄌᆞᄂᆞᆫ 사죄에 처ᄒᆞ더니 지금은 경ᄒᆞ게 다스리되 오직 면목과 복식을 달니ᄒᆞ야 스름을 겁ᄂᆡ고 속이는 ᄌᆞᄂᆞᆫ 죽이고 ᄯᅩ 셕일에ᄂᆞᆫ 영경 각처 큰 다리에 큰 목농을 두고 범죄ᄒᆞᆫ 스름을 잡아 너허 타인을 경계ᄒᆞ며 ᄯᅩ 죄의 경중은 물론ᄒᆞ고 먼져 엄히 결박ᄒᆞ야 혹 죽는 자ㅣ 잇더니 지금은 그 농을 업시발이고 도젹도 쳐음에ᄂᆞᆫ 죽이지 아니ᄒᆞ고 다시 범ᄒᆞ면 요딕치 아니ᄒᆞ니 이상은 다 일천팔ᄇᆡᆨ이십년 [순조 이십년]으로부터 일천팔ᄇᆡᆨ습십이년 [순조 습십이년]ᄭᅵ지 연속ᄒᆞ야 곳친 바이러라.

일천팔ᄇᆡᆨ습습이년 [순조 습십이년] 이후로 폐막을 ᄎᆞ례로 곳칠ᄉᆡ 우양창탈ᄒᆞᆫ ᄌᆞ와 ᄯᅩ 타인 성명으로 위조수표ᄒᆞ야 사름을 속이여 돈 ᄲᅢᆺ는 ᄌᆞᄂᆞᆫ 다 사죄러니 지금은 경률에 처ᄒᆞ니 대져 형법을 경ᄒᆞ게 ᄒᆞᆷ은 상하 두 의원이 다 불원ᄒᆞᄂᆞᆫ 고로 겨우 이 두어 가지만 곳치민 이ᄂᆞᆫ 신법 세운 후 뎨일ᄎᆞ 형벌을 감ᄒᆞᆷ이요, 그 후 여러 ᄒᆡ를 지나 두어 조건을 곳치니 위지 뎨이ᄎᆞ 형벌을 감ᄒᆞᆷ이오, 뎨습ᄎᆞ에 이르러 비로소 사죄를 만히 감ᄒᆞ니 가위 어렵도다. 전일에ᄂᆞᆫ 죄인을 교ᄒᆞᆫ 후 다시 효수ᄒᆞᄂᆞᆫ 악형이 잇스며 ᄯᅩ 그 신체를 철삭으로 쇠이여 스름을 보이더니 일천팔ᄇᆡᆨ습십ᄉᆞ년 [순조 습십ᄉᆞ년]에 일으러 곳치니 그 ᄯᅳᆺ에 ᄒᆞ얏스되 죄인을 죽이기도 부득이ᄒᆞᆫ 일이어늘 죽인 후에 형벌을 더ᄒᆞᆷ은 텬리를 어길 ᄲᅮᆫ 아니라 인ᄌᆞᄒᆞᆫ 도리가 아니라 ᄒᆞ며 소격난 일싱은 ᄇᆡᆨ심인을 청ᄒᆞ야 죄인을 위ᄒᆞ야 그 원굴ᄒᆞᆷ을 호소케 ᄒᆞ나 타처ᄂᆞᆫ 일절 듄허치 아니ᄒᆞ더니 일천팔ᄇᆡᆨ습십뉵년 [헌종 이년]에 다 소격난과 ᄀᆞᆺ치 ᄒᆞ고 구법에ᄂᆞᆫ 죄인을 결안ᄒᆞᆫ 후 습일만에 법장에 ᄂᆡ여 처결홀

---

17) 마홈토시: 막킨토쉬. 영국 대신.

시 기젼 두 날은 오즉 닝수와 마른 쩍으로 겨우 요긔만 식이고 친구의 왕린를 금ᄒ더니 이희에 쏘 곳쳐 왈 스름이 장찻 죽일지라. 엇지 춤아 학딕홀이요 ᄒ야 조혼 음식을 쥬며 친구를 보고 영결케 ᄒ고 일쳔팔빅숨십칠년 [헌종 삼년]에 다시 형법을 곳쳐 다만 일곱 가지 사죄를 졍ᄒ니라. 이에 일쳔팔빅숨십ᄉ년 [순조 삼십사년]에 죄인 안칙을 상고ᄒ니 통국 즁 ᄉ죄에 처ᄒ 자ㅣ ᄉ빅팔십 명이요, 뉴종신ᄒ 자ㅣ 팔빅구십ᄉ 명이러니 일쳔팔빅숨십팔년 [헌종 사년]에ᄂ ᄉ죄 겨우 일빅십뉵 명이요, 발비종신이 이빅뉵십뉵 명이라. 이를 보면 그 효험을 가지요, ᄎ후에도 쏘 형법을 곳쳐 빅셩이 더욱 몽혜ᄒ더라.

뎨십ᄉ졀 만국이 통상에 면셰홈이라

영국 법에 타국과 통상ᄒ기를 조와ᄒ지 아니ᄒ야 타국에 팔고ᄌ ᄒᄂ 물건은 반다시 갑슬 쳔ᄒ게 ᄒ며 타국에 ᄉ오ᄂ 물건은 갑슬 고등ᄒ게 ᄒ야 본국 물화ㅣ 츌구치 못ᄒ며 타국 물화도 쏘ᄒ 진구치 못ᄒ게 ᄒ야 빅셩 즁 보업ᄒᄂ 스름만 고호ᄒ고 [보업은 셰를 밧치고 도고홈과 ᄀ틈이라] 만민을 다 보호ᄒᄂ 법은 아지 못ᄒ더라. 그럼으로 부ᄌᄂ 익부ᄒ나 빈ᄌᄂ 익빈ᄒ며 쏘 닉 나라만 알고 타국을 아지 아니ᄒ니 엇지 공평화목ᄒ다 홀이요. 영국이 여ᄎ에 타국도 역부여시ᄒ니 이셕도다. 일쳔칠빅칠십뉵년 [영조 오십이년]에 영국 소격난싱 알ᄉ가 항국에 대셔원 교ᄉ ᄉ미득아당[18]이라 ᄒᄂ 션비 ᄒ 글을 져술ᄒ니 왈 부국칙[19]이라. 가가이 오이고 호호이 읽으며[20] 타국 문ᄌ도 쏘ᄒ 번역ᄒ야 일홈이 일셰에 진동ᄒ니 그 부국칙에 ᄒ엿스되 민간에 통용

---

18) ᄉ미득아당(師米得雅堂 又名 惜米德): 아담 스미ᄯ. 애덤 스미스. 영산장(英山長). 영국 경제학자.
19) 부국칙(富國策): 애덤 스미스가 지은 『국부론(國富論)』을 의미함.
20) 가가이 오이고 호호이 읽으며: 집집마다(사람마다) 외우고 즐겨 읽으며.

ᄒᆞᄂᆞᆫ 물건을 나라로셔 법을 셰워 갑슬 고등케 ᄒᆞ고 말ᄒᆞ되 본국의 업을 보젼ᄒᆞᆫ다 흠은 진실로 어리셕고 밀연ᄒᆞᆫ 일이니 이ᄂᆞᆫ ᄒᆞᆫ 스름의 업을 보젼흠이요 만민을 ᄒᆡ롭게 흠이라 ᄒᆞ얏더라. 영 ᄌᆡ상 비특21)이 이 글을 보고 고장칭션ᄒᆞ며 박안대희ᄒᆞ야 왈 이ᄂᆞᆫ 치셰ᄒᆞᄂᆞᆫ 량법이요 구민ᄒᆞᄂᆞᆫ 묘산이라 ᄒᆞ고 곳 ᄒᆡᆼ코ᄌᆞ ᄒᆞ더니 오호ᅵ라. 현상이 량법을 ᄒᆡᆼ코ᄌᆞ ᄒᆞᄆᆡ 만민의 곤궁흠을 가히 일조에 건질지라. 연이 호스다마ᄒᆞ고 텬시와 인사ᅵ 합지 못ᄒᆞ야 만국 통상ᄒᆞᄂᆞᆫ 량법을 ᄒᆡᆼ치 못ᄒᆞ고 의외 영법의 젼ᄌᆡᆼ이 이러 병화ᅵ 련텬ᄒᆞ고 융마ᅵ 창황ᄒᆞ니 당시에 비특 ᄌᆡ상이 운쥬 유악에 국궁진최ᄒᆞᆯ지라. 부국ᄒᆞᄂᆞᆫ 신법이 오히려 여스ᅵ 되얏더라. 밋 젼ᄌᆡᆼ이 파ᄒᆞᄆᆡ 비특 ᄌᆡ상은 ᄯᅩ 퇴귀ᄒᆞ고 그 뒤를 잇ᄂᆞᆫ 자ᅵ 통상일관에 심상 간과ᄒᆞ며 일졀 졔법이 구식을 좃고 빅셩의 존망과 타국의 관계ᄂᆞᆫ 막연 망각ᄒᆞ야 폐막이 유구유심ᄒᆞ니 가승탄지아.

영졍의 보호ᄒᆞᄂᆞᆫ 바ᄂᆞᆫ 광치젼장ᄒᆞᆫ 부호와 오곡이 진진ᄒᆞᆫ 농부와 부가범틱에 강호로 집을 숩ᄂᆞᆫ 션인이라. 이ᄂᆞᆫ 가계 요족ᄒᆞ고 긔상이 풍후ᄒᆞ야 빅셩과 호무 간셥ᄒᆞ거니와 오직 직조창과 무역ᄒᆞᄂᆞᆫ 스름은 비록 보업ᄒᆞᄂᆞᆫ 권리를 가졋스되 민ᄌᆡᄂᆞᆫ 괴픕ᄒᆞ고 물가ᄂᆞᆫ 고등ᄒᆞ니 무슴 도리 잇셔 부상대고ᅵ 되며 셜령 큰 샹고ᅵ 될지라도 궁곤ᄒᆞᆫ 빅셩이 죽기에 일으ᄆᆡ 고인이 일너스되 일일부직식ᄒᆞ면 긔라ᄒᆞ니 무슴 여가에 고등ᄒᆞᆫ 물건을 장만ᄒᆞᆯ이요. ᄌᆞ연 일부일일에 샹고와 빅셩이 다 피차 낭픽라. 이에 시졍 ᄌᆡ졔 즁 명리 군ᄌᆞ와 식시현인이 즁인다려 일너 왈 무역이 너르면 빅셩이 더육 유익ᄒᆞᄂᆞ니 갑슬 놉혀 팔지 못흠은 오히려 리를 젹게 ᄒᆞ고 발ᄆᆡ흠이 쉬운이만 갓지 못ᄒᆞ다 ᄒᆞ고 일쳔팔빅 이십년 [순조 이십년]에 영졍 샹무국이 의원에 품텽ᄒᆞ야 나라에 납셰ᄒᆞ고 보업ᄒᆞᄂᆞᆫ 옛법을 혁파ᄒᆞ야 샹무류통ᄒᆞ게 ᄒᆞᄌᆞ ᄒᆞ니 국가ᅵ 그 리ᄒᆡ를 통촉ᄒᆞ야 곳 허락고ᄌᆞ ᄒᆞ더니 젼일 보업을 밧든 ᄌᆞ 수숨인이 ᄌᆞ긔의 스욕을 이긔지 못ᄒᆞ야 빅반 져희ᄒᆞ야 필경 그 의론이 셔지 못ᄒᆞ

---

21) 비특: 핏트.

더라.

일쳔팔빅슴십뉵년 [헌종 이년]에 영국이 여러 히 련흉이 드니 민졍이 더욱 황황ᄒ야 말ᄒ야 왈 빅셩의 궁곤ᄒᆷ이 텬지에 잇슴이 아니라 국가에셔 보업을 쥬어 도고ᄒᄂᆫ 연구ㅣ니 우리ᄂᆫ 빈무립츄ᄒ거늘 보업 바든 주ᄂᆫ 그 부흠이 왕후에 비기니 조졍이 무슴 원슈ㅣ 잇셔 불공ᄒᆫ 졍ᄉᆞ를 힝ᄒ야 빅셩들이 ᄉᆞ지 못ᄒ게 ᄒᄂᆫ고 ᄒ고 의론이 분운ᄒ야 졍부를 원망ᄒ더라.

일쳔팔빅슴십팔년 [헌종 사년]에 만졸특 셩 스름이 회를 모와 일홈ᄒ야 왈 쳑식회라 ᄒ니 [쳔식회ᄂᆫ 음식 갑슬 쳔ᄒ게 ᄒ다ᄂᆫ 말이라] 종ᄎᆞ로 풍셩학녀에 스쳐 빅셩이 졍부에 텽ᄒ야 구법을 혁파ᄒ니 이에 향일에 흔ᄌᆺ 토디만 보호ᄒ든 스름도 다 측연동심ᄒ야 [토디만 보호ᄒᆷ은 비컨듸 방곡ᄒ야 졔 빅셩을 구ᄒᆫ다 ᄒ고 타읍은 불고ᄒᆷ이라] 통국 인민이 다 혜틱을 입게 ᄒ더라.

쳔식회의 령슈ᄂᆫ 고불등[22]이라. 젼혀 스름을 구ᄒᆷ으로 위주ᄒ니 사자의 도덕을 강론ᄒᄂᆫ 자ㅣ 만모ᄒ야 왈 고불등이 ᄌᆞᄌᆞ위리ᄒ고 도덕을 힘쓰지 아니ᄒ니 비루ᄒᆫ 소인이 될이라 ᄒ더라. 슬푸다 이 말ᄒᄂᆫ 주ㅣ 엇지 불통ᄒᆷ이 약ᄎᆞᄒ뇨. 므릇 셰상 스름이 곤궁ᄒ야 긔한을 이긔지 못ᄒ거늘 이 스름을 붓들고 도덕만 의론ᄒ면 그 스름의게 무슴 리익이 잇스며 ᄌᆞ긔ᄂᆫ ᄯᅩᄒᆫ 무슴 효험이 잇ᄂᆫ뇨. 만일 룽히 언어로써 스름의 구츠ᄒᆷ을 구ᄒᆯ진듸 도덕이 가히 실효ㅣ 잇다 ᄒᆯ연이와 흔ᄌᆺ 헷말만 ᄒ면 장ᄎᆞ 엇지ᄒᆯ이요. ᄯᅩ 고불등은 도덕이 놉흔 스름이라. 항상 혜오듸 ᄂᆡ 평싱에 무슴 일을 힝ᄒ야 하늘이 나를 ᄂᆡ신 뜻을 져바리지 아니ᄒ리요 ᄒ고 쳐음에ᄂᆫ 학교를 확장코즈 ᄒ다가 다시 위연 탄왈 민궁지갈ᄒᆷ이 금일에셔 더 심ᄒᆷ이 업ᄂᆫ지라. 옛스름이 일넛스되 의식이 족이지례졀이요 창늠실이지영욕이라 ᄒ니 ᄅᆡ일 먹을 량식이 업고 룽히 안빈락도ᄒᄂᆫ 자ㅣ 거셰에 몃 스름이 잇스리요. 연즉 학교ᄂᆫ 급무

---

22) 고불등(皷不登): 콥덴. 영사(英士).

ㅣ 아니요 허물며 빅셩의 궁곤흠은 국가의 졍치 밝지 못흔 연고ㅣ라. 빈궁이 일심ᄒᆞ야 염치 업셔지고 악속과 퇴풍이 ᄌᆞ연 싱길지라. 풍속을 졍코ᄌᆞ ᄒᆞ면 민싱을 후ᄒᆞ게 홈에 잇스니 스름이 포식난의ᄒᆞ야 안거무ᄉᆞᄒᆞ면 ᄌᆞ연 인심이 돈후ᄒᆞ리라 ᄒᆞ고 평싱 의론이 여ᄎᆞᄒᆞ더니 밋 쳔식회 령수ㅣ 되민 대신 피리 ᄯᅩᄒᆞᆫ 고불등의 말을 올히 넉여 뼈 ᄒᆞ되 빅셩이 구ᄎᆞ를 면치 못ᄒᆞ면 량법미규ㅣ 잇셔도 쓸 곳이 업다 ᄒᆞ더라. 고불등이 ᄯᅩ 일너 왈 젼일 각국 법률이 다만 본국만 도라보고 타국을 싱각지 아니ᄒᆞᄂᆞᆫ 고로 타국 물건은 셰를 즁히 ᄒᆞ야 들어오지 못ᄒᆞ게 ᄒᆞ니 아국이 여ᄎᆞ흠이 타국은 엇지 다르리요. 이는 셔로 보복ᄒᆞ야 동리간에 왕리치 아니홈과 ᄀᆞᆺ트니 그 엇지 올타 ᄒᆞ며 ᄯᅩ 빅셩이 곤궁ᄒᆞ야 시비 경위를 도라보지 아니ᄒᆞ며 더욱이 타국과 화친ᄒᆞᄂᆞᆫ 법이 무어신지 아지 못ᄒᆞ고 루셰코ᄌᆞ ᄒᆞ야 즘상ᄒᆞ다가 필경 양국의 혼단을 닉여 대화를 일우ᄂᆞ니 오호ㅣ라 엇지 두렵지 아니리요 ᄒᆞ니 듯ᄂᆞᆫ 자ㅣ 더욱 탄복ᄒᆞ더라. 고불등이 더욱 만국 통상흠은 빅셩을 건지는 뎨일 량법이라. 이는 다만 일국만 유익흘 ᄲᅮᆫ 아니요, 각국이 다 유조ᄒᆞ다 ᄒᆞ며 그 친구 발난탈23)로 더부러 동심합력ᄒᆞ니 죠야ㅣ 다 옹옹망치ᄒᆞ며 발난탈은 춍명유덕흔 스름이라. 고불등과 ᄀᆞᆺ치 당시에 져명ᄒᆞ더라.

고불등 발난탈 양인이 글을 져술ᄒᆞ야 왈 므릇 통상을 금ᄒᆞᄂᆞᆫ 즈ᄂᆞᆫ 빅를 산곡간에 민임과 ᄀᆞᆺ타야 맛춤 폭포가 나리면 오히려 가히 힝션ᄒᆞ려니와 만일 불연이면 확쳘지어ㅣ 될 거시요, 각국과 통상흠은 대히를 건넘과 ᄀᆞᆺ타야 물말을 염녀ㅣ 업ᄂᆞ니라. 이 잇고 통상을 금ᄒᆞ면 이ᄂᆞᆫ 빅셩을 곤케 홈이요 허믈며 우리 영국이 흉년지여에 통상치 아니ᄒᆞ니 이는 하늘만 밋음이라. 므릇 수한지지ᄂᆞᆫ 나라마다 잇ᄂᆞᆫ 거시니 죠고마흔 흉년에도 곡가가 비귀ᄒᆞ니 빅셩이 엇지 견듸며 타국과 통상ᄒᆞ면 피ᄎᆞ 유무를 밧고와 셔로 구졔흘이니 무슴 염녀ㅣ 잇스리요 ᄒᆞ고 ᄯᅩ 스름을 각 부쥬현에 보늬야 대셩 질호ᄒᆞ야 날로 연셜ᄒᆞ니 불긔시

___
23) 발난탈(鉢闌脫): ᄲᅢ라잇트. 영사(英士).

에 거국이 다 통샹홈을 바라더라.

일쳔팔빅스십이년 [헌종 팔년]에 피리 되신이 히관쟝졍 즁 진구ᄒᆞ
ᄂᆞᆫ 물화를 면셰ᄒᆞ니 범 칠빅오십 죵이오 오직 량식은 면셰치 아니ᄒᆞ
니 쳔식회 의론이 분운ᄒᆞ더라.

뎨십오졀 지샹이 위롤 퇴홈이라

일쳔팔빅스십오년 [헌종 십일년]에 아이란 싱과 영눈 소격난 냥싱
이 다 흉년이 들어 빅셩이 뉴리ᄒᆞᄂᆞᆫ지라. 피리 되신이 측연심동ᄒᆞ야
수구당 졔인을 모와 량식을 면셰코ᄌᆞ ᄒᆞ되 모다 듯지 아니ᄒᆞ거늘 피
리 다시 일너 왈 지금에 타국 량식을 의구히 즁셰ᄒᆞ야 들어오지 못ᄒᆞ
게 ᄒᆞ면 빅셩이 다 죽을지라. 이졔 잠간 면셰ᄒᆞ얏다가 후일에 다시 즁
셰홈이 엇더ᄒᆞᄂᆒ. 다 불가왈 ᄒᆞᆫ 번 곳친 후에 엇지 다시 회복ᄒᆞ리요.
이ᄂᆞᆫ 만만불가라 ᄒᆞᄂᆞᆫ지라. 피리 ᄯᅩ 권ᄒᆞ야 왈 이ᄂᆞᆫ 회복지 못ᄒᆞᆫ다 ᄒᆞ
야도 ᄯᅩᄒᆞᆫ 무방ᄒᆞ니 엇지 리히를 닷토아 빅셩을 구치 아니ᄒᆞ리요. 영
영이 혁파홈도 ᄯᅩᄒᆞᆫ 올타 ᄒᆞ니 수구당이 의연이 불쳥ᄒᆞ거늘 피리 홀
길 업셔 샹소사직ᄒᆞ얏더니 미긔에 신구 량당이 다시 피리를 드러 지
샹을 숨ᄂᆞᆫ지라. 피리 이에 샹위에 올나 범젼일 수구당을 일졔히 면관
시기고 [영국 법에 지샹이 그 속관을 임의 츌쳑홈이라] 일쳔팔빅스십
뉵년 [헌종 십이년] 졍월 십구일에 각 의원을 모호고 쟝졍을 늬여 왈
타국 량식은 무론허쳐ᄒᆞ고 지나ᄂᆞᆫ 곳에 일톄 면셰ᄒᆞ라 ᄒᆞ니 샹하 의
원 즁 젼쟝 가진 스름이 되단히 불열왈 이ᄂᆞᆫ 외국 량식이 방한업시 진
구ᄒᆞ야 본국 곡가가 날로 쳔ᄒᆞ리니 우리ᄂᆞᆫ 쟝찻 유히무익이라 ᄒᆞ거늘
혜령탄 쟝군이 박론ᄒᆞ야 왈 텬지 뉴힝ᄒᆞ야 빅셩이 도탄에 잇스니 우
리 리히만 도라보면 쟝찻 싱령에 엇지홀이요. 로부도 ᄯᅩᄒᆞᆫ 박젼수경[24]

---

24) 박젼수경(薄田數頃): 척박한 토지 몇 경.

이 잇스나 엇지 스사를 도라볼이요. 다만 스이지츠ᄒᆞ민 불가불 시힝홀
이라 ᄒᆞ니 이에 의론이 정ᄒᆞ더라.

수구당이 피리를 믜워ᄒᆞ야 쫏고ᄌᆞ ᄒᆞᄂᆞᆫ지라. 피리 대신이 쏘 퇴ᄉᆞᄒᆞ
고 각 의원을 전별홀ᄉᆡ 강기탄식 왈 제군은 유전유셰ᄒᆞ야 날로 ᄒᆞ야
곰 위에 잇지 못ᄒᆞ게 ᄒᆞ나 나의 바라ᄂᆞᆫ 바는 금일에 빈궁ᄒᆞᆫ 빅셩이 항
상 갑 적은 량식을 먹으면 반다시 날로 어진 재상이라 ᄒᆞ리니 빅셩이
나를 스랑홈이 제군보다 나으리라 ᄒᆞ더라.

피리 직위 시에 수구당이 미워ᄒᆞ거늘 피리 일너 왈 나는 영국 직상
이요 수구당의 직상이 아니라. 일국을 구홈은 큰 일이요 일인의 스욕
은 미셰사ㅣ라. 나ㅣ 엇지 빅셩의 일을 도라보지 아니리요 ᄒᆞ더라.

일쳔팔빅스십뉵년 [헌종 십이년]에는 영국의 무역 총수ㅣ 불과 영
금 일억 숨쳔스빅만 방이러니 일쳔팔빅칠십뉵년 [금상 대군주 십숨년]
에는 영금 뉵억 오쳔오빅만 방에 일으니 영인의게 유조홈을 가히 알
지라. 영국 빅셩이 피리를 싱각ᄒᆞ고 감격뉴톄 아니리 업더라.

뎨십륙졀 상션에 물건 싯는 신쟝졍이라

영국이 진구화를 면셰ᄒᆞᆫ 후에 젼국 스름이 다 리익을 바다 젼일에
비ᄒᆞ면 소양지판이라. 이왕에는 물가 귀쳔이 셰에 경즁을 짜라 다르더
니 지금에는 물건 유무를 쫏차 고헐이 난호이니 보업 밧든 ᄌᆞ는 대실
소망ᄒᆞ나 츠외 빅셩은 함포고복ᄒᆞ며 안거락업ᄒᆞ더라. 연이 오히려 보
업을 밧는 자ㅣ 두 가지 잇스니 일왈 션쳑이라. 일쳔뉵빅오십일년 [효
종 이년]에 하란국이 션쳑을 만히 졔조ᄒᆞ거늘 영국이 쟝졍을 늬여 타
국 션쳑이 영국 물화를 싯지 못ᄒᆞ게 ᄒᆞ더니 후에 그 법이 무역에 히롭
다 ᄒᆞ야 일쳔팔빅이십숨년 [순조 이십숨년]에 그 쟝졍을 혁파ᄒᆞ되 오
히려 타국이 영국 션쳑을 허ᄒᆞ야 그 나라 물화를 싯게 ᄒᆞᆫ 후에야 젼수
히 젼법을 곳치리라 ᄒᆞ며 부국칙을 지은 스미득아당[25]도 쏘ᄒᆞᆫ 말ᄒᆞ되

170

타국의 션쳑을 허흐야 영국 물화를 싯게 흠은 불가라 흐얏스니 이거
시 쏘흔 타국과 혼단을 짓는 일인 쥴을 아지 못흐얏더라. 교린지도에
공심으로 흐지 아니흐면 엇지 피츳 평안흔 복을 누릴이오. 션쳑으로
위업흐는 자는 말흐되 국가ㅣ 우리를 보호치 아니흐면 션인이 필연 리
산흘일니 일후 국가 젼칭 시에 수군을 츙수키 어렵다 흐야 정부ㅣ 션
인을 보호흐더니 일쳔팔빅스십구년 [헌종 십오년]에 쏘흔 혁파흐니라.
이 희에는 영국 션쳑으로 운지흔 물화ㅣ 겨우 영칭으로 스빅구십만 돈
이러니 [일 돈이 일쳔뉵빅팔십 근이라] 일쳔팔빅칠십스년 [금상 대군
쥬 십일년]에는 뉵빅만 돈이 되고 션인도 늘어 이십오만 인이 되니 법
을 곳친 후에 비도무히라. 그 리익됨이 더욱 장흐더라.

뎨십칠졀 스탕의 셰라

영졍이 사탕 파는 상고도 쏘흔 보호흐니 대져 영국에 즁아비리가[26]
쥬에 셔인도[27]라 흐는 속방이 잇스니 영국으로 진구흐는 사탕은 셰젼
을 타국에셔 오는 스탕보다 극히 경흐게 흐니 그 연고는 셔인도의 스
탕흐는 싱업을 보호흠이라. 이졔 셔인도에 잇는 흑노를 속량흐얏스니
셔인도 스름이 흑노를 보닌 후에 스탕 믄드는 장식이 적으미 본갑시
과다흐야 만일 타국으로 오는 스탕과 갓치 셰젼을 바드면 셔인도 스
름이 장찻 곤궁흐리라 흐더니 일쳔팔빅스십륙년 [헌종 십이년]에 장
졍을 곳쳐 오년 위한흐고 영국에 진구흐는 스탕셰를 무론하쳐흐고 경
즁이 업시 일톄로 뎡흐니 대기 셔인도로 흐야곰 이 오년 닉에 스탕업
을 졍돈흐야 락본되지 아니케 흠이러라.

영졍이 흑노를 속량홀시 셔인도 상고ㅣ 다 말흐되 우리 셰젼지업이

---

25) 스미득아당: 애덤 스미스.
26) 즁아비리가: 중 아미리가의 오식. 중남미.
27) 셔인도: 서인도. 중남미 코스타리카, 쿠바 지역.

장찻 문허진다 ᄒ더니 밋 사탕셰ᄅᆞᆯ 곳치민 ᄯᅩ 원망왈 우리 싱업이 아조 쓴허진다 ᄒ야 한탄ᄒᄂᆞᆫ 소릭 분운ᄒᄆᆞ며 고파28) 근처 사목가29) 희도에 토다ᄂᆞᆫ 틱반이 다 영인의 젼장이라. 그 답쥬ᄂᆞᆫ 영국에 잇셔 츄인을 보닉여 츄수ᄅᆞᆯ 거두나 답쥬ㅣ ᄯᅩ 부요ᄒᆞᆫ 자ㅣ 적은 고로 그 싸홀 뎐당잡히니 뎐당ᄒᆞᆫ 돈이 도뤼혀 그 싸 본갑보다 만혼 자ㅣ 잇고 작인의 농ᄉᆞᄒᄂᆞᆫ 법이 ᄯᅩ 착실치 못ᄒ야 답쥬ㅣ 본시 염녀ᄒᆞ든 바이라. 장졍 곳치ᄂᆞᆫ 령이 나리민 더욱 원망ᄒ야 왈 즈금으로 다시 싱계가 업다 ᄒ더니 츠후로 과연 젼장 가진 자ㅣ 다 낭픽되고 흑노ᄅᆞᆯ 방셕ᄒᆞ면 장식이 업슬리라 ᄒ더니 ᄯᅩᄒᆞᆫ 그 말과 ᄀᆞᆺ치 장식이 희소ᄒ고 흑노ᄂᆞᆫ 속량ᄒᆞᆫ 후로 우쥰 나타ᄒᆞᆫ 셩품을 의연이 바리지 못ᄒ고 농ᄉᆞᄅᆞᆯ 힘스지 아니ᄒ다가 미긔에 다 궁곤ᄒ며 ᄉᆞ목가 일도에 젼일 츌구 화물이 미년 영금 습빅만 방이 되ᄂᆞᆫ 자ㅣ 지금은 겨우 일빅만 방이 되고 사탕의 츌구흠도 흑노ᄅᆞᆯ 속량ᄒᆞᆫ 후 불과 오분의 일이요 오직 호초 일종은 날로 증가ᄒ니 대져 호초ᄂᆞᆫ 인력을 기다리지 아니ᄒ고 씨가 써러져 곳나무가 되ᄂᆞᆫ 거시라. 그 셤이 인ᄒ야 호초밧치 되니 황량ᄒᆞᆫ 경황을 가히 알너라.

　ᄉᆞ목가ㅣ 쇠픠ᄒᆞᆫ 후에 뎡부ᄅᆞᆯ 원망ᄒᄂᆞᆫ 자ㅣ 만터라. 연이나 이ᄂᆞᆫ 졍부ㅣ 보업ᄒᄂᆞᆫ 폐단을 곳쳐 만민을 건지고즈 흠이니 엇지 ᄒᆞᆫ 셤을 위ᄒ야 만민의 리히ᄅᆞᆯ 싱각지 아니리요. 츠외 각쳐ᄂᆞᆫ ᄉᆞ목가와 형이ᄒ야 토다 가진 자ㅣ 농ᄉᆞ에 근실ᄒ야 소출이 젼보다 더ᄒ고 흑노도 ᄯᅩᄒᆞᆫ 교화ᄅᆞᆯ 바다 나타ᄒᆞᆫ 구습을 바리민 싱게 졈졈 요족ᄒ며 인구ㅣ ᄯᅩᄒᆞᆫ 번셩ᄒ야 젼일과 다르더라.

---

28) 고파(古巴): 큐바. 쿠바.
29) ᄉᆞ목가(揸墨嘉): 쨔메이카. 자메이카.

뎨십팔졀 빅공이 리익을 바듬이라

영졍이 보업을 곳친 후에 직조창과 무역ᄒᆞᄂᆞ 자ㅣ 다 리익이 잇고 지어 공장ᄒᆞ야ᄂᆞ 더욱 싱계 열니니 영국 금왕 유다리아[30]ㅣ 즉위 이젼에ᄂᆞ 각물이 다 셰젼이 잇셔 빅공이 궁곤ᄒᆞ더니 왕이 즉위 후에 인싱의 일용ᄒᆞᄂᆞ 물건은 다 면셰ᄒᆞ고 오작 화려ᄒᆞᆫ 의복과 스치ᄒᆞᆫ 음식은 셰를 밧치게 ᄒᆞ며 셕시 영법 젼쥥 시에 통국 공장 미명 미년에 먹고 쓰ᄂᆞ 물건이 셰젼 영금 십일 방을 밧치니 곳 직포창으로 말ᄒᆞ야도 국가ㅣ 보업ᄒᆞᄂᆞ 고로 죵년 신고ᄒᆞ야 졀반은 나라에 랍셰ᄒᆞᄂᆞ지라. 고불등이 젼쥥 후 빅공의 셰젼을 회계ᄒᆞ야 보니 일용졔물이 다 셰젼이 잇셔 가령 영금 팔 방이 되ᄂᆞ 물건을 [일 방은 십원 가량이라] 스ᄂᆞ 자ㅣ 영금 십 방을 쥬니 그 이 방은 곳 국가의 셰라. 이ᄂᆞ 오히려 경ᄒᆞᆫ 거시오 즁ᄒᆞᆫ 즈ᄂᆞ 본가이 이 방 되ᄂᆞ 즈를 십 방에 미미ᄒᆞ니 그 팔 방은 즉 셰젼이라. 그런 고로 다엽 일 종이 [다엽은 ᄎᆞ입ᄉᆞ귀라] 십 방 되ᄂᆞ 자ㅣ 기즁 오 방은 셰젼이요 스탕은 십 방 즁 슴 방을 밧치고 가비다[31]ᄂᆞ 십 방 즁 ᄉᆞ 방이요 스분은 십 방 즁 이 방 십 실닝이요 [실닝은 조션 엽젼 두 냥 너 돈 가량이라] 술셰ᄂᆞ 십 방 즁 이 방이요 담베[32]ᄂᆞ 십 방 즁 팔 방이요 소주ᄂᆞ 십 방 즁 칠 방이요 국수와 고기 두 가지ᄂᆞ 농민과 우양 길으ᄂᆞ 스름을 보업고즈 ᄒᆞ야 ᄯᅩᄒᆞᆫ 셰을 바드미 영인의 랍셰홈이 불가승수라. 기실은 젼국 싱령을 히홀 쑨이러니 보업법을 곳친 후에 빅공의 일용졔물에 랍셰ᄒᆞᄂᆞ 거시 업ᄂᆞ지라. 이계 고불등이 셰젼 회계ᄒᆞ든 째가 기의 스십 년이라. 당시 불공불평ᄒᆞᆫ 법을 쓰러바리고 지금 영국 일년 탁지부에 셰츌이 구쳔만 방이라. [아리에 미년 칠쳔만 방이라 ᄒᆞ얏스니 이ᄂᆞ 대기 그 시로 늘언 수를 말홈이라] 기즁에 담베와 술의 셰 항 들어오ᄂᆞ 거시 스쳔이빅만 방이 되니

---

30) 유다리아: 영국 왕. 빅토리아(?)
31) 가비다: 커피 차.
32) 담베: 담배.

이는 다 술과 담베 무용지물을 질기는 즈의게 즁셰를 바듬이요 쏘 츠셰젼 이스빅오십만 방이 되니 이는 쏘 인싱 일용에 요긴흔 자ㅣ 아니니 즁셰를 바다도 포학흔 졍스ㅣ 아니요 기여는 다 토디의 부셰라. 이에 수빅년 젹폐를 수십년 간에 다 혁파흐니 말흐는 자ㅣ 일으되 영국의 폐막이 빅문 즁 구십여 분이 감흐얏스니 션졍을 더흐고자 흐야도 홀 일이 업다 흐더라. <u>연이 나의 우견으로 말흐면 우리 영국이 아직도 다셧 가지 폐 잇스니 쳥컨딕 말홀이라. [이 스긔 지은 스롬이 영인인 고로 우리나라라 흠이라]</u>

일왈 젼토ㅣ라. 영국의 싸히 틱반이나 거가대족의 셰업이니 그 토디 가진 스롬은 불과 오륙쳔 인이오 쟉인은 수쳔만이라. 쟉인이 조곰 불합흐면 답주ㅣ 곳 긔츠흐야 심지어 농수홀 싸히 업스니 대져 인무항산흐면 즉무항심이라. 뉴리 궁곤흔 빅셩이 쟝찻 무소불위홀 거시오 법국은 젼국 즁에 잡주되는 자ㅣ 팔빅만 인이니 우리 영국에 비흐면 샹거ㅣ 텬양지판이오 영국은 옛법에 조상 뉴릭로 흔 토디를 발믹치 못흐는 고로 부젼즈즈젼손흐야 고증조로부터 현손 오딕손ᄭᅵ지 젼흐고 쏘 즈뎨가 불초흐야 구업을 픽홀가 염녀흐야 다 쟝파의게 맛기고 그 도디를 일가에 분빅흐야 쥬니 이럼으로 소민이 여간 젼량이 잇다 흐야도 젼쟝을 살 도리 업스며 부즈는 돈이 잇셔도 흔 번 싸홀 스면 다시 팔지 못흔다 흐야 스기를 즐기지 아니흐며 더욱 민민홀 째에 국가ㅣ 즁셰를 밧는 고로 민민 일졀은 영영 돈졀흐고 작인은 말흐되 이는 나의 싸이 아니라. 명년이 잇더홀지 몰으니 힘써 무엇흐이요 흐야 토디 날로 변흐야 폐쟝이 되니 빅셩에 히 됨이 막츠위심이요 허물며 미국과 감나딕 일경은 무주공디가 불가승수ㅣ라. 타일에 그 싸를 긔간흐야 량식을 영국에 운젼흐면 갑시 도릭혀 영국보다 헐흐기니 연즉 국가에 히 됨이 불가승언이라. 바라건딕 젼쟝 민민치 못흐는 법을 변흠이 올코,

이왈 술이라. 영국은 구구흔 젹은 슴도라. 연이 술을 즐기는 자 만흔 고로 그 갑시 열년 통계흐야 영금 일억 이쳔만 방 혹 일억만 방에

일으니 기즁 솝분이는 국가에 셰젼이요 기여는 민주ㅎ는 즈의 리젼이라. 부요흔 즈는 상가위야어니와 곤궁흔 빅셩이 허다흔 금익을 허비ㄴ니 부즈를 빅셩의게 감춘다 ㅎ는 옛 도와 달으며 또 술이라 흠은 스름의 톄질에 큰 손히 잇는 거시라. 다힝이 락션군자ㅣ 계쥬회를 모와 스름을 권ㅎ나 아직도 곳치는 스름이 젹으니 우견은 국가로셔 금단흠이 가ㅎ고,

솝왈 공쟝이라. 증젼에는 국가 대권이 젼혀 셰가에 잇셧거니와 제도를 곫인 후에 공쟝을 명ㅎ야 져의 원굴흠을 호소ㅎ라 ㅎ얏스니 즈후로 각 창 주인과 쟝식이 화목지 못ㅎ야 공쟝이 공젼을 도드랴 ㅎ면 주인은 듯지 아니ㅎ고 쟝식은 졍공ㅎ야 협졔ㅎ니 비록 조흔 긔계가 잇셔도 바린 물건이 되고 심흔 즈는 주인이 영영 이 일을 폐ㅎ야 비록 젼일의 헐가를 밧고즈 ㅎ는 공쟝이 잇셔도 어들 수 업셔 필경 호구키 어려우니 이는 피츠 셰력으로 협박흠이요, 이를 인ㅎ야 국가에 히 됨이 불가승언이라. 우견은 오직 구일 폐단을 싱각ㅎ야 피츠 영원이 평안흠을 구흠이 올코,

스왈 국용이니 영국 민년 탁지 셰츌이 영금 칠쳔만 방이니 이는 만국공법이 진션 진미치 못흔 연고ㅣ라. 이졔 각국이 피츠 돈목ㅎ야 형뎨ㄳ치 지ㄴ면 영국이 엇지 이러틋시 거익되는 금을 허비흠이요. 영국이 젹채 여산ㅎ야 민년 리식만 ㅎ야도 그 수가 대단이 과다ㅎ니 이는 션듸부터 용병흔 연고ㅣ라. 이졔 그 글음을 알고 곳치지 못흠은 타국을 방비흠이요, 근년에 일으러는 국채 증가ㅎ야 팔년 젼보다 일쳔만 방이 더ㅎ니 이직 빅셩이 부요ㅎ야 큰 히는 보이지 아니ㅎ나 리두의 화근이 쟝찻 엇더흠이요.

오왈 경향인을 달니 듸졉흠이니 셩시에 잇는 즈는 관원 쳔거ㅎ는 권을 가지고 향리 스름은 일톄로 부셰를 밧쳐도 권이 업스니 일시 지하에 엇지 경향을 분간흠이오. 타일에 이를 인ㅎ야 즈단싱스치 아님을 바랄 길이 업스니 급히 곳침이 올코,

이상 다삿 가지는 국가ㅣ 일일이 션위조쳐흠을 날로 바라노라.

데륙권 하편 영국이 젹폐를 혁파홈이라(이)

영국 마간셔 원본, 쳥국 채이강 술고, 리제마틴 번역

데일절 질병을 예방홈이라

신임 의원이 폐단 잇는 거슬 일절 혁파홀시 이에 인구를 덤검ᄒ야 위싱법을 힝ᄒ니 대져 일쳔칠빅십년 [슉종 ᄉ십뉴년]에는 국즁 인민이 믹 ᄉ십뉵 명 즁에 하나히 죽고 일쳔팔빅년 [뎡종 이십ᄉ년]에는 ᄉ십팔 명 즁에 하나히 죽고일쳔팔빅십년 [순조 십년]에는 오십일 명 즁에 하나히 죽고 일쳔팔빅십년으로부터 일쳔팔빅ᄉ십년 [순조 ᄉ십년]까지는 오십ᄉ 인 즁에 하나히 죽으니 이는 셕년에 도로가 졍결치 못ᄒ야 예악흔 긔운이 만아 그 겻히 ᄉ는 즈와 지나는 자ㅣ 독긔를 바다 학질노 죽는 자ㅣ 만터니 졔도를 곳친 후에 은구를 노아 물을 흘으게 ᄒ며 셕년은 두역으로 죽는 즈ㅣ 빅 명 즁에 아홉이러니 졈라[1]ㅣ라 ᄒ는 명의가 잇셔 우두법을 챵시ᄒ야 두역에 죽는 즈ㅣ 업셔지며 또 빅셩이 곤궁ᄒ야 거처 음식이 졍결치 못ᄒ더니 지금은 집이 명낭ᄒ고 음식이 조흔 고로 병든 즈와 죽는 즈ㅣ 젹어지고 오즉 대도회쳐 인다 디협흔 데는 더러운 긔운과 악흔 물이 만은 고로 ᄉ룸의게 견염ᄒ야 괴질이 되는지라. 일쳔팔빅ᄉ십이년 [헌종 팔년]에 졍부ㅣ 그 질병되

---

1) 졈라: 즐내(櫛耐). 쪽터 쩨너. 제너. 종두법 개발.

는 연유를 반포ᄒᆞ야 왈 빅셩의 먹는 물이 독긔 잇고 또 빈궁ᄒᆞᆫ 빅셩은 남녀로유 │ 동거일실ᄒᆞᄆᆡ 비단 음난지풍이 잇슬 ᄲᅮᆫ 아니라 탄긔가 [탄긔는 숫긔운이니 너무 과ᄒᆞ면 유독ᄒᆞ미라.] 쏘ᄒᆞᆫ 날노 셩ᄒᆞ며 방옥이 과히 편착ᄒᆞᆫ ᄌᆞᆫ 그 겻히 도로 │ 쏘ᄒᆞᆫ 좁을지라. 쳥명ᄒᆞᆫ 긔운이 뉴통치 못ᄒᆞ며 만졸특 셩은 큰 도회라. 인가 여덜 즁에 한 집은 ᄆᆡ양 비습ᄒᆞ고 흑암ᄒᆞ며 쏘 그 셩즁에 분묘 │ 잇셔 시긔가 우물에 젓는 고로 ᄉᆞ름이 악긔를 바다 죽는 ᄌᆞ │ 만흔 고로 과부를 통계ᄒᆞ면 ᄉᆞ만슴쳔 명에 이르니 만일 위싱ᄒᆞ는 법을 힝ᄒᆞ얏스면 그 남ᄌᆞ │ 지금ᄭᆞ지 살아 잇셔실 것이오 쏘 그 남ᄌᆞ │ 죽은 후에 국가로셔 과부의 빈략을 쥬니 그 미비가 젹지 아니ᄒᆞᆫ지라. ᄉᆞ름의 죽은 셔슬 통계ᄒᆞ면 이왕 젼졍시보다 더ᄒᆞ고 쏘 진신셰가 사름의 슈한을 상고ᄒᆞ면 ᄉᆞ십ᄉᆞ셰에 넘지 못ᄒᆞ고 초외에 로력근고ᄒᆞ는 빅셩으로 말ᄒᆞ면 불과 이십이셰라. 만일 위싱ᄒᆞ는 법을 일즉이 힝ᄒᆞ얏던들 ᄉᆞ름마다 칠십을 살지니 그 참혹흠을 엇지 말ᄒᆞ리오. 이졔 만일 국가로셔 조쳐를 잘ᄒᆞ면 ᄆᆡ년에 구홀 ᄌᆞ │ 슴ᄉᆞ만이 되리라 ᄒᆞ니 영인이 듯고 경황실조 아니리 업더라.

쟝졍을 곳친 후 다시 싱ᄉᆞ 슈효를 상고ᄒᆞ니 일쳔팔빅슴십칠년 [헌종 슴년]에는 만 명 즁에 이빅ᄉᆞ십칠 인이 죽고 일쳔팔빅팔십뉵년 [디군쥬이십슴년]에는 만 명 즁에 이빅 인이 죽고 쏘 근년 구쥬 각국에 ᄆᆡ년 죽는 ᄉᆞ름 총슈가 셔뎐 단목 외에 영국이 가장 젹으며 법국은 만 명 즁에 이빅칠십칠 인이 되고 항가리 [일명은 마가리] 짜에는 만 명 즁에 슴빅칠십이 인이오 오지리아 국은 만 명 즁에 이빅구십ᄉᆞ 인이 되고 의대리 국은 만 명 즁에 이빅팔십칠 인이 되고 보로ᄉᆞ는 만 명 즁에 이빅오십ᄉᆞ 인이 되더라.

이를 볼진된 병 되는 근원을 다 막앗다 홀 만ᄒᆞ나 오히려 진션 진미치 못흠은 어린아히 나이 오 셰 되면 ᄆᆡ양 싱ᄉᆞ 관두ᄒᆞ야 아히 열 즁 다셧시 죽으니 만일 아히 양육ᄒᆞ는 법을 곳쳣스면 더욱 조흘너라.

뎨이졀 교죵에 새다로온 젼례롤 졔홈이라

구쥬의 교화2) ㅣ 셰 길에 난회니 일은 텬쥬교요, 일은 희랍교요, 일은 야소교라. 남구쥬 사름은 틱반이 텬쥬교롤 봉힝ᄒ고 구쥬 셔북 사름은 틱반이 야소교롤 봉힝ᄒ고 그 동방 일딕에는 희랍교롤 쥰힝ᄒ니 이 교는 다 흔 파로 문호만 달은지라. 지어 영국ᄒ야는 야소교롤 봉힝ᄒ되 쏘 두 가지 교회롤 분ᄒ야 일은 교회니 [관가로셔 셰운 회라] 창셜헐 째에 례빅당과 교ᄉ의 집을 관가로셔 지어쥬고 그 교인은 관회라 조쳐ᄒ며 일은 민회니 민간의 츄렴ᄒ야 지은 거시라. 영졍이 졔도롤 곳칠 째에 민회 즁에셔 통달스리흔 션비와 직덕겸비흔 사름이 잇스나 한갓 관민이 딕젹지 못ᄒ야 왕왕이 관회의 만모홈을 밧으니 민회 사름이 불열왈 관회에 례졀이 셩경의 뜻과 다르다 ᄒ야 각기 교회롤 셰워 셔로 왕릭치 아니ᄒ나 오히려 돈을 츄렴ᄒ야 관회에 밧치고 민회 즁 사름이 혼인ᄒ는 조ㅣ 잇스면 억륵으로 관회 례빅당에 드러와 관회의 례졀을 쥰힝흔 후에야 바야흐로 그 부부되믈 허ᄒ며 민회 사름이 죽어 관회당 겻히 쟝사코조 ᄒ면 반다시 관회에 졍흔 경문을 오이게 ᄒ며 쏘 유명흔 셔원들이 잇스니 민회인의 조뎨가 원에 들고조 ᄒ면 부득이 허락ᄒ나 쏘흔 관작과 공명을 쥬지 아니ᄒ니 졔반 불공ᄒ미 여ᄎᄒ며 유틱교인도 쏘흔 관회의 능모을 당ᄒ고 그 우심흔 조는 의원에 드지 못ᄒ게 ᄒ더라.

천여 년 이릭로 민회의 돈을 십분에 취일ᄒ야 관회에 밧치더니 일천팔빅습십뉵년 [헌종 이년]에 비로소 돈을 밧치되 다소을 뭇지 안코 죵편케 ᄒ더니 일천팔빅뉴십팔년 [대군주 오년]에 겨우 그 법을 다 혁파ᄒ고 일천팔빅습십뉵년 [헌종 이년]에는 민회인이 혼취헐 째에 민회 례빅당에셔 례졀을 좃케 ᄒ며 쏘 죽은 후 쟝ᄉ 지닉기도 일천팔빅팔십년 [대군쥬 십칠년]부터 다 일톄로 쟝ᄉᄒ게 ᄒ고 유틱교인도 의

---

2) 교화(敎化): 가르침. 종교를 일컫는 말로도 쓰임.

원에 들믈 허ᄒ고 일쳔팔빅오십팔년 [쳘종 구년]에는 ᄯ 상의원에 드러 국졍을 참예ᄒ게 ᄒ며 일쳔팔빅칠십일년 [대군쥬 팔년]에 민회와 관회 ᄉ룸을 다 대셔원에 들게 ᄒ고 관직에 구이홈이 업게 ᄒ니 ᄌᄎ로 쳔여 년 리 학졍이 다 일조에 ᄀ혁ᄒ엿더라.

뎨숌졀 관원 공쳔ᄒᄂ 법을 널님이라

일쳔팔빅삼십이년 [슌조 삼십이년]에 ᄌ상 나식3)이 발론ᄒ야 왈 우리 이졔 폐졀 풍쳥ᄒ얏스니 ᄎ후에는 다시 더 곳칠 거시 업다 ᄒ며 빅셩이 ᄯᄒᆫ 흔희과망ᄒ나 그 곳친 바ㅣ 다만 부호로 거관ᄒᄂ 권을 쥬고 지어 빅공ᄒ야 ᄉ호도 간셥이 업ᄂ지라. 이에 의원 즁 이슴인이 헌칙왈 거관ᄒᄂ 권은 가가호호이 다 가질 거시요 ᄯ 거관홈을 비밀케 ᄒ야 셕일에 웃ᄉ룸의 협졔를 바다 착ᄒ 스룸을 쳔거치 못ᄒᆫ든 폐를 덜며 ᄯ 의원을 오리 밋기면 근신치 아니ᄒ야 작폐 잇실니니 이졔 년한을 졍ᄒ야 과만되거든 다시 어진 이를 쳔거홈이 올타 ᄒ니 상의원이 그 말을 듯지 아니ᄒ더라. 연이나 빅공 즁에 국사를 통달ᄒᄂ 명리 군자ㅣ 잇셔 빅셩 명분론이라 ᄒᄂ 글을 지으니 그 의론이 호호양양ᄒ야 관원 쳔거ᄒᄂ 리치를 말ᄒᄆ 언언ᄉᄉ가 그른 곳이 업더라. 일쳔팔빅오십이년 [쳘종 삼년]에 나식 ᄌ상이 그 법을 널리고ᄌ ᄒ다가 아라스와 토이기 젼쟁이 이러 영인이 토이기를 돕고ᄌ 혈ᄉᆯ 영국 속국 인도ㅣ ᄯᄒᆫ 반ᄒᄂ지라. 나식이 군무ㅣ 공총ᄒ야 ᄌ연 ᄂ경을 졍돈헐 결을이 업더니 일쳔팔빅오십구년 [쳘종 십년]에 다시 관원 공쳔ᄒᄂ 권을 의론헐ᄉᆯ 수구당 령슈 톄식4) ᄌ상이 일너 왈 이졔 쳔관ᄒᄂ 법을 ᄃ강 널닐 거시오 졸연이 허치 못헐지라. 만일 나의 의론이

---

3) 나식(羅色): 로슈. 법명사(法名士).
4) 톄식: 영국 총리 디즈레일리.

불가ᄒ거든 달니 지상을 츄틱ᄒ라 ᄒ니 그 뜻에 헤오디 다시 지상을 밧고아도 민원을 좃지 아니힐 쥴 알미러라. 이윽고 다시 의원을 거쳔ᄒ야 빅셩이 만구일담으로 슈구당을 집권케 아니ᄒ리라 ᄒ니 소위 긔화당은 박무사등5)과 나식과 긔날ᄉ단6) 삼인이라. 나식과 셩시 사름이 부셰 뉵방 이상되ᄂᆞᆫ 즈ᄂᆞᆫ 다 편관ᄒᄂᆞᆫ 권이 잇게 ᄒ라 ᄒ니 박무스등과 모든 의원이 불가라 ᄒ며 빅셩도 ᄯᅩ혼 원ᄒᄂᆞᆫ 즈ㅣ 적은지라. 나식이 즁의 불합흠을 알고 퇴위ᄒ고 도라가니 박무사등이 그 뒤를 니어 대권을 잡으미 쳔관ᄒᄂᆞᆫ 권을 말ᄒᄂᆞᆫ 즈ㅣ 잇스면 다 먹더라. 츠츠 날이 오리미 의론이 다시 이러나더니 일쳔팔빅뉵십오년 [대군쥬 이년]에 박무사등이 졸ᄒ고 긔날ᄉ단이 긔화당의 령슈ㅣ 되야 긔론ᄒ야 왈 촌민의 부셰를 영금 십사 방 닉ᄂᆞᆫ 즈와 셩시 빅셩이 칠방되ᄂᆞᆫ 즈ᄂᆞᆫ 관원 쳔거ᄒᄂᆞᆫ 권을 쥬리라 ᄒ니 슈구당 령슈 톄식 등이 불가왈 거관ᄒᄂᆞᆫ 사름이 태다ᄒ면 의론이 불일ᄒ야 국사ㅣ 방히되리라 ᄒ며 긔화당 사름도 ᄯᅩᄒᆞᆫ 불가타 ᄒᄂᆞᆫ지라. 이에 긔날사단이 ᄯᅩ 퇴위ᄒ고 도라가니라. 기후 슈구당이 득지ᄒ미 법을 곳치지 아니ᄒ더니 일쳔팔빅뉵십칠년 [대군쥬사년]에 톄식7)이 장졍을 졍ᄒ야 왈 셩즁인에 부셰 잇ᄂᆞᆫ 즈

---

5) 박무사등(帕茂思等, 파무사등): 팔머스톤.

6) 긔날ᄉ단(杞剌士端): 그라드스톤. 윌리엄 글래드스톤.

7) 톄식: 톄식. 영국 총리 벤자민 디즈레일리. 1804년 런던에서 태어났다. 오래전 포르투갈에서 영국으로 옮겨 온 세파라디 유대인 가계다. 유대인은 당시 유럽 사회의 하층 계급에 속했으므로 상류사회 진출이 불가능했다. 그래서 디즈레일리의 아버지는 아들이 13세가 되던 해 그를 성공회로 개종시켰다. 젊은 시절 법률과 문학을 공부했지만 개종 유대인에 대한 당시 영국사회의 문은 두터웠다. 그래서 문인이 될까 하는 생각을 갖고 1826년 첫 소설인 '비비언 그레이'를 필명으로 발표했다. 이후 네덜란드·독일·이탈리아·그리스·터키·이집트 등 세계 각지를 여행하면서 국제사회에 대한 견문을 넓혔다. 1832년 하원의원에 출마했으나 낙선했다. 그러다 1837년 토리당(현 보수당) 하원의원에 당선됐다. 1846년 토리당은 로버트 필의 곡물법 폐지 문제로 분열됐다. 디즈레일리는 '필법'에 반대하면서 보호무역주의를 대변하는 중견 보수정객으로 발돋움했다. 1846년을 시작으로 세 차례 재무장관직을 맡았다. 로스차일드 유대금융인 가문과 각별한 유대관계를 맺었다. 디즈레일리는 1860년 드디어 대영제국 총리 자리에 올랐다. 당대 라이벌이며 자유무역주의자인 윌리엄 글래드스톤과는 재무장관과 총리 자리를 서로 주고받았다. 이 두 경쟁자가 빅토리아시대를 주도하면서 대영제국의 번성기를 이끌었다. 디즈

는 불문다소ᄒ고 다 거관ᄒ고 지어 촌민ᄒ야는 부셰 십이 방 되는 주
야 거관ᄒ게 ᄒ라 ᄒ니 이 장정이 촌민의게는 긔날ㅅ단보다 더 심ᄒ

레일리는 1870년대 영국이 세계의 중심으로 부상하자 강력한 제국의 통합을 토리당의
제1정강으로 내세워 1874년 총선에서 압승을 거뒀다. 그는 총리 자리에 복귀해 6년을
재임했다. 적극적인 제국주의 외교정책을 폈다. 1875년 수에즈 운하의 주식을 사들였다.
수에즈 운하는 원래 이집트 알렉산드리아 주재 프랑스 영사를 지낸 페르디낭 드 레셉스
의 발상으로 프랑스가 주도적으로 건설에 참여했다. 이후 이집트와 프랑스가 지분을 반
반씩 나눠 공동 관리했다. 디즈레일리는 대영제국의 확장을 위해선 운하 통제권 장악이
긴요하다고 봤다. 그는 유대 금융인 리오넬 로스차일드의 재력을 동원해 운하관리청의
이집트 지분을 사들이고 이집트를 대영제국 지배권 아래 예속시켰다. 1877년 러시아·터
키전쟁 때는 러시아의 남하를 저지하기 위해 영국 해군을 파견하는 무력시위로 영국 제
국주의의 위용을 만방에 떨쳤다. 이 와중에 키프로스를 얻기도 했다. 당시 빅토리아 여
왕은 지금의 영국 여왕같이 명목상의 군주가 아니고 정치권력의 주요한 축이었다. 그런
데 여왕의 충실한 평생 조언자였던 남편 앨버트공이 1870년대 초 세상을 떠나자 여왕은
한동안 우울증에 빠져 총리·각료들과 정사를 논의하는 것조차 기피했다. 노(老)재상 디
즈레일리는 빅토리아가 자신을 경계하고 있음을 알아챘다. 그래서 갖은 방법을 동원해
여왕에게 접근, 급기야 여왕의 신임을 얻는 데 성공한다. 1876년 디즈레일리는 빅토리
아 여왕을 인도의 황제로 추대하는 법안을 통과시켰다. 흡족한 빅토리아는 이에 대한
보답으로 디즈레일리에게 비컨스필드 백작 작위를 수여했다. 디즈레일리는 남아프리카
와 아프가니스탄 등지에서 일어난 폭동과 국내 경제의 악화로 1880년 총선에서 패배하
자 정계를 은퇴했다. 평생 천식에 시달렸던 그는 그 다음 해 기관지염으로 세상을 떠났
다. 천대받던 신분의 유대인 디즈레일리는 영국 역사상 유대인으론 최초로 두 차례나
총리 자리에 올랐고 아울러 폐쇄적인 영국 귀족사회의 일원이 됐다. 그리고 그 시대 세
계 판도를 주도한 영국 제국주의를 선도해 국력의 최대 융성기를 이끌었다. 디즈레일리
는 확고한 보수주의자였지만 사회문제에 대해선 색다른 입장을 보였다. 1867년 노동자
에게 선거권을 부여한 것이나 산업자본가의 횡포로부터 노동자 계급을 보호하는 정책
을 편 것 등이다. 어려서 가정에서 교육받은 유대인의 평등사상에 영향을 받은 듯하다.
유대인 대다수는 평등사상을 신봉한다. 이는 십 수세기에 걸친 유대인의 유랑기간 중
단 한 번도 위계질서에 의해 움직이는 국가나 무력체계를 가져 본 적이 없는 데 기인한
것인지도 모른다. 오늘날 무력에 의해 타국을 강점하거나 또는 식민지화하는 제국주의
는 거의 사라졌다. 그러나 일부 정치학자가 주장하는 '신제국주의론'에 의하면 제국주의
는 아직도 지구상에 존재한다. 유엔 창설 이후 수많은 지역과 전문 국제기구들이 출현
해 세계는 다자구도로 재편됐다. 여전히 막강한 군사력·경제력을 보유한 강대국들이 그
들의 이해에 입각한 각종 국제규범을 만들어 약소국의 복종을 강요한다. 간접적 제국주
의 영향력 행사다. 또한 이들은 세계화·개방자유무역 등을 국제사회의 새로운 보편가치
로 확산시켜 강대국 주도의 국제질서를 유지하고 있다. 여전히 '주먹이 법'인 세계 구도
가 유지되고 있다는 것이다. 출처: '해가 지지 않는 나라' 이끈 영국 첫 유대인 총리. 「박
재선의 유대인 이야기」(http://blog.naver.com/PostView.nhn).

나 성즁 빅셩 듸졉홈은 오히려 더ᄒᆞ더라. 이 법이 일쳔팔빅칠십이년 [대군쥬 구년]으로부터 시ᄒᆡᆼᄒᆞ고 영민도 그 권을 더 널피고ᄌᆞ ᄒᆞᄂᆞᆫ ᄌᆞ ᅵ 업스며 ᄎᆞ후로 ᄯᅩ 관원을 가만이 거쳔케 ᄒᆞ야 권력 잇ᄂᆞᆫ ᄉᆞᄅᆞᆷ의 협셰ᄅᆞᆯ 밧지 아니ᄒᆞ니 영민이 대희ᄒᆞ더라.

영국이 오십년 즁에 늬졍을 곳친 ᄎᆞ ᅵ 불가승수라. 비록 진션진미치ᄂᆞᆫ 못ᄒᆞ나 젼에 비ᄒᆞ면 듸샹부통ᄒᆞ니 뉵십년 젼으로 론ᄒᆞ야도 일국ᄉᆞᄅᆞᆯ 두어 셰가이 맛고 빈궁ᄒᆞᆫ 빅셩은 분호도 참예치 못ᄒᆞ고 ᄯᅩᄒᆞᆫ 국ᄉᆞ의 가부도 아지 못ᄒᆞᄂᆞᆫ 고로 비록 무한고쵸ᄅᆞᆯ 바드나 오즉 좌이듸ᄉᆞ헐 ᄲᅮᆫ이요 ᄯᅩ 감이 우에 쳥치 못ᄒᆞ니 엇지 만민을 모아 동심합력ᄒᆞ리요. 지어 젼ᄌᆡᆼᄒᆞ야ᄂᆞᆫ 더욱 크고 위ᄐᆡᄒᆞᆫ 일이라, 빅셩의 고혈을 ᄲᅢ셔 군량을 춤슈ᄒᆞ며 빅셩을 모라 ᄉᆞ지에 보늬되 한 관원도 빅셩의 원 불원을 뭇ᄂᆞᆫ ᄌᆞ ᅵ 업고 ᄎᆞ외에도 불공불평ᄒᆞᆫ 법이 번다ᄒᆞ나 ᄯᅩᄒᆞᆫ 항거치 못ᄒᆞ니 대져 소민이 이르되 왕법의 혹독홈은 텬지 유ᄒᆡᆼ홈과 갓트니 엇지 만회혈 방칙이 잇스리요. 오빅ᄂᆞᆫ 오즉 슈분안명헐 ᄲᅮᆫ이오, 국가 대졍은 셰가 ᅵ 잇셔 쥬장ᄒᆞ니 우리 알 빅 아니라 ᄒᆞ더니 일쳔팔빅뉵십칠년 [대군쥬 사년]에 관원 쳔거ᄒᆞᄂᆞᆫ 법을 널니여 권을 빅셩의계 분ᄒᆞ니 ᄌᆞ후로 빅셩이 국ᄉᆞᄅᆞᆯ 졔집 일과 갓치 넉이여 신보관 의론과 여항 간 말슴이 무비국ᄉᆞ ᅵ라. 다 말ᄒᆞ야 왈 국ᄉᆞᄂᆞᆫ 먼져 민심을 체량홀 거시요 의원 ᄉᆞᄅᆞᆷ은 비단 인군의 명ᄲᆞᆫ 아니라 빅셩의 공쳔ᄒᆞᆫ 바 ᅵ니 인군을 위ᄒᆞ면 먼져 빅셩의 질고ᄅᆞᆯ 도라보미 텬리 인심에 합당ᄒᆞ다 ᄒᆞ야 일호 빅락ᄒᆞ야 동셩샹응ᄒᆞ며 미관말직이라도 일을 흥판코ᄌᆞ ᄒᆞ면 먼져 민심을 순이 홈으로 위쥬ᄒᆞ니 그럼으로 치국홈이 여반장이러라.

뎨ᄉᆞ졀 다시 공쳔ᄒᆞᄂᆞᆫ 법을 더 널님이라

일쳔팔빅뉵십칠년 [대군쥬 사년]에 신법을 졍ᄒᆞᆫ 후 셩시즁 ᄉᆞᄅᆞᆷ은 무론 하인ᄒᆞ고 다 권을 가졋스나 지어 촌민ᄒᆞ야ᄂᆞᆫ 부셰 젹은 ᄌᆞ ᅵ 의

연이 슈슈방관ᄒ야 춤예치 못ᄒ더니 날이 오릭미 촌민이 ᄯ호 원망ᄒ
야 왈 우리 다 영국 신즈되기ᄂ 갓거ᄂ 엇지ᄒ야 우리ᄂ 향우지탄이
잇게 ᄒᄂ요 ᄒ더라. 일천팔빅팔십ᄉ년 [대군쥬 이십일년]에 하의원이
기론ᄒ야 촌민의 부셰 다소ᄅ 뭇지 말고 일톄로 권을 쥬미 올타 ᄒ야
상의원에 청ᄒ니 상의원이 허치 아니ᄒᄂ지라. 이에 빅셩이 듯고 거국
이 소연ᄒ더라. 이 ᄒ 가울에 하의원 령수 긔날ᄉ단이 신장정을 닉되
무릇 거관ᄒᄂ 권은 빅셩의 슈효ᄅ 싸라 정ᄒᄌ ᄒ야 일천팔빅팔십오
년 [대군쥬 이십이년]에 비로소 시ᄒᄒ니 영인이 더욱 환희ᄒ더라.

오십년 전에ᄂ 거관ᄒᄂ 권을 빅셩 다과ᄂ 뭇지 아니ᄒ고 오즉 각
쥬 각군 각부에 분비ᄒ얏더니 이제ᄂ 민인의 슈ᄅ 싸라 정혈시 ᄉ름
이 젹은 곳은 일이인을 쳔ᄒ고 만은 곳은 오륙인 팔구인을 쳔ᄒ게 ᄒ
니 종전에ᄂ 그 권 가진 ᄌᆞ 슴빅만 명이러니 지금은 오빅만 인이 되
더라.

뎨오졀 학교ᄅ 확장홈이라

거관ᄒᄂ 권을 널인 후에 다시 의론 왈 빅셩이 권을 가지고 지식이
열지 아니ᄒ면 엇지 정ᄉᄅ 춤예ᄒ리오 ᄒ니 이 ᄯ ᄂ 빅셩이 지식이
업슬 ᄲ 아니라 심지어 목불식졍ᄒᄂ ᄌᆞ 만터라. 이에 일천팔빅뉵십
칠년 [대군쥬 사년]에 긔날ᄉ단이 지상이 되고 그 부하 뇨속[8]이 ᄯ호
간진심력ᄒ야 빅셩을 교육ᄒ더라.

일천팔빅칠십년 [대군쥬 뉵년]에 의원 복셰덕[9]이 헌칙왈 이졔 각쳐
학교ᄅ 사실ᄒ야 다시 확쟝ᄒ고 일년 경비 약간은 국가로셔 보조ᄒ고
민간은 츄렴ᄒ야 셰우게 ᄒ고 ᄯ 교ᄅ 빅오ᄂ ᄌᄂ 그 부모의 ᄯ슬 싸

---

8) 뇨속: 미상.
9) 복셰덕(福世德): ᄯᅩ스터.

라 임의 입교ᄒ게 ᄒ며 셰력으로 다른 교에 늑입ᄒ지 말며 소격난 일
싱은 아ᄒᆡ 입확헐¹⁰⁾ 년긔 지나되 가라치지 아니ᄒᆞᄂᆞ 즈ᄂᆞ 그 부모를
벌ᄒᆞ야 지어 옥에 가두기도 ᄒ며 그 빈궁ᄒᆞ 즈ᄂᆞ 별노이 의슉을 비셜
ᄒᆞ야 가르치고 속슈를 밧지 말게 ᄒ며 젼국 스름으로 글ᄌ 모르는 즈
ᅵ 업게 ᄒ야 고금 치란 흥폐를 알아 지식이 열니게 ᄒᄌ ᄒ거늘 정부
ᅵ 그 말을 쥰ᄒᆡᆼᄒᆞ야 신장졍을 셰우니 츠후로 소학교에 든 즈ᅵ 셕일
에 비ᄒᆞ면 이빅이십오만 인이 더ᄒ더라. 대져 이 쟝졍이 업셧스면 이
이빅이십오만 인은 다 불학무식ᄒ 스름이 될지라. 오호ᅵ라. 학문의
도ᅵ 엇지 크지 아니리요.

영국이 ᄆᆡ스를 다 쳑에 긔록ᄒᆞ야 후고를 슴을식 이제 그 쳑을 보니
일쳔팔빅슴십칠년 [헌종 슴년]에ᄂᆞ 영인 빅명 중에 즈긔 셩명을 쓰ᄂᆞ
즈ᅵ 불과 오십팔 인이요 일쳔팔빅칠십뉵년 [대군쥬 십슴년]에ᄂᆞ ᄆᆡ
빅 명 중에 팔십일 인이 되고 일쳔팔빅팔십뉵년 [듸군쥬 이십슴년]에
ᄂᆞ 학교 경비를 상고ᄒ니 듸셔원과 중등 각 셔원을 졔ᄒ고 오즉 소학
교 경비만 말ᄒ야도 영금 스빅만 방이 되니 [은젼 스쳔만 원 가량이
라] 장ᄒ다 ᄒ리로다.

데륙졀 아이란 교회라

영국 아이란 일싱은 슴빅년 [션묘조 시] 젼에 혈령왕 데팔¹¹⁾이 직위
ᄒᆞ야 교회 스무를 일졀 왕명을 좃게 ᄒ고 만일 나마교황의 명을 밧ᄂᆞ
즈ᄂᆞ 범법이라 ᄒ며 이빅년 젼 [슉종 시]에 영왕이 쏘 억늑으로 감독
회의 야소교를 좃게 ᄒ더라.

셕일 영인은 다 텬쥬교인이라. 국가로셔 교즁 경비를 당ᄒ더니 밋

---

10) 입확헐: 입학할.
11) 형렬왕 데팔(亨烈 第八): 헤느리. 헨리 8세.

정부ㅣ 야소교를 힝ᄒᆞ믹 그 경비를 옴기여 야소교회에 보ᄂᆡ더라. 연이나 영인 중 텬쥬교를 죳는 ᄌᆡ 십분의 팔이오, 야소교를 쥰힝ᄒᆞ야 쟝로회에 든 ᄌᆡ ᄯᅩ한 십분의 일이 되고 그 감독회를 죳는 ᄌᆞ는 불과 구분지 일이라. 혹 말ᄒᆞ는 ᄌᆡ 잇셔 국가ㅣ 감독회만 편벽되이 두호홈이 아이란 ᄉᆞ름의게 공변되지 안타 ᄒᆞ는 ᄌᆡ 잇스면 곳 답ᄒᆞ야 왈 이는 왕명이라. 아이란인이 번연 긔오ᄒᆞ야 왕명을 죳치면 무슴 불공한 일이 잇스리요 ᄒᆞ더니 일쳔팔빅뉵십오년 [듸군쥬 이년]에 박무스등 긔날ᄉᆞ단이 그 폐를 곳치고ᄌᆞ ᄒᆞ다가 긔혁지 못ᄒᆞ고 일쳔팔빅뉵십구년 [듸군쥬 뉵년]에 긔날ᄉᆞ단이 긔론 왈 아이란 인민은 틱반이나 텬쥬교를 신죵ᄒᆞ거ᄂᆞᆯ 정부ㅣ 억지로 영륜 ᄉᆞ름을 죳게 홈이 불가ᄒᆞ지라. ᄌᆞ후로 아이란의 야소교 텬쥬교 ᄉᆞ름은 상의원에 올녀 국정을 참예치 못ᄒᆞ게 ᄒᆞ고 ᄯᅩ 그 교회의 듸교사 궐이 잇거든[12] 정부로셔 파견치도 말게 ᄒᆞ야 피ᄎᆞ 간섭이 업스며 아이란 관회 교당에 속한 토디는 감독회인이 관할ᄒᆞ고 정부ㅣ 그 부셰 졀반을 취ᄒᆞ며 감독회 교사는 월급을 풍후이 쥬되 후일에 신임ᄒᆞ는 ᄌᆞ는 월급을 허치 말고 감독회의 남은 돈이 잇거든 다 정부에 밧쳣다가 큰일이 잇슬 ᄶᆡ에 쓰게 ᄒᆞ라 ᄒᆞ니 상하 각의원이 다 불쳥ᄒᆞ거ᄂᆞᆯ 긔날ᄉᆞ단이 심력을 갈진ᄒᆞ야 변론한 지 오릭민 모다 비로소 ᄭᆡ닷고 쥰힝ᄒᆞ니 ᄌᆞ후로 관회 민회의 명목이 업더라.

뎨칠졀 아이란의 젼답이라

아이란의 일은 틱반이나 농민의 송ᄉᆞ이라. 듸져 그 농민은 타인의 젼토를 붓치는 작인이라. 짜을 엇고ᄌᆞ ᄒᆞ면 답쥬의 명을 기다려 ᄒᆞ거ᄂᆞᆯ 일조에 답쥬ㅣ 사ᄉᆞ수로 작인을 물니치니 작인은 말호듸 이 젼디는

---

12) 듸교사 궐이 잇거든: 교사에 빈자리가 잇거든.

본릭 황무흔 일편토이라. 내 종년 근고ᄒᆞ야 겨우 옥토ㅣ 되얏거늘 이
계 공으로 아지 아니ᄒᆞ고 도디를 올니기도 ᄒᆞ며 다른 스름을 쥬기도
ᄒᆞ니 우리는 엇지 ᄒᆞ리요 ᄒᆞ고 급기 관부에 송ᄉᆞᄒᆞ면 관장이 비록 농
부를 고호코즈 ᄒᆞ나 법률에 작인 두호ᄒᆞ는 장정이 업는지라. 이에 호
도이 결안ᄒᆞ야 셜원치 아니ᄒᆞ니 농부ㅣ 헐 길 업셔 오즉 젼토를 황폐
ᄒᆞ야 답쥬의 희를 씻쳐 보복ᄒᆞ더니 이에 한 졀목을 닉여 미리 당년 도
디를 먼져 답쥬의게 보닉야 답쥬로 ᄒᆞ야곰 작인 츌쳑ᄒᆞ는 권이 업게
ᄒᆞ얏다가 명년에 이르러 그 논을 부치지 안코즈 ᄒᆞ면 이왕 먼져 쥰 도
디를 차차 임의로 즈힝즈지ᄒᆞ며 ᄯᅩ ᄊᆞ을 붓들고 닉놋치 아니ᄒᆞ는 즈
도 잇스니 답쥬ㅣ 한입골수ᄒᆞ야 왈 나의 젼지를 억지로 가지니 이런
리치도 잇는가. 닉 누구를 쥬든지 닉 임의로 흔다 ᄒᆞ고 셔로지지 아니
ᄒᆞ며 ᄯᅩ 작인이 그 ᄯᆞ에 집을 짓고 사는 즈도 잇다가 이계 작인을 쩨
엇스니 그 집갑슬 달나 ᄒᆞ며 답쥬는 답ᄒᆞ되 내가 언졔 너더러 집을 지
으라 ᄒᆞ얏는다 ᄒᆞ고 그 갑슬 주지 아닐 쑨 아니라 신작인을 주어 왈
네 그 집을 들고 도지 외에 집셰를 ᄯᅩ 닉라 ᄒᆞ니 불공불평이 약츠ᄒᆞ며
작인은 분긔를 이긔지 못ᄒᆞ나 호소무쳐라. 셩군결당ᄒᆞ야 신작인을 구
타ᄒᆞ니 신작인은 답쥬를 의셰ᄒᆞ고 셔로 ᄊᆞ와 심지어 스름을 상ᄒᆞ야
되옥을 이루고 관장은 속규몰칙ᄒᆞ야 오즉 자차틱식헐 쑨이라. 긔날ᄉᆞ
단이 항상 민망이 넉이다가 이에 한 법을 닉여 왈 작인이 타인의 젼토
를 붓치되 슴십일년을 위흔ᄒᆞ고 한젼에 답쥬ㅣ 작인을 쩨이고즈 ᄒᆞ거
든 냥년 도지갑슬 환급ᄒᆞ며 심흔 즈는 칠년 도지를 거슬너 쥬계ᄒᆞ고
빗 가온대 집 지은 거시 밧히 유조흔 즈는 답쥬ㅣ 그 갑슬 갑하쥬고
만일 슴흽일년 닉에 작인이 즈퇴ᄒᆞ거든 답쥬ㅣ 타인을 셰우고 관가이
춤예치 못ᄒᆞ며 답쥬도 억늑으로 ᄒᆞ지 못ᄒᆞ고 ᄎᆞ외에 황무흔 ᄯᆞ을 긔
간코즈 ᄒᆞ면 나라로셔 ᄎᆞ관ᄒᆞ야 쥬리라 ᄒᆞ니 이는 다 신법에 장정이
러라.

데팔졀 아이란 이권을 분코ᄌ 홈이라

영졍이 아이란 농부를 조쳐 홈이 가위 진력 두호어늘 아이란 빅셩은 오히려 말호ᄃ 졍부 공평치 아니ᄒ니 우리 아이란은 별로이 의원을 셰워 빅셩을 편케 혼다 ᄒ며 기즁 두목되ᄂ 자ᄂ 명ᄉ 파이닉[13]라. 졍부의 곡직은 물론ᄒ고 좌으로 가라 ᄒ면 우으로 가며 동으로 ᄒ라 ᄒ면 셔으로 향ᄒ야 오직 항거ᄒ기만 일ᄉ더니 ᄯ 흉년을 맛나 농부의 업이 더욱 간신혼지라. 일쳔팔빅팔십년 [되군쥬 십칠년]에 농부ㅣ 당을 모아 지당회라 칭하고 [지당회ᄂ 그 토디의 회라 홈이라] 각 작인을 쳬결ᄒ야 도디를 닉지 아니ᄒ거늘 답쥬ㅣ 되로ᄒ야 위력으로 뻐 겹박ᄒ얏더니 지댱회 인이 스긔ᄒ여 왕왕 ᄉ름을 상ᄒ고 기즁 혹 슌량혼 빅셩이 도디를 밧치고ᄌ ᄒ면 박지타지ᄒ야 지어 회가 축송ᄒᄂ지라. 괴날ᄉ단이 다시 헤오ᄃ 이ᄂ 도디법이 오히려 불합ᄒ야 란이 일엇다 ᄒ고 일쳔팔빅팔십일년 [되군주 십팔년]에 ᄯ 모든 의원을 모아 법을 졍돈홀ᄉ 도디갑슬 공평ᄒ게 졍ᄒ고 작인이 미랍이 잇거나 불합혼 일이 잇셔도 답주ㅣ 졸연이 긔츠치 못ᄒ고 작인이 의례이 가질 만혼 ᄯ은 임의로 발믹케 ᄒ고 법을 졍혼 후 헤오ᄃ 져의 마음이 자연 감동ᄒ야 평안무ᄉᄒ리라 ᄒ얏더니 란민이 그 셩셰를 밋고 읭던이 간졍치 아니ᄒ고 일쳔팔빅팔십이년 [되군쥬 십구년]에 아이란 되신을 죽이거늘 졍부ㅣ 혁연진로ᄒ야 일일이 잡아 업치ᄒ니 ᄌ후로 겨우 평안ᄒ더라.

이 ᄲ에 괴날ᄉ단이 우신여분ᄒ야 이르되 인군이 여졍도치ᄒ야 빅셩을 안즙게 홀 기시요 그 셰력으로 압졔홈이 불가ᄒ다 ᄒ고 일쳔팔빅팔십뉵년 [되군주 이십ᄉ년]에 다시 명ᄒ야 아이란 ᄉ름은 ᄯ로이 의원을 셰워 아이란 일을 판리ᄒ고 ᄯ 영금 오쳔만 방을 닉여 각 농부의게 되하야 가기 젼장을 사셔 가지게 ᄒ라 ᄒ니 슈구당이 듯고 다 불

---

13) 파이닉(帕而內): 파넬. 영국 명사(英名士).

열ᄒ며 곳 기화당도 불가라 ᄒᄂᆫ 즈ㅣ 틱반이라. 이에 기화당이 분ᄒ야 둘이 되니 그 긔날ᄉ단과 합의ᄒᆫ 즈ᄂᆫ 영아분치당이라 ᄒ고 [영아분치당은 영륜과 아이란을 나노아 다ᄉ린다 흠이라] 그 불가라 ᄒᄂᆫ 즈ᄂᆫ 영아 합치당이라 [영륜 아이란이 합흠이라] ᄒ야 의론이 분운미결ᄒᄂᆫ지라. 긔날ᄉ단이 즁졍이 미흡흠을 알고 상표 ᄉ직ᄒ니 이에 슈구 긔화 두 당은 거연이 업셔지고 영아분치 합치 냥 당이 셔로 ᄊ와 빙탄 갓더라.

데칠권 영민의 렬명정장이라

영국 마간셔 원본, 청국 채이강 술고, 리졔마튀 번역

데일졀 민간 약조라

일편팔빅숨십이년 [순조 숨십이년]에 영국 군신 상하ㅣ 동심합력ㅎ
야 졔도를 곳첫더니 이윽고 긔화당이 말ㅎ되 오히려 진션진미치 못하
드 ㅎ야 그 당이 날노 셩ㅎ고 일을 졍돈코즈 ㅎ는 마음이 쏘흔 날노
심ㅎ야 그 말이 리치에 합당ㅎ나 오즉 셩군작당ㅎ야 졍부를 요협ㅎ니
말류지폐를 불가승언이오 지어 구ㅎ는 바는 민약 여셧 가지를 결ㅎ니
[민약은 빅셩의 언약이라] 일왈 거관ㅎ는 권을 가가호호이 가지고, 이
왈 의원을 삭쳬케 ㅎ야 미면에 냥즈식 포폄ㅎ야 진퇴를 졍ㅎ고, 숨왈
거관흠을 비밀이 ㅎ야 젼과 갓치 드러늬지 말고, 亽왈 의원 되는 즈를
직룡 유무만 물을 거시요 빈부를 관계ㅎ지 말고 젼일에 지산 잇는 즈
를 션퇵ㅎ든 법을 파ㅎ고, 오왈 의원을 졍부로셔 월급을 쥬고, 뉵왈 거
관ㅎ는 지방을 평균케 ㅎ야 편고흔 원방이 업게 흔다 ㅎ얏더라.
대져 민약 졔인이 셩셰를 밋고 요구흠은 불가ㅎ나 쳥ㅎ는 바 여셧
가지는 민간이 다 그 혜틱을 입엇스니 가가이 거관ㅎ는 권은 지금에
민간이 다 춤예치 아니흠이 업고 비밀이 거관흠도 쏘 시힝이 되고 의
원의 지산을 뭇지 아니흔다 흠도 지금에 빈부를 가리지 안코 직룡 잇

는 즉 의원에 들고 의원의 월급도 국가로셔 지츌ᄒ더라.

뎨이졀 ᄇᆡᆨ셩이 국가를 핍박홈이라

영국에 가장 가셕ᄒᆞᆫ 즉는 당시 사람이 신졀을 직희지 아니ᄒᆞ고 졍부ㅣ 조곰 불쾌ᄒᆞᆫ 일이 잇스면 곳 불괴ᄒᆞᆫ 뜻을 먹고 란리사쳐에 일어나니 졍부ㅣ 용셔치 아니ᄒᆞ고 엄이 징치ᄒᆞ야 일쳔팔ᄇᆡᆨ삼십팔년 [헌죵 ᄉᆞ년]으로부터 일쳔팔ᄇᆡᆨ사십팔년 [헌죵 십ᄉᆞ년]ᄭᅡ지 피차 상지ᄒᆞ야 공사ㅣ 피폐ᄒᆞ니 각 장식의 손지죠로 호구ᄒᆞ든 즉ㅣ 다 속슈무ᄎᆡᆨᄒᆞ며 셜령 일이 잇셔도 공젼이 헐ᄒᆞ니 엇지 지팅ᄒᆞ며 더욱이 곡가ᄂᆞᆫ 날노 고등ᄒᆞ고 국가 법률이 ᄯᅩ 엄ᄒᆞ야 징역ᄒᆞᄂᆞᆫ ᄇᆡᆨ셩은 길에 반이나 되고 쥬린 사람이 ᄯᅩ한 ᄐᆡ반이라. 그 고ᄉᆡᆼ을 가이 알너라.

뎨ᄉᆞᆷ졀 ᄇᆡᆨ셩이 란을 ᄉᆡᆼ각홈이라

영민이 날로 졍부를 원망ᄒᆞ더니 이 ᄯᅢ 맛춤 법국 ᄇᆡᆨ셩이 군쥬국을 곳쳐 민쥬국을 ᄆᆡᆫ길거늘 영민이 말ᄒᆞᄃᆡ 영법은 린국이라. 법국 ᄇᆡᆨ셩은 조종을 임의로 ᄒᆞ거늘 우리ᄂᆞᆫ 엇지 왕법의 속박을 바드리요. 우리 만 구일담이 법을 변ᄒᆞ즉 ᄒᆞ면 졍부ㅣ 엇지ᄒᆞ리오 ᄒᆞ더니 일쳔팔ᄇᆡᆨ사십팔년 [헌죵 십ᄉᆞ년]에 상고의 무역이 쇠잔ᄒᆞ야 각 져즈를 닷치고 공장들이 ᄉᆡᆼ업이 업셔 원망ᄒᆞᄂᆞᆫ 소ᄅᆡ 긋이지 아니ᄒᆞ고 의론이 더욱 봉긔ᄒᆞ여 두어 사람이 크게 외여 왈 굴머죽이나 반ᄒᆞ야 죽으나 죽ᄂᆞᆫ 갓고 허믈며 쥬리면 죽을 ᄲᅮᆫ이오 반ᄒᆞ면 ᄉᆡᆼ혈 도리 잇스니 우리 반홈이 올타 ᄒᆞ며 ᄯᅩ 한 사람이 말ᄒᆞ여 왈 하필 반ᄒᆞ리오. 우리 ᄇᆡᆨ셩이 여긔 모이여 국가에 구ᄒᆞ면 엇지 감이 허치 아니ᄒᆞ리오 ᄒᆞ고 드듸여 열명 졍쟝을 드릴ᄉᆡ 모ᄉᆞ모ᄉᆞ를 립각에 쥰ᄒᆡᆼᄒᆞ라 ᄒᆞ고 그 ᄯᅳᆺ히 일홈 둔 즉

| 범 오십만 인이라. 이러흔 절대흔 등장은 천고의 처음이요 또 말호 딕 우리 소지를 정흐면 의원이 감이 쥰허 아니치 못헐 거시오 둔허흔 후에 인군이 듯지 아니흐거든 영국 군쥬국을 변흐야 민쥬국을 믄들미 무방흐다 흐더라. 영정이 변을 듯고 급히 표신을 닉리여 병정과 슌검 이십만 명을 조발흐야 혜령탄 장군으로 대원슈를 슴으니 혜령탄이 륜 돈 각 은힝과 우편국과 각 세가의 집을 파슈흐고 각 큰 길거리와 다리 가에 대포를 걸어 란민을 막으니 빅셩이 감이 요동치 못흐더라.

뎨ᄉ졀 민당이 훗터짐이라

이에 영정이 령을 닉려 왈 너의 회의홈은 금치 아니흐거니와 만일 도로상에 분치흐는 즈ㅣ 잇스면 치죄흐리라 흐니 란민이 슈방의 험험 과 장졸의 용밍홈과 긔계의 리홈을 보고 겁닉더니 또 조칙을 보고 더 욱이 오합지즁이라. 셩ᄉ치 못헐 쥴 알고 다 긔운을 가라안치고 마음 을 낫츄어 졍부의셔 궁칙이 알아쥬기를 구흐고 졈졈 훗터져 겨우 슴 만 인이 되미 그 형셰 용두ᄉ미되야 셔로 칙망흐야 왈 군상을 능핍흐 니 그 죄 크다 흐더라. 이윽고 영졍이 만국 통상흐는 법을 셰우니 시졍 간 무역이 번셩흐고 빅공이 다 싱업이 잇셔 민약 일관을 의론흐는 즈 ㅣ 업고 미텬대화[1]ㅣ 일조에 스러지니 이는 졍부에셔도 밋쳐 바라지 못흔 일이러라.

---

1) 미텬대화(彌天大禍): 큰 화. 큰 재난.

뎨팔권 젼징이라

영국 마간셔 원본, 청국 채이강 술고, 리제마틱 번역

뎨일졀 법황이 구셰교의 대권을 유틱국에 낫틋닉고즈 홈이라

일쳔칠빅년 [숙종 이십 뉵년]으로 일쳔팔빅년 [뎡종 이십ᄉ년]신지 영국의 번화ᄒᆞᆫ 긔상이 틱반 병화에 사라지고 일쳔팔빅일년 [순조 원년]으로 일쳔팔빅십오년 [순조 십오년]신지 젼징이 더욱 심ᄒᆞ야 기간 법황 나파륜을 방비ᄒᆞᆯ신 봉화ᄂᆞᆫ 하늘을 련ᄒᆞ고 장ᄉᆞᄂᆞᆫ 병혁에셔 죽으니 그 참혹홈은 불가형언이로딕 다힝이 대공을 일우고 틱평가를 부른지 ᄉᆞ십년에 긔왕 젼징의 괴로옴을 거의 이즐지라. 이에 바라ᄂᆞᆫ 바ᄂᆞᆫ 즈금 이후로 각국이 옥빅으로 왕릭ᄒᆞ야 례의를 주장ᄒᆞ고 다시 싱녕으로 간과와 도탄을 면케ᄒᆞ면 다힝ᄒᆞ리로다.

일쳔팔빅오십일년 [철종 이년] 십이월에 법황 노의 나파륜1)이 법국 졍ᄉᆞ를 쥬장ᄒᆞᆯ신 일즉이 법국 신민다려 왈 닉 인군이 되면 장졍을 좃ᄎᆞ 잘 다ᄉᆞ리리라 ᄒᆞ더니 이윽과 대권이 장악에 들이 위복을 임의로 ᄒᆞ야 간ᄒᆞᄂᆞᆫ 쟈 잇스면 그 죄를 얼거 옥에 가두고 시비를 불분ᄒᆞ야 살뉵을 일솜으니 신민이 심복지 아니ᄒᆞ니 필경 불우지변이 잇슬지라. 찰

---

1) 노의 나파륜(魯意, 拿破崙): 로위스 나포론. 루이 나폴레옹. 법황(法皇).

하리 타국에 용병호야 나의 위엄을 텬하에 표저호면 져의 반심이 주
연 소마홀이라 호고 인호야 싱각호디 지금 각국이 다 법국과 친목호
야 혼단이 업스니 청츌무명이라. 이제 토이기를 핍박호면 [토이기눈
돌궐이라] 타국이 필연 말호리니 그 군수를 옴기여 구라파 전징을 일
희키면 나의 대원을 일우고 나의 존위도 쏘흔 편안호리라 호고 곳 사
신을 보니여 토이기 왕다려 일너 왈 유틱국 고토눈 귀국의 속디요 셕
일 우리 구셰주 야소ㅣ 탄강호신 싸히라. 이제 짐이 유틱국에 친림호
야 그 신령흔 고젹과 빅리항2)의 레빙당을 보고즈 호노니 귀왕은 레빙
당의 열쇠 두 낫츨 가져다가 짐을 쥬라. 짐이 은으로 믄든 신상과 [신
상은 신령의 화상이라] 밋 법국 국긔를 보니여 셩인의 싸에 감초와 영
광을 빗니라 호니 토왕이 듯고 대경호더라.

데이졀 나파룬이 원을 일움이라

원릭 구쥬남방 졔국이 다 텬쥬교를 숭상호고 봉교호눈 신부들이 유
틱국에 일으러 흔 번 셩젹을 보기로 영화라 호고 쏘 야소ㅣ 항가리에
셔 탄싱호얏다 호야 그 싸히 레빙당을 지으니 그 당문이 둘히라. 토이
기 옛법에 교즁인들이 들어가랴 호면 젹은 문 열쇠를 주고 감히 뎡문
으로 들어감을 허치 아니호더라. 옛젹 법국 법난셔 왕 데일3)이 [법난
셔는 법왕의 일홈이라. 그 나라를 법난셔라 칭홈은 곳 미국 화셩돈 경
셩이 곳 그 대통령의 일홈을 인호야 홈과 갓탐이라] 직위 시에 졍문
열쇠를 엇고즈 호다가 여의치 못호고 일쳔팔빅십구년 [순조 십구년]
에 쏘 힐난호다가 맛춤닉 졍지호니 대져 토이기는 빈약흔 나라이라.
엇지 감히 법국을 항거홀이요마는 오즉 아라사의 봉힝호눈 희랍교ㅣ

---

2) 빅리항(伯利恒): 쎄뜨릭힘. 베들레헴.
3) 법난셔 왕 데일(法蘭西 第一): 뚜란씨스 완. 프랑시스 제1세.

일흠은 다르나 기실은 다 야소교와 한 문호요 그 뒤교사는 아라사 황뎨라. 토이기가 만일 교당의 권을 법국에 보니면 희랍교인의 원망을 바들지라. 이럼으로 셔로 상지ᄒᆞ더니 이졔 노의 나파륜이 ᄯᅩ 이 일로 힐난ᄒᆞ니 토왕이 군신을 모와 의론ᄒᆞᆯᄉᆡ 다 갈오ᄃᆡ 이졔 희랍교의 대권 가진 이는 아황이라. 우리 만일 법국에 허ᄒᆞ면 반다시 아라사에 득죄ᄒᆞᆯ이라 ᄒᆞ고 상지불결ᄒᆞ야 일년이 지니미 나파륜이 더욱 힐칙ᄒᆞ야 셩셰 흉흉ᄒᆞ고 화ㅣ 조셕에 잇슬지라. 토왕이 겁ᄒᆞ야 항거치 못ᄒᆞ고 빅리항 례비당 졍문 열쇠를 보니니 법황이 대희ᄒᆞ야 은으로 ᄆᆞ든 신상과 밋 위의를 ᄀᆞᆺ초와 유틱국 야로살링[4] 지방에 일으러 빅리항 례비당 졍문을 크게 열고 그 신상을 봉안ᄒᆞ고 법인이 젼징을 익인다시 긔가를 불으고 도라가더라.

뎨숨졀 아황이 토이기를 치고ᄌᆞ ᄒᆞᆷ이라

아황 니고날사[5]ㅣ 이 말을 듯고 대로ᄒᆞ야 군ᄉᆞ 십오만 인을 거느리고 곳 토국 변방을 향ᄒᆞ다가 다시 싱각ᄒᆞ야 왈 이ᄀᆞᆺᄐᆞᆫ 젹은 일을 인ᄒᆞ야 동병ᄒᆞ면 각국이 다 말ᄒᆞᆯ이라 ᄒᆞ야 다시 일쳔칠빅ᄉᆞ십ᄉᆞ년 [영조이십년]에 토아 양국이 약조 즁에 두어 가지 집탈ᄒᆞᆯ 말이 잇다 ᄒᆞ고 드듸여 ᄉᆞ신을 보니여 칙망ᄒᆞ니 기실은 약조에 ᄒᆞ엿스되 토이기가 반다시 희랍교인을 보호ᄒᆞ야 이샨치 말게 ᄒᆞ마 ᄒᆞᆯ ᄲᅮᆫ이어ᄂᆞᆯ 아황의 ᄯᅳᆺ에는 혜오ᄃᆡ 토국이 이믜 아라사를 허락ᄒᆞ야 희랍교인을 보호케 ᄒᆞ얏스니 희랍교인은 ᄌᆞ연 아황을 인군으로 알 거시오 불연이면 토국이 스스로 ᄌᆞᆨ긔 빅셩을 보호ᄒᆞᆯ지라. 아라사에 무슴 관계 잇셔 졀졀이 약조에 셩명ᄒᆞ얏스리요 ᄒᆞ더라.

---

4) 야로살링(耶路撒冷): 배루사렘. 예루살렘.
5) 니고날사(尼古喇士 第一 省文曰 尼古喇, 니고라사, 니고라): 늬쵸라스 완. 니콜라스 제1세. 러시아 황제.

토국이 아라사ㅣ긔병홈을 듯고 대구ᄒ야 그 엇지흔 연유를 아지 못
ᄒ며 틔셔 각국이 ᄯᅩ흔 말ᄒ되 아황의 말이 호리도 리치에 당치 아니
타 ᄒ고 영국 군주 유다리아 [즉금 군주라] ᄯᅩ흔 친필로 글을 지어 아
황게 보ᄂᆡ여 왈 짐이 귀황의 일을 듯고 아토 양국 약조를 보니 그 뎡
의가 귀황의 말과 대상부동ᄒᆞᆫ지라. 만일 귀황의 말과 갓틀진된 토국
ᄉᆞ분일은 다 아라사에 싸히 되고 토국 서울 군ᄉᆞ단뎡6)은 변ᄒ야 아국
피득나보7)가 될 터이며 대져 희랍교인을 아국에 예속고ᄌᆞ ᄒᆞ면 토이
기는 나라히 업다 홈도 가ᄒᆞ리니 그 ᄉᆞ연을 알고ᄌᆞ ᄒᆞ노라 ᄒᆞ고 토왕
이 ᄯᅩ흔 영국에 사신을 보ᄂᆡ여 아국에 딕답ᄒᆞᆯ 말을 뭇거늘 영국 군쥬
ㅣ 일너 왈 이ᄂᆞᆫ 아황이 무리틱심ᄒᆞ니 양두치 말나 ᄒᆞ더라. 이에 토왕
이 아황게 복서ᄒᆞ야 어의가 심이 위곡ᄒᆞ나 희랍교인의 예속ᄒᆞᄂᆞᆫ 일졀
은 맛ᄎᆞᆷᄂᆡ 사양치 아니ᄒᆞ니 법덕오 ᄉᆞᆷ국이 다 그 득톄홈을 칭도ᄒᆞ더
라. 연이나 아황은 불승분로ᄒᆞ야 토국 변방에 들어가 단우파8) 강변 일
싱 지디를 쎅셔 용거ᄒᆞ니 이 ᄯᅢᄂᆞᆫ 일쳔팔뵉오십ᄉᆞ년 [철종 ᄉᆞ년] 칠월
이일 사ㅣ라. 아황이 오히려 그 허물을 숨기고ᄌᆞ ᄒᆞ야 인민에게 효유
ᄒᆞ야 왈 짐은 궁병독무ᄒᆞᄂᆞᆫ 인군이 아니라 금번 ᄡᅡ홈이 불과 아국의
국쳬를 완젼코ᄌᆞ 홈이라 ᄒᆞ더라. 혹이 그 국톄 잇ᄂᆞᆫ 바를 물으니 답ᄒᆞ
ᄂᆞᆫ 지 긔롱ᄒᆞ야 왈 례빅당의 열쇠 두어 긔와 은으로 믄든 화상 흔 좌
와 토국 ᄉᆞ분일을 아라사 번속을 삼고ᄌᆞ 홀 ᄲᅮᆫ이라 ᄒᆞ더라.

---

6) 군ᄉᆞ단뎡(康斯但提挪泊 亦曰 肯思丹, 강사단제나박, 궁사단): 콘스탄티노플. 돌궐도(突
厥都). 터키 수도.
7) 피득나보(彼得羅堡): 쎈트 피터스ᄲᅥᆨ, 아도(俄都). 러시아 수도. 페테르부르크.
8) 단우파(丹牛波): ᄯᅠᆫ뉼. 돌강(突江). 다뉴브 강.

뎨ᄉ졀 타국이 화친을 권홈이라

아국이 토국 단우파 강변 싸홀 졈령ᄒ니 각국이 다 말ᄒ되 우리 수수방관ᄒ면 릭두 관계 젹지 안타 ᄒ고 영법오보 ᄉ국이 각기 대신을 보닉야 오국 도셩 유야랍에 모히여 아황게 글을 보닉여 왈 희랍교인이 토국에 잇ᄂ 즈ᄂ 졔반 리익을 의구히 밧게 ᄒ야 아라사 국톄에 소상치 아니케 홀이니 귀국은 염녀치 말나 ᄒ고 지어 토국을 억늑ᄒ 일졀은 젼혀 졔긔치 아니ᄒ니 아황이 글을 보고 딕희ᄒ야 혜오딕 이ᄂ 사국이 나를 공경홈이라 ᄒ고 토국과 화친홈을 허락ᄒ거늘 ᄉ국 딕신이 쏘 토왕게 글을 보닉여 왈 아국이 귀국과 화호를 결ᄒ야 단우파 강변 싸ᄂ 돌녀 보닉고 귀국 국권도 아황이 쏘ᄒ 간셥지 아니홀이니 귀왕은 조량ᄒ라 ᄒ고 각 ᄉ신이 혜오딕 죵ᄎ로 토아 양국이 틱평ᄒ 복을 누릴 거시오 더욱이 토왕은 국소 병과ᄒ니 아국을 당치 못홀지라. 즈연 우리를 감격ᄒ야 사사언쳥홀이라 ᄒ얏더니 쳔만 의외에 토왕이 깃거ᄒ지 아닐 쑨 아니라 도뤼혀 말ᄒ되 그 글 즁에 두어 즈가 미흡ᄒ니 아국과 약조홀 ᄶᆡ에 긔혜이 달은 즈로 곳치리라 ᄒ더라. 연이 기실은 토국에 조곰도 관계 업거늘 통왕이 공연히 무즁싱ᄉ홈이라. 아황이 이 말을 듯고 닉심에 불열ᄒ야 영법보오 ᄉ국 사신다려 일너 왈 토왕이 귀 대신의 말을 들어 화친을 쳥ᄒ면 짐이 곳 락종ᄒ려니와 만일 분호라도 곳치면 죤명을 듯지 못ᄒ깃노라 ᄒ거늘 각 ᄉ신이 다시 토왕을 권호딕 토왕은 의연이 고집ᄒ더라.

토왕이 아국에 ᄉ신을 보닉여 퇴병ᄒ고 뎜령ᄒ 싸홀 마즈 돌녀 보닉라 ᄒ딕 아황이 불쳥ᄒᄂ지라. 십월 이십ᄉ일에 토왕이 군ᄉ를 딕발ᄒ야 아황을 치고즈 ᄒ더라. 말ᄒᄂ 지 일으되 토왕이 감이 찰이소방으로 각 딕국을 멸시ᄒ야 올흔 말을 좃지 아니ᄒ고 간과를 일의키니 구쥬의 졉운이 쏘ᄒ 진ᄒ지 아니ᄒ얏다 ᄒ더라.

데오졀 영법 냥국이 다 ᄊ호고자 홈이라

딘져 토이기는 강딘치도 못ᄒ고 그 군신과 병졸이 룽ᄒ 지 업거늘 이계 일조에 딘란을 일의켜 텬하에 편홀 날이 업게 ᄒ니 이는 토국이 ᄌ긔 힘을 밋음이 아니요 타국이 응당 보호홀 거시니 이 쌔를 타 아라ᄉ를 억졔홀이라 홈이러라. 션시에 아뷕젼9) 후는 영국 집졍 대신이라. 싱평10)에 젼졍을 실혀ᄒ야 항상 말ᄒ야 왈 노부ㅣ 나히 구십이라. 다시 병혁이 업슴을 원ᄒ노라 ᄒ더니 밋 아토 냥국의 흔단이 싱ᄒᄆᆡ 곳 불탄노고ᄒ고 토국을 위ᄒ야 아라사에 화친을 쳥ᄒ얏더니 토국 딘신이 딘회ᄒ야 혜오딘 영국 병함이 지즁히에 잇는 지 불가승수ㅣ라. 이졔 우리를 도으니 아라사를 겁닐 거시 업다 ᄒ고 영국 사신과 믹스 상의ᄒ니 영국 스신은 비록 조졍 명령을 바다 화호코자 ᄒ나 ᄯ호 아인이 임의 망ᄒᆡᆼᄒ지 못ᄒ게 ᄒ니 이럼으로 아국이 영국의 말을 듯지 아니ᄒ면 영국이 부득불 토이기를 도을지라. 이 쌔는 영법보아 사국 사신이 오국 도셩에 모히기 젼이라. 밋 회의를 졍ᄒᄆᆡ 토왕이 혜오딘 영국이 필연 우리를 도와 아국을 치리라 ᄒ며 영국은 스셰지ᄎᄒᄆᆡ ᄯ호 부득불 토이기를 도을지라. ᄌᄎ로 영국 지상 아뷕젼 후의 조흔 마음이 도뤼혀 변ᄒ야 한 젼졍이 되더라.

영국이 이 쌔를 당ᄒ야 부득이 동병ᄒ니 대져 션시에 웃는 지 잇셔 왈 셕일 영길리는 진실로 긔셰 영웅이러니 이졔는 녹녹구구ᄒ야 다만 무셩무취한 스름이 되얏도다. 스십년 이릭로 오작 상무일관에만 용력홀 쑨이요 ᄎ외에 무슴 위엄이 쎨치는다 ᄒ는지라. 영인이 듯고 붓그러이 녁여 왈 이졔 팅평무스ᄒ니 가위 영웅이 무용지라. 무슴 긔회 잇스면 ᄒ 번 스홈홈이 무방ᄒ다 ᄒ더니 지금에 의연히 스호지 아니면 더욱 타인의 우음을 바드리라 ᄒ며,

---

9) 아뷕젼(雅伯顚): 이버틴. 영후작(英侯爵).
10) 싱평(生平): 평생.

지어 법황 노의 나파륜은 외국에 용병ᄒ야 ᄌ긔 존위를 보젼코자 ᄒ고 만일 한거무ᄉᄒ면 도뤼혀 닉란이 날지라. 이졔 토국을 도와 아라사를 막을 거시오 허몰며 영국은 강대ᄒ니 우리 냥국이 합ᄒ면 반ᄃ시 아국을 파ᄒ을 거시오 ᄯ 셕년 우리 빅부 나파륜 뎨일 대황뎨 군ᄉ 뉵십만을 거ᄂ리고 아국에 갓다가 되픠ᄒᄋᆫ스니 이졔 비록 시아사변 ᄒ나 엇지 그 원슈를 이즐이요. 이 ᄶᅢ를 타 싀로이 위엄을 셰워 젼일 슈치를 씨슬 거시요, ᄯ 당금 셰계에 영국과 동심 합력ᄒ면 나의 빅셩도 ᄯᅩᄒᆫ 긔탄ᄒ야 반ᄒᆞᆯ 지 업슬리라 ᄒ야 극일ᄒᆞᆫᄉ더라.

토왕이 영법 냥국이 긔병홈을 듯고 되희ᄒ야 아라ᄉ와 더욱 흔단을 여러 그 노를 도드며 ᄯ 혜오되 이 긔회를 맛나ᄉ니 토국의 위엄을 베풀니라 ᄒ야 ᄊᆞ호고ᄌ ᄒᄂᆫ 마음이 날로 급ᄒ고 ᄎ외에 보오 냥국은 아토 화친홈을 기다리나 영법토 ᄉᆷ국이 발셔 긔병ᄒᄋᆫ스니 권ᄒ야도 듯지 아닐 거시요 오직 아황이 ᄌ원 퇴병ᄒ면 만ᄉ �l 다 퇴평ᄒ려니와 아국은 본이 밍렬홈을 ᄌ궁ᄒ든 나라이라. 일조에 슈욕홈이 여ᄎᄒ니 엇지 몸을 굽히고 마음을 나초와 익걸ᄒ리요. 이럼으로 겨우 수월 후에 젼징이 곳 이러나더라.

뎨륙졀 격셔를 젼홈이라

일쳔팔빅오십ᄉᆷ년 [철종 ᄉ년] 십일월 ᄉᆷ십일에 아병이 토국에 일으려 실나피11) 항구에 희군을 소탕ᄒ고 승승장구ᄒ야 흑희로 향ᄒ거늘 영법 냥국이 듯고 아황의게 격셔를 보닉여 왈 ᄌ금 이후로ᄂᆫ 귀국 병함이 흑희에 들어오지 못ᄒ게 ᄒᆯ지라. 만일 닉 말을 듯지 아니ᄒ면 나의 칼를 시험ᄒ라 ᄒ고 곳 각기 병션을 보닉여 흑희 요로를 막고 ᄌ후 일쳔팔빅오십ᄉ년 [철종 오년] ᄉᆷ월 이십팔을에 영법 냥국이 젼장

---

11) 실나피(悉瑙披, 실노피): 시놉. 돌해구(突海口). 터키 항구.

에 일으니 대져 아병이 웅거혼 토국 짜은 원릭 보오 냥국과 지경이 갓가와 보오 냥국 변방 관원이 분분이 졍부에 고급ᄒ니 보오ㅣ 아국과 관계됨은 영법보다 더 급혼지라. 이에 다 말ᄒ되 아라사ㅣ 만일 듯지 아니면 쏘 각기 츌병ᄒ야 아라사를 칠이라 ᄒ더니 밋 영법 냥국이 긔 병흠을 보고 다만 공문을 아국에 보늬야 힐난ᄒ더라.

영법 냥국이 흑희의 발라 희구[12]를 직휠ᄉ 영국은 라격난[13]으로 대장군을 ᄉ고 법국은 승나아특[14]으로 ᄃ장군을 ᄉ으니 승나아특은 법국 이젼에 아비리가 쥬 븍방을 칠 째에 일면을 독당ᄒ든 장수요 쏘 노의 나파륜이 군주국을 만들 째에 어림군을 거ᄂ려 위엄을 베푸든 ᄉ름이요 라격란은 혜평탄을 싸라 셔반아을 졍벌홀ᄉ 부관으로 운쥬유악ᄒ든 ᄉ름이라. 다 혁혁혼 일홈이 셰상에 진동ᄒ더라. 이졔 냥국이 격셔를 젼ᄒ야 아라사를 치니 승부를 가히 예탁ᄒ려니와 <u>다만 구쥬에 데일 용렬 루츄혼 토이기를 위ᄒ야 싱령의 화를 비져 젼징불식ᄒ니 앗갑도다.</u>

데칠졀 아라사의 젼장이라

사파사토발[15]은 흑희의 요츙지라더라. 발나히 항과 깃치 잇스니 엄연히 흑희의 즁디요 기외에 영국 리 수십리 [조션 슘십리라]되ᄂ 항국ᄂ 어귀가 불과 슘ᄉ빅 파이 되고 사파사토발은 그 남편에 잇셔 포딕가 벌넛스니 그 완고흠을 가지요 쏘 포딕 안에 수로를 통ᄒ야 왕릭기 편ᄒ거늘 아국이 군ᄉ ᄉ만을 둔찰ᄒ고 쏘 병션으로 왕릭칰웅ᄒ니 영법이 크게 염녀ᄒ더라.

---

12) 발하 희구(髮腦 海口): 빠나. 흑해구(黑海口).
13) 라격란(喇格蘭): 란그랜. 영작수(英爵帥).
14) 승나아특(聖雅瑠特 又名 亞腦 聖誤勝): 세인트 아나드. 법수(法帥).
15) 사파사토발(斯巴斯土撥): 싀쌔스토플. 흑해구(黑海口).

영병 오만이 뉵속히 일으고 영국 라격난 쟝군이 쏘 일으러 아병이 아라마하 수16) 남편에 진 침을 보고 영법토 슴국 군스ㅣ 하수를 건널 식 아병이 놉혼 듸 잇셔 대포를 노와 탄환이 쎄러지는 곳에 슴국 군새 죽는 지 불계기수ㅣ라. 영법 냥군이 죽기를 무릅쓰고 조수미듯 드러가며 쏘 듸포로 아병을 향ᄒᆞ야 노으미 아병이 저당치 못ᄒᆞ야 다 도망ᄒᆞ니 이는 영법토 슴국이 뎨일츠 쏘홈이라. 일모 시에 퇴군ᄒᆞ니 영병의 죽은 지 슴천인이러라.

뎨팔졀 사파사토발을 에움이라

영국 라격난 대중군이 아라사를 이기고 법국 승아나특 쟝군을 약회ᄒᆞ야 다시 아군을 쫏고즈 홀식 승아나특이 졸연 득병ᄒᆞ야 수일이 못ᄒᆞ야 죽는지라. 라격난 쟝군이 엇지홀 길 업셔 오직 슴국 군스를 모와 사파사토발을 에워 범 이십여 일에 대포 일쳔슴빅여 좌를 걸고 그 셩 즁을 향ᄒᆞ야 노와 아츰부터 날이 기울도록 포셩이 끈치지 아니ᄒᆞ더니 그 익일에 쏘 셩을 칠식 아군이 쏘혼 군스 슴만을 늬여 다시 슈화 범 칠일이 되도록 불분승수ᄒᆞ니 아라사는 춤 강적이러라.

뎨구졀 파라극납와17)의 전장이라

아병이 곤혼 지 오릭미 도망코즈 ᄒᆞ야 졸연이 마병을 거느리고 토이기를 엄습ᄒᆞ니 토군이 츌기불의에 다 픠ᄒᆞ야 다라나거늘 영 쟝군 부하 소격난의 뎨구십슴 듸병이 마즈 쏘홀식 아국 마병 오는 곳에 냥

---

16) 아라마하 수(亞喇瑪 수): 알마. 돌소하(突小河). 터키 작은 강.
17) 파라극납와(巴喇克拉瓦): 쌜라크라애. 돌지(突地). 터키 지명.

편에 난호여 셧다가 그 갓가이 오기를 기다려 긔를 한 번 두르믹 수만 탄환이 일졔 병발ᄒ니 아병 죽은 자ㅣ 부지기수요 나마지 군ᄉᆞᆫ 다 도망ᄒ거늘 영국 장군이 곳 귀로를 싀허 화각소릭 슬피 울며 복병이 이러나니 아군이 퇴반이나 죽더라.

션시에 영국 총병 나감18)이 마병 일듸를 거느리고 아군을 막더니 영국 장군 라격난이 격셔를 젼ᄒ야 아군을 딕젹ᄒ라 ᄒ니 그 ᄯᅳᆺ에 ᄒ얏스되 진을 굿게 직희여 아병을 막을 ᄲᅮᆫ이요 나가 치라 홈은 아니라. 나감이 총망 중에 그 ᄯᅳᆺ을 슬피지 아니ᄒ고 오직 혜오되 이ᄂᆞᆫ 나를 명ᄒ야 아병을 쫏치라 홈이라 ᄒ고 부하 전군을 명ᄒ야 왈 군령을 어긔여 국ᄉᆞ를 낭픽ᄒ니보다 젹군의게 죽ᄂᆞᆫ 거시 올타 ᄒ고 산곡 즁으로 들어가니 영 장군이 산상에셔 바라보다가 나감이 젹진으로 향홈을 보고 그졔야 나감이 격셔를 그릇 아랏다 ᄒ고 불승희연ᄒ야 퇴군싀이고 ᄌᆞᄒ나 ᄉᆞ이무급이라. 상고 퇴식홀 ᄲᅮᆫ이러라. 나감이 산곡을 나와 혼연이 말을 달녀 젹진으로 다라드니 아구의 탄환이 비오듯 ᄒᄂᆞᆫ지라. 나감이 탄환을 무릅쓰고 들어가 아병의 포딕 직흰 군ᄉᆞ를 죽이고 좌우츙돌ᄒ니 아병이 부릉져당ᄒ야 다 도망ᄒ거늘 나감이 그졔야 하령 퇴병홀ᄉᆡ 아군 쳔만 명이 다시 달아들어 젼후 협공ᄒᄂᆞᆫ지라. 나감이 부하를 독촉ᄒ야 에운 거슬 헷치고 진에 도라오니 츌병흔 지 겨우 반 졈죵이라. [조션 시 ᄉᆞ분 일이라] 나갈 째에ᄂᆞᆫ 튝빅칠십인이러니 도라오믹 겨우 일빅구십팔인이러. 이러흔 담량과 츙용은 셰계에 쳐음이요 기외 군ᄉᆞ ᄉᆞ빅여인도 죽기ᄂᆞᆫ ᄒ얏스나 나라를 위ᄒ야 몸을 이끼지 아니홈을 가히 알 거시요 아병도 ᄯᅩ흔 탄식왈 이러흔 군ᄉᆞᄂᆞᆫ 등한이 볼 슈 업다 ᄒ더라.

---

18) 나감(羅嵌): 류칸. 영총병(英總兵).

뎨십졀 영극만19)의 젼칭이라

　이히 십일월 초오일에 아황이 친히 군ᄉ 오만을 거ᄂ리고 영법토
습국을 칠ᄉᆡ 이 ᄯᅢ에 디무ㅣ 만텬ᄒ야 셔로 얼고을 보지 못ᄒ너라. 습
국 군ᄉㅣ 고각 소ᄅᆡᄅᆞᆯ 듯고 비로소 영젹고조 ᄒ니 영극만에 잇ᄂᆞᆫ 영
병은 불과 두어 소ᄃᆡ라. 아병을 엇지 당ᄒ리요. 연이 라격난 장군이 령
을 나리여 군ᄉ로 ᄒ야곰 각기 ᄊᆞ호고 피ᄎ 통솔치 말나 ᄒ니 이에 각
군ᄉᆞㅣ 총과 칼을 가진 ᄃᆡ로 갈력접젼ᄒ더니 반 졈죵이 지나ᄆᆡ 법병
구쳔 명이 ᄯᅩ 바룸갓치 달녀드ᄂᆞᆫ지라. 아황이 이기지 못ᄒᆞᆯ 졸 알고 젼
령 퇴병ᄒ니 디져 아황의 본의ᄂᆞᆫ 그 츌기불의ᄒ야 곳 승쳡홈을 긔약
ᄒ얏다가 필경 오만 디군이 영법 군ᄉ 팔구쳔 명을 당치 못ᄒ니 그 긔
이홈을 가히 알너라.

뎨십일졀 영병이 곤홈이라

　영군이 용밍이 원근에 젼ᄒ니 영국 ᄉᆞ룸이 듯고 다 디희ᄒ야 각기
ᄉᆞ지ᄅᆞᆯ ᄂᆡ야 시탄수 쳔 돈과 의복 두어 ᄇᆡ와 량식은 불계기수라. 다
군즁에 보ᄂᆡ야 ᄡᅳ게 ᄒ니 군즁 장ᄉᆞㅣ 산상에 잇셔 디히 즁에 영국 긔
호ㅣ 표양홈을 보고 다 고무환희ᄒ더라.
　영군이 처음 젼졍에 일을 ᄯᅢᄂᆞᆫ 장마가 심ᄒ고 ᄯᅩ 길을 닥지 아니ᄒ
야 촌보ᄅᆞᆯ 옴기기 어렵고 ᄯᅩ ᄆᆡᄉᆞᄅᆞᆯ 다 우에 품ᄒ야 층층이 명령을 밧
으ᄆᆡ 급ᄒᆞᆫ 일과 급ᄒᆞᆫ 병이 잇스면 왕복 품쳥 간에 다 지체ᄒ야 그릇
더리고 겸ᄒ야 음식과 약이 ᄯᅢᄅᆞᆯ 어긔여 죽ᄂᆞᆫ 자ㅣ 날로 만ᄒ니 영병
의 용밍으로도 잔약무용ᄒᆞᆯ ᄯᅢ가 만하 수빅인 즁 ᄡᅳᆯ 만ᄒᆞᆫ 군ᄉ가 겨우
ᄉᆞ십인이 되ᄂᆞᆫ 디도 잇고 심지어 일영에 겨우 칠인 밧게 ᄡᅳᆯ ᄉᆞ룸이 업

---

19) 영극만(英克曼): 잉커만. 돌지(突地).

는 곳도 잇스며 병든 자는 한례빗간에 사명 중 일 명이 죽고 그 살앗다 ᄒᆞ는 스름도 혹 팔을 버히며 다리를 싇허 죽는 자ㅣ 십상팔구ㅣ라. 통이계지ᄒᆞ니 전징 일어난 지 일곱 달에 죽은 자ㅣ 합 이만 뉵빅오십뉵인 중 스장에서 죽은 ᄌᆞ는 불과 이천오빅구십팔 인이요 기여는 다 의원에서 죽엇는지라. 영인이 듯고 의량과 의스를 보늬여 극진 치료케 ᄒᆞ고 쏘 스름을 보늬야 음식을 정결이 간검케 ᄒᆞ며 철로를 노와 진전에 일으니 ᄌᆞ후로 군스의 의식이 핍졀치 아니ᄒᆞ고 스름마다 다 강건ᄒᆞ더라.

뎨십이졀 사파스토발을 파홈이라

이 ᄍᆞ에 아황 니고랄사[20]ㅣ 픤귀ᄒᆞ야 곳 디굴을 파고 디뢰를 뭇어 격병을 뭇질으고ᄌᆞ ᄒᆞ얏더니 영법토 슴국이 그 계교를 알고 쏘흔 각기 아영을 향ᄒᆞ야 디굴을 파 들어올시 일천팔빅오십오년 [철종 뉵년] 구월 팔일에 스국 군새 디굴 속에서 셔로 쏘화 필경 아군이 픤흔 빈 된지라. 이에 아황 니고랄사ㅣ 우구셩질ᄒᆞ야 초구일에 사파사토발 진 중에서 훙ᄒᆞ고 틱ᄌᆞ 이렬산덕[21]이 즉위ᄒᆞ야 스스로 다시 쏘호지 못홀 쥴 알고 스신을 보늬여 화친을 쳥ᄒᆞ더라. 션시에 영법 냥국 되장이 사파사토발를 파ᄒᆞ고 포되를 뭇질으니 신황이 군함을 견탈홀가 염녀ᄒᆞ야 군함 바닥을 뚤어 모다 바다에 잠으니 일로좃ᄎᆞ 흑히에 아국 병함이 그림ᄌᆞ도 업더라.

---

20) 니고랄사: 니콜라스 제1세.
21) 이렬산덕: 알렉산더. 러시아 황제.

뎨십숨졀 각국이 졍약 파병홈이라

아황이 화친을 쳥ᄒᆞ미 이에 셔로 약조를 졍ᄒᆞ야 아라사로 다시 토이기를 위협ᄒᆞ지 못ᄒᆞ게 ᄒᆞ고 ᄯᅩ 흑히에 빅셩 보호ᄒᆞᄂᆞᆫ 아국 병션도 쳑수를 한졍ᄒᆞ야 증가치 못ᄒᆞ고 ᄯᅩ 토이기로 희랍교인을 보호ᄒᆞ게 ᄒᆞ고 이에 사국이 다 파병회국ᄒᆞ니라.

뎨십ᄉᆞ졀 젼징후 졍형이라

각국이 이믜 아라사를 파ᄒᆞ미 다 대희ᄒᆞ나 오직 아라사ᄂᆞᆫ 주단싱수ᄒᆞ엿스니 그 희를 불언가지어니와 그러나 영국은 국채 오쳔만 방이 더ᄒᆞ고 군수 죽은 자ㅣ 이만여 인이요, 그 샹ᄒᆞ고 폐질된 주ᄂᆞᆫ 불계기수며 ᄯᅩ 졉응ᄒᆞ야 딕젹ᄒᆞ든 타 각국도 수호 리익이 업스며 토이기ᄂᆞᆫ 비록 각국의 보호를 바닷스나 치국ᄒᆞᄂᆞᆫ 규모를 몰으ᄂᆞᆫ 고로 영법 냥국이 별로이 익셕지 아니ᄒᆞ되 다만 아라사의 졈령ᄒᆞᆫ 빅 되면 타일 화단이 잇슬가 염녀홈이라. 만일 이 ᄯᅢ에 션후지칙으로 공평쳐ᄉᆞᄒᆞ얏드면 엇지 조치 아니리요. 오직 목젼일만 구ᄎᆞ히 요감ᄒᆞᆫ 고로 십오년 후 아국이 다시 강셩ᄒᆞ야 보법 ᄊᆞ홈을 인ᄒᆞ야 약조를 빅반ᄒᆞ고 션언 왈 당년에 젼황의 흄흄을 인ᄒᆞ야 초초히 셩하지딩을 결ᄒᆞ얏거니와 실샹 흑히ᄂᆞᆫ 원릭 아국에 속ᄒᆞᆫ ᄯᅡ히어늘 이졔 도뤼혀 아국 병션을 금졔ᄒᆞ니 엇지 공평ᄒᆞ다 ᄒᆞ리요 ᄒᆞ니 차시ᄂᆞᆫ 법국이 덕국에 대픽ᄒᆞᆫ 후이라. 토국과 갓치 감이 긔구치 못ᄒᆞ고 영국이 ᄯᅩᄒᆞᆫ 고쟝난명ᄒᆞ야 아른 체 아니ᄒᆞ니 토국의 위틱홈은 말홀 것 업거니와 영법 등국의 심력 허비홈이 엇지 앗갑지 아니홀이요.

뎨십오졀 영국이 일천칠빅년으로부터 일천팔빅년신지 젼징 흔 일이라

셔력 일천칠빅년 [슉종 이십뉵년]으로 일천팔빅년 [뎡종 이십스년] 신지 젼후 빅년에 영국이 타국과 젼징이 반이요 구쥬 각국도 쏘흔 왕왕이 젼징을 일슴다가 스와 후에 싱각흐면 대단흔 관계도 아니요 쏘 큰 원수도 아니라. 다만 혹 뎨왕의 불목흠을 인흠이며 혹 인군의 후예가 셔로 위를 닷토며 혹 츠국이 피국의 잔약흠을 보면 곳 탈취코즈 흐며 혹 각국이 흔 나라의 강흠을 보면 곳 억졔흐야 썩고즈 흠이니 이엇지 세계 대국에 관계리오. 쏘 병단이 일어난 후에는 각기 친흔 나라를 쳥흐야 셔로 구원케 흐니 이럼으로 쳔만 싱령들만 대화를 바들 샌 아니라 국외인도 쏘흔 파급흐는 누를 면치 못흐니 참혹흐도다. 영국이 츠시에 타국 일로 말미암아 그 빅셩의 죽음과 지물의 허비흠이 불가승수요 일천칠빅이년 [슉종 이십팔년]에는 영국이 오지리와 하란 냥국을 체결흐야 셔반아 법난셔 냥국을 치니 원릭 구쥬의 아라사이 셔에 잇는 각국은 영오하 슴국을 돕지 아니면 곳 변셔 냥국을 도와 병련화결흐야 분란요양흐더니 이졔 영국의 쯧은 불과 법국 왕손이 셔반아에 왕흐지 못하게 흠이러니 십이년 후에 법국 왕손이 의연히 셔반아 왕이 되고 구쥬 딕세에도 쏘흔 별로이 관계 업스며 쏘 일천칠빅십오년 [슉종 스십일년]으로 일천칠빅스십오년 [영조 십칠년]에 영국이 오스마가의 군스를 결련흐야 보법 냥국과 대젼흠은 보법 냥국이 오국에셔 계위흔 인군이 불합흐다 흠이러니 일천칠빅스십륙년 [영조 이십이년]에 오국이 즈쳥흐야 다른 인군을 셰운 후에야 비로소 파병흐니 이도 거연 오년 병화요 일천칠빅오십년년 [영조 슴십이년] 병단은 영보 냥국이 합병흐야 법난셔 아라사 셔뎐[22] 오사마가 제국을 치미니 법어셔오 사국은 혹 보국에 히 잇스니 보국이 부득불 젼쟁이 된다 홀연이

---

22) 셔뎐: 스웨뎬.

와 영국은 추시에 조곰도 간섭이 업거늘 오직 보국의 쳥을 순종ᄒ야 칠년을 젼장에 종ᄉᄒ니 당시에 영국 인구ㅣ 불과 일쳔이슴빅만이요 상무도 흥왕치 못ᄒ거늘 병단이 ᄒ 번 열면 직물을 물 쓰듯 ᄒ야 ᄒ 번 ᄊ홈에 영금 팔쳔이빅만 방을 허비ᄒ기도 ᄒ니 빈궁직갈홈이 엇지 가셕지 아니리요. 허물며 대젼 이후에 셔반아로 더부러 화목지 못ᄒ고 빅년 즁에 듸소 젼징이 합 칠ᄎ가 되며 일쳔칠빅이년 [슉종 이십팔년] 영셔 냥국 대젼 후에 일쳔칠빅십팔년 [슉종 ᄉ십ᄉ년] 일쳔칠빅이십 칠년 [영조 슴년] 일쳔칠빅슴십구년 [영죠 십오년] 일쳔칠빅류십이년 [영조 슴십팔년]에 모든 ᄊ홈이 다 유명ᄒ 큰 젼징이요 일쳔칠빅칠십 오년 [영조 오십일년] 영국 속디 아미리가 쥬 [즉금 미국이라] 빅셩이 ᄌ립ᄒ야 나라히 되거늘 영국이 병력으로 위협ᄒ야 젼후 팔년에 맛ᄎᆷ ᄂ 이긔지 못ᄒ고 파병ᄒ며 이팔년 즁에 또 군ᄉᄅᆯ 난호와 법국 하란 셔반아와 ᄉ흔지라. 그 병비ᄂᆫ 별로히 칙에 등록ᄒ얏거니와 다만 미국 ᄊ홈으로만 론ᄒ야도 영금 일만만 방을 허비ᄒ야 다 타인의게 ᄎ관ᄒ 민 민년 리식이 슴빅만 방에 일으니 그 연고ᄅᆯ 무르면 불과 미리견을 ᄌ주치 못ᄒ게 홈이라 ᄒ나 이졔 싱각ᄒ니 엇더ᄒ뇨. 일쳔칠빅구십슴 년 [뎡종 십칠년]에 또 영법이 긔단ᄒ야 일쳔팔빅십오년 [순조 십오 년]ᄭᆞ지 이십이년만에 비로소 화친ᄒ니라. [이ᄂᆫ 곳 나파륜의 란이니 뎨이권에 상견ᄒ니라]

뎨십륙졀 영국이 일쳔팔빅년 이후 젼징이라

법황 나파륜이 구쥬ᄅᆯ 요란ᄒᆯ ᄶᅢᄉᆡᆫ지ᄂᆫ 간과ㅣ 만지ᄒ야 도쳐에 젼 장이러니 나파륜이 졸ᄒᆫ 후에 비로소 틱평ᄒᆫ 긔상이 잇고 영국은 오 직 휴병 식민홈을 일슴아 타국에 관계 잇셔도 불간예ᄒ고 국가에 유 익홈을 힘쓰ᄂᆫ 고로 ᄌ후 칠십년릭 [이 글을 일쳔팔빅팔십칠년에 지 으니 영법 파젼홈은 일쳔팔빅십오년인 고로 칠십년이라 홈이라]에 수츠 용병ㅎ나 다 우연흔 일이어니와 다만 토이기를 도와 아라사 막음은 오히려 당년 긔긔가 잇고 토이기 군을 소탕흠은 희랍이 토국의 룡멸을 밧는 고로 그 약흔 ᄌ를 도와 ᄌ쥬케 흠이요 쏘 셔리아23)를 파ᄒ야 토국의 관할홈은 다 공평흔 일이요 아비리가 쥬 븍안에 나ᄌ졸령24)은 희랑적인 고로 토평ᄒ고 쏘 아셰아 쥬에 영국 속국 인도와 접게흔 각국은 과히잡25) 병대리26) 아부한27) 셩특28) 면젼29) 셜극30)이라. 영국이 다 삭평ᄒ야 인도ㅣ 더욱 완고ᄒ나 오직 인도ㅣ 항상 반코ᄌ ᄒᄂ 고로 아셰아 쥬 유ᄉ지시는 구라파 ᄉ룸을 쓰고 인도 ᄉ룸을 쓰지 아니ᄒ며 쏘 열즉 청국과 셰 번 ᄊ호고 일본과 흔 번 ᄊ화 일본한 셩을 파ᄒ고 기타는 흔 번 남비쥬에 용병ᄒ니 이는 잡비아31)ㅣ 불안흠을 인흠이요 네 번 파사32)에 용병ᄒ나 다 대젼이 아니요 틱평양 중 신셕난33) 히도의 ᄊ홈은 그 빅셩을 졍흠이요 지어 애급국 남편 아별신니아34) 국의 전징은 부득이 흔 일이라. 병비가 가장 만코 비쥬 셔방에 아신데35) ᄉ룸이 작란ᄒ며 쏘 남비쥬 소속36) 디방은 영국 관원의 셜시흔 장졍을 어긔거늘 영국이 다 명장 츌ᄉᄒ야 졍벌ᄒ며 하란국 ᄉ람이 남비쥬에 옴기여 ᄉ 나라히 되민 영국과 불목ᄒ거늘 쏘 흔 번 속을 슴앗스니 이는 일쳔팔빅년 [뎡종 이십ᄉ년] 후로 영국이 젼쟁

---

23) 셔리아: 시리아.

24) 나자졸령(啞喇拙玲, 아라졸령): 알거리안스. 비주인(非洲人).

25) 과히잡(戈二卡, 과이잡): 삭하스. 아주국(亞洲國).

26) 병대리(瓶大離): 핀다리스. 과히잡+병대리=핀잡(?).

27) 아부한(阿富汗): 아ᄋ간스. 국명. 아프가니스탄.

28) 셩특(星特): 씬듸안스. 국명.

29) 면전(緬甸): 쎄마. 국명. 버마. 미얀마.

30) 셜극(雪克): 씨크스. 국명.

31) 잡비아(卡飛兒): 카예스. 비주지(非洲地).

32) 파사(巴斯): 퍼시아. 국명.

33) 신셕난(薪錫藍): 뉴씨랜드. 뉴질랜드.

34) 아별신니아(亞別新尼亞): 아비시늬아. 국명.

35) 아신데(亞酸梯, 아산제): 아솬틔스. 비주인(非洲人).

36) 소속(蘇祿, 소록): 유류스. 비주지(非洲地).

흔 되기요 추외에 또 세 가지 대사ㅣ 잇더라.

뎨십칠졀 아부한국 이급국 소단싱 각 교셥이라

이상 각 졀은 다셰소사ㅣ라. 젼징이라 일을 것 업거니와 오직 영국이 아라사를 막을 째에 아부한이 영국의 주찰흔 관원을 살히흐고 대란을 일희켜스나 영민이 다 쏘호기를 원치 아니흐는 고로 대병이 아부한에 갓다가 필경 젼쟁은 되지 아니흐고 다만 이급국과 밋 이급국 속디 소단37)은 영국에 크게 관계 잇더라.

이급의 일이 잇슬 째에 영졍이 혜오되 영국인이 인도 가는 길은 오직 신기흔 소이사 하수38)라. 이 하수ㅣ 이급 디경에 잇스니 이급의 망홈을 임치흐면 영국에 큰 히 잇다 흐야 이에 군수를 조발흐야 그 란을 평흐니 이는 일쳔팔빅팔십이년 [대군주 십구년]이라. 션시에 영국 부가ㅣ 다수흔 금익을 이급에 시귀엿더니 이급의 어지러옴을 듯고 돈을 일흘가 염녀흐야 그 평판흐기을 쳥흐거늘 이에 영국 병함이 이급의 아리산타39) 히구를 파흐고 또 륙디에셔 대젼흐니 이는 영국 사긔 즁 탈늑각피40)의 젼쟁이라. 이급을 이믜 평흐미 토이기와 갓치 총독흐는 관원을 두어 그 싸흘 관할흐나 병화 이후에 이급이 여러 히 흉년이 들미 그 돈을 엇지 쳥장흘이요. 대져 영국이 병비 수빅만 방을 허비흐야 겨우 위엄을 낫타늬엿스나 일변으로는 다만 법인의 투긔를 부름이니 연즉 리익은 보지 못흐고 히는 먼져 알너라.

일쳔팔빅팔십숨년 [대군주 이십년]에 이급 남방 소단싱에 마지41)라

---

37) 소단(蘇丹): 슈단. 애급셩(埃及省).
38) 소이사 하수(蘇彙土, 소휘사): 유의쯔. 신개하(新開河). 스웨즈 운하.
39) 아리산타(亞力山打): 아랙싼드리아. 애해구(埃海口). 알렉산드리아 해구.
40) 탈늑각피(脫肋刻皮, 탈륵각피): 테렐케쎄. 젼(戰).
41) 마지(馬地): 마듸. 회교인(回敎人).

ᄒᆞᄂᆞ 스름이 잇스니 그 일홈을 번역ᄒᆞ면 셩인이라 홈이라. 마지 비록
이왕과 갓치 회회교ᄅᆞᆯ 봉ᄒᆡᆼᄒᆞ나 왕을 심복지 아니ᄒᆞ고 반ᄒᆞ거늘 영국
셔 ᄋᆡ급은 그 ᄂᆡ란을 평치 못ᄒᆞᆯ 줄 혜아리고 이에 발병ᄒᆞ야 칠ᄉᆡᆨ 마지
ᄅᆞᆯ 짜라 반ᄒᆞᄂᆞᆫ 자ㅣ 사쳐에 봉긔ᄒᆞ야 소단에 잇ᄂᆞᆫ ᄋᆡ급 관군을 소탕
ᄒᆞᄂᆞᆫ지라. 영병이 곳 홍히 어귀로 좃ᄎᆞ 하류ᄒᆞ니 이 짜은 소단 ᄂᆡ디로
가ᄂᆞᆫ 길이라. 산쳔이 험조ᄒᆞ야 ᄒᆡᆼ군ᄒᆞ기 불편ᄒᆞ거늘 이에 영금 일ᄇᆡᆨ만
방을 ᄂᆡ여 철로ᄅᆞᆯ 쌋타가 즁도에 졍지ᄒᆞ고 다시 대장군 과등42)을 명
ᄒᆞ야 잡이통43) 짜에 일으러 마지와 화친을 쳥ᄒᆞ니 마지 듯지 아니ᄒᆞ
고 과등과 그 부하ᄅᆞᆯ 집뉴ᄒᆞ거늘 영졍이 졍병 일반을 보ᄂᆡ여 급히 구
원ᄒᆞᆯᄉᆡ 원도발셥ᄒᆞᄆᆡ 그 고싱을 가지요 겸ᄒᆞ야 지나ᄂᆞᆫ 곳이 다 ᄉᆞ막
이라. 텬긔 혹 녈ᄒᆞ고 ᄯᅩ 쳐쳐에 막ᄂᆞᆫ 군ᄉᆡ 잇셔 비록 ᄎᆞ뎨로 토평ᄒᆞ나
ᄌᆞ연 광일지구ᄒᆞ야 잡이통에 다다르니 과등 대장군이 우히ᄒᆞ 지 이믜
냥일이라. 이ᄂᆞᆫ 일쳔팔ᄇᆡᆨ팔십오년 [대군주 이십이년] 일이라. 영군이
듯고 다 긔운이 져상ᄒᆞ더라. 이윽고 마지 죽엇다 ᄒᆞᄂᆞᆫ 풍셜을 듯고 혜
오ᄃᆡ 마지 이믜 죽엇스니 여당은 대ᄉᆞᄅᆞᆯ 일으지 못ᄒᆞᆯ이라 ᄒᆞ야 하령
쳘병ᄒᆞ야 소단 스름이 스스로 홋터지기ᄅᆞᆯ 기다리니 말ᄒᆞᄂᆞᆫ 자ㅣ 일으
되 영국이 경거망동ᄒᆞ야 지용이 졀륜ᄒᆞᆫ 명장과 과감용밍ᄒᆞᆫ 비장과 담
력이 구비ᄒᆞᆫ 사졸을 다 타국에 보ᄂᆡ여 죽이고 국고의 져축과 민싱의
고혈을 흐르ᄂᆞᆫ 물 갓치 바리고 필경 ᄒᆞ나토 일운 거슨 업다 ᄒᆞ더라.

뎨십팔졀 영미 냥국이 시비ᄅᆞᆯ 공결ᄒᆞᄂᆞᆫ 법을 창시홈이라

근ᄅᆡ에 열국이 실화ᄒᆞ면 졍직ᄒᆞᆫ 스름을 쳥ᄒᆞ야 곡직을 공결ᄒᆞᄂᆞᆫ 법
이 잇스니 그 의론을 창긔홈은 실로 영길리 미리견 냥국이라. 션시 미

---

42) 과등(戈登): 쇠돈, 영장군(英將軍).
43) 잡이통(卡二通): 카툰. 애지(埃地).

국 남북싱이 대란홀 째에 영인이 리를 탐ᄒᆞ야 미국 상션의 직물을 탈취ᄒᆞ얏더니 란이 졍ᄒᆞ미 미국이 그 손ᄒᆡ금을 달나ᄒᆞ거늘 영국이 답ᄒᆞ야 왈 ᄎᆞ소 곡직은 우리 냥국이 졍홀 수 업스니 공졍ᄒᆞᆫ 스름을 청ᄒᆞ야 판결ᄒᆞᆷ이 올타 ᄒᆞᆫ듸 미국이 영인이 멸시ᄒᆞᆫ는 마음이 잇는가 ᄒᆞ고 노ᄒᆞ야 듯지 아니ᄒᆞ더니 수년이 지ᄂᆡ도록 국셔를 ᄅᆡ왕ᄒᆞ야 셔로 힐난ᄒᆞ다가 날이 오ᄅᆡ미 미국의 분심이 덜ᄒᆞᆫ 쥴 알고 다시 글을 보ᄂᆡ여 왈 귀국에서 찻는 바 돈이 우리 됴량에 지나니 다른 스름을 청ᄒᆞ야 공결ᄒᆞᆷ이 올흔 듯ᄒᆞ다 ᄒᆞ니 미인이 그졔야 ᄭᆡ닷고 허락ᄒᆞ거늘 이에 영미 냥국이 각기 공졍ᄒᆞᆫ 스름 수인을 마져 스실ᄒᆞ야 결안 션고왈 이는 미국이 리직ᄒᆞ니 대져 미국이 란을 당ᄒᆞ야 ᄌᆞ고불황홀 째에 영졍이 맛당히 진작 본국 션쳑을 약속ᄒᆞ야 미국에서 ᄌᆞ단싱ᄉᆞ치 아닐지라. 그 계교가 여긔 밋지 못ᄒᆞ얏스니 그 손ᄒᆡ 영금 십빅만 방을 비상ᄒᆞᆷ이 올타 ᄒᆞ얏더라. 영국이 곳 그 말을 쥰힝ᄒᆞ며 미국도 ᄯᅩᆫ 다소를 관계치 아니ᄒᆞ고 드듸여 타쳡ᄒᆞ니 이러ᄒᆞᆫ 스건은 곳 피ᄎᆞ 젼징이 순식간에 잇슬지라. 혼련히 불과 수습구 언어에 졀듸ᄒᆞᆫ 화단을 환연빙셕ᄒᆞ니 이는 궁만고 이ᄅᆡ에 쳐음 일이라. 영미는 다대국이라. 이에 위력을 일습지 아니ᄒᆞ고 순리로 일을 힝ᄒᆞ니 바라는 바는 <u>일후 타국이 셔어ᄒᆞᆫ 일이 잇셔도 이를 의방ᄒᆞ야 판리ᄒᆞᆷ이 조흐리라.</u>

뎨십구졀 병비라

영국이 양병ᄒᆞᆷ이 불길ᄒᆞ다 ᄒᆞ고 ᄯᅩ 타국과 시비 잇스면 가히 공졍ᄒᆞᆫ 스름을 청ᄒᆞ야 판결ᄒᆞᆷ이 올타 ᄒᆞ나 아직도 병비를 감치 아니ᄒᆞ니 이는 수빅년 구습을 졸연히 변경키 어려움이라. 옛 ᄌᆡ상 비특이 말ᄒᆞ되 익병을 감ᄒᆞ야 일만팔쳔 명을 두엇스면 일년 군부 경비가 불과 영금 일빅팔십만 방에 넘지 아니리라 ᄒᆞ고 젼지상 피리도 갈오듸 국가ᅵ 허다히 양병ᄒᆞ야 무스시에 도뤼혀 나타ᄒᆞᆫ 풍습을 기르고 긔계 산과

갓치 싸히니 츠라리 군사ㅣ 젹어 젼쟝에 부족ㅎ니만 갓지 못ㅎ다 ㅎ고
지금 지샹 긔랄사단44) 공도 쏘흔 조졍에 쳥ㅎ야 병비와 각죵 군긔를
감셩ㅎ즈 ㅎ니 셰 지샹의 말이 여츌일구ㅎ거늘 일영민이 다 듯지 아
니ㅎ고 금은을 허비ㅎ야 양병ㅎ니 일쳔팔빅팔십칠년 [대군쥬 이십사
년]으로 말ㅎ야도 민년 셰입이 구쳔만 방이라. 그 셰츌은 셕일 병비의
리식이 영금 이쳔팔빅만 방이오 군비를 졍돈홈이 숩쳔만 방이요 지
어 졍치샹에 용비는 불과 이쳔륙빅만 방이니 이는 구습을 익의지 못
ㅎ야 거연히 곳치지 못홈이라. 구쥬 각국이 틱평무사시를 당ㅎ면 쟝졍
수빅만 명이 익병이 되야 죵일토록 홀 일이 업셔 오직 음난흔 일과 악
흔 일을 힝ㅎ며 쏘 익병 외에 예비병 수빅만이 잇셔 왕왕히 군문의 악
습을 물들며 그 경비는 민년 일만이쳔만 방이 되니 가령 이 군사 안좌
이식ㅎ는 수빅만을 일조에 희방ㅎ야 그 싱계를 쇠ㅎ게 ㅎ면 민년 소
득이 일만이쳔만 방이 될 거시요 연즉 이 군사의 희방홈과 아니ㅎ는
데 민년 숩만만 방이 관계될이니 엇지 앗갑지 아니리요. 오호ㅣ라. 내
미병흔다는 말이 [미병은 젼졍을 그친다는 말이라] 아직도 시힝은 되
지 아니ㅎ얏스나 다만 력딕 이리로 후인의 일이 필경 고인보다 나으
니 타일 필연 인인군자ㅣ 잇셔 사름 구홈을 일삼아 간과의 긔운을 변
ㅎ야 일월의 빗치 될지라. 쏘 무고히 살인홈은 교화를 밧지 못흔 나라
이어니와 통리흔 대국도 이 그른 일을 힝ㅎ면 엇지 붓그럽지 아니리
요. 지금에 각국이 양병홈으로 일을 삼으니 독이 영국이 칼을 팔아 소
를 사며 창을 녹여 농긔를 삼지 못ㅎ거니와 만일 공즈의 <u>거병ㅎ라는
말숨을 [긔병은 군사를 바리란 말삼이라] 좃치면 빅셩이 다 함포고복
홀 거시오 병비도 쏘흔 업슬이로다.</u>

---

44) 긔랄사단: 글래드스톤.

뎨구권 상편 **지치의 융셩이라(일)**

영국 마간셔 원본, 쳥국 채이강 술고, 리졔마틔 번역

뎨일졀 영국의 상무ㅣ 디구상에 웃듬이라

영국의 통샹은 오딕주 만국에 병가졔구혈 즈ㅣ 업스니 각국의 츌구 화물이 십분 즁 오분은 다 영국에 드러오고 영국의 물화ㅣ 쏘흔 텬하 각국 츌입 물화와 비교ᄒ면 습분일을 뎜령ᄒ니 그 여ᄎ히 다수흔 물 건은 다만 영국 스름 습쳔스빅만의 졔조흔 바이오, 오딕쥬 각 직조창 에 사 짜스ᄂ 긔계가 칠편만 쳑 닉에 영창의 스ᄂ 거시 스쳔만 쳑에 이르ᄂ 고로 영국의 포목과 합자니즈 등이 [합자니자ᄂ 다 의복 ᄆᆫ드 ᄂ 물건이라] 불가승언이요 셕탄과 쳘과 각죵 긔계를 쏘 각국에 발ᄆᆡ ᄒ야 피ᄎ 리익을 바드니 혹이 말ᄒ되 영국의 상무 흥셩흠은 누빅년 젹공ᄒ야 된 거시라 ᄒ나 기실은 법국 란리 젼에ᄂ 영향도 업든 거시 니 지금에 보면 불과 빅년이러라.

뎨이졀 영국의 공작이 틔반이나 타국에 비홈이라

영국 포필의 셩흠은 딕략 빅년이 되지 못ᄒ니 지금 칠팔십 된 노인이 아ᄒᆡ 시에ᄂᆞᆫ 다 흥왕치 못ᄒᆞ얏고 일쳔칠ᄇᆡᆨ팔십오년 [뎡종 구년]에 츌구ᄒᆞᄂᆞᆫ 포필이 영금 팔십만 방에 지나지 못ᄒᆞ며 츌구ᄒᆞᄂᆞᆫ 각종 물화ᄅᆞᆯ 합ᄒᆞ야 일쳔ᄉᆞᄇᆡᆨ만 방이요 입구 화물은 요요무문ᄒᆞ야 비록 통상ᄒᆞᆫ 지 오ᄅᆡ나 그 셩ᄒᆞᆷ을 보지 못ᄒᆞ얏더라.

공작의 셩ᄒᆞ미 그 시초ᄅᆞᆯ 말ᄒᆞ면 다 영인이 창시ᄒᆞᆷ이 아니라. 직포ᄒᆞᄂᆞᆫ 업은 인도에셔 ᄇᆡ홧스니 [인도의 직포법은 인도ㅣ 즁국과 갓가온 고로 먼져 즁국의 법을 ᄇᆡ홈이라] 일쳔뉵칠ᄇᆡᆨ년 [인조 효종 현종 숙종 경종 영조 뎡종 년간] 간에 인도의 포속이 영국에 오거ᄂᆞᆯ 영국 직조창 쥬인이 말ᄒᆞ되 인도 포속이 오면 우리 무역이 쇠ᄑᆡᄒᆞ리라 ᄒᆞ고 일쳔칠ᄇᆡᆨ년 [숙종 이십뉵년]에 나라에 쳥ᄒᆞ야 그 입구ᄒᆞᆷ을 엄금ᄒᆞ고 일쳔칠ᄇᆡᆨ팔년 [숙종 ᄉᆞᆷ십ᄉᆞ년]에 영국 션ᄇᆡ 단니이덕복[1]이 글을 지어 왈 영국이 인도의 포속을 금ᄒᆞᆷ이 큰 션졍이라. 불연이면 직조창이 쇠멸ᄒᆞ리라 ᄒᆞ니 그 오론과 편벽되믈 가이 알너라.

비단과 니자 ᄶᆞᄂᆞᆫ 것도 영인이 창ᄀᆡᄒᆞᆷ이 아니라. 비단은 의ᄃᆡ리와 법난셔 ᄉᆞᄅᆞᆷ의게 ᄇᆡ오고 니자ᄂᆞᆫ 하란인의게 ᄇᆡ오ᄆᆡ 다 졀등ᄒᆞ고 유리ᄂᆞᆫ 의ᄃᆡ리의 비니ᄉᆞ ᄒᆡ[2] ᄉᆞᄅᆞᆷ이 가라치고 조희ᄂᆞᆫ 법국 하란 일이만 ᄉᆞᆷ국 ᄉᆞᄅᆞᆷ이 가라치고 포속에 ᄭᅩᆺ그리ᄂᆞᆫ 법은 법인이 가라치고 갈포의 츄ᄒᆞᆫ 것슨 본ᄅᆡ 잇거니와 그 가는 거슨 일이만 비리시 냥국으로 젼ᄅᆡᄒᆞᆫ 바이라. 션시에ᄂᆞᆫ 영인이 포ᄇᆡᆨ이나 염ᄉᆡᆨᄒᆞᄂᆞᆫ 거슬 반ᄃᆞ시 하란으로 보ᄂᆡ고 일쳔뉵ᄇᆡᆨ여년 [인조 시]에 하란 ᄉᆞᄅᆞᆷ이 고기ᄅᆞᆯ 잘 잡ᄂᆞᆫ 고로 어부ᄂᆞᆫ 거반 하란인이라. 그런 고로 영인의 고기 질기ᄂᆞᆫ ᄌᆞᄂᆞᆫ 하란에 부탁ᄒᆞ며 자긔ᄅᆞᆯ 굽ᄂᆞᆫ 것도 ᄯᅩᄒᆞᆫ 하란을 스승 ᄉᆞᆷ으며 션쳑을 졔조ᄒᆞᆷ은 븍으로 단믁에 ᄇᆡ호고 남방에ᄂᆞᆫ 의ᄃᆡ리에 ᄇᆡ호고 공장의 져명ᄒᆞᆫ ᄉᆞᄅᆞᆷ도 다 하란인의 졔ᄌᆞ요 ᄯᅩ 먼져 풍마와 [풍마ᄂᆞᆫ 바ᄅᆞᆷ을 인ᄒᆞ야 각ᄉᆡᆨ 가로 ᄆᆞᆫ드ᄂᆞᆫ 긔계라] 물방아ᄅᆞᆯ ᄇᆡ인 고로 영국의 큰 공장이 다 물과

1) 단니이덕복(蜓泥犁德福, 전리려덕복): 싸닐 듸 ᄲᅩ. 영유(英儒). 다니엘 디 포.
2) 비니ᄉᆞ ᄒᆡ: 이탈리아 해구.

바룸의 힘을 비러 긔계를 부리고 의듸리인이 쏘 초립 문드는 법을 가르치고 히슈로 소곰 문드는 법은 구쥬 타국으로 젼릭ᄒ고 일쳔칠빅오십년 [철종 원년] 젼에 영인의 쓰는 쳘을 타국의 사 오는 지 ㅣ 숩분에 이오 다 셕탄을 피여 단련ᄒ야 셰월이 오릭민 드듸여 타국보다 나으니 되져 타국은 다만 목탄만 쓰는 연고 ㅣ 라. 총이언지ᄒ면 <u>영국의 공장이 다 탕던의 뒤지더니 일조에 황연이 쮜여나 타국의 압히 되더라.</u>

데숨졀 도로를 통키 젼이라

빅여년 젼에는 영인이 졔조를 잘ᄒ나 슈운ᄒᄂᆞᆫ 법이 업ᄂᆞᆫ 고로 츌구 화물이 항상 타국과 갓지 못ᄒ니 당시에 뉴디로 셕탄을 운젼ᄒᄂᆞᆫ 부비 민 근에 숩ᄉᆞ푼 [엽젼이라]되더니 쳘로를 노은 후에는 열 두 근에 숩ᄉᆞ푼이 되고 쏘 길이 험ᄒ야 수레를 업치고 말이 상ᄒ며 여름에는 진흙이 무릅을 ᄲᆞᆫ지며 겨을에는 어름이 밋그러워 힝보ㅣ 극난ᄒ니 쳥국 북방길과 방불ᄒ고 영국 륜돈 경셩에 일용 음식은 다 우마에 슈운ᄒ거늘 도뇌ㅣ 불통ᄒ고 틔까ㅣ 만흔 고로 한 도닉에 잇셔도 동쪽에는 곡식이 편만ᄒ나 발민치 못ᄒ고 셔쪽인즉 돈은 젹여구산ᄒ야도 맛춤닉 한셤 미곡을 사기 어렵고 북방 ᄉᆞ름이 남방을 갈 째는 귀긱은 마거를 타고 ᄲᅢᆯ니 힝ᄒ야도 일삭이 되어야 겨우 왕릭ᄒ더니 지금 화륜거로 십일 시간에 [조션 시 다셧 시 반이라] 득달흠과 비교ᄒ면 상거ㅣ 엇더ᄒ며 쏘 슈운키 불편흠으로 ᄉᆞ름마다 빅계 사량ᄒ야 응용홀 물건을 쥰비ᄒ니 농부는 밧 갈고 김 믹는 일을 젼일이 못ᄒ고 양을 길으고 삼을 심어 하동간 의복홀 거슬 문들고 부녀는 방젹에 젼력지 못ᄒ고 심지어 방젹ᄒᆫ 물건에 염식헐 나무를 심으니 졔반 일이 다 여차ᄒ미 만일 외도에셔 오기를 기다리면 엇지 한졍이 잇스리오.

뎨ᄉ졀 양융 양포와 비단을 ᄡᄂᆞᆫ 졍형이라

스빅년 젼에 [아국 국초]ᄂᆞᆫ 양의 털로 ᄶᆞᄂᆞᆫ 물건을 구법을 쥰힝ᄒᆞ야 직조ᄒᆞ고 사사로이 곳치지 못ᄒᆞ나 당시에도 츌구ᄒᆞᄂᆞᆫ 뎐과 자리 등물이 미년 영금 이슴빅만 방이 되거ᄂᆞᆯ 영졍이 상무를 보호치 아닐 ᄲᅮᆫ 아니라 도ᄅᆡ여 ᄭᅡ다로은 뎡ᄉᆞ를 ᄂᆡ여 곤케 ᄒᆞ야 양의 털이 물건 되기 젼에ᄂᆞᆫ 츌구치 못ᄒᆞ고 타국이 양의 털노 ᄶᆞ은 물건도 ᄯᅩᄒᆞᆫ 입구치 못ᄒᆞ게 ᄒᆞ야 무역ᄒᆞᄂᆞᆫ 길이 불편ᄒᆞ고 양포ᄂᆞᆫ 당시에 업ᄂᆞᆫ 물건이오 오작 인도에서 졔조ᄒᆞ더니 즁국 송원 시 [고려 시]랄 당ᄒᆞ야 회교인이 셔반아를 덤거헐 ᄶᅢ에 인도의 법을 방힝ᄒᆞ야 구쥬에 통ᄒᆞ니 그졔야 의딕리 스름이 졈졈 빅홧스나 타국은 아직 셩힝치 아니ᄒᆞ다가 밋 영국이 시로이 긔계를 창힝ᄒᆞᆫ 후에 비로소 번셩ᄒᆞ더라.

영국 직포챵에 면화ᄂᆞᆫ 다 미국에 구ᄒᆞ야 스ᄂᆞᆫ 거시라. 일쳔칠빅구십년 [뎡종 십ᄉ년] 젼에ᄂᆞᆫ 미쥬에셔 면화 츌구홈이 업셧스니 그 쳐음은 아셰아에 구ᄒᆞ야 쓴 ᄃᆞᆺᄒᆞ나 대뎌 베 ᄡᆞᄂᆞᆫ 거시 셰상에 유조홈을 모르ᄂᆞᆫ 고로 일쳔칠빅이십일년 [경종 원년]에ᄂᆞᆫ 베를 ᄡᆞ거나 파ᄂᆞᆫ 자를 금ᄒᆞ고 일쳔칠빅칠십ᄉ년 [영조 오십년]에 비로소 직포를 허ᄒᆞ되 반은 면화를 쓰고 반은 츩을 쓰며 젼혀 면화 쓰믈 금ᄒᆞ더라.

영국에 누에 실노 ᄡᆞᄂᆞᆫ 물건이 쳐음에ᄂᆞᆫ 심이 젹은 고로 갓가이 잇ᄂᆞᆫ 법국보다 오히려 못ᄒᆞ고 비단 파ᄂᆞᆫ 상고ᄂᆞᆫ 외국 비단 입구홈이 져의게 손히 잇다 ᄒᆞ야 금홈을 쳥ᄒᆞ거ᄂᆞᆯ 졍부ㅣ 불허ᄒᆞ얏더니 일쳔칠빅뉵십오년 [영조 ᄉ십일년]에 비단챵 쥬인이 반란을 이루ᄂᆞᆫ지라. 뎡부ㅣ 부득이 허락ᄒᆞ더라.

영인이 하포 ᄶᆞᄂᆞᆫ 법이 ᄯᅩᄒᆞᆫ 극졸ᄒᆞ거ᄂᆞᆯ 뎡부ㅣ 국고금을 보조ᄒᆞ며 부녀들이 ᄯᅩᄒᆞᆫ 삼을 ᄶᅡ아 조력ᄒᆞ나 필경 ᄶᆞᄂᆞᆫ 거시 부족ᄒᆞ야 일이만 비리시 냥국의 갈포를 만이 사더라.

일쳔칠빅칠십년 [영조 ᄉ십뉵년]에ᄂᆞᆫ 긔광ᄒᆞᆫ 셕탄이 불과 뉵빅만 돈이러니 [일 돈은 일쳔뉵빅팔십 근이라] 지금 일쳔팔빅팔십구년 [대군주 이십뉵년]에는 일만칠천칠빅만 돈이 되니 샹거ㅣ 삼십비가 되고 조회는 갑시 영금 칠십오만 방이러니 일천팔빅ᄉ십년 [헌종 뉵년] 이 후로 십이비가 되더라.

데오졀 수륙 각로롤 슈츅고즈 홈이라

일천칠빅오십년 [영조 이십뉵년]에 슈로롤 널려 리물포[3] 항구로부 터 만졸특 셩까지 이르고 기여 지로롤 다 수츅ᄒ야 십ᄉ년 사이에 슈 로 ᄉ빅오십이 쳐롤 널니고 일천팔빅년 [뎡종 이십ᄉ년]에 슈로 각로 롤 슈츅ᄒ니 이에 각종 무역이 번셩ᄒ더라.

데륙졀 화륜긔계 쳐음을 힝홈이라

당시에 즁학을 강구ᄒᄂᆞ 즈ㅣ 업ᄂᆞ 고로 [즁학은 무삼 물건이든지 즁슈롤 아ᄂᆞ 거시라] 긔계 잇셔도 다만 물의 힘을 비러 긔계롤 쓰다가 만일 물의 힘이 부죡ᄒ면 곳 쓰지 못ᄒ더니 영인 화특[4]이 물을 ᄭ려 ᄉᆞ 긔계 쓰ᄂᆞ 법을 ᄭᅢ닷고 일천칠빅뉵십구년 [영조 ᄉ십오년] 뎡월 오 일에 ᄉᆞ 긔계롤 조셩ᄒ니 왈 화륜긔계라. 이에 사와 베롤 ᄶᆞ미 민쳡ᄒ 미 비헐 ᄃᆡ 업고 ᄯᅩ 그 긔계의 힘은 오즉 셕탄을 쓰ᄂᆞ 고로 부비가 ᄯᅩ ᄒᆞ 젹은지라. 이에 각 방직챵이 다토아 사 가더니 일삭을 지니지 못ᄒ 야 거국이 다 방힝ᄒ며 ᄯᅩ 영국이 젼에 긔계ᄂᆞ 잇스나 다 둔ᄒ고 졸ᄒ 야 화특의 ᄉᆡ법이 아니면 운동ᄒᄂᆞ 실표ㅣ 업더니 ᄎᆞ후로 화륜 긔계 셩힝ᄒ야 영국의 통샹이 다시 ᄉᆡ 셰계롤 이루더라.

---

3) 리물포: 리버풀.
4) 화특(華忒): 왓트. 영기사(英機師). 증기기관을 발명한 영국 기술자.

뎨칠졀 사와 베롤 ᄶᄂᆞᆫ 긔계라

일쳔칠ᄇᆡᆨ뉵십칠년 [영조 ᄉᆞ십ᄉᆞᆷ년]에 영인 합이히5) 사 ᄶᄂᆞᆫ 긔계ᄅᆞᆯ 창긔ᄒᆞ야 한 ᄉᆞᄅᆞᆷ의 슈족을 놀녀 일시에 슈십 폭을 ᄶ을너라 [슈십폭 ᄶᆞᆫ다 홈은 한 틀에 슈십 폭을 ᄶᆞ으미라] ᄯᅩ 냥년을 지ᄂᆡ여 영인 아구회6) 그 긔계ᄅᆞᆯ 증감ᄒᆞ고 ᄯᅩ 류년 말에 영인 극방탄7)이 아구회의 곳친 긔계ᄅᆞᆯ 교졍ᄒᆞ니 직조홈이 더욱 편리ᄒᆞ고 일쳔칠ᄇᆡᆨ팔십칠년 [뎡종 십일년]에 영국에 입젹ᄒᆞᆫ 경탄현8)의 목ᄉᆞ 잡토위9) ᄯᅩ 직포ᄒᆞᄂᆞᆫ ᄌᆞ릭긔계ᄅᆞᆯ 지으니 [ᄌᆞ릭긔계ᄂᆞᆫ 긔계가 ᄉᆞ사로 ᄶᆞᆫ다 홈이라] 이에 각 신법이 구비ᄒᆞ야 한 ᄉᆞᄅᆞᆷ이 가이 이삼ᄇᆡᆨ인의 일을 겸ᄒᆞ더라.

뎨팔졀 통상무역 장졍이라

영국이 비록 조혼 법을 어덧ᄉᆞ나 구습을 바리지 못ᄒᆞ야 통상ᄒᆞᄂᆞᆫ 장졍을 일일이 금ᄒᆞ야 일홈은 통상이라 ᄒᆞ나 맛ᄎᆞᆷᄂᆡ 상고ᄅᆞᆯ 병드리며 ᄯᅩ 각 항 보업의 구졔ᄅᆞᆯ 좃ᄎᆞ 조혼 법이 잇셔도 흥황키 어렵더니 일쳔칠ᄇᆡᆨ칠십륙년 [영조 오십이년]에 영인 사미덕아당10)이 부국칙을 져슐ᄒᆞ야 신법이 힝ᄒᆞᄆᆡ ᄌᆞᄎᆞ로 식 긔계 더욱 셩힝ᄒᆞ더라.

---

5) 합이히(哈爾該): 하그리우스. 영기사(英機師).

6) 아구회(亞寇懷): 아크라잇트. 영기사(英機師). 아크라이트.

7) 극방탄(克楞呑, 극룽탄): 크롬톤. 영기사(英機師).

8) 경탄현(硜呑, 갱탄): 킨트. 영현(英縣). 캔트. 영국 지명.

9) 잡토위(卡土威): 카트라잇트. 영목사(英牧師). 카트라이트.

10) 사미덕아당: 애덤 스미스.

뎨구졀 면화ㅣ 직조창에 부족홈이라

영국이 식 긔계 잇슨 후로 본국에 쓰는 면화ㅣ 부족ㅎ니 이 째에 아
미리가 주는 면화가 만으나 면화 씨를 쏩는 법을 아지 못ㅎ야 무용지
물이 되엿더니 일쳔칠빅구십삼년 [뎡종 십칠년]에 영국에 슉(屬)혼 미
쥬 짜에 회특늬11)라 ㅎ는 공장이 긔계를 지어 면화 씨를 쏩게 ㅎ거늘
미인이 디희ㅎ야 즈츠로 면화를 수운ㅎ야 영국에 오는 즈ㅣ 불가승계
라. 일쳔칠빅구십亽년 [뎡종 십륙년]에 면화 슈입이 일빅뉴십만 방이
요 [물건의 즁슈는 미방에 열두 냥즁이라] 일쳔팔빅일년 [순조 원년]
에는 이만만여 방이이요 지어 근일 일쳔팔빅팔십뉵년 [대군쥬 이십亽
년]에는 영국에 각국이 운입ㅎ는 면화가 합 십칠만만 방이니 그 방직
의 흥왕홈을 가이 알너라.

뎨십졀 빅공이 흥셩홈이라

일쳔팔빅년 [뎡종 이십亽년]에 영국이 긔계가 구비ㅎ고 셕탄이 무
궁ㅎ며 입구ㅎ는 면화가 또한 만은 고로 구쥬 각국이 비견헐 즈ㅣ 업
는지라. 영국이 이 째에 다시 장졍을 뎡ㅎ니 민심이 흡연ㅎ더라, 연이
졔조ㅎ는 공장 즁에 포속이 가장 늣게 발명이 되고 한 번 변통한 후에
는 졈졈 일신월셩ㅎ야 그 효험이 한량 업스니 이졔 그 일을 상고ㅎ면
가이 알지라. 일쳔칠빅오십달년 [영조 이십칠년]에는 츌구ㅎ는 포속이
겨우 영금 亽만오천 방이러니 일쳔칠빅륙십亽년 [영조 亽십년]에는
이십만 방이 되고 일亽연칠빅팔십오년 [뎡종 구년]에는 팔빅오십만 방
이 되고 일쳔팔빅십년 [순조 십년]에는 일쳔팔빅만 방이 되고 일쳔팔
빅삼십삼년 [순조 삼십삼년]에는 亽천륙빅만 방이 되고 근릭 일쳔팔

---

11) 회특늬(灰忒內): 휘트늬. 미교장(美巧匠).

빅칠십ᄉ년 [대슌쥬 십일년]에는 칠천오빅만 방이 되니 그 어라틋 흥 왕흠은 실노 뇨량 밧기러라.

일천팔빅팔십칠년 [대군쥬 이십ᄉ년]에 영국 입구ᄒᆞᄂᆞᆫ 면화 갑시 영금 ᄉᆞ천구빅여만 방이요 츌구ᄒᆞᄂᆞᆫ 포속 갑슨 칠천만 방이오 본국인 의 의복 소용은 이ᄂᆡ에 드지 아니ᄒᆞ얏스니 일로 비교ᄒᆞ면 직포창과 각 방직ᄒᆞᄂᆞᆫ 공장의 리를 가이 알 거시요 쏘 근년에 타국인이 영포를 쓰ᄂᆞᆫ 즈ㅣ 만을 뿐 아니라 곳 영국 본지에 잇셔셔도 발ᄆᆡ됨이 젼보다 한량이 업스니 영국의 흥흠은 다시 말헐 것 업더라.

이상 각 물종 슈ᄂᆞᆫ 다 일천팔빅ᄉ십ᄉ년 [순조 ᄉ십ᄉ년]으로 일천 팔빅칠십ᄉ년 [대군쥬 십일년]까지 ᄒᆡ관 츌입구칙을 샹고ᄒᆞ야 아ᄂᆞᆫ 거시니 비단 포속만 흥왕홀 뿐이라. 쏘 양의 털노 ᄶᆞᆫ 물화도 젼일과 형이ᄒᆞ야 일천팔빅칠십ᄉ년 [대군쥬 십일년]에 영국의 입구ᄒᆞᆫ 양의 털 중슈ᄂᆞᆫ 영칭으로 ᄉ만 ᄉ천사빅만 방이요 [물건의 일 방은 십이냥 중이라] 양의 털로 ᄆᆞᆫ든 각종 이츌구ᄒᆞᆫ 갑슨 영금 이쳔팔빅만 방이니 이ᄂᆞᆫ 다 쟝졍을 곳친 후 일이러라.

일쳔팔빅년 [뎡종 이십ᄉ년] 이후로 영인이 갈포와 마포 ᄶᆞᄂᆞᆫ 것도 쏘ᄒᆞᆫ 화륜긔계를 쓰더니 일쳔팔빅칠십여년 [대군쥬 십일이년 간]에 직 포창을 통계ᄒᆞ니 합 칠천이빅구십ᄉ 쳐이요 포속과 모단 우단과 면사 와 면쥬실 등 각종이 타국에 가ᄂᆞᆫ 즈ㅣ 영금 일만이쳔만 방이 되더라.

뎨십일졀 금은을 긔광홈이라

션시에 남미쥬 각국이 아라사와 금은을 긔광ᄒᆞ다가 밋 각국이 통상 ᄒᆞᄆᆡ 광산이 부족홈을 염녀ᄒᆞ얏더니 일쳔팔빅ᄉ십팔년 [헌종 십ᄉ년] 에 미국이 쳐음으로 구금산을 어드니 [구금산은 쏘 일홈이 가례복이 아싱12)이라] 이ᄂᆞᆫ 망긔ᄒᆞᄂᆞᆫ 즈ㅣ 그 보비 모인 곳이라 ᄒᆞ야 차진 바이 요 쏘 신금산을 엇고 [일명은 오사쳘니아13) 쥬라] 이 산은 틱반이 다

금은이 응결ᄒ고 쟝이 숨쳔리라. 장찻 취지 불금ᄒ고 용지 불갈헐너라. 대기 전후 숨십년 간에 오대쥬의 금은이 전에ᄂ 갑시 ᄆ년 영금 일쳔만 방이 되더니 후에ᄂ ᄆ년 숨쳔오빅만 방이 되니 합ᄒ야 십만만 방에 이르더라.

각국이 식 긔계를 조셩ᄒᄆ 셕탄의 입용흠이 ᄯᅩᄒ 날노 만을지라. 박학ᄒᄂ 션비 탄광이 부족헐가 염녀ᄒ더니 영경이 대신을 파송ᄒ야 탄광을 살피니 쳐쳐에 다 탄광이라. 곳 슈빅년을 지니도 핍절지 아니헐너라. 이계 영국 일경에 ᄆ년 셕탄 소츌이 일만숨쳔만 돈 [일 돈은 일쳔륙빅팔십 근이라]이 되고 각국의 소츌을 상고ᄒᄆ ᄯᅩᄒ 이슈에 넘지 못ᄒ니 영국의 셕탄 만으믄 불가승수ㅣ러라.

영국이 쳘을 쓤도 ᄯᅩᄒ 만으니 빅년 전 법국이 대란헐 째에 영국 소산이 ᄆ년 불과 칠만 돈이라. ᄎ외에ᄂ 다 타국에 사셔 쓰더니 일쳔팔빅일이십년 [순조 시]에 영국 쳘 소산이 년년이 더ᄒ야 십오만 돈이 되고 타국에 사오ᄂ 즈ㅣ ᄯᅩ 스만 돈이요 영국이 쇠 단련ᄒᄂ 법이 셕일에ᄂ 셔늘ᄒ 긔운을 비러 슉쳘을 ᄆᆫ드더니 일쳔팔빅이십스년 [순조 이십스년]에ᄂ 극렬ᄒ 긔운 뉴빅도로부터 팔빅도까지 그 긔운을 쇠에 너어 슉쳘을 ᄆᆫ들고 쇠를 녹일 째에 구법에 비ᄒ면 셕탄이 삼분의 이가 감ᄒ니 이에 영국이 셕탄과 쇠가 만코 ᄯᅩ 식 긔계 잇셔 일쳔팔빅칠십칠년 [대군쥬 십스년]으로 일쳔팔빅팔십륙년 [대군쥬 이십숨년]까지 타국에 사지 아닐 ᄲᅮᆫ 아니라 ᄆ면 나믄 쇠 칠빅 돈을 타국에 금은과 밧구니 영국의 부요흠이 맛당ᄒ고 ᄯᅩ 구미 이쥬 각국의 소산 쳘의 총슈ㅣ ᄆ년 일쳔뉴빅 돈이 되니디 영국이 그 반을 차지ᄒ더라.

---

12) 가례복니아(嘉禮福尼亞 卽 舊金山): 카릭ᄯᅩ니아. 미셩(美省). 캘리포니아.
13) 오사쳘니아(澳斯鐵里亞 卽 新金山): 오스트라릭아. 주(洲). 오스트레일리아.

데십이졀 화륜션이 쳐음 흥홈이라

영인 화특이 화륜긔계를 창시혼 후 오십년에 영국인이 갈진심력호야 선쳑의 편쳑헐 법을 궁구홀시 숨빅년 젼 [인조 시]에 화륜션을 지은 스름이 잇스나 졔작이 질둔호야 쓰지 못호고 쏘 이빅년 젼 [숙종 년간]에 쏘 이어 지은 즈ㅣ 잇스나 영국법에 관가에 품쳥호야 빙표를 가져 젼문업을 허호고 타인이 의방치 못호게 호민 인호야 널리 통힝치 못호며 일빅슈십년 젼[영조 시]에 소격난에 소화륜션 일쳑이 잇스나 일 뎜죵[조션 시 반 시라]에 겨우 이십여 리를 힝호야 별노이 신긔치 못호더니 일쳔팔빅칠년 [순조 칠년]에 부탄14)이라 호는 스름이 화륜션을 지어 미국 뉴약15) 항구로좃차 스빅리를 힝호야 아파니16) 싸에 다다르니 죵츠로 화륜션이 셩힝호야 영국 각 부두에 상고 왕릭에 다륜션이 잇고 열쳔팔빅숨십팔년 [헌종 스년]에 영국 륜션이 대셔양을 지나 미국에 이르니 보는 즈ㅣ 다 신긔이 녁이고 즈츠로 화륜션이 대히에 상속 릭왕호더라.

데십숨졀 화륜거ㅣ 쳐음 흥홈이라

영국 공장이 혜오딕 히로에 화륜션이 잇스니 뉵로에 맛당히 화륜거ㅣ 잇슬이라 호야 힘을 다호야 화륜거를 믄드럿시나 령쳡지 못호더니 일쳔팔빅숨십년 [순조 숨십년]에 영인 시체분숨이17) 다시 륜거를 조셩호야 리물포 항구로 만졸특 셩까지 빅리를 단이미 가장 신속호더라.

---

14) 부탄(富呑): 폴톤. 선장(船匠).
15) 뉴약(紐約): 뉴욕. 미지(美地).
16) 아파니(雅巴尼): 알바늬. 미지(美地).
17) 시체분삼(施蒂棼森): 시틔뿐손. 거장(車匠). 스티븐슨. 증기 기관차를 발명한 사람.

륜거를 만든 후에 쳘로 노음이 신속지 못ᄒ고 ᄯᅩ 그 리익 잇슴을 아지 못ᄒᆞ야 져희ᄒᆞᄂᆞᆫ 즈ㅣ 만터니 십오년이 지ᄂᆡ여 겨우 쳘로 칠쳔여 리를 노으니 소입본젼이 겨우 영금 팔쳔팔빅만 방이오 힝긱의 륜거타는 즈ㅣ ᄯᅩ흔 ᄆᆡ년에 겨우 ᄉᆞᆷ쳔ᄉᆞᆷ빅만 인에 지나지 못ᄒᆞ다가 일쳔팔빅ᄉᆞ십오년 [헌종 십일년] 이후로그 리익이 텬하의 뎨일이라 ᄒᆞ며 관민 상하ㅣ 동심합력ᄒᆞ야 쥬야 경영ᄒᆞᆯᄉᆡ 혹 ᄌᆞ긔의 사ᄌᆡ를 다ᄒᆞ야 륜거 쳘로의 고분표[18]를 사니 쳐음에ᄂᆞᆫ 대리 잇다가 밋 본젼이 과다ᄒᆞ고 리가 박ᄒᆞᆯ 시에ᄂᆞᆫ 도리여 낙본이 되더라.

쳘로ㅣ 흥흔 후 이년간에 졈졈 증셜ᄒᆞ야 일쳔팔빅ᄉᆞ십구년 [헌종 십오년]에 졀로 자본이 영금 팔쳔팔빅만 방으로 이만ᄉᆞᆷ쳔만 방에 이르니 영인이 낙본ᄒᆞᄂᆞᆫ 즈ㅣ 만은지라. 되져 쳘로의 리익은 잇스나 너무 급히 ᄒᆞᄆᆡ 도리여 불가ᄒᆞ더라.

지금 영국 쳘로의 장이 오만여 리요 즈본은 영금 륙만ᄉᆞᆷ쳔만 방이요 ᄆᆡ면 쳘로 공사의 셰입은 륙쳔만 방이 되더라.

쳘로ㅣ 대긔흔 후로 일쳔팔빅칠십오년 [대군쥬 십이년]에 츌입흔 물건이 이만만 돈이 되니 통상에 유익흠을 가지요 ᄯᅩ 힝긱의 리왕이 젼보다 셩ᄒᆞ야 일쳔칠빅륙십년 [영조 ᄉᆞᆷ십륙년] 간에ᄂᆞᆫ 동셔남븍에 셔로 왕ᄅᆡ 유람이 극난ᄒᆞ더니 지금은 본국 ᄉᆞ름의 통셥은 이르지도 말고 타국 ᄉᆞ름도 ᄯᅩ흔 조셕 상견ᄒᆞ니 그계야 타국인이 본국과 셩졍이 갓고 의혹될 것도 업고 사랑ᄒᆞ야 공경ᄒᆞᄂᆞᆫ 마음으로 셔로 쾌락키 지ᄂᆡ며 ᄯᅩ ᄉᆞ름이 집에 항상 독쳐ᄒᆞᄆᆡ 고루과문ᄒᆞ더니 이졔ᄂᆞᆫ 통도대읍을 무불편람ᄒᆞᄆᆡ 문견과 학식이 날노 증가ᄒᆞ며 젼일에 불문부지ᄒᆞ든 일이 다 일조에 활연관통ᄒᆞ야 원유ᄒᆞᄂᆞᆫ 관긔 텬락상망ᄒᆞ야 일쳔팔빅십오년 [대군쥬 십이년]에 리왕ᄒᆞᄂᆞᆫ ᄉᆞ름이 뉵만만 명에 이르며 젼에 오졸ᄒᆞ고 무식ᄒᆞ든 즈ㅣ 졈졈 시무를 통달ᄒᆞ며 풍숙이 슌미ᄒᆞ다 자랑ᄒᆞ든 즈ㅣ 지금은 다 타국이 즈긔나라보다 나은 쥴 알고 일국 ᄂᆡ

---

18) 고분표: 주식.

의 스룸들은 더욱이 친후화목ᄒ야 가인부ᄌ와 달음이 업스니 륜거의
리익을 가이 알너라.

뎨십ᄉ졀 젼보ㅣ 쳐음 힝홈이라

륜거 쳘로의 유익홈은 이르지도 말고 또 지구상을 한집과 갓치 홈
은 뎐보에셔 더홈이 업스니 일로 말ᄒ건딘 셕시에 흔 스룸이 우뢰와
번기 병발헐 째에 공중에 번기가 순식간에 쳔리 가는 것슬 보고 이사
이 녁여 젼심치지ᄒ야 리치를 궁구ᄒ다가 홀연이 번기의 힘을 비러
소식 젼헐 법을 씨다르니 이 엇지 틱셔 마거의 미일 칠빅리와 중국 일
일 팔빅리 가는 것스로 비ᄒ리오. 일쳔팔빅ᄉ십칠년 [헌종 ᄉ년]에 화
륜거ㅣ 쳐음 힝헐 째에 그 쌜으기 비헐 데 업스나 즁로의 힝인이 피ᄒ
기 어렵고 또 가는 길에 예비치 못ᄒ야 즁간지쳬ᄒ난 폐가 잇고 또 연
로에 쳘노를 좃차 젼션을 노앗스나 겨우 륜거 단이는 긔별을 통헐 숩
니오 별노이 조화ㅣ 업더니 이윽고 다시 변통ᄒ야 믹스를 연통ᄒ게 ᄒ
야 심지어 슈쳔빅만 언어를 한 젼션 줄노 왕릭ᄒ게 ᄒ야 뉴노 각쳐에
젼간목을 셰우고 일쳔팔빅오십년 [쳘종 원년]에 또 확쟝ᄒ야 영국으
로 법국 바다까지 슈십빅리를 통ᄒ더니 일쳔팔빅뉵십뉵년 [대군쥬 ᄉ
년]에 다시 대셔양에 이르게 ᄒ야 영미 냥국에 젼션이 셔로 연ᄒ야 순
식간 슈륙 냥로에 음신이 상통ᄒ더라.

일쳔팔빅뉵십팔년 [대군쥬 오년]에 영졍이 젼션이 민싱의 유익홈을
알고 쳘로 각 회ᄉ에 명ᄒ야 젼션의 갑슬 회계ᄒ야 국고금으로 갑하
쥬고 또 지션을 셜시ᄒ니 ᄌ후로 각부쥬현에 련락헐 쑨 아니라 지어
향촌과 져자 거리라도 다 입각에 통신케 ᄒ야 이에 통국이 다 혈믹이
관통ᄒ야 옹쳬홈이 업더라.

뎨십오졀 번기의 빗치 쳐음 힝홈이라

대져 화륜을 부리믄 참 긔이ᄒᆞ야 다시 더 졍묘ᄒᆞᆫ 법이 업슬 듯ᄒᆞ며 ᄯᅩ 미긔로 등불을 혀ᄂᆞᆫ 법은 실노 쳐음이오 지어 젼긔로 음신을 통홈은 텬하만고에 웃듬이라. 쳔만 리에 셔로 얼골을 디ᄒᆞᆫ 듯ᄒᆞ니 그 긔묘 이샹홈이 다시 말헐 수 업더라.

허믈며 <u>젼긔롤 비러</u> 등불을 혀니 대져 젼긔등 등잔 ᄒᆞ나의 광치ᄂᆞᆫ 미긔등19) 일쳔 긔를 당ᄒᆞ며 일쳔 긔를 당ᄒᆞ며 그 긔운이 빗치ᄂᆞᆫ 곳에 다만 빅일이 즁텬ᄒᆞᆫ 듯헐 ᄲᅮᆫ 아니요 이졔 화륜션 화륜거와 밋 륜거의 요로와 직조창 졔조국과 바다 가온데 길 인도ᄒᆞᄂᆞᆫ 디와 지즁의 긔광ᄒᆞᄂᆞᆫ 디와 큰 져자거리와 통상 항구 디도회쳐와 지어 부자의 집 고디 광실에 다 젼등을 셰워 발키며 허다 요긴ᄒᆞᆫ 일이 다 인ᄒᆞ야 관계됨이 만코 ᄯᅩ 힘을 니ᄂᆞᆫ 법이 신묘막측ᄒᆞ니 젼의ᄂᆞᆫ 물을 ᄭᅳᆯ어 힘을 니고자 ᄒᆞ면 다만 셕탄과 목탄을 쓰더니 지금은 젼긔롤 비러 힘을 니이미 다른 법 즁 뎨일이 되니 대져 젼학이 음신을 통ᄒᆞ고 빗츨 니고 힘을 싱ᄒᆞᄂᆞᆫ 모든 일에 다 신츌귀몰ᄒᆞ야 변화무궁ᄒᆞ니 필묵으로 형용ᄒᆞ기 어렵더라.

뎨십륙졀 신보관이 쳐음 셜시홈이라

륜션 륜거 젼보ㅣ 다 신긔ᄉᆞ나 오히려 가가호호이 말헐 길이 업슬지라. 션시에 영국 신문은 오직 ᄒᆞᆫ 례비일에 일ᄎᆞ식 간힝ᄒᆞ더니 일쳔팔빅오십오년 [철종 륙년]에 신보 셰젼 혁파ᄒᆞᆫ 후로 미일 신문이 잇셔 무론 하국 하디ᄒᆞ고 요긴ᄒᆞᆫ 사정이 잇스면 날마다 긔록ᄒᆞ며 각 신문관이 ᄯᅩ 통달ᄉᆞ리ᄒᆞ고 문묵에 졍묘ᄒᆞᆫ ᄉᆞ름을 쳥ᄒᆞ야 셔긔를 삼으미

---

19) 미긔등: 아크(arc)등. 전등 발명 이전 탄소 막대를 이용하여 만든 등.

무론 모스ᄒ고 ᄒ 일을 의론ᄒ면 다 스룸으로 경계ᄒ며 효측홀 말이라. 보ᄂᆞ 주ㅣ 모싀이 돈긱ᄒ나 오즉 신보 갑시 과ᄒ야 널니 류통ᄎ치 못ᄒ더니 일천팔빅륙십일년 [철종 십이년]에 영정이 ᄯᅩ 쥬ᄌ 셰견을 혁파ᄒ니 ᄌ후로 신보 ᄆᆡ 쟝에 갑시 겨우 영금 일 변리 [조션 엽젼 두 돈이라]되니 빈한헌 스룸도 가이 사 볼지라. 인ᄒ여 신보관이 날노 증가ᄒ야 일천팔빅오십칠년 [철종 팔년]에ᄂᆞ 겨우 신문관이 칠빅십일 처이러니 일천팔빅칠십뉵년 [대군쥬 십삼년]에ᄂᆞ 일천칠빅오십스 처이 되니 만일 각쳐를 합ᄒ야 보면 영국 젼경에 십만만 권이 될지라. 스십년 젼에ᄂᆞ 다만 우정국으로 부쳐 통힝ᄒᄂᆞ 주ㅣ ᄆᆡ년 겨우 슴천류빅만 권이러니 지금은 우정국에셔 ᄆᆡ년 발힝ᄒᄂᆞ 바이 이만오천만 권이요 기외에ᄂᆞ 다 륜션 륜거로 좃ᄎ 리왕ᄒᄂᆞ 주ㅣ 불가승긔요 보관의 셔긔ᄂᆞ 다 졀륜초군ᄒ고 명특달ᄒ 션비라. 그 의론이 국계민싱에 크게 관계 잇셔 즁대ᄒ 스건을 당ᄒ면 공논과 청의를 쥬쟝ᄒ며 신보 보ᄂᆞ 스룸도 ᄯᅩᄒ 셔로 론란ᄒ야 <u>어리셕은 주ㅣ 졈졈 발가가며 용렬ᄒ 주ㅣ 졈졈 지혜 잇셔 상하ㅣ 옹폐치 아니ᄒ고 시비 혼돈치 아니ᄒ야 우에셔 졍스를 조쳐ᄒ기 쉬우며 소민들이 업에 편안ᄒ니 이ᄂᆞ 다 신문의 큰 효험</u>이라.

신보ㅣ 셩힝ᄒᄆᆡ 인츌홈이 ᄯᅩᄒ 속ᄒ 후에야 가홀지라. ᄒ 스룸이 신법을 창긔ᄒ야 더욱 긔묘 신속ᄒ니 젼에ᄂᆞ 슈빅년 고법을 쥰힝ᄒ야 ᄆᆡ일 졈종시에 [조션 시 반 시라] 겨우 일빅오십 쟝을 인츌ᄒ더니 일천팔빅십스년 [순조 십사년]에 틔오사보관20) [틔오사보관은 영국 유명ᄒ 신문사니 국졍과 민심이 거반 이 보관에 의론을 좃하 힝힘이 만터라]에셔 덕국 화륜긔계로써 신보를 박으니 ᄆᆡ일 졈종에 일천일빅 쟝을 박으ᄆᆡ 디단이 속ᄒ다 ᄒ더니 근년에ᄂᆞ 일 졈종에 이만오천 쟝을 박으며 디져 그 긔계에 너을 ᄯᆡ에ᄂᆞ 불과 빅지 ᄒ 츅이러니 긔계에 ᄒ 번 단녀 나오ᄂᆞ ᄯᆡ에ᄂᆞ 글ᄌ가 단졍ᄒ고 젼후좌우에 도련과 졉고

---

20) 틔오사보관(泰晤士 報館): 타임스. 영보(英報). 영국 신문사 이름.

구멍 뚤어 칙장황까지 되야 다시 스룸의 손을 딕일 거시 업스니 그 편
쳡흠은 가지요 쏘 별노이 연ᄌ판 붓는 법이 잇셔 각 쥬ᄌ를 흔 판에
분비ᄒ야 놋코 연을 ᄉ려 부면 경각 간에 쏘 한 판이 완연이 될지라.
연즉 열판이든지 스므판이든지 마음딕로 부어닉여 긔계에 넛코 인츌
ᄒ니 더욱 편쳡ᄒ더라.

뎨십칠졀 션쳑이라

영국이 통상 이후로 무역이 일셩ᄒ민 션쳑이 쏘 날노 증가ᄒ니 일
쳔팔빅년 [뎡종 이십ᄉ년]에ᄂ 영국 션쳑을 합ᄒ야 이빅만 돈을 싯고
법국과 교젼 시에ᄂ 이빅칠십오만 돈을 싯게 되고 화친 후에ᄂ 슈운
ᄒᄂ 물화가 젹은 고로 일쳔팔빅이십구년 [순조 이십구년]에ᄂ 젼보
다 ᄉ십만 돈이 감ᄒ고 그 히 이후로 다시 셩ᄒ야 일쳔팔빅칠십오년
[대순쥬 십이년]에ᄂ 륙빅만 돈을 싯게 되고 만일 믹년 진구ᄒᄂ 션쳑
을 통계ᄒ면 가이 ᄉ쳔오빅만 돈을 실을너라.

뎨십팔졀 시 긔계롤 만히 창시흠이라

영국이 즁학을 강구ᄒᄂ 젼문학이 잇셔 [즁학은 만물의 동졍을 의
론ᄒᄂ 학이라] 만고의 쳐음 되ᄂ 긔계롤 닉니 인민이 다 힘입더라.
일쳔륙빅년 [션조 시]으로 일쳔칠빅오십년 [영조 이십뉵년]까지 통계
믹년에 시 긔계 여덥닉식 닉고 졍부에 품쳥ᄒ야 빙표롤 맛타 독젼긔
리ᄒ고 타인은 의방ᄒ야 제조치 못ᄒ고 일쳔칠빅뉵십삼년 [영조 삼십
구년]으로 일쳔팔빅오십이년 [쳘종 삼년]까지 통계 믹년 시 긔계롤 창
긔흔 거시 각 이빅오십 종식이요 쏘 일쳔팔빅오십삼년 [쳘종 스년]으
로 일쳔팔빅칠십일년 [대군쥬 팔년]까지ᄂ 믹년 통계ᄒ야 각 이쳔 종

식이 더ㅎ고 근릭 일쳔팔빅칠십칠년 [대군쥬 십ㅅ년]에는 슘쳔이빅 종을 신발명ㅎ얏더라. [신법 발명홈은 영국ㅽ 아니라 법미 냥국이 그 인민을 권장ㅎ야 긔계를 창조ㅎ니 근릭에 법국은 믹년 구쳔 종에 이르고 미국은 믹년 일만이쳔 종에 이르니 영국에 비ㅎ면 슘ㅅ비가 더 ㅎ더라.]

뎨십구졀 긔계롤 리ㅎ게 홈이라

각국이 싀 긔계를 창조홈은 민싱을 후ㅎ게 홈이어늘 지금에는 ㅅ름을 상히ㅎ는 물건이 ㅆ흔 층싱쳡츌ㅎ니 영법 냥국이 토이기에셔 아라사를 막을 Ꞔ에 싀 창포를 창기ㅎ야 긔교홈과 엄위홈을 자랑ㅎ니 이는 ㅅ름을 구ㅎ는 마음을 변ㅎ야 살인ㅎ는 물건이 되니 엇지 가셕지 아니리요. 션시 나파륜이 용병홀 Ꞔ에는 탄환을 다 총문 압흐로 넛고 부쇠로 불을 다린 후 화약에 당긔여 총알이 나가게 ㅎ니 이럼으로 원근과 고져ㅣ 다 젹즁치 못ㅎ야 극히 먼리가는 거시 영쳑 륙빅 쳑에 지나지 못ㅎ는 고로 혜령탄이 ㅆ홀 Ꞔ에 총 뉵빅 방에 겨우 하나을 맞치고 기후 덕국이 법국을 칠 Ꞔ에 젹군 ㅎ나를 맞치랴 ㅎ면 탄환이 이빅칠십구 긔가 되고 ㅼ 다시 신식총을 쓰미 탄환 일빅ㅅ십칠 긔가 된 후에야 ㅎ 스름을 상ㅎ고 슈년 젼에 아라사에서 토이기를 칠 Ꞔ에 뉵십뉵 긔에 ㅎ나를 상ㅎ니 혜령탄에 비ㅎ면 그 령쳡홈이 십 비요 더구나 지금은 다 후당총[21]이라. 약과 알을 다 총문 뒤흐로 넛코 총에 나사를 ㅻ드러 원근과 고하를 다 임의 용지ㅎ고 알이 ㅼ러지는 곳은 영쳑 ㅅ쳔이빅 쳑이 되니 젼에 비ㅎ면 칠 비가 더ㅎ고 일분 종시에 [조션 한 시 일빅이십분일러라] 이십차를 노으며 ㅼ 영국 늬리손이 법군을 막을 Ꞔ에는 병션이 다 목션이라. 우연이 대포 ㅎ 긔가 ㅼ러지면 젼션이

---

21) 후당총: 뒤에서 당기는 총.

함몰ᄒ더니 지금은 다 철갑션을 ᄆ들미 극즁 ᄒ 대포가 마져도 손상
치 아니ᄒᄂ지라. 이에 극히 큰 대포를 졔조ᄒ야 철갑션을 ᄭᅵ친 후에
야 말고자 ᄒ니 대포의 알이 일쳔오ᄇᆡᆨ 근 되ᄂ 거시 잇셔 한 번 노으
면 십오리를 가셔 그 비를 ᄭᅵ치며 ᄯᅩ 번긔의 힘을 비러 슈뢰포22)를 ᄆ
드러 [슈뢰포ᄂ 물속에셔 놋ᄂ 대포라] 그 비 밋츨 ᄭᅵ치니 대져 철갑
션이 젼화좌우ᄂ 다 쇠로 ᄆ드나 오즉 비 밋츤 나무를 ᄭᅡ라 물에 ᄯᅳ게
ᄒᄂ니 일조에 슈뢰포를 당ᄒ면 철갑션이 공즁으로 소사 하늘로 오르
ᄂ 듯ᄒ며 ᄉᆞ름은 다 혈육이 분렬ᄒ야 ᄌᆡ와 연긔가 되니 이ᄂ <u>ᄉᆞ름 위
ᄒᄂ 긔계가 변ᄒ야 싱령의 화를 ᄆ들미니 엇지 참혹지 아니ᄒ리오.
바라ᄂ 바ᄂ 텬하 각국이 약쟝을 졍ᄒ야 슉시슉비를 다 공론을 ᄯᅡ라
힝ᄒ고 긔계로 일삼지 말기를 쳔만 기다리노라.</u>

데이십졀 ᄇᆡᆨ공의 졍형이라

영국이 양민ᄒᄂ 법을 어든 후에 빈민이 다 의식이 요족ᄒ야 례의
와 염치를 알고 범법ᄒᄂ ᄉᆞ름이 젼혀 업스며 외국으로 오ᄂ 량식이
날노 만은 고로 곡가히 쳔ᄒ야 ᄇᆡᆨ공의 공젼은 젼일에셔 더ᄒ지 아니
ᄒ야도 량식 등물이 젼일보다 슈습 ᄇᆡ가 쳔ᄒ니 이럼으로 ᄇᆡᆨ셩의 음
식홈이 젼보다 증가ᄒ야 일쳔팔ᄇᆡᆨᄉᆞ십오년 [헌종 십일년]에ᄂ 영인이
외국셔 오ᄂ ᄇᆡᆨ면을 ᄆᆡ년 ᄆᆡ인에 겨우 영칭으로 십칠 방이 되더니 [일
방은 십이량즁이라] 일쳔팔ᄇᆡᆨ칠십오년 [대군쥬 십이년]에ᄂ ᄆᆡ인 ᄆᆡ
년에 일ᄇᆡᆨ이십ᄉᆞ 방이 되고 사탕은 일쳔팔ᄇᆡᆨᄉᆞ십오년 [헌종 십일년]
에ᄂ ᄆᆡ인 ᄆᆡ년 십오 방이러니 일쳔팔ᄇᆡᆨ칠십오년 [대군쥬 십이년]에
ᄂ 오십일 방이 되고 다엽은 일쳔팔ᄇᆡᆨᄉᆞ십오년 [헌종 십일년]에ᄂ ᄆᆡ
년 ᄆᆡ인에 이십 냥즁이러니 일쳔팔ᄇᆡᆨ칠십오년 [대군쥬 십이년]에ᄂ

---

22) 슈뢰포: 어뢰.

스십팔 냥즁이 되고 [각국의 차 먹음이 각자 부동ᄒ야 미국인은 미년 십팔 냥즁을 먹고 법국인은 차를 조하 아니ᄒ야 향촌 간에ᄂᆞᆫ 평싱에 차를 아지 못ᄒᄂᆞᆫ 즈ㅣ 잇더라.] 져육은 일쳔팔빅스십오 년 [헌종 십일 년]에ᄂᆞᆫ 미인 미년 일 방이 되더니 일쳔팔빅칠십오년 [대군쥬 십이년] 에ᄂᆞᆫ 구 방이 되고 계란은 미인 네 기가 되더니 이십 기가 되고 쳔후 ᄉᆞᆷ십년 즁에 혹 오 비 혹 ᄉᆞᆷ 비 혹 구 비가 되며 기름과 젓과 쩍이 ᄯᅩ ᄉᆞᆷ 비가 되고, 외국 샹고들이 인ᄒ야 부요ᄒ며 영인의 부요홈도 ᄯᅩ한 가이 알지라. ᄯᅩ 외국 물화ᄲᅮᆫ 아니라 본국 소산이 증다ᄒ야 셕일은 영 인의 슐이 미인에 이십ᄉᆞ 냥즁이러니 지금은 스십팔 냥이 되고 오즉 소쥬ᄂᆞᆫ ᄉᆞ름의게 히가 잇다 ᄒ야 일쳔칠빅스십이년 [영조 십팔년]에 ᄂᆞᆫ 미인에 이십ᄉᆞ 근을 먹더니 일쳔팔빅스십년 [헌종 뉵년]에ᄂᆞᆫ 감ᄒ 야 여셧 근이 되더니 일쳔팔빅칠십ᄉᆞᆷ년 [대군쥬 십년]에ᄂᆞᆫ 겨우 두 근 이 되더라.

　이샹은 각 졀을 보면 경련동디ᄒ야 타국에 위엄 보이ᄂᆞᆫ 거시 양민 ᄒᄂᆞᆫ 신법에 비ᄒ면 리희편부가 엇더ᄒ뇨, 치국ᄒᄂᆞᆫ 즈ㅣ 깁히 싱각홀 지어다.

뎨구권 하편 지치의 융셩이라(이)

영국 마간셔 원본, 청국 채이강 술고, 리제마티 번역

틔셔 각국이 일쳔팔빅년간으로부터 빅년 이리로 각종 긔계가 날 뿐 아니라 젼문ᄒᆞᄂᆞᆫ 시학문이 또 일신월셩ᄒᆞ니 대뎌 젼에ᄂᆞᆫ 문인 학사ㅣ 다 셕일 뉴젼ᄒᆞᄂᆞᆫ 고젹으로 큰 보비라 ᄒᆞ야 고셔 즁에 ᄒᆞᆫ 법을 ᄭᆡ다르면 곳 혼연ᄌᆞ희ᄒᆞ야 큰 지조라 ᄒᆞ며 고인의 졸홈을 의론ᄒᆞᄂᆞᆫ 자ㅣ 잇스면 이상이 녀기나 <u>기실은 과연 고인이 금인에 비ᄒᆞ면 졸ᄒᆞ니 대뎌 기시에ᄂᆞᆫ 풍긔가 열니지 못ᄒᆞ야 변통홀 바롤 아지 못ᄒᆞ더니</u> 셰월이 오리ᄆᆡ 운회가 열니여 신법 구ᄒᆞᄂᆞᆫ ᄉᆞ름이 날로 셩ᄒᆞ야 쳔만사가 다 고인에셔 지나가니 무릇 고인의 직력이 금인을 밋지 못홈이 아니오 수쳔년 젼에 싱ᄒᆞ야 렬력이 적은 연고ㅣ라. 비컨ᄃᆡ ᄉᆞ름이 아ᄒᆡ로 잇슬 ᄲᆡ와 갓ᄐᆞ야 비록 ᄌᆞ질이 총명ᄒᆞ나 필경 로셩련달ᄒᆞᆫ ᄉᆞ름을 ᄯᆞ르지 못ᄒᆞ고 금일은 수쳔년 후에 싱ᄒᆞᄆᆡ 식견과 경력이 ᄌᆞ연 고인보다 널으니 그 리치 심히 밝가 다시 말홀 것 업ᄂᆞᆫ지라. 만일 고인의 조박만 숭상ᄒᆞ고 금셰의 ᄉᆞ졍을 아지 못ᄒᆞ면 노대ᄒᆞᆫ ᄉᆞ름이 유치ᄒᆞᆫ 아ᄒᆡ와 갓틀지라. 엇지 우읍지 아니리오.

데일졀 의술의 신법이라

옛적의 스는 스름의 사지빅히와 오장륙부의 운용ᄒᆞᄂᆞᆫ 법을 모로ᄂᆞᆫ 고로 침의와 약의 잇셔도 깁흔 밤에 등촉업시 단임과 갓흐며 지금은 허다흔 적은 긔계를 창시ᄒᆞ야 의ᄉᆞ의 이목을 도으니 폐경을 듯ᄂᆞᆫ 통이라 홈은 그 통흔 섯흔 병인의 폐경에 다이고 흔 섯흔 의사의 귀에 딕히여 폐병이 엇더홈을 다 요연이 들어 알고 인후를 측량ᄒᆞᄂᆞᆫ 거울은 그 거울을 스름의 입에 너허 입을 담지 못ᄒᆞ게 ᄒᆞ고 밝은 빗치 목 구멍에 빗최여 밧그로 반조ᄒᆞ야 보이게 ᄒᆞ니 옛적 편작이 상지수를 마시고 오장 중 고질의 병을 본다홈이 황당흔 듯ᄒᆞ더니 이제 이 거울은 과연 헛거시 아니요 또 눈보ᄂᆞᆫ 거울이 잇셔 안질 잇ᄂᆞᆫ 즈를 보면 모즈의 밝고 흐림과 동즈의 바르고 빗씀과 모든 병을 다 알고 또 부인의 하쳐라도 보ᄂᆞᆫ 거울이 잇셔 그 신효홈이 인후 보ᄂᆞᆫ 거울과 갓흐며 또 현미경이 잇셔 흔낫 좁쌀이 곳 틱산과 갓치 크게 보이니 이상 모든 긔계 잇스미 무슴 은미홈을 보지 못ᄒᆞ며 무슴 병근을 슬피지 못홀이요. 지어 약이에도 셕인은 가장 요긴ᄒᆞ다는 자ㅣ 지금은 무용건이 되기도 ᄒᆞ며 고인의 다 아지 못ᄒᆞᆫ 바를 다시 발명ᄒᆞ기도 ᄒᆞ며 또 몽한약에 과노방1) [약명이라] 갓흔 거슨 스름의 병에 침과 칼노 다ᄉᆞ릴 즈ᄂᆞᆫ 그 약을 먹이여 살과 쎄를 할부홀 지음에 명연망각ᄒᆞ야 알픈 줄을 모르고 약력이 진흔 후에ᄂᆞᆫ 의연히 운권텬청홈과 갓트며 또 림질에 셕림이라 홈은 스름을 상키 쉽거늘 졔신법으로 남즈 양도 가온듸 응결흔 셕괴를 연마ᄒᆞ야 가루를 믄드러 수일에 낫게 ᄒᆞ며 또 스름이 혼연히 뒤종이 나ᄂᆞᆫ 거슨 곳이지 못ᄒᆞ더니 이졔ᄂᆞᆫ 그 혈관이 넘쳐 씨어짐을 알고 즉시 치료ᄒᆞ며 소아의 모든 병도 다 곳치며 셕일에ᄂᆞᆫ 중병을 맛나면 혹 수족을 버혀 겨우 잔명을 보젼ᄒᆞ더니 지금은 혹 적은 ᄲᅢ딕를 버혀 곳치게 ᄒᆞ니 의술법도 젼에 비ᄒᆞ면 상거ㅣ 텬양이러라.

---

1) 과노방: 약 이름. 마취제를 의미함.

뎨이졀 광인을 선딕홈2)이라

셕일네는 스름이 광질을 어드면 귀신의 병이라 ᄒ야 왕왕 공방에 가두어 츌입지 못ᄒ게 ᄒ며 혹 달초도 ᄒ며 음식을 제 ᄯ ᄌ지 아니며 더욱이 괴물이라 ᄒ야 스름의게 구경시기고 돈을 밧기도 ᄒ야 학딕홈이 심ᄒ미 맛츰ᄂ 병 나흘 날이 업더니 일쳔팔빅십오년 [순조 십오년]에 정부ㅣ 그 병든 근원을 상고ᄒ니 오직 선딕ᄒ야 안심케 홈이 뎨일이라. 이에 이십오년을 지ᄂ야 광인 선딕ᄒ는 법을 셰우고 범ᄒ는 ᄌ는 치죄ᄒ니 딕져 년일에는 말ᄒ되 이 스름이 본성을 일헛스니 만일 엄히 약속지 아니면 필연 별싱사단홀 거시오 병은 곳칠 슈 업다 ᄒ더니 의ᄉ 고노리3) 각 법을 시험ᄒ야 안심시기고 그 몸을 편ᄒ게 홈이 올타 ᄒ야 일쳔팔빅습십구년 [헌종 오년]에 정부에 품쳥ᄒ야 장정을 셰워 다시 쇠ᄉ슬로 결박ᄒ거나 각 형벌을 쓰지 못ᄒ게 ᄒ니 ᄌ후로 광인이 뎐과 갓치 홈밍치 아니ᄒ고 낫는 스름도 불소ᄒ더라.

뎨습졀 ᄌ긔황4)이라

인싱 일용ᄉ물 즁에 일시도 업스면 견딕지 못홀 거슨 불이라. 연이 불 믄드는 법이 각ᄌ 부동ᄒ야 고시에는 마른 나무 두 기를 셔로 부븨여 불을 ᄂ기고 기후에는 부쇠를 쳐셔 불을 믄드러 수쳔년을 지ᄂ니 이 두 법 외에는 다른 법이 업다 ᄒ더니 지금은 ᄌ긔황을 쓰니 ᄯ 일홈은 ᄌ릭화5)ㅣ라. 각국이 통용훈 지 불과 륙십년이요 ᄌ긔황 믄드는 나무는 솔이니 븍미쥬 감나딕6)와 븍구쥬 나위7) 나라에 잇고, ᄌ긔황은 화

---

2) 광인을 선딕홈: 뇌전증(간질) 치료의 역사를 말함.
3) 고노리(鼓奴俚): 코놀릭. 영의(英醫). 영국 의사.
4) ᄌ긔황: 성냥.
5) ᄌ릭화: 불을 만드는 도구.

산 잇는 짜 밋히 잇스니 구쥬 의대리 국에 만히 잇고 또 남미쥬 산중에 즘싱이 만아 즈싱즈슈ᄒ미 그 쎠를 가지고 화학ᄒ는 법으로 귀화의 본질을 취ᄒ야 먼져 가장 견실ᄒ고 가장 가는 긔계로 소나무를 쪼기미 ᄒ 번에 소나무 가지가 분분히 써러지면 그 가지에 즈긔황을 뭇치고 또 귀화를 뭇쳐 드듸여 뎨일 편리ᄒ 법을 어덧고, 즈긔황과 귀화를 뭇치는 긔계도 또ᄒ 공교ᄒ고 민쳡ᄒ야 다만 수슘인의 힘으로 미일에 수빅만 기를 ᄆ드는 고로 갑시 심히 헐ᄒ니 대강 영금 일 변니에 팔빅기를 살지라. 이 세 가지 물건 소산쳐히 상거ㅣ 만리어늘 조ᄒ 긔계 잇셔 지극히 신통ᄒ고 긔묘ᄒ 물건을 ᄆ드니 이상ᄒ도다.

뎨ᄉ졀 지봉침 긔계[8]라

즈고 급 고금에 바ᄂ질로 호구ᄒ는 부인이 새벽에 이러 죵일토록 신고ᄒ며 혹 밤을 새이니 그 고싱과 가련홈이 비홀 데 업고 미일 공젼이 불과 엽젼 ᄒ 냥 혹 ᄒ 냥 닷돈이러니 일쳔팔빅ᄉ십륙년 [헌종 십이년]에 미국 ᄉ름이 의복 지봉ᄒ는 긔계를 맨드러 ᄒ 스름이 여섯 스름의 일을 겸ᄒ고 기후 점점 졍묘ᄒ게 곳쳐 이십여 죵이 되야 미년에 수빅만 틀식 발미ᄒ며 최후에 난 거슨 일분 죵시에 [일분 죵은 조선시 ᄒ 시의 일빅이십분지 일이라] 가히 바늘 슘쳔 번 쇠여 ᄆ는 힘을 당홀지라. 즈후로 부인 녀즈가 다 미일 이슴시만 ᄒ야도 젼에 비ᄒ면 속홈이 말홀 수 업고 폐막이 다 돈졀ᄒ더라.

---

6) 감나듸: 캐나다.

7) 나위: 노르웨이.

8) 지봉침 긔계: 재봉틀.

뎨오졀 사진이라

사십년 젼 [철종 초년]에 흔 스룸이 일광이 반조흐야 빗최는 물건의 그림즈를 옴기여 조각 조희에 박으믹 호리도 틀니지 아니흐니 대져 견일에 산수와 화상을 모흐는 쌔에는 화사의 필묵을 빌어 의희 방불 홀 뿐이러니 이졔는 산수와 화상의 진면목이 당장에 와 안짐과 다름이 업고 그 졍긴흠이 날로 더흐야 일쳔팔빅칠십일년 [대군쥬 팔년]에 보국이 파리 도셩을 에울 쌔에 셩즁 스룸이 외인과 소식이 불통흐니 영국에 잇는 각 스룸들이 법경 스룸의게 편지를 붓치고즈 흐나 보닐 길이 업는지라. 이에 각인의 편지를 모와 틱오사9) 신보관에 [틱오사 신보관은 영국 유명흔 신보관이라] 그 편지를 인츌흔 후 다시 그 인츌 흔 조희를 벽에 부치고 사진흐는 법으로 손마딕만흔 조희에 츅본흐야 박이여 법경 파리로셔 나온 비들기 발에 밍여 날니니 비들기 법경에 들어가거늘 법인이 그 조희를 어더 다시 사진법으로 졀딕흔 큰 폭에 박이여 낫낫치 분파흐야 그 셩명을 싸라 각인의게 젼흐니 여츠흔 일은 실로 의스 밧길너라.

근릭에는 또 긔이흔 법이 잇셔 일홈은 소릭를 머므는 합10)이라. 무릇 스룸이 소릭를 머믈고즈 흐면 그 합을 향흐야 댜셩질호흐거나 혹은은이 가늘게 말흐야 말을 맛친 후 그 긔계를 닷쳐두엇다가 타일에 그 긔계를 열면 젼에 말흐든 소릭가 고져쳥탁이 분호도 다르지 아니 흐고 합 가온딕로 좃추 나오니 곳 즈손이 잇셔 그 조상의 언어를 누십 년 두엇다가 다시 들어도 가홀지라. 긔이흐도다.

---

9) 틱오사: 타임스 신문사.
10) 소릭를 머므는 합(盒): 녹음기.

뎨륙졀 직조라

빅년 이젼에는 만스를 다 열손가락의 힘을 비는 고로 우졸지완ᄒ더니 화특이 화륜긔계를 창시ᄒᆫ 후로 직조ㅣ 졈졈 늘어가나 긔계라 홈은 쏘 졍셰ᄒᆫ 젹은 긔계가 잇셔 셔로 돕게 ᄒᆫ 후에야 비로소 낭픠업슬지라. 연이나 즁학 [즁학은 곳 만물의 동졍을 의론ᄒᆞᆫ 학문이라] 아는 스승이 업셔 호리지츠에 쳔리지뉴를 면치 못ᄒᆞ야 그 관계 대단히 크더니 이윽고 즁학 학쥬 파마11)라 ᄒᆞᆫ 스름이 셔법으로 긔계 믄드는 긔계를 맨드니 이는 물건 맨드는 긔계 외에 쏘 ᄒᆞᆫ가지 긔계요 파마의 고족 뎨쥬 모사려12)ㅣ 활동ᄒᆞ야 스스로 운동ᄒᆞᆫ 긔계를 맨들고 쏘 구믄사13)라 ᄒᆞ는 스름도 파마의 뎨쥬니 쇠 단련ᄒᆞ는 긔계를 늬고 쏘 즁학사 나시미14)라 ᄒᆞ는 스름이 화륜츄를 맨드니 그 일홈은 회투와15)ㅣ라. 물건을 측량ᄒᆞ는 긔계 잇셔 무슴 물건이든지 ᄒᆞᆫ마듸쯤 되는 거슬 회투와 긔계로 측량ᄒᆞ면 ᄒᆞᆫ마듸의 물건을 일빅만 분에 난호와도 후박 장단과 경즁활협을 분호도 형용을 감초지 못ᄒᆞᆯ지라. 즈후로 무론 무슴 긔계ᄒᆞ고 다 쳑량과 법도를 교쥰ᄒᆞ야 졍ᄒᆞᄆᆡ 이럼으로 신츌긔계가 날로 셩ᄒᆞ니 대져 오십년 젼후를 비교ᄒᆞ면 그 긔이 졍밀홈이 쏘 비홀 ᄃᆡ 업셔 총이언지ᄒᆞ면 텬디기벽 이후 지어빅년 이젼ᄭᅵ지는 공장의 일이 다 스름의 슈족으로 졔조ᄒᆞ다가 일쳔팔빅년 [뎡종 이십ᄉᆞ년] 이후는 스름의 수족을 변ᄒᆞ야 긔계로 디신ᄒᆞ며 지금에는 긔계를 믄드는 쏘 ᄒᆞᆫ가지 긔계가 잇셔 스름이 졔조홈보다 졍셰ᄒᆞ며 령쳡ᄒᆞ고 쏘 호리도 틀니지 아니ᄒᆞ니 오직 스름의 힘 비는 바는 긔계가 스름이 아니면 관할치 못ᄒᆞᆯ ᄲᅮᆫ이러라.

---

11) 파마(把瑪): 썍라마. 영즁학사(英重學師).
12) 모사려(摸私閭): 만달래이. 영즁학사(英重學師).
13) 구믄사(摳悶師): 크릐믄스. 영즁학사(英重學師).
14) 나시미(瑙試梅): 나스미쯔. 영즁학사(英重學師).
15) 회투와(灰透瓦): 휘트워쯔. 영즁학사(英重學師).

뎨칠졀 농ᄉ라

빅년 이젼에 농긔도 구법을 직흴 쑨 아니라 곡식과 치소를 년년이
싸을 밧고와 심으는 리치를 모르는 고로 <u>보리밧츤</u> 항상 보리를 심으
며 <u>베 심으는</u> 싸은 항상 베만 심으로 쏘 인수셜수ᄒᆞᄂᆞᆫ 신법을 아지 못
ᄒᆞ야 토력이 진ᄒᆞᆫ 곳은 황폐흠을 면치 못ᄒᆞ다가 디긔가 다시 회복ᄒᆞ
기를 기다려 낙종ᄒᆞ며 쏘 져함비습ᄒᆞᆫ 싸은 셜수ᄒᆞᄂᆞᆫ 법이 잇스나 불
과 이쳔년 젼 나마국인의 구법이니 그 죨흠을 가지요 쏘 디면에 수긔
는 업는 듯ᄒᆞ나 디즁에 습긔가 여젼ᄒᆞ야 곡식의 셩슉이 쌔에 밋도 못
ᄒᆞ며 쏘 이삭이 초최ᄒᆞ야 추수가 감ᄒᆞ고 <u>밧 가는 소도</u> 싸의 습긔를 인
ᄒᆞ야 살지지 못ᄒᆞ며 [영인이 지금 길으는 소는 젼보다 갑졀이나 살지
니 그 외양ᄒᆞᄂᆞᆫ 법이 나으미라] 쏘 ᄉᆞ롬이 학질을 알으며 농긔에 보습
이라 흠은 겨우 디면의 무른 흙을 긁어닐 쑨이요 낙종ᄒᆞᄂᆞᆫ 법도 쏘ᄒᆞᆫ
팔빅년 젼 유틱국 고법을 힝ᄒᆞ미 화곡 셩슉 후 타작ᄒᆞᄂᆞᆫ 법도 둔죨ᄒᆞ
더니 밋 영법이 젼졍시에는 곡가 | 고등ᄒᆞ야 소격난 일싱에도 젼에는
도디돈이 불과 이빅만 방이러니 곡가 | 귀흠을 싸라 도디돈이 오빅이
십오만 방이 되고 화약ᄒᆞᆫ 후는 곡가히 다시 져락ᄒᆞ야 젼졍 젼과 갓트
나 도디는 의연이 감치 아니ᄒᆞ니 농민이 견디지 못ᄒᆞ야 그졔야 밧가
는 신법을 강구홀ᄉᆡ <u>화학 학사 | 거름 만드는 법</u>을 닉여 디력을 싱ᄒᆞ
게 ᄒᆞ고 일쳔팔빅이십삼년 [슌조 이십삼년]에 사미덕16)이라 ᄒᆞᄂᆞᆫ ᄉᆞ
롬이 밧 겻히 긔쳔 닉는 법을 챵긔하니 그 긔쳔이 우흔 널고 아릭는
좁으며 가온딕를 돌로 메이여 밧과 갓치 평ᄒᆞ게 ᄒᆞ니 디즁 수긔가 ᄌᆞ
연 다 ᄊᆞ야 싸지며 인ᄒᆞ야 량식이 젼보다 습분일이 더 싱ᄒᆞ고 기외 풀
갓튼 거슨 십분에 습ᄉᆞ가 더ᄒᆞ니 이에 젼국이 방힝ᄒᆞ야 량식이 더ᄒᆞ
며 싱죽과 ᄉᆞ롬의 병이 쏘ᄒᆞᆫ 적은지라. 영졍이 그 리익 잇슴을 알고
일쳔팔빅ᄉᆞ십륙년 [헌죵 십이년]에 영금 ᄉᆞ빅만 방을 틱하ᄒᆞ야 농부

---

16) 사미덕(惜米德 又名 師米德): 스미쯔. 영셩(英姓).

236

로 ᄒᆞ야곰 법을 방헌케 ᄒᆞ며 농민이 ᄯᅩ 격물ᄒᆞᄂᆞᆫ 리치를 강구ᄒᆞ야 무론 ᄒᆞᆯ물ᄒᆞ고 토디와 젹당ᄒᆞᆫ 후에 심으며 ᄯᅩ 거름ᄒᆞᄂᆞᆫ 법도 토디를 ᄯᆞ라 상당ᄒᆞ게 ᄒᆞ더니 이윽고 농학회사를 셰워 각 션법을 힝ᄒᆞᆯ새 즈긔의 밧치 어ᄃᆡ 잇셔 디형이 엇더ᄒᆞ니 무ᄉᆞᆷ 법과 무ᄉᆞᆷ 거름을 뻐야 올타 ᄒᆞ며 피츳 아ᄂᆞᆫ 딕로 말ᄒᆞ야 강마ᄒᆞ며 농학신문지를 광포ᄒᆞ야 싸을 기간ᄒᆞᆷ과 곡식을 타작ᄒᆞᆷ을 다 신긔계로 힝ᄒᆞ며 일쳔팔빅오십오년 [철종 오년]에 ᄯᅩ 화륜긔계로 싸ᄒᆞᆯ 기간ᄒᆞ니 토력이 더욱 싱신ᄒᆞ야 량식과 과실이 다 무셩ᄒᆞ고 갑시 ᄯᅩᄒᆞᆫ 헐허더라.

뎨팔졀 농공의 총론이라

영국 공장의 직조ㅣ 만국의 웃듬이 되야 년년이 증가ᄒᆞ더니 지금은 젼일 갓치 더 느러가지 못ᄒᆞ나 대져 빅년 젼에 비ᄒᆞᆯ 빅 아니라. 영국이 각국을 모와 법국을 칠 ᄲᅢ에는 각국이 오직 젼징을 일ᄉᆞᆷ아 다른 일에 결을치 못ᄒᆞ고 영국은 수슴명 인군자ㅣ 잇셔 신법을 강구ᄒᆞ니 이에 졀듸ᄒᆞᆫ 직조ㅣ 만국에 졔일이라. 각국이 물건 ᄉᆞᄂᆞᆫ 자ㅣ 즈연 영국에 구ᄒᆞ며 영국은 물건이 졍ᄒᆞ고 갑시 넘ᄒᆞᆫ 고로 혹 의방ᄒᆞᄂᆞᆫ 즈가 잇셔도 영국 갓치 만히 파지 못ᄒᆞ니 영인의 득리ᄒᆞᆷ이 불가승언이러니 근릭 타국이 갈력ᄒᆞ야 ᄉᆡ 긔계를 제조ᄒᆞ며 입구 화물의 셰를 즁ᄒᆞ게 ᄒᆞ야 지어 미국은 셰젼이 더욱 극즁ᄒᆞᆫ 고로 그 빅셩이 영국 물건이 귀ᄒᆞ다 ᄒᆞ야 사지 아니ᄒᆞ고 포목 등속을 다 스스로 직조ᄒᆞ니 타일에 장찻 영국과 병가졔구ᄒᆞᆯ 거시요 더욱이 면화ᄂᆞᆫ 본릭 미국 물건이라. 포목 공장이 셩ᄒᆞ면 갑시 즈연 영국보다 쳔ᄒᆞ며 미국이 힝ᄒᆞ면 타국이 ᄯᅩ ᄯᅡ라 힝ᄒᆞᆯ이니 영국의 통상이 곳 낭픽될지라. 지금 계교컨딕 신디를 긔쳑ᄒᆞ야 상로를 널니ᄂᆞᆫ이만 갓지 못ᄒᆞ고 다시 신긔계를 제조ᄒᆞᆫ 후에야 의연히 젼일 리익을 어들 거시요 ᄯᅩ 드르니 미법 냥국이 그 인민을 권장ᄒᆞ야 긔계학을 빅우게 ᄒᆞ니 영국이 만일 졍신을 가다듬어 신긔계를 창기치 아니면 비컨디 쳔리마ㅣ 흔 번 실족ᄒ면 노틔를 쫏지 못흠과 갓트리로다.

농민으로 말ᄒ야도 더 나하가지 못ᄒ니 젼ᄌ에ᄂ 보업법을 힝ᄒ야 년곡이 부등ᄒ야도 외국 량식을 들이지 아니ᄒᄂ 고로 곡가ㅣ 고등ᄒ민 농부ㅣ 즁가를 바다 그 보히를 ᄒ고 오직 곤흔 즈ᄂ 곡식을 스ᄂ 스룸쑨이러니 지금은 보업법을 혁파ᄒ고 입구 물화를 가셰치도 아니 ᄒ얏스니 만일 일조에 흉년이 들면 외국 량식은 분분히 올 거시요, 농 인은 츄수도 적을 쑨 아니라 쏘 즁가도 밧지 못홀이니 그 광경을 엇지 ᄎ마 싱각ᄒ며 쏘 미국이 량식과 싱츅을 믹년 영국에 발믹ᄒ믹 갑시 도로혀 영국보다 헐ᄒ니 그 연고를 무른즉 영국은 답주ㅣ 도지를 즁이 밧음이라 ᄒ니 이ᄂ 영국이 곤흠을 즈취흠이라. 대져 영국이 쳐음 통 상홀 쌔에ᄂ 무역이 번셩ᄒ야 곡가이 귀ᄒ얏스니 도지도 싸라 과흠이 오히려 무방ᄒ거니와 지금은 곡가ㅣ 졈졈 저하ᄒ거늘 도디ᄂ 조곰도 감치 아니ᄒ니 이 무슴 리치뇨. 농사ᄂ 근본이요 장ᄉᄂ 말기라. 농민 은 박딕ᄒ고 상고만 후히 흠이 엇지 공평타 ᄒ며 엇지 근본을 힘쓴다 홀이오. 오즉 졍부ᄂ 량법을 싱각ᄒ야 도디를 감ᄒ고 농민을 고호흠이 올홀 듯ᄒ더라.

뎨십권 교화라

영국 마간셔 원본, 청국 채이강 술고, 리졔마틱 번역

뎨일졀 교화의 실상이라

텬하 대경 대법이 오직 교를 광힝ᄒᆞᄂᆞᆫ 듸 지남이 업스니 구쥬 력디 이릭로 비록 교를 셜ᄒᆞ얏스나 근릭 빅년 간에 더욱 셩ᄒᆞ니 션시에ᄂᆞᆫ 교회인이 원방에 일으러 젼교홀 ᄲᅢ에 구쥬 스름이 다 능멸이 보고 우습게 녀기더니 도덕 잇ᄂᆞᆫ 션비 쳐쳐에 불모이 동ᄒᆞ고 불약이 합ᄒᆞ야 혹 인도국에 가며 혹 즁국에도 일으러 [즁국에 처음 온 사름이 마리손1)이라] 도를 젼ᄒᆞ니 이ᄂᆞᆫ 일쳔팔빅년 젼 구셰쥬 야소의 명을 바다 만국 스름을 권ᄒᆞ야 텬디 대쥬직를 존숭ᄒᆞ라 홈이라. 이럼으로 슈인이 속장ᄒᆞ고 타국에 나오면 쳐음은 비록 밋지 아니ᄒᆞ나 필경은 다 신죵ᄒᆞᄂᆞᆫ 날이 잇스니 오호ㅣ라. 이ᄂᆞᆫ 졀듸 스업이라. 과연 봉힝ᄒᆞ기를 마지 아니면 셰계가 무궁ᄒᆞᆫ 리익을 바들지라. 엇지 량법미규로 화민셩속ᄒᆞᄂᆞᆫ 도음이 아니리오.

---

1) 마리손: 1800년 전 중국에 온 서양인?

뎨이졀 교화를 져희홈이라

영국 교회 즁인이 원방에 젼교ᄒᄂ 일을 의론홀시 즁인이 다 귀를 막고 듯지 아니ᄒᄂ지라. 일쳔칠빅구십오년 [명종 십구년]에 소격난 교회 즁 션ᄉ 수인이 회즁 공젼을 ᄂᆡ여 원방의 젼교ᄒᄂ 스룸을 보조ᄒᄌ ᄒ니 회즁이 다 말ᄒ되 우리 다만 교에 법을 젼ᄒ야 ᄌ긔 도리만 직힐 거시요 등산림수ᄒ야 수만리 가ᄂᆞᆫ 스룸의 쳥문을 놀닐지라 ᄒ며 ᄯᅩ 웃ᄂᆞᆫ 쟈ㅣ 잇셔 왈 졔 억지로 큰 말만ᄒ니 이ᄂᆞᆫ 병풍상셩ᄒᆫ 스룸이라. 엇지 대ᄉ를 담당ᄒ리요. ᄯᅩ 혹 갈오되 이러ᄒ 경텬동디ᄒᄂᆞᆫ 스업은 오직 하ᄂᆞᆯ게 구홈이 올타 ᄒ며 ᄯᅩ 혹은 왈 만일 국회에셔 원ᄒᆞᆼᄒᄂᆞᆫ 부비를 당ᄒ면 국톄에 관계된다 ᄒ야 져희ᄒᄂᆞᆫ 쟈ㅣ 열에 아홉이러라. 이윽고 합등2)은 소격난의 부ᄌ이라. 평성에 락션불권ᄒᆞᆫ더이 이 말을 듯고 젼젼반측ᄒ야 싱각ᄒᆞᆫ지 일년에 긔연 탄식왈 원방에 젼교홈은 하ᄂᆞᆯ이 명ᄒ 비라. 만일 시비를 겁ᄂᆡ여 졍지ᄒ면 엇지 셰상에 셔며 엇지 텬심을 밧든다 ᄒ리요 ᄒ고 일쳔칠빅구십년 [명종 이십년]에 ᄌ긔의 직산을 다 발ᄆᆡᄒ야 동지 슈인을 다리고 곳 인도에 일으러 인도에 잇ᄂᆞᆫ 영국 대상국에 품쳥ᄒ야 [대상국은 령ᄉ관과 갓틈이라] 젼교홈을 원ᄒ니 대상국이 불쳥ᄒ더라.

뎨숨졀 가리 인도에셔 젼교홈이라

영륜싱 뇌ᄉ덕3)부에 침례회소 례빈당 교ᄉ 가리4)ᄂᆞᆫ 독신ᄒᆫ 소년이라. 아시에 가빈ᄒ야 피물 장식으로 업을 숨아 졀의졀식ᄒ며 여가에 셩경을 읽더니 수년만에 명예 졈졈 낫타나 강당의 교수ㅣ 되야 침례회

---

2) 합등(哈騰 又名 海騰): 할데인. 영교ᄉ(英敎士).
3) 뇌ᄉ덕(資賜德): 릐시스터. 영부(英府). 영국 도시.
4) 가리(賈利): 카레이. 영교ᄉ(英敎士). 영국 션교ᄉ.

인을 가르칠시 항항 혜오듸 텬디만물이 다 조화쥬ㅣ 안비흠이어늘 이
제 타국은 다른 귀신 위흠이 하늘 공경흠과 갓트니 닉 쟝찻 권도ㅎ야
바른 듸 도라오게 ㅎ리라 ㅎ고 십년을 경영ㅎ야 회즁인을 모와 의론
흔듸 모다 그 심질이 잇ᄂ가치 소ㅎᄂ지라. 연이 가리ᄂ 뜻이 뇌졍ㅎ
미 빅졀불회ㅎ야 텬하 사ㅣ 이에셔 더 급흔 거시 업다 ㅎ고 쏘 혜오듸
이 회ᄂ 닉말을 밋지 아니ㅎ나 다른 회에ᄂ 필연 닉 뜻과 갓튼 자ㅣ
잇스리라 ㅎ고 글을 저술ㅎ야 도쳐 파젼ㅎ니 이에 점점 그 의론이 리
치에 합ㅎ다 ㅎᄂ 자ㅣ 잇셔 일쳔칠빅구십이년 [뎡종 십륙년]에 지동
도합흔 벗 수인을 다리고 만국을 권화ㅎ야 텬지쥬직에 도라오ᄂ 회를
세우니 이 ᄶ는 나파륜의 화란 일기 젼이라. <u>나파륜은 졀듸흔 화단을
이르켜고 가리 등 수인은 졀듸흔 공덕을 지어 화와 복이 쌍으로 이러나니
긔이ㅎ도다.</u> 회를 세운 후 수슴인이 직물을 모으니 합 영금 십슴 방이
라 [은젼 일빅슴십 원 가량이라] 회를 세워 원방에 젼교ㅎᄂ 시조ㅣ
되더니 지금 빅년간에 그 리식이 미년 오만 방이 되니 엇지 하늘이 도
음이 아니리요. [마간셔 션셩이 이 ᄎᆨ을 저술ㅎ든 ᄶ는 지금 오륙년이
라. 미년 리식이 느러 칠만 오쳔 방이 되더라.] 일쳔칠빅구십슴년 [뎡
종 십칠년]에 가리 인도국에 이르니 이ᄂ 합등5)이 원횡ㅎ기 젼이라.
인도에 잇ᄂ 영국 대샹국이 곳 령을 닉여 쫏거늘 가리 홀 일 업셔 졍
히 창연ㅎ더니 인도에 속읍이 잇스니 격날고특6)이라. 단믹국7) 스름이

---

5) 합등: 할데인.

6) 격날고특(隔辣苦特): 칼큐타. 콜카타(벵골어: কলকাতা 네팔어: कलकत्ता)는 인도의 서벵
   골 주의 주도로, 한때 영국령 인도의 수도였다. 콜카타라는 이름은 여기서 숭배하는 여
   신 칼리와 연관이 있다. 인구는 14,112,536명으로 인도에서 3번째로 큰 대도시권을 형성
   한다. 2001년 1월 도시의 이름을 캘커타(Calcutta)에서 콜카타로 공식적으로 바꾸었다.
   콜카타는 갠지스 강의 지류인 후글리 강 기슭에 있다. 강을 사이에 두고 하우라 다리,
   제2하우사 다리, 밸리 다리로 후글리와 연결되어 있다콜카타의 역사는 1690년 영국령
   인도에 도착한 영국 동인도 회사와 밀접한 관련이 있다. 콜카타는 1772년 영국령 인도
   의 수도가 되었고 19세기 독립운동의 진원지이기도 하다. 1912년 수도가 콜카타에서 뉴
   델리로 옮겨갔다. 예전에는 캘커타라고 불렸다. 한때 콜카타는 릭샤(인력거)가 남아 있
   는 곳으로 유명했는데 정부의 금지로 사라질 전망이다. 『위키백과』

7) 단믹국: 덴마크.

한조계를 어더 관할ㅎ더니 [인쳔 원산 항국에 각국 조계 뎡흠과 갓틈ㅋ이라] 가리 옴을 듯고 그 뜻이 지극히 올타 ㅎ야 조계 즁에 잇게 ㅎ니 션시에 영국과 인도는 상거 수만리라. 언어ㅣ 불통ㅎ나 가리의 텬셩이 명민호학ㅎ야 피물 장싴으로 잇슬 째에 두어 나라 방언을 비호고 인도에 온 지 미긔에 또 본가리 싱[8]의 언어 문즈를 익히여 성경을 번역ㅎ니 원릭 인도는 문즈 언어이 수십 종이 잇셔 피초 졀불상통ㅎ야 각 싱 토음을 비호고즈 ㅎ면 진실로 쉽지 아니ㅎ더라. 연이 가리 갈진심력ㅎ야 이십년 간에 그 토음을 짜라 성격 이십일 종을 번역ㅎ니라.

뎨ᄉ졀 교화대회의 원류라

일쳔팔빅이십오년 [순조 이십오년]에 구미 각국 대교회에셔 각기 규모를 셰워 셔원을 창셜ㅎ고 호션ㅎ는 션비를 쳥ㅎ야 독셔케 ㅎ야 학문이 일운 후에 각국에 보니여 전교ㅎ게 ㅎ고 그 부비는 야소교회 인이 륙속 보조ㅎ야 그 리식으로 응용ㅎ게 ㅎ더라. 근릭에는 구약 신약이 각기 글이 잇스니 다만 각국 문자ㅣ 구비홀 쑨 아니라 문즈 업는 황벽흔 듸라도 그 토음을 짜라 경문을 져술ㅎ며 <u>교ᄉ의 족젹소도에 즈젼과 옥편을 니여 후학을 편케 ㅎ더라.</u>

교ᄉ의 타국에 간 자ㅣ 비상 간고ㅎ며 왕왕이 명을 상ㅎ는 자ㅣ 잇스되 조금도 겁니지 아니ㅎ야 미쥬 감나듸의 극한흔 짜와 젹도 밋 혹 널흔 곳에도 가며 아비리가 쥬 남방에 토인과 틱평양 즁 셔인도 흑인은 다 우완무례ㅎ야도 교사ㅣ 탁젹기간ㅎ야 말ㅎ되 져의 힝실이 흉악흠은 교훈ㅎ는 ᄉ름이 업슨 연고ㅣ라 ㅎ고 즈긔 힘을 다ㅎ야 그예히 풍속을 변케 ㅎ야 인이ㅎ고 화목흔 도를 가르치더니 밋 영국이 즁국

---

8) 본가리 싱(本加利 又名 孟加利): 쎙갈. 벵골.

과 통상흔 후 교수ㅣ 즁국에 이르고 또 일본에도 가며 아비리가 쥬 셔
방 ᄒᆡ변에도 이르러 무지흔 흑인을 교도ᄒᆞ니 대져 교사ㅣ 일쳔인이라.
ᄆᆡ년 영금 륙십만 방을 허비ᄒᆞ고 덕법 등국은 교사 ᄉᆞ빅인에 영금 십
이만 방을 쓰고 미국은 오빅오십 인에 ᄆᆡ년 슴십륙만 망을 드리니 총
계ᄒᆞ야 야소 교사ㅣ 타국에 잇ᄂᆞᆫ 자ㅣ 일쳔 인이요 부비ᄂᆞᆫ 영금이 일
빅만 방이니 [이ᄂᆞᆫ 이십년 젼 사ㅣ라. 지금은 ᄉᆞ름 수와 돈 수효가 거
의 갑졀이라] 그 ᄯᅳᆺ이 보텬지하ㅣ 다 교화의 리익을 밧게 ᄒᆞ고ᄌᆞ 흠이
러라.

뎨오졀 교화의 효험이라

가리 합둥이 젼교흔 지 빅년 이ᄅᆡ로 남ᄐᆡ평양 즁에 합유도9) [단향
산이라]로부터 수로 일만오빅리 즁에 졔도가셩나긔포ᄒᆞ야 불가승수ㅣ
라. 합유도ᄂᆞᆫ 구쥬 ᄉᆞ름도 처음에 아지 못ᄒᆞ더니 일쳔칠빅칠십팔년
[뎡종 이년]에 영인 가각10)이 병션을 타고 남양군도를 가다가 겨우 합
유도에 이르러 도민의게 ᄒᆡ흔 빅 되니 대져 합유도ᄂᆞᆫ 곳 단향산이라.
수토의 졀승흠이 무릉도원과 갓ᄐᆞ야 ᄉᆞ름으로 ᄒᆞ야곰 마음이 취ᄒᆞ너
라. 도민이 산을 둘러 거ᄒᆞ고 그 촌락 밧게 나무 잇셔 일홈은 만두11)ㅣ
니 만두를 ᄊᆞ셔 먹으면 곳 츙복이 되고 또 고12)라ᄒᆞᄂᆞᆫ 나무 잇셔 열ᄆᆡ
속에 감미 잇ᄂᆞᆫ 물이 잇스니 마시면 소갈이 되고 고슈의 쩝질이 가히
실을 ᄆᆞᆫ들며 그 가지ᄂᆞᆫ 광쥬리와 낙시ᄃᆡ를 ᄆᆞᆫ들고 또 그 지엽을 연ᄒᆞ
야 기와를 ᄃᆡ신ᄒᆞ야 풍우를 막으며 또 풀이 잇셔 왈 주초13)ㅣ니 그 ᄲᅢ

---

9) 합유도(哈唯 卽 檀香山): 하웨이. 태평양(太平洋). 하와이 섬.
10) 가각(苛刻): 쿡. 영인(英人).
11) 만두: 하와이의 마카다미아 너트를 의미하는 것으로 추측됨.
12) 고: 미상.
13) 주초: 미상.

리에 술맛시 잇셔 먹으미 훈연히 취호고 과실 즁에 감즈와 솟에 길피14)와 츠의 가비15)가 다 극히 번셩호야 인력을 기다리지 아니호고 년년히 풍등호며 또 칠나무와 물식 드리는 나무ㅣ 잇셔 칠호고 염식호며 희변에 어물이 또 싱신호고 산명수려호야 스름의 성정을 희열케 호며 스름의 혼빅을 놀닐지라. 여츠 낙디는 세상에 구홀 것도 업고 간셥도 업스니 텬하에 신션이 업스면이어니와 신션이 잇슬 양이면 이에서 더 지날 락이 업슬지라. 연이나 세상의 알 수 업는 일은 이러호 동텬복디롤 가져다가 쥰쥰무식호고 우완강포흔 무리의게 밋기니 이상호도다. 가각이 쳐음 일을 쌔에 다만 도즁인이 고기나 긔롤 잡아 싱으로 먹으며 싸을 파 주초의 쌕리롤 입에 너허 크게 씹어 종일 대취호고 졔스 지닐 쌔에는 원수 잇는 스름을 죽이여 졔물을 숨고 남녀ㅣ 임의 음탕호야 분호도 슈치롤 모르며 즈식을 나흐면 누가 그 아비되는지 모르고 더욱 악독흔 풍속은 물론 즈녀호고 셋에 호나만 양육호고 다시 낫는 아히 잇스면 즉시 눌너 죽이거나 산치로 싸히 파 무드며 종일 무스호야 포식난의호나 연이 도젹질호는 풍속이 셩습호야 가각의 병션이 항구에 디이미 다만 물건을 도젹홀 쑨 아니라 빅 밋히 붓친 쇠널판과 쇠못을 다 쎄여가며 기타 괴이픠려홈이 불가형언이요 인구는 아히롤 길으지 안는 고로 년년이 감호더라.

이윽고 타국과 왕리흔 지 수년에 비로소 셔일 숭봉호는 교ㅣ 밋을 것 업다 호고 도왕16)이 령을 나려 력딕 존숭호는 신상을 바다에 더지고 신당을 회쳘호며 졔스에 스름 죽임을 금호야 범호는 즈는 죄롤 쥬니 이에 구교는 업셔지고 신교는 밋쳐 힝치 못호야 돈연히 교화ㅣ 업더니 일쳔팔빅십구년 [순조 십구년]에 미국 교스 슈인이 츠디에 이르미 도왕의 관디홈이 심후호고 교사ㅣ 도즁 언어롤 빅화 도인을 가라치니 도인이 쳐음은 문즈롤 모르다가 도왕이 교사롤 명호야 사부롤 숨

---

14) 길피: 미상.
15) 가비: 커피.
16) 도왕(島王): 하와이 섬의 왕.

고 글을 비호라 ㅎ니 도민이 문풍흥긔ㅎ야 부급종ㅅㅎ는 주ㅣ 날로 성
ㅎ며 쏘 수년이 되미 왕이 령ㅎ야 미 칠일 일ㅊ식 졍공ㅎ야 도를 비호
라 ㅎ니 이에 교에 들어 규례를 직희는 자ㅣ 잇스며 기즁에 흔 츄쟝은
평싱에 살인힝악으로 써 일ᄉ다가 교사의 훈계를 들어 기과쳔션ㅎ야
착흔 사름이 되는지라. 미국 교회에셔 그 말을 듯고 다시 수인을 보니
여 례빈당을 짓고 학당을 빅셜ㅎ야 진심 교회ㅎ니 젼일ᄉ를 싱각ㅎ미
불과 몃 날이 아니여늘 이졔 젼도 빅셩이 다 입도ㅎ야 부부의 대륜을
셰우고 술 경계ㅎ는 회를 결ㅎ며 인민 습분일은 입학 독셔ㅎ니 젼후
범 이십년에 혹 풍속을 곳치지 못ㅎ는 주도 잇스나 필경 악습과 추힝
을 변ㅎ야 작간 범과ㅎ는 자ㅣ 업고 각 수기직ㅎ야 나타흔 풍긔 업스
며 독셔ㅎ는 사름이 셔젹을 쟝만ㅎ야 문풍이 빈빈ㅎ는지라. 미국 교ᄉ
들이 다 말ㅎ되 금후에는 도즁인이 스스로 교도ㅎ야 션인이 될지라.
우리 원이 다 필ㅎ얏다 ㅎ니 대져 교사ㅣ 도즁에 드러간 지 오십년이
요 부비는 겨우 이십오만 방이라. 이 이십오만 방은 한 병션 갑시 못
되거늘 이가튼 사소흔 젼지로 단향산 젼도를 긔명식이니 교회의 귀흠
은 가이 알너라.

　단향산 사름이 젼에는 오직 왕의 졍교 호령을 쥰힝ㅎ야 감히 어긔
지 못ㅎ고 만일 구법이 그르다 ㅎ는 자ㅣ 잇스면 귀를 막고 다라나더
니 구셰교 즁인이 [셔국에 야소교 텬쥬교ㅣ 다 한 문호에 일홈이 다르
고 통칭ㅎ야 구셰교 긔독교라 ㅎ고 쏘 복원교라 홈은 야소교 즁인이
시로 세운 자ㅣ라.] 이르러 졍ᄉ와 법도를 곳치고 틱셔법을 방힝ㅎ야
규모를 셰우고 단향산 소슉 각쳐 두령을 왕도에 모이여 미년 일ㅊ식
국ᄉ를 상의ㅎ고 쳐음 모힐 째에 왕이 령을 나려 그 희에 판리홀 모든
일을 셩명ㅎ야 각 두령이 가부를 졍흔 후에 시힝ㅎ고 무론 군민상하
ㅎ고 다 규측을 좃ᄎ 치국ㅎ는 법을 졍ㅎ고 쏘 교당과 학당을 셰워 틱
셔 각국 쟝졍을 방힝ㅎ야 심지어 틱셔인이 신법을 창긔ㅎ는 자ㅣ 잇스
면 타인이 모방홈을 금ㅎ는 법을 효측ㅎ니 기타를 가지러라.

　단향산의 면화ㅣ 품렬ㅎ거늘 교ᄉㅣ 조혼 죵ᄌ를 쥬어 심으는 법과

방직ᄒᆞᄂᆞᆫ 법을 가라치고 감ᄌᆞ를 심어 사탕을 ᄆᆞᆫ들고 겸손ᄒᆞ고 화목ᄒᆞᆫ 례졀로 박누ᄒᆞᆫ 풍속을 변ᄒᆞ고 교량과 도로를 슈츅ᄒᆞ며 신보관을 ᄂᆡ고 빅공의 기예를 흥긔ᄒᆞ야 이럼으로 구구ᄒᆞᆫ 적은 셤이 모든 대국과 통상ᄒᆞ야 일쳔팔빅륙십칠년 [대군쥬 ᄉᆞ년]에 진구 화물이 영금 ᄉᆞ십만 방이오 츌구 화ᄂᆞᆫ 사탕과 가비와 우분 [우분은 련화분 가루라]과 나무와 우피 우육 등이 영금 오십만 방이 되고 기후에 졈졈 번셩ᄒᆞ며 션시ᄂᆞᆫ 탁지의 일년 셰츌이 십만 방이라 국용이 항상 부족ᄒᆞ더니 이에 이만오쳔 방을 타국에 차관ᄒᆞ야 일졀 신법을 흥긔ᄒᆞ며 도민이 다 안거락업ᄒᆞ니 대뎌 이 졀승ᄒᆞᆫ 풍경과 긔이ᄒᆞᆫ 영지에 구셰교인이 오지 아니ᄒᆞ얏던들 셕일의 궁흉 극악ᄒᆞ야 금수와 갓튼 자ㅣ 엇지 변ᄒᆞ야 경텬외인ᄒᆞᄂᆞᆫ 션사ㅣ 되며 타국으로 더부러 피ᄎᆞ 형뎨 갓치 되리요.

남아비리가 쥬 토인은 죵낙이 심다ᄒᆞ고 기즁 별구아나[17) 죵뉴ᄂᆞᆫ 더욱 흉악피례ᄒᆞ야 ᄊᆞ호기를 조와ᄒᆞ고 살인으로 락을 ᄉᆞᆷ아 원인의 뉴력ᄒᆞᄂᆞᆫ 자ㅣ 미양 상히ᄒᆞᆫ 빅 되고 토산 화물도 타국과 통상치 아니ᄒᆞ며 력ᄃᆡ 이릭로 교화를 아지 못ᄒᆞ니 경텬외인과 신후보응을 엇지 알니요. 다만 포학무도를 일ᄉᆞᆷ더니 모법[18)이라 ᄒᆞᄂᆞᆫ 교사ㅣ 동지 수인과 그ᄊᆞ에 간 지 수년에 다힝이 히를 당치 아니ᄒᆞ얏스나 지어 도덕ᄒᆞ야ᄂᆞᆫ 진력권화ᄒᆞ되 다여풍속과 이ᄒᆞ야 조금도 듯지 아니며 례빅당에 가라ᄒᆞ면 욕ᄒᆞᄂᆞᆫ 양으로 아더니 일일은 ᄒᆞᆫ ᄉᆞ람이 당에 들어와 강론을 듯거늘 모법이 권연 ᄒᆞᆫ 긔를 쥬엇더니 기인이 대희ᄒᆞ야 도라가 즁인의게 젼파ᄒᆞ야 오ᄂᆞᆫ 자ㅣ 졈다ᄒᆞ니 다 권연을 위ᄒᆞ야 옴이요 명완불령ᄒᆞ야 례모ㅣ 업더라. 모법이 후원에 ᄎᆡ죵을 심엇더니 져의 다 도젹ᄒᆞ야 가고 파죵ᄒᆞᄂᆞᆫ 긔구도 다 업셔지고 밧가에 긔쳔을 파 져수ᄒᆞ얏더니 져의 쏘 긔쳔 밧 졔 ᄊᆞ을 파 그 물을 말니며 길으ᄂᆞᆫ 양은 혹 작난으로 죽이기도 ᄒᆞ며 혹 모라 산에 보ᄂᆡ여 호랑의 밥을 ᄆᆞᆫ드니 죵죵 흉악ᄒᆞᆷ

---

17) 별구아나(鱉邱雅拏): 쎄츄아나. 남비주 토인(南非洲 土人).
18) 모법(慕法): 모ᄈᆞ트. 영교사(英敎士). 영국인 선교사.

이 필묵란그러라. 혹이 일너 왈 여추흔 텬싱 악질은 교도흐야 쓸듸 업다흐더니 수년이 지나 일천팔빅이십팔년 [순조 이십팔년]에 별구아나 스름이 홀연이 례비당에 들어 젼일 악힝을 바리고 다 잠심안좌흐야 모법의 강론을 들으니 이 째에는 모법이 셩경을 번역흐야 토음으로 가르치니 대져 별구아나 인은 문자를 몰을 쑨 아니라 구경도 못흐얏다가 모법의 말을 듯고 점점 마음이 열녀 의복을 졍결이 흐고 졍졍졔졔흐야 츄루흔 풍습이 업고 젼일에는 거쳐가 흑암츄악흐야 굴숙 갓흐며 음식이 불결흐더니 입교흔 후로는 놉게 집을 짓고 탁자와 의자를 비셜흐며 밧 가는 장기와 물 듸이는 무자위를 믄들고 그 졸연이 빙호지 못홀 거슨 타국에 구흐야 수년 만에 입구 화물이 영금 이십오만 방이 되니 다 토화로 상환흐며 도쳐에 학당을 셜립흐야 자뎨를 가르치고 셔원을 셰워 인지를 양육흐야 직질이 총명준예흔 자는 스름의게 유익흔 일을 비와 타방에 젼포흐며 쏘 일너 왈 <u>원방으로 오는 자는 다 나의 붕우ㅣ라 나롤 리흐고 희흐지 아님이니 의심흐는 마음을 두지 말라</u>흐고 농사와 통상에 진력흐고 헌인션사ㅣ 만터라.

쏘 한 교가 가장 낫타는 자는 인도ㅣ라. 인도에 잇는 교회 슙십오쳐ㅣ 잇스니 대기 인도 전국 스름을 다 가르치자 흠이라. 구미 각국이 교스 륙빅여 명을 보닉여 교육홀새 근 이십년 릭에 각 교사의 셩경 인츌흔 칙이 슙빅만 긜이요 신법 학당의 교육 셔칙이 이쳔만 질이라. 혹 쥬기도 흐고 혹 발믹도 흐야 스방에 헷치니 대져 인도는 력듸로 젼릭흐는 불교ㅣ 이믜 이쳔오빅수십년이라. <u>부쳐롤 위흐고 불경을 외오며 스사로 말흐듸 이는 무상묘법이 쳔만겁을 지닌다 흐며 경문이 다 허무젹멸흐야 실용의 학이 업더니</u> 구쥬 각 교사ㅣ 자자올올흐야 교도흔 지 다년에 구습을 바리고 신교에 들여오며 쏘 인도는 영국의 속국이 되얏스니 영문으로 가르침이 올타 흐고 일쳔팔빅이십구년 [순조 이십구년]에 소격난 교사 도복[19]이 인도에 일으러 틱셔 각종 신학문을 파견흐

---

19) 도복(都福): 쑤쏙. 영명사(英明師).

고 셔원을 셰워 고명한 졔주를 가르쳣더니 미긔에 영지 걸사ㅣ 데데창
창ㅎ야 당나라 젹 인걸의 도리화ㅣ 문에 가득홈과 갓투며 셔원이 날로
셩ㅎ거늘 인도에 잇는 영국 총리 대신이 영경에 듀쳥ㅎ야 도복으로
인도 뎨일 교사를 숨으니 오십년 이릭로 인도의 쇼년이 영문을 아는
자ㅣ 일셩월신ㅎ야 스리를 통투ㅎ고 이왕 익든 경젼은 속지고각ㅎ며
아히를 물에 바리고 과부를 불살나 죽이는 악습을 다 곳치더라.

　인도 풍속에 가장 악한 주는 문벌을 갈임이라. 젼국 스름을 스등에
난호와 한 등늬에 또 무수한 등급이 잇셔 시조로부터 몃십딕 손까지
상젼ㅎ야 타등 스름과는 다만 혼인을 통치 아닐 뿐 아니라 심지어 셔
로 친히 밧고 쥬지도 아니ㅎ며 한 판도 속에 잇는 남녀ㅣ 타국의 원수
갓트며 만일 구습을 바리고 통용ㅎ는 주ㅣ 잇스면 그 조상을 불경한
다 ㅎ더니 교사ㅣ 일으러 그 인심불합홈이 문벌 보는 딕 잇는 쥴 살피
고 권ㅎ야 왈 텬하 스름이 다 우리 형뎨라. 엇지 일국늬에 잇셔 로상
인과 원수와 갓치 지닉리요 ㅎ니 주후로 젼일 상상등에 잇는 파라
문20) 스름이 입교한 즁 유덕한 스름을 보면 젼일에는 하하등으로 딕
졉ㅎ다가 지금은 다 친히 쥬빅를 난호며 피츠 조곰도 거오ㅎ고 만모
ㅎ는 구습이 업스니 대져 젼일은 한가지도 편한 일이 업고 오직 나라
에 히홀 뿐이러니 지금은 인도 스름이 다 긔명ㅎ야 그 폐를 곳치더라.

　인도의 부녀는 하등인이라 ㅎ야 녀주를 나호면 교육지 아니ㅎ니 그
럼으로 그 여자ㅣ 주식을 나하도 교훈ㅎ는 법을 아지 못ㅎ거늘 교수ㅣ
또 일너 왈 녀주를 가르치지 아니면 남주의게 히 되리니 글을 읽히미
올타 ㅎ야 지금은 녀학당이 잇고 또 셔양 글을 비호게 ㅎ야 혼취홀 째
에 몬져 그 규슈의 양문을 알고 모름을 무러 그 비호지 못한 주는 왕
왕히 츌가치 못ㅎ니 대져 부부 냥인이 다시 셔을 알아 피츠 졀츠탁마
ㅎ야 부부ㅣ 겸ㅎ야 붕우ㅣ 되면 그 쾌락홈이 엇더ㅎ리요. 교사ㅣ 남
주와 녀주를 다 일쳬로 가르치며 또 틱셔 녀교사ㅣ 각쳐 규슈를 교훈

20) 바라문(波羅門): 쌔라만. 인귀인(印貴人). 인도의 귀족.

ᄒ더니 지금은 그 여자ㅣ 학업을 일위 교사될 자ㅣ 만터라.

인도인이 영문을 통ᄒ 후로 도덕과 학문의 장정을 세워 통국에 학교ㅣ 불가승수요 수천년 이릭로 몽즁에 잇다가 지금은 ᄭᅢᆷ을 ᄭᅵ야쓰니 인도 인군이 즁인더러 일너 왈 셔양 교사ㅣ 타인의 일을 극진히 힘쓰믹 과인이 처음에ᄂᆞᆫ 이상히 너겻더니 이졔 교ᄉᆞㅣ 도처에 유익ᄒ 일이 즁즁일상ᄒ니 그 공효가 젹지 아니타 ᄒ더라.

일쳔팔빅오십이년 [철종 습년]에ᄂᆞᆫ 인도인이 봉교ᄒᄂᆞᆫ 자ㅣ 십이만 팔쳔이요 일쳔팔빅륙십이년 [철종 십습년]에ᄂᆞᆫ 이십일만 습쳔인이요 일쳔팔빅칠십이년 [대군쥬 구년]에ᄂᆞᆫ 습십이만 인이라. [일로 보면 인도ᄂᆞᆫ 오히려 셩치 아님이라.] 교사ㅣ 인도의 구교ㅣ 만국 ᄉᆞᄅᆞᆷ을 항복지 못ᄒᆷ을 발명ᄒ야 <u>구세교에 도라오게 ᄒ니 그 리익이 무궁ᄒᆷ을 가히</u> 알너라.

뎨륙졀 후ᄉᆞᄅᆞᆯ 예료ᄒᆷ이라

교화의 효험을 말ᄒ면 만권 셔ᄅᆞᆯ ᄆᆞ드러도 부족ᄒᆯ지라. 이졔 ᄒᆫ 두 가지만 말ᄒ야도 후ᄉᆞᄅᆞᆯ 예탁ᄒᆯ지니 이왕 빅년 이릭로 젼도ᄒᆫ 자ㅣ 불과 수습인이 졀딕ᄒᆫ ᄉᆞ업을 힝ᄒ야 이졔 수쳔만 인에 일으니 후일에 효험은 필연 수쳔만 빅 될 거시오 ᄎᆞ후ᄂᆞᆫ <u>상뎐의 ᄯᅳᆺ을 톄쳡ᄒ야 텬하 각국이 합ᄒ야 동긔갓치 영영퇴평ᄒᆫ 복을 누리리니 엇지 깃부지 아니리요.</u>

데십일권 착흔 일을 힝흠이라

영국 마간셔 원본, 쳥국 채이강 술고, 리졔마티 번역

데일졀 힝션ᄒᆞᄂᆞᆫ 규측이라.

구쥬 렬국의 인인션ᄉᆞㅣ 다 구란계급흠을 일슴을시 영인 흑회덕[1]이 각국의 죄인 다사림이 너무 포학ᄒᆞ다 ᄒᆞ야 친이 각국 군왕을 보고 간졀이 권ᄒᆞ며 개연이 간ᄒᆞ니 다 측연동심ᄒᆞ야 형벌을 감ᄒᆞ고 일쳔칠빅구십륙년 [명죵 이십년]에 영인 혜피복시[2] ᄒᆞᆫ 션회를 모와 왈 보양국이라 ᄒᆞ니 그 장졍이 대져 인민을 가라쳐 질고를 면케 흠이오 치운 ᄶᅢᄂᆞᆫ 음식과 불을 예비ᄒᆞ야 긔흔흔 ᄉᆞ름을 건지고 형법의 람흠은 국가에 쥬쳥ᄒᆞ야 혁파ᄒᆞ며 영구이 젼징 후에 민궁ᄌᆡ갈ᄒᆞ야 빅셩이 뉴리ᄒᆞ거늘 각 션ᄉᆞㅣ ᄯᅩ 구졔ᄒᆞᄂᆞᆫ 회를 모으니 범 오빅 쳐이라. 믹년에 영금 일빅만 방을 허비ᄒᆞ더라.

---

1) 흑회덕(黑淮德 又名 霍德): 호와드. 영션인(英善人).
2) 혜피복시(惠被福施): 윌버또스. 영국 관리.

뎨이졀 영국 복싱의 선회라.

소격난 싱에 익뎡파[3]라 ᄒᄂ는 짜에 시 병원이 잇스니 빈가ᄌᆞᆫ데 병 잇ᄂ는 ᄉᆞ름이 원에 드러오게 ᄒᆞ고 고명ᄒᆞᆫ 의사를 두어 치료ᄒᆞ며 ᄯᅩ 병 구원ᄒᆞᄂ는 하인이 약을 다리며 ᄒᆞ란을 고르게 홈이 부모쳐ᄌ 형뎨에서 더 지나미 잇고 병이 나은 후에도 실셥ᄒᆞ면 히 잇다 ᄒᆞ야 병 나은 후 조리ᄒᆞᄂ는 집을 지어 기ᄌᆞᆷ에 방사 정결ᄒᆞ고 음식의복이 구비ᄒᆞ야 소복 이 된 후에 보ᄂᆡ고 만일 병이 즁ᄒᆞ야 곳치지 못ᄒᆞᆯ ᄌ는 그 ᄉᆞ름 싱젼 얼마든지 편이 잇게 ᄒᆞ고 ᄯᅩ 근실ᄒᆞ고 착ᄒᆞᆫ ᄉᆞ름을 보ᄂᆡ여 조셕으로 그 마음을 위로ᄒᆞ야 죽ᄂ는 거슬 이져바리게 ᄒᆞ고 범ᄉ를 구ᄒᆞᄂ는 ᄃᆡ로 슈응ᄒᆞ며 ᄯᅩ 의지업ᄂ는 아히ᄂ는 육영원을 비셜ᄒᆞ고 착실ᄒᆞᆫ 유모를 식이 여 길으되 만일 져의 소싱과 갓치 아니ᄒᆞ면 그 유모를 쫏치며 벙어리 와 귀먹은 ᄉᆞ름과 각싴 병신은 다 잔질원에 보ᄂᆡ여 잇게 ᄒᆞ니 그 좌우 에 잇셔 고로홈과 봉양홈의 융슝홈은 다 져의 집에셔ᄂ는 만번되지 못 ᄒᆞᆯ 일이요 ᄯᅩ 병원에 오지 아니ᄒᆞᄂ는 ᄉᆞ름은 의사를 보ᄂᆡ여 구료ᄒᆞ며 ᄯᅩ 빈궁ᄒᆞᆫ 녀ᄌ ㅣ 히산ᄒᆞᆯ 째에ᄂ는 치산당에셔 ᄉᆞ름을 파견ᄒᆞ야 아히와 산모가 무양홈을 본 후에야 도라오며 ᄎᆞ외에 ᄯᅩ 션당 둘이 잇셔 녀즁 명ᄉ를 청ᄒᆞ야 부녀로 병구원ᄒᆞᄂ는 법을 비오게 ᄒᆞ야 일년 혹 반년에 그 부녀들이 비록 의슐은 통치 못ᄒᆞ나 병인의 뜻을 맞초아 슈응ᄒᆞ며 어늬 째ᄂ는 무삼 음식을 먹으며 어늬 병에ᄂ는 무슴 법을 쓰ᄂ는 규모가 명 빅투쳘ᄒᆞ야 그 효험이 젹지 ᅇᅡ니ᄒᆞ니 이ᄂ는 다 ᄒᆞ션ᄒᆞᄂ는 인인군ᄌ ㅣ 창 시ᄒᆞᆫ 바이오 심지어 풍의족싴ᄒᆞᆫ ᄉᆞ름이 돈을 밧지 아니ᄒᆞ고 병원에 와 고용되ᄂ는 이도 잇스니 감격ᄒᆞ도다.

---

3) 익뎡파: 스코틀랜드에 있는 지명.

뎨숨졀 션힝이 날로 더홈이라

영국 녀뎜이 셕일은 불법흔 일이 만터니 이에 호션 군즈ㅣ 긱덤을 긔셜ᄒ야 힝인을 유숙게 ᄒ고 ᄯ 빈민의 질고를 슬펴여 구졔ᄒ며 기중 병 잇ᄂ 즈ᄂ 극진 고렴ᄒ야 다만 병만 치료홀 ᄲᆫ 아니라 져의 졀핍홈을 보조ᄒ며 노옹과 늘근 부녀를 다 편안케 봉양ᄒ고 귀먹고 눈 멀고 벙어리를 다 ᄯᅡ로이 집을 쥬어 살니며 년소흔 즈ᄂ 싱계를 인도ᄒ야 항업이 잇게 ᄒ고 무실무의흔 즈ᄂ 집을 쥬어 잇게 ᄒ더라.

이뎡파 ᄯᅡ에 ᄯ 공소를 지어 타국인의 뉴락흔 즈를 구ᄒ며 흉년을 당ᄒ면 타쳐의 쳔흔 곡식을 사다가 본가 발미ᄒ니 다 극히 착ᄒ고 극히 조흔 일이라. 연이나 이ᄂ 오직 스름의 몸을 길을 ᄲᆫ이라. 그 마음을 곳치미 올타 ᄒ야 당에 드러오ᄂ 아히ᄂ 빅공의 기예를 가라치다가 장셩ᄒ면 그 소원과 직조ᄃᆡ로 인도ᄒ야 싱업이 되게 ᄒ고 부녀의 창기된 즈ᄂ 혼 원을 사로이 지어 거쳐케 ᄒ고 마음을 곳쳐 착흔 부녀ㅣ 되게 ᄒ고 옥즁의 죄인은 긔과쳔션홈을 가라치며 싱계를 여러 구습을 변케 ᄒ며 술을 질기ᄂ 즈도 ᄯ흔 졔쥬회를 모아 경계ᄒ더라.

병인이 원에 잇슬 ᄯᅢ에 션ᄉㅣ 겻히 잇셔 미양 션도로 권면ᄒ야 경텬이인홈과 싱젼 ᄉ후에 보복을 말ᄒ야 그 마음을 감동케 ᄒ고 례ᄇᆡ일을 당ᄒ면 남녀 슈빅이 회당에 이르러 도를 강론ᄒ고 빈인이 당에 드러오ᄂ 즈ᄂ 더욱 은근이 가라치며 셕일에 대현인 흑회덕이 각국 감옥셔 졍형을 비셕에 긔록ᄒ야 영국 대례비당에 셰우고 그 춤혹홈을 한탄ᄒ더니 금일에ᄂ 셰도 인심이 졈졈 착흔 ᄃᆡ 나아가 무론 관민ᄒ고 다 구란졔급을 힘쓰니 오즉 부즈와 낙션ᄒᄂ 군즈ㅣ 더욱 발원ᄒ야 창싱 건지믈 바라노라.

뎨십이권 **인도국이라**

영국 마간셔 원본, 청국 채이강 술고, 리졔마틔 번역

뎨일졀 상무국의 시초ㅣ라.

일쳔오빅구십솜년 [션조 이십륙년]에 영인 시쳬분숨[1]이 인도국 셔
히 연변에 갓다가 그 부요훈 긔상과 민심의 순박흠을 보고 영국에 도
라와 글을 져슐ㅎ야 왈 인도에 금과 구슬과 비단과 상아와 향수ㅣ 잇
스니 만일 통상ㅎ면 대리(大利)되리라 ㅎ니 상고들이 듯고 인도에 가
고자 ㅎ야 각인의게 고분젼을 모으니 륙년 만에 삼만 방이 되는지라.
일쳔륙빅년 [션조 숨십숨년]에 영국 녀왕 이리사빅[2]이 인도 상무국을
셰우고[3] 인도와 무역을 통홀식 졈졈 흥황ㅎ며 고분젼 닉는 스롬이 만

---

1) 시쳬분삼(施蒂焚森): 앞에 등장하는 스티븐슨(증기 기관차를 발명한 사람)과는 다른 인
   물임.
2) 이리사빅: 엘리자베스 여왕.
3) 동인도 회사 창립: 1600년 12월 31일 국왕의 특허로 조직되어 독점적 무역 기구로 발족
   하였다. 이후 정치적 성격까지 띠게 되었고 18세기 초에서 19세기 중엽까지 인도에서
   영국 제국주의의 앞잡이 역할을 했다. 처음에는 동인도의 향료 무역에 참여하기 위해
   만들어졌다. 당시 스페인과 포르투갈이 동인도 향료 무역을 독점하고 있었으나 1588년
   영국이 스페인 무적함대를 격파함으로써 향료 무역의 길이 열렸다. 18세기 중엽 이후
   면제품 무역이 쇠퇴하고 중국 차(茶) 수입이 주류를 이루게 되었다. 중국과의 차 무역에
   소요되는 자본금은 아편 수출로 충당되었으며, 결국 아편 전쟁으로 이어졌다. 영국 정부
   의 개입으로 1813년에 통상 부문에서의 독점이 끝나고 1834년부터는 인도에서 영국 정

은지라 상무국 총판이 또 분국을 스쳐에 창설ᄒ야 믹년 리식이 더욱 성ᄒ거늘 타국이 듯고 다 흠모ᄒ야 하란 포도아 법난셔의 상고ㅣ 분분이 이르더라, 션시에 상무국이 인도 동방 마특랍사[4] 희안에 영칙를 세우고 인도인을 초모ᄒ야 호위병을 삼앗더니 임염 빅여년에 영법 냥국이 불목ᄒ야 구라파 쥬 젼징이 되고 기타 아미리가 쥬와 아셰아 쥬에 잇는 영법 스름이 왕왕 셔로 쌋와 다 승젼ᄒ고 오즉 인도에는 법국 타발뇌[5] 장군이 마특랍사에 이르러 영인을 구축ᄒ니 영인이 망풍분괴ᄒ야 거의 인도를 쎗길너니 상무국에 극뇌비[6]라 ᄒ는 스름이 법국의 만모흠을 분히 넉여 일쳔칠빅오십년 [영조 이십륙년]에 인도 토병을 초모ᄒ야 법병을 파ᄒ고 법장 타발뇌 쏘흔 회국ᄒ니 종ᄎ로 인도에 잇는 ᄌㅣ 영국을 듸적ᄒ리 업더라.

뎨이졀 듸상국의 지파라

영인이 웅거흔 바 마특랍사 동북에 본가리[7] [일명은 밍가리라] 일싱은 인도 왕의 관할이라. 그 항구 잡이희답[8] 짜에 영인이 분국을 창셜ᄒ니 기실은 인왕과 관계 업거늘 일쳔칠빅오십칠년 [영조 솜십솜년] 류월에 인왕이 군스를 거느리고 잡이희답에 이르러 분국을 뎜령ᄒ고 영인 일빅스십륙명을 잡아 옥중에 가두니 그 옥은 협착ᄒ야 슈다흔 스름이 몸과 슈족을 운동키 어렵고 겸ᄒ야 흑암흠이 무이디굴이러니 겨우 일야를 지닉민 죽은 ᄌㅣ 이십솜인이라. 영인이 듯고 비분흠을

부의 경영 대리인 수준에 머물렀다. 1857년 세포이 항쟁 이후 영국 정부의 대리인 역할마저 상실했으며 1873년 법인체로서의 자격을 상실했다. 『브리태니커』

4) 마특랍사(馬特拉司): 마드라스. 인해안(印海岸).
5) 타발뇌(駝潑雷師): 듀푸렉스. 법장(法將).
6) 극뇌비(克雷飛): 크릭웃. 영상장(英商將).
7) 본가리: 벵골.
8) 잡이희답: 편잡(?)

익이지 못ᄒ야 이히 십이월에 군수 습천이빅인을 조발ᄒ야 극뇌비로 장군을 삼고 잡이히답에 이르니 인왕이 군수 류만을 거느리고 막거늘 극뇌비 그 군용이 심셩흠을 보고 겁늬여 퇴병코즈 ᄒ다가 다시 혜오 딕 우리 오믄 보슈코즈 홈이어늘 이졔 도라가면 어늬늘 셜분ᄒ며 쏘 인용이 뒤을 짜르리니 쏘호니만 갓치 못ᄒ다 ᄒ고 군수를 지휘ᄒ야 ᄒ 번 쏘와 그 쟝슈를 죽인딕 인병이 다 도망ᄒ거늘 군수를 졈검ᄒ니 사망흔 즈ㅣ 겨우 칠십인이러라. 이에 본가리 일싱 호구 습쳔만 인을 관할ᄒ니 즈츠로 상무국이 인도를 훌거ᄒ더라.

데숨졀 토디 엇기를 가장 널니홈이라

인왕이 그 픠홈을 분히 녁여 날노 침어ᄒ거늘 상무국이 이에 즈강홀 계칙을 늬여 본가리 싱으로 써 영인의 긔업을 숨고 본가리 싱과 갓가온 짜을 초잠식지ᄒ야 인도 남방 가나졔9)에 이르니 이 짜은 비록 가나졔 왕의 관할이나 기실은 범스를 다 상무국에 품명ᄒ야 졍탈ᄒᄆᆡ 위권이 셩ᄒ야 즈후 오십년 간에 그 국가 졍령과 부셰와 양병홈을 상무국이 다 즈단ᄒ니 이에 상무국이 변ᄒ야 상무의 나라이 되고 상무에 히 되ᄂᆞᆫ 즈ㅣ 잇스면 곳 발병ᄒ야 평졍ᄒ고 인도의 죡뉴 두어 소국도 모다 상무국의 관할이 되더라.

영상이 쳐음 이를 째에ᄂᆞᆫ 고븐젼 ᄆᆡ 빅 방에 ᄆᆡ년 리식이 류 방이 되더니 후에 십 방 혹 십이방 십 실닝 [일 실닝은 엽젼 두 냥 너돈 가량이라]이 되니 상민이 대열ᄒ고 츄후 쏘 감ᄒ야 류 방이 되얏더라.

일쳔칠빅팔십스년 [뎡종 팔년]에 영졍이 쟝졍을 셰워 인도의 잇ᄂᆞᆫ 문무 관원을 졍부로셔 파견ᄒ고 쏘 인도의 ᄂᆡ졍신지도 졍부ㅣ 상무국과 회동관리ᄒ니 이에 인도 일국이 영국에 예속ᄒ엿더라.10)

---

9) 가나졔(家拿梯): 카나틕. 인셩(印省).

일천칠빅구십팔년 [정종 이십이년]에 영정이 헤릐세릐[11] 후를 명ᄒ
야 총리 인도 ᄉ무대신을 삼아 인도예 쥬찰ᄒ야 군무를 졍돈홀신 헤
릐세릐 후ㅣ 인도에 잇슨 지 칠년에 인도 중에 항복지 아니ᄒᄂ 네 나
라를 삭평ᄒ니 그 짜의 큼이 법난셔 일국과 방불ᄒ고 인왕으로 더부
러 약조를 졍ᄒ야 왈 귀왕이 우리 영국과 동심협력ᄒ면 가이 승평지
복을 누리리라 ᄒ더라.

헤릐세릐 후ㅣ 인도에 갈 째에ᄂ 민년 세입이 겨우 영금 칠빅만 방
이러니 급기 체귀홀 째에ᄂ 일천오빅만 방이 되고 예속ᄒ 사름이 칠
천오빅만 명이오 군오에 든 ᄌㅣ 영인이 이만이요 인도 토병은 륙칠만
이러라.

당시에 영국인이 인도의 권세를 잡아 <u>인도 빅셩의게 몽혜됨이 무궁</u>
<u>ᄒ니</u> 대져 영인이 오기 젼에ᄂ 인도 졔소국이 셩나긔포ᄒ야 젼징이 날
노 일어 민불료싱ᄒ더니 영국이 각소국과 약조를 졍ᄒ야 젼징을 막으
니 각국이 영인을 겁ᄒ야 감이 혼단을 열지 못ᄒ더라. 션시에ᄂ 회회
교인이 인도 사름을 억륵ᄒ야 그 교에 들나 ᄒ고 불쳥ᄒ면 곳 병과로
종ᄉᄒ며 ᄯ 인도의 종낙이 번다ᄒ야 강ᄒ ᄌㅣ 약ᄒ ᄌ를 침탈ᄒ며
허다ᄒ 악습이 도젹과 무이ᄒ더니 영국이 집권ᄒ 후ᄂ 감이 망동치
못ᄒ고 오직 영국에 속지 아닌 나라이 왕왕 그 빅셩을 학되ᄒ야 빅셩
의 ᄌ산을 쎄앗고 졍령이 무상ᄒᄂ지라. 인도에 잇ᄂ 영국 총리 대신
이 이 졍형을 알고 곳 그 남방 가나졔 싱에 관원을 파견ᄒ야 그 왕을
되신ᄒ야 빅셩을 다사리고 왕은 월급을 쥬어 졍ᄉ에 춤예치 못ᄒ게
ᄒ며 가나졔 싱 셔방에 ᄯ 미소싱[12]이 잇스니 그 신하 쳑파[13]ㅣ 왕을
구축ᄒ고 토디를 웅거ᄒ거늘 영관이 쳑파를 쫏고 왕을 복위ᄒ고 ᄯ
미소 셔방 마라팔[14] 싱 왕은 션시에 영국을 원망ᄒ다가 지금에 인국

10) 영국 총리 피트가 1784년 '인도법'을 제정하여, 상무국을 통제하고 인도를 식민화함.
11) 헤릐세릐(惠來勢利): 웰래스릐. 영후(英侯).
12) 미소싱(梅鎖): 미소어. 인성(印省).
13) 쳑파(腸破, 양파): 팁푸. 인흉인(印凶人).

의 침어훔을 두려워 영인을 쳥호야 보호국을 습고 미소와 마라팔 냥 싱 북방 혜젹라팔15)은 또흔 일싱더라. 총리 대신이 그 왕도에 관원을 보니여 국스를 관할호야 왕의 거동을 먼저 영관의게 품호게 호니 대져 혜젹라팔 왕의 자우 심복 대신은 인군의 악을 길너 빅폐총싱호미 영국이 금졔치 아니면 니란이 날너라. <u>즌후로 이도 남반부 각 싱 인민이 다 안거낙업호야 월하에 낙시질훔과 우후에 밧갈기를 일숨아 티평훈 긔상이 젼일에 비호면 텬양지간이러라.</u>

뎨스졀 상무국 총판이 토디 널니믈 금훔이라

상무국 총판이 무역 흥왕훔을 위호야 부득이 타국 짜을 쎄스미 양탄식왈 이졔 엇지호면 상로를 그릇치지 아니훌고 호며 상고들은 신 총판이 도임헐 때에는 다 간졀이 부탁 왈 ᄎ후는 상무를 힘쓰고 젼징을 일숨지 말나 호나 급기 도임호야는 인도 각국 왕이 비약호야 상무를 방히호니 부득불 치일징빅헐지라. 이럼으로 젼징이 쉬이지 아니호더라.

인도 대셜산에 고아잡16)은 소국이라. 빅셩이 흉완무례호야 ᄌ조 요란호거늘 상무국이 토평호고 스 짜을 취호니 이는 활쳘로 젼징시라. 상무국 위권이 대셜산17)까지 밋고,

평디리18)에 잇는 젹당은 각쳐 무뢰비를 쳬결호야 노략 창탈호거늘 상무국이 발병 토멸호고,

면젼19) 국은 인도와 인국이라. 상무국이 미양 조혼 말노 권호되 듯

___

14) 마라팔(馬喇叭): 마라바. 인셩(印省).
15) 혜젹라팔(醯笛喇叭): 히더라바드. 인셩(印省).
16) 고아잡(古兒卡): 쑥하스. 인소국(印小國).
17) 대셜산(大雪山): 히마라야. 인산(印山). 히말라야.
18) 평디리(平大利): 핀다리스. 인젹(印賊).
19) 면젼(緬甸): 미얀마. 버마.

지 아니ᄒ거늘 일쳔팔빅이십ᄉ년 [순조 이십ᄉ년]에 면젼과 ᄊ와 그 나라 남방 졀반을 쎄앗고,

일쳔팔빅솜십구년 [헌종 오년]에 아라사 ᄉ름이 인도 북방에 잇셔 아부한[20] 국을 체결ᄒ야 인도를 엿보거늘 샹무국이 그 인군을 쏯고 신군을 셰우니 신군은 원ᄅ 샹무국과 졍투의합ᄒ고 ᄯ 영국 관원이 그 도셩에 잇셔 군ᄉ 수쳔 명을 거ᄂ리고 둔찰ᄒ얏더니 일쳔팔빅ᄉ십이년 [헌종 팔년]에 아부한에 ᄂ란이 이러 영병이 대픽ᄒ야 인도에 싱환ᄒ 주ᅵ 겨우 슈삼인이요 기여 수쳔구빅구십여 인은 다 아부한 국에 셔 죽엇ᄂ지라. 영병이 림진픽젹이 여ᄎ홈은 처음이러라. 샹무국이 대로ᄒ야 응병을 보ᄂ여 아부한 도셩을 파ᄒ얏스나 ᄯ 감이 오ᄅ 머무지 못ᄒ니 아부한이 드듸여 대란ᄒ더라.

데오졀 셔북 솜셩을 ᄯ 어듬이라

인도국의 심득셩[21]은 ᄯ흔 본토 왕의 관할이라. 영병이 픽홈을 듯고 인도에 잇ᄂ 영인을 소탕코자 ᄒ야 일쳔팔빅ᄉ십솜년 [헌종 구년]에 영인과 ᄊ올ᄉ 쟝군 나피아[22]ᅵ 군ᄉ 이쳔ᄉ빅명을 거ᄂ리고 인병 솜만 오쳔을 파ᄒ고 슈월 후 ᄯ 한 번 ᄊ와 파ᄒ니 죵ᄎ로 심득셩 일경이 영국에 속ᄒ더라. 듸져 인도의 각국 왕이 다 권셰를 밋고 빅셩을 학딕ᄒ나 기즁 심득왕이 우심ᄒ야 형뎨ᄌ질이 산양홀 ᄯ에는 왕왕이 빅셩의 촌락 슈십쳐를 불질너 산양 마당을 ᄆ들고 허다ᄒ 학졍을 불가승긔로딕 빅셩이 감이 말ᄒ지 못ᄒ고 쳐쳐에 도젹이 봉긔ᄒ야 긔근이 샹망ᄒ더니 영국 쟝군 나파아ᅵ 집졍흔 지 슈년에 ᄉ경이 안연ᄒ고 량식이 풍죡ᄒ야 심지어 그 나마지로 타국에 발ᄆ이ᄒ야 부셔ᄒ고 요죡

---

20) 아부한 국: 아프가니스탄.
21) 심득셩(沁得 又 信度): 씬데. 인셩(印省).
22) 나피아(腦皮兒): 나피어. 영관(英官).

흔 긔상이 잇더라.

심득싱 셔북에 쏘 일 싱이 잇스니 일홈은 핑지[23]라. 기즁에 쏘 셔긔 스[24]라 ᄒᄂᆫ 종낙이 잇셔 미양 영인과 혼단을 일우거ᄂᆞᆯ 영병이 평정 코ᄌᆞ ᄒᆞ야 그 변방에 이르니 셔긔스 스름이 발셔 만산편야이 오ᄂᆞᆫ지라. 일쳔팔빅ᄉᆞ십팔년 [헌종 십ᄉᆞ년]에 냥군이 셔로 대젼 슈츠에 셔긔스 스름이 비록 픠ᄒᆞ나 진법이 졍졔ᄒᆞ야 경젹지 못ᄒᆞᆯ지라. 영인이 그 용한홈을 보고 후려 잇슬가 ᄒᆞ야 평지 일경을 웅거ᄒᆞ더라.

인도에 무덕국[25]이 잇스니 상무국에 예속ᄒᆞᆫ 지 오십년이라. 영인이 그 왕을 보호ᄒᆞ야 인국의 침어홈을 면ᄒᆞ더니 이에 무덕왕이 오지리아 의 힘을 밋고 빅셩을 포학ᄒᆞ니 빅셩이 격분이 ᄌᆞ즁ᄒᆞ야 부셰를 밧치지 아니ᄒᆞᆫ듸 왕이 부하를 명ᄒᆞ야 젼후 이년에 빅셩 일만일쳔여 명을 죽이니 빅셩이 조불모셕ᄒᆞ야 ᄉᆞ산분도ᄒᆞ거ᄂᆞᆯ 상무국 총리 대신이 민망이 녁여 일쳔팔빅오십륙년[철종 칠년]에 공문을 보ᄂᆡ여 왕을 쏫고 일국 졍무를 다 영인이 다사리니 ᄌᆞ츠로 셔북 슴싱이 평졍ᄒᆞ고 병혁이 쓴이더라.

영인의 관할홈이 북방으로 대셜산ᄭᅵ지 이르니 만일 구라파 일경으로 비교ᄒᆞ면 구라파에 잇ᄂᆞᆫ 아라사 외에 다른 싸와 셔로 방불헐지라. 미년 셰입이 영금 슴쳔일빅만 방이요 인구ㅣ 일만구쳔만 방이요 ᄎᆞ외에 쏘 소국 ᄉᆞ빅오십 쳐ㅣ 영국에 속ᄒᆞ니 인구ㅣ 오쳔만이라. 셕일에 상무국이 겨우 영금 슴만방이더니 이졔 변ᄒᆞ야 인구ㅣ 이만ᄉᆞ쳔만 잇ᄂᆞᆫ 상무국이 될 줄 뉘 ᄯᅳᆺᄒᆞ얏스리요.

이상 오졀은 영인이 인도를 평ᄒᆞᆫ 일을 말ᄒᆞ얏거니와 이 아리ᄂᆞᆫ <u>맛당이 인도 다사리ᄂᆞᆫ 법을 말ᄒᆞᆯ 거시요 쏘 평란 이후와 치민 이젼에 대란이 잇슴을 말ᄒᆞ노라.</u>

---

23) 핑지(烹齋 卽 五江): 편잡. 인성(印省).
24) 셔긔스(西氣死): 씩크스. 인족(印族).
25) 무덕국(武德): 무데. 인소국(印小國). 인도의 작은 나라. 무굴 제국.

뎨륙졀 란리라26)

상무국이 인도를 다사리미 빅셩이 말호듸 영인이 온 후로 다 평안
무ᄉᄒᆞ야 탐관오리의 힉를 당치 아니ᄒᆞ며 다 ᄌᆞ유ᄌᆞ직ᄒᆞ야 영인의 덕
이 크다 ᄒᆞ나 오직 회회교와 파라문의 교도들이 파측ᄒᆞᆫ 마음을 먹고
요언을 일이켜 왈 영인이 장ᄎᆞᆺ 각 교를 변ᄒᆞ야 구셰교에 들게ᄒᆞᆫ다 ᄒᆞ
니 인도인이 다 그 말을 밋으니 대져 인도는 ᄉᆞ룸을 죽이여 졔ᄉᆞᄒᆞ고
ᄯᅩ ᄌᆞ식을 살히ᄒᆞ야 신당에 밧쳐 복을 구ᄒᆞ며 남ᄌᆞㅣ 죽으면 화장홀ᄉᆡ
그 쳐ㅣ 갓치 불에 쒸어드러 순장ᄒᆞ면 렬녀라 ᄒᆞ고 불연이면 괴이ᄒᆞ다
ᄒᆞ야 인류에 참예치 못ᄒᆞ게 ᄒᆞ거늘 영인이 그 법을 곳쳐 ᄌᆞ녀 죽이는
ᄌᆞ는 죄를 쥬며 과부는 다시 ᄀᆡ가홈을 남ᄌᆞㅣ 지취홈과 갓치 ᄒᆞ게 뎡

---

26) 세포이 항쟁(1857~1858)은 인도인 용병들을 중심으로 일어난 반영(反英) 항쟁이다. 영
국은 동인도 회사를 통해 인도를 간접적으로 통치하고 있었고 동인도 회사는 군대를 보
유하고 있었는데, 세포이는 그 군대의 '인도인 용병'을 일컫는 용어였다. 이 항쟁은 인도
독립 운동의 시작이라는 평가를 받기도 한다. 인도는 90년 후인 1947년에 영국으로부터
독립하였다. 세포이 항쟁은 세포이 반란, 1857년 인도 항쟁, 제1차 인도 독립 전쟁 등으
로도 불린다. 이 명칭들 가운데 '반란'이란 것은 다분히 영국 측 시각을 반영한 것이고,
인도인의 입장에서 이 항쟁은 영국의 제국주의에 대한 저항으로 평가되었다. 세포이 항
쟁은 빠른 속도로 인도 각지에 확산되어 각계각층이 영국에 대항하는 항쟁으로 발전하
였다. 주요 교전은 주로 갠지스 강 상류 삼림 지역과 인도 중부 지역에서 이루어졌다.
오늘날 인도의 행정구역으로 보면 우타르프라데시 주, 비하르 주, 마디아프라데시 주
북부, 그리고 델리 등지에서 교전이 있었다. 세포이 항쟁은 영국 동인도 회사의 종교에
대한 몰이해에서 촉발되었고, 1858년 6월 20일에 과리오르가 함락되면서 절정을 맞았
다. 세포이 항쟁은 인도 전역을 포괄하지는 못하였다. 항쟁이 지속되는 동안에도 벵골,
뭄바이, 마드라스와 같은 지역은 상대적으로 큰 사건이 일어나지 않았다. 펀자브의 시크
교 제후는 오히려 영국 동인도 회사를 지지하여 병력을 동원하기도 하였다. [2] 하이데
라바드, 마이소르, 트라반코르, 카시미르, 라즈푸탄 등과 같은 다른 많은 지역의 토후국
들은 항쟁에 가담하지 않았다. 한편, 아와드와 같은 일부 지역에서는 항쟁이 유럽 국가
전체에 대한 배격운동 양상을 띠었다. 락슈미 바이와 같은 항쟁의 지도자들은 항쟁 이
후에도 인도 독립 운동의 상징으로 추앙받았다. 그러나 세포이 항쟁의 지도자들은 새로
운 질서에 대한 일관적인 이념을 공유하지는 않았다. 세포이 항쟁으로 인해 영국 동인
도 회사는 해체되었고 영국은 인도에 대한 직접 지배를 위해 군사, 재정, 행정 등 각 분
야를 개편하지 않을 수 없었다. 세포이 항쟁을 진압한 영국은 영국령 인도 제국을 출범
시켜 정부 직할로 편재하였다. 이로써 빅토리아는 인도 제국의 군주라는 새로운 지위를
더하게 되었다. 『위키백과』

ᄒᆞ얏더니 인도인이 다 믜워ᄒᆞ고 ᄯᅩ 영인이 쳘로를 ᄡᅡ음을 보고 다 겁
니여 ᄂᆡ두에 무삼 큰 히 잇슬이라 ᄒᆞ며 옛 왕과 그 족쳑이 권셰를 삭
탈흔 후에 ᄯᅩ흔 원망ᄒᆞ고 파라문교 즁인은 [파라문 교인은 즁국의 유
싱과 갓틈이라] 그 ᄇᆡᆨ셩이 셔양을 즁이 알고 져의 학을 경ᄒᆞ게 안다
ᄒᆞ야 더욱 구허날무ᄒᆞ야 우헤 잇ᄂᆞᆫ 왕당과 아릭에 션ᄇᆡ 다 말ᄒᆞᄃᆡ 영
인이 집졍ᄒᆞ면 인도에 크게 히된다 ᄒᆞ야 날로 ᄉᆞ름을 고혹ᄒᆞ고 ᄯᅩ 말
ᄒᆞᄃᆡ 영인의 권셰 이믜 극ᄒᆞ얏스니 월만즉휴요 일만즉측[27]이라. 영인
이 장ᄎᆞᆺ 쇠픽ᄒᆞ리니 인도일은 응당 타인이 쥬장ᄒᆞ리라 ᄒᆞ야 ᄇᆡᆨ셩을
요동ᄒᆞ더라.

당시에 인도에 영인이 셜시흔 익병이 이십칠만 명이니 기즁 구쥬
ᄉᆞ름은 불과 이만오쳔 명이오 기여 이십슘만 명은 다 인도의셔 초모
흔 비라. 반ᄒᆞᄂᆞᆫ ᄌᆞ l 잇스면 극즁흔 형벌로 다사리니 인병이 감이 반
치 못ᄒᆞ더니 이윽고 틱평일구에 쥬장이 다시 은덕을 베푸니 인병이
ᄯᅩ흔 감격ᄒᆞ야 반치 아니ᄒᆞᄂᆞᆫ지라. 영인이 다 그 츙용흠을 일컷더니
지시ᄒᆞ야 난을 싱각ᄒᆞᄂᆞᆫ ᄌᆞ l 요언을 지어 영국을 반ᄒᆞ라 ᄒᆞ며 ᄯᅩ 일
너 왈 너의 영국에 츙셩ᄒᆞ면 반다시 인도에 히 될지라. ᄯᅩ 영인의 운슈
l 진ᄒᆞ얏스니 너의 ᄯᅩ 영인을 도으면 싱젼 악보도 잇거니와 일후에
ᄌᆞ손의게 큰 앙화 l 잇슬이라 ᄒᆞ니 인병이 듯고 처음은 밋지 아니ᄒᆞ다
가 졈졈 날이 오릭민 그 말을 올히이 넉여 ᄎᆞᄎᆞ 령을 거역ᄒᆞ고 장관을
묘시ᄒᆞ며 군심이 일변ᄒᆞ더라.

일쳔팔ᄇᆡᆨ오십칠년 [쳘종 팔년]에 영관이 비로소 인도 옛 왕이 인병
과 셩긔 연락ᄒᆞ야 작변코ᄌᆞ 흠을 알고 다만 혜오ᄃᆡ 우리 오직 군심을
진졍흠이 올타 ᄒᆞ야 믹양 은덕으로 ᄡᅥ 감동코ᄌᆞ ᄒᆞ더니 ᄯᅩ 의외 일이
싱ᄒᆞ야 홀홀간에 변이 일더라.

인도 군ᄉᆞ의 ᄡᅳᄂᆞᆫ 총은 다 구식이라. 신년을 당ᄒᆞ야 영관이 녕을 ᄂᆡ
려 신식 양창을 ᄡᅳ라 ᄒᆞ니 군ᄉᆞ l 싀 총을 보고 다 희동안싀ᄒᆞ야 셔로

---

27) 월만즉휴 일만즉측(月滿則休 日滿則仄): 달도 차면 기울고 해도 차면 기운다.

구경ᄒ다가 홀연이 의외 변이 일어나니 대져 신식총은 탄환이 총구멍과 갓가이 붓튼 연후에야 총 놋키 편리ᄒᄆᆡ 그 탄알이 혹 쌕쌕홀가 념녀ᄒ야 먼져 기금으로 알에 바르니 이ᄂᆞᆫ 알의 츌입이 편케 홈이다. 이제 영관은 인도 ᄉᆞ름의 교에 긔휘됨²⁸⁾은 싱각지 못ᄒ고 소와 양의 기름을 쥬어 그 탄알에 발으라 ᄒ얏더니 군령이 겨우 ᄂᆡ리ᄆᆡ 군심이 대변ᄒ야 경각간에 슈삼십만 군ᄉ ㅣ 일시 진동ᄒ니 긔벽이ᄅᆞ로 여ᄎᆞᆫ 요란은 쳐음이라. 회회교인은 갈오ᄃᆡ 그 기름 속에 필연 도야지 기금이 잇셔 우리로 ᄒ야곰 교즁 규측을 범케 ᄒ다 ᄒ며 인도인은 갈오ᄃᆡ 이ᄂᆞᆫ 우유라. 나를 억지로 교법에 범ᄒ게 홈이라 ᄒ고 ᄯᅩ 일너 왈 향일에 동요 ㅣ 잇셔 영인이 우리 교를 멸ᄒ다 ᄒ더니 이제 과연 올타 ᄒ며 ᄯᅩ 인도국 일경이 다 말ᄒᄃᆡ 영인이 이 법을 뻐 우리 파라문교를 업새고 부득불 영국 교를 좃게 홈이라 ᄒ고 다 탄식 희허ᄒ며 ᄯᅩ 각 군ᄉ ᄂᆞᆫ 말ᄒᄃᆡ 텬하에 이마치 큰 일이 업스니 ᄂᆡ 군령을 좃치면 나와 ᄂᆡ ᄌᆞ손이 영영 초싱ᄒ야 연화세계에 올을날이 업슬 거시요 ᄯᅩ 군적에 써나 집에 도라간다 ᄒ야도 붕우와 족척이 우리를 인류에 치지 아니리라 ᄒ여 왕ᄅᆡ슈작ᄒᆫ 지 하로 동안에 분로ᄒᆫ 마음이 변ᄒ야 외구지심이 되어 황황급급ᄒ야 병풍상셩ᄒᆫ 듯ᄒ다가 이윽고 외구지심이 ᄯᅩ 변ᄒ야 한 독ᄒᆫ 싱각이 나셔 사고방황에 이리 쮜고 져리 쮜며 장목질시ᄒ고 노발츙관ᄒ야 금지부득이 오권지불쳥이라. 영국 총리 대신이 그 화 ㅣ 죠셕에 잇슴을 알고 급히 ᄉᆞ쳐에 방을 부치고 ᄯᅩ 전보로 각쳐에 젼포ᄒ야 왈 본 대신이 너의 말을 드르니 이ᄂᆞᆫ 너의 그릇 알미라. 영국인이 원ᄅᆡ 이 마음이 업스니 이제 너의와 약속ᄒ야 만일 오히려 의심이 잇거든 총과 탄에 바르ᄂᆞᆫ 기름을 다 너의 ᄌᆞ비ᄒ야 무슴 기름을 쓰든지 각 장관이 억지로 권홀 길이 업고 군즁의 잇ᄂᆞᆫ 기름은 너의 간섭지 말나 ᄒ니 이러ᄒᆫ 고시ᄂᆞᆫ 실이명빅ᄌᆞ셰ᄒ야 아모라도 가이 ᄭᆡ달을지라. 연이 군심이 이믜 변ᄒ야 천언만어를 다 여풍과이ᄒ야 드른

---

28) 긔휘됨(忌諱): 꺼리어 피함.

체도 아니흐며 쏘한 요언을 지어 왈 영관이 우리로 흐야곰 그 기름을
쓰게 헐 뿐 아니라 창과 탄을 싼 유지도 그 기름이요 영관이 군량을
발급홀 째에도 우골을 가라 분을 믄드러 빅면가루 즁에 너엇다 흐야
[영인의 량식은 빅면으로 믄든 썩이라] 여츠흔 요언이 불가형언이라.
영국 집정 각관이 아모리 갈력발명흐나 흔 스룸도 신청치 아니흐고
다만 영인이 우리를 히흐야 귀신의게 득죄케 홈이라 흐고 크게 요란
흐더라.

  군변이 지츠흐미 째를 타 난을 짓는 즈ㅣ 만으니 무덕왕은 젼일에
빅셩을 포학흐야 영인의게 쫏긴 인군이라. 그 심복을 보니야 각 군을
션동흐야 왈 왕을 짜라 복위케 흐는 즈는 후상을 어드리라 흐며 회회
교 왕 모는 셕일에 그 짜을 영인의게 쎅앗기고 월급을 먹든 즈이라.
왕이 죨고 기즈 남무살회빅29)이 셔부의 월급을 셰습홈을 청흐거늘
영인이 불허흐얏더니 지시흐야 쏘흔 옛 신하를 다리고 군즁에 단이면
셔 홍와조산흐니 군스의 짜로는 즈ㅣ 날로 셩흐야 말호디 젼일에 동요
ㅣ 잇셔 영국이 인도를 덤거흔 지 불과 빅년에 타인의게 도라간다 흐
더니 이제는 째가 이르고 운이 되얏다 흐더라.

---

29) 남무살회빅(南南薩哂伯, 남남살희백): 나나사힙. 회왕자(回王子). 인도 회교도 왕자. 나
   나 사히브. 셰포이 항쟁 당시 항쟁군을 이끈 사람으로, 칸푸르 전투 시 영국 총병이었던
   휴그 휠러와도 친척 관계에 있었음.

뎨칠졀 미노특30)의 란이라

션시 일쳔팔빅오십칠년 [철종 팔년] 오월 십일에 미노특 반병이 스
긔ㅎ야 영관과 부녀를 죽이고 회왕의 관활ㅎ든 짜 덕리31) 쏘흔 반ㅎ
야 영관을 살육ㅎ고 말ㅎ되 우리 장찻 회왕의 위를 회복ㅎ야 션조 황
뎨의 긔업을 이루리라 ㅎ고 그 달 그믐게 본가리 싱 군ㅅ 이십이 영이
일시에 다 반ㅎ야 영길리 스룸만 죽일 쑨 아니라 구라파 인은 무론 하
국인ㅎ고 다 죽이더라.

뎨팔졀 공파32)의 란이라

무덕싱 속읍은 공파ㅣ라. 륙월 초순에 쏘흔 반병의 란을 당ㅎ니 춤
혹잔포ㅎ미 고금에 업더라. 란이 일 째에 영국 총병 회륵33)이 부하 슈
빅인을 거나리고 방어ㅎ니 구쥬 스룸이 공파에 잇는 즈ㅣ 다 회륵을
의지ㅎ야 피란홀ㅅ] 남부살회빅이 셩을 에운 지 이십여 일에 미일 대
포를 노아 회륵의 군ㅅ 죽은 즈ㅣ 일빅명이라. 회륵이 직희지 못홀 줄
알고 남무살회빅더러 일너 왈 너의 우리를 도라가게 ㅎ면 이 셩을 휘
하에 밧치리라 ㅎ니 남무살회빅이 허락ㅎ거늘 이에 구쥬 스룸이 휴로
부유ㅎ고 군ㅅ 이빅명을 거느리고 셩 밧게 나와 직싱흠을 경사ㅎ더니
한 물가에 이르러는 복병이 스쳐에 이러 전후자우에 탄환이 비오듯ㅎ
지라. 경각간에 구쥬 스룸이 틱반이나 죽고 기여 이빅류인을 잡아 공

---

30) 미노특(米魯式): 미루트. 인지(印地). 미루트는 영국 출신 병사들의 주요 거점 가운데 하
    나였으며 항쟁 직전에는 2,357명의 세포이와 2,038명의 영국군이 복무하고 있었다. 때문
    에 실제적인 항쟁은 미루트에서 비롯되었다고 할 수 있다. 『위키백과』
31) 덕리(德里): 쩨릐. 델리.
32) 공파(孔坡): 콘푸어. 인읍(印邑). 칸푸르(Kanpur)는 인도 우타르프라데시 주 최대의 도시
    로 인구 2,767,031명(2012). 갠지스 강 우안에 위치하고 있다.
33) 회특(晦勒): 휘릐. 영총병(英總兵). 휴그 휠러. 1857년 6월 세포이 전쟁 때 영국 총병.

파성에 이르러 장뎡은 다 죽이고 로약은 모라 한 집에 가둔 지 범 십팔일에 다 잔명을 부지ᄒᆞ야 구원 오기를 기다리더니 홀연이 다ᄉᆞᆺ ᄉᆞ름이 드러와 안으로 문을 잠으로 칼을 ᄲᅢ야 부녀와 아히를 죽이니 몹시 ᄶᅢ리는 소ᄅᆡ와 이통ᄒᆞ는 곡셩이 ᄃᆡ단ᄒᆞ더니 그 놈이 칼날이 상ᄒᆞ야 ᄉᆡ 칼을 박군 지 범 ᄉᆞ슈ᄎᆞ에 이뵉륙인이 다 도ᄒᆞ의 원혼이 되거늘 익일에 큰 구렁을 파고 일졔이 ᄒᆞᆫ데 무드니 오호ㅣ라. 여ᄎᆞ 잔혹은 말ᄒᆞᆯ 것 업더라.34) 총병 합비록35)이 그 위급ᄒᆞᆷ을 듯고 군ᄉᆞ를 거ᄂᆞ리고 급히 공파에 이르니 발셔 피히ᄒᆞᆫ 지 이틀이라. 그 집 속에 죽은 ᄉᆞ름의 혈젹이 낭ᄌᆞᄒᆞᆷ을 보고 상심ᄎᆞᆷ목ᄒᆞ야 침음불어ᄒᆞ다가 분긔튱텬ᄒᆞ야 긔 혜이 보슈셜ᄒᆞ고자 ᄒᆞ더라.

뎨구졀 평란ᄒᆞᆷ이라

이 ᄲᅢ에 인도 젼국이 다 영국을 반ᄒᆞ야 도쳐에 간과ㅣ 요양ᄒᆞ고 구쥬 ᄉᆞ름은 보면 다 상히ᄒᆞᄂᆞᆫ지라. 총리 대신 감응36)이 셰변이 여ᄎᆞᄒᆞᆷ을 보고 십분 념녀ᄒᆞ다가 홀연이 ᄉᆡᆼ각ᄒᆞᄃᆡ 빅년 젼에 극뇌비37) 인도를 토평ᄒᆞ야 공명과 훈업이 고금에 진동ᄒᆞ얏ᄉᆞ니 우리도 ᄯᅩᄒᆞᆫ 대장부ㅣ라. 엇지 이를 겁ᄂᆡ리요 ᄒᆞ고 동셔남 각 ᄉᆡᆼ에 잇는 군ᄉᆞ를 쳥ᄒᆞ야 각기 진발ᄒᆞᆯᄉᆡ ᄯᅩ 영국이 쳥국과 실화ᄒᆞ야 병션이 쳥국으로 향ᄒᆞᄂᆞᆫ 소식을 듯고 곳 격셔를 젼ᄒᆞ야 인도의 위틱ᄒᆞᆷ을 구ᄒᆞ라 ᄒᆞ고 ᄯᅩ 영국

---

34) 이때의 기록은 톰슨 저, 『칸푸르 이야기』에 남아 있음.

35) 합비록(哈飛綠): 하ᅄᅦ록. 영총병(英總兵). 헨리 헤브록. 9월 25일 헨리 해브록이 지휘하는 영국 측 원군이 당도하였다. 또한 제임스 아웃럼이 이끄는 칸푸르 측 원군도 가세하였다. 이들은 세포이 반군과 격렬한 전투를 치렀으나 포위를 돌파하지는 못하였다. 10월이 되자 콜린 캠벨이 이끄는 또 다른 원군이 도착하였고 11월 18일 힘겨운 싸움 끝에 세포이들의 포위를 물리칠 수 있었다. 캠벨은 1858년 초까지 아우드 지역에 주둔하며 계속되는 세포이 반군과의 전투를 치렀다. 『위키백과』

36) 감응(嵌凝): 칸닝. 영총리인대신(英總理印大臣). 찰스 캐닝.

37) 극뇌비: 앞 절 참고. 크르누프.

이 파사와 흔단이 잇서 영국이 동병ᄒᆞ얏더니 파사 왕이 사죄 청항ᄒᆞ야 군ᄉᆞ 1 긔가를 부르고 도라오ᄂᆞᆫ지라. 총리 대신이 쏘 글을 보ᄂᆡ여 구원을 청ᄒᆞ고 다시 각종 졍형을 졍부에 쥬쳥ᄒᆞ니 영졍이 ᄃᆡ병을 발ᄒᆞ야 젼릭ᄒᆞ야 싸홈을 돕더라.

영병 오ᄂᆞᆫ ᄌᆞ 1 다 졀치부심ᄒᆞ야 왈 이 원슈를 갑지 못ᄒᆞ면 쟝부 1 아니라 ᄒᆞ고 용긔빅비ᄒᆞ더라. 일쳔팔빅오십칠년 [쳘종 팔년] 칠월 일은 란이 이러ᄂᆞᆫ 지 두달이라. 총병 합비록이 영병 일 소ᄃᆡ 이쳔인을 거느리고 곳 공파로 진발ᄒᆞ니 합비록은 쳥국에서 입공ᄒᆞᆫ 과등[38] 쟝군과 갓치 유명ᄒᆞᆫ 스름이라. 군즁에 잇슨 지 ᄉᆞ십년에 부쟝군 위에 올으더니 이졔 독당일면ᄒᆞᄆᆡ 그 ᄌᆡ덕이 낫타나고 영걸ᄒᆞᆫ 공업이 구라파와 아셰아에 ᄃᆡᆫ동ᄒᆞ더라.

이 ᄢᆡ에 반당이 공파를 웅거ᄒᆞᆫ 지 이믜 십여일이오 무덕 싱 일경이 다 남무살희빅의 명을 좃칠ᄉᆡ 남무살희빅은 셩품이 잔포ᄒᆞ고 쏘 ᄉᆞ쳐에 비류란병이 향응ᄒᆞ며 빅셩을 노략창탈ᄒᆞ니 이럼으로 각 부쥬현과 셩디 다 구허를 일우고 상고 1 도망ᄒᆞ고 인민이 리산ᄒᆞ야 종종 참혹ᄒᆞᆫ 형상이 스름으로 ᄒᆞ야곰 낙누ᄒᆞᆯ너라. 셕년 영병이 인도를 취ᄒᆞᆯ ᄯᆡᄂᆞᆫ 도쳐에 안민흠을 쥬쟝ᄒᆞ더니 금에ᄂᆞᆫ 빅셩이 곤고뉴리ᄒᆞᆯ 쑨 아니라 영인의 창셜ᄒᆞᆫ 바 냥법미규ᄂᆞᆫ 다 파ᄒᆞ야 례ᄇᆡ당을 회쳘ᄒᆞ고 젼보ᄂᆞᆫ 줄을 쓴코 젼간목을 썩그며 쳘노ᄂᆞᆫ ᄃᆡ포로 문으지르며 로방에 리슈포ᄒᆞᆫ 비셕은 쏘 다 부스지르니 ᄃᆡ져 반당이 영인의 셜시ᄒᆞᆫ 일은 ᄃᆡ소를 물론ᄒᆞ고 불뉴촌초ᄒᆞ더라.

---

38) 과등(戈登): 쇼돈, 영쟝군(英將軍). 앞 절 참고.

뎨십졀 노극나39)룰 구홈이라

일천팔빅오십칠년 [철종 팔년] 칠월 십칠일에 합비록이 공파에 잇
는 반당을 뒤파ㅎ니 적당이 다 도망ㅎ고 남무살회빅은 부지거쳐ㅣ라.
영군이 녕을 ㄴ려 잡다가 엇지 못ㅎ더라. [지금 ㅅ힙년에 종적이 묘연
ㅎ고 혹 말호ᄃ 이믜 군즁에셔 죽엇다 ㅎ더라.] 이에 합비록이 젼군을
거ᄂ리고 노극나를 향ㅎ니 노극나는 공파와 상거ㅣ ㅅ빅여리니 곳 무
덕싱에 도회요 인도 왕이 젼에 거ㅎ든 비라. 인민이 칠십오만이요 영
국이 최후에 어든 싸이라. 영국이 비록 신법을 셰워 빅셩의게 유익ㅎ
게 ㅎ나 빅셩이 맛츰ᄂ 심복지 아니ㅎ고 영관이 또 상고의 셰젼을 더
ㅎ야 민졍이 더욱 합지 아니ㅎ며 젼왕의게 후록을 먹든 관원은 일조
에 벼살을 일코 영인을 믜워ㅎ며 부호는 량젼만경이 조샹으로부터 ㅈ
손까지 젼ㅎ야 츄슈ㅎ 째에는 작인이 겨우 호구ㅎ게 ㅎ고 기여는 다
답쥬의게 돌녀보ᄂ니 이러므로 부ㅈㅣ 익부ㅎ나 빈ㅈ는 익민ㅎ거늘
영인이 균젼법을 창시ㅎ니 빈민은 아직 감격ㅎᄂ ㅈㅣ 업고 부호는 원
슈갓치 녁이며 ᄎ외에 익병을 다 히방ㅎ야 농ㅅ에 돌녀보ᄂ니 익병이
ㅈ연 옛 인군을 싱각ㅎ야 거괴와 흉완ㅎ 무리 팔을 썰치고 ㅎ 번 부르
믜 향응ㅎᄂ ㅈㅣ ㅅ긔ㅎ며 젼일에 진신셰가와 거부ᄃ상이 다 영국을
빈반ㅎ고 이러나니 이 째에 영국 ㅅ룸이 노극나에 잇는 ㅈㅣ 무론관민

---

39) 노극나(魯克拿): 룩나우. 인지(印地). 러크나우: 미루트의 봉기 직후 아와드에서도 세포
이들의 항쟁이 일어났다. 그러나 영국 동인도 회사의 판무관이었던 헨리 로렌스는 러크
나우에 위치한 자신의 거점을 요새화하였다. 그의 휘하에는 영국 측을 지지하는 세포이
들을 포함한 1,700여 명의 병력이 있었다. 첫 번째 돌격에 실패한 세포이 반군은 포격을
시작하였다. 이 전투로 헨리 로렌스는 사망하였다. 공방전은 90일 동안 계속되었고 영
국 측의 인원은 300명의 영국 지지 세포이와 350여 명의 영국군 그리고 비전투 요원
500여 명으로 줄어들었다. 9월 25일 헨리 해브록이 지휘하는 영국 측 원군이 당도하였
다. 또한 제임스 아웃럼이 이끄는 칸푸르 측 원군도 가세하였다. 이들은 세포이 반군과
격렬한 전투를 치루었으나 포위를 돌파하지는 못하였다. 10월이 되자 콜린 캠벨이 이끄
는 또 다른 원군이 도착하였고 11월 18일 힘겨운 싸움 끝에 세포이들의 포위를 물리칠
수 있었다. 캠벨은 1858년 초까지 아우드 지역에 주둔하며 계속되는 세포이 반군과의
전투를 치렀다. 『위키백과』

호고 나릭 잇셔도 나오지 못홀지라. 그 위망이 조셕에 잇거늘 합비록이 이 말을 듯고 곳 노극나로 향호니라.

노극나에 쥬찰흔 영국 순무 로륜사형리[40] 쥬야 계엄호야 부하를 독솔호야 갈력방어호고 이 힉 뉵월에 로륜스형리 영인의 노유와 부녀를 모아 주긔 아문에 두어 흔가지 피란호다가 불과 슈일에 로륜스형리 전망호고 반당의 탄환은 쥬야부졀호야 순무셩 늬에 장원과 창벽이 셩흔 곳이 업고 쏘 텬긔 혹열호야 상흔 주와 병 드러 죽는 주ㅣ 더욱 만은지라. 영인이 오히려 굿게 직희고 구원을 기다리더라.

영인이 노극나를 직흰 지 셕달이 되믹 위험호믹 조셕에 잇고 어늬 날 셩이 파홀지도 모르더니 구월 이십오일에 다만 대도소로에 인도 빅셩이 휴로부유호고 도망호며 쏘 포셩이 대긔호거늘 그졔야 구병이 오는 줄 알고 다 대희과망호더니 불과 슈덤종에 합비록 장군이 친병 일 소딕를 거느려 에움을 헤치고 드러오는지라. 연이나 젹병이 다시 에워 슈셜불통호니 합비록도 셩에 나지 못호고 부득이 셩늬에 잇셔 진력방어흔 지 두 달에 영국 졔독 감발[41]이 군스 오쳔을 잇글고 노극나에 이르러 반당을 쳐하호고 순무아문에 각인을 구호야 나올싀 이 째에 합비록은 뇌최셩질호야 마츰늬 니지 못호니 스름이 탄셕지 아니리 업더라.

---

40) 로륜사형리(老倫思亨利): 허느리 ㄹ노뢘스. 영무덕순무(英武德巡撫). 영국의 무굴 순무사 헨리 로렌스.

41) 감발(嵌勃): 캄빌. 영졔독(英提督). 콜린 캠벨.

뎨십일졀 덕리롤 평홈이라[42]

미로특[쳐음 난리 일이켜든 곳시라]에 잇는 난당이 영병이 올가 넘녀ᄒ야 덕리로 다라나니 덕리는 회회교 왕의 고도이요 거민은 다 몽고 특목이[43]의 후예라.[특목이는 원 순뎨 후손이니 명시에 여러 번 즁국을 침노ᄒ고 년 이칠십에 즁국에 드러오니 곳 명수에 쳡목이라] 미로특 반당이 옴을 보고 그 용밍ᄒ을 칭찬ᄒ고 일쳔팔ᄇᆡᆨ오십칠년 [쳘종 팔년] 오월 십일일에 셩즁에 잇는 영인을 잡아다 죽이고 덕리 왕이 ᄯᅩᆫ 거스ᄒ니 원릭 미로특 병이 냥ᄎᆞᆺ 작난ᄒᆞᆷ을 불과 져의 교롤 멸홀가 넘녀ᄒ야 이러남이러니 지금에는 과연 덕리 왕을 짜라 영국을 항거ᄒ더라.

영병이 미로특에 잇든 ᄌᆞ는 오월 이십칠일에 덕리로 향ᄒ고 륙월 초삼일에 ᄯᅩ 영병 일ᄃᆡᆫ는 은팔라[44]로 좃ᄎᆞ 덕리에 이르러 덕리 토병과 ᄊᆞ와 상지ᄒᆞᆫ 지 셕달이 되야 팔월 간에 비로소 영국 구병이 대포와 군긔롤 가지고 와 도옵거ᄂᆞᆯ 드듸여 덕리롤 파ᄒᆞ니라. 이 ᄯᆡ에 영병이 젼일 원슈롤 갑고ᄌᆞ ᄒ야 구월 이십일에 덕리왕과 셰ᄌᆞ와 왕의 아오 둘을 잡아다 죽이니 각쳐 ᄇᆡᆨ셩이 다 ᄃᆡ단이 황겁ᄒ야 감이 동치 못ᄒ더라.

---

42) 세포이 항쟁 발생 초기 영국의 대응은 느렸다. 영국은 크림 전쟁에 투입되었던 병력을 이란을 통해 인도로 이동시켰다. 또한 중국에 주둔하였던 군대의 일부도 인도로 투입되었다. 전비를 갖춘 영국 측 군대는 미루트와 히마찰프러데시주의 주도인 심라로 집결한 후 델리로 향했다. 항쟁 발생 이후 2개월이 지난 뒤 두 군대는 쿠르카를 포함한 연합 부대를 형성하여 진군하였고, 카르날에서 세포이 반군과 교전하였다. 이 전투에서 바들리 케 세라이가 지휘하던 세포이 반군은 패퇴하여 델리로 철수하였다. 영국 측 군대가 델리 북부의 능선에 집결하여 교전을 시작함으로써 델리 공방전이 시작되었다. 공방전은 9월까지 계속되었고 9월 14일 영국 측은 성문을 파괴하고 델리성을 점령하였다. 영국 측은 다음날 바하두르 샤 2세를 체포하였다. 델리 공방전에서 승리한 영국 측은 칸푸르와 아그라를 공략하기 위해 병력을 이동하였다. 『위키백과』

43) 특목이(特穆爾): 틔모어. 원예손(元裔孫).

44) 은팔라(恩叭喇): 엄발과. 인지(印地). 아그라.

뎨십이졀 난당을 징치홈이라45)

노극나 슌무 아문에는 비록 영병이 파슈ᄒ얏스나 그 셩은 오히려 반병이 웅거ᄒ더니 영 졔독 감발이 다시 노극나에 이르러 일쳔팔빅오십팔년 [철종 구년] 슘월 이십이일에 셩을 파ᄒ고 난당을 뭇지르니 ᄌ후로 무덕싱 일경이 슉쳥ᄒ더라.

븍방의 난이 딩강 뎡ᄒ나 인도 ᄂᆡ디 각 힝은 오히려 귀슌치 아니ᄒ거늘 영병이 파죽지셰를 인ᄒ야 슈월 초 일일에 총병 나사46)ᅵ 츰셔47)셩을 파ᄒ고 휴병ᄒᆫ 지 십ᄉ일 만에 ᄯ 영락이 48)셩을 파ᄒ니 이에 인도 ᄂᆡ디 각 싱이 평졍ᄒᆡ 여당은 도망ᄒ야 븍방 대셜산으로 다 라나니 인도 젼국이 다 졍ᄒ더라.

총리 인도 ᄉ무대신이 난민을 즁히 다사려 후환을 막는다 ᄒ고 일쳔팔빅오십칠년 [철종 팔년] 오월 이십슘일에 각 진 장관의게 젼보ᄒ야 뎍리 젹당을 일일이 엄치ᄒ라 ᄒ니 각로 장시 이 령을 듯고 다 ᄭᅮ지져 왈 져의 우리 무죄ᄒᆫ ᄉ름을 죽이엿스니 ᄂᆡ 엇지 용셔ᄒ리오

---

45) 인도 중부지역: 잔시는 마라타 왕국의 수도였다. 1853년 라자가 사망하자 영국은 라프
    스 선언을 근거로 이 지역을 동인도 회사의 직할지로 선언하였다. 라자의 아내였던 락
    슈미 바이는 이러한 영국의 합병 정책에 반대하여 봉기하였다. 전쟁이 발생하자 잔시는
    항쟁의 구심점이 되었다. 잔시에 있었던 소수의 동인도 회사 간부들은 안전한 퇴각을
    요청하였고 락슈미 바이의 허락을 받아 철수를 시작하였다. 그러나 이들은 철수 도중에
    약탈당하였고 결국 살해되었다. 락슈미 바이는 이 일이 자신과 연관이 없다고 부인하였
    으나 영국 측은 이 사건의 배후로 그를 지목하며 비난하였다. 1857년 7월이 되자 이 지
    역의 벵골군 대부분이 항쟁에 가담하였고 영국 동인도 회사는 분델크한드와 라자스탄
    의 대부분 지역에 대한 통제권을 상실하였다. 락슈미 바이는 이들을 규합하여 다티아와
    오르크하에서 공격해 온 영국 측을 패퇴시킴으로써 왕국의 독립을 유지하는데 성공하
    였다. 그러나 1858년 3월 휴 로즈가 이끄는 영국 측이 잔시를 점령하자 락슈미 바이는
    후퇴하여 병력을 이끌고 항쟁을 계속하였다. 1858년 6월 락슈미 바이는 제8 아일랜드
    국왕 근위기병대와의 교전에서 전사하였다. 항쟁 기간 동안 락슈미 바이는 남장을 하고
    무장한 채 직접 전투에 참여하였다고 한다. 이 때문에 락슈미 바이는 종종 쟌다르크와
    비견된다.

46) 라사(螺螄): 로스. 영총병(英總兵).

47) 츰셔(嚔西): 쟌시. 인지(印地). 잔시. 마라타 왕국의 수도.

48) 영락이(拐略耳, 괴략이): 쾌릭어. 인셩(印城). 퀘르니어.

호고 노발츙관호야 각쳐슈탐호야 잡는 딕로 다 죽이며 혹 슈분호는 빅셩이라도 졉딕간에 조곰도 틱만호든 주ㅣ면 죽이고 영병의 독호 마음이 심지어 죽은 스룸의 빅룰 갈나 셜분혼다 호니 이에 반당이 스쳐에 일거늘 영병이 도쳐에 포착호야 국문을 기다리지 아니호고 보는 딕로 문득 죽이니 대져 져 반당은 시비룰 말홀 것 업거니와 영인이 그 다지 포학홈도 쏘혼 엇지 잘호엿다 호리오. 슬프도다. 일쳔팔빅오십팔 년 [쳘종 구년]에 총리 대신이 령을 나려 무덕싱 즁 부호에서 영인 학 딕호기는 고사호고 만일 영인을 협조치 아니호든 자ㅣ면 그 직산을 적 몰입관호더라.

일쳔팔빅오십팔년 [쳘종 구년] 이월 초구일에 영 직상 박무사등49) 이 하의원에 일너 왈 셕일 인도의 졍사룰 영국이 파견혼 관원이 상무 국 협판과 회동 상의호라 호얏스나 무역호는 스룸이 다만 시졍의 리 히 셩쇠나 알지라. 엇지 국가 대스룰 통달호리오. 즉금으로 인도의 졍 스룰 다 졍부에셔 쥬관홈이 올타 호야 이에 총리 인도 대신을 명호야 젼권 관리호고 상무국과 관계업게 호고 일쳔팔빅칠십륙년 [대군쥬 십 슴년]에 영국 의원이 영국 군쥬룰 존슝호야 인도 후룰 겸호게 호니 이 에 상무국의 치민호는 권이 업더라.

뎨십슴졀 학교라

인도ㅣ 이믜 평호미 졍부ㅣ 인도의 흥홈을 날노 기다리니 대져 젼일 상무국은 흥판호는 일이 젼허 인민을 위홈이로딕 그 빅셩이 감격지 아니 호고 도리여 반호니 이는 다 학문이 업는 연고ㅣ라. 이졔 량법미규로 민 심을 졍돈호야 존군친상과 익인급물호는 도리룰 가라치며 위싱호는 법은 오예혼 거슬 먼리호야 질병이 업게 호고 각 광산을 여러 치부호

---

49) 박무사등: 팔머스톤.

게 홀시 먼져 셕로를 쓰코 또 쳘로를 믄드러 슈운이 편케 ᄒᆞ야 다 젼일보다 낫게 ᄒᆞ며 또 빅셩으로 치국ᄒᆞᄂᆞᆫ 신법이 민심에 유익ᄒᆞᆫ 쥴을 알게 ᄒᆞ더라.

영졍이 또 법을 셰워 상하 등분과 가산 빈부를 불계ᄒᆞ고 국가로셔 믹년 영금 수십만 방을 지발ᄒᆞ야 본가리 싱 인민을 가라쳐 교민ᄒᆞᄂᆞᆫ 긔초를 숨을시 본가리 싱은 원릭 독셔ᄒᆞᄂᆞᆫ 스람이 젹어 민 쳔인에 불과 십이인이오 녀주 학교ᄂᆞᆫ 비록 창시코즈 ᄒᆞ나 인도 풍속이 녀즈ᄂᆞᆫ 무지ᄒᆞᆷ이 덕이 된다 ᄒᆞᄂᆞᆫ 픽리ᄒᆞᆫ 말을 신종ᄒᆞ야 독셔ᄒᆞᄂᆞᆫ 져ᄂᆞᆯ 더욱 업스나 혹 부호의 규슈ㅣ 시와 례를 비호니 영국 녀교스ㅣ 순순이 권도ᄒᆞ더라.

인도의 상등인은 영문을 비호ᄂᆞᆫ 즈데 쳐쳐에 편만ᄒᆞ야 일취월장ᄒᆞ야 크게 효험이 잇고 츠외에 의슐학 기예학 화도학 등 각 셔원이 잇셔 학도ㅣ 졈졈 만으며 또 젼문학교ㅣ 잇셔 학업이 일운 후 다른 스름을 가라치니 인도 스름은 원릭 호학ᄒᆞᄂᆞᆫ지라. 이졔 우에 잇ᄂᆞᆫ 스름이 권장ᄒᆞᆷ을 인ᄒᆞ여 셔희안 밍믹50)항구 [청국에 오ᄂᆞᆫ 아편연이 믹양 밍믹로 좃츠 츌구ᄒᆞ더라.]까지 믹년 <u>신학문 셔젹 인츌ᄒᆞᄂᆞᆫ 거시 스오빅 종이요 신보관이 륙칠십 쳐이</u> 되더라.

뎨십ᄉᆞ졀 각쳐의 즈주지권이라

영국이 이믜 빅셩을 허ᄒᆞ야 관원을 공쳔케 ᄒᆞ믹 다시 혜오디 인도 관원도 그 빅셩다려 쳔거ᄒᆞ라 ᄒᆞ고자 ᄒᆞ다가 다시 싱각ᄒᆞ되 <u>인도 인민이 아직 우미ᄒᆞ니 혹 현불초를 가리지 못홀가 넘녀ᄒᆞ야 먼져 각 소읍부터 시작ᄒᆞ야 졈졈 널니여 대소국스를 다 민간에셔 홍판케 홈이 올타ᄒᆞ야 입법 초에ᄂᆞᆫ 다만 숨디싱 슈빅쥬 인민이 먼져 그 권을 가졋더니

---

50) 밍믹(孟買): 롬베이. 인해구(印海口).

이윽고 큰 싱에 잇는 스름이 이 말을 듯고 다 혼희과망ᄒ야 분분이 시힝ᄒ고 기여는 의연이 구습을 직희여 권 가지기를 즐기는 즈ㅣ 젹으니 대져 아셰아 쥬 스름은 원릭 그 법을 아지 못ᄒ다가 이졔 일조에 죵임을 밋기니 즈연 속키 준힝치 못홀지라. 연이 타일에 그 리익 잇슴을 알면 장찻 구지부득홀 즈ㅣ 만으리로다.

뎨십오졀 선후지칙을 졍돈홈이라

병졍이 쏘 명철흔 션비를 가리여 그 본토에셔 벼살ᄒ게 ᄒ니 그 법이 지극히 조호나 지어 슌포ᄒ야는 더욱 빅셩을 위ᄒ야 졔포안량ᄒ는 직칙이라. 만일 통달스리ᄒ는 스름이 아니면 왕왕 분ᄂᆡ 스를 아지 못ᄒ야 착오홈이 만커늘 국가ㅣ 그 일에 명빅통창흔 스름을 살펴여 격의로 디졉ᄒ니 이에 유식ᄒ고 근간흔 스름이 즈원ᄒ야 슌포를 단니더라.

인도의 소년이 우유한 일ᄒ야 항심이 업는 고로 범법ᄒ기 쉽다 ᄒ야 기예학을 창셜ᄒ야 호구지칙도 ᄒ며 쏘 그 마음을 조속ᄒ더라.

인도 셔븍방 핑지 짜은 빈민이 감이 부호와 경조를 통치 못ᄒ며 부호는 빈민을 하쳔이라 ᄒ야 셰력을 밋고 만모ᄒ더니 금에는 빈민이 젼과 갓치 억울흔 일을 당치 아니ᄒ고 송수ᄒ는 쌔에도 관장이 곡직을 분간ᄒ고 셰력 유무만 뭇지 아니ᄒ니 부호ㅣ 졈졈 긔셰 감ᄒ야 젼일갓치 횡침ᄒ는 폐 업고 오직 계집아희 물에 넛는 악습은 일경이 동연ᄒ야 졸연이 곳치지 아니ᄒ나 근릭에는 졈졈 감ᄒ더라.

뎨십륙졀 농ᄉᆞ와 젼답이라

인도의 짜은 틱반이나 국가에 속흔 관답이오 국가 일년 셰입 즁 슴분일은 관답 도지라. 그러나 믹양 불편흔 일이 잇스니 도디 밧는 이는

항상 젹다 ᄒ며 ᄂᆞᆫ 사ᄅᆞᆷ은 그 만음을 혐의ᄒ야 년년이 징론불결ᄒ
니 가사 관가ᄂᆞᆫ 말호ᄃᆡ 네 마음에 과ᄒ거든 말거나 다른 ᄯᆞ을 붓치라
ᄒ니 이ᄂᆞᆫ 안민ᄒᄂᆞᆫ 도리 아니요 그 부득이 ᄒ야 밧치ᄂᆞᆫ ᄌᆞ도 맛춤ᄂᆡ
심복지 아니ᄒ야 도쳐 긔연ᄒ니 이 엇지 목민ᄒᄂᆞᆫ 도리리요. 영졍이
그 졍상을 측은이 녁여 향촌 간에 사ᄅᆞᆷ을 보ᄂᆡ여 풍속과 졍치를 무러
그 관원의 포폄을 졍ᄒ니 ᄌᆞᄎᆞ로 관쟝이 다 이민쳥빅ᄒᆷ을 힘 써 비록
샹납홀 긔안이 되야도 관속이 힝악ᄒᄂᆞᆫ 폐가 업고 ᄯᅩ ᄉᆞ로이 농ᄉᆞᄒ
ᄂᆞᆫ 신법을 시험ᄒ야 농민이 효측ᄒ게 ᄒ며 ᄯᅩ 농학 셔원을 셰워 농민
을 가라치고 겸ᄒ야 져의 토디 소산을 ᄂᆡ여 셔로 비교ᄒ며 혹 시 죵ᄌᆞ
를 쥬어 심으며 디긔를 밧구아 낙죵ᄒᆷ과 물 ᄃᆡᄂᆞᆫ 법과 어ᄂᆡ ᄯᅡ에ᄂᆞᆫ
무슴 거름을 쓰ᄂᆞᆫ지 다 농민의게 고ᄒ고 농긔도 신식 긔계를 쓰게 ᄒ
니 이ᄂᆞᆫ 다 인도 빅셩의게 유익ᄒ 거시오 지어 국가이 ᄯᆞ을 측량ᄒ야
경위 도슈를 ᄯᆞ라 지도를 그림은 비록 농가의 요긴ᄒ 거시나 이ᄂᆞᆫ 일
죠일셕에 되지 못홀 거시요, 오직 농민이 경죵에 근실ᄒᆡ 황디도 긔
간ᄒ며 츄슈도 젼보다 나으며 우양이 ᄯᆞ라 번식ᄒ더라.

　인도 ᄂᆡ디 각 싱에 원릭 셕탄이 잇스나 빅셩이 긔광ᄒᄂᆞᆫ 법을 아지
못ᄒᄂᆞᆫ 고로 흥왕치 못ᄒ더라.

뎨십칠졀 외국과 통상ᄒᆷ이라

　인도ㅣ 통상ᄒ 후로 츌입구 화물이 ᄆᆡ년 영금 일만오쳔만 방이 되니
[이ᄂᆞᆫ 이 ᄉᆞ긔 지을 ᄯᆡ라] 비록 왕셩치ᄂᆞᆫ 못ᄒ나 졈졈 증가홀 형셰 잇
고 츌구화ᄂᆞᆫ 양식과 ᄎᆞ와 담베가 큰 물건이 되고 ᄯᅩ 젼보다 형이ᄒ 큰
관계 잇스니 이십년 젼에ᄂᆞᆫ 무덕 싱 일쳐만ᄒ야도 졍ᄉᆞㅣ 포학ᄒ기로
빅셩이 견ᄃᆡ지 못ᄒ야 산지ᄉᆞ방ᄒ더니 지금은 물화ㅣ 요족홀 ᄲᅮᆫ 아니
라 ᄯᅩ 외국에 발ᄆᆡ홀 것도 잇셔 ᄆᆡ년 영금 숨빅만 방이 되고 셔긔ᄉᆞ
인죵은 본릭 한악ᄒ 빅셩이라. 다만 젼징과 살육을 죠와ᄒ더니 이졔ᄂᆞᆫ

인싱의 긴요흔 일을 ᄒᆞᄂᆞᆫ 고로 셔긔ᄉ 인종이 사ᄂᆞᆫ 핑지 싱에 ᄆᆡ년 통상 화물이 이쳔만 방에 이르고 면젼 싸 영국 속지ᄂᆞᆫ ᄆᆡ년 통상 화물이 구빅만 방이 되니 대져 영인이 인도 다사리ᄂᆞᆫ 법을 가지요 그 빅셩이 젼일에 초최궁곤ᄒᆞ든 경상을 싱각ᄒᆞ면 몽즁 갓더라.

뎨십팔졀 공부아문의 신졍이라

인도국이 한지를 당ᄒᆞ면 젹디 쳔리에 아표ㅣ 상망ᄒᆞ더니 이졔ᄂᆞᆫ 각쳐에 져슈ᄒᆞ야 한지를 막으며 교량과 슈레를 ᄆᆞᆫ드러 슈륙을 통케 ᄒᆞ고 산을 싹그며 나무를 베혀 도로를 수츅ᄒᆞ고 쳘로ᄂᆞᆫ 오만ᄉ쳔 리라. 륜거 고가이 지헐ᄒᆞ야 ᄆᆡ십 리에 십여 푼이 되ᄂᆞᆫ지라. 연이 젹소셩다ᄒᆞ야 쳘로 공사의 ᄆᆡ 빅냥 리식이 ᄆᆡ년 습ᄉ량이러라.

뎨십구졀 온역을 벽졔ᄒᆞᄂᆞᆫ 법이라

텬긔 혹 열흘 ᄶᆡ에 온역이 일면 쳐쳐 젼염ᄒᆞ야 죽ᄂᆞᆫ 즈ㅣ 만터니 이졔ᄂᆞᆫ 막ᄂᆞᆫ 방법이 잇스며 지어 곽난 두역 학질 졔징ᄒᆞ야ᄂᆞᆫ 인도 긱이과답51) 셩 일쳐를 논ᄒᆞ야도 ᄆᆡ 일쳔명 즁 습십오인이 죽으니 만일 영국 륜돈 셩에 ᄆᆡ 쳔인 즁 ᄆᆡ년 이십인 죽ᄂᆞᆫ 데 비ᄒᆞ면 거위 갑졀이요 더욱이 두역은 우두법이 잇셔 만고에 희한ᄒᆞ고 긔묘흔 일이어ᄂᆞᆯ 인도 빅셩이 아히의게 ᄒᆡ 잇다 ᄒᆞ야 힝치 아니ᄒᆞ며 ᄯᅩ 두신을 존숭ᄒᆞᄂᆞᆫ 즈ㅣ 잇셔 이ᄂᆞᆫ 귀신이 별흔 비니 인력으로 막지 못ᄒᆞᆯ 거시요 ᄯᅩ 귀신께 득죄ᄒᆞ리라 ᄒᆞ야 두역으로 죽ᄂᆞᆫ 즈ㅣ 더욱 타쳐보다 만으니 대져 타쳐ᄂᆞᆫ 그 유익흠을 알아 힝ᄒᆞᄂᆞᆫ 연고요 ᄯᅩ 각 항구에 긔쳔이 업셔 예긔훈

---

51) 긱이과답(喀爾科搭): 칼큐타. 인도(印都). 캘커타.

징흥야 병이 만터니 이졔는 은구를 믄드러 물을 쏩게 흐며 광질이 잇
는 즈는 풍인원 [광인을 다사리는 병원이라]에 보니여 편안이 잇게 흐
고 의술학을 빅셜흥야 뎨즈ㅣ 구름갓치 모이며 녀의는 그 풍속이 아직
열니지 못흔 고로 규수 중에 의술 빅호는 즈ㅣ 업더라.

뎨이십졀 부셰라

인도국에 믹년 셰입이 영금 칠쳔만 방 니에 니디에셔 싱흐는 즈ㅣ
습분의 일이요 아편연셰가 구빅만 방이니 다 쳥국에 발믹흐는 거시요
염셰가 류빅만 방이러라.

뎨이십일졀 영국이 인도롤 다스리는 총론이라

인도의 홍셩흔 연유를 알고져 흐면 우졍국 일사를 보아도 디강을
짐작홀지라. 일쳔팔빅칠십오년 [대군쥬 십이년]으로 일쳔팔빅팔십오
년 [대군쥬 이십이년]꺼지 범 십년 간에 발송흔 셔간이 이왕 십년에
비흐면 갑졀이 더흐고 신문지의 발송홈도 틱셔 졔국보다 만치는 못흐
나 믹년에 일쳔류빅만 봉이 되더라.

영국이 인도에 셜시흔 병익이 십구만 명 중에 영국 군수는 류만 류
쳔 명이오 기외는 다 인도 스롬이요 영인의 인도에 잇는 즈ㅣ 관민 남
녀 병흐야 류만 이쳔인이오 인도국 왕의 소속과 영국에 입격흔 즈는
이만 오쳔만 인이니 다 영병의 보호흔 바이러라. 이졔 영인의 쯧은 이
허다흔 스롬으로 다 안락틱평흐야 다시 젼일갓치 궁곤홈과 관원의 압
졔를 밧지 아니케 흐고즈 홈이니 이 엇지 조셕간에 되기를 바라리요.
연이나 필경은 장치구안홀 날이 잇슬지라. <u>후셰 스롬이 이 스긔롤 보면
반두시 말흐여 왈 이는 탄외라. 디구 스분일 되는 짜와 밋 그 스롬을 가져</u>

다가 오만리 밧게 잇는 슈슘 영인의게 부탁ㅎ야 교훈긔명ㅎ야 구셰교의 법으로 다 ᄌᄐ지권이 잇게 ᄒ얏다 ᄒ리로다.

면젼 왕이 항상 영인을 만모ᄒ거늘 총리 인도 대신이 혜오딕 면왕이 영인을 괴롭게 ᄒ니 취흠만 갓지 못ᄒ다 ᄒ고 드듸여 군ᄉ를 거느리고 면젼에 이르니 면왕이 면박예친ᄒ고 항복ᄒᄂ지라. 이에 면젼 일국이 ᄯᅩᆺᄎ 영국에 속ᄒ니 이는 일쳔팔빅팔십ᄉ년 [대군쥬 이십일년] 이러라.

뎨십슘권 시로 어든 짜히라

영국 마간셔 원본, 쳥국 채이강 술고, 리졔마티 번역

영국이 타국과 통상ᄒ기 젼에ᄂᆞᆫ 인다디협ᄒᆞ야 빅셩이 호구지칙이 업고 공장들은 더욱 싱계 간신ᄒᆞ며 ᄯᅩ 젼징 이릭로 빅셩의 실업ᄒᆞᄂᆞᆫ 자ㅣ 팀반이 되니 희가에 앙ᄉᆞ부육ᄒᆞ야 인싱의 락을 알니오.

뎨일졀 영인이 원방에 거ᄒᆞᆷ이라

희외에 황지 잇셔 영국 폭원보다 빅 빅가 더ᄒᆞ니 만일 실업ᄒᆞᆫ 빅셩이 경종을 일ᄉᆞᆷ으면 엇지 조치 아니리오. 연이 빅년 이젼에ᄂᆞᆫ 영인이 원방에 가ᄂᆞᆫ 자ㅣ 요요무문ᄒᆞ야 일쳔팔빅십오년 [순조 십오년]에 그 수효ㅣ 겨우 이쳔인이니 이 ᄯᅢᄂᆞᆫ 구쥬 젼징시라. 민궁직갈ᄒᆞ야 싱계 돈졀ᄒᆞᆫ 고로 미국의 졍령이 관후ᄒᆞᆷ을 듯고 영민이 항ᄒᆡᄒᆞ야 가ᄂᆞᆫ 자ㅣ 만터니 일쳔팔빅오십이년 [쳘종 슴년]에 호젹을 상고ᄒᆞ니 슴십륙만 팔쳔 인이 되고 ᄯᅩ 일쳔팔빅십륙년 [순조 십륙년]으로 일쳔팔빅칠십오년 [대군쥬 십이년]ᄭᆞ지 젼후 륙십 년에 영민 칠빅이십오만 명이 다 쳐ᄌᆞ와 젼장을 타국에 의탁ᄒᆞ야 고향을 싱각지 아니ᄒᆞ니 기즁 십분에 륙칠은 미국에 입젹ᄒᆞ고 십분에 슴ᄉᆞᄂᆞᆫ 영국 소속 각디에 잇더라.

278

뎨이졀 죄인을 안치ᄒᆞᄂᆞᆫ 디방이라

미국 십습 싱이 영국에 예속ᄒᆞᆯ ᄯᅢ에ᄂᆞᆫ 영국의 죄인을 다 그 ᄯᅡ에 안
치ᄒᆞ니 셕일에ᄂᆞᆫ 영국에 죄명이 허다ᄒᆞ야 졍ᄉᆞᄅᆞᆯ 희방ᄒᆞ야 구식을 곳
치고ᄌᆞ ᄒᆞᄂᆞᆫ ᄌᆞᄂᆞᆫ 다 일일이 졍빅ᄒᆞ고 기여 심상ᄒᆞᆫ 죄라도 다 미국에
귀양보ᄂᆡ더니 이윽고 화셩돈이 ᄌᆞ립ᄒᆞ야 미리견이 되ᄆᆡ 영국이 다시
죄인을 시로히 ᄯᅡᄒᆞᆯ 졍ᄒᆞ야 안치ᄒᆞᆯᄉᆡ 일쳔칠ᄇᆡᆨ팔십팔년 [뎡종 십이년]
에 영인이 오대리아1) 쥬에 이르러 영국보다 습비 되ᄂᆞᆫ 남오쥬2)ᄅᆞᆯ 어
더 일홈ᄒᆞ야 신망위리사3)라 ᄒᆞ고 죄인을 안치ᄒᆞ다가 오십년이 지나
ᄆᆡ 비단 죄인만 잇슬 ᄲᅮᆫ 아니라 빈핍ᄒᆞᆫ ᄇᆡᆨ셩이 ᄯᅩ한 가ᄂᆞᆫ 자ㅣ 만은
고로 일쳔팔ᄇᆡᆨᄉᆞ십륙년 [헌종 십이년]에 장졍을 곳쳐 죄인을 보ᄂᆡ지
아니ᄒᆞ니 ᄌᆞᄎᆞ로 다른 ᄇᆡᆨ셩의 가ᄂᆞᆫ 자ㅣ 더욱 만터라.

뎨ᄉᆞᆷ졀 감나디 ᄯᅡ히라

영국 속디에 가장 큰 자ㅣ 감나디라. 그 ᄯᅡ히 아미리가 쥬에 잇셔
미국 븍방과 졉경ᄒᆞ얏스니 폭원이 미국 십습 싱과 방불ᄒᆞ나 [감나디
디경은 구라파 쥬 ᄉᆞ분의 숨을 덤거ᄒᆞ고 미국 일경까지 영리로 습ᄇᆡᆨ
오십팔만 방리가 되니 가위 크도다. 만일 쳥국으로 론ᄒᆞ면 만쥬 몽고
셔장 신강을 합ᄒᆞ야 영리로 ᄉᆞᄇᆡᆨᄉᆞ십륙만 방리가 되더라.] 한갓 긔후
ㅣ 고한ᄒᆞ야 미국갓치 번셩치ᄂᆞᆫ 못ᄒᆞ나 증증일상ᄒᆞ야 ᄅᆡ두 흥왕흠이
한량 업ᄂᆞᆫ라.
　감나디 ᄯᅡ히 극히 비옥ᄒᆞ야 곡식의 풍등흠이 왕왕 소료에 지나니
감나디의 만니로발4) 싱은 미국 밀셰셰피5) 싱과 상근ᄒᆞᆫ ᄯᅡ히나 밀셰

---

1) 오대리아: 오스트레일리아.
2) 남오주(南澳洲, 南澳大利亞): 싸우스 오스트라릭아. 주(洲).
3) 신남위리사(新南威利士): 뉴우 싸우스 웨일스. 오주지(澳洲地).

셰피 싱은 한 일앙 밧히 십수두ㅣ 나되 농부 종년 근고ᄒ고 만니로발 싱은 별로 용력지 아니ᄒ야도 ᄉ십 두를 거두니 옥토라. 일홈이 ᄉ쳐에 파젼ᄒ야 가는 자ㅣ 불가승수요 근릐에 영국이 ᄯᅩ 감나듸 동히 어귀로셔 셔희신지 쳘로를 ᄯᅳ흐니 장이 일만리라. 이에 츌립 화물이 날로 증가ᄒ니 다시 수년이 되면 영길리 젼국의 량식을 장찻 이 ᄯᅡ에셔 취용ᄒ야도 핍졀치 아니ᄒᆯ 거시요 그 지즁의 보븨를 ᄏᆡ면 늬두 흥왕을 ᄯᅩ 가히 알너라.

감나듸 비록 큰 ᄯᅡ히나 디광인희흔 고로 젼일 영국의 공장이 타국에 갓든 자ㅣ 미쥬 오쥬를 락토라 ᄒ더니 이졔는 감나듸 흥셩흠을 듯고 가는 자ㅣ ᄯᅩ흔 만흐니 일쳔팔빅칠십ᄉ년 [대군주 십이년]에는 다만 일만 칠쳔ᄉ빅칠십팔 인이러니 일편팔빅팔십칠년 [대군주 이십ᄉ년]에는 ᄉ만 ᄉ쳔ᄉ빅이십ᄉ 연이 되고 ᄯᅩ 혹 감나듸로셔 미쥬에 가는 ᄌᆞ도 잇더라.

감나듸에 인구는 비록 적으나 그 량식과 수목 등 물화가 다 타국의 쓰이는 고로 구쥬의 긔계와 포속과 니ᄌᆞ와 양융과 상환ᄒ니 츌구화는 영금 일쳔륙빅만 방이요 입구화는 일쳔구빅만 방이요 ᄯᅩ 감나듸는 영국의 속디로듸 통상ᄒᆞ는 일은 다 ᄌᆞ주ᄒᆞ는 고로 물화의 츌입이 틱반은 타국과 릐왕ᄒ더라.

뎨ᄉ졀 영국 속디가 무한이 큼이라

영국의 속디가 오대쥬에 편만ᄒ니 실이 만고의 쳐음이라. 디면은 디구상 칠분지 일을 ᄎᆞ지ᄒ고 ᄉ름의 수는 셰계 사분일을 가졋스니 그 속디를 영국의 영륜 소격난 아이란 등에 비ᄒ면 크기 칠십륙 빅 되고

<hr/>

4) 만니토발(漫泥土扒, 만니토배): 마늬토바. 감나대셩(坎拿大省). 캐나다의 매니토바.
5) 밀셰셰피(密細細皮 又名 密雪雪皮): 미스십피. 미셩(美省). 미시시피.

분이계지ᄒ면 미쥬에 잇ᄂ 즈ᄂ 영리로 슴빅오십만 방리요 [한 방리
ᄂ 조선 십 방리라] 아셰아 쥬에ᄂ 일빅칠십오만 방리요 아비리가 쥬
에ᄂ 오십만 방리요 [이ᄂ 이 스긔 지을 쌔라.] 일쳔팔빅구십이년 [대
군주 이십구년]에ᄂ 비쥬에 시로이 증가ᄒ야 영리 이빅칠십오만 방리
가 되더라.

오쥬ᄂ 슴빅이십만 방리니 다 틴반이나 빅년 릭 긔쳑ᄒ 싸히요 폭
원이 영리 슴빅오십만 방리 되ᄂ 즈ᄂ 감나듸오 영리 이만리 되ᄂ 즈
ᄂ 셔반아 디중히 어귀요 대소를 병ᄒ야 속디가 오십스쳐이 되고 스
름의 수효ᄂ 총이 일쳔팔빅만 명 [지금은 이쳔여 만이라.]이요 인도와
오쥬난 이 수에 잇지 아니ᄒ더라.

뎨오졀 속디를 다스리ᄂ 법이라

영국이 쳐음 속디 어들 째에ᄂ 법률 장졍이 다 영졍의 명ᄒ 바이라.
젼혀 영길리 본국을 위ᄒ야 셜ᄒ 듯ᄒ더니 이졔ᄂ 다 각기 관원을 쳔
거ᄒ고 법률을 졍ᄒ게 ᄒ니 그 인민이 ᄯᅩᄒ 미스를 다 본토에 유익ᄒ
게 ᄒ며 오직 총독과 순무 등 대관은 영졍에셔 보니더라.

ᄯᅩ 쳐음에ᄂ 각 속디에 셰입이 셰츌을 당치 못ᄒ야 영졍이 거관을
보니더니 지금은 치국과 양병ᄒᄂ 부비를 다 본토로셔 지용ᄒ야 영국
에 이우 끼치지ᄂ 아니ᄒ나 도로혀 불편홈은 영국 물화를 임의로 가
셰ᄒ야 입구ᄒ게 ᄒ더라.

지어 속디 보호ᄒᄂ 일졀은 근년에 각 대국이 임의로 남의 싸흘 졈
령치 못ᄒ게 ᄒ얏스니 영국이 다시 만이 파병ᄒ 것도 업고 부비도 ᄯᅩ
ᄒ 감싱홀지라. 혹 말호듸 이 쌔에 영국이 각 속디를 합ᄒ야 하나히
되고 시로히 통상 장졍을 셰워 피츳 이동이 업게 홈이 올타 ᄒ니 그
말이 근리ᄒ고 ᄯᅩ 그 셩불셩도 알 수 업스나 속디와 속국 스름이 이
ᄯᅳᆺ은 다 가졋스니 혹 셩스되기도 쉬우며 우견은 셩흠도 조커니와 불

셩흠도 쏘흔 무방ᄒ니 대져 영국이 각 속디와 화호무간ᄒ지라. <u>미스에</u> <u>즈연 협력 동심홀 거시오 불연이라도 져의 소견듸로 맛지고 영국은 오직</u> <u>스긔룰 인ᄒ야 슌이힝홀 거시요 단졍코 미국의 즈주홈을 핍박홈과 갓치</u> <u>아니홀</u> 일이로다.

뎨십亽권(利) 법국이 다시 군주를 셰움이라

영국 마간셔 원본, 쳥국 채이강 술고, 리졔마티 번역

뎨일졀 활쳘노 젼징 후에 법국 졍형이라

법국 나파륜 졔일이라 ᄒᄂᆞᆫ 황졔가 구라파 일경에 횡힝ᄒᆞ미 각국이 불승분로ᄒᆞ야 각기 ᄃᆡ군을 조불ᄒᆞ야 활쳘노라 ᄒᄂᆞᆫ 싸에셔 두 번 ᄊᆞ와 크게 파ᄒᆞ고 나파륜을 사로잡아 ᄒᆡ도 즁에 졍비보ᄂᆡ니라. 당시에 영국과 기타 아라사와 오사마가와 보로사와 비리시와 의대리와 파와 리아와 살극싱[1]과 마가[2]와 한낙비와 셔반아 등 대소 각국이 법국의 ᄒᆡ를 당ᄒᆞᆫ 지 젹분이 지즁ᄒᆞ다가 일조에 긔병ᄒᆞᆫ 격셔를 보고 각기 대군을 거ᄂᆞ려 딩셰코 셜치ᄒᆞ고자 ᄒᆞ야 법국 ᄂᆡ지에 드러간 군亽ㅣ 범 일빅십만 인이라. 활쳘노 젼장이 드듸여 구라파 졔일 젼장이 되니 법국의 위엄과 권셰가 일조에 싸에 쓰러지고 ᄯᅩ 이 일빅십만 명 군사ㅣ ᄊᆞ홈ᄒᆞᆨ기 젼과 ᄉᆞ홈ᄒᄂᆞᆫ 동안에 일용 음식을 다 법국의게 쎗앗고 만일 불여의ᄒᆞ면 각국 군사ㅣ 지물을 노략ᄒᆞ야 일亽일립이라도 임의 탈취ᄒᆞ야 법국 亽름의 견ᄒᆡᄒᆞ미 불가승슈ㅣ러니 밋 법국이 픽ᄒᆞ고 황졔 사로잡피미 각국이 법국의게 벌금 삼억뉵쳔만 원을 바다 군亽를 호괴

---

1) 살극생(殺克生): 싹쏜스. 국(國).
2) 마가(馬加): 헝가리안스. 국(國).

ᄒ고 또 억지로 법국 옛적 인군 포이분3)을 세워 인군을 삼고 정병 십오만 명을 두어 법국지경에 둔찰ᄒ고 비상을 바들 써이 슈다ᄒᆫ 군사의 량식과 밋 허다ᄒᆫ 잡용을 다 법국 탁지부에 취용ᄒ게 ᄒ고 또 각국 군사ㅣ 노략침어ᄒ니 법인이 황공망조ᄒ야 엇지ᄒᆯ 줄 모르더라. 슬푸다. 석일 법국의 강ᄃᆡᄒᄆᆡ 셰계에 웃듬이더니 차일에 곤궁ᄒ고 불상ᄒᄆᆡ 다시 비ᄒᆯ 데 업더라.

법인의 고싱ᄒᄆᆡ 불가형언이나 연이나 각국이 법국 ᄃᆡ접ᄒᄆᆡ 오히려 후ᄒ다 ᄒᆯ 만ᄒ지라. 법국의 토지와 보비를 다 돌녀 보ᄂᆡᄆᆡ 그 비상금이 비록 만타 ᄒ야도 나파륜이 타국에 탈취ᄒᆫ 병비에 비ᄒ면 오히려 상거가 소양지판이러라.

뎨이졀 즁흥ᄒᄆᆡ 속ᄒᄆᆡ라

법국이 일픠도지ᄒᆫ 후에 ᄂᆡ지에ᄂᆞᆫ 젹국 군사ㅣ 쥬찰ᄒ야 그 직부를 ᄎᆞ지ᄒᆫ 빅 되고 장뎡은 다 전장에서 ᄐᆡ반이나 죽고 상고의 길이 돈졀ᄒ며 국고의 잇ᄂᆞᆫ 금은은 다 비상에 업서지고 또 비상을 갑플지음에 동췌셔ᄃᆡᄒ며 또 ᄃᆡ병을 지닌 후에 흉년이 드러 빅셩이 쥬려죽은 직 부지기슈ㅣ라. 정부에서 극력 구제ᄒ나 효험이 업더니 불과 삼년에 졈졈 소셩이 되야 각국의 벌금을 졍ᄒᆫ 전에 쳥장ᄒ야 젹병으로 ᄒ야곰 물너가게 ᄒ고 또 군사를 모집ᄒ야 부강의 긔업이 다시 졍ᄒ야 강국의 일홈이 진동ᄒ야 여러히 곤궁ᄒ든 거슬 일조에 쓰러버렷스니 이ᄂᆞᆫ 국ᄂᆡ에 옥토가 만코 빅셩이 부지런ᄒᆫ 연고ㅣ라.

뎨삼졀 옛 인군을 존숭ᄒᄂᆞᆫ 편당이라

---

3) 포이분(布爾奔): 쎄본스. 법왕족(法王族).

법국 옛 인군 포이분이 일천칠빅구십년에 [뎡종 십사년] 군권이 틔과ㅎ므로 민심이 불복ㅎ야 드듸여 쪽기인 빅 되어 이십오년을 피신ㅎ얏다가 이제 각국이 병력으로 왕을 삼으스니 민심이 의연이 불복ㅎ믈 가이 알너라. 연이나 괴이ㅎ도다. 법국의 인심이 원릭 요양미졍ㅎ야 인군을 폐ㅎ고 세우믈 쟝긔와 바둑 둠과 갓치 아ᄂᆞᆫ 고로 지금에 당ㅎ야 포이분이 황졔되미 젼사ᄅᆞᆯ 이져 버리고 다만 일으되 우리 빅셩이 곤궁유리ㅎ며 국가이 픠망ㅎ야 각부 각군에 외국 병졍이 웅거ㅎ고 인민의 싱계가 돈졀ㅎ얏스니 즉금 당ㅎ야ᄂᆞᆫ 죠졍 빅관이 군권으로 되든지 민권으로 되든지 아무러케 ㅎ야도 우리ᄂᆞᆫ 알 빅 아니요 오작 분ㅎᆫ 거ᄉᆞᆫ 나파륜 황졔 ㅎ나로 ㅎ야 지어차경이라 ㅎ고 심지어 박안듸민ㅎ며 노발충관ㅎᄂᆞᆫ 저 무수ㅎ야 젼일에 나파륜을 셩인이라 ㅎ던 스름이 지금은 원수갓치 알며 걸쥬갓치 욕고 일너 왈 이제 다시 셩군을 만나쓰니 일졀 뎡령을 다 군권되로 힝ㅎ고 쏘 률문을 임이 졍ㅎ야 감이 민권을 세우지 못하게 ㅎ라. 만일 민간 언어간에라도 인군을 불경ㅎᄂᆞᆫ 자ㅣ 잇스면 곳 잡아 쥭이리라 ㅎ고 순금과 포교ᄅᆞᆯ 각쳐에 보니여 긔찰케 ㅎ니 어시에 인민이 챵황실조ㅎ야 엇지홀 쥴 모르더라. 차시에 혹 관후ㅎᆫ 졍사ᄅᆞᆯ 힝ㅎ라 ㅎᄂᆞᆫ 자ㅣ 잇스면 답ㅎ야 왈 엄형쥰법ㅎ야 민권을 힝코쟈 ㅎᄂᆞᆫ 빅셩을 억졔ㅎ미 금일 안민ㅎᄂᆞᆫ 급무라 ㅎ며 심지어 나파륜의게 순죵ㅎ든 스름을 연좌법으로 죽이고 쏘 야소교ㅎᄂᆞᆫ 사름을 슬히ㅎ니 되져 나파륜의 졍치ᄅᆞᆯ 다시 홍헐가 염녀ㅎ미라. 법인의 무상ㅎ미 여ᄎᆞ하더라.

뎨ᄉᆞ졀 법왕노의 뎨십팔이라

각국이 포이분을 츄딕ㅎ야 법국 인군을 삼으니 이ᄂᆞᆫ 노의 졔십팔왕이라. 나이 이믜 오십구셰러라. 당ᄎᆞ시ㅎ야 각국을 친목ㅎ야 국체ᄅᆞᆯ 손상치 아니ㅎ게 ㅎ며 각국 졍셰ᄅᆞᆯ 싸라 슈시 변통ㅎ야 외인으로 ㅎ

야곰 심만의족ᄒ게 ᄒ고 ᄇᆡᆨ셩을 안즙ᄒ야 그 강ᄒᆞᆫ 마음을 변ᄒ야 슌량ᄒ고 안분ᄒᄂᆞᆫ ᄉᆞ름이 되게 ᄒ며 각싴 편당을 무마ᄒ야 공편ᄒᆫ 법령과 인자ᄒᆫ 힝실로 쳐사ᄅᆞᆯ 명ᄇᆡᆨ히 ᄒ니 비록 영웅 슈단과 호걸의 긔상은 젹다 ᄒᆯ지라도 이 나라로 ᄒ야곰 무사ᄐᆡ평케 ᄒᆞᆫ 다 노의 뎨 십팔왕의 공덕일러라.

연이나 법국은 인심이 조셕변긔ᄒ야 다만 인과 의로 말ᄒᆯ 슈 업ᄂᆞᆫ 나라이라. 젼일 난리에 ᄇᆡᆨ셩들이 젼장과 셰간을 헐가 방ᄆᆡᄒ얏더니 지금에 나라 셰력을 밋고 혹 본가 환퇴ᄒᆯ가 염녀ᄒᄂᆞᆫ 자도 잇고 유락ᄒ야 사방에 잇ᄂᆞᆫ 군수ᄂᆞᆫ 싱각ᄒ되 아국이 원ᄅᆡ 쳔ᄒᆞ에 웃듬이라. 엇지ᄒ야 이갓치 젹막히 셰월을 보ᄂᆡ리오. 다시 ᄒᆞᆫ 번 크게 ᄊᆞ화 장부의 긔긔ᄅᆞᆯ 베풀리라 ᄒᄂᆞᆫ 자도 잇고 나파륜 황졔시에 부귀공명ᄒ든 지 일조에 빈궁무료ᄒ야 오작 조졍의 시비만 평논ᄒ고 말ᄒ되 나라ᄅᆞ ᄒᄂᆞᆫ 거슨 민권이 셩ᄒ야 흥ᄒᆫ다 ᄒ고 의논이 분분ᄒ야 셔로 쳬결ᄒ야 난리ᄅᆞᆯ 이르켜 사방 ᄇᆡᆨ셩이 향응ᄒᄂᆞᆫ 지 쳐쳐에 만은지라. 당시에 졍부ㅣ 급히 발병ᄒ야 평졍ᄒ얏스나 필경 노의왕의 ᄐᆡᄌᆞᄂᆞᆫ 난당의 자긱의게 죽은 ᄇᆡ 되니라.

뎨오졀 새 졍사라

논의왕이 지위 팔년에 흥ᄒ니라. 왕이 지위 시에 병혁이 일지 아니ᄒ고 농부와 상고와 장싴이 다 흥왕ᄒ야 ᄐᆡ평긔상이 잇스니 밧 갈고 나무 심우ᄂᆞᆫ 싀 법이 일신월셩ᄒ야 냥싴이 불가승싴이요 화륜션은 년년이 더 느러 타국과 통상이 번셩ᄒ고 탁지에 지믈이 누거만이오 군부에 병읷이 이십오만이요 병함이 구읿여 쳑이러라.

뎨륙졀 후례왕 졔십이라

노의 졔십팔왕이 훙ᄒᆞ미 그 아우 후례 졔십4)이 딕통을 이어 즉위ᄒᆞ니 나이 뉵십뉵 셰러라. 소년 시에 국가ㅣ 위판ᄒᆞ므로 뻐 타국에 도망ᄒᆞ야 비상 간고ᄒᆞ엿스나 쳔품이 나약혼암ᄒᆞ야 졍치와 법률은 ᄒᆞ나토 아지 못ᄒᆞ고 다만 말달리기만 조와ᄒᆞ고 국가 졔반 졍치를 쳔쥬교ᄉᆞ의게 뭇기니 교ᄉᆞㅣ 졍ᄉᆞ에 참예ᄒᆞ야 허다ᄒᆞᆫ 폐단이 날노 싱기미 법국의 화ㅣ 쏘 일노조차 일어나더라.

뎨칠졀 젼일에 원억ᄒᆞᆫ ᄉᆞ롬을 위무ᄒᆞ미라

연이나 후례왕이 즉위 초에ᄂᆞᆫ 오히려 민졍을 살펴여 인심이 열북ᄒᆞ게 ᄒᆞ고 쏘 화곡이 풍등ᄒᆞ야 틱평무ᄉᆞᄒᆞᆫ 긔상이 가이 볼 만ᄒᆞ며 쏘 빅셩의게 허락ᄒᆞ야 왈 국ᄂᆡ 각쳐에 신문사를 베푸러 각국 통힝지례를 힝ᄒᆞ고 조곰도 금치 아니ᄒᆞ야 빅셩으로 ᄒᆞ야곰 말을 다ᄒᆞ게 ᄒᆞ리라 ᄒᆞ니 법민이 딕열ᄒᆞ야 이르되 신문사를 비셜ᄒᆞ면 빅셩의 질고를 가이 인군께 상달홀지라. 일노좃차 직언극간홀 길이 열녓스니 우리 민싱의게 유익ᄒᆞ미 엇지 크지 아니리오 ᄒᆞ고 환희고무ᄒᆞ기를 마지 아니ᄒᆞ더라.

쏘 일ᄉᆞ를 빅셩의게 허락ᄒᆞ야 왈 [셔양 법률에 인군이 새로 즉위헐 ᄯᅢ에 자긔의 ᄯᅳᆺ을 먼져 말ᄒᆞ야 후일에 시힝ᄒᆞᄂᆞᆫ 표젹을 삼ᄂᆞᆫ 법이라] 국가ㅣ 장찻 은젼 이억사쳔만 원을 ᄂᆡ여 난리 즁에 토지와 가산을 일은 빅셩의게 쥬리라 ᄒᆞ니 이ᄂᆞᆫ 젼년 민요 잇슬 ᄯᅢ에 졍부에셔 그 빅셩의 젼지와 가산을 젹몰ᄒᆞ고 그 토지로 빅셩의게 발미ᄒᆞ얏더니 그 후에 공논이 불일ᄒᆞ야 이르되 이ᄂᆞᆫ 다 졍부ㅣ 빅셩을 위ᄒᆞ미 아니니 그

---

4) 후례 졔십(㑃禮 第十, 沙里 第十): 찰스 10셰. 법쥬(法主).

토지를 다시 본쥬의게 돌녀 보니미 올타 ᄒ야 분운미경ᄒ니 이 토지를 사 가진 빅셩들도 정부에서 다시 셋슬가 넘녀ᄒ야 토가가 졸지에 써러지고 인심이 흉흉ᄒ더니 이제를 당ᄒ야 후례왕이 국고금을 니여 토가를 상당ᄒ게 갑하쥬니 민심이 간졍이 되고 왕의 위도 쏘ᄒ 편안ᄒ더라.

뎨팔졀 법인이 왕이 텬주교사의게 고혹ᄒ물 의심ᄒ미라

후례 제십왕이 졍사를 천쥬교사의게 견임ᄒ야 미사를 고문ᄒ니 빅셩이 듯고 의심ᄒ더니 이윽고 왕이 새로 법률을 곳쳐 왈 감이 례비당과 교즁 례졀을 셜만이 ᄒᄂ 쟈 잇스면 죽이리라 ᄒ며 쏘 교스ㅣ 왕을 권ᄒ야 형벌을 엄ᄒ게 ᄒ라 ᄒ고 이 새 법률을 반포홀새 왕의 종친과 밋 여러 디신과 모든 관원이 거러 뒤를 쓸며 기즁에 젼 디쟝 소로디[5]ᄂ 위지 일폼이로디 천쥬교에 득죄ᄒ얏다 ᄒ야 노복으로 더부러 갓치 촉불을 잡게 ᄒ니 이ᄂ 일쳔팔빅이십뉵년 [순조 디왕 이십뉵년]이라. 법민이 디단이 불열ᄒ더니 쏘 왕이 천쥬교에 입교ᄒ엿다 ᄒᄂ 말을 듯고 더욱 의심홀새 왕이 쏘 천쥬교인으로 뻐 셰즈 사부를 삼으니 일로조츠 민심이 디변ᄒ야 왕의 ᄒᄂ 일을 보면 무론 모사ᄒ고 다 이르되 이ᄂ 필연 우리를 히ᄒ리라 ᄒ야 이에 민심이 젼혀 변ᄒ엿더라.

뎨구졀 왕이 민심을 일으미라

법국 도셩 일홈은 파리라. 파리 각 신문사에셔 신문을 니여 각쳐에 돌니되 교스ㅣ 다만 교즁 일을 춤예홀 거시요 졍사에 간섭ᄒ미 불가ᄒ

---

5) 소로디(蘇嚕岱): 솔트. 법졔독(法提督).

다 ᄒ고 담즁론이 날로 나니 왕이 노ᄒᆞ야 녕을 ᄂᆞ려 금지ᄒ나 민심이 더욱 이산ᄒᆞᄂᆞᆫ지라. 왕이 부득이ᄒᆞ야 녕을 환슈ᄒ나 빅셩이 ᄯᅩ 왕이 진심으로 ᄒ지 아니믈 알고 희방이 날노 심ᄒ니 왕의 젼일 셩ᄒᆞᆫ 일홈이 일조에 업셔졋더라. 일쳔팔빅이십칠년 [순조 ᄃᆡ왕 이십칠년]에 왕이 친이 군ᄉᆞ를 조련ᄒᆞᆯ새 파리 각 군새 다 불공셜화ㅣ 잇ᄂᆞᆫ지라. 왕이 ᄃᆡ로ᄒᆞ야 즉일에 각 군사들을 퇴거ᄒᆞ얏더라.

그 후에 민심이 더욱 변ᄒ니 집졍 ᄃᆡ신이 왕을 권ᄒᆞ야 교사로 ᄒᆞ야곰 다시 집권치 못ᄒ게 ᄒ고 그 당뉴를 다 면관식이고 왕의 죵실과 파리조6)로 ᄡᅥ ᄃᆡ신을 삼으니 파리조의 위인이 심이 인ᄌᆞ하나 다만 평싱에 두 가지 큰 병이 잇스니 왕이 명ᄒᆞᄂᆞᆫ 바는 사리의 당부당은 의논치 아니ᄒ고 오작 봉힝ᄒᆞ믈 힘쓰니 ᄒᆞᆫ 병이요 그 마음이 ᄯᅩᄒᆞᆫ 쳔쥬교에 ᄲᅢ졋스니 두 가지 병이러라.

데십졀 새 장졍을 ᄂᆡ야 빅셩을 곤케 ᄒᆞ미라

파리조ㅣ 새로 ᄃᆡ신이 되야 ᄌᆞ긔 당여를 인용ᄒᆞ야 졍사를 춤예ᄒᆞ미 하의원과 불합ᄒ미 빙탄갓더니 하의원 의원이 왕쎄 고ᄒᆞ야 왈 민간에 의논을 드르니 거국 인민이 새 ᄃᆡ신들을 회방ᄒᆞᄂᆞᆫ 자ㅣ 만으니 그 ᄃᆡ신이 민졍을 살피지 못ᄒᆞ믈 가이 알지라. 이졔 왕이 ᄎᆞ인들을 현용ᄒᆞ시면 두리건ᄃᆡ 오국 양민헐 염녜 잇스니 원컨ᄃᆡ 왕은 살피쇼셔 ᄒ니 각 ᄃᆡ신이 듯고 ᄃᆡ로ᄒᆞ야 급히 하의원을 칙망ᄒᆞ야 왈 민심을 쳬찰ᄒᆞᆫ 즉 오즉 너의 하의원 의원의 직칙이어늘 이졔 도로혀 우리를 회방ᄒᆞᄂᆞᆫ다. 다 즉일노 향리에 도라가고 죠졍일을 더레이지 말나 ᄒᆞ고 다시 빅셩을 명ᄒᆞ야 새 의원을 거쳔ᄒᆞ야 하의원에 드러가 일을 의논ᄒᆞ라 ᄒᆞ얏더니 이 새 의원은 더욱 의논이 엄졀ᄒᆞ야 파리조 등 일반 ᄃᆡ신과

---

6) 파리조(玻璃鳥): 파릭르낙. 법상(法相).

불합ᄒ미 수화상극과 갓틀 쥴을 뉘 아라쓰리오. ᄎ시ᄂᆫ 파리 신문사에 명리군ᄌᆞ와 식시쥰걸이 만이 잇ᄂᆫ 고로 ᄇᆡ셩이 항상 그 의논을 조ᄎᆞ 향ᄇᆡᄅᆞᆯ 졍ᄒ더니 이제ᄅᆞᆯ 당ᄒ야 신문지에 말ᄒ되 새 ᄃᆡ신의 ᄒᆡᆼ위가 법리에 당치 아니ᄒ니 그 말을 좃지 말나 ᄒᄂᆫ 말이 날노 이러ᄂᆫᄂᆫ지라. 파리조ᅵ ᄃᆡ로ᄒᆞ야 이르되 우리 ᄇᆡ셩이 본ᄅᆡ 다 안분슌량ᄒᆞ야 나라 법녕ᄃᆡ로 ᄒᆞ거ᄂᆞᆯ 신문ᄉᆞᅵ 감이 인심을 고혹게 ᄒᆞ야 지어ᄎᆞ경이라. 이제 게교컨ᄃᆡ 신문ᄉᆞᄅᆞᆯ 업ᄉᆡᆷ이 올타 ᄒᆞ고 왕의게 의논ᄒᆞ니 왕이 ᄯᅩᄒᆞᆫ 싱각ᄒᆞ야 왈 젼왕의 ᄐᆡᄌᆞᅵ ᄇᆡ셩의게 죽은 배 됨이 ᄯᅩᄒᆞᆫ 관후나 약ᄒᆞᆫ 연고ᅵ라. 이제 법을 엄히ᄒᆞ야 ᄇᆡ셩으로 ᄒᆞ야곰 무셔워 ᄒᆞ게 ᄒᆞᄂᆫ 거시 졔일 방칙이요 ᄯᅩ 쳔하에 왕명이 졔일 존즁ᄒᆞ거ᄂᆞᆯ 져의 감이 엇지ᄒᆞ리오 ᄒᆞ고 드듸여 하의원의게 양두치 아니ᄒᆞᆯ 마음을 결단ᄒᆞ얏더라.

법국 ᄃᆡ젼통편에 ᄒᆞ엿스되 황졔 새로이 ᄒᆞᆫ 가지 일을 ᄒᆞ랴 ᄒᆞ면 반ᄃᆞ시 상의원과 하의원의 모든 의원과 갓치 의논ᄒᆞ야 가부ᄅᆞᆯ 바든 후에야 비로소 반ᄒᆡᆼᄒᆞ거ᄂᆞᆯ 즉금 왕은 일으되 이ᄂᆫ 만만불가ᄒᆞ니 인군이 되야 엇지 머리ᄅᆞᆯ 수기고 마음을 ᄂᆡ리켜 상의원과 하의원의 쳐분을 바드리요 ᄒᆞ고 곳 녕을 나리여 의원들을 방귀젼리ᄒᆞ라 ᄒᆞ고 ᄯᅩ 명ᄒᆞ야 신문ᄉᆞ에 ᄆᆞᆼ녕된 의논을 ᄒᆞ지 못ᄒᆞ게 금ᄒᆞ라 ᄒᆞ고 즉일에 칙녕을 지어 반포코ᄌᆞ ᄒᆞ야 장찻 어보ᄅᆞᆯ 칠새 좌우 ᄃᆡ신이 차ᄉᆞᅵ 관계비경ᄒᆞᆷ을 알고 다 황공젼률ᄒᆞ야 창황ᄆᆞᆼ조ᄒᆞ거ᄂᆞᆯ 왕은 죵시 ᄆᆞᆼ연부지ᄒᆞ고 시약심상ᄒᆞ니 차호ᅵ라. 이 칙셔ᄅᆞᆯ 쓰고 어보ᄅᆞᆯ 치ᄂᆫ 시각이 곳 포이분씨의 뉵십 ᄃᆡ 왕위가 일조 단졀ᄒᆞᆯ 쥴 뉘 아라쓰리요. 이ᄂᆫ 일쳔팔ᄇᆡᆨ삼십년 [순조 삼십년] 칠월 이십오일이러라. ᄃᆡ져 국가 존ᄆᆞᆼ과 왕위의 폐립이 그 위험ᄒᆞᆷ은 비단 거국이 알 ᄲᅮᆫ 아니라 심지어 관보과의 관보 ᄇᆡᆨ이ᄂᆫ 장식도 ᄯᅩᄒᆞᆫ 이 칙녕을 ᄇᆡᆨ이지 아니ᄒᆞ고 각 ᄃᆡ신의게 쳥ᄒᆞ야 법왕의게 젼품ᄒᆞ야 칙녕을 환슈케 ᄒᆞ며 각 ᄃᆡ신도 ᄯᅩᄒᆞᆫ 황구공겁ᄒᆞ야 면여사ᄉᆡᆨᄒᆞ거ᄂᆞᆯ 왕은 오히려 부동셩ᄉᆡᆨᄒᆞ고 ᄐᆡ평무사이 알더라. 파리조ᅵ 다시 왕의게 권ᄒᆞ야 왈 폐하ᄂᆫ 근심 마시오, 근심 마시오. 칙령이 아츰에 나리면 인심이 져녁에 졍홀 거시오. 파리 도셩에 결단코 변란이 업스리이다 하며 왕도 쪼흔 갈오디 차사는 짐이 아니면 능히 헐 지업고 짐도 쪼흔 부득불 홀 일이라 하더라.

데십일졀 나라히 어질업고 왕이 도망하미라

잇튼날 청신에 신문 보든 스룸이 신문이 아니 오믈 보고 써 이르되 우연이 아니오는다 하고 피츠 셔로 뭇다가 필경 법왕이 신문을 금하믈 알고 이에 요언과 풍셜이 스면에 이려나 경각간에 파젼하야 도로상에 이삼인식 혹 오륙인식 셔로 붓들고 희허탄식하고 마음을 쥬장치 못하야 써 이르되 국가ㅣ 빅셩을 업수이 넉이미 이러툿하니 우리등이 속슈디스홀 슈가 업다 하더니 오졍이 지니미 국가의셔 쥬든 은힝 고분포의 갑시 졸연 써러지고 부자의 셜시혼 비단 짜는 직조창이 다 문을 다치고 오즉 드리니 큰 길과 져근 길 가온디 근심하고 원망하야 왈 우리 민간의 질고를 각 신문스로 하야곰 말하지 못하게 하니 무슨 방칙으로 써 우의 상달하야 우리를 구하리요 하고 언어ㅣ 분격하고 긔상이 춤담하나 오히려 안졍무사하거늘 차호ㅣ라. 왕은 이런 쥴을 아지 못하고 어라를 동하야 교외에 나가 산양질하고 날이 져문 후에야 환궁하야 젼혀 화가 일를 쥴 모르며 파리조도 쪼흔 처음에는 방황하다가 일모토록 빅셩의 동졍이 업스믈 보고 드듸여 희의 취침하야 써 이르되 금일이 무스하니 명일은 더욱 평안하리라 하얏더니 신문을 금하라는 칙녕 니린 지 졔삼일은 곳 칠월 이십칠일이라. 이 날에 드르니 흔 신문스에셔 감이 칙녕을 어긔고 스스로이 신보를 판다 하는지라. 왕이 디로하야 순검과 포졸를 명하야 신문스의 긔계와 쥬즈등을 다 격몰하야 드리니 당츠시하야 시국이 여츠하미 법민이 무론하사고 일을 다 폐하고 디도소로에 물미듯하는 지 무비 분긔츙쳔하야 써 이르되 삼십오년 젼에 사방에 궁곤흔 빅셩이 이러나 나라와 항거홀 째에는 나파륜의 위엄이 장ᄒᆞ야 각도로상에 딕포로 진압ᄒᆞ믹 그 빅셩이 두려워 훗터졋거니와 금일은 하시완딕 나파륜의 위엄이 다시 잇는다 ᄒᆞ고 스쳐의 빅셩이 몬져 돌을 드러 파슈ᄒᆞᆫ 병졍을 치니 이 병졍은 다 조령이 잇셔 탄압ᄒᆞ는 빅라. 돌이 쩌러지는 곳에 곳 총으로 쩌 노으니 빅셩이 엇지 이 총을 당ᄒᆞ리요. 압헤 잇든 빅셩이 다 길가에 너머져 죽는지라. 뒤희 빅셩이 여ᄎᆞ 경상을 보고 심담이 구열ᄒᆞ고 노발이 츙관ᄒᆞ야 다 각기 긔계창에 이르러 양창과 약환을 탈취ᄒᆞ고 각 학교 학도와 션비들은 평시에 조련ᄒᆞ든 쇠막딕를 가지고 학당 셤돌에 문질너 칼날을 닉여 병긔를 삼고 길에 실닌 박셕을 다 쳐셔 씻더리고 민가에 드러가 일용긔명을 가져오고 마거를 보면 곡비를 싄허 말은 눗코 그 수래를 업르니 이에 돌덩이와 각 긔명과 수레 등을 다 요로에 싸아 몸을 호위ᄒᆞ는 칙칙을 삼아 관군을 방차ᄒᆞ니 이 째에 파리 셩 스름이 반치 아니ᄒᆞ는 즈ㅣ 업더라. 왕이 쪼 군스를 엄녕ᄒᆞ야 뭇지르라 ᄒᆞ야 이십팔구 등일에 쳐쳐에 젼장이 되고 시시로 싸와 병민간에 호유승부ᄒᆞ야 스상이 산젹ᄒᆞ나 필경 왕의 군스는 수효ㅣ 잇고 민단이 오는 즈는 무궁ᄒᆞ니 관군도 다시 엇지홀 길 업고 왕을 호위홀 즈ㅣ 업더라.

왕이 궁즁에 잇셔 승젼ᄒᆞ믈 기다리더니 졸연이 관군이 픽ᄒᆞ야 쏙겨가믈 듯고 비로소 후회ᄒᆞ야 칙녕을 환슈ᄒᆞ고 익통조를 닉리여 빅셩의게 사과ᄒᆞ고 다시 옛법을 복고ᄒᆞ고 졍스를 억륵으로 ᄒᆞ지 아니ᄒᆞ마ᄒᆞ나 오히려 더듸고 느졋도다. 왕이 궁즁에 은신ᄒᆞ야 감이 빅셩을 보지 못ᄒᆞ고 오즉 딕위를 탐ᄒᆞ야 일이 만회되믈 바라더니 민당이 졸연이 왕궁을 에우거늘 왕이 그졔야 후회막급ᄒᆞ믈 알고 그 권속을 거느리고 궁에 나와 쳐연낙누ᄒᆞ니 말ᄒᆞ는 즈ㅣ 일으되 ᄎᆞ시 광경은 옛젹 유틱국에 딕별왕7)이 왕위를 일을 쌔와 갓다 ᄒᆞ더라. 왕이 츌궁ᄒᆞ믹 수종수인이 겨우 짜르고 권속 즁에 노의 뎨십뉵왕의 공쥬ㅣ 넌긔 노대ᄒᆞ나 오히려 자용이 미려ᄒᆞ고 의포ㅣ 션션ᄒᆞ더라. 연이나 소년 시에 국

---

7) 딕별왕(大別): 짜에드. 유태왕(猶太王). 다빗 왕.

파가망ᄒ야 심지어 옥에 갓치여 옥니로 더부러 쌱을 ᄒ다가 다힝이 방셕이 되미 ᄯ 외국에 은신ᄒ야 수십년만에 고국에 도라와 여ᄎᄒᆞᆫ 광경을 당ᄒ니 춤혹ᄒ도다. ᄯ 노의 졔십팔 왕의 틱ᄌ비ᄂᆞᆫ 셕년에 틱ᄌ ᅵ 민란에 죽고 오즉 ᄒᆞᆫ 어린아히 잇스니 이ᄂᆞᆫ 곳 법국 고왕의 손ᄌ 니 타일에 후례왕의 위ᄅᆞᆯ 계통홀 아히라. 틱ᄌ비 이 아히ᄅᆞᆯ 안고 왕을 ᄯᆞ라 도망홀새 힝로지인이 이 아히 우ᄂᆞᆫ 소ᄅᆡᄅᆞᆯ 듯고 낙누치 아니리 업더라.

왕이 공쥬와 틱ᄌ비ᄅᆞᆯ 거ᄂᆞ리고 궁을 ᄰᅥᄂᆞᆫ 지 범 십이일만에 비로소 젹파히8)에 이르니 쳐량ᄒᆞ미 비헐 데 업더라. 왕이 히변 사장 우의 안져 ᄯᆞ라온 관원을 작별홀새 새 인군을 잘 셩기고 나을 싱각지 말나 ᄒ고 다 통곡 실셩ᄒ고 작별ᄒ니라.

왕이 비에 올나 영국으로 향ᄒ니 영국 군쥬 ᅵ 왕이 오믈 듯고 호리노9)라 ᄒᄂᆞᆫ 궁으로 ᄰᅥ 왕과 그 권쇽을 잇게 ᄒ고 ᄯᅩ 례ᄅᆞᆯ 후케 ᄒ야 왕ᄌ의 위ᄅᆞᆯ 일치 아니ᄒ게 ᄒ얏더니 법국에 새로 션 노의비례왕10)이 즉위 후에 영국이 고왕 관ᄃᆡᄒᄆᆞᆯ 조와 아니ᄒᄂᆞᆫ지라. 영국 군쥬 ᅵ 부득이ᄒ야 왕으로 ᄒ야곰 타쳐로 가게 ᄒ니 왕이 ᄯᅩ 엇지홀 길 업셔 파헤밀교11)라 ᄒᄂᆞᆫ 나라로 갓더니 다시 고리자12)라 ᄒᄂᆞᆫ 지방으로 옴기엿다가 일쳔팔빅삼십뉵년 [헌종 이년]에 고리자에셔 훙ᄒ니라.

십이졀 노의 비례 신왕이라

일쳔칠빅수십삼년 [뎡종 십칠년]에 법국인이 왕을 죽이미 그 틱ᄌ

---

8) 젹파히(赤波): 쥐쌕. 법해구(法海口).
9) 호리노(虎璃露): 홀ᄭᅮ루드. 영이궁(英離宮).
10) 노의비례왕(魯意斐禮): 로위스 앨닙. 법왕(法王). 루이 필립.
11) 파헤밀교(波醯密矮, 파헤밀왜): 쏘헤미아. 국(國). 보헤미아.
12) 고리자(鼓裡雌): ᄭᅩ리윽. 지(地).

우련사[13]] 법국에 거ᄒᆞ거늘 전왕 노의 뎨십팔이 뻐 호ᄃᆡ 우련사ᄂᆞᆫ 전왕의 후예라. 만일 권병을 잡아 인심을 수습ᄒᆞ면 법인이 장ᄎᆞᆺ 왕을 삼을가 염녀ᄒᆞ야 가만이 억제ᄒᆞ더니 후례왕 뎨십이 즉위ᄒᆞᆫ 후에 불상이 넉여 사십년 전 우련사의게 젹몰ᄒᆞ얏던 지산을 다 차자쥬니 우련사] 드듸여 큰 부ᄌᆞ] 되어 당시 구라파 국즁에 뎨일일너라. 연이나 그 지취 심이 고상ᄒᆞ야 전 ᄌᆞ로 마음을 변치 아니ᄒᆞ고 또 심지 건강ᄒᆞ야 ᄌᆞ소로 비상간고ᄒᆞ얏스나 엄연ᄒᆞᆫ 모양이 ᄉᆞ름으로 ᄒᆞ야곰 공경ᄒᆞ게 ᄒᆞᆯ너라. 차시에 법인이 후례왕을 쫏고 국즁에 인군이 업ᄂᆞᆫ지라. 드듸여 우련사를 츄딕ᄒᆞ야 왕위에 으로게 ᄒᆞ니 우련사] 지삼 사양ᄒᆞ다가 튁일 등극ᄒᆞ니 신민이 하례ᄒᆞ야 왈 왕이 즉위ᄒᆞ시니 일국 인민이 다 환희무한ᄒᆞ다 ᄒᆞ나 기실은 다만 파리 셩즁 빅셩과 각 은ᄒᆡᆼ 각 직조창 각 큰 상고들이 세운 거시오 기외 각 도 빅셩은 오족 도셩 ᄉᆞ름 ᄒᆞᄂᆞᆫ 거슬 ᄯᅡ라 향ᄇᆡ를 삼ᄂᆞᆫ 고로 우련사] 즉위ᄒᆞᄆᆡ 다 좃지 아니리 업더라.

뎨십ᄉᆞᆷ졀 새 인군이 인심을 화합지 못ᄒᆞᄆᆡ라

파리 빅셩이 이믜 인군을 쫏고 새 인군을 셰우ᄆᆡ 의향 도ᄂᆞᆫ 딕로 무불여의ᄒᆞᄂᆞᆫ지라. 이에 이르되 인인이 다 딕권이 닉게 잇다 ᄒᆞ야 우쥰ᄒᆞᆫ 마음과 빙ᄌᆞᄒᆞᆫ 긔상을 다시 억제키 러엽(어렵)더라. 왕이 즉위ᄒᆞ야 일홈을 노의비례라 ᄒᆞ고 방을 부쳐 빅셩을 효유ᄒᆞ야 왈 너의 신서 빅공은 다 급히 환귀ᄒᆞ야 안거락업ᄒᆞ라 ᄒᆞ니 녕이 닉리ᄆᆡ 쥰힝ᄒᆞᄂᆞᆫ ᄌᆞ] 잇스나 다 츌어부득이요 겸ᄒᆞ야 난리 후에 민불뇨싱ᄒᆞ야 장식이 고용ᄒᆞᆯ 곳이 만치 아니ᄒᆞ니 엇지 능히 그 원긔를 회복ᄒᆞ며 [셔양 각군은 장식 노릇ᄒᆞᄂᆞᆫ 빅셩이 만은 연괴라] 허믈며 돈 잇ᄂᆞᆫ ᄉᆞ름은 변란이 또

---

13) 우련사(藕連絲 更名 魯意斐禮): 오랜스. 법왕자(法王子). 루이 필립의 왕자 명.

이러날가 두려워ᄒᆞ야 멀리 피란가ᄂᆞᆫ 즈ㅣ 만으니 디져 장식의 고용ᄒᆞ 믄 반ᄃᆞ시 부즈와 장ᄉᆞᄋᆡ게 의탁ᄒᆞ거ᄂᆞᆯ 이제 부즈ㅣ 다 업스니 장식들 이 자연 쇠즌ᄒᆞ고 물건 출입이 젼에 비ᄒᆞ면 몃 분일이 못되ᄂᆞᆫ 고로 인 ᄒᆞ야 각쳐 수세 밧ᄂᆞᆫ 돈이 ᄯᅩᄒᆞᆫ 영셩ᄒᆞ야 국용을 보틱지 못ᄒᆞ고 법국 졍부에셔 빅셩 즁 장식을 더욱 고렴ᄒᆞ더니 지금 장식의 실업ᄒᆞᆫ 즈ㅣ 불가승슈요 셜영 업이 잇다 ᄒᆞ야도 필경 사름은 만코 일은 젹은 고로 공젼이 즈연 젹어지ᄂᆞᆫ지라. 만일 그 빅셩의 빈곤ᄒᆞᆷ를 버려두면 이 빅 셩이 젼일에 이믜 무도ᄒᆞᆫ 인군 쫏ᄂᆞᆫ 권리ᄅᆞᆯ 가졋스니 엇지 후일에 ᄯᅩ 이러나지 아니ᄒᆞᆷ믈 바라리요. 노의비례왕이 크게 렴려ᄒᆞ야 새 졍사ᄒᆞ ᄂᆞᆫ 거시 젼혀 통상을 힘 써 각식 장식으로 ᄒᆞ야곰 구헐 방칙이 되게 ᄒᆞ더라.

노의비례왕이 즉위 시에 젼왕의 당이 외모ᄂᆞᆫ 순종ᄒᆞ나 심중은 불복 ᄒᆞ며 ᄯᅩ 나파륜 졔일을 셤기든 사름은 다 붓쫏지 아니ᄒᆞ고 더욱 민권 ᄅᆞᆯ 즁이 아ᄂᆞᆫ 당들은 일신월셩ᄒᆞ야 군권으로 ᄒᆞᄂᆞᆫ 법을 미워ᄒᆞ야 왕 의 졍사ᄅᆞᆯ 준힝치 아니ᄒᆞ고 이에 각 당이 불괴지심을 먹고 ᄯᅩ 각각 셰 력을 밋어 긔탄ᄒᆞᄂᆞᆫ 빅 업스니 왕은 비록 잠시 통낙으로 무마ᄒᆞ나 필 경 민심이 소요ᄒᆞ야 조셕을 불보헐지라. 왕이 난이 날가 렴려ᄒᆞ야 순 포와 병졍을 푸러 방비ᄒᆞ더라.

왕이 즉위ᄒᆞᆫ 지 십여일에 괴이ᄒᆞᆫ 풍셜이 이러나 왕의 명망을 손상 케 ᄒᆞ야 인심이 더욱 흉구ᄒᆞ니 이ᄂᆞᆫ 법국 왕족에 강특14)이라 ᄒᆞᄂᆞᆫ 사 름이 잇셔 명망과 훈업이 일셰에 진동ᄒᆞ더니 홀연이 사름의게 죽인 빅 되거ᄂᆞᆯ 츠인을 왕이 죽엿는가 의심ᄒᆞᄂᆞᆫ 즈ㅣ 잇셔 왕을 법부에 졍 호ᄒᆞ야 두 번 직판ᄒᆞ되 조곰도 증거가 업ᄂᆞᆫ지라. 인ᄒᆞ야 요믕ᄒᆞᆫ 말이 라 ᄒᆞ고 판결ᄒᆞ엿스나 소문이 파다ᄒᆞ야 빅셩의 의심을 놋치 못ᄒᆞ더라.

왕이 즉위 후에 즈긔 직산은 다 즈녀의게 분직ᄒᆞ야 쥬고 ᄯᅡ로이 궁 ᄂᆡ부 일년 비 뉵빅만 원을 졍ᄒᆞ야 탁지부에 차즈 쓰니 빅셩이 왕의 그

---

14) 강특(康特): 코데, 법왕족(法王族).

돈 츠져 쓰는 조목칙을 보고 다 웃고 긔롱ᄒ야 왈 전왕 노의 뎨십팔은 잔약ᄒ고 다병ᄒ되 이런 말이 업더니 즉금 왕은 건장ᄒ고 츙실ᄒ나 오히려 약갑시 여츳가 만은가 ᄒ고 ᄯᅩ 왕이 례빈당에 큰 일이 업스면 가지 아니ᄒ거늘 이 칙을 보니 천쥬교에 혹ᄒ 후례왕 갓치 례빈당에 ᄌᄌ 가는이도 이러타시 용을 아니 썻거든 왕은 도르여 후례왕의게 비ᄒ야 십 빗가 되니 이런 리치도 잇는가 ᄒ며 왕이 말 삼빅 필이 잇스믹 믹필 갑시 왕의 근시ᄒ는 관원의 일년 월급과 갓트니 더욱 우습고 왕이 쓰는 난로 ᄒ나에 믹년에 삼십만 원 돈을 쓰니 이는 엇더케 셕탄을 쓰는지 민궁지갈ᄒ 쌔를 당ᄒ야 여츳가 낭비ᄒ는다 ᄒ더라.

이 쌔에 법국이 병정을 설시ᄒᆯ새 장식 즁에서 쏟분 ᄌ는 잔열ᄒ고 쇠병ᄒ 지 십분에 구이요 농부 즁에서 쏟핀 ᄌ는 연약ᄒ고 다 겁ᄒ 지 열에 너희되니 이는 다 지빈지궁ᄒ야 비록 극녁ᄒ야 싱계에 골몰ᄒ야도 능히 호구치 못ᄒ는지라. 드듸여 군정에 드러 월급을 먹으니 만일 일조에 일이 잇스면 그 위틱ᄒ미 루란 갓더라.

왕이 즉위ᄒ 지 사오년 늬에 항상 신문사의 ᄆᆼ녕된 말ᄒ믈 금ᄒ니 빅셩이 ᄡᅥ 이로되 우리가 무궁ᄒ 고초를 바드믄 다 정부ㅣ 치국을 잘 못ᄒ 연고ㅣ라. 이졔 신보관에는 치국ᄒ는 신법을 의논ᄒ얏거늘 엇지 ᄒ야 금ᄒ는다 ᄒ고 민간에서 ᄉᆞᆷ마다 신보 한 장식 가지고 보빅갓치 아니 이에 명셩과 딕도회에 다 신문사ㅣ 아닌 데가 업는지라. 정부ㅣ 다시 법을 졍ᄒ야 신문에 정부표를 붓치지 아니ᄒ 거슨 곳 사보15)라 ᄒ야 파지 못ᄒ게 ᄒ얏더니 빅셩은 정부의 표젹 유무를 뭇지 아니ᄒ고 다 사셔 보는지라. 법사와 순검이 비록 츅일엄핵ᄒ나 만일 잡아 치죄ᄒ면 민란이 날가 염녀ᄒ야 셔로 경계ᄒ고 뭇지 아니ᄒ니 국사ㅣ ᄯᅩᄒ 민ᄆᆼᄒ더라.

법국 인민이 사사로이 회를 모으로 여섯 가지 장졍을 졍ᄒ니 기일은 ᄉᆞᆷ마다 뭇당이 관원을 쳔거ᄒ는 권이 잇게 ᄒ고, 기이는 관원을 빅

---

15) 시보(私報): 개인의 신문. 국가가 허락하지 않은 신문.

셩이 쳔거ᄒ되 ᄯ흔 ᄉ긔를 ᄯᆞ라 다른 ᄉ람을 식키며, 기삼은 국뉘 쳐쳐에 관립학교를 셰워 민간 ᄌᆡ졔를 가르치되 월급을 밧지 말게 ᄒ고, 기ᄉᆞᄂᆞᆫ 법을 공평케 ᄒ야 부ᄌᆞᄂᆞᆫ 더 부ᄒ고 빈ᄌᆞᄂᆞᆫ 더 빈ᄒ게 말며, 오ᄂᆞᆫ 통샹을 널니 뉴통케 ᄒ야 옹체치 아니ᄒ게 ᄒ며, 기뉵은 구라파 각국을 쳥ᄒ야 외국인이라 의심ᄒ지 말고 동심합력ᄒ야 법국의 대ᄉᆞ를 판결ᄒ깃다 ᄒ니 졍부ㅣ 싱각ᄒ되 차비 만일 ᄉᆞ방에 흣터지면 반ᄃ시 난을 이리켜리라 ᄒ고 드듸여 회당의 이십칠 명을 잡아 법ᄉᆞ로 ᄒ야곰 치죄ᄒ라 ᄒ얏더니 불의에 ᄌᆡ판관들이 무죄ᄒ다 ᄒ고 모다 빅방ᄒ니 졍부ㅣ ᄯᅩ흔 엇지ᄒᆞᆯ 슈 업더라.

　지차ᄒ야 법인의 민쥬 ᄒ자 ᄒᆞᄂᆞᆫ 마음이 더욱 심ᄒ야 가이 막을 슈 업ᄂᆞᆫ지라. 흔 의원이 의원에셔 일을 의논ᄒ다가 이 일은 인군이 쥬쟝ᄒᆞ미 올타 ᄒ얏더니 모든 의원이 크게 짓거려 왈 왕이라 ᄒᆞᄂᆞᆫ 거슨 빅셩을 위ᄒ야 셰운 거시니 만ᄉᆞ를 빅셩이 쥬쟝ᄒᆞ미 올코 인군이 엇지 쥬쟝이 되리요 ᄒ고 ᄃᆡ담으로 ᄒᆞᄂᆞᆫ 말이 긔탄이 업더라.

　졍부ㅣ 쥬야로 염녀ᄒ야 인민이 ᄉᆞ사로이 회를 모와 국졍을 의논ᄒᆞᆯ 엄금ᄒ니 민심이 더욱 요란ᄒ야 ᄡᅥ 이르되 빅셩이 업스면 인군이 어듸셔 나리요. 우리로 인ᄒ야 인군이 셧스니 우리ᄂᆞᆫ 즁ᄒ고 인군은 경ᄒ거늘 엇지ᄒ야 국ᄉᆞ를 의논치 못ᄒ게 ᄒᄂᆞᇰ 뇨 ᄒ고 드듸여 각각 조졍 박굴 일을 쐬ᄒ더라. 이 ᄲᅢ에 법인 납발누투16)라 ᄒᆞᄂᆞᆫ ᄉᆞ람은 젼에 미리견 ᄉᆞ람을 도아 민쥬국을 믄든 ᄉᆞ람이라. 이졔 비록 년로쇠미ᄒ나 오십년리에 고심혈셩으로 타국을 도아 민쥬국을 믄드엇스니 엇지 부모지방을 좌시불구ᄒ야 인군의 압졔ᄒᆞᆯ 바드리오 ᄒ고 당뉴를 호소ᄒ야 날로 인군 박굴 계교를 의논ᄒᆞᆯᄉᆡ ᄒ나이 열의게 젼ᄒ고 열이 빅의게 젼ᄒ야 불긔일에 거국 ᄉᆞ람이 다 동심회를 셰우고 이르되 파리 인민이 만일 인군의게 ᄉᆞ호라도 속이고 업수이 너기를 바드면

<hr>

16) 납발투누(拉髮拽透 又名 拉發葉式, 납발예투 우명 납발엽특): ᄅ나ᄲᅢ엣트. 법인(法人). 라파예트.

각 도 각 읍 빅셩이 동시 병긔ᄒ리라 ᄒ더니 남은사17)라 ᄒᄂᆞ 일쌍 [일싱은 아국에 일도와 갓튼 말이라]에셔 드듸여 이를 인ᄒ야 과연 두 번씩 반ᄒ야 관군을 치다가 죽은 ᄌᆞㅣ 만으나 종시 항복지 아니ᄒ고 필경 관군을 남은사 싱 밧게 늬여쏘치니라.

뎨십ᄉᆞ졀 신뎡을 뎡ᄒ미라

일쳔팔빅삼십오년 [헌종 원년]에 ᄒᆞ 병풍ᄒᆞ 사름 비셔18)라 ᄒᄂᆞ ᄌᆞ ㅣ 잇셔 왕이 츌궁ᄒᆞ믈 기다려 가만이 십오푼 대포 일좌를 무덧다가 왕이 지날 ᄽᅢ에 대포를 노아 탄환이 십오 기가 낙역히 날녀 나오니 왕 은 비록 손상치 아니ᄒᆞ나 ᄒᆞ 쳘환이 그 이마를 스쳐 지나고 호종ᄒᆞ 궁 속과 시위 등이 ᄉᆞ망ᄒᆞ ᄌᆞㅣ ᄉᆞ십 인이라. 노의비례왕이 진로ᄒ야 즉 각에 비셔를 발포ᄒ야 하옥 엄치ᄒ니 이에 민권당이 ᄡᅥ 이르되 우리 무리를 약속지 못ᄒ야 대화를 일우엇스니 민권을 셰워 나라이 평안ᄒ 깃다 ᄒ든 말이 실노 힝치 못헐 비라. 이졔 하면목으로 군권당을 듸ᄒ 리오 ᄒ고 졈졈 긔운이 져상ᄒ야 감이 국뎡을 의논치 못ᄒᄂᆞᆫ지라. 군 권당이 이 긔회를 타 말을 늬되 이 무리를 용납ᄒ면 화란이 조셕에 잇 슬이라 ᄒ고 드듸여 법률을 엄케 ᄒ여 인민을 구속ᄒ니 그 법률에 갈 오되 신민이 감이 불괴를 품어 반역을 힝ᄒᄂᆞ ᄌᆞᄂᆞ 반ᄃᆞ시 엄치통증 ᄒ리라 ᄒ니 녕이 늬리미 빅셩이 다 이르되 이ᄂᆞ 사리 당연ᄒ다 ᄒ고 ᄯᅩ ᄒᆞ 녕을 늬려 왈 신문사를 금ᄒ되 만일 신문사를 창립ᄒ고자 ᄒᄂᆞ ᄌᆞᄂᆞ 반ᄃᆞ시 큰 지물노ᄡᅥ 국고에 밧쳐 볼모를 삼으라 ᄒ니 법인이 이 르되 이ᄂᆞ 젼곡이 만은 지라 ᄒ야 ᄇᆞ야흐로 신문사를 셰우게 ᄒ니 불 가ᄒ고 ᄯᅩ 왕의 허믈과 군권당의 일을 의논치 말나 ᄒ고 ᄯᅩ 신보사에

---

17) 남은사(藍恩師): 릭온스. 법셩(法省). 리옹.
18) 비셔(飛鼠): 예스치. 법풍인(法瘋人).

셔 허믈이 잇셔 벌금을 밧칠 째는 타인이 감이 돈을 부조ᄒᆞ야 디신 밧
치지 못ᄒᆞ고 또 신문지에 그림을 그리는 자는 신문을 감찰ᄒᆞ는 어스
의게 몬져 올니여 인가를 맛튼 후에 비로쇼 간힝ᄒᆞ라 ᄒᆞ얏스니 여ᄎᆞ
가 ᄭᅡ달옵고 번거ᄒᆞᆫ 법녕은 불과 빅셩의 입을 막으미라 ᄒᆞ고 다 열복
지 아니ᄒᆞ며 ᄎᆞ외에 또 빅셩이 자칭 민권당이라 흠을 금ᄒᆞ니 ᄎᆞ시 디
신 즁에 졔이[19)]와 계사[20)] ᄀᆞᆺ튼 이는 후일에 셩명이 진동ᄒᆞ야 원건에
조요ᄒᆞᆫ 즈ㅣ라. 이 신법 졍ᄒᆞᆫ 데 춤예ᄒᆞ얏더라.

새 녕이 이믜 졍ᄒᆞᄆᆡ 조야ㅣ 안연ᄒᆞ야 상고ㅣ 흥왕ᄒᆞ고 범사ㅣ 취셔
되며 젼일에 빅셩을 션동ᄒᆞ야 국가를 거역ᄒᆞᆫ든 즈는 다 궁곤ᄒᆞ야 빈
무립츄지비라. 일을 즈단ᄒᆞ야 싱사흠을 조와ᄒᆞ더니 이졔 다 업이 잇셔
긔흔을 면ᄒᆞᄆᆡ 젼일 악습이 다 업셔지고 국가에셔는 일졀 졍녕을 엄
쥰케 ᄒᆞ니 법민이 심복지 아니ᄒᆞ나 감이 항거치 못ᄒᆞ고 기즁에 우완
불법ᄒᆞᆫ 즈는 관군이 조발셕지ᄒᆞ야 소탕무여ᄒᆞ고 만일 산곡간에 취당
ᄒᆞ야 모반ᄒᆞᆫ 즈는 장창대포로써 도쳐에 쥬지살지ᄒᆞ니 빅셩이 더욱
겁닉여 거역지 못ᄒᆞ더라. 일쳔팔빅슴십사년 [순조 슴십사년]에 빅셩이
관원을 쳔거홀 쌔를 당ᄒᆞ야 새로 쳔거된 즈ㅣ 틱반이나 군권당 스름이
라. 이에 왕의 마음이 더욱 졍ᄒᆞ야 모든 난리를 차례로 삭평ᄒᆞ니 민심
이 깁히 심복지는 아니ᄒᆞ나 시셰 즈못 안졍ᄒᆞ더라.

데십오졀 학교라

법국이 젼일에 민쥬를 셰우고자 홀 째에 인민을 교육ᄒᆞᄂᆞᆫ 법이 진
션진미ᄒᆞ다가 밋 난리를 당ᄒᆞᄆᆡ 나파륜 황졔의 취ᄒᆞᄂᆞᆫ 바는 다 용밍
ᄒᆞᆫ 규규무부요 독셔종즈ㅣ 아니라. 학교ㅣ 더욱 쇠ᄒᆞ더니 포이분 씨

---

19) 졔이(梯耳): 엑어스. 법대신(法大臣).
20) 계사(雞梭): 쩌이쏘트. 법대신(法大臣).

왕위에 올으미 뼈 ᄒ되 빅셩이 ᄉ리를 통달ᄒ면 억졔키 어려우니 그
우미ᄒ믈 인ᄒ야 다스리미 올타 ᄒ고 드듸여 학교를 파ᄒ니라. 일ᄎ연
팔빅삼십삼년 [순조 삼십삼년]에 계ᄉ ㅣ 학부대신이 되야 학교를 셰워
우민을 교육홀새 몬져 소학교를 각 부쥬현에 셰우니 학교ㅣ 범 삼만오
쳔이라. 국가ㅣ 미년에 국고금을 늬여 보조ᄒ더라.

뎨십륙졀 북아비리가 쥬 아리젹21) 짜에 ᄅᆡ력이라

일쳔팔빅이십구년 [순조 이십구년]에 후례왕 졔십이 지위시에 명예
를 엇고ᄌ ᄒ야 명장 츌ᄉ호야 아리비가 북방 아리젹의 희랑젹을 평
졍ᄒ고 그 짜을 법국에 예속식이니 아리젹은 원리 풍속이 잔포ᄒ야
지즁히 바듸에 츌몰ᄒ야 힝녀를 겁냑ᄒ거늘 젼왕 후례 졔오22)ㅣ 항히
친졍ᄒ다가 거위 풍파에 쥭을 번ᄒ고, 일쳔칠빅년 [숙종 이십뉵년] 이
후 지어 일쳔팔빅년 [뎡종 이십사년]ᄭᆞ지 영국 법국과 밋 의대리의 비
니사23) 황졔 다 용병 졍토ᄒ다가 익이지 못ᄒ고 심지어 법왕 노의 뎨
십사ᄂᆞᆫ 두 번 대병을 발ᄒ야 아리젹을 파ᄒ얏더니 희랑젹들이 법국
히변에 이르러 ᄌᆞ녀옥빅을 로략ᄒ니 법인이 괴로워ᄒ더라. 일쳔팔빅
십뉵년 [순조 십뉵년]에 영국이 대군을 거느려 그 포대를 뭇질너 평지
를 ᄆᆞᆫ드니 아리젹 인이 비로소 셩ᄒᆞ지밍을 결ᄒ고 밍셰코 다시 구파
라를 침노치 아니ᄒ다 ᄒ더니 영병이 퇴ᄒᆞᆫ 후에 인ᄒ야 강도의 업을
고치지 아니ᄒ고 구라파 ᄉ름을 만나면 돈 유무를 무러 돈이 잇스면
억지로 편지를 씨여 그 집에 보닉야 즁가로 속신ᄒ야 가게 ᄒ고 돈이
업스면 종신 증역ᄒ야 노예갓치 ᄒ니 구라파 각 소국이 외지여호ᄒ야
도르여 폐빅을 보닉야 속국갓치 ᄒ되 오히려 침어ᄒᄂᆞᆫ 폐를 면치 못

---

21) 아리젹(雅里磧): 알지어스. 비주지(非洲地). 알제리.

22) 후례 졔오(㵂禮 第五 又名 沙里, 호례 제5 우명 사리): 찰스 ᄲᅢ이뚜. 법왕(法王). 찰스 5세.

23) 비니사(斐泥師 又名 飛尼士): 쎼늬스. 의제(意帝). 비너스 황제.

호고 법국 문신 아랍가24)는 박학다문호야 거국 스룸이 다 경앙호는
빅러니 또호 사로잡핀 빅 되야 노예되믈 면치 못호니 종종 흉악호 일
이 다 스룸의 뜻밧게 나더라.

구라파 스룸은 야소교룰 공경호고 아리젹 인은 회회교룰 봉힝호는
지라. 후례왕 제십이 결계토지호야 야소교인으로 호야곰 회회교인의
능멸흠을 밧지 안코자 호야 대병을 거느려 아리젹을 파호고 다시 즁
병으로 뻐 둔찰호야 지즁히의 션쳑과 힝녀룰 보호호야 영구이 히젹을
평졍호니 법인이 대회과망호나 맛춤늬 군권 잇슴을 미워호야 그 인군
을 쪼치니라.

법국이 즁병으로 뻐 아리젹에 둔찰호고 아비리가 북방을 농낙호나
연이나 그 싸이 광막호야 셕년에 나마국이 이 싸에 몬져 호 도회룰 세
우니 기명은 리페아25)라. 나마인의 먹는 보리룰 다 리페아에서 취용
호니 리페아의 폭원이 영국보다 크기 두 갑졀이요 승평호 날에 인구
는 늄녀 병호야 이빅만이러니 밋 법국이 그 뇌졍을 간예홀새 호젹을
상고호니 인구ㅣ 겨우 이십만이러라. 리페아 인민이 법국을 심복지 아
니호니 법병이 더욱 학딩호더니 일일은 법국 장관이 뻐 호딩 리페아
인이 뇌게 득죄호얏스니 부득불 통증호리라 호고 곳 명호야 뭇지르고
맛춤늬 그 결례룰 다 죽이며 또 리페아 인 호나은 친족을 거느리고 산
곡 즁에 피란호얏더니 불의에 법병이 이르러 항복지 아니혼다 호고
그 동구룰 막고 불을 노으니 화세 츙텬호야 동즁에 잇는 스룸 오빅인
이 다 죽으니라.

법병이 북아비리가 쥬룰 칠새 일로에 셔여파쥭이러니 호란싱26)에
이르니 호란싱 총독 아포득감젹27)이 진조ㅣ 초월호고 권셰 웅장호야
법병과 쏘온 지 젼후 범 삼십년에 비록 법병을 당치 못호나 미양 묘계

<hr>

24) 아랍가(雅辣歌, 아랄가): 아라고. 법문신(法文臣).
25) 리페아(利弊亞). 릭비아. 비주성(非洲省). 리비아.
26) 호란싱(呼蘭): 오란. 비주성(非洲省).
27) 아포득감젹(雅布得堪敵): 압델 카더. 호란총관(呼蘭 總管).

를 늬야 승부를 불분ᄒᆞᄂᆞᆫ지라. 이에 법병이 더욱 뎡부에 군ᄉᆞ를 쳥ᄒᆞ니 법국 무관들이 공을 셰우고ᄌᆞ ᄒᆞ야 격겨 이르ᄂᆞᆫ 곳에 셩야발힝ᄒᆞ야 호란싱에 이른 군셰 십여만이 되니 이ᄂᆞᆫ 다 셕년에 나파륜을 ᄯᆞ라 젼장에 나갓든 ᄌᆞ┃라. 긔셰 당당ᄒᆞ야 일당빅 아니리 업더라. 연이나 병흉젼위라. 양군의 죽은 ᄌᆞ┃ 불가승수┃러니 텬음우습ᄒᆞ면 왕왕이 괴곡소ᄅᆡ ᄉᆞᄅᆞᆷ의 마음으로 ᄒᆞ야곰 슬풀너라. 일쳔팔빅ᄉᆞ십오년 [헌종 십일년]에 의리[28]라 ᄒᆞᄂᆞᆫ ᄯᅡ에셔 ᄊᆞ와 ᄃᆡ쳡ᄒᆞ니 회교인이 다 도망ᄒᆞ고 법병을 졈검ᄒᆞ니 죽은 ᄌᆞ┃ 겨우 이십칠인이요 상ᄒᆞᆫ ᄌᆞ┃ 구십뉵인이라. 인ᄒᆞ야 말ᄒᆞᄂᆞᆫ 자┃ 이르되 국가┃ 양병ᄒᆞ면 이번 연습ᄒᆞᆫ 거시 엇지 아름답지 아니리요 ᄒᆞ더라.

법병이 일으ᄂᆞᆫ ᄌᆞ┃ 날노 더ᄒᆞᆫ지라. 아포득감젹이 ᄃᆡ젹지 못헐 줄 알고 법장의게 글을 보ᄂᆡ여 왈 장군이 날노 ᄒᆞ야곰 피ᄒᆞ야 애급국에 잇게 ᄒᆞ면 곳 호란싱 일경을 휘하에 밧치리이다 ᄒᆞ니 법 졔독 남목리잔[29]과 법 왕셰ᄌᆞ 오마후[30]┃ 다 허락ᄒᆞ더니 법국 뎡부┃ 신의를 돈망ᄒᆞ고 아포득감젹을 잡아 법국 경셩에 보ᄂᆡ여 옥에 ᄂᆡ리니 ᄎᆞᄂᆞᆫ 일쳔팔빅ᄉᆞ십칠년 [헌종 십삼년]이러라. 일쳔팔빅오십이년 [철종 삼년]에 노의 나파륜[31]이 즉위ᄒᆞ야 비로소 명ᄒᆞ야 방셕ᄒᆞ고 젼일 관작을 의지ᄒᆞ야 녹봉을 쥬엇더라. 연이나 옥에 감금홈 지 이믜 오년이러라.

이십년 젼에 법국이 아리젹을 칠새 영국이 의심ᄒᆞ되 법국이 그 ᄯᅡ을 웅거홀가 ᄒᆞ야 누우이 져희ᄒᆞ더니 밋 법국이 쳘병ᄒᆞᄆᆡ 비로소 이론이 업더라. 연이나 기실은 법국이 아리젹을 토평ᄒᆞᄆᆡ 영국에 ᄃᆡ단이 리익이 잇스니 젼일은 상고의 물건이 영국 항국에 입구ᄒᆞᄂᆞᆫ 거시 그 갑시 ᄆᆡ면에 겨우 영금 이십팔만 방 [영국 일 방은 즉금 아국 시셰로 말ᄒᆞ면 거의 십 원 가량이라]이러니 즉금은 오빅만 방이 되고 [이ᄂᆞᆫ

---

28) 의리(依俚): 이스릭. 비주지(非洲地).
29) 남목리잔(藍木理綫, 남목리션): 라모리씨어. 법졔독(法提督).
30) 오마 후(奧馬): 듸 오메일. 법셰자(法世子).
31) 노의 나파륜(魯意 拿破崙 卽 拿破崙 第三): 로위스 나포룐. 법황(法皇). 나폴레옹 3세.

이 틱셔신스 짓든 히로 말흐미라] 츌구흐는 거슨 전일에 전혀 업더니 지금은 영금 칠빅만 방이 되고 셕일 아라빅32)인 [구라파 쥬 북방에 아라빅인이 분분이 졈거흐더니 지금에도 그 즌손이 만이 잇더라]이 아리적에 이르러 장막을 치고 산쳐흐더니 지금은 육노에 큰 길이 잇고 물에는 교량이 잇고 쏘 철로가 영국 리슈로 사빅리 [아국 리슈로 일쳔 이빅여 리라] 잇고 전일에 히적이 츌몰흐든 데가 지금은 히변에 항구가 잇고 히즁에 장명등33)이 잇고 호구가 삼빅만이 되민 기즁에 구라파 쥬의 인종이 이십만이요 그 스룸이 셜시흔 은힝의 일년 리식이 항상 영금 팔빅만 방 닉외가 되니 무역의 셩흐미 가이 상상흐야 알너라. 쏘 그 빅셩이 안거낙업흐야 농스에 젼력흐야 면화와 메밀과 보리와 포도와 감늠과 유즈와 귤과 담배와 삼과 모시 등류를 만이 심어 각국에 발미흐야 각국은 그 물건을 사고, 아리적은 그 돈을 밧아 피츠 셔로 리익을 엇더라.

노의 비례왕이 지위 일구에 법민이 틱평무스흐고 쏘흔 가급인족흐야 다시 원몽흐는 소릭 나지 아니흐는지라. 각 신문스ㅣ 더욱 빅셩의게 유익흔 일을 의논흐고 다시 자단싱스치 아니흐며 의원의 힝흐는 졍스ㅣ 다 왕실에 진츙흐며 흐는 일이 인심을 격동치 아니흐고 미스를 공평이 쳐단흐야 화평온후흐미 젼일과 형이흐며 왕이 쏘흔 외국과 교졔를 돈목히 흐야 빅셩으로 흐야곰 병마 전장에 창황뉴리흠을 보지 아니흐게 흐니 딕져 법국이 기국 이릭에 여츠가 장치구안흐고 풍진족용흠은 처음 볼너라. 이에 빅셩이 증증일상흐야 상고의 무역과 국가의 셰입이 일증월가흐니 셕년에 노의 비례왕을 셰우든 파리 빅셩이 다 환희무한흐야 뻐 이르되 당시 왕의 위는 우렌사34) 후 아니고는 홀 스룸이 업다 흐더라. 우렌사 후는 곳 노의 비례왕이라.

---

32) 아리빅(亞剌伯): 아라비아. 유목인(游牧人). 아라비아인.
33) 장명등(長明燈): 대문이나 처마 끝에 달아두고 밤새도록 켜는 등.
34) 우렌사: 오랜스. 루이 필립의 왕자 명. 앞 절 참고.

뎨십칠졀 쳘로라

법국 마츠길이 원릭 영국보다 나으니 영인이 법국에 왓든 자는 다 흠션불이ᄒᆞ더니 지금을 당ᄒᆞ야는 영국이 쳘로를 노아 리익이 도리여 법국보다 승ᄒᆞ니 뒤져 법인이 영국이 쳘로에 리익 유무를 아지 못ᄒᆞ야 지의불결ᄒᆞᆫ 연고ㅣ러라. 영국 쳘로ㅣ 몬져 리물포 항구로 좃츠 싸아 만졸특 셩에 이르니 장사ᄒᆞᄂᆞᆫ 권리 되단 흥왕ᄒᆞᄂᆞᆫ지라. 법인이 듯고 그졔야 일쳔팔빅삼십팔년 [헌종 사년]에 학문이 통달ᄒᆞᆫ 문신 아랍가35) [젼일 아리젹 희덕의게 잡피여 종노릇ᄒᆞ든 ᄉᆞ름이라]로 ᄒᆞ야곰 영국에 보늬야 실심고구ᄒᆞ야 그 대리되믈 알고 도라와 이에 쳘로를 싸을새 파리 도셩으로 ᄡᅥ 즁앙길을 삼고 ᄉᆞ방에 지로를 ᄆᆞᆫ드러 각 대도회에 이르게 ᄒᆞ니 이는 쳐음 잇는 일이라. 후려ㅣ 잇슬가 염녀ᄒᆞ야 아랍가의 말을 좃츠 몃 보 몃 파 몃 리식 지지졀졀이나 노아 ᄡᅳ으다가 만일 이에서 더 나은 법이 잇스면 곳 가이 긔연역쳘ᄒᆞ야 다시 ᄆᆞᆫ들게 ᄒᆞᆯ새 관판 민판 [관판은 나라에셔 흠이오 민판은 빅셩이 함이라]의 두 가지 의논이 잇셔 과판을 쥬ᄒᆞᄂᆞᆫ ᄌᆞᄂᆞᆫ 이르되 국가ㅣ 국고금으로 ᄡᅥ 흥츅ᄒᆞ야 빅셩을 괴롭게 아니ᄒᆞᆷ이 올타 ᄒᆞ고 민판을 쥬ᄒᆞᄂᆞᆫ ᄌᆞᄂᆞᆫ 이르되 쳘로를 창긔ᄒᆞ면 빅셩이 가이 독젼긔리ᄒᆞ리라 ᄒᆞ야 상지불결ᄒᆞ거늘 졍부ㅣ 맛ᄎᆞᆷᄂᆡ 민판을 좃츠더니 상고ㅣ 이 리익을 아지 못ᄒᆞ고 큰 ᄌᆡ물을 드리지 아니ᄒᆞ야 시작ᄒᆞᆫ 지 두 ᄒᆡ되야도 겨우 쳘로 일조를 일우엇ᄂᆞᆫ지라 졍부ㅣ 그 더듸믈 혐의ᄒᆞ야 다시 관판케 ᄒᆞ니라.

---

35) 아랍가: 아리고.

뎨십팔졀 나파륜의 신체룰 법국에 쟝ᄉᄒ미라

법인의 셩졍이 동ᄒ기룰 조와ᄒ고 안졍치 못ᄒ야 이믜 틱평흔 복을 누리미 ᄯ 일이 잇스믈 영화로 알고 안분슈긔흠을 나약ᄒ다 ᄒ야 부로와 사자들이 다 이르되 나파륜 졔일이 우리 황졔 되얏슬 쌔에ᄂ 젼필승공 필취ᄒ야 구라파 각국의 치란흥망이 다 아국에 미엿스니 이러흔 영광은 젼무후무흔지라. 활쳘노의 픠흠은 불과 공벽되ᄂ 구슐에 져근 씌 잇슴이오 당시에 법국으로 ᄒ야곰 구라파 각국에 쒸여나미 웅지ᄃᆞ략과 영웅호걸이 아니면 엇지 능히 이러ᄒ리요 ᄒ야 심지어 나파륜의 누의룰 셰록을 쥬어 후이 ᄃᆡ졉ᄒ고 송덕ᄒ고 긔공ᄒᄂ 비갈과 표셕을 셰워 츄모ᄒᄂ 졍셩을 보이니 이에 무식흔 무리 졈졈 망상을 니여 ᄡᅥ 이르되 나파륜의 종젹으로 다시 우리 황졔룰 삼으면 더욱 영화롭지 아니ᄒ냐 ᄒ더라.

일쳔팔ᄇᆡᆨ사십년 [헌종 뉵년]에 졔이 ᄃᆡ신이 영국 뎡부에 조회ᄒ야 젼황 나파륜이 ᄒᆡ도 즁에 미플흔 지 오릭미 이졔 령구룰 옴기여 법국에 쟝사흠을 쳥ᄒ니 영국 박무ᄉ 등 ᄌᆞ상이 즉일 답셔ᄒ야 허락ᄒ고 ᄯᅩ 냥국이 화친돈목흠을 쳥ᄒ거늘 법국 졍부ㅣ 즉일에 병션을 보니여 나파륜의 령구룰 마즈올새 원ᄅᆡ 나파륜 황졔 붕흔 후에 약물노 ᄡᅥ 관에 너어 지금 십구년이 되얏스되 면목이 여ᄉᆡᆼ흔지라. 이에 웅지ᄃᆡ략지 쥬룰 가이 다시 흔번 보리라 ᄒ더니 이윽고 령구ㅣ 파리에 이르미 왕이 종쳑ᄇᆡᆨ관을 거느리고 례로 마즈 례빗당에 이르니 경셩사녀ㅣ 낙역히 나와 구경ᄒ다가 령구ㅣ 이믜 지나되 오히려 슉연이 긔경ᄒ더라. 이윽고 ᄃᆡ례로 ᄡᅥ 쟝사ᄒ미 민졍이 크게 동ᄒ야 ᄃᆡ져 나파륜으로 ᄒ야 ᄃᆡ란 격그믄 이져바리고 오즉 셕일에 구라파룰 거위 삭평ᄒ든 훈업이 족히 고금에 진동ᄒ믈 싱각ᄒ더라.

이 쌔에 나파륜 뎨일의 족하 노의 나파륜이 법인이 그 아ᄌᆞ비 훈업을 싱각ᄒ믈 보고 혜오ᄃᆡ 이 쌔룰 타고 업을 회복ᄒ리라 ᄒ야 드듸여 영국으로부터 그 우익을 거느리고 법국 긔란히[36] 항국에 이르러 말ᄒ

되 닉 선슉 황졔의 신체를 변화치 못ᄒᆞᄂᆞ 법국에 장ᄉᆞᄒᆞ미 불가ᄒᆞ니 닉 이졔 법인을 변화식길 거시니 너의ᄂᆞ 닉 녕을 드르라 ᄒᆞ딕 그란 항구 진장이 가마니 부하를 약속ᄒᆞ야 노의 나파륜을 갓가이 ᄒᆞ지 말나 ᄒᆞ고 지방관의게 통긔ᄒᆞ야 병졸을 보닉여 다 사로잡아 법사에 보닉니 법사에셔 안률ᄒᆞ야 노의 나파륜이 묭언혹즁ᄒᆞ니 대역부도ㅣ라 ᄒᆞ야 류종신에 쳐ᄒᆞ니라.

뎨십구졀 파리에 포딕룰 슈츅ᄒᆞ미라

법국이 쇠홀 째에 타국이 도셩을 부 번 쎅앗고 민란이 날 째에 쏘ᄒᆞᆫ 파리의 번병을 헤치고 그 셩에 드러오미 군신이 상고 방황ᄒᆞ야 맛춤닉 실국ᄒᆞᄂᆞᆫ 화를 일우니 이ᄂᆞᆫ 다 방어ㅣ 소루ᄒᆞᆫ 연고요 더욱이 닉란은 외병에셔 더 심ᄒᆞᆫ지라. 노의 비례왕이 즉위 후에 혜오딕 포딕를 널니 쓰아 국도의 셩셰를 장ᄒᆞ게 ᄒᆞ고자 ᄒᆞ야 의원에 명ᄒᆞ야 왈 파리셩 ᄉᆞ면에 포딕를 쓰아 조두 소릭 피ᄎᆞ 상문케 ᄒᆞ고 즁병을 숙위ᄒᆞ고 대포를 거럿다가 젹병이 오거든 포여뢰진ᄒᆞ고 탄ᄉᆞ셩비ᄒᆞ면 젹병이 셩을 에우지 못홀 거시오 대포를 쏘 회션ᄒᆞ야 안으로 향ᄒᆞ게 ᄒᆞ야 파리 셩 즁에 무론하쳐ᄒᆞ고 란민이 잇거든 옴기여 탄압ᄒᆞ면 유비무환이 막과 어ᄎᆞㅣ라 ᄒᆞ니 의원이 왕명을 바다 의논홀새 존왕당은 다 유명시종ᄒᆞ야 가타 ᄒᆞ고 익민ᄒᆞᄂᆞᆫ 일반 의원은 이로되 이ᄂᆞᆫ 군권이 튀즁ᄒᆞ야 빅셩의 복이 아니라. 파리셩 ᄉᆞ면에 셩쳡을 쓰로 안으로 히ᄌᆞ를 파으면 ᄌᆞ연 젹병이 범치 못ᄒᆞ리리 ᄒᆞ니 왕이 맛춤닉 두 계교를 츔용ᄒᆞ야 국고금 뉵쳔만 원을 닉여 부비를 당ᄒᆞ고 쏘 포딕에 일졀 긔게ᄒᆞ난 의원에셔 결뎡ᄒᆞ게 ᄒᆞ니 무비원 즁에 대소 포ㅣ 범 이쳔 좌ㅣ 더 느럿더라.

---

36) 그란희(簸瀾, 파란): 쎨룍그. 법해구(法海口).

데이십졀 법민이 불안ㅎ미라

법민의 불안ㅎ미 여러 가지 잇스니 상등인은 물논ㅎ고 즁등인도 쏘
흔 스사여의ㅎ야 리익이 만으되 오즉 쟝식의 공젼이 날로 쳔ㅎ야 싱익
가 업스미 이에 즁등인을 투긔ㅎ야 심지어 직물을 확취코쟈 ㅎ니 흔가
지 폐요, 법민이 젼장에 잇는 쟈ㅣ 틱반이어늘 뎡부ㅣ 국채로 ㅎ야 부
세가 날노 더ㅎ니 소민이 종셰근고호딕 부셰 밧친 외에 여죤이 업셔
조불녀셕ㅎ야 원셩이 챵쳔ㅎ니 두 가지 폐라. 일쳔팔빅스십년 [헌종
뉵년]에 파리 각 쟝식이 공까를 도드고쟈 ㅎ야 당을 모아 졍공ㅎ고 쥬
인을 협졔흔 지 슈추ㅣ라. 뎡부ㅣ 쟝식의 두목을 근포ㅎ야 졍공협졔흔
죄를 다사리니 이에 즁역ㅎ는 빅셩이 길에 널니여 보는 쟈ㅣ 한탄 아
니리 업고 외읍이 쏘흔 소연흔지라. 뎡부ㅣ 빅셩이 작란홀가 염녀ㅎ야
군사를 발ㅎ야 왕궁을 호위ㅎ니 빅공들이 궁곤무료홀 째를 당ㅎ야 공
까는 더ㅎ지 아니ㅎ고 싱익는 더욱 구간ㅎ니 회당이 인ㅎ야 치셩ㅎ는
지라. 유식쟈ㅣ 우심여분ㅎ야 화단이 조셕에 날가 염녀ㅎ더라.

노의 비례왕이 직위 시 일쳔팔빅사십일년 [헌종 칠년]에 군사 뉵십
스만을 길너 젼혀 닉란을 방비ㅎ니 병부에셔 지츌ㅎ미 젹지 아니ㅎ고
공부에셔 지츌ㅎ미 쏘 영금 이쳔여만 방이 되니 향쟈 일쳔팔빅이십구
년 [순조 이십구년]에 국용이 영금 스쳔만 방이러니 지금은 류쳔망 방
이 되니 이는 법국 리리 젼보다 오히려 유가무감ㅎ야 입불부츌ㅎ는지
라. 이에 혜오되 젼답은 이왕에 부셰가 과ㅎ니 가셰홀 슈 업고 오즉
은결 잇는 곳이 만으니 이졔 사신을 보닉여 젼지를 쳑량ㅎ야 은결을
츠짐만 갓지 못ㅎ다 ㅎ고 사신을 스면 보닉야 량젼ㅎ니 빅셩이 소요
ㅎ더라.

법정이 량젼홀 째에 신사 슈인이 소민을 부츅여 소셜을 닉되 국가ㅣ
우리 양식을 쎼앗는다 ㅎ마ㅣ 사신이 일으는 곳에 녕을 좃지 아니ㅎ고
작당져희ㅎ는지라. 법정이 긔호지셰를 당ㅎ야 살뉵ㅎ기를 만이 ㅎ니
법국의 복뎡37)이 조셕에 잇더라.

뎨이십일졀 빅셩이 의원에 호소ᄒᆞ야 장졍을 곳치미라

초시예 법국 인구ㅣ 삼쳔ᄉᆞ빅만이 되미 법국 법률에 인민이 지산이 잇셔 미년 부셰를 나라예 밧치되 영금 팔방 이상되ᄂᆞᆫ 조야 관원 쳔거 ᄒᆞᄂᆞᆫ 권을 허락ᄒᆞ나 연이나 부자ᄂᆞᆫ 소ᄒᆞ고 빈자ᄂᆞᆫ 다ㅣ 다ᄒᆞ야 부셰 능이 팔방 이상에 이르러 관원 쳔거ᄒᆞᄂᆞᆫ 즈ㅣ 겨우 이십여만 인이요 이 이십여만 인이 미양 민심과 형이ᄒᆞ야 거쳔ᄒᆞᄂᆞᆫ 관원이 민심에 흡 죡지 못ᄒᆞ기 관민간에 옹폐ᄒᆞ미 만으며 허믈며 관원 거쳔ᄒᆞᄂᆞᆫ 조ㅣ 다 친쳑고구어늘 국가ㅣ 그 쳥을 드려 벼슬을 식키니 차비 왕실에 진츙ᄒᆞ 다 ᄒᆞ야 민간 질고를 뭇지 아니ᄒᆞ며 노의 비례왕 지위 십팔년 간에 문 무 비관 범 십삼만 명 중에 능이 츌녁ᄒᆞ야 국가를 도은즉 그 죡쳑인아 ㅣ 만이 현직에 거ᄒᆞᄂᆞᆫ지라. 유시로 회로 공힝ᄒᆞ야 미관뉵작ᄒᆞ미 왕왕 이 잇스니 법국 대란 이후로 관방이 문란ᄒᆞ미 미유약초지심이러라. 법 국 명ᄉᆞ 랍마졍38)이 말ᄒᆞ야 갈오디 조졍이 엇지ᄒᆞ야 슌량ᄒᆞᆫ 빅셩으로 무뢰ᄒᆞᆫ 걸기를 믄드ᄂᆞᆫ뇨 ᄒᆞ니 말이 비록 과격ᄒᆞ나 보ᄂᆞᆫ 바ㅣ 업지 안 타 ᄒᆞ더라.

법국 명ᄉᆞ들이 말ᄒᆞ되 이졔 나라를 흥코조 ᄒᆞ면 반ᄃᆞ시 몬져 민심 을 감화ᄒᆞ니만 갓지 못ᄒᆞ다 ᄒᆞ니 신식을 죳ᄂᆞᆫ 각인이 다 양법미규를 싱각ᄒᆞ야 우민을 가르치고조 ᄒᆞ며 관원 거쳔ᄒᆞᄂᆞᆫ 일졀에 이르러ᄂᆞᆫ 부 셰를 영금 ᄉᆞ 방 혹 이 방에 이르ᄂᆞᆫ 조ᄂᆞᆫ 다 쳔관ᄒᆞᄂᆞᆫ 권이 잇게 ᄒᆞ조 ᄒᆞ야 졍부에 쥬달ᄒᆞ니 왕이 박논ᄒᆞ야 이르되 이ᄂᆞᆫ 불과 목하 션긔지 질이라 조연 물약유희홀지라. 하필 편작과 화타를 쳥ᄒᆞ야 분경케 ᄒᆞ리 요 ᄒᆞ니 말ᄒᆞᄂᆞᆫ 조ㅣ 이르되 왕이 년긔 쇠모ᄒᆞ야 변경ᄒᆞᄆᆞᆯ 조와 아니 ᄒᆞᆫ다 ᄒᆞ나 기실 이 신법을 조와 아니ᄒᆞᆫ 왕의 국량이 널지 못ᄒᆞ미요 ᄯᅩ 시셰에 명빅지 못ᄒᆞ야 민졍을 아지 못ᄒᆞᄂᆞᆫ 연고ㅣ라 ᄒᆞ더라.

---

37) 복망(覆亡): 뒤집어서 망함.
38) 랍마졍(拉馬汀): 엠 ᄃᆡ ᄅ나마틘. 법명사(法名士).

신법을 구ᄒᆞᄂᆞᆫ ᄉᆞ름 중에 아랍가39)와 조지륜빅노40)와 나의빅난긱41)과 제이42)와 납마졍 졔인은 다 통리현룡ᄒᆞᆫ 명ᄉᆞ요 물망소귀에 빅셩이 경앙ᄒᆞᄂᆞᆫ 비라. 국졍을 변통ᄒᆞ므로 뻐 급무를 삼아 국가ㅣ 곳 권력이 잇셔도 엇지ᄒᆞ지 못ᄒᆞᆯ 쥴 알고 날노 변통ᄒᆞᆯ 법을 구ᄒᆞ야 일셩월신ᄒᆞ니 국가에셔ᄂᆞᆫ 더욱 의구지심이 잇셔 ᄯᅩᄒᆞᆫ 일졀월누ᄒᆞ더라. ᄎᆞ인들이 젼일 영국에셔 영국 졍부 변통ᄒᆞᄂᆞᆫ 묘계를 의방ᄒᆞ야 힝혈ᄉᆡ 각 명ᄉᆞㅣ 각 대도회에 이르러 연셜쟝을 베푸러 인민을 초쳥ᄒᆞ니 오ᄂᆞᆫ 즈ㅣ 슈쳔이라. 다 국가의 병든 근원과 목금에 고칠 법을 말ᄒᆞ야 강히격앙ᄒᆞ야 셩누구하ᄒᆞ니 비록 슌포가 잇셔 엄이 사찰ᄒᆞ야 방금ᄒᆞ나 필경 민심이 ᄒᆞᆫ갓갓치 셩셰호대ᄒᆞᄆᆡ 여간 슌포들이 엇지 ᄒᆞ리요. 심지어 졍슌누월ᄒᆞ야 여긔셔 모이고 져긔셔 ᄒᆞᆺ터져 금지ᄒᆞᆯ 길 업ᄂᆞᆫ지라. 시국이 여ᄎᆞ에 더욱 위틱ᄒᆞ거늘 왕은 슈구당의 계ᄉᆞ43) 대신과 갓치 쳐지안영ᄒᆞ야 소불기의ᄒᆞ니 이ᄂᆞᆫ 그 마음에 헤오ᄃᆡ 직물을 원랍ᄒᆞ고 벼살ᄒᆞᆫ 즈ᄂᆞᆫ 다 왕을 의지ᄒᆞ야 귀ᄒᆞ얏스니 왕의 위가 요동되면 져의 ᄌᆞ연낙사ᄒᆞᆯ지라. 그 왕실을 익ᄃᆡᄒᆞᄆᆡ 필연 빅졀불회ᄒᆞᆯ 거시오 ᄯᅩᄂᆞᆫ 각 병ᄉᆞ와 병졍이 국가의 녹봉을 바다쓰ᄆᆡ 필연 국가를 호위ᄒᆞᆯ 츙셩이 잇슬 거시니 이ᄂᆞᆫ 관인과 병ᄉᆞㅣ 다 오직 왕만 알지라. 소민이 권이 업스니 셜녕 요순룡셜ᄒᆞ야 국가를 시비ᄒᆞᆯ지라도 득실에 관계 업다 ᄒᆞ고 민심과 츄향을 살피지 아니ᄒᆞ고 민심의 구ᄒᆞᄂᆞᆫ 바를 ᄯᅩᄒᆞᆫ 체휼치 아니ᄒᆞ더라.

---

39) 아랍가: 아리고. 앞 절.

40) 조지륜빅노(鳥的倫擺盧, 조적륜파노): 오딜론 쌔로트. 법신반(法新班).

41) 나의빅난긱(羅意百蘭客): 로위스 ᄲᅡ랑. 법명사(法名士).

42) 제이: 미상.

43) 계ᄉᆞ: 미상.

뎨이십이졀 법왕이 셔반아국과 혼인을 믜짐이라

노의 비례왕이 영국과 화친ᄒᄂ 법국 다사리ᄂ 뎨일 법으로 아ᄂ 고로 영국과 교셥이 되ᄂ 일은 무론 모스ᄒ고 겸양ᄒ기를 쥬장ᄒ야 혼단을 닉지 아니ᄒ니 법인이 ᄒ야스를 닉여 왈 일쳔팔빅ᄉ십삼년 [헌종 구년]에 법국이 영국의 속국이 되얏다 ᄒ니 그 조롱ᄒ미 쏘ᄒᆫ 심ᄒ더라. 이 히에 영국 군쥬ㅣ 친이 법국에 이르러 양군이 셔로 즐기 니 노의 비례왕이 자랑ᄒ야 왈 영국 군쥬ㅣ 친이 오시ᄆᆫ 양국의 교호 ᄒᆷ만 보임이 아니라 쏘ᄒᆫ 과인이 치국ᄒ미 장ᄒᆫ 고로 친이 와셔 나를 흠모ᄒ미라 ᄒ고 슈월 후에 법왕이 쏘ᄒᆫ 영국에 가 회스ᄒ고 법국이 셔반아 국과 교셥ᄒᄂ 듸스를 의논ᄒ고 드듸여 언약을 졍ᄒ고 도라오 니라.

션시에 셔반아국 군쥬ᄂ 쳐ᄌ이라. 그 츌가ᄒ지 아니ᄒᆫ 아오 군쥬로 더부러 쌍으로 법왕의 두 셰ᄌ의게 혼인코ᄌ 헐새 법왕이 헤오듸 영 국이 법국과 셔반아와 과이 친밀허믈 조와 아니ᄒ미 이제 셔반아 군 쥬로 며나리를 삼으면 반듸시 영국의게 득죄될가 넘녀ᄒ야 이에 다만 그 군쥬로 뻐 법왕 넷지 셰ᄌ 망답셜후44)의 부인을 삼고 셔반아 녀왕 을 쳥ᄒ야 별노이 빅필을 구ᄒ라 ᄒ고 법왕이 영국 군쥬를 보고 그 젼 후 졍졀을 셩명ᄒ니 영국 군쥬와 영 대신이 법왕이 례를 안다 ᄒ야 그 일을 허락ᄒ고 쏘 쳥ᄒ되 법왕셰ᄌ 망답셜후ㅣ 셔반아 군쥬와 셩혼헐 진듸 반듸시 군쥬의 형 셔반아 군쥬ㅣ 츌가ᄒ야 ᄌ녀간 나은 후에 비 로소 법 셰ᄌㅣ 셔반아 군쥬와 퇴일 셩혼ᄒ라 ᄒ니 [퇴셔 법에 왕이 졸ᄒ고 무ᄌᄒ면 위를 그 쓸의게 젼ᄒ고 쏘 즉위ᄒ얏든 녀왕이 졸ᄒ 면 형종졔 급ᄒᄂ 법을 좇ᄎ 그 아오의게 젼ᄂ지라. 이제 영국이 이 쳥을 흠은 대져 셔반아 녀왕이 일조에 쥭으면 법왕셰ᄌ 망답셜후의 부인이 셔반아 인군의 위를 이어 법국과 셔반아이 합홀가 넘녀ᄒ미라]

---

44) 망답셜후(莽荅雪, 망용셜): 몬스핀셔어. 법왕자(法王子).

법왕이 ᄯᅩᄒᆞᆫ 허락ᄒᆞ고 직셔 삽혈ᄒᆞ야 밍셰ᄒᆞ얏더니 ᄎᆞ후 임염 삼년에 셔반에 녀왕이 의연이 츌가치 못ᄒᆞ거늘 법왕이 기다리지 못ᄒᆞ야 드듸여 일천팔ᄇᆡᆨᄉᆞ십늇년 [헌종 십이년]에 셔반아에 글을 보늬야 혼인을 직쵹ᄒᆞ야 셔반아 녀왕과 밋 그 아오 군쥬로 뼈 왕의 두 셰ᄌᆞ비를 삼으니 목하에 구파파 쥬 각국 경위로 말ᄒᆞ면 타국과 상관이 업거니와 당시에ᄂᆞᆫ 각국 교셥이 건년과 형이ᄒᆞᆫ 대져 구라파 각국의 국권이 젼혀 인군의게 미인고로 법셰ᄌᆞㅣ 셔반아 녀왕과 셩혼ᄒᆞ면 법왕이 자연 셔반아 녀왕의 시야비되아 곳 가이 셔반아 병권을 가지고 셔반아 병함을 불너 합력ᄒᆞ야 영국을 치면 영국이 부지치 못ᄒᆞᆯ 고로 부득불 미리 조졔ᄒᆞ미러라.

법왕이 영국 밍셰를 비반ᄒᆞᆫ ᄃᆞᆫ 화근의 시초이라. 구라파 각국이 다 이로되 이ᄂᆞᆫ 비약ᄒᆞᄂᆞᆫ ᄉᆞ름이라. 족히 밋을 거시 업다 ᄒᆞ야 비박히 아지 아니리 업고 곳 그 본국 ᄉᆞ름도 왕은 무신ᄒᆞ다 ᄒᆞ야 더욱 묘시ᄒᆞ고 ᄯᅩ 영법이 친밀ᄒᆞᆯ 째에ᄂᆞᆫ 법민이 헤오듸 영국이 필연 왕을 보호ᄒᆞ리라 ᄒᆞ고 망동치 못ᄒᆞ더니 이에 왕이 영국에 득죄ᄒᆞᄆᆡ 영국이 구ᄒᆞ지 아니ᄒᆞ리라 ᄒᆞ고 민심이 졸변ᄒᆞ며 ᄯᅩ 영국 신보관에셔 법왕의 무신ᄒᆞᆷ을 의논ᄒᆞ야 긔롱ᄒᆞᆷ을 마지 아니ᄒᆞ거늘 파리 신문사ㅣ 다 이 말을 긔록ᄒᆞ야 신보에 올리고 ᄯᅩ 드르니 영국 녀왕이 법왕의게 글을 보늬야 실신ᄒᆞᆷ을 칙망ᄒᆞ얏다 ᄒᆞ니 민심이 더욱 안졍치 못ᄒᆞ더라.

뎨이십ᄉᆞᆷ졀 파리 도셩이 ᄯᅩ 어지러우미라

당ᄎᆞ시ᄒᆞ야 왕도 ᄯᅩᄒᆞᆫ 민심이 불복ᄒᆞᆷ을 아나 맛ᄎᆞᆷ이 옛법을 고치지 아니ᄒᆞ고 오직 의원을 체결ᄒᆞ고 병졍을 우듸ᄒᆞ면 완급간에 가이 밋을 만ᄒᆞ다 ᄒᆞ야 의원과 병졍을 후듸ᄒᆞ니 ᄇᆡᆨ셩은 ᄌᆞ연 더 박ᄒᆞ게 되ᄂᆞᆫ지라. 미구에 ᄇᆡᆨ패춍싱ᄒᆞ고 각관이 ᄯᅩ 뇌물노 뼈 일을 삼아 긔탄이 업더라. 일천팔ᄇᆡᆨ사십칠년 [헌종 십삼년]에 군긔쳐에 ᄒᆞᆫ 대관이 뇌물을 밧

다가 발각이 되니 신보관에서 그 셩명을 드러닉야 민관뉴작흥믈 말흥
고 쏘 이르되 아모 대관이 연회장을 금흥다가 돈을 밧고 허락흥얏다
흥며 쏘 직조창의 실화흠은 기실이 그 관원이 과이 흠츅을 닉고 불을
노아 자최를 업세미라 흥고 쏘 말호되 병션에 군량을 줄 새에 잡된 물
건으로 음식에 셕거 쥬엇스니 대져 관가이 덕힝을 닥지 아니흥거늘
빅셩은 무삼 도리와 강상을 도라보리요 흥야 희방이 봉긔흥야 금지치
못흥너라.

　일천팔빅스십오륙년 [헌종 십일이년]에 흉년이 드러 곡가ㅣ 대귀흥
거늘 국가ㅣ 오히려 이민지심이 잇셔 각 지방에 분비흥야 영금 일빅만
방을 닉야 곡식을 무흥야 빅셩의게 염가로 발민흥고 쏘 그 다음힌 일
년 셰입을 예민흥미 국가에 셰입을 셰출과 비교흥야 보니 영금으로
부죡이 일천이빅만 방이라. 나라의 위험흥미 더욱 무궁흥더라.

　법민이 이 졍형을 보고 졍부를 핍박흥야 구식을 고치라 흥더니 일
천팔빅스십칠년 [헌종 십삼년] 십이월 십팔일에 구신당이 말호되 빅
셩의 궁곤흥믄 다 졍부ㅣ 관리불션흥 연고ㅣ라 흥고 피창츠화흥야 인
심을 용동식이며 쏘 법졍에 쳥흥야 민간에 관원 쳔거흥는 권을 널니
고자 흥니 계사 대신이 허락지 아니흥거늘 구신당이 이에 각도에 통
문흥야 지명지스를 쳥흥야 파리 도셩에 모이려흥니 법스ㅣ 듯고 디경
흥야 발포엄금흥거늘 구신당이 겁닉여 회를 파흥니라. 연이나 외도 스
름은 아지 못흥고 속장부회흥 즈ㅣ 도로에 낙역부졀흥야 파라에 이르
더라. 일천팔빅스십팔년 [헌종 십스년] 이월 이십일일에 각 외방 스름
이 홀연이 다 나와 길가에 모이니 다만 보건되 뉴가슴시에 쳔만스름
의 머리 쥰동흥야 구물거리며 셔로 억기를 견우여 피옹츠졔흥야 장찻
무슴 일이 잇는 줄 아지 못흥고 피츠 셔로 무러도 다 망연부지흥더라.
다힝이 병졍이 나오지 아니흥야 오히려 심이 요란치 아니흥더니 이십
이일에 파리 스름이 새벽에 이러 문을 열고본즉 다만 여러 큰 길 어구
에 긔치가 표양흥야 발셔 즁병을 둔찰흥고 쏘 어림군이 왕닉칙응흥니
이에 다 왕이 스스로 위틱흥 뜻이 잇슴을 알고 곳 문을 닷고 져즈를

거두니 민심이 더욱 소란ᄒ며 ᄯ 파리 셩 외의 거민이 분분이 셩에 드
러와 ᄉ름이 만을스록 란이 더욱 치셩ᄒ더니 이 날 일모시에 슈삼쳐
빅셩이 각기 죽목 잡긔를 가져다가 길 가온데 싸 치척을 삼고 빅셩
이 그 안에 업듸여 몸을 감초고 ᄯ 가이 병마를 막을지라. 홀연이 보ᄒ
되 긔계창이 발셔 창탈일공ᄒᆫ 바ㅣ 되얏다 ᄒ고 ᄯ 말호되 어림군이
맛춤닉 빅셩과 동심이 되고 왕을 돕지 아니ᄒᆫ다 ᄒ야 더욱 희연ᄒ더
라. 이십일일 난이 일어늘 ᄲᅢ에 왕이 되신으로 더부러 뭉지소조ᄒ야
곳 틱연리45) 궁에 이르러 종장게의ᄒᆞᆯ새 다 ᄒ되 민심을 안즙ᄒ미 대
신을 밧구ᄂᆞᆫ 이만 갓지 못ᄒ다 ᄒ야 이에 계사 대신을 면관식이고 구
신당 즁 령슈 졔이와 밋 오지윤빈노로 ᄡᅥ 군긔쳐 대신을 삼고 ᄯ 파가
덕46)으로 ᄡᅥ 대장군을 삼아 경영 젼부 병마를 거ᄂᆞ려 문무 병진ᄒ야
속히 신법을 판결케 ᄒ고 ᄯ 난리를 진압ᄒ라 ᄒ야 부셔를 되강 졍ᄒ
얏더니 불의 이십이일 오후에 홀연이 되화ㅣ 이러 종ᄎᆞ로 법졍이 신법
이 잇샤도 만만불가힝ᄒᆞᆯ지라. 오호ㅣ라. 이 명명 즁에 식이ᄂᆞᆫ 즈ㅣ 잇
ᄂᆞᆫ 듯ᄒ더라. 법병이 나올 ᄲᅢ에 길거리마다 병졍을 둔찰ᄒ고 ᄯ 마듸
를 나노아 각 아문을 호위ᄒ얏더니 이 ᄲᅢ에 아문 젼후 좌우에 난민이
웅졔ᄒ야 불게기슈요 분분요란ᄒ거늘 마듸 초관이 보고 미워ᄒ더니
난민 즁에 일인이 양창을 가지고 마듸 가운데로 향ᄒ니 ᄒᆫ 번 노아 ᄲᅵᆼ
연이 드러가ᄂᆞᆫ지라. 초관이 대로ᄒ야 급히 마듸를 최촉ᄒ야 난민을 향
ᄒ야 노으라 ᄒ니 슈빅 탄환이 일졔 병발ᄒ야 빅셩의 죽은 즈ㅣ 오십
인이라. 비록 분분이 도망ᄒ야 믈너가나 죽은 즈를 머이고 샹ᄒᆫ 즈를
붓들고 연로에 거량마필을 겁탈ᄒ야 시신과 샹ᄒᆫ 즈를 싯고 대로샹에
ᄭᅮ르고 나아가 크게 외이고 되셩질호ᄒ야 빅셩으로 ᄒ야곰 보라 ᄒ고
ᄯ 관군의 잔포ᄒᆞᆷ믈 하슈연ᄒ니 민심이 더욱 분ᄒ야 로발이 츙관ᄒᆫ
즈ㅣ 만터라.

---

45) 틱연리(太連理 又名 拖來哩): 투러리스. 법관(法官).
46) 파가덕(播歌德): ᄲᅢ지안드. 법장군(法將軍).

뎨이십亽졀 법왕이 도망ᄒ미라

시야에 신임 장군 파가덕이 편비 쟝교를 명ᄒ야 졔군을 거ᄂ려 몬져 대로에 빅셩이 셰운 치칙 등을 견슈이 졈거ᄒ니 민당이 겁ᄂ여 시졍간이 다 숙연이 안졍ᄒ더니 불의에 신임 군긔쳐 대신이 이르되 난민을 문덕으로 뻐 안즙식이미 올코 간과로뻐 핍박흠은 불가라 ᄒ야 이십삼일 쳥신에 젼령 쳘병ᄒ고 빅셩이 물너감을 기다렷더니 디병이 겨우 퇴ᄒ믹 난민이 ᄯ 이러날 줄을 뉘 아랏스리요. 난민들이 즉시로 틔연리 궁에 드러가니 왕이 맛춤 조반을 진어ᄒ고 졔 대신과 편젼에 안즈 민간의 동졍을 기다리다가 홀연이 드르니 분둥헌요ᄒ야 들레ᄂ 소릭 갓가이 오ᄂ지라. 왕이 곳 붓슬 드러 두어 대신의 셩명을 격으니 디긔 작일에 명흔 졔이와 밋 오지윤비노 양 디신보다 더 신법을 조아ᄒᄂ 亽름이라. 다 군긔쳐에 드러와 신졍을 의논ᄒ라 ᄒ고 겨우 붓을 노으믹 홀연 파리 신보관 쥬인 긔난졍[47]이 직입 왕궁ᄒᄂ지라. 모다 그 돌연이 드러오믈 힐문홀새 긔난셩이 소릭를 가다듬어 왕게 말ᄒ야 왈 이 대위를 탐ᄒ면 법국일이 단단 편안치 못ᄒ리니 흔갓 대신만 밧구면 무삼 일에 유조ᄒ리요. 왕이 로ᄒ야 듯지 아니ᄒ나 들네ᄂ 소릭 더욱 갓가와 오거늘 졔 대신이 왕을 권ᄒ야 긔난졍의 말을 드러 왕위를 亽양ᄒ야 연미의 급흠을 구ᄒ소셔 ᄒ니 왕이 부득이 ᄒ야 위연장 탄ᄒ고 퇴위ᄒᄂ 조칙을 ᄂ리여 왕틱손의게 젼위ᄒ얏더니 난민이 발셔 궁문 밧게 분분이 모얏ᄂ지라. 졔 디신이 급히 노의 비례왕과 밋 궁권을 보호ᄒ야 궁에 나아와 차를 타고 린린연 쇼쇼연ᄒ게 파리셩으로 나갈새 고궁을 회수ᄒ니 ᄯ흔 젼왕의 산연체하ᄒ든 옛 광경일너라. ᄯ 셕일 녁디 법왕이 난을 당홀 째에 믹양 영국에 피란ᄒ얏ᄂ지라. 드듸여 어즈를 명ᄒ야 히변으로 향ᄒ야 직로분치ᄒ야 범 칠쥬야 일쳔팔빅亽십팔년 [헌종 십亽년] 삼월 초 이일에 무한고황을 격고 비로소 히

---

47) 긔난졍(紀蘭亭): 씨라된. 법보관 주필(法報館 主筆).

변에 이르러 륜선을 타고 영국으로 진발ᄒ야 영국 희관에 다다라 즈 칭 사미 션싱48)이라 ᄒ더라.

초에 법민이 노의 비례를 셰워 왕을 삼을 쌔에 뼈 이르되 왕이 필연 민졍을 부순ᄒ야 신법을 힝ᄒ리라 ᄒ얏더니 왕이 즉위ᄒᆫ 후에 다만 관작으로 뼈 사름을 농낙ᄒ다가 그 스름이 심복이 되면 곳 스심으로 뼈 일을 힝ᄒ야 치국ᄒᄂᆫ 법이 녁듸 법왕과 다르미 업고 민졍이 엇더 홈을 무른 즉 몽연부지ᄒ더라. 차시에 법인이 인군을 쫓고 별노이 치 국ᄒᄂᆫ 신법을 구ᄒ니 딓져 법인이 뉵십년 간에 구ᄒᄂᆫ 바ᄂᆫ 왕위를 부젼즈젼손ᄒᄂᆫ 마음일너라.

데이십오졀 법국이 쏘 변ᄒ야 민주국이 되미라

법왕이 이믜 도망ᄒ믹 졍부ᅵ 신법을 셰워 일홈ᄒ야 갈오딕 잠조졍 [잠조졍은 잠간 조졍이라 홈이라]이라 ᄒ고 랍마졍을 드러 잠조졍의 두령을 삼으니 츠시를 당ᄒ야 법민 다사리기 어러우미 노의 비례왕 처음 즉위시보다 더욱 착슈홀 곳이 업더라. 파리 셩즁에 죽은 즈ᅵ 길 에 널니엿고 그 다힝이 싱존즈ᄂᆫ 분로ᄒᆫ 긔운을 발셜코즈 ᄒ야 크게 소요를 지어 례의가 무엇신지 모르며 쏘 상고ᅵ 업스믹 량식이 일공ᄒ 야 빅셩의 아포ᅵ 흉년을 당홈과 갓튼지라. 난민이 튀연리 궁을 씨치 고 음식을 겁탈ᄒ며 각 아문 밧게ᄂᆫ 난민이 스면에 둘녀 잇고 그 심ᄒᆫ 즈ᄂᆫ 아문 즁 누딕쳥스와 밋 관원의 판공ᄒᄂᆫ 쳐소를 다 웅거ᄒ며 노 략ᄒ되 감이 막ᄂᆫ 자ᅵ 업고 랍마졍이 이믜 두령이 되믹 빅셩이 그 관 원인지 빅셩인지 아니 못ᄒ며 밋 랍마졍이 파리 부윤 아문에 일올새 즁창되검으로 뼈 호위홈이 되젹을 림홈과 갓고 부에 이르러 신법을

---

48) 사미득(四迷得, 魯意翡禮 又名 更名): 스미쓰. 법도왕(法逃王). 루이 필립 왕이 망명하며 바꾼 이름.

정홀새 범 삼일 삼야에 조곰도 쉬이지 못ᄒ고 즁인이 젼후좌우에 잇ᄂᆫ 즈ㅣ 례로 뻐 쳥ᄒ며 혹 손으로 뻐 붓들며 혹 역지로 쓰러다리여 아문 밧게 이르다가 ᄯᅩ 홀연이 창 압호로 나아가 젼후 범 이십ᄎᆞ에 다 ᄇᆡᆨ셩을 권ᄒ야 왈 너의 다시 요란치 말고 잠간 기다리라. 곳 조혼 장졍이 잇셔 ᄂᆡ리리라 ᄒᆞ더라. 법경의 난이 지ᄎᆞᆫᄒᆞᄆᆡ 모든 현ᄉᆞ로 더부러 진심갈녁ᄒᆞ야 민난을 졍돈홀새 부윤 부즁에서 고시ᄒᆞ믈 뉵속부졀ᄒᆞ야, 왕왕 고시 ᄒᆞ나을 부치ᄆᆡ 보ᄂᆫ 즈ㅣ 보리ᄅᆞᆯ 다 못ᄒᆞ야 고시 ᄯᅩ ᄒᆞ나이 나는 다시 와 부터 일이 일간에 발셔 법국 녁ᄃᆡ의 셰습ᄒᆞᄂᆫ 법을 다 혁파ᄒ고 장식긔계창을 지어 ᄇᆡᆨ셩으로 ᄒᆞ야곰 업이 잇게 ᄒ고 ᄯᅩ 양식을 변통ᄒᆞ야 긔민을 쥬급ᄒᆞ니 이ᄂᆫ 다 신졍의 가이 긔록홀 즈요 ᄯᅩ 왕을 ᄶᅩᄎᆞ 츌경ᄒᆞᄃᆞᆫ ᄉᆞ름을 호괴ᄒ고 국긔의 긔호랄 고치고 ᄯᅩ 즈쥬ᄒ다는 크나무를 대로상 냥변에 셰우고 [법인이 다 이르되 우리 다년 고싱홈이 다 법왕이 홀노 졍ᄉᆞᄒ고 ᄇᆡᆨ셩이 춤예치 못혼 연고ㅣ라. ᄎᆞ후는 ᄇᆡᆨ셩이 다 즈쥬지권이 잇셔야 바야흐로 ᄇᆡᆨ셩이 소싱이 된다 ᄒ고 인ᄒᆞ야 나무를 셰워 불망ᄒᆞ믈 긔록ᄒᆞ미라] 각 져ᄌᆞ거리에 흰 장원과 분벽이 잇스면 다 크게 뻐 왈 <u>즈쥬 평등 동포</u> [평등은 상하 존비 귀쳔 업단 말이요 동포는 ᄉᆞ히형셰라 ᄒᆞᄂᆫ 말이라] 여섯 즈를 크게 쓰고 군졍의 불편혼 즈ᄂᆫ 고치고 구법에 불합혼 즈ᄂᆫ 삭삭홀새 구법에 이르되 ᄉᆞ름이 국졍을 고치고즈 ᄒᆞᄂᆫ 즈ᄂᆫ ᄉᆞ죄에 쳐혼다 ᄒᆞ더니 지금은 경ᄒᆞ게 ᄒ고 새로 창셜혼 바 장식의 각 긔계 ᄆᆞᆫ드는 창이 가이 공장 십이만 명을 용납홀 만ᄒ고 다 업이 잇게 ᄒᆞ며 쟝식 ᄒᆞ나애 ᄆᆡ일 공젼이 이십젼식이러라. [신졍이 새로 셔ᄆᆡ 파리 ᄇᆡᆨ셩이 다만 구동셩ᄒᆞ야 졀묘ᄒ다 일컷고 ᄃᆡ희과망ᄒᆞ야 랍마졍을 ᄶᅥ안고 ᄯᅱ놀고 조와ᄒᆞ야 왈 이ᄂᆫ 몰셰불망ᄒᆞ깃다 ᄒᆞ더라.]

　잠조졍이 신졍을 셰우ᄆᆡ 의원의 모든 관원을 장ᄎᆞᆺ 다시 쳔거홀새 젼일에는 ᄇᆡᆨ셩이 부셰를 영금 팔방 이상되는 즈라야 비로소 관원을 쳔거ᄒᆞᄆᆡ 민졍에 미흡ᄒᆞ더니 지금은 다 혁파ᄒ고 무릇 나이 장녕된 남즈ᄂᆫ 다 부셰 유무를 뭇지 아니ᄒ고 관원 쳔거ᄒᆞᄂᆫ 권을 쥬어 오즉

기즁에 명철흔 션비 능이 치국ᄒᄂᆫ 신규모ᄅᆯ 셰울 ᄌᆞ여든 비로소 쌘
ᄂᆫ 데 들게 ᄒᆞ고 무지흔 ᄌᆞ로 공연이 춤슈치 못ᄒᆞ리라 ᄒᆞ고 관원 쳔거
ᄒᆞᄂᆫ 법이 이믜 경ᄒᆞ미 일쳔팔ᄇᆡᆨᄉᆞ십팔년 [헌종 십ᄉᆞ년] 십일월 ᄉᆞ일
에 민쥬ᄒᆞᄂᆫ 신쟝졍을 반포ᄒᆞ니 그 ᄃᆡ지에 ᄒᆞ얏스되 법률을 졍ᄒᆞᄂᆫ
관원은 오즉 의원에 잇고 의원의 관원은 법난셔 국즁에 인인이 가이
공쳔ᄒᆞᆯ 거시오 신법을 봉ᄒᆡᆼᄒᆞᄂᆫ ᄌᆞ 우에ᄂᆫ 민쥬지군이 잇고 아ᄅᆡᄂᆫ
민쥬지관이 잇스니 민쥬지군은 ᄉᆞ년을 위한ᄒᆞ야 지위시에 좌우 ᄃᆡ신
을 츌쳑ᄒᆞᄂᆫ 권을 인군이 가지고 젼국의 병권을 인군이 가지고 타국
의 교셥을 인군이 쥬쟝ᄒᆞ고 ᄉᆞ년을 치이되 스무ᄃᆡ소ᄒᆞ고 그릇치미 업
거든 가이 다시 인군의 위ᄅᆯ 이어 ᄯᅩ ᄉᆞ년을 작졍ᄒᆞ야 젼과 갓치 ᄒᆞ되,
인군 츄ᄃᆡᄒᆞᆯ 째에 국ᄂᆡ ᄇᆡᆨ셩이 다 춤예ᄒᆞ야 아지 안인 ᄌᆞ 업게 ᄒᆞ고
ᄯᅩ 그 셩명을 통에 너어 가만이 쳔거ᄒᆞᄂᆫ 법을 써 그 원망을 부르거나
은혜ᄅᆯ 사ᄂᆫ 폐ᄅᆯ 면케 ᄒᆞ라 ᄒᆞ니 이ᄂᆫ 다 신쟝졍의 ᄃᆡ지러라. 이 쟝졍
을 의원에 ᄂᆡ리여 공의ᄒᆞ라 ᄒᆞ니 의원 칠ᄇᆡᆨ뉵십칠 명 즁에 가타 ᄒᆞᄂᆫ
ᄌᆞ 칠ᄇᆡᆨ삼십칠 인이요 불가타 ᄒᆞᄂᆫ ᄌᆞ 겨우 삼십인이러라. 연즉
이ᄂᆫ ᄇᆡᆨ인 즁 구십여인이 가타 ᄒᆞ미라. 드듸여 국문에 놉피 달고 한
글자도 증감치 아니ᄒᆞ얏더라. 연이나 법인의 겁운이 진치아니ᄒᆞ야 양법
미규가 잇셔도 필경 여러 ᄒᆡ 풍파ᄅᆯ 지닉고 비로소 원을 맛칠너라.

 구신당 각 관원이 새 법을 강마ᄒᆞᆯ 즈음에 호란낙화ᄒᆞᄂᆫ ᄇᆡᆨ셩이 오
히려 신법이 진션진미치 못ᄒᆞ다 ᄒᆞ고 우민을 고혹ᄒᆞ야 드듸여 일쳔찰
ᄇᆡᆨᄉᆞ십팔년 [헌종 십ᄉᆞ년] 뉵월 이십삼일에 다시 북과 긔ᄅᆯ 베풀고 크
게 챵궐ᄒᆞ니 잠조졍이 엇지ᄒᆞᆯ 길 업셔 급히 가번아[49]로 써 대쟝군을
삼아 병마ᄅᆯ 통솔ᄒᆞ야 편의 ᄒᆡᆼᄉᆞᄒᆞᄂᆫ 권을 쥬어 각쳐로 츌병ᄒᆞ야 탄
압ᄒᆞ니 난민이 이로되 국가ᅵ 병력으로 써 시위ᄒᆞ나 우리 이왕이 누누
이 승쳡ᄒᆞ얏스니 무슴 무셔우미 잇스리요 ᄒᆞ며 ᄯᅩ 난민이 다 긔계 잇
스미 담이 더욱 쟝ᄒᆞ고 거괴되ᄂᆫ ᄌᆞ ᄯᅩ 직간이 잇셔 셩닉 가로에 치

---

49) 가번아(賈翻芽): 카예이낙. 법쟝군(法將軍).

칙 수천 좌를 셰우고 성외의 셰운 즈는 셩닉보다 더ᄒ더라. 가변아 쟝 군이 병사를 독솔ᄒ고 대포로 뼈 못질으믹 빅셩이 쏘흔 항거ᄒ야 당 낭거쳘이 범습쥬야에 대란을 평졍ᄒ얏스나 가시상에 류혈이 셩거ᄒ고 로방에 시희가 산젹ᄒ얏더라.

데십오권 법국이 다시 황뎨를 셰움이라

영국 마간셔 원본, 쳥국 채이강 술고, 리졔마틴 번역

뎨일졀 노의 나파륜이 법국에 도라오미라

법왕 노의 비레 도망ᄒ미 빅셩이 젼황 나파륜 졔일을 싱각ᄒᄂ 자ㅣ
나파륜을 다시 보지 못ᄒᆫ즉 그 황족 오기를 바라미 틱한에 망우ᄒᆷ과
ᄀᆺ더라. 나파륜은 격ᄉㅣ 업고 오작 그 족하 노의 나파륜이 잇스니 셩
품이 침묵ᄒ고 틱디 잇셔 국ᄉ를 싱각ᄒ고 긔회 잇스믈 바라더니 법
국 즁 ᄉᆷ 모모 등이 나파륜을 공쳔ᄒ야 의원을 ᄉᆷ으니 나파륜이 의
원에 드러 치국ᄒᄂ 도를 의논ᄒ더라.

뎨이졀 나파륜을 셰워 민주군을 삼므미라

노의 나파륜이 언어ㅣ 명민ᄒ고 수작이 샹쾌ᄒ야 국ᄉ를 의논ᄒ면
ᄉᆷ마다 격졀탄샹치 아니리 업더라. 나파륜이 또 ᄉᆷ이 그 뒤를 의
논ᄒᆯ가 ᄒ야 이에 ᄌᆨ긔 평싱을 말ᄒ야 갈오딕 나ᄂ 오작 텬하ㅣ 틱평
무사ᄒᆷ믈 깃거ᄒ고 차외에ᄂ 별노이 크게 바라ᄂ 거시 업노라. 무릇
나를 의심ᄒᄂᆫ 자ᄂ 나를 아ᄂ 자ㅣ 아니라 ᄒ며 또 갈오딕 나ᄂ 다만

법국의 작졍흔 신법을 봉횡흐기만 바라노라 흐니 법국의 현인 션사ㅣ
그 의논이 다 나라에 유익흐믈 듯고 무불환희흐나 연이나 나파륜의
본심인즉 요명흐기를 위흠을 아지 못흐더라. 이윽고 인군 거쳔흐는 긔
한이 되믹 파리 빅셩이 몬져 나파륜을 셰워 민쥬군을 숨고즈 흐니 외
읍 빅셩이 졸지에 나파륜의 일홈을 듯고 인흐야 싱각흐되 셕년에 우
리 딕황졔 나파륜이 긔셰 영웅으로 명몽이 사히에 진동흐더니 이졔
그 법을 짜라 민쥬국이 되니 엇지 깃부지 아니흐리오 흐고 다 나파륜
을 셰워 인군시기고즈 흐는 자ㅣ 틱반이러라. 법국 신즁경에 흐얏스되
인민이 인군 츄딕흐는 권이 잇다 흐야 지시에 즁민이 분분히 쳔거장
을 드리믹 노의 나파륜을 공쳔흐야 민쥬를 숨고즈 흐는 자ㅣ 오빅오십
만 인이오, 그 타인을 드러 민쥬를 숨즈 흐는 자ㅣ 겨우 이빅만 인이
라. 드듸여 사소취다흔듣는1) 젼례를 조ᄎ 일쳔팔빅사십팔년 [헌종 십
ᄉ년] 십이월 십일에 노의 나파륜을 마즈 민쥬위에 올리니 노의 나파
륜이 셔양 각국 젼례를 의지흐야 밍셰를 닉여 빅셩의게 고흐야 갈오
딕 짐이 의원의 졍흔 바 치국흐는 신법을 짜라 졍ᄉ를 힝흐고 ᄉ심을
두지 아니흐리라 흐니 소위 치국 신법이라 흐는 거슨 곳 법논셔 통국
빅셩의 조아흐는 빅러라.

뎨ᄉ졀 노의 나파륜이 황뎨의 권을 오로지 흐미라

노의 나파륜이 즉위흐믹 곳 의원과 이론이 되야 불합흔 일이 만은
지라. 모든 의원이 염녀흐고 의심흐더라. 연이나 의원의 졍흔 쟝졍도
빅셩이 심복 아니흐는 즈ㅣ 잇셔 혹 말흐되 관원을 쳔거흐는 권이 잇
는 빅셩을 숨빅만 명 위한흐즈도 흐며 각 쳐 소학교를 텬쥬교사의 관
활식이즈도 흐며 혹 신보사 쟝쟝을 약속흐되 노의 비례왕 지위시보다

---

1) 사소취다흔듣는: 사소취다한다는. 젹은 것을 버리고 만흔 것을 취한다는.

더 엄밀케 ᄒᆞ즈ᄂᆞ 즈도 잇셔 무론틔소사ᄒᆞ고 각 의원이 셔로 졍론불결ᄒᆞ니 ᄇᆡᆨ셩이 ᄯᅩ 란이 잇슬가 염녀ᄒᆞ더라.

노의 나파륜이 비록 신쟝졍을 쥰ᄒᆡᆼᄒᆞ나 셩품이 밍녈ᄒᆞ야 민간이 구습을 가지고 반ᄒᆞᄂᆞ 자ㅣ 잇스면 즉각 발병ᄒᆞ야 슌식간에 평졍식이니 이에 ᄇᆡᆨ셩이 노의 나파륜이 크게 권셰 잇스믈 알고 피ᄎᆞ 틔경실싟ᄒᆞ야 반심을 가지지 못ᄒᆞ며 노의 나파륜이 함묵과언ᄒᆞ고 통달스리ᄒᆞ야 ᄯᅳᆺ이 ᄒᆞ 번 졍ᄒᆞ면 ᄇᆡᆨ졀불회ᄒᆞ고 졍ᄉᆞᄅᆞᆯ 힝ᄒᆞᄆᆡ 다만 ᄇᆡᆨ셩의 유익ᄒᆞ믈 싱각ᄒᆞ야 신즁졍의 미흡ᄒᆞ믈 기우믜 <u>위싱ᄒᆞᄂᆞ 법은 괴질과 염질을</u> 예방ᄒᆞ야 음식의 잡물을 석지 못ᄒᆞ게 ᄒᆞ고 ᄇᆡᆨ셩의 일용에 긴요ᄒᆞᆫ 즈ᄂᆞ 그 셰ᄅᆞᆯ 경ᄒᆞ게 ᄒᆞ고 긴요치 아니ᄒᆞᆫ 담ᄇᆡ와 슐 갓튼 즈ᄂᆞ 셰ᄅᆞᆯ 즁이 ᄒᆞ며 빈민의 즈데 입학지 못ᄒᆞᄂᆞ 즈ᄂᆞ 국가로부터 부비ᄅᆞᆯ 당ᄒᆞ야 쥬고 병익과 군량을 널니여 ᄇᆡᆨ셩을 호위ᄒᆞ고 쳘로와 류션과 젼션을 다 급히 홍판ᄒᆞ며 지방관의 권을 더ᄒᆞ야 샹관의 억졔와 경ᄉᆞ의 쳘쥬ᄒᆞ믜 업게 ᄒᆞ니 녕이 ᄂᆡ린 후에 민심이 더욱 환희ᄒᆞ야 모든 일이 홍왕ᄒᆞᆫ 빗치 잇고 무역이 번셩ᄒᆞ야 졔조헌 물건이 고등ᄒᆞ믜 ᄇᆡᆨ공과 쟝싟들이 인ᄒᆞ야 싱계 열니여 그 일용ᄒᆞ고 나믄 돈을 은힝에 밋기여 싟리ᄒᆞᄂᆞ 자ㅣ 날노 더ᄒᆞ며 파리 셩즁에 관가로셔 구졔ᄒᆞᄂᆞ 빈민이 날노 감ᄒᆞ니 틔져 ᄇᆡᆨ셩이 다년 궁곤ᄒᆞᆷ 나라 위엄이 ᄹᅥᆯ치지 못ᄒᆞᆫ 연고ㅣ러니 이졔 나라 위엄이 베풀믜 민심이 드듸여 안졍ᄒᆞ더라.

각 의원들이 노의 나파륜이 민쥬군을 변ᄒᆞ야 황졔될가 염녀ᄒᆞ야 병권을 밋기지 아니ᄒᆞ고즈 ᄒᆞ나 일국의 병졍과 경무 슌검과 지어 외방 관원과 아젼들이 다 마음을 좃고 졍셩을 드리믜 규화2)가 ᄒᆡᄅᆞᆯ 향ᄒᆞᆷ과 ᄀᆞᆺ더라. 노의 나파륜이 의원을 싟이 뮈워ᄒᆞ다가 이에 인심의 향ᄇᆡᄅᆞᆯ 보고 가만이 싱각ᄒᆞ되 긔회 이믜 이르럿시니 모든 의원을 쏘침만 ᄀᆞᆺ지 못ᄒᆞ다 ᄒᆞ고 드듸여 그 슉부 나파륜 졔일의 실신싟언ᄒᆞ든 쟝긔ᄅᆞᆯ 본다바 의원의 권을 쎗고즈 ᄒᆞ야 ᄲᅥ 이르되 일국 군ᄉᆞㅣ 다 나의 지휘

---

2) 규화(葵花): 해바라기.

를 듯거늘 엇지 잔약한 소민이 감히 항거하리오 하고 즉위 시에 밍셰한 바는 다 이겨바럿더라.

　노의 나파륜이 심복 되신 목니[3]와 재독 아녀[4]와 부장 모박스[5] 습인으로 더부러 가만이 의원의 되권을 삭탈할 쇠를 정하고 일천팔빅오십일년 [철종 이년] 십이월 일일 밤에 되연을 빅셜하고 빈긱과 모든 의원을 청하야 익려셜[6] 궁에 잔치할새 관접하는 모양이 익연이 가히 친할너라. 연이나 그 의표는 유화즈상하야 비할되 업는 민쥬군이오 그 빅셩의 즈쥬지권을 셋는 되 이르러는 쏘한 강의 과감하미 비할 되 업는 황졔라. 스룸이 그 마음을 측냥키 어렵더라. 이윽고 잔치를 파하고 손을 보낼새 오히려 옹용유례하야 그 긔이한 게교와 신통한 쇠가 샌르기 신뢰불급 엄이할 줄을 뉘 아랏스리오. 이날 밤에 법 의원 중 명망이 노픔즈는 각각 그 스졔에 느가 결박하야 옥에 보니고 젼에 불괴를 품은 각 회당 두목은 발셔 순검이 다 스로잡아 하늘이 겨우 발그미 범평일에 감히 입을 놀니고 혀를 요동하야 민쥬를 평논하는 즈는 다 일망타진하고 밋 히가 놉히 도다 텬식이 되명하미 파리 각 빅셩이 문을 열고 느오는 자ㅣ 다만 보건되 누른 방을 놉히 달고 되셔특셔하야 갈오되 의원이 이믜 홋터지고 의원의 명류는 다 옥중에 가두엇스니 짐이 이졔 군스 오십만이 잇노라. 너의 관리와 빅셩이 감히 비반하는 자ㅣ 잇스면 곳 잡아 다스리리라 하얏더라.

　노의 나파륜이 다시 녕을 니려 왈 짐이 즉위한 지 어금 습년이라. 위를 논하면 군쥬의 일홈이 잇고 권으로 말하면 군쥬의 실상이 업셔 짐이 하고자 하는 일을 의원이 져희하며 의원밧게 쏘 횡의하는 쳐사ㅣ 잇셔 분운착잡하야 되국을 도라보지 아니하니 이 무슴 스체뇨. 이졔 특별히 건강을 셜쳐 작셕의 일을 이루럿스니 너의 빅셩은 일언에 결말

---

3) 목니(木你): 카운트 듸 모늬. 법남작(法男爵).
4) 아녀(亞瑙 又名 聖雅腦特): 아노드. 법제독(法提督).
5) 모박스(毛珀肆): 모파스. 법부장(法部長).
6) 익려셜(謁麗雪, 알려셜): 에릭시. 법궁(法宮).

ᄒ라. 너의 만일 민쥬군의 구법을 힝코ᄌ 홀진ᄃᆡ 청컨ᄃᆡ 널노이 어진이를 갈희여 인군을 숨으라. 짐이 감히 ᄃᆡ위를 탐치 못ᄒ리라. ᄃᆡ져 우리 법국은 큰 ᄇᆡ와 ᄀᆞ타여 히산이 창창ᄒ고 텬풍이 낭낭ᄒ야 돗치 휘고 키가 부러져 위퇴홈이 경각에 잇거늘 그 션쥬ㅣ 되야 척촌의 권이 업스니 엇지 ᄡᅥ ᄃᆡ히를 건너리오. 짐의 우견은 한 인군을 셰워 십년 위한ᄒ고 그 정부 ᄃᆡ신은 인군이 선퇴ᄒ야 상하 두 의원을 두고 ᄂᆞ라를 다스리고ᄌ ᄒ노니 너의 엇더ᄒᆫ고. 그 발키 짐의게 고ᄒ고 좌우간 일언에 정ᄒ야 번거케 말라 ᄒ니 녕 ᄂᆞ린 지 십유오일에 법민이 상소ᄒ야 노의 나파륜의 명을 좃는 자ㅣ 십분에 구이러라. 당시에 관원 쳔거ᄒ는 권을 가진 자ㅣ 범 팔빅오십만 명 즁에 노의 나파륜의 명을 좃는 ᄉᆞᄅᆞᆷ이 칠빅오십만이오 민쥬를 ᄒᆞᄌᆞ는 자ㅣ 다만 뉵십ᄉᆞ만 명이러라.

뎨ᄉ졀 황뎨의 위엄을 셰우미라

노의 나파륜이 의원이 가두든 잇튼날 슈쳐 ᄇᆡ셩이 각기 군긔를 가지고 난을 지을새 ᄃᆡ병이 발셔 이르러 즉시 소탕식이니라. 노의 나파륜이 군사ㅣ 출력지 아니홀가 ᄒᆞ야 술을 만히 주어 취케 ᄒᆞ야 ᄉᆞᄅᆞᆷ을 죽이라 ᄒ니 군사ㅣ 쥬흥이 발발ᄒᆞ야 ᄉᆞᄅᆞᆷ 만히 모힌 곳을 향ᄒᆞ야 총을 노아 죽은 자ㅣ 산 ᄀᆞ치 ᄡᅡ히고 심지어 노약부녀ㅣ 아히를 안고 죽은 ᄌᆞ도 잇고 혹 져ᄌᆞ에 물건을 ᄉᆞ셔 손에 가지고 오다가 죽은 ᄌᆞ도 잇고 ᄎᆡᆨ을 박는 ᄉᆞᄅᆞᆷ이 손에 쥬ᄌᆞ를 들고 글을 교정ᄒᆞ다가 죽은 ᄌᆞ도 잇고 통곡ᄒᆞ는 소리 ᄎᆞᆷ혹ᄒᆞ야 드를 슈가 업스며 ᄯᅩ 허다ᄒᆞᆫ ᄉᆞᄅᆞᆷ을 ᄉᆞ로잡아 옥에 가두니 이는 작는홀가 의심홈이라. 이에 졀ᄃᆡ ᄒᆞᆫ 감옥셔가 다 ᄎᆞᆨ고 ᄯᅩ 노의 나파륜의 의심되는 자ㅣ 슈쳔인이라. 다 남아미리가 쥬 감녑 ᄯᅡ[7])에 정ᄇᆡ 보ᄂᆡ니 감녑 ᄯᅡ는 법국 속디라. 장긔 심이 악ᄒ

---

7) 감녑 ᄯᅡ(筴鹽): 카옌. 미주지(美洲地).

야 비록 다힝이 산다 ᄒ야도 기실은 죽음과 ᄀᆺ더라. 이날에 죽은 자ㅣ 일빅칠십오 인이오 상흔 자ㅣ 일빅오십 인이러라.

수일이 되ᄆᆡ 노의 나파륜이 ᄯᅩ 녕을 ᄂᆡ려 갈오ᄃᆡ 이졔 란이 평졍ᄒ 얏스니 법ᄂᆞᆫ서 젼국을 구ᄒ리라 ᄒ더라. 일쳔팔빅오십이년 [철종 습년] 십이월 팔일에 상의원 ᄃᆡ신이 방을 붓쳐 다시 황졔의 권을 셰우고 노의 나파륜을 밧드러 황졔를 습으니 이ᄂᆞᆫ 곳 나파륜 졔삼8)이라. ᄌᄌ 손손이 계계승승ᄒ야 망혹 폐츄ᄒ라 ᄒ니 법인 팔빅만 명이 일졔 칭송ᄒ고 동심익ᄃᆡᄒ며 그 합합다 ᄒᄂᆞᆫ 자ᄂᆞᆫ 겨우 이십오만이러라. 노의 나파륜이 위력으로 ᄡᅥ 권셰를 잡으ᄆᆡ 본국과 외국 ᄉᆞ름이 다 놀나지 아니리 업고 ᄯᅩ 젼에 의원에 잇든 관원이 비록 의견이 불합ᄒ야 미흡흔 일이 잇스나 필경 오국앙민ᄒᄂᆞᆫ 일이 업거늘 이졔 억지로 ᄃᆡ를 얼거 멀니 귀양보ᄂᆡ고 젼일 졔도를 다 폐기ᄒ고 혹 그 그름을 말ᄒᄂᆞᆫ 자ㅣ 잇스면 곳 반역이라 ᄒ야 죽이지 아니ᄒ면 가두어 두니 이ᄂᆞᆫ 나파륜이 법국 졍형을 쾌히 알미라. ᄃᆡ져 법국이 란니가 잣고 인군 폐립ᄒ믈 예ᄉᆞ ᄀᆺ치 알ᄆᆡ 빅셩이 도탄에 잇셔 바라ᄂᆞᆫ 바ㅣ 오즉 황졔의 권을 다시 셰워 국가를 안즙고즈 ᄒ미라. 노의 나파륜이 혜오ᄃᆡ ᄂᆡ 이 ᄯᅢ를 타 이러나ᄆᆡ 올타 ᄒ야 일시간에 의원을 쫏고 국ᄉᆞ를 일변ᄒ미 힝사ㅣ 비록 포학참혹ᄒ나 법인은 오히려 ᄡᅥ ᄒ되 우리 활졔 권변이 잇스니 란니 ᄌᆞ연 업슬 거시오 ᄯᅩ 우리가 황졔되믈 허락ᄒ얏스니 가히 ᄐᆡ평ᄒ믈 볼이라 ᄒ더라. [나파륜이 ᄃᆡ권을 잡으ᄆᆡ 젼문을 드리여 치하ᄒᄂᆞᆫ 자ㅣ 불가승슈ㅣ라. 모든 일이 졍흔 후에 젼문을 ᄀᆡ간ᄒ야 칙을 ᄆᆡᆫ이ᄆᆡ 그 만으ᄆᆡ 여섯괴에 ᄀᆞ득이 ᄎᆞ니 빅셩이 ᄐᆡ평ᄒ믈 기다리ᄆᆡ 여ᄎᆞᄒ더라.]

---

8) 나파륜 졔삼: 나폴레옹 3세. 프랑스의 황제(1808~1873, 재위 1852~1870). 나폴레옹 일세(一世)의 조카로, 숙부의 몰락으로 망명하였으나 이월혁명(二月革命)이 일어나자 대통령에 취임하였다. 이어 쿠데타를 통하여 제이제정(第二帝政)을 수립하여 황제에 즉위하였으나 프로이센과의 전쟁에 패하자 퇴위하였다.

뎨오졀 큰 혼인이라

노의 나파륜이 현슉흔 부인을 어더 황후를 슴고즈 ᄒ야 구라파 각국 공쥬와 군쥬의게 혼인을 쳥흔디 다 고소불궁ᄒ니 그 졸연이 디권을 가졋스미 위를 누리지 못홀가 염녀ᄒ미라. 연이나 이ᄂ 궁즁 사ㅣ라. 다 비밀ᄒ야 알 수 업더라. 일쳔팔빅오십숨년 [쳘죵 스년] 졍월에 션유ᄒ야 왈 혼인이 비록 디례나 짐이 옛 규모를 직희지 아니홀지라. 디져 옛 규모만 직희ᄂ 즈ᄂ 다 욕심이 잇ᄂ 즈이라. 도량이 협착ᄒ니 짐이 이를 붓그러워 ᄒ노라. 짐이 이졔 쳔의를 좃ᄎ 동심되ᄂ 녀즈를 어더 황후를 슴으리라 ᄒ더니 이윽고 흔 여자ㅣ 잇스니 명은 우쪄[9]ㅣ라. 우쪄ㅣ 총혜흔 지조ᄂ 잇스나 어진 덕이 업고 다만 당장을 고읍게 ᄒ고 의복을 찬란이 ᄒ미 규방의 웃듬이라. 이러므로 그 아름다옴과 고은 거슬 흔 번 신문지에 올니면 불수일 간에 디가규슈ㅣ 다 효빈ᄒ고 흠모ᄒ며 그 밋ᄂ 바ᄂ 오즉 텬쥬교소이오 쏘 쳔ᄒ고 하류의 노름을 조아ᄒ야 무론 모쳐ᄒ고 괴이흔 노름이 잇다 ᄒ면 곳 명가젼왕ᄒ야 구경ᄒ니 이ᄂ 미양 스룸과 소와 쏘온다ᄂ 픠리ᄒ고 괴상흔 노름판이라. 황후ㅣ 여ᄎ가 실쳬ᄒ미 법인이 그 례졀 업스믈 조아 아니ᄒ고 쏘 그교ᄒ믈 믜워ᄒ야 공경ᄒᄂ 자ㅣ 업더라. 나파륜이 우쪄로 더브러 금슬이 도타와 셩혼흔 지 십여년에 스스로 황후의 힝장을 지어 파리 신문 스디 일보에 늬여 왈 우쪄ㅣ 짐을 흠모ᄒ미 심ᄒ고 밋 짐이 디권을 잡으미 용도ㅣ 구간홀가 ᄒ야 즈긔의 직물노써 짐을 쥬엇다 ᄒ며 쏘 말ᄒ되 우쪄ㅣ 도를 조아ᄒ나 도에 미혹지 아니ᄒ고 박학다지ᄒ나 그 학문을 즈랑치 아니ᄒ고 국가의 양민ᄒᄂ 법을 일일이 다 알고 디신과 말홀 째ᄂ 말근 말이 미미도도ᄒ야 옥가루를 날니ᄂ 듯ᄒ고 평싱에 힝흔 바 착흔 일을 불가승언이오 일즉이 짐을 디신ᄒ야 국졍을 디판흔 자ㅣ 양ᄎㅣ 되미 극진히 타당ᄒ게 ᄒ얏다 ᄒ니 이ᄂ 나파

---

9) 우쪄(尤姐 姓 夢體著): 어진늬. 법황후(法皇后). 에스파니아의 귀족 우제니 드 몬티호.

륜 즈긔 황후를 칭찬흔 말이오 만일 타인으로 흐야곰 힝장을 지으라
흐면 이갓튼 말이 업슬 듯흐더라.

데륙졀 시로 졔도롤 셰우미라

노의 나파륜이 항상 이르되 국셰 크게 졍치못흐니 빅셩으로 흐야곰
즈쥬치 못흐리라 흐고 이 쯧을 근본흐야 신법을 셰울새 빅셩은 관원
쳔거흐는 권이 잇고 인군은 홀노 독단흐는 권이 잇셔 하의원 관원은
민간에셔 공쳔흐나 일을 즈쥬흐야 임의로 의논치 못흐고 황졔 몬져
조목을 늬러 의논흐라 흐고 그 가부를 바다 다시 졍부에 보늬여 판결
흔 후 시힝케 흐라 흐니 졍부 뒤관들은 다 황졔의 스룸이오 또 상의원
은 귀족으로 흐야곰 관활식이믹 이는 다 녹봉이 업고 타일에 뒤공을
건립흐면 황졔 특히 후록을 쥬리라 흐얏스니 이거시 다 노의 나파륜
의 신법을 졍흔 뒤강이라. 인군이 즈쥬지권이 잇고 빅셩도 또흔 관원
쳔거흐는 권을 일치 아니흐얏다 흐나 기실은 법인이 쳑촌의 권이 업
고 오즉 황졔 일인이 뒤권을 총집흐얏더라.
시시에 아라사ㅣ 유틱국 교회의 권을 가지고즈 흐야 토이기와 상지
흐는지라. 법황이 이 긔회를 타 뒤신으로 흐야곰 아라사와 토이기 스
이에 흔단을 늬야 자구지단을 일으혀 아라사와 쌋와 그 빅부의 원슈
를 갑흐리라 흐고 드듸여 영국으로 더부러 별노이 약조를 졍흔 후에
노의 나파륜이 우져 황후를 잇글고 영국 윤돈셩에 이르러 영국 군쥬
를 보고 동심회를 믹고 잔치흐야 즐기니 영인이 법황 법후ㅣ 먼리 친
림흐야 교의 돈목흐믈 보고 다 환흔고무흐야 맞즘늬 동심합녁흐야 아
라스의 스파스토발이라 흐는 큰 진듸를 파흐니 [일이 뎨팔권에 잇더
라] 이에 법인이 뒤회흐야 이르되 셕일 아라스 목스구 도셩에셔 뒤픽
흔 셜치를 흐얏다 흐더라. 이윽고 화친이 되믹 법국이 더욱 흥왕흐야
스롱공상이 증증일상흐고 젼일 법황의 포학망힝흐믄 이져 바릴너라.

326

아라스를 익인 후 슴년에 법황이 외국에 용병ᄒ야 웅지딕략을 텬하에 낫타닉고ᄌ 홀새 문득 싱각ᄒ니 인국 중에 의딕리라 ᄒᄂᆫ 나라히 빅셩이 곤궁ᄒᆫ 지 여러 히라. 나의 빅부 뎨일 나파륜 대황졔 일즉이 의딕리의 직상 가부이10)의게 허락ᄒ야 갈오대 귀국이 말일 군ᄉ를 닉야 ᄂᆞ를 도와 아라스를 평졍ᄒ면 닉 맛당히 의딕리를 도와 닉경을 졍돈ᄒ마 ᄒ얏스니 이졔 긔회 이르러거늘 엇지ᄒ야 닉 빅부의 뜻을 일우지 아니리오 ᄒ고 드듸여 일쳔팔빅오십구년 [쳘죵 십년] 졍월 일일에 각국 ᄉ신이 조회홀 ᄌᆡ를 당ᄒ야 법황이 오국 ᄉ신을 딕ᄒ야 수어를 힐난ᄒ더니 겨우 수월에 법국과 오국과 ᄊ화 법황이 오국 군ᄉ를 두 번 파ᄒ야 의딕리의 란을 구ᄒ고 긔가를 부르고 도라오니 츌병ᄒᆫ 지 겨우 두 공일일너라. [상현 뎨십팔권이라, 두 공일이라 ᄒᆞᆫ 열나흘 동안이라.]

뎨칠졀 영국에셔 법국이 그 싸흘 침탈홀가 방비ᄒ미라

영국이 법황 이년 거병ᄒ야 젼무불니ᄒᆯ 보고 홀연이 의심ᄒ야 왈 져ㅣ 이럿트시 득지ᄒ다가 필경 나를 도모ᄒ면 엇지홀고 ᄒ더라. [일쳔팔빅ᄉ십칠년 헌죵 십삼년에 노의 비례의 왕자ㅣ 우연이 글을 지어 세상에 젼ᄒ얏더니 영국 혜령탄 딕장군이 그 글에 쓰인 말이 영국에 딕단이 관계된다 ᄒ야 박론일편을 지으니 영인이 경황 망조ᄒ다가 밋 노의 비례왕이 도망ᄒ야 영국에 와 보호를 바든 후에 인심이 편안ᄒ고 ᄯᅩ 나파륜이 법국 권셰를 셱슬 ᄌᆡ에 영국 직상 박무스 등이 조뎡에 말ᄒ야 왈 영인이 법국 방비ᄒ미 여ᄎ 소홀ᄒ니 법병이 어닉날 올지 아지 못ᄒ고 오히려 ᄭᅮᆷ 가온딕 잇다 ᄒ다가 밋 노의 나파륜이 영국과 화친ᄒ고 우져 황후와 ᄀᆞᆺ치 영국에 온 후에야 의심이 풀니더니 지금에 ᄯᅩ 의심ᄒ미라.] 연이 노의 나파륜은 영국을 도모할 마음이 업거늘

---

10) 가부이(嘉富洱 姓 嘉米祿第): 카운트 카앳어. 의재상(意宰相).

영인은 의심ᄒᆞᄆᆞᆯ 마지 아니ᄒᆞ야 이에 이르되 셜녕 법황이 이 마음이 업다 ᄒᆞ야도 영인은 불가불 방비ᄒᆞᆯ 일이라 ᄒᆞ고 각기 국탕을 쳥치 아니ᄒᆞ고 ᄉᆞ지를 늬여 민병을 조련ᄒᆞᆯ새 불과 반월에 단련ᄒᆞᆫ 민병이 이십만 명이오 기중 ᄉᆞ만 명은 전법이 련슉ᄒᆞ야 경졔ᄒᆞᆫ 익병과 ᄀᆞᆺ트니 일조유ᄉᆞᄒᆞ면 곳 가이 하과집극ᄒᆞ고 이종왕ᄉᆞᄒᆞᆯ너라. ᄎᆞ시에 법황이 혜오딕 영국과 화호ᄒᆞ면 외인의 염녀업다 ᄒᆞ얏더니 홀연이 영국이 의심ᄒᆞᄆᆞᆯ 보고 이에 이르되 이ᄂᆞᆫ 영국이 나ᄅᆞᆯ 밋지 아니ᄒᆞ미라. 장ᄎᆞᆺ 엇지ᄒᆞᆯ고. ᄉᆞ고쥬져ᄒᆞ야 망지소조ᄒᆞ나 연이나 겟츠로ᄂᆞᆫ 거줏 인심을 진정ᄒᆞ고 조금도 창황ᄒᆞᆫ 빗치 업스되 기실은 일쳔팔빅뉵십년 [철종 십일년] 칠월 간에 영국 ᄌᆡ상 박무스 등의게 조희ᄒᆞ야 갈오딕 우리 양국이 범ᄉᆞ를 츄셩상딕ᄒᆞ야 졍호ㅣ 심밀ᄒᆞ거늘 이졔 귀국이 양병ᄒᆞ미 딕젹을 당홈과 ᄀᆞᆺ치 ᄒᆞ니 짐의 조흔 ᄯᅳᆺ을 모른다 ᄒᆞ얏더라. 연이나 영국 ᄉᆞ름의 의심은 졸연히 풀기 어려우니 법황은 비록 ᄀᆞᆯ오딕 법인이 불량ᄒᆞᆫ 마음이 업다 ᄒᆞ야도 영인은 ᄀᆞᆯ오딕 이 필경 공연ᄒᆞᆫ 일이 아니라 ᄒᆞ고 ᄯᅩ ᄀᆞᆯ오대 영국이 즉각에 방비ᄒᆞ여야 비로소 가이 법인을 압복ᄒᆞ야 방동치 못ᄒᆞ게 ᄒᆞᆫ다 ᄒᆞ더라.

뎨팔졀 법국이 군ᄉᆞ를 보늬여 셔리아와 묵셔가에 이르미라

법국이 오국과 립약화친ᄒᆞᆫ 지 슈월에 ᄆᆞᆺᄎᆞᆷ 토이기에 속ᄒᆞᆫ 바 셔리아 디방에 유ᄉᆞ지츄를 당ᄒᆞ야 법황이 ᄯᅩ 동코ᄌᆞ ᄒᆞ더라. 션시 일쳔팔빅뉵십년 [철종 십일년]에 토이기 ᄉᆞ름이 쳔쥬교인 슈빅명을 죽이고 셔리아[11] 대마식[12]부에 잇ᄂᆞᆫ 법국 녕ᄉᆞ관이 ᄯᅩᄒᆞᆫ 토이기 ᄉᆞ름의게 ᄆᆞᆺ질너 평디를 만든 바ㅣ 되고 법국 녕ᄉᆞㅣ 거의 죽을 번ᄒᆞ거늘 토이기

---

11) 셔리아: 시리아.
12) 대마식(大馬軾 又名 大馬色): 따마스커스. 서리아부(紋利亞府).

관병이 란민을 탄압지 아니홀 쑨 아니오 도뤼혀 음조ᄒ야 식이ᄂᆞ지라. 나파륜이 그 말을 듯고 듸희ᄒ야 이 긔회를 일치마ᄌᆞ ᄒ더라. 말ᄒᄂᆞ 자ㅣ 이르되 만일 영국 녕사ㅣ 이 일을 맛ᄂᆞ스면 비록 토이기 정부에 셔 속히 판결치 못홀 줄을 알지라도 응당 몬져 토이기 외무아문에 영 국셔를 보닐지라. 화약ᄒ 나라에 리치가 응당 여ᄎᆞᄒ고 ᄯᅩ 타국의 민 인을 보호ᄒᄂᆞ 도리ᄂᆞ 다 토이기에 분ᄂᆡᄉᆞ어늘13) 법황은 법황은 불순 ᄎᆞ리ᄒ고 텬쥬교민의 피히홈은 칠월 초구일이어늘 법병은 발셔 팔월 초ᄉᆞ일에 발졍ᄒ야 셔리아로 향ᄒ야 란을 평졍혼다 ᄒ더니 란이 졍ᄒ 후에 ᄯᅩᄒ 거연히 퇴병치 못ᄒ나라. 타국이 이 졍형을 최탁ᄒ고 말ᄒ 되 법황이 이 긔회를 타 셔리아 디방을 졈거ᄒ랴 ᄒ얏스니 만일 일이 셩ᄉᆞᄒ얏드면 필연 쳘로를 놋코 통상 항구를 셰울 터이라. 이ᄂᆞ 비단 셔리아에 유조홀 쑨 아니오 타국들이 다 리익을 바들 거시어늘 연이 영국 직상 박무스 등은 토이기를 보호ᄒ야 아라스의게 쎅끼지 아니코 ᄌᆞ 홀 쑨 아니라 아올너 법국으로 ᄒ야곰 토이기를 졈녕치 못ᄒ게 ᄒ 미니 이ᄂᆞ 대져 법국이 셔리아를 졈녕ᄒ면 영길리 속국 인도국이 크 게 관계되ᄂᆞ 연고ㅣ러라. 법황이 영국 직상의 ᄯᅳᆺ을 듯고 부득이 회군 ᄒ니 셔리아 인민이 비록 불평ᄒ나 의구히 토이기 번속이 되나라.

시에 남아미리가 쥬 셔방 졔국이 전징이 분분ᄒ고 묵셔가14) [양은젼 만히 만드ᄂᆞ 나라히라.] ᄯᅩᄒ 요란ᄒᆞᆷ을 마지 아니ᄒ니 시ᄂᆞ 일쳔팔빅륙 십일년 [쳘죵 십이년]이라. 법황이 셔반아와 영길리로 더부러 군ᄉᆞ를 보ᄂᆡ야 탄압고ᄌᆞ ᄒ니 원릭 남아미리가 쥬 각국 ᄉᆞ름은 틱반이나 남구 라파 쥬로 좃ᄎᆞ 간 ᄉᆞ름이라. 법황이 혜오듸 짐이 남구쥬 [남구쥬ᄂᆞ 구라파 쥬 남편을 일으미라]의 듸권을 잡앗거ᄂᆞᆯ 져 남미쥬 [남미쥬ᄂᆞ 아미리가 쥬 눕편을 일으미라] 빅셩이 엇지 짐의 녕을 좃지 아니리오 ᄒ고 거사코ᄌᆞ 혼 일이라. 영국은 법황의 ᄯᅳᆺ을 알고 부득이ᄒ야 병션

---

13) 분ᄂᆡᄉᆞ어늘: 분내지사(分內之事)어늘. 나라 안의 해야 할 일이거늘.
14) 묵셔가: 멕시코.

두 척에 군亽 칠빅명을 싯고 퇴평양에 보닉야 식칙으로 거병ᄒᆞᆯ 시의 ᄒᆞ야 법 장군의 지휘를 바들 ᄲᅮᆫ이오, 법국은 셔반아와 합ᄒᆞ야 군亽 륙쳔 명을 거느리고 각기 진발ᄒᆞ고 법황이 ᄯᅩ 미국에 조역ᄒᆞᆷ을 쳥ᄒᆞ얏더니 미국이 허락지 아니ᄒᆞ거늘 이윽고 영국과 셔반아 양국도 그 란을 졸연이 졍치 못ᄒᆞᆯ 쥴 알고 드드여 젼군을 명ᄒᆞ야 퇴ᄒᆞ니라. 법황이 더욱 발병ᄒᆞ야 묵셔가 도셩을 치니 퇴병이 이르는 곳에 묵셔가 민쥬ㅣ 도망ᄒᆞ고 나라에 亽름이 업더라. 일쳔팔빅뉵십삼년 [철종 십亽년]에 법황이 묵셔가 국회에 부탁ᄒᆞ야 오국 황졔의 아오 믹킥亽미련15)으로 뻐 묵셔가 인군을 合으니 믹킥亽미련이 년소ᄒᆞ민 원려ㅣ 업셔 즉긔 츄대ᄒᆞᄂᆞᆫ 글월을 보고 퇴희과망ᄒᆞ야 이르되 즉금 이후에ᄂᆞᆫ 가히 양미토긔ᄒᆞ야 일국의 인군 되리라 ᄒᆞ더니 슬푸도다. 즉츠가 왕으로 졈졈 위경에 드러 그 명을 보젼치 못ᄒᆞᆯ 쥴을 뉘 아라스리오. 믹킥亽미련이 인군이 되민 황졔를 일컷고 법황이 ᄯᅩ 웅병을 둔찰ᄒᆞ야 호위ᄒᆞ더라. 묵셔가 란이 이믜 평ᄒᆞ민 법국이 뻐 ᄒᆞ되 원방의 나라히 무合 상관이 잇관대 량향을 허비ᄒᆞ리오 ᄒᆞ고 드드여 일쳔팔빅뉵십뉵년 [금상 퇴군쥬 合년]에 묵셔가에 둔찰흔 군亽를 쳘귀ᄒᆞ니 믹킥亽미련이 법병이 쳘귀ᄒᆞᆷ을 보고 민심이 불복ᄒᆞᆯ가 염려ᄒᆞ야 그 황후를 보닉여 구쥬에 이르러 각 퇴국에 쳥ᄒᆞ야 일비지력을 도으라 ᄒᆞ니 황후ㅣ 고은 얼골과 어린 나혜 우심이 여분ᄒᆞ고 ᄯᅩ 등산림수ᄒᆞ야 허다 고초를 격다가 급긔 교황을 보고 잉순을 겨우 여러 말을 맛치지 못ᄒᆞ고 졸연이 풍증이 동ᄒᆞ야 병이 고항에 드러 맛춤닉 향소옥잔ᄒᆞ야 일지 못ᄒᆞ니 오호ㅣ라. 묵셔가 황후ㅣ 죽으민 묵셔가 황졔 亽로잡히니 셕지로다. 묵셔가 빅셩이 법군이 쳘귀ᄒᆞᆷ을 보고 퇴희ᄒᆞ야 일쳔팔빅뉵십칠년 [금상 퇴군쥬 亽년]에 빅셩이 황궁에 드러가 믹킥亽미련을 죽이니라. 믹킥亽미련이 죽을 째에 위연장탄 왈 닉 그릇 나파륜의 말을 듯고 황졔된 지 亽년에 일일도 평안흔 복을 누리지 못ᄒᆞ얏스니 무合 즈미로 셰상에 잇슬이오. 흔 번 죽ᄂᆞᆫ

---

15) 믹킥亽미련(麥客思迷憐): 막시미릭안. 오황졔 묵국황(奧皇帝 墨國黃).

거시 오히려 편안ᄒ다 ᄒ더라. 말ᄒᄂ 자ㅣ 이르되 노의 나파륜이 묵셔가를 평정ᄒ얏다 홈이 도뤼혀 어지럽게 홈이라 ᄒ더라.

법황이 비단 본국ᄉ를 도라볼 쑨만 아니라 타국의 치란을 쏘흔 지 지유심ᄒ더니 일천팔빅뉴십ᄉ년 [철종 십ᄉ년]에 미국 남싱이 반란ᄒ거늘 [상현 뎨이십ᄉ권이라] 법황이 영국과 의논ᄒ야 미국 남싱으로써 짜로 일국을 셰워 븍싱의 관홀을 밧지 안케 ᄒᄌ ᄒ니 영국이 불허ᄒᄂ지라. 법황이 이에 영국을 원망ᄒ야 써 이르되 이ᄂ 영국이 법국을 친구로 대졉홈이 아니라. 만일 나와 ᄀᆺ치 동심합력ᄒ면 텬하ㅣ 수대나 무엇시 염녀ㅣ 잇스리오 ᄒ더라. 연이 영국이 법황의 말을 듯지 아닐 쑨 아니라 다시 법황의 쇠로 써 미국에 고ᄒ야 예비ᄒ라 ᄒ더라. 연이 영국이 법국을 협조치 아니홈은 두 나라히 셔로 합의치 못흔 듯ᄒ나 실노이 법국을 무형즁에 구홈이라. 불연이면 그 화란이 장ᄎᆺ 어대 밋칠지 모롤너라.

뎨구졀 법국이 영국으로 통상조약을 졍홈이라

시에 영국이 타국과 통상흔 지 십유ᄉ년에 리익이 무궁ᄒ더라. 영인이 혜오딕 타국이 응당 본바다 힝ᄒ리라 ᄒ얏더니 뭇춤닉 요요무문ᄒ거늘 이에 일천팔빅오십구년 [철종 십년]에 영국 관원 고불등이 조정에 청ᄒ야 법황을 보고 통상ᄒᄂ 리익을 말ᄒ야 상민으로 ᄒ야곰 외국 통상ᄒᄂ 금녕을 풀게 ᄒ면 피츠 대리를 어드리이다 ᄒ니 영졍이 허락ᄒᄂ지라. 고불등이 파리에 이르러 법황을 보고 고담웅변으로 통샹 리익을 말흔대 법황이 대희ᄒ야 고장칭션ᄒ고 법 대신도 쏘흔 통샹약조를 ᄒ고ᄌ ᄒ야 고불등으로 의약대신을 숨으니라. 연이나 법국의 보업을 가진 ᄉ롬들이 결단코 구법을 고치지 아니ᄒ고 [보업이라 홈은 아국에 비ᄒ면 각젼과 ᄀᆺ트여 셰를 나라에 밧치고 물건을 혼ᄌ 민미홈이라] 도고ᄒᄂ 리를 즁히 녁이여 타인의 이ᄒᄂ 싱각지 아니

ㅎ더라. 션시에 법황이 각 항국 셰 밧는 곳에 명ㅎ야 량식과 싱츅과 민철 등을 면셰ㅎ라 ㅎ얏스니 보업을 가진 자ㅣ 불가라 ㅎ야 그 말을 드르미 쏘흔 근리ㅎ지라. 이츠로 연타유이ㅎ야 확정치 못ㅎ니 대져 법민이 타국과 통상 리익이 잇스믈 모로는 연고ㅣ라. 법황이 고불등으로 더부러 통샹ㅅ의를 의논ㅎ야 일년이 지니미 비로소 약조를 정ㅎ니 그 대의에 왈, 무릇 통샹 대국에 구이흔 즈는 영법 양국이 다 병력졔지ㅎ라 ㅎ니 이에 법국이 보업ㅎ는 셰를 감ㅎ고 [법국이 젼일에는 영국의 물건 몃 가지는 비록 즁셰를 닉여도 진구치 못ㅎ게 ㅎ더니 금에 다 이 법을 산삭ㅎ고 즁셰 잇거든 거슨 다 경ㅎ게 ㅎ니라.] 약조를 정흔 후에 법국의 츌구ㅎ야 영국에 이르는 자ㅣ 줄연히 증다ㅎ야 젼에 미년 영금 일쳔칠빅만 방 되는 거시 지금에 ㅅ쳔뉵빅만 방이 되고 영국 물화ㅣ 법국에 입구되는 거시 겨우 미년에 영금 오빅만 방이러니 지금은 일쳔오빅만 방이 되니 오호ㅣ라. 통샹흠의 리익이 여츠ㅎ거늘 엇지ㅎ야 슬피지 아니ㅎ는고.

뎨십졀 법덕의 교섭이라

구라파 쥬에 일이만 젼부는 령셩흔 소국이라. 법국의게 학대를 바든 지 슈빅년이요, 일이만에 난인하[16]라 ㅎ는 하수 동편에 모든 소국이 더욱 녁대 법왕의 만모흔 바ㅣ 되고 졔소국의 인군이 도시 원려ㅣ 업셔 항상 법왕의 춤소를 듯고 난인하 셔편 졔국과 고결불히ㅎ는 원수를 미지니 법국이 긔여히 여츠 져희홈은 대기 일이만 젼국이 합ㅎ야 흔 대국이 되면 졔어ㅎ기 어려올가 홈이오, 법국은 일경 각셩을 합ㅎ야 몸이 팔을 쏨과 팔이 손을 쏨과 ㄳ트여 미사ㅣ 무불여의ㅎ니, 일이만 각 소국이 엇지 항형홀이오. 젼일에 포이근체[17]라 ㅎ는 나라이 잇셔 일이만

---

16) 난인하: 라인 강.

전부를 합ᄒ야일국을 숨고ᄌ ᄒ거날 법왕 노의 졔십일18)이 직위ᄒ야
빅계 저희ᄒ고 ᄯ 핍박ᄒ야 법국에 속ᄒ라 ᄒ니라. 디져 일이만 전부
즁에 본릭 한 황졔 잇셔 일홈을 공쥬ㅣ라 ᄒ고 [공쥬ㅣ라 홈은 졔 소국
즁에 뎨일 인군이라 홈이라.] 비록 발호 시녕ᄒ야 텬자ㅣ 졔후를 통솔홈
과 ᄀᆞᆺ지ᄂᆞᆫ 못ᄒ나 허위ᄂᆞᆫ 오히려 잇더니 밋 법난셔 왕 졔일이 즉위ᄒᄆᆡ
맛춤ᄂᆡ 일이만 황졔의 권을 ᄲᅢ앗고 그 후 노의 졔십사ㅣ 즉위ᄒ야 ᄯ
일이만 황졔의 존호를 겸ᄒ랴 ᄒ며 노의 졔십사ㅣ 다시 일이만의 아새
사19) 부와 밋 라릭인20) 부를 베허 판도에 속ᄒ고 ᄯ 일이만을 침탈코ᄌ
ᄒ거늘 구쥬 각국이 불허ᄒ야 졍지ᄒ얏스나 필경 이져바리지 못ᄒ고
법왕 노의 졔십오ㅣ ᄯ 일이만을 난화 네 부에 ᄂᆞᆫ야 훗터져 다시 합지
못ᄒ게 ᄒ고ᄌ ᄒ니 ᄎ 계약 셩이런들 일이만이 법국의 명령만 조칠
번ᄒ얏더라. 이윽고 나파륜 졔일이 그 웅심을 펴고ᄌ ᄒ야 일이만 ᄯᅡ을
가져 혹 사름을 쥬기도 ᄒ며 혹 법국에 붓치기도 ᄒ야 종심소욕ᄒ야
무소고긔ᄒ며 지어 보로ᄉ 일국ᄒ야ᄂᆞᆫ 속국으로 알다가 보왕이 독립홀
ᄯᅳᆺ이 잇슴을 알고 즉일에 크게 증벌ᄒ야 거의 그 나라를 망케 ᄒ더니
나파륜 졔일이 픽ᄒᄆᆡ 법인이 보로ᄉ에 이르러 요란치 아니ᄒ 자ㅣ 오
십년이라. 보국이 틱평ᄒᆫ 째를 당ᄒ고 인군과 신하ㅣ 다 과인지ᄌᆞ 잇고
인민이 ᄯᅩᄒᆫ 근검ᄒ야 국셰 크게 흥ᄒ니 법국이 지쳑에 잇스ᄆᆡ 덕국의
졍형을 낫낫치 알고 질투ᄒᄂᆞᆫ 마음이 ᄯᅩᄒᆫ 일증월가ᄒ더라. 일쳔팔빅뉵
십뉵년 [금샹 디군쥬 숨년]에 보로사ㅣ 오국과 싸와 크게 이기고 드듸여
일이만 북부를 합ᄒ야 ᄒ나를 숨고 [샹경 하권이라21)] 비단 이ᄲᅮᆫ 아니라
일이만 젼부ㅣ 쟝찻 다 보로ᄉ에 합홀지라. 법인이 이르되 ᄂᆡ 힘을 빌지
아니ᄒ고 졸지에 강ᄒ엿다 ᄒ고 약망ᄌᆞ빅ᄒ야 조셕불안ᄒ고 그 졍부 디

---

17) 포이근체(布爾根蒂): 쌔건듸. 국(國).

18) 노위 졔십일(魯意 第十一): 로위스 엘릭엔. 법왕(法王). 루위 11세.

19) 아새사(雅麗司, 아쇄사): 알셰스. 덕부(德府). 알자스.

20) 라릭인(羅來因): 로레인. 덕부(德府). 로렌.

21) 샹경하권: 위의 졍황은 하권에서 셔술함.

신이 다 ᄒ되 법국이 보로사를 반다시 이긔는 계칙을 정ᄒ여야 보로사ㅣ
비로소 부수청명ᄒᆞᆯ 거시오 불연이면 쟝ᄎᆞᆺ 법국에 불리ᄒ리라 ᄒ더라.
연이나 법국의 병익은 젼보다 틱감ᄒ고 보국은 의긔양양ᄒᆞ야 고면즈호ᄒ
고 ᄯᅩ 새로 ᄆᆞᆫ든 양창이 잇셔 그 위엄을 도으니 법인이 스스로 당치 못ᄒᆞᆯ
줄 혜아리고 감히 ᄊᆞ호지 못ᄒ더라. 노의 나파륜이 심ᄉᆞ숙계ᄒ되 뒤적지
못ᄒᆞᆯ 줄 알고 법인의 ᄊᆞ홈ᄒᆞᄌᆞ ᄒᆞᄂᆞᆫ 즈를 억졔ᄒ나 그 마음은 항상 ᄒᆞᆫ
번 ᄊᆞ홈ᄒᆞᆷ을 잇지 아니ᄒᆞ야 일으되 이졔 아직 ᄯᅢ가 아니라 ᄒ고 좌우뒤
신으로 더브러 군무를 정돈ᄒᆞ야 불유여력ᄒ고 일이만에 틈 잇슴을 기다
려 ᄒᆞᆫ 번에 소탕ᄒᆞ야 당년에 위망을 회복고즈 ᄒ더니 일쳔팔빅뉵십팔년
[금상 뒤군쥬 오년]에 법졍이 병익을 더ᄒ고 새 창을 졔조ᄒᆞ야 군ᄉ를
쥬어 련습시기고 일면으로 풍셜을 닉야 이르되 법국이 병익 외에 다시
새 창을 지으미 가이 ᄎᆔ지 불금ᄒ고 용지불갈ᄒᆞ야 그 수를 알 수 업다
ᄒᆞ야 위엄을 쟝ᄒ게 ᄒ고 인심을 굿게 ᄒ며 법황이 ᄯᅩ 군무를 정돈ᄒᆞᆯ새
군즁의 ᄉᆞ소ᄒᆞᆫ 쟝졍이라도 다 몸소 지어 용심ᄒᆞᆷ이 여ᄎᆞᄒ더라.

뎨십일졀 법국이 덕국과 ᄊᆞ홈코ᄌᆞ ᄒᆞᆷ이라22)

이에 법인이 일으되 지금은 군ᄉ가 정ᄒ고 긔게가 리ᄒ니 가히 일

---

22) 보불전쟁(프로이센－프랑스전쟁): 프로이센－프랑스전쟁 또는 보불전쟁(普佛戰爭)은
보오전쟁에서 오스트리아를 패배시킨 오토 폰 비스마르크가 독일 통일의 마지막 걸림
돌인 프랑스를 제거하여 독일 통일을 마무리하고자 했던 목적으로 일으킨, 프랑스와 프
로이센간의 전쟁이다. 표면상으로는 프랑스의 나폴레옹 3세 황제가 먼저 전쟁을 선포한
것으로 알려져 있으나, 사실 이는 예수회의 교묘한 책동에 의한 것이었다. 예수회는 프
로이센－오스트리아전쟁에서 오스트리아의 패배로 로마 가톨릭 교황권의 위축을 우려
하여 전쟁을 사주했다. 이 전쟁에서 승리한 프로이센은 1871년 1월, 파리 시 교외에 위
치한 베르사이유 궁전의 거울방에서 제국의 성립을 선포하고, 프로이센 국왕이었던 빌
헬름 1세가 초대 독일 제국 황제로 추대되는 것으로 마무리되었다. 그 외에 독일은 알자
스 및 로렌 지방을 획득하였으며 많은 전쟁 보상금을 받았다. 그러나 이 전쟁 후 독일－
프랑스 관계는 제2차 세계대전 종전 직후까지 적대적인 사이가 되었다. 『위키백과』

이만을 졔어ᄒ리라 ᄒ고 병부상셔ㅣ 쪼 셩명ᄒ야 왈 이졔 닉가 이 군
ᄉ 사십만 명을 조발ᄒ야 일이만 디경에 일을 거시오 쪼 이 ᄉ십만 명
군시 군령이 슘엄ᄒ고 긔률이 졍졔ᄒ며 군ᄉ의 의복이 무궁무진ᄒ야
지어 의복에 단쥬ᄀᆺ른 미물이라도 ᄒ낫치 결핍홈이 업고 양창의 만흠
은 수년을 ᄊ와도 핍졀치 아니홀 거시오 더욱이 긔이ᄒ 양창이 잇셔
편리홈이 비홀 ᄃᆡ 업노라 ᄒ고 쪼 말ᄒ되 남일이만이 군ᄉ 슘십슘만
을 닉여 우리를 셜령 막을지라도 남일이만은 필연 븍을 도읍지 아니
홀리라. 셜령 븍을 도을지라도 불과 구만 명이니 남븍이 다 합ᄒ야도
겨우 ᄉ십만에 지나지 못ᄒ고 허물며 남병이 이르기 젼에 법병 ᄉ
십만이 발셔 븍일이만에 일을 거시오 더욱 지금 황졔 나파륜 졔슘이
병법을 능통ᄒ고 군새 졍예ᄒ니 곳 보로스 빅령[23] 도셩에 들어가미
순식간에 잇다 ᄒ더라.

이 ᄶᆡ를 당ᄒ야 법인이 다 마권찰장ᄒ고 딕언웅변으로 호긔등등ᄒ
야 가히 일이만을 슴킬 듯ᄒ며 쪼 지피지긔에 빅젼빅승홀지라. 연이나
무단이 긔흔ᄒ면 ᄉ츌무명이라. 반다시 틈을 어더야 비로소 만젼지칙
이 될리라 ᄒ더니 ᄆᆞ춤 셔반아 국왕이 졸ᄒ고 틱자ㅣ 업셔 일이만 국
즁에 리욕보후[24]를 셰워 셔반아 왕을 슴고ᄌ ᄒ야 [틱셔에 인군이 죽
고 젹사ㅣ 업스면 혹 타국 스름을 쳥ᄒ야 인군을 슴는 법이 잇슴이라.]
젼문을 올니여 왕위에 오름을 권ᄒ니 리욕보후는 보로스 왕과 동족이
라. 보왕이 일가 즁 족장이 되는 고로 셔반아 인이 보로스 왕게 쳥코ᄌ

---

23) 빅령(伯靈): 쎄렌. 보도(普都). 베를린.
24) 리욕보 후(利欲普 侯): 릭오폴드. 일이만후(日耳曼侯). 레오폴드. 1868년, 스페인에서 혁
    명이 일어나 부르봉 왕가는 쫓겨났고, 혁명 지도자들은 프로이센 빌헬름 1세 국왕의 사
    촌인 레오폴드공에게 왕위에 오를 것을 제안하였다. 레오폴드공은 이를 거절했는데, 비
    스마르크는 이 소식을 듣고 전쟁의 좋은 구실이 될 수 있다고 생각하여, 스페인에 특사
    를 파견하였다. 빌헬름 1세는 반대했지만, 비스마르크는 1870년 6월 21일에 수락 발표
    를 해버렸다. 프랑스는 이에 반발하여 프로이센인의 스페인 왕위 계승을 철회하라는 문
    서를 보냈다. 7월 12일 빌헬름 1세는 비스마르크의 반대에도 불구하고 이를 철회하기로
    마음먹었다. 결국 레오폴드공은 스페인의 왕이 되지 못했고, 스페인에서는 1871년 혁명
    가 아마데오 1세가 왕으로 선출되었다. 『위키백과』

홈이오 기실은 리욕보후ㅣ 법황과 척의 잇셔 보로스 왕보다 오히려 굿 갑더라. 연이나 법황은 말호되 이는 보왕의 척망이라 ᄒ고 드듸여 일쳔팔빅칠십년 [금상 듸군쥬 칠년] 칠월 스일에 법황이 보로스에 격셔를 젼ᄒ야 왈 귀국이 리욕보후로써 셔반아 왕을 숨으믄 짐이 허치 아니ᄒᄂᆫ 빅ㅣ라 ᄒ얏거ᄂᆯ 보왕이 격셔를 보고 셔반아 일은 뭇지 아니ᄒ고 다만 법국에 답셔ᄒ야 글오듸 귀황의 뭇ᄂᆫ 바ᄂᆫ 금시초문이니 나의 알 빅 아니로라 ᄒ고 이에 법보 냥국이 셔로 힐척ᄒ야 ᄌᆞᄌᆞ불휴ᄒ더라. 션시에 리욕보후ㅣ 셔반아의 권진ᄒᄂᆫ 글을 보고 허락고ᄌᆞ ᄒ다가 긔이희지ᄒ야 왕위를 스향ᄒ니라. 이 ᄯᆡ를 당ᄒ야 보왕은 춤예치 아니ᄒ다 ᄒ고 리욕보후도 ᄯᅩ혼 왕위를 스향ᄒ니 평심논지컨딘 법황이 다시 힐난홀 리치 업거ᄂᆯ 법황은 오즉 ᄡᅩ홈홀 ᄯᅳᆺ이 잇셔 긔혜이 혼단을 닉고ᄌᆞ ᄒ야 ᄯᅩ 보왕게 글을 보닉여 왈 왕이 리욕보후로써 영영이 셔반아 왕을 숨지 말되 일인이 결ᄒ야 나의게 허락ᄒ라 ᄒ니 이ᄂᆫ 법황이 짐짓 보왕을 만모ᄒ야 그 분을 도도와 혼단이 보로스로부터 나게 홈이라. 이윽고 이 ᄒᆡ 칠월 십일일에 보왕이 법국에 글을 보닉여 왈 폐국이 리욕보후와 밋 귀국이 무숨 간졉이 잇든지 폐국이 무를 바도 아니요 드를 바도 아니요 추후ᄂᆫ 추ᄉᆞ를 의논치 아니홀 터이니 귀황은 다시 하문홈을 욕되게 말나 ᄒ얏더라. 법황이 이 글을 보고 무ᄉᆞ 가답이러니 이후 팔일은 곳 칠월 십구일이라. 보국 경셩 빅령 스름이 요란이 젼ᄒ되 법인이 ᄡᅩ홀 마음이 잇다 ᄒ더라.

뎨십이졀 법황이 민권을 줌이라

법국 졍형이 젼일보다 듸단 형이ᄒ니 노의 나파륜이 권슐노뻐 위병을 잡고 지위 십오년에 군권이 틱즁ᄒ야 일젹월누에 빅셩이 ᄯᅩ 소연 부졍ᄒᄂᆫ지라. 일쳔팔빅뉵십뉵년 [금상 듸군쥬 ᄉᆞ년]에 법황이 빅셩을 권ᄒ야 왈 금일에 민심이 ᄯᅩ 변ᄒ야 국스를 의논ᄒ니 너의 다만 교화룰 힘뻐 스름으로 ᄒ야곰 날노 착흔 ᄃ 도라가게 ᄒ면 ᄌ연 일홈이 후셰에 ᄭ칠지라. 공연히 국졍을 망논치 말나 ᄒ니 빅셩이 듯지 아니ᄒ고 의논이 더욱 봉긔ᄒᄂ지라. 법황이 부득이 ᄒ야 이에 일쳔팔빅뉵십구년 [금상 ᄃ군쥬 뉵년]에 모든 신료와 빅셩에게 신법을 졍ᄒ야 글오ᄃ 즈금 이후로 조졍ᄃ신을 의원들이 공쳔ᄒ고 짐의 임의로 ᄒ지 아니케 ᄒ고 기혁흠과 흥판흠을 다 민심을 조츠 ᄒ고 도로와 교량과 밋 쳘로룰 ᄊᄒ 힝녀와 화물의 왕릭룰 편케ᄒ고 부셰의 즁흔 ᄌ룰 감ᄒ고 민간질고룰 신문에 올니여 은휘치 말나 ᄒ고 신법을 졍ᄒ고 ᄯᅩ 빅셩을 명ᄒ야 신법의 편불편을 직언ᄒ라 짐이 오즉 빅셩의 마음을 순코즈 ᄒ미니 타일에 ᄐ자ᅵ 짐을 이어 황졔되ᄂ ᄯᅢ에 거의 난을 지을 자ᅵ 업슬이라 ᄒ더라. 기시에 법국에 관원 쳔거ᄒᄂ 빅셩이 팔빅칠십오만이라. 신법을 가라 하ᄂ 자ᅵ 칠빅이십오만이오 불합다 ᄒᄂ 자ᅵ 일빅오십만이 되니 젼일에 노의 나파륜이 황졔룰 칭흔 ᄯᅢᄂ 불가라 ᄒᄂ 자ᅵ 겨우 이십오만이러니 지금은 신법을 불가ᄒ ᄂ 자ᅵ 지어 일빅오십만이 되니 이ᄂ 민심이 불복흠을 가지오, 더욱 염녀되ᄂ 바ᄂ 군심이 희쳬ᄒ니 만일 조유ᄉᄒ면 셔후지칙이 업슬가 염녀ᅵ라. 이럼으로 법황이 외국에 용병ᄒ야 흔 번 ᄃ쳡ᄒ면 위력소급에 ᄂ란을 막을 ᄲᅢᆫ 아니라 ᄌ손의 긔업이 장구홀가 흠이라.

연이 법국의 폐단이 이ᄲᅢᆫ이 아니라. 신법이 가타ᄒᄂ 지도 ᄯᅩ흔 일으되 우리 황졔 년로ᄒ야 셕일 예긔 업다 ᄒ며 ᄯᅩ 글오ᄃ 조졍의 용도ᅵ ᄐ다ᄒ야 왕년에 비ᄒ면 민쥬던지 황졔던지 왕이던지 이 ᄯᅢ ᄀ치 심흠이 업다 ᄒ고 ᄯᅩ 법황이 타국과 교졔흠이 불션ᄒ야 법국의 위망이 손상되고 긔변과 권슐이 졈졈 탄로되야 그 일의 션불션은 물논ᄒ고 다 의심ᄒ야 괴슐이 잇다 ᄒ니 시사ᅵ 지츠ᄒ민 위ᄌᄐ지로다. ᄃ신 졔이와 밋 구신당들은 법황이 남으로 의ᄃ리룰 도아 엄연이 강국을 ᄆᆫ들고 북에ᄂ 일이만이 잇셔 날노 강되ᄒ거늘 졔어홀 방칙이 업스니 만일 남북이 일조에 이러나 법국을 치면 장츳 엇지 방비홀이오 ᄒ야 상하의원과 ᄃ소졔신이 다 보로사와 ᄊᄒ호고져 ᄒ며 파리 빅셩과 외도 인민들도 시셰는 아지 못ᄒ나 ᄯᅩᄒᆫ 수성부화ᄒ야 ᄊᆞᆷ을 쥬장ᄒ니 법황이 홀노 우에 잇셔 고장난명이라. 법황이 비록 ᄊᆞᆷ홈을 조아 아니ᄒ나 신민의게 핍박ᄒᆫ 바ㅣ 되야 신법이 졍ᄒᆫ 지 겨우 ᄉᆞ십일에 보로ᄉᆞ에 사로잡힌 바ㅣ 되니 ᄎᆞ호ㅣ라. 텬실위디니 인하우언이리오. 기후 법황이 보국 듸신 비ᄉᄆᆡᆨ25)다려 일너 왈 과인이 귀국과 ᄊᆞ호ᄌᆞ 홈이 아니오 ᄇᆡᆨ셩의게 핍박되엿노라 ᄒᆞ더라.

뎨십숨졀 법병이 방비 업슴이라

일쳔팔ᄇᆡᆨ칠십년 [금샹 듸군쥬 칠년] 칠월 이십오일에 법황이 어림군을 거ᄂᆞ리고 몰치26) ᄌᆞ에 이르니 법국 동편 변방이라. 드듸여 어영을 비셜ᄒ고 군이 모힘을 기다리더라. 법황이 파리 셩을 ᄯᅥ나 몰치에 일을새 보ᄂᆞᆫ 자ㅣ 다 고장칭송ᄒ고 만셰 부르ᄂᆞᆫ 소ᄅᆡ 귀에 ᄭᅳ히지 아니ᄒ니 법인의 ᄌᆞ긍홈과 호듸희공ᄒᄂᆞᆫ 마음이 ᄯᅩᄒᆫ 심ᄒ더라. 연이나 법황의 격셔를 바다 쳥후조응ᄒᄂᆞᆫ 자ㅣ 사십만이러니 이졔 류속히 오ᄂᆞᆫ 자ㅣ 겨우 이십이만이오 법국 병졔에 익병 외에 별노이 단련ᄒᆫ 군새 잇스니 이ᄂᆞᆫ 예비병이라. 다 ᄒᆡᆼ군ᄒ야 몰치로 올새 긔한을 지ᄂᆞ고 급기 군즁에 이르ᄆᆡ ᄯᅩ 의긔가 소삭ᄒ야 규규환환ᄒᆫ 무부의 긔상이 업고 밋 교장을 듸렬홀새 신식 양창 ᄡᅳᄂᆞᆫ 법을 아ᄂᆞᆫ 자ㅣ 업스니 이ᄂᆞᆫ 극히 편리령쳡ᄒᆫ 창이 변ᄒ야 무용지물이 되고 셜녕 신창을 능히 ᄡᅳᄂᆞᆫ 군사ㅣ 잇셔도 각 장관들이 통솔ᄒᄂᆞᆫ 법을 아지 못ᄒ니 이ᄂᆞᆫ 군ᄉᆞ와 장관의 폐단이요 무른 삼군이 나지 아니ᄒᄆᆡ 량초ㅣ 몬져 ᄒᆡᆼ흠은 병가의 옛법이어늘 이졔 법병이 변방에 일으되 량식이 불계ᄒ고 은뎐도 ᄯᅩᄒᆫ 부족ᄒ니 그 엇지 용병홀이오. 말ᄒᄂᆞᆫ 자ㅣ 일으되 파리 경셩

25) 비ᄉᄆᆡᆨ(卑士麥): ᄲᅦ스막. 보상(普相). 비스마르크.
26) 몰치(沒齒): 밋쓰. 법변(法邊). 마르스-라투르 전투.

에 원리 이슴 처 큰 창과 고가 잇셔 량식과 은뎐이 츙만ᄒ야 족히 뒤군을 졉졔ᄒ시라. 연이나 젼일에 물건 싯ᄂᆫ 거류을 졔조ᄒᆯ 째에 수례 박회와 물건 넛ᄂᆫ 샹ᄌᄅᆯ 각각 누쳔리 밧긔 맛초와 기간 도로 요원ᄒᆫ지라. 냥쳐에 통긔ᄒ야 파리 셩으로 와셔 다시 군량과 군비를 실어 나파류 어영에 보ᄂᆞ니 젼일에 무물불유ᄒ다 ᄒᄂᆫ 쟈ㅣ 지금에ᄂᆫ 한 물건도 업슴과 ᄯᅩ고 지어 뒤포를 맛튼 군사ㅣ 뒤포영에 마팔을 쥰비치 아니ᄒ야 마뒤영 마필을 비러 비로소 힝군ᄒᄆᆡ 그 말 빌닌 마병은 뭇츰ᄂᆡ 말이 업셔 마뒤에 춤예치 못ᄒ고 <u>디리를 아ᄂᆫ 쟈ㅣ 업고 지어 법황의 쓰ᄂᆫ 지도ㅣ ᄯᅩᄒᆫ 셕일에 보국 스룸이 ᄆᆞ든 바ㅣ라. 그 산쳔과 도로를 거짓 그리여 법국을 속이지 아니ᄒ얏ᄂᆫ지도 아지 못ᄒ니 이ᄂᆫ 다 병가의 대긔라.</u> 양국이 ᄊᆞ홈ᄒ기 젼에 그 승부를 가히 알너라.

데십ᄉ졀 ᄉ이포 하수라

법황이 혜오뒤 보병이 나오기 젼에 ᄆᆞᆫ져 난인하슈를 건너 츌기 불의에 곳 보국지경에에 드러가 보국으로 ᄒ야곰 신뢰불급음이케 ᄒᆯ이라 ᄒ더니 밋 군즁 ᄉ무의 미비ᄒᆷ을 보고 겁ᄂᆡ여 이에 ᄉ가²⁷⁾산에 진 쳣다가 산하에 하슈ㅣ 잇스니 일홈은 ᄉ이포²⁸⁾ㅣ라. 법황이 ᄉ이포를 건너 안영ᄒ니 보국지경이 오히려 수쳔리오 슴십여 일졍이 격ᄒ얏더라. 이에 다시 ᄆᆞᆯ치에 퇴병ᄒ야 군량이 옴을 기다리더라.

빅령 경셩에셔 법병이 옴을 듯고 뒤로ᄒ야 일이만 젼국 군사ㅣ 다 법황 진젼으로 달아드니 진퇴안한ᄒ고 버벌이 졍졔ᄒ며 긔계 졍리ᄒ고 군령이 엄숙ᄒ며 뒤쟝군은 구라파 쥬명쟝이오 남북일이만 각국이 동심병력ᄒ야 무련병마 창포젼량ᄒ고 다 화류거에 싯고 호호탕탕이

---

27) ᄉ가 산(沙爾): 사아. 법산(法山).
28) ᄉ이포(沙爾布): 사쌀록. 법하(法河).

일으미 불과 십수일 동안에 일이만 군사ㅣ 수십오만이 일으더라.

뎨십오절 보병이 법국 지경을 건너미라

보국 틱자ㅣ 션봉이 되야 팔월 수일에 법국 짜 견쇠29)에 이르니 법국 장군 마마형30)이 틱병을 통솔ᄒᆞ고 화특31) 짜에 진첫다가 보병이 옴을 듯고 비로소 영격ᄒᆞ기를 쥰비ᄒᆞ더라.

뎨십륙절 법병이 픠홈이라

법쟝 마마형이 화특을 웅거ᄒᆞ야 보군과 싸와 불분승부ㅣ러니 보군 오ᄂᆞᆫ 즈ㅣ 졈졈 만하 필경 누젼누픠ᄒᆞ야 다 긔고를 바리고 도망ᄒᆞ니 화특 대영이 보군의게 쎅긴 바ㅣ 되얏더라.

법국 졔독 불사32)ㅣ 대군을 거ᄂᆞ리고 사비졍33)산 우회 진치니 츳디ᄂᆞᆫ 산로ㅣ 험쥰ᄒᆞ고 봉만이 즁쳡ᄒᆞ야 일부당관에 만부막기러라. 팔월 육일에 일이만 군사ㅣ 틱지ᄒᆞ야 수츠 졉젼ᄒᆞ다가 필경 과불젹즁ᄒᆞ야 불사 졔독이 대픠퇴귀ᄒᆞ니라.

이날 법황이 몰치에 잇셔 각 군스를 모아 셩셰를 쟝케 ᄒᆞ고즈 할새 졸연이 마마형 쟝군이 틱픠ᄒᆞ고 불사 졔독이 또 픠귀ᄒᆞᆷ을 듯고 심담이 구렬ᄒᆞ고 졍신이 황홀ᄒᆞ더라. 또 일이만 군사ㅣ 조슈미듯 츳쳔긔지ᄒᆞ야 옴을 듯고 스스로 대사ㅣ 이믜 가믈 알고 드틱여 군즁스로써 각

---

29) 견쇠(遺碎埠, 견쇄부): 워신벅. 법지(法地).
30) 마마형(馬瑪亨): 막마혼. 법장군(法將軍).
31) 화특(華忒): 워뜨. 법지(法地).
32) 불사(佛紗): 뚜로쓰드. 법졔독(法提督).
33) 사비졍(賜盃嘷, 사배톤): 사피췬. 법지(法地).

쟝수의게 밋기고 파리 경성으로 도라가고ㅈ 하니 법후 우져ㅣ 간ㅎ야 월이 졔픠ᄒ고 도라가면 하면목으로 파리의 부로를 보리오. 쳡의 우견 은 즘간 ᄯᆡ를 기다려 한 번 쳡보를 듯고 도라가면 도즁 ᄇᆡ셩이 감히 만모치 아니ᄒᆞ리이다 ᄒ거늘 법황이 부득이ᄒ야 위연 쟝탄ᄒ고 몰치 어영을 직희니 법국 쟝사ㅣ 다 법황이 쟝ᄌ 업슴을 알고 ᄯᅩ 더욱 픠보 ㅣ 일지ᄒᆞ미 군무투지ᄒ야 ᄡᅥ ᄒ되 일이만이 우리 장군과 졔독의 군ᄉ 를 파ᄒ얏거늘 우리 엇지 당ᄒᆞᆯ이오 ᄒᆞᄂᆞᆫ지라. 법황이 더욱 겁ᄂᆡ여 팔 월 십ᄉ일에 장군 파션[34]으로 ᄡᅥ 경냑대신을 ᄉᆞᆷ아 군무ᄉ를 총독게 ᄒ고 편의ᄒᆡᆼᄉᆞ라 ᄒ니 법인이 더욱 묘시ᄒ야 샹ᄌ 정부와 하지 병 민이 다 말ᄒ되 우리 황졔 젼몰쥬견ᄒ야 졍ᄒᆞᆫ 계칙이 업스니 필경 일 이만의게 픠ᄒ야 나라를 직희지 못ᄒ리라 ᄒ고 원망ᄒᆞᄂᆞᆫ 소ᄅᆡ 슬희지 아니ᄒᆞ며 법황이 ᄯᅩ 홀연이 병을 어더 심사ㅣ 번조ᄒ야 ᄆᆡ일 발ᄒ더니 그후 맛ᄎᆞᆷᄂᆡ 이 병오로 훙ᄒ니라.

팔월 칠일ᄭᅥ지 파리 ᄉᆞ람이 오히려 보국 ᄇᆡ령을 파ᄒᆫ다 ᄒ야 의긔 양양ᄒ더니 팔월 십ᄉ일에 이르러ᄂᆞᆫ 보병이 파리에 드러올가 겁ᄂᆡ며 보국과 ᄊᆞ호기 젼에ᄂᆞᆫ ᄇᆡ셩이 정부를 픱박ᄒ야 속히 보국을 치라 ᄒ 더니 밋 법국이 픠ᄒᆞᄆᆡ ᄯᅩ 말ᄒ되 정부ㅣ 판리를 잘못ᄒ얏다 ᄒ고 맛 ᄎᆞᆷᄂᆡ 졔대신을 쏫고 새로이 ᄃᆡ신들을 식이며 ᄯᅩ 셩언ᄒ되 황졔를 ᄇᆡᆺ 곤다 ᄒ더니 팔월 이십일에 신졍부ㅣ 마마형 쟝군을 명ᄒ야 회군ᄒ야 파리를 직희라 ᄒ더니 그 익일에 신졍부ㅣ 다시 명ᄒ야 파션 대신을 구완ᄒ라 ᄒ니 대져 신졍부ㅣ 처음에ᄂᆞᆫ 법황을 외ᄃᆡᄒ야 그 안위를 관 계ᄒ지 아니ᄒᆞ다가 다시 ᄉᆡᆼ각ᄒ되 경냑대신 파션이 이졔 몰치에 잇셔 곤ᄌᆨ히심ᄒ거늘 만일 마마형으로 ᄒ야곰 파션 대신을 바리고 도라오 라 ᄒ면 ᄇᆡᆨ셩이 심복지 아니ᄒ야 신졍부ㅣ ᄯᅩ 요동이 될가 넘녀ᄒᆞᆷ이니 이ᄂᆞᆫ 팔월 이십일일 ᄉᆞㅣ라. 마마형이 격셔를 보고 ᄉᆡᆼ각ᄒ되 ᄂᆡ 군사 ㅣ 십ᄉ만 명이 잇스나 다 단련ᄒᆞᆫ 군사ㅣ 아니오 젼자에 일이만과 ᄊᆞ

---

34) 파션(巴善): 마쌀 쎄애인. 법경략(法經略).

화 패ᄒᆞᆫ이 군심이 이산ᄒᆞ고 량식이 불계ᄒᆞ며 ᄯᅩ 일이만 군ᄉᆞᄂᆞᆫ 승승 장구ᄒᆞ야 예긔방강ᄒᆞ니 엇지 ᄊᆞ호리오. ᄯᅩ 파리 ᄇᆡᆨ셩이 황졔를 반코ᄌᆞ ᄒᆞ니 외우ᄂᆡ환이 여ᄎᆞ에 당ᄎᆞᆺ 엇지ᄒᆞᆯ고. 연이나 ᄒᆞᆫ 번 ᄊᆞ화 젼댱에 죽어 일홈이나 후셰에 젼ᄒᆞᆯ이라 ᄒᆞ고 팔월 이십 ᄉᆞᆷ일에 마마형이 법황을 모시고 군ᄉᆞ를 거ᄂᆞ려 파션 대신을 구ᄒᆞ니라.

뎨십칠졀 유단의 대젼이라

이 ᄶᆡ에 파션이 몰치에 잇스ᄆᆡ 일이만 군사ㅣ 길게 에워 곤ᄒᆞ게 ᄒᆞᄂᆞᆫ지라. 파션이 좌이ᄃᆡᄉᆞ홀가 겁ᄂᆡ여 팔월 십뉵 십팔 등일에 그 부하를 거ᄂᆞ리고 뢰셩비35)로 물너가니 일이만 군사ㅣ ᄶᆞᆺ츠들어 혈젼일ᄎᆞ ᄒᆞ고 가비락36)에 일으러 ᄯᅩ ᄒᆞᆫ 번 ᄊᆞ화 ᄃᆡ젼 양ᄎᆞ에 필경 나오지 못ᄒᆞ고 그 셩 가온ᄃᆡ 에운 바ㅣ 되야 겨우 포ᄃᆡ로 방어ᄒᆞ니 보국 군즁에셔 법국 댱군 마마형이 와 구완ᄒᆞᆯ 쥴 알고 몬져 군ᄉᆞ를 넷셰 난화 뎨일 뎨이ᄃᆡ군 십뉵만 명으로 파션을 에워 불급 수일에 량식이 진ᄒᆞ야 항복 바든 바ㅣ 되고 졔ᄉᆞᆷ 졔ᄉᆞᄃᆡ군 이십ᄉᆞᆷ만 명은 법국 쟝군 마마형을 영격ᄒᆞᆯᄉᆡ 마마형이 팔월 이십뉵일에 ᄉᆞ득ᄂᆡ37) 지방에 일으러 모ᄉᆞ하38)를 건너 남으로 힝ᄒᆞ니 모ᄉᆞ하 남편은 수목이 춈텬ᄒᆞ야 일광을 가리더라. 일이만 군사ㅣ 가만이 ᄆᆡ복ᄒᆞ얏다가 법군이 하수를 건너 밥 먹음을 보고 홀연이 만묵총즁으로셔 졍긔포양ᄒᆞ고 각이 노호ᄒᆞ야 풍

---

35) 뢰셩비(雷聲飛): 뤼온쎌. 법지(法地).
36) 가비락(家非樂): 그라엣롯트. 법지(法地). 그라블로트. 1870년 7월 14일, 프랑스 국민과 프로이센 국민 모두 서로에게 분노하였고, 프랑스가 먼저 전쟁을 선포하였다. 비스마르크는 이 전쟁이 방어 전쟁임을 주장하면서 맞대응을 하였다. 프랑스는 외교적으로 고립되어 있을 뿐만 아니라 전쟁준비가 되지 않은 상태였다. 프랑스군은 마르스라투르 전투와 그라블로트 전투에서 참패해 괴멸되었다. 『위키백과』
37) ᄉᆞ득ᄂᆡ(死得耐): 시ᄐᆡ네이. 법지(法地).
38) 모ᄉᆞ하(謀死): ᄆᆡ우스. 법하(法河).

우굿치 다라드니 법군이 대패ᄒ야 사상이 산젹ᄒ거ᄂ 마 댱군이 엇지 홀 줄 모르고 젼령퇴군ᄒ야 유단39) ᄯ아으로 모히라 ᄒ니 군사ㅣ 령을 듯고 징션공후ᄒ야 도망홀새 항오가 다 어질업더라. 이십칠일 ᄉ초에 마 댱군이 겨우 유단 ᄯ에 일으러 법황게 글왈을 올녀 왈 신 등이 오든 길이 다 일이만 군ᄉ의게 셋긴 바ㅣ 되얏스니 쳥컨ᄃ 폐하ᄂ 다른 길노 좃ᄎ 속히 유단에 일으러 ᄀ치 도라갈 길을 ᄎᄉ다 ᄒᄃ 법황이 대경실ᄉ겁ᄒ야 급히 어림군을 명ᄒ야 젼군이 일제히 퇴홀새 연로에 군ᄉㅣ 홋터지고 힝댱이 소조ᄒ며 겸ᄒ야 젼인의게 잡힐가 ᄒ야 감히 쳘로 노은 ᄃ로 향치 못ᄒ고 오직 그 친신ᄒ 스름 수인으로 더부러 말을 달니여 급히 유단에 일으니 이ᄂ 법황이 평싱에 뎨일 고싱ᄒᄂ ᄯ아히라. 좌우ㅣ 그 위틱흠을 알고 법황을 권ᄒ야 피ᄒ고ᄌ ᄒ니 법황이 불쳥왈 짐이 제군으로 더부러 사싱을 ᄀ치 홀 거시오 ᄎ마 바리지 못ᄒ노라 ᄒ더라. 오호ㅣ라. 인싱이 지ᄎ에 실노 츰혹ᄒ도다.

법 댱군 마마형이 군ᄉ를 지휘ᄒ야 유단을 직힐새 팔월 이십팔일 밤에 일이만 뎨숨 뎨ᄉ 대군이 유단셩하에 일으러 ᄉ면으로 에우니 병셰호대ᄒ지라. 법병이 감히 ᄊ호지 못ᄒ고 ᄯ오ᄒ 도망치도 못ᄒ더라.

일이만 군사ㅣ 깁히 병법을 릉통ᄒ야 구월 일일 아츰에 댱구ᄃ진ᄒ거ᄂ 마댱군이 신션ᄉ졸ᄒ야 말을 달니여 나가다가 탄환을 마ᄌ 락마ᄒ거ᄂ 군새 급히 구ᄒ야 오니라. 법황이 마 댱군의 즁히 상흠을 보고 대경실ᄉ겁ᄒ야 손을 잡고 수어 위로ᄒ 후 의원에 보ᄂ여 치료케 ᄒ고 다시 말을 달녀 압흐로 나아가니 종ᄎ로 양인이 다시 볼 긔약이 업더라. 기후예 법황이 말ᄒ야 왈 ᄂ 당시에 존망은 무론ᄒ고 이 몸이 발셔 무용지물이 된 줄 아랏노라. 대져 국가 대새 다시 나의게 잇지

---

39) 유단(絞丹, 수단): 씨단. 법지(法地). 스당. 스당 전투에서 나폴레옹 3세는 포로가 되었고, 파리 시민들은 파리 코뮌를 세우고 계속 독일군에 저항하였으나 4개월 만에 항복하고 만다. 프로이센군은 파리에서 시가행진을 하였다. 1871년 1월 18일, 베르사이유 궁전의 거울방에서 독일 제국의 수립을 선포한다. 이는 프랑스 국민들에게 아주 굴욕적인 일이 었다. 한편, 러시아는 전쟁이 끝나기도 전에 1856년에 맺은 해협에 관한 협정을 파기한다. 『위키백과』

아니흔 고로 츼마질치ᄒ야 ᄉᆞᆼ을 도라보지 아니ᄒ고 젹진으로 향ᄒ엿다 ᄒ더라.

이 ᄲᅢ 법국 군즁이 상ᄌᆞ 법황으로 하지 병졸ᄉᆞᆫ지 다 일이만 군사ᅵ 얼마며 ᄯᅩ 무슴 거동이 잇슴을 망연부지ᄒ고 오즉 밋ᄂᆞᆫ 바ᄂᆞᆫ 마마형 장군이 량칙이 잇셔 젹병과 ᄡᅡ호리라 ᄒ얏더니 이졔 마 댱군이 즁상ᄒ고 도라오ᄆᆡ 법황이 ᄒᆞᆯ 길 업셔 지극낙40) 졔독으로 ᄡᅥ 군무를 통ᄒᆞᆯ케 ᄒ니 지극낙은 마 댱군의 방냑과 계칙을 아지 못ᄒ고 졸연이 즁임을 당ᄒᆞᄆᆡ 조발흔 군새 어ᄂᆡ 진ᄃᆡ며 방어ᄒᄂᆞᆫ 장새 뉘며 츼응ᄒᄂᆞᆫ 지 무슴 쇠 잇ᄂᆞᆫ지 아지 못ᄒ고 오즉 ᄌᆞ긔 마음ᄃᆡ로 군녕을 곳쳐 혹 춰셔 될가 바라더니 불과 두어 졈 [조선 시 흔 시] 동안에 파리 신졍부에셔 병부샹셔ᅵ 졔독 혼분41)을 명ᄒᆞ야 ᄃᆡ장군을 ᄉᆞᆷ아 유단에 일으니 혼분 졔독은 당시에 아비리가 쥬에 잇셔 군무를 총찰ᄒ다가 병부샹셔의 혼령을 보고 쥬아 빗도ᄒ야 유단 셩즁에 일으러 겨우 좌졍후 쳔식도 미졍ᄒ야 곳 지극락 졔독의 졍흔 바 장졍을 불합다 ᄒ야 낫낫치 새로 곳쳐 군즁에 반포ᄒ니 법군이 ᄒᆞ로 동안에 군녕을 셰번 곳쳐 압히 잇든 자ᅵ 홀연 뒤로 가고 좌편에 잇든 자ᅵ ᄯᅩ흔 우군이 되야 분쥬불가ᄒ니 희가에 무슴 계칙이 잇셔 젹군을 당홀이오 ᄒ고 군즁이 요란ᄒ야 엇지홀 쥴 모르고 셔로 말ᄒ되 마마형 장군은 병이 엇더ᄒ며 죽지나 아니ᄒ얏ᄂᆞᆫ지 ᄯᅩ 지극락은 무슴 연고로 면관이 되얏스며 혼분 졔독인들 오ᄅᆡ 잇슬ᄂᆞᆫ지 알 슈 업다 ᄒ야 심사ᅵ 산란ᄒ며 의혹 미졍ᄒ더라. 연이나 법인은 원ᄅᆡ 한독과감ᄒ야 일이만과 ᄡᅡ홀새 다 이 ᄉᆞᄌᆞ쳐ᄒ고 교아졀치ᄒ야 대젼 수ᄎᆞ에 양군의 ᄉᆞᆼ승이 부지기수ᅵ러니 필경 과불젹즁ᄒ야 일모시에 퇴군ᄒ야 도망ᄒ고ᄌᆞ ᄒᄂᆞᆫ 지 만터라.

잇튼날 일이만 군새 ᄃᆡ지ᄒ야 법병의 웅거ᄒ얏든 싸홀 ᄲᅢ앗고 산상에 대포 오뵉 좌를 걸고 법병 잇ᄂᆞᆫ 곳을 향ᄒ야 노ᄒ니 법병이 피흐

---

40) 지극낙(呔克絡, 거극락): 썩너랄 듀크로트. 법졔독(法提督).
41) 혼분(魂焚): 윔ᄲᅳᆫ. 법슈(法帥).

곳이 업더라. 이날 신시에 법병이 스로잡힌 즈와 도망ㅎ는 즈 무슈ㅎ고 기여ㄴ는 다 유단 셩으로 도망ㅎ야 들어가니 다만 보건디 유단 셩즁에 군녕이 힝치 못ㅎ고 군새 다 양창을 발이고 도쳐에 음식을 창탈ㅎ며 쏘 대포가 써러질가 염녀ㅎ야 은신홀 곳만 츳지며 쏘 마병이 분분히 급히 오믹 타인의 셩명은 도라보지 아니ㅎ고 쏘 마거 슈빅냥이 젼혀 긔률이 업셔 스름의 총즁으로 린린 녹녹히 달니니 그 즁에 잇ㄴ 자ᅵ 회피치 못ㅎ야 다 말굽과 슈레박회에 발피여 죽ㄴ는 자ᅵ 무슈ㅎ지라. 유단 빅셩이 곡셩이 진쳔ㅎ고 춤혹ㅎ 형용을 볼 슈 업고 다 크게 쑤지져 관장을 욕ㅎ야 왈 져의 퇴젹홀 지조도 업고 쏘 군스를 어거ㅎㄴ는 법도 모르ㄴ다 ㅎ더라. 법병이 졍히 디란홀새 일이만 군사ᅵ 디포를 옴기여 유단셩을 향ㅎ야 노ㅎ니 모든 탄환이 비오듯 벌날니듯 다 라드ㄴ는지라. 법황이 이 째를 당ㅎ야 심력이 진ㅎ고 란군 즁에 분치ㅎ야 졔장으로 더부러 ᄀᆞ치 죽ᄌᆞ ㅎ더니 밋 유단 빅셩이 디희를 밧음믈 보고 불각쳐연하루ㅎ고 급히 명ㅎ야 빅긔를 놉히 달아 일이만의게 항복ㅎ고 쏘 혼분 졔독을 명ㅎ야 일이만 군즁에 나아가 파병홈을 쳥ㅎ더라.

뎨십팔졀 법황이 스로잡힘이라

일쳔팔빅칠십년 [금상 디군쥬 칠년] 구월 일일 박모에 일이만 귀쳑 디신이 다 유단에 일으로 보로스 왕과 밋 왕티즈와 직상 비스믹 대장군 모긔[42] 병부상셔 분롱[43]이 쏘흔 유단에 일으니 디져 법난셔ㄴ는 구라파의 극디흔 나라이라. 본리 웅장흔 일홈이 타국에 진동ㅎ더니 불과 수십일에 일픽도지ㅎ야 지어 법황이 스로잡힌 바ᅵ 되얏스니 이려흔

---

42) 모긔(毛奇): 카운트 몰트게. 보장군(普將軍).
43) 분롱(芬朧): 왼 룬. 보병부(普兵部).

전무후무호 디첩은 세게에 웃듬이라. 막불회동안식ᄒ고 퇴우지마ᄒ야 즐기지 아니리 업더라. 그 늘 밤에 법국 졔독 혼분이 보국 디신과 화친을 의논홀새 혼분이 보왕게 쳥ᄒ야 법황으로 ᄒ야곰 유단 셩 밧 이십 리지디 비리시 국과 졉게ᄒ 디방에 나와 군물과 긔계ᄅ 밧치게 ᄒ고 셩하지밍을 면ᄒ야 체면을 온젼케 ᄒ면 귀국의 큰 은혜ᄅ 잇지 아니 홀이라 ᄒ니 보국 디신이 불쳥ᄒᄂ지라. 혼분이 작식ᄒ야 왈 폐국이 귀국의 위엄을 져허ᄒ야 군신이 항복고즈 ᄒ거늘 이졔 이럿트시 멸시 ᄒ니 원컨디 다시 혼 번 쓰화 승부ᄅ 결홀지라. 즈츠 이후로 양국의 죽ᄂ 자ㅣ 만홀 거시니 귀국의 복이 아닐가 ᄒ노라. 디쟝군 모긔 디답 ᄒ야 왈 유단 셩중에 법병 팔만이 일일 냥식밧게 업거늘 우리 이십스 만 디병이 셩을 에우고 산상에 쏘 디포 오빅 좌히 잇스니 불과 두어 졈 시간에 너의 젼군이 함몰홀지라. 다시 쓰홈ᄒ다ᄂ 말은 일으지 말 나. 지상 비스딕이 쏘 일너 왈 네ㅣ 쏘혼 법인이 우러ᄅ 감격ᄒ다 일은 다 말나. 법국이 보슈코즈 ᄒ야도 역무불가ㅣ라. 연이나 디권이 이믜 나의게 잇스니 네 임의디로 ᄒ지 못ᄒ리라. 혼분이 엇지홀 길 업셔 그 디로 약조ᄅ 졍ᄒ고 도라오니라. 디져 법국이 즈고급금에 쓰홈을 승ᄒ 기도 만히 ᄒ고 픽흠도 쏘혼 만흐나 이곳치 체면을 일허발히고 수치 ᄅ 무릅쓴은 쳐음이러라.

보왕이 틱즈ᄅ 거ᄂ리고 법황을 보니 디져 법황이 습년 젼 파리에 잇슬 째에 크게 박물회ᄅ 벌이고 국셔ᄅ 보니야 보왕을 쳥ᄒ야 법국 에 일으러 쥬긱이 환락ᄒ고 슈작이 난만ᄒ니 당시에ᄂ 노의 나파류이 구라파 각국 즁에 뎨일 권력이 잇ᄂ 인군이라. 각국 인군이 다 혼 번 보기ᄅ 원ᄒ야 겨우 박물회ᄅ 열믹 오지 아니리 업더니 이졔 시이스 변ᄒ야 셕일 좌상긱이 금일에 부즁어농즁조[44]ㅣ 되얏스니 셩쇠지리 ᄅ 가히 알 수 업더라. 보왕이 법황을 보고 옛일을 말ᄒ야 왈 군왕이 습년 젼에 륭륭일상ᄒ야 스름으로 ᄒ야곰 흠모 염션케 ᄒ더니 이졔

---

44) 부즁어농즁조: 새장의 새.

산진수궁ᄒ야 이에 일으니 과인이 군광의 본심이 원립 폐국과 싸호지 아니코자 흠을 아랏노라 ᄒ더라. 이윽고 보국 군신이 상의ᄒ야 법황을 일이만 옛 제후 왕 고궁에 안치ᄒ니 즈후 구라파 스긔 중에 다시 노의 나파륜의 스젹을 보지 못ᄒ너라.

데십구졀 보병이 파리롤 취홈이라[45]

일이만 왕사ㅣ 법국 마마형 장군을 익이고 셩야발힝ᄒ야 고힝이 젼 ᄒ야 곳 파리셩 외에 일으니 연로에 막ᄂᆞᆫ 자ㅣ 업더라. 파리의 신졍부 ㅣ 나파륜이 딕패홈을 듯고 곳 령을 ᄂᆞ려 황졔의 위롤 삭탈ᄒ고 구월 스일에 다시 민쥬국을 ᄆᆞᆫ들고 민쥬의 졍부ㅣ 시로이 어젹홀 방칙을 의 논홀ᄉᆡ 일이 ᄆᆞᆺ지 못ᄒ야 구월 십구일에 일이만 군사ㅣ 파리셩에 모히 니 다만 들니ᄂᆞ니 화각소릭 산명곡응ᄒᄂᆞᆫ지라. 법인이 셩에 올나 바라 보니 쳐쳐에 일이만 군사ㅣ오 셩닉 수셜불통이러라. 보왕이 인의로써 위쥬ᄒ야 빅셩을 상치 아니홀이라 ᄒ고 다만 각쳐롤 엄히 준비ᄒ야 양 식이 진ᄒ고 구완이 ᄭᅳ쳐 항복홈을 기다리니 범 젼후 일빅이십일이라. 파리 스룸이 나릭 잇셔도 나오지 못ᄒ너라. 양식이 졈졈 핍졀ᄒ야 먹 을 거시 업고 셩 밧 스룸과 왕릭ᄒᄂᆞᆫ 거슨 오즉 경긔구롤 타고 음신을 통홀 ᄲᅮᆫ이라. [경긔구라 홈은 셔양 스룸이 타고 공중으로 단이ᄂᆞᆫ 거시 니 물리학자ㅣ 셱셱ᄒ고 빈틈업ᄂᆞᆫ 헌겁으로 둥글게 ᄆᆞᆫ들어 그 속에 와 사이[46]라 ᄒᄂᆞᆫ 긔운을 너흔 거시라.][47] 법인이 엇지홀 길 업셔 드딕여 항복ᄒ니라. 파리 셩중에 도로의 졍결홈은 타국이 비홀 자ㅣ 업고 쳐쳐 에 비셕과 표셕을 셰워 다 나파륜 데일의 큰 공덕과 훈업을 긔록ᄒᆫ 바 ㅣ오 기중에 ᄶᅩ 놉기가 하늘을 ᄶᅵᆯ을 듯ᄒᆫ 표셕이 잇스니 일홈은 득승

45) 1870년 9월 19일부터 1871년 1월 28일까지 전개된 보불전쟁 과정.
46) 와사이: 가스.
47) 보불전쟁 중 프랑스 공화국의 밀사 레온 감베타가 석탄가스를 이용한 열기구를 사용했음.

방48)이라. 텬하 졔일 영웅을 위ᄒ야 셰운 바ㅣ라. 법인의 고면ᄌ호ᄒ야 의긔양양홈이 더욱 이에 잇더니 지금에 쇠미패망홈이 여ᄎᄒ고 길가에 잇ᄂᆫ ᄌᄂᆫ 다 일이만 군사ㅣ라. 팔을 쏩ᄂᆡ고 흥미쾌락ᄒ야 법인으로 ᄒ야곰 분격홈을 이긔지 못ᄒ나49) 감이 엇지ᄒ지 못ᄒ더라.

뎨이십졀 보법이 립약 파병홈이라

법인이 이믜 항복ᄒᄆᆡ 일이만 군사ㅣ 약조를 졍ᄒ고 즉일 반사ᄒ니 법인이 비로소 여석중부ᄒ야 국ᄉ를 졍돈ᄒ고 ㅂㄱ셩을 안즙고ᄌ 홀시 외지변이 ᄯᅩ 이러 셜상가샹ᄒ니 진실노 블힝ᄒ도다. 션시에 이리만 약조를 졍홀시 조종홈홈을 임의로 ᄒ야 법국에 ᄒᆡ 됨이 만흔지라. 밋 보군이 퇴귀흔 후에 무뢰흔 빅셩이 당을 지어 말ᄒ되 셩하지밍을 홈은 ᄃᆡ신이 조쳐를 잘못홈이라 ᄒ며 ᄯᅩ 말ᄒ되 일이만의 지조ㅣ 이에 지나지 못ᄒ니 졔나를 엇지ᄒ리오 ᄒ고 셩군작당ᄒ야 일홈ᄒ와 왈 통용ᄒᄂᆫ 당50)이라 ᄒ니 그 ᄯᅳᆺ이 ᄃᆡ져 타인의 무슴 지물이 잇든지 셔로 통용홀 거시어늘 우리 독히 곤궁에 쳐ᄒ얏다 ᄒ고 무론 모물ᄒ고 임의탈취ᄒ더니 이 무리가 도쳐 봉긔ᄒ야 필경 파리셩을 웅거흔ᄆᆡ 파리셩 ᄉ면에 잇ᄂᆫ 포ᄃᆡ ᄯᅩ흔 져의게 쎗긴 바ㅣ 되얏ᄂᆫ지라. 민쥬국 졍부ㅣ 호령이 불힝ᄒ고 ᄃᆡ신이 다 도망ᄒ니 통용당이 민쥬국 일홈을 곳쳐 통용국이라 ᄒ고 노략창탈ᄒ야 무소부지ᄒ니 민쥬국이 엇지홀 길 업

---

48) 득승방: 미상.

49) 보불전쟁의 결과 프랑크푸르트조약이 체결되고 알자스, 로렌이 독일에게 넘어갔다. 그 이후 폴란드, 프랑스의 민족주의가 강화되었는데, 모파상의 『비계 덩어리』, 알퐁스 도데의 『마지막 수업』 등은 이를 배경으로 한 소설이다.

50) 통용당: 파리 코뮌. 1871년 3월 18일부터 5월 28일까지 프랑스에서는 파리 코뮌이란 단기간의 정권이 나왔다. 파리 코뮌은 프로이센의 지원을 받은 베르사이유 정부군에 의해 진압되었는데, 파리 코뮌의 성립은 전화를 입은 노동자들의 불만이 산적된 결과였다. 파리 코뮌은 산업혁명 시대에 노동자 계급이 최초로 정권을 잡은 사례로 인정된다. 출처: 제임스 윌퍼드, 『프랑스-독일전쟁』.

셔 외도 병정을 증발ᄒ야 파리 통용국을 에워 일천팔빅칠십일년 [금
상 디군주 팔년] ᄉ월 이일로부터 오월 이십일일ᄭ지 젼후 범 오십일
간에 법난셔 관군의 딩녈홈이 일이만 군ᄉ보다 더 심ᄒ니 셩즁이 수
셜불통ᄒ며 ᄯ또 미일 옥셕이 구분ᄒ미 죽은 자ㅣ 불게기슈요 밋 셩이
파ᄒ미 통용젹당이 스스로 그 죄 용납지 못홈을 알고 오즉 ᄉ독고ᄌ
ᄒ야 무론하쳐ᄒ고 살인방화홈을 일ᄉᆞᆷ으니 법국의 명ᄉ와 샹고들이
ᄒ나토 면ᄒ 자ㅣ 업고 그 화려ᄒᆫ 궁젼과 욱우ㅣ 다 불탄 터젼이 되얏
더라.

일이만이 법국을 대쳡ᄒ미 일이만 각 방 인군의 의심ᄒᄂᆫ 마음이
다 환연빙셕ᄒ야 여러 나라를 합ᄒ야 ᄒ나히 되니 디겨 일이만 젼부
ᄂᆫ 본리 다 모든 져근 왕과 밋 졔후ㅣ라. 각기 졔 국니를 다스리고 합
ᄒ야 큰 나라히 되기를 원치 아니홈은 졔후왕이 각각 그 사심을 가짐
이오 법난셔ㅣ ᄯ또ᄒᆫ 반간을 노아 수십빅년리에 법국에 속은 바ㅣ 되얏
더니 이졔 졔후왕이 다 법국 궤게에 ᄲᅢᆻ지물 알며 그 다년 불합ᄒᆫ 거시
실로 법국의 연괴라. 이졔 법국을 이기엿스니 만일 각국이 의구히 산
이불합ᄒ면 후환이 장ᄎᆞᆺ 크리라 ᄒ고 이에 각국이 셔로 의논ᄒ야 각
방을 합ᄒ야 한나라를 믄들고 국호를 곳쳐 왈 덕의지51)라 ᄒ고 일쳔
팍빅칠십일년 [금상 디군주 팔년] 십이월에 덕의지 거국 인민이 ᄒᆫ가
지 일이만 왕 비질례위량52)을 셰워 덕국 졔일 황졔라 ᄒ니 디겨 일이
만이 덕의지됨이 빅령에 잇지 아니ᄒ고 법국 파리에 잇스니 진실로
긔이ᄒᆫ 일이러라.

덕국이 법국에 벌금 바듬이 티과ᄒ다 ᄒ야 도이ᄂᆫ 구라파 쥬를 경복
고ᄌ ᄒᄂᆫ ᄉᆞ름을 벌ᄒ 거시니 그 일이 맛당ᄒ고 보로사ㅣ 이빅년 젼
에 법국에 ᄲᅢᆻ긴 짜이 둘이니 일은 아쫘스요 일은 나리인이라.53) 이졔

51) 덕의지(德意志 卽 普魯士): 쩌마늬. 국(國). 도이치. 독일.
52) 비질례위량(斐迭禮威良 亦曰 威良 第四): 엠퍼러 월릐암. 덕황(德皇). 빌헬름 4세.
53) 보불 강화조약: 보불전쟁의 강화조약은 1871년 2월에 임시 조약이 베르사이유에서 체
    결된 후 1871년 5월 10일에 프랑크푸르트조약으로 정식으로 조인되었다. 이로 인해 프

덕국에 돌려 보닉고 추외에 덕국 병비 영금 이만만 방을 비샹ᄒ고 쏘 약조 즁에 ᄒ얏스되 법국이 덕국의 병비를 다 갑흔 후에 철병케 ᄒ고 철병ᄒ기 젼에는 덕국 군슨의 월급과 군량을 다 일일이 법국에 믈니고 법국이 만일 긔흔 젼 쳥장ᄒ면 덕군이 쏘흔 션긔퇴병홀이라 ᄒ얏스니 이거슨 법국이 덕국에 쎗기인 거시오 쏘 법국이 젼징으로인ᄒ야 손샹 된 것과 빅셩이 파가산흔 것과 샹고가 실업흔 거슨 다 회계홀 슈 업고 추외에 다만 군즁에 응용흔 것만 말ᄒ야도 발셔 영금 슴억칠쳔만 방을 허비ᄒ고 쏘 덕국의 병비와 덕국의 둔찰흔 군슨의 부비를 말ᄒ면 불가 승수라 말ᄒᄂ 자ㅣ 이르되 이는 법국이 멸망흠과 굿트여 다시 쓸칠 날이 업다 ᄒ며 쏘 말ᄒ되 이는 덕국이 법국으로 ᄒ야곰 다시 이러 스 름을 희치지 못ᄒ게 흠이라 ᄒ더라. 이윽고 법국이 다시 소싱ᄒ야 텬 하만국 스름으로 손바닥을 치고 긔이ᄒ다 부르게 되니 당시에 민쥬국 의 민쥬ㅣ 된 즈는 셕일 대신 졔이[54]라. 덕국으로 더부러 화약을 졍흔 후에 벌금을 다 일일이 쳥장ᄒ고 조금도 어려온 일이 업더라.

뎨이십일졀 법국이 쏘 변ᄒ야 민주국이 되미라[55]

    랑스는 동부의 독일계 주민 거주 지역이던 알자스와 로렌 지방 3개 현을 내주었는데 이는 1919까지 독일제국 직할령 엘자스 로트링겐주로 편입되었다. 그리고 50억 프랑의 배상금 지불과 함께 프랑스 영내에 진주한 프로이센군은 1873년 9월까지 주둔하는 것이 결정되었다. 보불전쟁으로 통일 독일제국이 탄생하면서 열강의 반열에 오르게 되었는데, 전후 국제 외교는 비스마르크의 생각대로 움직여 1873년에 독일제국은 러시아, 오스트리아의 두 제국과 삼제(三帝)동맹을 체결하는 등 프랑스의 외교적 고립을 진행했다. 또, 전쟁의 여파로 인해 로마 교황령은 프랑스로부터의 군사적인 보호를 잃어 보불전쟁 중이던 1870년 9월 20일에 이탈리아 왕국군에게 점령당했다. 국민징병제를 채용한 프로이센이 압승을 거두면서 다른 나라들도 국민개병에 나서게 되었는데 일본과 러시아도 보불전쟁의 결과를 보고 국민징병제를 채용했다. 제임스 윌퍼드, 『프랑스-독일전쟁』; 도위창, 보불전쟁 4, http://blog.naver.com

54) 졔이(梯耳): 씌어스. 법대신(法大臣). 아돌프 티에르.(?)

55) 프랑스 제3공화국 시대: 국가 방위를 위한 임시정부가 수립되고, 1871년 1월 28일 휴전 조약이 조인되면서 정식 강화조약을 체결할 권한을 가진 의회를 빠른 시일 내에 선출해야 했다. 2월 13일 보르도에서 개회한 새로운 의회는 나폴레옹 외교정책의 비판자였던

법황이 사로잡히미 나라에 인군이 업는지라. 구일 왕족이 혜오딕 이
제 긔회 잇다 ᄒᆞ야 각각 편당을 지어 틱위를 엿보며 ᄯᅩ 무식ᄒᆞᆫ 자는
각각 왕족 ᄒᆞ나을 밧드러 말ᄒᆞ되 후일에 필연 왕이 되리라 ᄒᆞ고 정부
의 ᄯᅳᆺ이 엇더흠을 몰으더라. 일천팔빅칠십습년 [금상 틱군주 십년]에
제이 민쥬의 위를 물너가미 법인이 옛 장군 마마형을 셰워 민쥬를 습
으니 마마형은 당년의 덕국에 픽ᄒᆞ얏든 스름이라. 민쥬의 위를 불승긔
임ᄒᆞ더니 일천팔빅칠십구년 [금상 대군주 십뉵년]에 민간이 격뢰비56)
를 셰워 민쥬를 습고 일천팔빅팔십년 [금상 대군주 이십ᄉᆞ년]에 격뢰
비 위에 물너가고 살저긕나57)를 셰워 민쥬를 습으니라.

오를레앙파의 아돌프 티에르를 공화국의 행정수반으로 선택했다. 3월 1일 프랑크푸르
트 강화조약이 비준되었는데, 프랑스는 동부 프랑스의 독일군 주둔비와 막대한 배상금
을 물게 되었고, 알자스와 로렌의 절반을 독일에 양도하게 되었다(제1차 세계대전 종결
때 이 지방들은 프랑스에 반환되었음). 강화조약이 체결된 며칠 후에 의회는 파리 코뮌
의 반란에 직면했다. 3월 18일 티에르는 군대를 파견하여 국민방위군을 무장해제하려
했으나 유혈충돌이 발생하고 폭력사태가 확산되었다. 정부군은 서서히 파리를 포위하
고, 파리 민중은 독일과의 강화에 반대하여 평의회를 선출하여 파리 코뮌을 설립했는데,
거기에는 급진적인 공화주의자와 사회주의자들이 포함되어 있었다. 5월 21일 티에르의
정부군은 공격 준비를 완료했다. 이로부터 '피의 일주일'(5. 21~28) 동안 코뮌 투사들은
항전을 계속했으나, 결국 2만 명이 전사하거나 처형되고 수천 명의 생존자들은 유배되
거나 망명했다. 티에르는 효과적인 지도력을 발휘했으나, 그의 지지 세력이었던 왕당파
를 떠나 공화주의자에 동조하자 왕당파는 그를 해임하고(1873. 5) 군사령관인 마크마옹
원수를 내세웠다. 1875년 의회는 일련의 기본법을 채택하여 제3공화국 헌법을 마련했는
데 이 헌법은 양원제 의회와 국무회의, 그리고 대통령직을 규정했다. 1880년대에 공화
주의자는 급진파와 기회주의자로 나누어졌다. 좌파인 급진주의자들은 중앙집권, 반(反)
교회주의, 대외정책에서의 민족주의, 헌법개정, 그리고 사회개혁을 내세웠다. 이에 반하
여 기회주의자들은 현체제의 유지와 시민의 사생활에 대한 정부간섭의 제한을 목표로
삼았다. 이 시기에 정부를 운영한 것은 기회주의자들이었으며 레옹 강베타는 그들의 가
장 강력한 지도자였다. 1880~1885년 총리직과 다른 각료직을 맡았던 쥘 페리는 의무교
육제의 실시와 식민지 제국 건설에 공헌했다. 1885년에 연립내각의 국방장관이 된 불랑
제 장군은 곧 공화제를 크게 위협하는 민중운동의 지도자로 나섰다. 그의 목표는 1889
년의 의회선거에서 승리해 독재권을 장악하는 것이었으나 선거 직전에 브뤼셀로 도망
감으로써 그의 계획은 좌절되었다. 그결과 기회주의자의 세력이 강화되었다. 당시 새로
일어나고 있던 사회주의 운동은 공화국 지도자들의 정직성에 대한 회의를 더욱 강화시
켰다. 1893년 많은 사회주의자들이 의석을 얻고, 사회주의는 도시노동자들 사이에 확산
되었다. 『브리태니커』

56) 격뢰비(格雷飛): 푸릭시틱트 그릭예. 법민사(法民士). 쥘 페리(?)

뎨이십이졀 시법이라

법국 목하의 제도를 말ᄒ면 만ᄉ를 다 빅셩이 쥬장ᄒᄆ 의원을 상하에 난호와 둘을 ᄆᆫ들고 민간 남자ㅣ 나히 이십일 세 이상은 다 관원을 쳔거ᄒᄂ 권이 잇게 ᄒ고 나히 이십오 셰 되고 직덕이 잇ᄂ ᄌᄂ 하의원에 드러 의원이 되고 오직 샹의원 의원은 ᄉ십 이샹으로 들게 ᄒ며 샹하 의원이 다 월급이 잇고 그 일국일을 총독ᄒᄂ 이ᄂ 곳 민쥬의 인군이니 이ᄂ 상하 의원이 동심ᄒᆞ야 공쳔ᄒᆫ 연후에야 군쥬위에 올으고 군쥬의 위ᄂ 칠년으로 위한ᄒ고 정부 대신은 민쥬ㅣ ᄌ의로 ᄲᆫ게 ᄒ니라.58)

뎨이십솜졀 교화와 학교라

법인이 텬쥬교를 봉힝ᄒᄂ 자ㅣ 빅인 중 구십팔 명이나 야소교와 유퇴교를 봉힝ᄒᄂ ᄌ와 동등으로 아ᄂ 고로 야소 유퇴 두 교에셔도 ᄯᅩ ᄒᆫ 국가를 향ᄒᆞ야 교즁 경비를 ᄎᄌ ᄉ니 [아국 퇴학에 경비를 쥬어 양ᄉ흠과 ᄀᆺ흠이라.] 일년 즁에 쓰ᄂ 경비 텬쥬교ᄂ 영금 이빅만 방이오 야소교ᄂ 영금 뉵만 방이오 유퇴교ᄂ 영금 뉵쳔 방이러라.

법국 학교로 논ᄒᆞ야도 오직 텬쥬교 교사ㅣ 대권을 가지고 국가ㅣ 학교에 ᄆᆡ년 쥬ᄂ 경비 항상 영금 이빅만 방 ᄂᆡ외 되야 텬쥬교 경비와 갓고 학도를 논ᄒ면 뉵셰 된 아희 ᄆᆡ 빅인 중 글ᄌ 모로ᄂ 자ㅣ 솜십명이오 [셔양에 뉵셰라 흠은 나히 쥰 칠년이 됨을 일음이니 아국으로 말ᄒ면 칠팔셰 가량이라.] 이십셰 이샹은 ᄆᆡ 빅인 중 글 익지 아니ᄒᄂ 자ㅣ 솜십ᄉ명이오 뉵셰 이상으로 이십셰 안에 잇ᄂ 사ᄅᆷ은 글 익지

---

57) 살저긔나(薩低略拿): ᄮᄆᆡ 카노트. 법민사(法民士).
58) ᄌ의로 ᄲᆫ게 ᄒ니라: 자의로 뽑게 하니라. 자행선임(自行選任).

아니흐고 글즈 모로는 자ㅣ 겨우 이십스인이니 일로 보면 법인이 학당에 드는 자ㅣ 비견흐면 만터라. 연이나 분이계지흐면 각도 각읍이 다른 고로 남북 각도를 논흐면 민 빅인에 글즈 모로는 자ㅣ 겨유 칠팔인이요 셔남 각도로 말흐면 글즈 모로는 ㅣ 그 만홈이 빅인 중 뉵십인이 되더라.

데이십스졀 병법 신졔라

법국이 대픽흔 후로 통입골수흐야 군무 졍돈홈으로 졔일 급무를 슴아 군즁 졔도를 다 덕국을 의방흐며 국가ㅣ 병졍을 셜시홈은 젼국 인민을 보호흔다 흐야 국즁의 남자ㅣ 폐질이 업스면 다 군오에 들게 흐야 남자ㅣ 장졍이 되면 곳 군젹에 속흐야 오년을 지닌 후에 집에 도라가게 흐되 오히려 예비병을 슴아 범 십오년을 잇게 흐야 일조에 유스흐면 국가ㅣ 곳 증발흐되 다 긔약을 어기지 못흐고 모히며 또 감히 돈을 닉여 다른 스름을 스셔 대츙치 못흐게 흐며 오직 그 가즁에 만만부득이흔 일이 잇스면 비로소 소지를 졍흐야 면흐게 흐니 딕져 통국즁에 국가의 고아탕지젼을 무러 면흐는 자ㅣ 불과 십분지일이라. 이럼으로 승평흔 날에 법국 익병이 칠십일만 구쳔여 명이니 다 조셕 훈련흔 군스ㅣ오, 유스지일에는 예비병을 병흐야 가히 이빅오십만 명이 될지라. 군비가 민년 영금 이쳔만 방이 되니 실로 놀납더라.

법국의 대소 병션이 스빅쳑이 잇고 그 희군되는 즈는 다 국가ㅣ 션발흔 빅니 민년 영금 칠빅만 방을 허비흐고 쏘 쳘갑대병션 뉵십 쳑을 지으니 경비의 큼은 가히 알 거시오 닉두 효험은 아직 모를너라.

뎨이십오졀 국용과 국치라

법국 정령이 누츠 변경홈이 장칙이 아니오 쏘 믹양 흔 번 법을 변ᄒ면 부비가 곳 흔층이 더ᄒ니 나파륜 뎨일이 황졔 시에ᄂ 국용이 부족지 아니ᄒ다 ᄒ나 기실은 다 타국의 직물을 쎅셔온 거시오 나파륜 뎨일이 위를 일코 법국이 고업을 회복ᄒᄂ 날에 일으ᄂᄂ 믹년 국용이 영금 수쳔만 방이오 노의 비례 황졔될 째에ᄂ 믹년 국용이 영금 오쳔일빅만 방이니 쏘 젼보다 더ᄒ고 민쥬국이 될 째에ᄂ 믹년 국용이 영금 눅쳔습빅만 방이오 나파륜 졔습이 [즉 노의 나파륜이라] 황졔 시에ᄂ 평샹지년에 영금 팔쳔습빅만 방을 쓰고 의외 젼징이 잇스면 졸연히 영금 일만칠빅만 방에 일으니 소민의 신고ᄒ고 간구흔 직물을 가져다가 랑비홈을 진흑과 모릭ᄉᆞᆾ치 바라니 엇지 앗갑지 아니홀이오.

법국의 국치를 통계ᄒ면 영금 구만수쳔만 방이 되니 구파라 쥬 졔국 즁에 졔일 국치 만흔 나라이라. 믹년 변리만 ᄒ야도 영금 삼쳔만 방이 되고 그 치쥬ᄂ 견혀 법국 빅셩이니 다 각기 졔 가산 남아지로 국고에 ᄭᆞ인 거시라. 혹 말ᄒ되 당당뒤국이 젹치여산ᄒ니 쯧ᄒ건뒤 조불여셕홀 듯ᄒ나 이ᄂ 도로혀 국치가 만흘스록 국가ㅣ 더 완고ᄒ니 이샹ᄒ다 ᄒ나 실은 이샹홀 거시 업스니 뒤져 민간에 큰 돈이 잇셔 나라에 드려 변리를 싱식ᄒᆞ믹 부득불 각기 그 본젼을 고호ᄒ야 무단히 란을 일희여 져의 직물을 일코즈 아니ᄒᄂ지라. 노의 나파륜의 말년에 엄연히 국가의 치쥬 노릇ᄒᄂ 쟈ㅣ 일빅이십만 호ㅣ 되더니 다시 오년이 지닉믹 수빅습십팔만 호ㅣ 되야 통이언지ᄒ면 법민이 십분 즁에 오분이 나라의 치쥬되니 이럼으로 란을 일희켜고즈 ᄒᄂ 쟈ㅣ 업더라.

뎨이십륙졀 싸흘 난호ᄂ 법이라

법국이 새로이 법률을 졍ᄒ야 부모 죽은 후에 그쎳친 바 젼디를 고

354

르게 ᄌ녀를 난화쥬게 ᄒ니 이럼으로 싸 가진 임자ㅣ 점점 만하 셕일 정형이 딕단히 변ᄒ니 만일 그 호수를 샹고ᄒ면 습분 중에 이분 ᄉ롬이 다 견디가 잇셔 항업 항산이 되ᄂᆞᆫ 고로 영국 ᄉ롬이 네호 가온딕 겨우 ᄒᆞᆫ 호가 견디 잇슴과 비ᄒᆞ면 샹거판이ᄒᆞ고 이럼으로 법국 싸히 령령쇄쇄히 나노야 잇고 ᄒᆞᆫ ᄉ롬도 련쳔누딕ᄒᆞᆫ 큰 견디를 가진 자ㅣ 업스믹 그 영국 싸흐로 류빅묘 혹 류빅묘 이상을 가진 전장 임자ㅣ 댜 강 오만 호ㅣ오 [묘라 홈은 곳 조션 말로 이랑이니 ᄉ면 이빅ᄉ십보가 ᄒᆞᆫ 이랑이오 영국의 ᄒᆞᆫ 이랑은 조션 여셧 이랑이니 이졔 뉴빅이랑은 곳 조션 습쳔뉴빅 묘이라.] 영국 싸흐로 뉴십 묘 가진 자ㅣ 대강 오십 만 가이오 뉴묘 가진 임ᄌᄂᆞᆫ 오빅만이라. 그 디셰를 바들 째에 셰쇄곡 젹이 불편홈은 잇셔도 영국의 허다ᄒᆞᆫ 사ᄃᆞᄅ 두어 ᄉ롬이 가진 데 비 ᄒᆞ야ᄂᆞᆫ 그 리히를 불가승언이러라.

구쥬 각국의 호구ㅣ 날마다 증가ᄒ나 법민은 더홈을 보지 못ᄒ니 딕 져 나파륜이 활쳘로 딕픽ᄒᆞᆫ 후로 ᄉ롬의 싱산과 죽ᄂᆞᆫ ᄌ를 비교ᄒ니 싀로 나ᄂᆞᆫ 자ㅣ 믹년에 이십팔만 명이라 ᄒ더니 이윽고 히마다 감ᄒᆞ야 점점 오만 명식 젹어가다가 일쳘팔빅팔십일년 [금상 딕군주 십팔년] 에 일으러 죽ᄂᆞᆫ 자ㅣ 도로혀 싱ᄒᆞᄂᆞᆫ ᄌ보다 더ᄒᆞ고 후에ᄂᆞᆫ 싱ᄉ를 셔 로 비교ᄒᆞ믹 싱ᄒᆞᄂᆞᆫ 자ㅣ 딕강 죽ᄂᆞᆫ ᄌ보다 만코 일쳔팔빅뉴십뉴년 [금상 대군주 습년]에 법국 호구칙을 샹고ᄒ니 남녀ㅣ 습쳔팔빅만 명 이러니 급기 일쳔팔빅팔십일년 [금상 딕군주 십팔년]의 호구칙을 보 니 겨우 습쳔칠빅만이라. 비록 갈오딕 아쏴ᄉ59) 라릭인60) 두 싸와 그 빅셩 일빅여만 인을 덕국에 돌녀보닉ㅅ다 ᄒ나 엇지 ᄒᆞᆫ ᄉ롬도 더 증 가치 아니홀 리치 잇스리오. 슬푸다. 궁병독무ᄒᆞ난 히 크도다.

---

59) 아쏴ᄉ: 알자스.
60) 라릭인: 로렌.

뎨이십칠절 통상이라

법국의 통샹흠은 병화 유무를 물론ᄒ고 점점 늘어가니 일쳔팔빅뉵십일년 [철종 십이년] 예ᄂᆞᆫ 타국 물화ㅣ 진구되ᄂᆞᆫ 쟈ㅣ 불과 영금 구쳔 칠만 방이러니 일쳔팔빅팔십뉵년 [금샹 뎍군쥬 이십ᄉᆞᆷ년]에ᄂᆞᆫ 일만뉵쳔만 방이 되고 법국 토화의 츌구ᄒᄂᆞᆫ 쟈ㅣ 일쳔팔빅뉵십일년 [철종 십이년]에ᄂᆞᆫ 영금 칠쳔칠빅만 방이러니 일쳔팔빅팔십뉵년 [금샹 뎍군쥬 이십ᄉᆞᆷ년]에ᄂᆞᆫ 일만뉵쳐구빅만 방이 되더라.

덕국 군사ㅣ 파리를 에울 ᄯᅢ에 샹고의 무역이 여샹ᄒᆞ야 일쳔팔빅칠십년 [금샹 대군쥬 칠년] 진구 화물이 일쳔팔빅뉵십구년 [금샹 대군쥬 륙년]에 비ᄒᆞ면 겨우 팔분일이 감ᄒᆞ얏다가 일쳔팔빅칠십일년 [금샹 대군쥬 팔년]에 일으러 다시 팔분일이 더ᄒ고 일쳔팔빅칠십칠 칠십일 양년 [금샹 대군쥬 칠팔 양년]에ᄂᆞᆫ 츌구 화물이 젼에 비ᄒᆞ면 믹 빅냥에 엿냥식이 격더니 일쳔팔빅칠십이년 [금샹 대군쥬 구년]에ᄂᆞᆫ 비단 젼ᄀᆞᆺ치 될 ᄲᅮᆫ 아니라 오히려 더 증가ᄒᆞ얏더라.

법인의 츌구ᄒᄂᆞᆫ 물화를 통계ᄒᆞ면 범 ᄉᆞᆷ분일은 다 영국에 발믹ᄒ니 기즁 식물이 졔일 대종이 되야 우유와 기름과 감져와 밋 각식 식물과 화목의 종ᄌᆞ와 각식 즘싱의 가족과 양쳑과 ᄯᅩ ᄉᆞ탕을 믄드ᄂᆞᆫ 홍당무와 각종 술이요, 기외에 각식 비단이 다 영국에 ᄑᆞᄂᆞᆫ 거시오, 법인의 믄든 토슈ㅣ 영인의 졔조보다 졍치ᄒᆞ야 졀묘ᄒ고 그 양융 양목 등이 다 영인이 조와ᄒᄂᆞᆫ 바ㅣ러라.

영인이 법국 물화를 취흠은 비록 만흐나 법인은 셩품이 인식ᄒᆞ야 편벽되이 영국 물건을 ᄡᅳ지 아니ᄒ니 그런 고로 법인이 영국에 ᄉᆞᄂᆞᆫ 물화ㅣ 불과 십분일이라. 영국 샹고ㅣ 법국에 ᄑᆞᄂᆞᆫ 거슨 셕탄과 쳘이 큰 물건이 되고 기외에 면화와 문영 등 수종이 잇고 법국의 양융을 살 ᄯᅢ에ᄂᆞᆫ 영국 실로써 피츠 믹믹ᄒᆞ야 샹환흠과 ᄀᆞᆺ트니 [비컨대 아국이 인ᄉᆞᆷ을 텅국에 가져가 텅국 물화를 ᄉᆞ옴과 ᄀᆞᆺᄐᆞ야 셔로 물건으로 환믹흠이라] 뒤져 법인이 영국에 ᄉᆞᄂᆞᆫ 거슨 영국이 법국에 ᄉᆞᄂᆞᆫ 것에 비

ᄒ면 불과 슴분일이오, 또 법인이 스는 영국 물화ㅣ 금일에 일르러는 점점 더 감ᄒ더라.

법국의 무역이 비록 젼보다 증가ᄒ나 그 통상ᄒ는 션쳑이 일쳔팔빅 뉵십년 [금상 딕군주 슴년] 이후로 지금ᄭ지 더 느지 아니ᄒ고 상션 민 일쳑에 싯는 거시 영국 청으로 불과 일빅만 돈이여 [ᄒᆫ 돈이 일쳔 뉵빅팔십 근이라.] 영국의 상션은 법국보다 칠 빈되더라.

데이십팔졀 쳘로와 우편과 젼신이라

법국 쳘로를 통이계지ᄒ면 영국 리수이 만리에 지나지 못ᄒ고 [영리 십리는 조션 삼십리라] 또 상고들이 쓰는 바ㅣ 되민 기즁 십분지 오는 상고들이 리가 업슬가 염녀ᄒ는 고로 국가로셔 민년 리식을 약간식 무러쥬고 법인이 쳘로로 왕릭ᄒ는 자ㅣ 또ᄒᆫ 영인ᄀᆺ치 만치 아니ᄒ야 영인의 류거 부비는 민년 평균 분빈ᄒ니 민인에 영금 이 방을 허비ᄒ고 법인은 불과 일 방이 되며, 우편국과 젼보국 부비는 더욱 영국보다 젹으니 영국은 민년 민인에 우편국에 부치는 편지가 스십봉식이오 법인은 불과 십팔봉이 되니 십년 젼에 민인이 겨우 열봉식 붓칠 새에 비ᄒ면 조곰 만흔 모양이오 젼보는 영인이 민년 민인에 일츳식이 되고 법국은 다셧 스름을 합ᄒ야 겨우 ᄒᆫ 번 붓치는 셈이러라.

데이십구졀 농민이라

법민의 농부된 자ㅣ 십분에 오이오, 또 십분지 오 즁에 난호여 넷시 되야 슴분은 거향ᄒ고 일분은 스방에 잡쳐ᄒ니 젼일에는 거향ᄒ는 스름이 관원 쳔거ᄒ는 권이 업더니 지금에는 농부ㅣ 다 관원을 거쳔ᄒ는 권이 잇는 고로, 법민이 다 말ᄒ되 우리가 셕일ᄀᆺ치 무용지물이 아니라 ᄒ나 농부의 능히 글을 읽고 신문을 보는 자ㅣ 더 증가치 아니홈은 대져 학무를 맛튼 관원이 헤오딘 농군이 문묵에 종ᄒᄒ면 농사에 히롤가 ᄒ야 셩실이 가르치지 아니ᄒᄂ 연고ㅣ요, 그 봉ᄒᄒᄂ 교로 말ᄒ면 다 일으되 교홈이 유익무손ᄒ다 ᄒ야 신종ᄒᄂ 자ㅣ 날노 더ᄒ야 지어 부인과 아ᄒ 례비당에 드러가는 자ㅣ 불소ᄒ고 교ᄉ의 연셜을 질겨 들으며 농부는 부지런ᄒ고 검박ᄒ야 ᄉ치ᄒ고 화려홈을 조와 아니ᄒ고 급기 국가의 법령을 말ᄒ면, 민쥬국이 되면 그 젼지를 평균이 난홀가 염녀ᄒ나, 대져 굿게 직희고 경장홈을 조와 아니ᄒ야 ᄌ못 민쥬의 정치를 밋으며 쏘 고셔 즁에 일넛스되 군쥬ㅣ 빅셩을 학ᄃᄒ거나 쏘 ᄊ홈을 조와ᄒ야 소민이 도탄에 들게 홈을 보고 다 군쥬의 정치를 질겨ᄒ지 아니ᄒ니 그 마음을 궁구홀진딘 농민의 마음은 징상ᄒ 자ㅣ 군쥬가 되든지 민쥬가 되든지 다만 빅셩으로 ᄒ야곰 안거락업게 ᄒ면 그 원이 족ᄒ너라.

법국 신법에 빅셩으로 ᄒ야곰 비밀히 관원을 거쳔게 ᄒ야 그 관원된 자ㅣ 사혐으로 음히ᄒ거나 쏘 은혜를 사지 못ᄒ게 ᄒ니 일엄으로 인직의 현불초를 아지 못ᄒ고 왕왕이 무지ᄒ ᄉ름을 거쳔ᄒᄂ 폐 잇스나 빅셩의 마음에는 병혁을 괴로이 알고 ᄊ홈ᄒ야 젼승공취하는 영화를 구하지 아니ᄒᄂ 고로 거쳔ᄒᄂ 바ㅣ 다 션량ᄒ고 유화ᄒ ᄉ름이라. 타일에 글을 만히 읽고 리치를 ᄭ다르면 직조만 잇는 ᄉ름보다 낫다 ᄒ며 셩시에 ᄀᄌ가이 잇ᄂ ᄉ름은 긱긔가 과ᄒ야 합의치 아니ᄒ 일을 보면 문득 셰력으로 ᄡ 억륵고ᄌ ᄒ야 농민과 크게 다르더라.

데솝십졀 법국 변란이 정홈과 정치 아니홈이라

가뢰[61]는 영국 명사ㅣ라. 글을 지어 전혀 법국의 변역흔 일을 긔록
ᄒ야 왈 칠천칠빅구십오년 [뎡종 십구년]에 나파륜이 파리 란을 졍졍
홀 ᄯᅢ에는 그 지조ㅣ 크다 홀 만ᄒ다 ᄒ며, 노의 졔십팔 왕이 즉위ᄒᄆᆡ
ᄯᅩ 졍ᄉᆞ를 변혁ᄒ야 이졔는 더욱 잘 되얏다 ᄒ며, 노의 비례왕에 일으
러는 구법을 좃ᄎ 빅셩을 안즙ᄒᄆᆡ 말ᄒ되 죵ᄎᆞ로 다시 일졍불변흔다
ᄒ더니, ᄯᅩ 긔후에 란리 일거늘 법국이 ᄯᅩ 령을 셰워 평졍ᄒ고 노의
나파륜의게 일으러는 빅셩다려 일너 왈 ᄂᆡ 법국의 ᄃᆡ란을 졍돈흔다
ᄒ더니, 필경 욕심을 이긔지 못ᄒ야 빅셩을 심복게 아니ᄒ고 더욱이
나라에 란이 만으ᄆᆡ 즉긔 나라를 평졍치 못홀 ᄲᅮᆫ 아니라 다시 타인이
평란홀 것가지 지체되게 ᄒ얏스니 ᄃᆡ져 일쳔칠빅팔십구년 [뎡종 십삼
년] 란리로붓터 나라푠 졔습이 셰상을 바린 날ᄭᅥ지 비로소 평졍ᄒ얏
다 홀 만ᄒ고 비로소 변역ᄒ얏다 홀 만ᄒ도다.

영길리의 구법을 변역홈은 일쳔륙빅ᄉᆞ십이년 [인조 이십년]으로붓
터 일쳔륙빅팔십팔년 [숙종 십ᄉᆞ년]ᄭᅡ지 범 ᄉᆞ십륙년에 모든 일이 졈
졈 취셔되야 인군의 위가 ᄃᆡᄃᆡ로 게승ᄒ게 되고 샹하 두 의원이 잇셔
군민공치국이라 ᄒ고 [군민 공치국은 인군과 빅셩이 다 의논ᄒ야 나
라를 다ᄉᆞ림이라] 법난셔의 변은 일쳔칠빅팔십구년 [뎡종 십삼년]으
로붓터 법인이 다 ᄌᆞ원ᄒ야 민쥬국이 되는 날ᄭᅡ지 시죵이 범 팔십일
년이 된 후에 비로소 평안ᄒ더라.

빅년 이릭로 법민이 항샹 말ᄒ되 우리 법민은 ᄌᆞ쥬지권이 업스면
평안무ᄉᆞ치 아니홀이라 ᄒ고 급긔 ᄌᆞ쥬지권을 잡으ᄆᆡ 만고 이릭로 오
ᄃᆡ쥬 각국에 쳐음되는 조혼 일이라 ᄒ더니 앗갑도다. 그 조쳐를 잘ᄒ지
못ᄒ야 필경 그 권은 일어바리고 나파륜의 노복이 되야 분쥬불가ᄒ다가
밋 나파륜이 실셰ᄒᄆᆡ 젼후 두 황졔를 쫏ᄎ바리고 다시 웃ᄉᆞ룸으로 ᄒ야

---

61) 가뢰(嘉賴): 카릭. 영명사(英名士).

곰 빅셩을 만모치 못ᄒ게 ᄒ고 민쥬국을 셰윗더니 불의에 노의 나파륜이 쏘 일어나 민권을 쎅앗고 덕국과 싸ᄒᆞᆫ다가 ᄉ로잡힌 빅 되니 법민이 그졔야 나파륜의 결박홈을 버셔나고 다시 민쥬국을 셰우더라.

혹이 말ᄒ되 법국ᄀᆞᆺ치 어리셕은 ᄉ름은 셰계에 졔일이라. 다만 변동ᄒ 줄만 알고 즁후ᄒ고 침작ᄒᄂ 도리가 적어 혹 봉령승교ᄒ야 왕의 말을 하ᄂᆞᆯᄀᆞᆺ치도 알고 혹 멸눈픠상홈이 극심ᄒ고 과경과 *ᄒ야 즁용지도에 합지 아니ᄒ다 ᄒᄂ 그 즁에 쏘 ᄒ 연고ㅣ 잇스니 법인은 본릭 민쥬국됨을 원ᄒᄂ 바ㅣ라. 미양 조쳐ㅣ 합지 못ᄒ야 썰치지 못ᄒ나 그 질겨 군상의 억졔를 밧지 아니ᄒᄂ 마음은 빅졀불회ᄒ고 혹 명망이 쟝ᄒ 인군을 믓나면 그 졀졔를 밧다가 일이 변ᄒ면 곳 후회ᄒ고 다시 민쥬국이 되야 젼후 팔십년에 셩픽 무샹ᄒ고 ᄉ단이 무수ᄒ야 긔혜이 그 본심을 일우고ᄌ ᄒ나 졸연이 되지 아니ᄒ얏스니 이ᄂ 젼혀 법난셔 일국의 허물이 아니라. 대겨 구쥬 각국의 졔도ㅣ 틱반이나 수빅년 젼 옛 규모ㅣ라. 이 ᄶᆡ를 당ᄒ야 시운이 변ᄒᄆᆡ 구법을 잉힝홈은 단단코 되지 아니ᄒᆯ지라. 이졔 법인이 몬져 이 리치를 통ᄒ야 변코ᄌ ᄒ거늘 구쥬 각국은 미양 져희ᄒ야 법인으로 ᄒ야곰 그 양법미규를 힝치 못ᄒ게 ᄒ 연고러라.

법인이 국졍을 졍돈ᄒᆯ ᄶᆡ에 큰 폐단이 잇스니 군주를 의셰ᄒᄂ ᄉ름과 민쥬를 의셰ᄒᄂ ᄉ름이 난호아 두 당이 되니 증젼에 군주국 시에ᄂ 소민을 학딕홈이 망유긔극ᄒ얏스니 민심이 불복홈은 맛당ᄒ거니와 이예 민주의 국은 졸연이 대권을 어드ᄆᆡ 젼에 원수갑기를 일솜으니 이ᄂ 민쥬나 군주나 달음이 업셔 이포역호홈이 그 샹거ㅣ 무엇시 달으리오. 이를 인ᄒ야 피ᄎ 원수와 대젹을 림홈과 ᄀᆞᆺ트니 대겨 타국은 두 당파를 난호와 딕권을 잡앗스나 닷토ᄂ ᄌᆞᄂ 봉심이오 ᄉ혐이 아닌 고로 셔로 미워ᄒᄂ 마음이 업거늘 법인은 불연ᄒ야 팔십년간에 군주와 민주 두 당파ㅣ 셔로 ᄉ양치 아니ᄒ야 심지어 경조간에 불샹왕릭ᄒ야 불공대텬ᄒᄂ 원수ᄀᆞᆺ치 아니 엇지 타인의 우음을 면ᄒᆯ이오. 오즉 뉴폐의 극홈이 이에 일으나 법인이 심즁에 다 혜오딕 군주ㅣ 빅셩을 너무 잔학ᄒᆞ얏스니 이제 반ᄃᆞ시 그 법을 폐ᄒᆞ고 ᄇᆡᆨ셩을 무휼ᄒᆞ면 국셰 ᄌᆞ연 반셕ᄀᆞᆺ치 구들이라 ᄒᆞ야 그럼으로 혹 군주당 사ᄅᆞᆷ이 말ᄒᆞ되 텬ᄌᆞ의 명은 맛당히 상졔의 옥음과 ᄀᆞᆺ투야 늠연히 쥰힝ᄒᆞᆯ 거시라 ᄒᆞ다가 다시 싱각ᄒᆞ되 텬ᄌᆞㅣ 반ᄃᆞ시 ᄇᆡᆨ셩을 구흠으로 ᄡᅥ 근본을 숨은 연후에야 민심이 편안ᄒᆞᆯ이라 ᄒᆞ야 왕왕 그 실언흠을 후회ᄒᆞ니 이러므로 군권이 날노 쇠ᄒᆞ고 민권이 날노 셩ᄒᆞ더라.

즉금에 법국이 ᄎᆞᆷ 민주국됨이 분명ᄒᆞ니 ᄃᆡ란을 삭평ᄒᆞ야 일후의 흥흠이 한량이 업고, 법국에 황족이 불소ᄒᆞ나 ᄇᆡᆨ셩이 다 일으되 이ᄂᆞᆫ 오직 인군이 즁ᄒᆞ고 ᄇᆡᆨ셩은 경히 아ᄂᆞᆫ 뉴ㅣ라 ᄒᆞ야 다 일일이 타국으로 ᄶᅩᆺ초 보ᄂᆡ고 혹 황족이 잇셔 일을 거ᄉᆞ코ᄌᆞ ᄒᆞ면 동심ᄒᆞᄂᆞᆫ 자ㅣ 불과 수인이오, 전국 ᄉᆞᄅᆞᆷ이 셩셰흔텬ᄒᆞ니 엿지 감히 상시지계를 힝ᄒᆞᆯ이오. 일쳔팔ᄇᆡᆨ사십팔년 [헌종 십ᄉᆞ년]에 법국 외도 사ᄅᆞᆷ이 말ᄒᆞ되 셕일에ᄂᆞᆫ 국가ᄃᆡᄉᆞ를 파리 ᄇᆡᆨ셩이 다 변긔ᄒᆞ고 다만 ᄒᆞᆫ 조각 전령으로 각 도 각 읍에 힝회ᄒᆞᄆᆡ 우리ᄂᆞᆫ 모다 감히 어긔지 못ᄒᆞ고 ᄯᅩ 감히 원망치 못ᄒᆞ고 감히 ᄉᆞ의로 ᄡᅥ 큰 국셰를 요동치도 못ᄒᆞᆫ다 흠은 다 젼일 말이오, 이제 일으ᄂᆞᆫ 일국 졔도를 파리 ᄉᆞᄅᆞᆷ이 독단흠이 아니라 졔도 곳치ᄂᆞᆫ 권이 법난셔 통국 ᄉᆞᄅᆞᆷ의게 잇스니, 외도와 도셩에 쳘로ㅣ 잇셔 왕ᄅᆡ를 통ᄒᆞ며 졍보 잇셔 소식을 젼ᄒᆞᄂᆞᆫ 고로, 도셩에 무슴 일이 잇스면 불과 두어 졈 시간에 곳 통국 즁이 다 아ᄂᆞᆫ 고로, 셕일에 다만 파리를 가릇쳐 법국이라 ᄒᆞᆫ 자ㅣ 이제ᄂᆞᆫ 젼혀 법난셔를 다 가지고 젼일의 파리와 ᄀᆞᆺ치 알며, 법국 농민이 셩졍이 화평ᄒᆞ고 농ᄉᆞ에 부질연ᄒᆞ고 학교에 들어 글 읽ᄂᆞᆫ 거슨 타국과 ᄀᆞᆺ치 셩실치ᄂᆞᆫ 못ᄒᆞ나 말일 ᄎᆞ비로 ᄒᆞ야곰 법국 ᄃᆡ권을 맛홀 지경이면 반ᄃᆞ시 젼과 ᄀᆞᆺ치 젼졍을 조와ᄒᆞ지 아니리니 ᄃᆡ져 ᄇᆡᆨ셩의 마음이 ᄒᆞᆫ 번 간과를 동ᄒᆞ면 무궁ᄒᆞᆫ 히를 당ᄒᆞᆯ가 염녀흠이라. 그 엇지 젼졍을 일ᄉᆞᆷ아 ᄌᆞ긔를 히롭게 ᄒᆞᆯ이오.

이상 각 졀을 보니 법국 졔도ㅣ 이믜 졍돈ᄒᆞ얏ᄂᆞᆫ지라. 영화로온 일흠은 이왕에 잇셧고 ᄃᆡ란을 ᄯᅩᄒᆞᆫ 지ᄂᆡ엿스ᄆᆡ 민주의 권이 변치 아니ᄒᆞ며 장치구안흠을 가히 장ᄅᆡ에 졈치리로다.

데십륙권 덕의지국이라 초명은 보로스요 쏘 일이 만이라

영국 마간셔 원본, 쳥국 채이강 술고, 리졔마틴 번역

뎨일졀 보로사국 일쳔팔빅십오년 젼 졍형이라

법황 나파륜 뎨일이 구쥬를 요란홀 째에 일이만 렬방 즁 보로사는 국셰 단약ᄒ야 위엄이 썰치지 못ᄒ고 일쳔팔빅륙년 [순조 륙년]에 법병이 졀나[1]와 아오이사[2]를 치니 이는 다 보로사의 유명흔 승디라. 보왕이 냥편으로 막다가 다 듸픠ᄒ야 [샹견 뎨이권이라] 이에 나파륜의 속국된 지 칠년이라. 일쳔팔빅십ᄉ년 [순조 십ᄉ년]에 보왕이 발분ᄌ 강ᄒ야 쟝ᄉ를 쌔고 군ᄉ를 훈련ᄒ야 쥬야자자ᄒ나 원릭 젹약흔 나라이라. 졸연히 강대치 못ᄒ야 이히에 례의[3] 싸에셔 법왕과 승부를 결홀 새 쏘 의연히 픠ᄒ고 활철로 대젼홀 째에 영쟝 혜령탄을 싸라 법국을 치미 불과 수풍츅낭ᄒ야 시셰를 싸를 쑨이러라.

보국이 비록 혁혁흔 일홈은 업스나 이믜 구쥬 렬국과 갓치 법병을 퇴ᄒ얏스니 ᄌ연 타국과 갓치 리익을 균졈홀지라. 나파륜이 셩홀 째에

---

1) 졀나(箭拿): 째나. 보지(普地).

2) 아오이사(阿五二四): 오어스탓트. 보지(普地).

3) 례의(禮誼 又名 利尼): 릭늬. 보지(普地).

362

는 보국의 따을 절반이나 쎄앗기고 인민이 쏘흔 그 따흘 따라 틱반이 감ᄒᆞ얏더니 지금은 젼수히 보로사에 돌녀보닉고 쏘 렬국이 오지리아 도셩에 모혀 화약을 결ᄒᆞᆯ 째에 보국을 더욱이 고호ᄒᆞ야 보국에 린근ᄒᆞᆫ 서뎐국의 보민난아4) 일경과 난인하 겻히 잇는 디방을 버혀 보국에 속ᄒᆞ고 쏘 살극싱 국왕이 나파륜을 도으믈 믜워ᄒᆞ야 그 따을 난호ᄉᆡ 보국과 갓가이 잇는 따은 다 보국을 쥬니 ᄌᆞᆾ 이후로 보국이 토디 십만 방리와 [조션 일빅여 만 방리라] 인민 일쳔만 구를 가졋더라.

구쥬 대란 시에 일이만 렬국이 곤고젼련ᄒᆞ야 호소ᄒᆞᆯ 곳이 업고 그 빅셩은 법국을 겁닉야 거의 팔공산 초목이 다 법국 군ᄉᆞ로 알며 쏘 웃ᄉᆞ름의 위권이 틱즁ᄒᆞ야 소민이 날로 압졔를 밧다가 이졔 졔도 곳침을 원ᄒᆞ거늘 보국 대신이 혜오딕 민원을 좃지 아니면 져의 나라 위ᄒᆞᆯ 마음이 업슬 거시오, 쏘 여ᄎᆞ 위란ᄒᆞᆫ 째에 더욱이 상하ㅣ 동심합력ᄒᆞ야 국셰를 만회ᄒᆞ리라 ᄒᆞ고 먼져 빅셩을 권ᄒᆞ야 왈 토디를 회복ᄒᆞ고 법인을 구축ᄒᆞ고 졔도를 기혁ᄒᆞ야 틱평ᄒᆞᆫ 복을 누리리라 ᄒᆞ고 보왕도 쏘흔 군ᄉᆞ를 조발ᄒᆞᆯ 째에 빅셩이 관원 쳔거ᄒᆞ는 권을 허ᄒᆞᆫ 고로 일쳔팔빅십오년 [순조 십오년] 오월 이십오일에 일이만 렬방이 대회ᄒᆞᆯ 째에 졔도 곳치는 일졀은 글에 올니지는 아니ᄒᆞ얏스나 다 마음에 그 뜻슬 묵회ᄒᆞ고 일이만 젼부 ᄉᆞ름도 은연히 혜오딕 모든 왕후ㅣ 우리의게 거관ᄒᆞ는 권을 쥬엇다 ᄒᆞ더라. [ᄉᆞᆷ십년 후 일쳔팔빅ᄉᆞ십오년간에 상하 의원이 회의ᄒᆞᆯᄉᆡ ᄒᆞᆫ 의원이 션언ᄒᆞ야 왈 일쳔팔빅십ᄉᆞᆷ년에 보국 인민이 다 일어나 거관ᄒᆞ는 권을 쳥ᄒᆞ얏다 ᄒᆞᆫ딕 보국 즉금 지상 비ᄉᆞ믹이 답왈 불연ᄒᆞ다. 이 째 보민의 일어남은 불과 법인을 구축ᄒᆞ고ᄌᆞ 흠이요, 엇지 거관ᄒᆞ는 권을 구ᄒᆞ얏는가 ᄒᆞ니 모든 의원이 듯고 크게 불열ᄒᆞ니 일로보면 일쳔팔빅십ᄉᆞᆷ년 순조 십ᄉᆞᆷ년의 란이 다만 법인을 쫏고ᄌᆞ 흠이 아니라 졔도를 졍돈ᄒᆞ야 빅셩이 다 거관ᄒᆞ는 권이 잇고ᄌᆞ 흠이러라]

---

4) 보민난아(補梅蘭芽): 포메라늬아. 보지(普地).

뎨이졀 국가| 불안이라

일이만의 인민이 다 졔도를 졍돈코즈 ᄒ나 기실은 구쥬 렬국에 구
애홈이 잇스니 대져 션시에 일이만 스룸이 오국 인군을 츄존ᄒ야 일
이만 황뎨를 숨고 옛젹 졔후| 텬즈의 명령을 조침과 갓더니 밋 나파
륜이 집권ᄒ야 난인하 겻히 잇ᄂ 일이만 렬방을 곳쳐 한 족뉴를 믄들
고 법국의 번속 갓치 아더니 나파륜이 픠흔 후에 일이만 렬방이 먼져
ᄂ 법국을 인ᄒ야 오황의 구속을 버서나고 이졔 또 법국의 속박을 면
ᄒ야 각기 그 나라와 빅셩을 다스려 긔포셩라ᄒ야 피츠 셔로 통속지
아니ᄒ나 다만 외국의 초즘식지홀가 염녀ᄒ야 일쳔팔빅십오년 [순조
십오년]에 구쥬 렬국이 오지리아 도셩 유은랍 [유은랍은 곳 유야랍이
라]에 모힐 째에 일이만 슘십칠국 왕이 다 릭회ᄒ야 각 대국의 공의를
좃차 오국 인군을 밧드러 밍주를 숨으니 이 슘십칠국을 통합ᄒ야 인
민 슘쳔만 명이 잇고 군ᄉ 슘십만을 길으니 각 대국의 뜻에ᄂ 혜오듸
일이만 합즁국의 대셰 이믜 졍ᄒ얏스니 우리 소국을 ᄉ랑ᄒᄂ 도리를
다ᄒ얏다 ᄒ더라. 이윽고 일이만 졔국 왕후| 다시 번복5) 째에 모이여
그 의론이 두 가지 잇스니 일은 외환을 막고, 일은 ᄂ란을 졍홈이러라.

구쥬 대란이 졍ᄒ믹 일이만 빅셩이 그 인군께 쳥ᄒ야 젼일 언약듸
로 졔도를 곳치고 빅셩의게 거관ᄒᄂ 권을 쥬라 ᄒ야 독셔ᄉ즈와 모
리ᄒᄂ 상고| 다 말ᄒ며 쏘 ᄒᄅᆨ비6)와 조탄빅7) 두 소국이 잇셔 그
ᄉ셰ᄂ 부득불 민원을 좃친 후에야 편안홀지라. 연이나 오직 보로사
국은 조졍 셩셰 졍히 강ᄒ믹 빅셩을 억졔코즈 ᄒ야 신보관에서 긔탄
업시 말ᄒᄂ 자| 잇스면 즉일에 그 문을 봉ᄒ고 신보를 금ᄒ더니 일
쳔팔빅십칠년 [순조 십칠년]에 쏘 한 스룸이 보왕께 쳥ᄒ야 졔도를 곳
치즈 ᄒ며 쏘 그 식언홈을 칙ᄒ얏더니 뎡부 대신이 진로ᄒ야 졔ᄉᄒ

---

5) 번복(飜覆): 뜨랑크예트. 일이만지(日耳曼地). 프랑크푸르트.

6) 한락비(漢落非 又名 漢諾非): 하노예. 영국 속지.

7) 조탄빅: 미상.

야 왈 너의 왕쎄 구ㅎ는 스름이 왕을 의심ㅎ는 죄 잇다 ㅎ고 ㅊ외 일이만 렬방 국회에서도 쏘흔 빅셩의게 권 줌을 싀려ㅎ야 다시 새로 밍셰ㅎ고 각 소국을 명ㅎ야 구법을 좃게 ㅎ야 다만 셰력으로 빅셩을 압졔ㅎ더니,

일천팔빅십팔 십구 이십년간 [순조 십팔 십구 이십년]에 셔반아 국과 의대리 소속 나파나사 국이 다 졔도를 곳쳐 환연일신ㅎ거늘 일이만 각 졔후 왕이 타국 인민이 졍스 기혁홈을 보고 그 빅셩이 본 바들가 염녀ㅎ야 다 최최 공구ㅎ고 보왕은 특별히 엄지를 나려 왈 풍문에 부랑픠류ㅣ 망언 션동ㅎ야 국졍을 요란ㅎ고 민심을 고혹ㅎ며 쏘 감히 회당을 셰워 ㅈ주지권을 구ㅎ고 국가를 겹ㅎ지 아니흔다 ㅎ니 이는 란민이라 ㅎ고 일이만 국회에서도 신보관을 단속ㅎ야 감히 빅셩을 고호ㅎ는 일로 편언쳑ㅈ라도 신문에 올니는 ㅈ는 관가이 립각에 그 문을 봉ㅎ며 그 더욱 감히 빅셩을 위ㅎ야 연편누독ㅎ야 의론ㅎ는 ㅈ는 가두고 그 신문 주인을 구축ㅎ며 쏘 빅셩을 명ㅎ야 무단히 모히여 조졍을 의론치 못ㅎ게 ㅎ니 이에 인심이 더욱 효연부졍ㅎ야 도로ㅣ 측목ㅎ고 감히 망녕된 말을 ㅎ지 못ㅎ더라. 일천팔빅십구년 [순조 십구년]에 오국 ㅈ상 몰투니[8] 공쟉이 말ㅎ야 왈 금일에 일이만 빅셩이 젹이 편안ㅎ다 ㅎ더라.

뎨솜졀 일이만 렬방 스룸이 다 ㅈ주코ㅈ 홈이라

일이만 각 방국 회인은 비록 구법을 직희나 그 겻히 잇는 법국은 이믜 빅셩을 허ㅎ야 거관ㅎ는 권을 쥬니 일이만 인심이 더욱 불울ㅎ야 법국 신식의 편리흔 거슬 보면 다 흠션ㅎ야 왈 우리 집졍대신도 응당 반드시 법국을 본바다 민싱에 편케 ㅎ리라 ㅎ고 기다리다가 되지 아

---

8) 몰투니(沒透泥): 미터늬취. 오상(奧相).

님을 보고 원망하는 빗치 스식에 낫타나 왈 집졍한 스름이 민심을 순히 아니하고 도로혀 빅셩만 칙망한다 하고 상하ㅣ 편안치 아니하더니, 일쳔팔빅슙십년 [순조 슙십년]에 법난셔 인민이 크게 일어 포이분9) 왕족을 좃거늘 일이만 인민이 더욱 일이만 인민이 더욱 분로 원한하야 의론 왈 국가ㅣ 권셰로 우리룰 압졔홈은 한갓 군스 슙십만을 밋음이라 하거늘 국가는 민심을 체첩지 아니홀 쑨 아니라 그 빅셩이 법민을 짜라 작난홀가 하야 더욱 법을 셰워 학뒤하며 일이만 각방을 약속하야 국가룰 칭원하는 죄인은 무론하쳐하고 잡아 본국에 보뇌야 치죄케 하며 각쳐에 회룰 파하야 심지어 장공의 회스룰 금하고 감히 신법을 힝하즈 하는 자ㅣ 잇스면 곳 군스룰 죠발하야 탄압하니 빅셩이 감히 동치 못하나 그 마음은 확실이 졍하야 틈을 기다려 란을 짓고즈 하더라.

일이만 스름이 오릭 국가 속박을 바다 감히 거역지 못하고 셔격과 신문지 쏘한 적은 고로 뒤소 졍령을 하민이 춤예치 못하고 웃스름은 갈오뒤 국가의 일은 졍부ㅣ 독단홀지라. 소민이 엇지 춤셥하리요 하더라. [이 쌔에 일졀 졍령이 다 국권을 놉히며 독셔스즈는 비록 스리룰 통달한 자ㅣ라도 감히 국스룰 의론치 못하니 연즉 만권셔룰 닑은들 무슴 리익이 잇스리요.] 구쥬 각국이 봉교하는 일졀은 다 빅셩의 마음을 짜라 금졔치 아니하거늘 홀로 일이만은 교회 스권을 가져 빅셩으로 하야곰 쥰힝케 하니 보로스는 원릭 야소교룰 봉힝하민 두 문호에 난호와 일은 로덕10)문이요 일은 가온11)문이라. 피츠 명의가 형이하야 의론이 봉긔하고 시비 분운한지라. 일쳔팔빅십칠년 [순조 십칠년]에 보왕이 령을 나려 왈 너의 교는 본릭 한 문호ㅣ라. 이졔 소졀에 구이하야 긔단홈이 불가타 하고 이에 두 교인을 명하야 한 례빅당에 모히게 하고 쏘 친히 당에 일으러 화호룰 식이고 일너 왈 범스는 화목홈이 즁

9) 포이분: 부르봉 왕조.
10) 로덕(路德): 류예. 고현(古賢). 루터.
11) 가온(嘉溫): 칼왼. 고현(古賢). 칼빈.

ᄒ거ᄂᆞᆯ 허물며 교즁 일이리요 ᄒ니 이에 교인들이 다 갈오ᄃᆡ 왕명이
지공지명ᄒ다 ᄒ고 피ᄎᆞ 칭단을 파ᄒ니 ᄌᆞᄎᆞ로 보로ᄉᆞ 교회도 ᄯᅩᄒᆞᆫ
왕이 관할ᄒ더라.

뎨ᄉᆞ졀 렬방이 립약 통상ᄒᆞᆷ이라

일쳔팔ᄇᆡᆨ십오년 [순조 십오년]에 일이만 렬방이 대회ᄒᆞ야 타국과
교섭ᄒᆞᄂᆞᆫ 일을 의론ᄒᆞ고 통상 일관은 밋지 못ᄒᆞᆼ얏더니 이럼으로 각
방 진츌구 셰젼이 공평치 못ᄒᆞ고 ᄯᅩᄒᆞᆫ 일졍ᄒᆞᆫ 쟝졍이 업ᄂᆞᆫ 고로 셔로
ᄌᆞ힝ᄌᆞ지ᄒᆞ야 난인ᄒ 겸히 잇ᄂᆞᆫ 각 방의 포구와 도회 이십칠 쳐에 각
기 잡셰ᄅᆞᆯ 바다 분분요란ᄒ며 상고ᄂᆞᆫ 졍ᄒᆞᆫ 법이 업ᄂᆞᆫ 고로 어ᄃᆡᄅᆞᆯ 좃
칠지 모르며 혹 줌상이라 ᄒᆞ야 벌금을 밧다가 졸연이 냥국 ᄒᆞᆫ단을 이
루니 이 ᄯᅢ에 만일 한 나라히 셰측 쟝졍을 ᄂᆡ여 규모ᄅᆞᆯ 셰우면 상무에
크레 리익이 잇슬지라. 대져 일이만 젼부네 가장 큰 나라ᄂᆞᆫ 오지리아
요, 기ᄎᆞᄂᆞᆫ 보로사ㅣ니 보국이 졈졈 강대ᄒᆞ야 일쳔팔ᄇᆡᆨ륙십륙년 [대군
쥬 삼년]에 일으러 보국이 오국과 ᄊᆞ화 익이고 더욱 와신상담ᄒᆞ야 군
두ᄅᆞᆯ 졍돈ᄒ며 오국도 ᄯᅩᄒᆞᆫ 양두치 아니ᄒ더라. 션시 일쳔팔ᄇᆡᆨᄉᆞᆸ십ᄉᆞᆸ
년 [순조 ᄉᆞᆸ십ᄉᆞᆸ년]에 보왕이 혜오ᄃᆡ 각방의 셰측이 각ᄌᆞ 부동ᄒ니 ᄂᆡ
룡이 일졍ᄒᆞᆫ 법을 셰우면 이ᄂᆞᆫ 각 방의 밍쥬ㅣ 되리라 ᄒᆞ고 드ᄃᆡ여 오
국을 일이만 젼부 밧게 물니치고 기타 각 방으로 더부러 셰측을 졍ᄒᆞᆯ
시 그 대략에 왈, 범 일이만 젼부 즁에 오국을 졔ᄒᆞ고 피ᄎᆞ 토화ᄅᆞᆯ 왕
리ᄒᆞ되 셰젼을 밧지 말고 오직 외국으로 좃ᄎᆞ 일이만에 입구ᄒᆞᄂᆞᆫ 물
화ᄂᆞᆫ 각방이 셰측을 균형이 바다 피ᄎᆞ 경즁지폐 업게 ᄒᆞ며 이 셰젼은
슈합ᄒᆞᆫ 후 일이만 렬방의 호구ᄅᆞᆯ ᄯᆞ라 평균 분비ᄒᆞ야 쥬고, 호구ᄎᆞᆨ은
ᄉᆞᆸ년마다 다시 셩ᄎᆞᆨᄒᆞ야 호구가 더ᄒᆞ거든 셰젼도 더 증가ᄒᆞ고 호구ㅣ
감ᄒᆞ거든 셰젼도 ᄯᅩᄒᆞᆫ 감ᄒᆞᆷ이 올타 ᄒᆞ니, 각 방이 락종ᄒ며 ᄯᅩ 각 방이
셔로 평등상ᄃᆡᄒᆞ야 밍쥬도 업고 부용도 아니요, 오직 두 가지 명의 잇

스니, 일은 영국이 일천팔빅십오년 [순조 십오년]에 졍혼 바 량식사는 장졍에 불공불평혼 원수를 갑고, 일은 빅셩이 스스로 화물을 졔조ᄒ야 영인의 취리를 막즈홈이라. 장졍이 졍혼 지 십년에 일이만의 밧ᄂᆞ 세항이 젼보다 십비러라.12)

뎨오졀 일이만의 일쳔팔빅ᄉ십팔년 졍형이라

일이만 기화당 각 관이 각 방을 합ᄒ야 일국이 되고즈 홀시 [일천팔빅오십구년에 법난셔ㅣ 의디리와 실화ᄒᆞ미 일이만이 법인을 겁ᄒ야 렬방을 합ᄒ야 일 뒤국을 ᄆᆞᆫ드러 법국을 막조ᄒ ᄒ더라.] 당시에 일이만 각 방 인구ㅣ 졈졈 증가ᄒ야 ᄉ쳔만에 일으니 만일 합ᄒ면 구쥬 각 국에 ᄭᅥᆫ지지 아닐지라. 연이나 각 방이 셔로 시긔ᄒ야 합의치 아니ᄒ니 유식혼 션비 항상 말ᄒ되 일이만을 졔도를 곳쳐 통합지 아니ᄒ면 강린을 막지 못ᄒ리라 ᄒ되 듯ᄂᆞ 자ㅣ 다 올히 녁이며 당시 일이만 관리와 지어 여항 소민이 다 각 방을 연합고즈 ᄒ나 오직 오보 냥국13)이 밍쥬를 닷토미 각 소국이 좃칠 바를 아지 못ᄒ야 다만 관망ᄒ더라.

지어 보로ᄉ국은 보왕의 마음이 빅셩과 불합ᄒ야 ᄆᆡᄉ에 민심을 순치 못ᄒ니 보민이 다 말ᄒ되 법국 인민은 다 권을 가젓거늘 우리는 무ᄉ 다름이 잇셔 왕이 거관ᄒᄂᆞ 권을 허치 아니ᄒᄂᆞ뇨 ᄒ며 보왕은 왈 왕은 하늘이 명ᄒ신 비라. 니 응당 텬명을 좃칠 거시니 엇지 빅셩의 말을 들으리요 ᄒ며 일쳔팔빅ᄉ십칠년 [헌종 십삼년]에 지상 비스믹이 ᄯᅩᄒᆞ 의론ᄒ야 왈 보국 역ᄃᆡ 군왕이 다 텬명을 이어 대위에 잇셧고

---

12) 관세 동맹: 39개의 여러 군소국가로 분리되어 있던 상황에서 1818년 프로이센을 중심으로 독일관세동맹이 결성되었다. 독일 연방 내의 국가들이 서로 무역할 때 부과되었던 번거로운 관세들이 폐지됨으로써 독일경제는 이전과 비교도 안될 정도로 급성장하기 시작했다. 관세동맹은 독일의 민족의식을 일깨우는 역할을 한 셈이다. 『위키백과』
13) 오보 냥국: 오지리아와 보로사. 오스트리아와 프로이센.

민간이 공쳔ᄒ야 셰운 비 아니라 왕이 ᄌ연 만ᄉ의 주ᄌ될 거시니 엇지 하민을 밋기여 국ᄉᄅᆯ 춤예ᄒ리요 ᄒ니 대져 보왕은 빅셩을 ᄉ랑ᄒ야 은덕을 베풀고 타국 인군과 갓치 ᄉ욕만 일ᄉᆷ지 아니ᄒ며 ᄯᅩ 비ᄉᄆᆨ은 셩망이 놉흔 ᄉ름이라, 그 립론이 여ᄎᄒ미 보국 풍긔를 가히 알 거시라. 연이나 상하ㅣ 동심치 아니ᄒ니 그 졍ᄉᄅᆯ 조쳐 홈이 ᄯᅩᄒᆫ 어려우리로다.

일쳔팔빅ᄉ십팔년 [헌종 십ᄉ년]에 일이만 즁 ᄒᆫ 소국 왕이 법경 파리 듸란홈을 듯고 ᄌ긔 빅셩이 ᄯᅩᄒᆫ 란을 지을가 겁ᄒ야 령을 나려 민심을 순이ᄒᆫ다 ᄒ고 기외 살극싱 왕과 조탄빅 왕이 다 졔도를 곳쳐 빅셩의 권을 쥬고 ᄯᅩ 파와리아 국 인민은 그 왕을 심복지 아니ᄒ고 셩셰 흉흉ᄒ야 집졍대신 파랍몽퇴ᄉ[14]를 쳥원ᄒ더니 밋 법인이 요란홈을 듯고 파랍몽퇴ᄉᄅᆯ 늬치라 ᄒ며 ᄯᅩ 왕게 두 가지 일을 요구ᄒ니 일은 신보관을 셰워 민간 질고를 알게 홈이요, 일은 의원을 셰워 빅셩이 어진 ᄉ름을 공쳔ᄒ야 졍ᄉ득실을 의론ᄒ게 ᄒ고, ᄎ외 각 졔후도 다 졔도를 졍돈ᄒ니 ᄌᄎ로 일이만 각 방 국회에셔도 법령을 곳치더라.

보왕 위량 ᄃᆡᄉᆞ[15]ㅣ 일쳔팔빅ᄉ십년 [헌종 뉵년]에 즉위ᄒ얏더니 지시ᄒ야 빅셩이 다 ᄌ주지심이 잇슴을 보고 혜오ᄃᆡ 이 긔회를 타 민졍을 순캐ᄒ리라 ᄒ고 일쳔팔빅ᄉ십팔년 [헌종 십ᄉ년] ᄉ월 십칠일에 령을 나려 졍돈ᄒᄂᆞᆫ 가 ᄉᄅᆯ 발키 션유ᄒ고 ᄯᅩ 일후에 긔혁홀 일이 잇다 ᄒ며, ᄯᅩ 일이만 각국에 공문ᄒ야 각국을 합ᄒ야 ᄒ나히 되야 외국을 막ᄌ ᄒ니 그 글에 비록 어늬 나라로 밍주 ᄉᆷᄌ홈은 업스나 렬국이 그 웅장ᄒᆫ 마음이 잇슴을 알더라.

보왕이 젼일에ᄂᆫ 민원을 좃지 아니ᄒ야 쳔만 번 호호ᄉ야도 듯지 아니ᄒ더니 이졔 홀연이 장졍을 졍ᄒ야 민심을 순죵ᄒ리라 ᄒ니 빅셩이 깃거ᄒ지 아닐 ᄲᅮᆫ 아니라, 도뤼혀 의심 왈 이 필연 깁흔 ᄯᅳᆺ이 잇고

---

14) 파랍몽퇴ᄉ(罷拉蒙退絲): 로라 모틱스. 파와리아 대신(巴蛙利亞 大臣).
15) 위량 ᄃᆡᄉᆞ: 프리드리히 빌헬름 4세. 1840년 즉위하여 1861년 사망.

진심이 아니라 ᄒ야 [영국 준쥬 유다리아16)의 부마ᄂᆞᆫ 보국 왕자ㅣ라. 그 일홈을 존칭ᄒ야 왈 ᄋᆞ빅티자17)ㅣ라. 유다리아ㅣ 영국 군주ㅣ 되ᄆᆡ 셔국 전례ᄅᆞᆯ 말ᄒᆞ면 아빅티자ㅣ 졍사ᄅᆞᆯ 춤예치 못ᄒᆞᆯ지라. 연이나 민ᄉᆡᆼ 의 유익ᄒᆞᆫ 일은 다 직언무은ᄒᆞᄆᆡ 영국 군주ㅣ ᄌᆞ연 락종ᄒᆞ며 쏘 아빅 티자ㅣ 영국에 갈 ᄧᆡ에 셔긔관 스토극마18)ᄅᆞᆯ 쳥ᄒᆞ야 동ᄒᆡᆼᄒᆞ니 스토극 마ᄂᆞᆫ 모략이 잇ᄂᆞᆫ 큰 명사ㅣ라. ᄆᆡ양 ᄃᆡ사ㅣ 잇스면 ᄐᆡᄌᆞᄅᆞᆯ 권ᄒᆞ야 영 군주게 젼품ᄒᆞ야 시ᄒᆡᆼᄒᆞ니 영국이 ᄃᆡ치ᄒᆞ더라. 이 ᄧᆡ에 이르러 아빅티 ᄌᆞ의게 글을 올녀 왈 보왕의 병통은 빅셩의게 권을 양두지 차니홈이 라. 이졔ᄂᆞᆫ 긔회 지나고 시셰도 쏘ᄒᆞᆫ 변ᄒᆞ얏스니 나의 우견은 도뤼혀 양두치 아니니만 갓지 못ᄒᆞ다 ᄒᆞ더라.] 익ᄋᆡᆯ에 보경 빅령 인민이 졸연 이 왕명을 듯지 아니ᄒᆞ고 란리ᄅᆞᆯ 지어 가시간에 진을 치고 심지어 왕 궁 밧게 목칙을 셰이고 살인 방화ᄒᆞ야 무소부지ᄒᆞᄂᆞᆫ지라. 병부에셔 군

---

16) 유다리아: 빅토리아. 빅토리아 여왕(Victoria 女王, 1819~1901). 영국의 여왕(재위 1837~ 1901년). 산업 혁명을 일으켜 영국을 부강한 나라로 만들었으며, 2대 정당제의 의회 정 치를 실시하는 등 뛰어난 정치를 하여 국민의 존경과 사랑을 받았다. 64년 동안 왕위에 있었다.

17) 아빅티자: 에드워드 7세(1901~1910). 빅토리아 여왕의 장남이다. 청년시절부터 프랑스 를 비롯한 여러 나라를 여행하여 견문을 넓혔으며, 스포츠·문화·사회문제 등에도 조예 가 깊었다. 60세에 즉위하였는데, 당시 유럽은 제1차 세계대전 발발을 앞두고 긴장사태 가 고조되어가고 있었다. 영국 헌법상 국왕은 국정에 관여하지 않는 것이 관례이며 그 도 그 관례에 따랐으나, 외교 면에서는 여러 나라 제왕들과 인척관계에 있었고, 황태자 시절부터 어머니인 여왕을 대신하여 여러 차례 공식 석상에 나간 적이 있었기 때문에 국제 외교계에도 능통하여, 그는 각국을 순방하면서 영국의 입장을 유리하게 만들었다. 특히, 영국-프랑스 협상(1904), 영국-러시아 협상(1907)의 체결로 말미암은 3국 협상 의 성립에는 많은 영향력을 행사하였다. 조지 3세 시대의 영국의 발전은 조지 4세, 윌리 엄 4세 시대를 거쳐 1837~1901년에 이르는 빅토리아 여왕시대에 절정에 달하였다. 국 내적으로는 글래드스턴의 자유당과 디즈레일리의 보수당 등 2대 정당간의 정권교체에 의한 전형적 의회정치가 행해지고, 선거법 개정과 1871년의 노동조합법 제정 외에 교 육·군사·사법 제도의 개정 등 근대화 정책이 추진되었다. 대외적으로는 캐나다와 오스 트레일리아 등 백인식민지의 자치령화를 실현시키면서도 한쪽에서는 인도를 식민지화 하고, 아편전쟁과 애로호(號) 사건을 계기로 중국시장에도 진출하였으며, 기타 수에즈운 하를 매입하고 이집트를 보호령화하는 등, 영국 제국주의를 발전시켰다. '영국 왕실 계 보'(http://blog.daum.net)에서.

18) 스토극마(師土剋馬): 시톡마. 구 명사(歐 名士).

수를 조발ᄒ야 대젼ᄒ 지 반일만에 보왕이 크게 염녀ᄒ야 십구일에 군긔쳐 듸신을 쳬츅ᄒ고 다시 령을 나려 빅셩을 쳬휼홈이 젼일보다 더ᄒ더라.

이 ᄒ 스월에 듸소 인민이 다 거관ᄒᄂ 권을 허ᄒ니 민회인이 다 혼 희과망ᄒ나 오직 신임 의원은 믹양 듸톄를 도라보지 아니ᄒ고 소졀에 구구ᄒ야 심지어 왕의 반교 문즁에 과인이 텬명을 바닷다 ᄒᄂ 말을 보고 왕게 력쳥ᄒ야 그 글즈를 산삭고즈 ᄒ니 듸져 그 뜻에 일으듸 왕으로 ᄒ야곰 국사ㅣ 왕의 주장이 아니요 빅셩의 주장됨을 알게 ᄒ고즈 홈이요, 또 셕일에 보왕이 명ᄒ 바 졔 대신을 다 파직ᄒ라 ᄒ니 이ᄂ 대스에 호무 관계요, 오직 왕의 분긔만 돗을 ᄲᆞᆫ이며, 민간인즉 왕과 의원이 불합ᄒ믹 일조에 화란이 잇슬가 ᄒ야 위션 져즈를 파ᄒ니 빅공이 즈연 싱업이 업셔지고 빅공이 업이 업스믹 져의 안분치 못ᄒ야 믹양 듸란을 일우더라. 왕이 민회의 거역홈을 한ᄒ야 혜오듸 과인의 집혼 쯧이 다 빅셩을 위ᄒ고즈 홈이어늘 빅셩이 도뤼혀 순종치 아니ᄒ다 ᄒ며 또 이ᄲᆞᆫ 아니라 보왕이 원릭 일이만 렬방의 밍주되고즈 ᄒ얏더니 밋 렬국이 모일 쌔에ᄂ 오황을 추존ᄒ야 밍주를 슴ᄂ지라. 이럼으로 더욱 분한ᄒ야 [일이만 렬방 듸회 시에 보국 듸신이 보왕을 추존ᄒ즈 ᄒ니 졔후 왕이 다 웃고 답지 아니ᄒ더라.] 다시 혜오듸 이졔 빅셩의 거관ᄒᄂ 권을 허ᄒ면 다 교만ᄒ야 화란이 봉긔홀지라. 압졔ᄒ니만 갓지 못ᄒ다 ᄒ고 군긔쳐 듸신을 명ᄒ야 령을 나려 왈 이졔 연일 졔도를 젼혀 긔혁지 못ᄒ다 ᄒ고 빅령 도셩 늎가슴시[19]에 다 즁병을 둔찰ᄒ니 기시 군수 총통ᄒᄂᄂ 남격근[20] 장군이라. 군률이 슴엄ᄒ야 위풍이 산악을 흔들지라. 빅셩이 감히 동치 못ᄒ더라. 이 ᄒ 동 십일월에 또 민회가 너무 소요ᄒ다 ᄒ야 회의를 헷칠셰 민회의 령수를 그 좌상에 안진치로 담ᄋᄂ여 가시상에 더지나 빅셩이 또 감히 엇지치 못

19) 늎가삼: 베를린 시가의 한 구역.
20) 남격근(藍格勤): 써너랄 룅겔. 보장군(普將軍).

ᄒ고 일쳔팔빅ᄉ십구년 [헌종 십오년] 오월에 률문을 곳치되 구식이
만코 신식은 젹으며 빅셩이 이십ᄉ셰된 ᄌᄂᆫ 다 관원을 쳔가ᄒ나 연
이 슴등에 분ᄒ야 부셰 다과를 ᄯᅡ라 거관ᄒᄂᆫ 수를 졍ᄒ니 죵ᄎ로 부
호ᄂᆫ 권이 더ᄒ고 빈민은 권이 더욱 경ᄒ니 ᄃᆡ져 지금ᄭᆞ지 이 법을 쥰
ᄒᆡᆼᄒ더라.21)

뎨륙졀 덕국 ᄌᆡ상 비ᄉ믹의 ᄒᆡᆼ젹이라

일쳔팔빅ᄉ십칠년 [헌종 십사년] 이월에 보국 의원 중에 홀연이 ᄒᆞᆫ
영걸이 나오니 명은 비사믹이오 나흔 겨우 ᄉᆞ십오셰오, 샹모만 보와도
괴위웅걸홈이 셰상에 드물고 그 부조 이릭로 셰가 ᄃᆡ족이라 가산이
부요ᄒ더니 오직 ᄉ치 가도ᄒ야 비ᄉ믹에 이르러 가계 령쳬ᄒ나 오히
려 쇼년 호긔로 번화가 려쟝에 치츅ᄒ야 거의 락이 망반ᄒ니 ᄉᆞ름이
다 긔환ᄌᆞ뎨라 지목ᄒ고 그 경텬위지ᄒᄂᆫ 문무ᄌᆡ략이 잇슴은 아지 못
ᄒ더라. 나히 ᄉᆞ십이 지나ᄆᆡ 홀연히 졀졀 독셔ᄒ야 기연히 국ᄉ로ᄡᅥ
긔임을 슴더니 밋 보국 인민이 구쥬 각국 습긔에 물들어 급히 신법 구

---

21) 베를린 혁명과 프랑크푸르트 회의: 베를린에서는 1848년 3월 5일 시민의 폭동이 발생했
고, 7일에는 국회 소집, 헌법 발포의 청원이 결의되었다. 14일, 시내에는 바리케이드가
구축되어 긴장이 극도에 달했고, 18일에는 검열 폐지, 통일헌법에 관한 칙령이 나왔다.
그러나 왕궁 앞으로 모인 군중에 대한 군대의 발포는 전 시가에 걸친 시가전을 유발, 왕
은 군대를 철퇴시키고 왕 자신이 통일의 선두에 설 것을 약속했다. 1848년 5월 18일부
터 프랑크푸르트 암 마인(Frankfurt am Main)의 성 바울 교회당에서 열린 최초의 국민
의회이다. 의원은 약 600명으로 자유주의자가 다수를 점했다. 국민의회에는 독일 국민
의 기본권을 근간으로 하는 프랑크푸르트 헌법 초안을 제정, 전독일인에게 자유·평등한
시민권과 민주주의적 제반 권리를 승인했다. 국가 형태는 세습 황제제에 바탕을 둔 독
일제국으로 하고 의회는 2원제를 규정했다. 오랜 의론이 거듭된 결과 오스트리아를 제
외한 소독일주의에 의한 독일 통일의 방향이 제시되었으며, 1849년 3월 국민의회는 프
로이센 왕 빌헬름 4세를 독일 황제로 선출했으나 그에게 거부당하였다. 빌헬름 4세의
거부 이후 국민의회는 목표를 잃고 점차적으로 기능을 상실해 가다가 결국 해체되었다.
『위키백과』

흠을 보고 되단 근심하야 그 소친다려 왈 군왕의 위는 하늘이 쥬심이니 이 리치는 만고불역홀지라. 스름이 엇지 모릭는고 하며 쏘 보왕이 부득이 민심을 순종코즈 흠을 보고 더욱 불열하야 미양 국스를 의론홀 새에는 강기격앙하야 군권을 보전케 하고 쏘 말호되 빅셩의 우쥰흠이 엇지 나라 은덕을 알며 왕은 엇지 권을 양두코즈 하느뇨 하고 영예흔 형용이 언외에 드러나며 총명흔 긔식이 외모에 넘치니 이럼으로 미긔에 군권당 되소 졔신이 비스믹을 공천하야 령수를 숨더라. 연이 비스믹의 마음이 엇지 권권이 과즁흠을 바라며 당시에 졔도를 졍돈코즈 아니리요 마는 다만 보민이 동흠을 조와하고 안졍치 아니하민 국권이 손상하면 빅셩이 필연 요란홀 거시오 허믈며 보국이 일이만 졔후 왕의 톄통을 다 곳칠지니 더욱 먼져 보왕으로 하야곰그 긔강을 잡게 하고즈 흠이요 다만 뉴령 시종하야 왕실만 놉히고 퇴연히 썰치지 못하는 스룸과 비홀 일이 아니러라.

보왕이 비스믹이 되지 잇고 쏘 군권을 보젼흔다 하야 심히 경의하더니 맛춤 일이만 번복22) 싸에서 되회하거늘 곳 비스믹을 보닉여 보왕의 뜻을 션포하고 쏘 아라사 츌스 되신을 숨으니 즈츠로 명위 졈졈 융셩하며 일쳔팔빅류십일년 [철종 십이년]에 비질례 위량 왕이 졸하고 왕의 아오 위량 뎨일23)이 즉위하야 더욱 비스믹을 친임하더니 권이 날로 즁하며 일쳔팔빅류십이년 [철종 십삼년]에 쏘 명하야 법경 파리에 이르러 긔무를 의론홀시 비스믹 일긔즁에 하엿스되 닉 일즉이 각 신문지에 법황의 화상을 보미 살짐이 곽즁과 갓고 늘금이 염파갓다 하야 조롱하얏더니 이졔 친히 법황을 보니 비로소 신문의 망녕됨을 아랏스며 지어 법후하야는 텬싱 려질이 교틱만반이라. 나의 소견은 텬하 미인이 이를 방불홀 이 업고 폐현홀 즈음에 깁흔 졍과 후흔 모양이 스룸으로 감동하깃더라 하니 그 츄슝흠을 가지라. 연이 겨우 수년

22) 번복: 앞 절. 프랑크푸르트.
23) 위량 뎨일: 빌헬름 1세.

후에 셔로 격국이 될 줄을 뉘 아랏스리오.

비사믹이 파리에 잇실시 보왕 위량 뎨일이 명ᄒ야 지상을 슴으니 대져 비스믹이 지상됨은 실로 난쳐홈이 잇스니 그 힝코자 ᄒᄂᆫ 일은 의원 즁 졔인이 틱반이나 셔로 상좌ᄒ야 [틱셔 법률에 당국ᄒᆫ 지상이 졔의원과 동심ᄒ여야 바야흐로 그 위에 편안ᄒ고 불연이면 위에 퇴ᄒᄂᆫ 자ㅣ 비비유지라.] 거의 상위에 퇴ᄒᆯ지라. 연이나 왕이 그 지략을 깁히 흠앙ᄒ고 ᄯᅩ 왕만 그럴 ᄲᅮᆫ 아니라 병부상셔 분롱24)은 보국 명신 이요 총통 병마 대장군 모긔25)ᄂᆫ 구라파 쥬 명장이라. 다 비사믹을 츄숭ᄒ며 비스믹이 ᄯᅩ 심식 원견이 잇셔 보로스와 일이만의 대슈를 당ᄒ면 계칙이 흉듕에 요연ᄒ야 결단홈이 흐르ᄂᆫ 듯ᄒ고 ᄯᅩ 혜오되 늬 인군과 뎨우ㅣ 잇스니 나의 도ㅣ 일이만에 힝ᄒᆯ지라. 져 소민의 져회와 의원의 시비를 무슴 고려ᄒ며 ᄯᅩ 엇지 구구ᄒᆫ 물의를 겁ᄒ야 큰일을 힝치 아니리요 ᄒ더라.

일쳔팔빅륙십이년 [쳘종 십삼년]에 보왕이 위엄을 베풀고자 ᄒ야 군익을 증셜ᄒᆯ새 탁지의 셰입이 항졍이 잇셔 빅셩의게 취치 아니면 군비를 지발ᄒᆯ 수 업ᄂᆫ지라. 이에 부셰를 느리고자 ᄒ나 하의원이 빅계 져회ᄒ거늘 왕이 속수무칙ᄒ야 오직 츠탄ᄒᆯ ᄲᅮᆫ이러니 이 ᄒᆡ에 비사믹이 입상ᄒ야 곳 하의원에 엄칙왈 국스를 졍돈코자 ᄒ면 민간이 부득불 보조ᄒ리니 너희 만일 막고자 ᄒ면 국가ㅣ ᄯᅩᄒᆫ 너희를 용납지 아닐지라. 너희ᄂᆫ 각기 젼리에 도라가라 ᄒ고 법률를 졍ᄒ야 각 신문 사의 망온혹중홈을 금ᄒ니 이에 보왕이 그 ᄯᅳᆺ을 일우엇스나 ᄌᆞ후 수년간에 보국 구신당 졔인이 다 말ᄒ되 비스믹이 셰력을 밋고 졔도를 어긔인다 ᄒ야 날로 원망ᄒ더니 밋 타국과 교졔홈을 보믹 식견이 초월ᄒ야 형연히 범인과 다른지라. 다 경탄 아니리 업고 ᄌᆞ초로 져회ᄒᄂᆫ 자ㅣ 졈졈 젹으며 밋 오국과 실화ᄒ믹 곳 명장츌스ᄒ야 ᄌᆞ조대공을

---

24) 분롱: 15권 18졀. 본문.
25) 모긔: 15권 18졀. 카운트 몰트케.

일우니 이에 의원 졔인이 다 진심공직ᄒᆞ야 비스믹 지상의 대지를 일우게 ᄒᆞ고 비스믹도 ᄯᅩᄒᆞᆫ 법도를 어긔여 의원의 긔운을 썻지 아니ᄒᆞ더라. 당시에 비스믹이 ᄌᆞᆨ긔 ᄒᆞᆫ 일이 좀 과격ᄒᆞ다 ᄒᆞ야 일쳔팔빅륙십팔년 [대군쥬 오년]에 하의원에 쳥ᄒᆞ야 승상부에 년리 판리ᄒᆞᆫ 일이 국가에 리익 유무를 ᄉᆞ획ᄒᆞ라 ᄒᆞ니 의원이 빅슴십인이 연명 상셔ᄒᆞ야 상국의 졍사ㅣ 국가에 비익이 크게 잇ᄂᆞᆫ 고로 비록 장졍을 위범ᄒᆞ얏스나 감히 상공의게 귀구치 못ᄒᆞ노라 ᄒᆞ고 물너가 뒤 말ᄒᆞᄂᆞᆫ 쟈ㅣ 불과 칠십오 인이라. 보국이 일로 말미암아 크게 흥ᄒᆞ고 비사믹의 치국ᄒᆞᄂᆞᆫ 법이 다 졍ᄒᆞᆫ 졔도를 쥰힝ᄒᆞ더니 이윽고 보왕이 말ᄒᆞᄃᆡ 치국 대권은 하늘이 인군을 쥬신 바이요, 민간에 관계 아니니 인민이 망녕되이 춤예치 못ᄒᆞ리라 ᄒᆞ야 그 쯧이 고집불회ᄒᆞ며 졍부에도 이 의론을 가진 쟈ㅣ 십인에 칠팔이러라. 이에 비사믹의 의견은 더욱 초월ᄒᆞ야 곳 건의왈 왕의 말ᄉᆞᆷ이 당연ᄒᆞ나 그러나 상하ㅣ 동심코ᄌᆞ ᄒᆞ면 빅셩을 밋기여 의원을 쳔거흠이 올타 ᄒᆞ야 왕과 졔 대신이 그 말을 좃치니 보국의 졍치가 다시 반셕갓더라.

뎨칠졀 보오 냥국의 교섭이라

보국의 뎨일 관계ᄂᆞᆫ 오지리아 국이니 대져 오국이 일이만의 밍쥬ㅣ 된 지 수빅년에 미양 보로사를 능멸ᄒᆞ고 하시ᄒᆞ믹 보국이 졀치부심ᄒᆞᆫ 지 ᄯᅩᄒᆞᆫ 빅여년이러니, 이 ᄯᅢ에ᄂᆞᆫ 보국의 디경이 수륙 교통ᄒᆞ야 수미 연락ᄒᆞ며 그 대신은 총명지지ᄒᆞ고 빅셩이 틱평무ᄉᆞᄒᆞ야 국셰 날로 흥ᄒᆞ고 오국의 강토ᄂᆞᆫ 벽원 령셩ᄒᆞ야 원방에 란이 잇스면 유은랍 도셩에셔 [유은랍은 유야랍이라] 발병 졍토ᄒᆞ믹 도로ㅣ 요원ᄒᆞ야 소비불소ᄒᆞ고 그 대신이 비록 용렬치ᄂᆞᆫ 아니ᄒᆞ나 ᄯᅩᄒᆞᆫ 영명ᄒᆞᆫ 쥰결이 업고 국셰 날로 쇠퇴ᄒᆞ나 오히려 일이만 밍쥬라 ᄒᆞᄂᆞᆫ 허명을 탐ᄒᆞ야 스사로 픽망흠을 아지 못ᄒᆞ고 보국은 졈졈 강대ᄒᆞ야 오국과 교섭 안건이 잇스면 조곰도 용셔치 아니ㅎ고 지어 미셰스라도 왕리 힐난ㅎ야 불소가 ᄎᄒ니 오황이 점점 분흠을 견ᄃ지 못ㅎ고 ᄯᅩ 보국을 억졔코ᄌ ᄒ야 비록 굴흔 일이 잇셔도 ᄯᅩᄒᆫ 양두치 아니ㅎ고 원수ㅣ 날로 집허 화친홀 마음이 틔공에 부운갓탄지라. 이 ᄴᅢ 보상 비스믹이 먼져 아라사 법난셔 냥국과 밀약ᄒ야 보오 냥국에 병혁이 잇셔도 간셥지 아니케 ᄒ며 ᄯᅩ 의대리ᄂᆫ 원리 오국의 만모ᄅᆞᆯ 바든지라 ᄯᅩᄒᆫ 도웁지 아닐너라.

　오보ㅣ 실화ᄒ기 젼에 비스믹이 오국을 력권ᄒ야 일쳔팔빅륙십ᄉ년 [듸군쥬 원년]에 냥국이 합병ᄒ야 단묵을 쳐 사라사비²⁶⁾싱과 화스텬²⁷⁾싱을 쎄아스니 이 냥싱은 보국과 근경이라. 비사믹이 다 보국에 예속고ᄌ ᄒ듸 오황이 혜오디 이 ᄴᅡᄂᆞᆫ 오국과 요원ᄒ니 나의 속지 되야도 무용지물이라. 연이 보국을 쥬면 보국이 거연 강듸ᄒ리니 이ᄂᆞᆫ 나의 복이 아니라 ᄒ고 이에 흔 소국을 ᄆᆞᆫ들고 비특리²⁸⁾ 공을 셰워 그 왕을 ᄉᆞᆷ고ᄌ ᄒ니 비사믹이 불가라 ᄒ야 상지 일년에 냥국이 다시 회의ᄒ고 화사텬 싱은 오국에 속ᄒ고 사라사비싱은 보국에 보ᄂᆞ니 외양은 비록 공평ᄒ나 피ᄎᆞ 마음에 흡족지 못ᄒᄂᆫ 고로 셔로 깃거 아니ᄒ고 수월이 지ᄂᆞ미 ᄯᅩ ᄉᆞ소ᄉᆞᄅᆞᆯ 인ᄒ야 호상 혈칙ᄒ야 ᄌᆞᄌᆞ불휴ᄒ며 간혹 ᄶᅡ 난호든 일을 제긔ᄒ야 힝힝흔 빗치 낫히 드러나더니 일쳔팔빅륙십륙년 [대군쥬 삼년]에 보국의 군비 이믜 경돈흔지라. 비스믹이 듸희ᄒ야 왕게 고왈 오국이 젼일 형셰ᄅᆞᆯ 밋고 우리와 징론불결ᄒ니 신의 ᄯᅳᆺ은 이 긔회ᄅᆞᆯ 타 오국을 일이만 밧게 물니치고 일이만을 합ᄒ야 한나라ᄅᆞᆯ ᄆᆞᆫ들고 보국을 놉히여 밍쥬ㅣ 되게 ᄒ면 가히 장치구안ᄒ리이다 ᄒ며 이 ᄴᅢ에 오황은 그 듸신과 병부상셔ᄅᆞᆯ 명ᄒ야 보국을 졔어홀 방략을 의론ᄒ고 보국 대장 모긔ᄂᆞᆫ 날마다 군즁에 잇셔 ᄉᆞ졸을 훈련ᄒ야 긔운이 오국을 싱킬 듯ᄒ더라.

　일이만 젼부 즁에 수슴국이 오히려 오국을 밧드러 밍쥬ᄅᆞᆯ ᄉᆞᆷ고ᄌ

---

26) 사라사비(慈癩私肥, 새라사비): 쉬래스위. 단성(丹省). 덴마크의 지명.

27) 화스텬(火司天): 홀스틘. 단성(丹城). 덴마크의 지명.

28) 비특리(飛特里 又名 斐迭禮): 으릭더릭. 일작예(日爵裔).

ᄒᆞ고 기여 졔국은 다 녀병말마ᄒᆞ고 마권찰장ᄒᆞ야[29] 젼짐 일기를 기다리더니 밋 보오 냥국이 옥빅을 바리고 간과에 종사ᄒᆞᆯ시 이 히 륙월 십칠일에 오황이 션유ᄒᆞ야 왈 보로사ㅣ 다만 ᄌᆞ긔만 일고 타인의 리히ᄂᆞᆫ 도라보지 아니ᄒᆞ니 이졔 짐이 일이만 각국을 회합ᄒᆞ야 그 형셰를 썩 그리라 ᄒᆞ고 보국은 이 달 이십이일에 보왕의 족하 비특례개랄사[30]ᄂᆞᆫ 군ᄉᆞ를 거나리고 파형야[31]국 디경에 이르러 ᄯᅩᄒᆞᆫ 고시ᄒᆞ야 왈 ᄂᆡ 여긔 옴은 간ᄉᆞ파측ᄒᆞ야 약조 어긔ᄂᆞᆫ 오국을 막음이요 타인은 관계업다 ᄒᆞ고 종ᄎᆞ로 젼단이 이러나더라.

데팔졀 후당총이라

보국 이젼에ᄂᆞᆫ 오국 법국에 능학을 밧다가 이졔 겨우 양미토긔ᄒᆞ야 오국과 항거ᄒᆞ니 대져 기간이 륙십년이라. 이 륙십년 간에 은은이 구쥬 대셰에 관계되ᄂᆞᆫ 큰 일이 잇스니 이ᄂᆞᆫ 비록 션지션각ᄒᆞᆫ 셩인이라도 예료치 못ᄒᆞᆯ 일이라. 보국에 니고롤 [셩이라] 득뇌사[32] [일홈이라]ㅣ라 ᄒᆞᄂᆞᆫ 사롬이 잇스니 빈궁 ᄌᆞ졔라. 보국에 동철장식을 싸라 좀을쇠 ᄆᆞᆫ들기를 비홀ᄉᆡ 일쳔팔빅륙십년 [순조 륙년]에 득뇌사ㅣ 년 이십구 셰라. 좀을쇠의 쳥과 좀으ᄂᆞᆫ 쇠 비합ᄒᆞᄂᆞᆫ 법을 투득ᄒᆞ고 타국에 유람ᄒᆞ야 졀나[33] 디방에 이르니 이 ᄯᅢᄂᆞᆫ 졍히 법병이 보국을 하ᄒᆞᆫ 후라. 사망이 산젹ᄒᆞ고 혈뉴 셩거ᄒᆞ니 다 보국의 죽은 군사ㅣ라. 득뇌사ㅣ 상심ᄎᆞᆷ목ᄒᆞ야 눈물이 비오듯ᄒᆞ더니 우연이 로방에 총 ᄒᆞ나흘 어드니 보국 총이라. 이윽이 보다가 위연 장탄 왈 이ᄂᆞᆫ 구라파의 뎨열 용렬ᄒᆞᆫ

---

29) 녀병말마ᄒᆞ고 마권찰장ᄒᆞ야: 원문은 '예주젼사약약욕(豫籌戰事躍躍欲)'으로 언해 과정에서 의역하였음.
30) 비특례개랄ᄉᆞ(非特麗揩將私, 비특려개장사): 쁘릭너릭 찰스. 보왕질(普王姪).
31) 파형야(波哼爺): ᄲᅩ헤미아. 일이만 소국(日耳曼 小國). 보헤미아.
32) 니고롤 득뇌사(尼姑喇得賚賜, 니고라득뢰사): 니코라스 드레이스. 보교장(普巧匠).
33) 졀나: 쌔나. 프로이센의 지방 이름.

물건이라. 아국 스롬이 이를 가지고 나파륜을 당코즈 ᄒ니 엇지 이란 격석이 아니리오. 늬 이믜 줌을쇠 법을 빈홧스니 그 법을 변ᄒ야 총을 제조ᄒ면 무슴 어려옴이 잇스리며 밍셰코 긔묘흔 법을 늬여 법국을 이긔게 ᄒ리라 ᄒ고 곳 힝장을 수습ᄒ야 법경 파리로 향ᄒ야 가니라. 대져 국지 셩쇠는 군왕과 집정 대신에 잇거늘 불의에 버법 냥국의 셩피가 맛춤늬 구구흔 장식의게 달녓스니 추호ㅣ라. 긔이ᄒ도다.

득늬사ㅣ 법경에 이르러 셔스국 스롬 포리[34]를 츠즈 그 고용흠을 청ᄒ니 포리는 양창을 제조ᄒ야 법황이 총이ᄒᄂ 스롬이라. 수월이 지나믹 포리 득늬사의 령민흠을 스랑ᄒ야 일너 왈 법황이 나를 명ᄒ야 신식 양창을 지으라 ᄒ믹 가히 창 뒤흐로 탄환을 너흘지라. 이 창을 조성ᄒ면 신실로 뎨일 긔계되리라 ᄒ거늘 득늬사ㅣ 이 말을 듯고 홀연이 젼스를 싱각ᄒ고 곳 쥬야 경륜ᄒ야 후당총 믄드는 법을 힘쓰더라.

이 째에 법국의 웅장흠이 고금에 웃듬이요, 나파륜이 쏘 긔이흔 지조ㅣ 잇스니 만일 후당창이 되얏던들 구라파 엇기는 여반장이라. 연이나 텬시와 인원이 합지 아니ᄒ야 졸연히 셩스치 못ᄒ고 급기 제조흔 후에는 나파륜 황데 이믜 흉ᄒ야 흔 번도 시험치 못ᄒ고 도뤼혀 후인을 주어 빅셩을 히케 ᄒ니 텬하스를 예탁기 어려움이 여츠ᄒ더라.

포리 후당창을 믄드럿더니 별로히 편리치 못ᄒ고 밋 나파륜이 사로 잡히든 히에 다른 공장이 동모탄환을 창시ᄒ야 한번 그 고동을 틀면 철환이 나가니 전일에 부쇠와 화승으로 화양에 다림과 다르더라. 득늬사ㅣ 동모철환을 보고 다시 궁리ᄒ야 탄환을 총 후당에 넛케 ᄒ되 더욱 편쳡히 ᄒ야 일천팔빅슴십오년 [헌종 원년]으로부터 범 이십년을 지닉믹 비로소 호말도 틀님이 업는지라. 이에 보국 정부에 밧치니 정부ㅣ 곳 득늬사를 명ᄒ야 창을 빅셜ᄒ고 각 공장을 독솔ᄒ야 후당총을 제조ᄒ고 일천팔빅뉵십스년 [틱 군쥬 원년]에 보오 냥국이 단목을 칠 째에 보군이 이 창을 가지고 함진츙봉ᄒ야 소향무젹이라. 보왕이 대희

---

34) 포리(包狸): 포릭. 법창공(法鎗匠, 쟁장).

호야 득뇌스를 봉호야 세습호는 벼살을 주고 또 다슈이 제조호야 보국 젼군이 쓰게 호고 또 일쳔팔빅뉵십뉵년 [대군주 습년]에 보오 냥국이 젼쟁이 이러 오군을 이긔니 다 이 총의 힘이러라.

데구졀 슈도와 젼장이라

비특려개랄사ㅣ 파형야에 일을 쌔에 부하 졍병이 슘영이라. 보왕의 명을 바다 오병을 쳐 사도와[35]까지 가셔 다시 평을 기다리라 호더니 밋 오병과 쌋호미 보군의 시 총이 속호고 또 멀니 밋츠니 오군이 져당치못호야 일쳔팔빅륙십륙년 [대군쥬 습년] 류월 이십칠일에 오국 일영이 젼군 함몰호거늘 비특례개랄사ㅣ 군스를 독촉호야 장구듸진호야 칠월 초슘일에 사도와에 이르니 스홈 시작흔 지 겨우 칠일이라. 사도와에 잇는 오병을 또 파호고 졍히 독젼홀시 오병의 포듸 듸병이 일으러 보군을 향호야 듸포를 노호니 불과 수슘시에 보군 죽은 자ㅣ 이쳔여인이요, 기여 잔병이 겨우 슘스빅인이라. 오병이 졍히 긔가를 부를시 홀연히 슙시간에 총소리 우레갓고 탄환이 벌 날듯호더니 오병이 다리 상호고 팔이 부러진 자ㅣ 불가승수요, 사상이 산적호야 비 장군이 종텬이강이라 호니 이는 보 왕셰자ㅣ 데이 듸듸 군을 거느리고 뒤에셔 칙응호다가 젼군의 포셩을 듯고 급히 와 구원홈이라. 보병이 다 남식 군복을 입고 일졔히 시 총과 시 대포를 가지고 오군을 향호야 분분난타호니 오군이 경겁호야 불과 일졈종에 죽은 자ㅣ 길에 널니고 류형이 긔쳔을 일우니 오군 죽은 즈는 슘만 이쳔인이요 보군은 구쳔 인이러라.

오국이 듸픽호미 이에 스신을 보국에 보니여 팔월 오일에 화약을 졍호니라. 이날 보왕이 의원에 친림호야 선유왈 우리 하늘의 도으심을

---

35) 사도와(沙賭窪): 사도와. 오지(奧地).

입어 일젼 셩공ᄒᆞ니 ᄎᆞ후ᄂᆞᆫ 일이만 젼부ㅣ 합ᄒᆞ야 한나라히 되면 다시 타인의 만모ᄅᆞᆯ 밧지 아닐이라 ᄒᆞ고 깃거ᄒᆞᄂᆞᆫ 빗치 ᄉᆞ싴에 낫타나더라. 딕져 구쥬 근년 젼칭은 고시에 광일지구흠과 다르거니와 연이나 이러ᄒᆞᆫ 큰 싸홈이 불과 일 례비 동안이요, 실화흠으로부터 다시 화친ᄒᆞ기ᄭᆞ지 젼후 ᄉᆞ십구일이라. 비록 모진 바람이 딕입흘 슬고 악ᄒᆞᆫ 비가 곳츨 ᄶᅥ거도 이러틋시 신속지ᄂᆞᆫ 못흘너라.

냥국이 화약을 졍흘새 보왕이 구ᄒᆞᄂᆞᆫ 바ᄂᆞᆫ 오국이 불감불쳥흘지라. 보로사의 군량과 긔계 등 부비ᄅᆞᆯ 다 비상ᄒᆞ니 그 돈이 불가승계요 셕년에 보오 냥국이 단묵을 파ᄒᆞ고 냥국이 난호와 가졋든 짜 ᄒᆞ나흘 마ᄌᆞ 보국에 보ᄂᆡ고 ᄯᅩ 일이만 젼부ᄅᆞᆯ 합ᄒᆞ야 보로사에 예속ᄒᆞ니 오국은 비록 보국에 속국이 되지ᄂᆞᆫ 아니ᄒᆞ얏스나 다시 미ᄉᆞ에 감히 항거치 못ᄒᆞ며 밍쥬의 영광이 일조 단졀ᄒᆞ니 그 치욕은 말흘 수 업고 보국은 잔폐지여에 국톄ᄅᆞᆯ 빗ᄂᆡ고 한락비와 흑싴36)과 나소37)와 번복 세 싸흘 버혀 보국에 속ᄒᆞ더라.

뎨십졀 보법의 교셥이라

법황 노의 나파륜이 항상 ᄌᆞ긍ᄒᆞ야 왈 짐이 오직 용병치 아니면 구쥬에 젼칭이 업스리라 ᄒᆞ니 대져 법국은 구쥬의 안위딕국이 젼혀 그 장악에 잇슴을 ᄌᆞ랑흠이라. 이졔 보국이 날로 강셩흠을 보고 크게 불열ᄒᆞ며 ᄯᅩ 보국은 법국과 불과 난인하수 일딕가 격ᄒᆞ엿스니 필연 그 형셰 법국에 나리지 아니리라 ᄒᆞ며 ᄯᅩ 마음에 국츅불안ᄒᆞ야 먼져 보국 ᄯᅳᆺ을 시험코ᄌᆞ ᄒᆞ야 지상 비스믝의게 글을 보ᄂᆡ여 왈 귀국이 오국과 싸흘 쌔에 짐이 막지 아니ᄒᆞ엿더니 이졔 과연 딕쳡ᄒᆞ니 흔하만만

---

36) 흑색(黑色): 헤스. 일지(日地). 일이만 땅.
37) 나소(惱掃): 나소. 일지(日地). 일이만 땅.

이라. 연이나 짐의 뜻은 귀국이 폐국과 졉경ᄒᆞᆫ ᄯᅡ 모모처 [곳 긴요ᄒᆞᆫ ᄯᅡ이라]를 다 짐의 관할을 ᄆᆞᆫ들면 조홀가 ᄒᆞ노라 ᄒᆞ거ᄂᆞᆯ 비스ᄆᆞᆨ이 곳 답ᄒᆞ야 왈 존명을 다 들엇스나 보국의 ᄯᅡ는 쳑촌도 결단코 타인은 쥬지 못ᄒᆞ리라 ᄒᆞ고 ᄯᅩ 보국 빙령 도셩에 쥬찰ᄒᆞᆫ 법국 공ᄉᆞ다려 일너 왈 귀황이 만일 다시 ᄯᅡ을 달나ᄒᆞ면 화란이 곳 즉각에 잇스리라 ᄒᆞ니 법황이 비스ᄆᆞᆨ의 답셔와 밋 공ᄉᆞ의 글을 보고 분괴홈을 이긔지 못ᄒᆞ나 보국 익일 승산이 업스ᄆᆡ 오직 인긔탄셩ᄒᆞ야 거연히 흔단을 짓지 못ᄒᆞ고, 보국은 일이만 북방 졔국이 다 보국과 합ᄒᆞ나 남방 졔국은 오히려 합력동심치 아니ᄒᆞ니 만일 법국과 듸단ᄒᆞ면 승쳡지 못ᄒᆞᆯ지라. 이럼으로 아직 법국과 거짓 화호ᄒᆞ야 남북 졔방이 다 합ᄒᆞᆫ 후 법국을 당ᄒᆞ리라 ᄒᆞ더라.

일쳔팔빅칠십년 [대군주 칠년]에 보법 냥국이 ᄊᆞ화 법인이 듸픽ᄒᆞᄆᆡ 일이만 젼부 졔방이 다 보국에 합ᄒᆞ고ᄌᆞ ᄒᆞ거ᄂᆞᆯ 이에 보로사ㅣ 국호를 곳쳐 왈 덕의지라 ᄒᆞ고 보왕을 추존ᄒᆞ야 덕의지 황뎨를 ᄉᆞᆷ으니 듸져 력듸 이리로 법인이 형셰를 밋고 보인을 학듸ᄒᆞ다가 다힝이 하ᄂᆞᆯ이 긔회를 빌녀 젼일 수치를 씨스니 이졔 싱각건듸 젼에 일이만이 각기 졔 나라를 가지고 졔 빅셩을 다ᄉᆞ림이 올타ᄒᆞ야 편편이 난호아 잇든 거시 진실로 잔약을 ᄌᆞ취ᄒᆞᆫ 일이라. 명쳘ᄒᆞᆫ 션빅 말ᄒᆞ되 이졔는 한 강국이 되야 구라파 쥬에셔 만모ᄒᆞᆯ ᄉᆞ람이 업고 ᄯᅩ 덕국은 젼징을 조화ᄒᆞᄂᆞᆫ ᄉᆞ람이 아니라 ᄌᆞᄎᆞ로 구쥬 일경이 장ᄎᆞᆺ 틱평무ᄉᆞᄒᆞᆯ 거시오, 법난셔와 갓치 호듸희공ᄒᆞ야 각국으로 ᄒᆞ야곰 조불셕게ᄒᆞ지 아니리라 ᄒᆞ더라.

뎨십일졀 셰력이라

보국이 일이만을 합ᄒᆞ야 일국을 맨들고ᄌᆞ ᄒᆞᆫ 지 오십년에 이졔 비로소 원을 일우ᄆᆡ 그 경영과 용심홈을 가히 알지라. 지물을 물갓치 쓰며 군민상하ㅣ 군무에 젼력ᄒᆞ야 그 마음이 조금도 변치 아니ᄒᆞ니 ᄃᆡ져 군ᄉᆞᄂᆞᆫ 부득이ᄒᆞᆫ 후에야 쓸 거시라. 비컨ᄃᆡ 농부와 갓ᄐᆞ야 화곡이 다 셩숙ᄒᆞ얏스니 맛당이 추수ᄒᆞ야 감츌 거시어ᄂᆞᆯ 앗갑도다. 위량 뎨일 황과 비ᄉᆞᄆᆡᆨ 직상이 군려에 젼심ᄒᆞᆫ 지 수십년에 공셩명수ᄒᆞ얏거ᄂᆞᆯ 오히려 ᄇᆡᆨ셩의게 은혜ᄅᆞᆯ 베푸지 아니ᄒᆞ고 항상 속박ᄒᆞ고 압졔ᄒᆞ야 우유ᄌᆞ적ᄒᆞᄂᆞᆫ 락을 엇지 못ᄒᆞ게 ᄒᆞ니 일이만 ᄇᆡᆨ셩이 엇지 이갓치 불힝ᄒᆞ뇨. 지금 위량 뎨일 황뎨와 비ᄉᆞᄆᆡᆨ 상국은 셰상에 ᄒᆞ로 잇스면 곳 권셰로 치민ᄒᆞᄂᆞᆫ 마음이 또ᄒᆞᆫ ᄒᆞ로가 잇슬 거시요, 타일에 이 졔공들이 ᄎᆞ뎨로 셰상을 바리면 일이만 ᄇᆡᆨ셩이 거의 ᄉᆡᆼ셰지락이 잇고 병긔랄 ᄉᆞ라 일월에 빗치되며 범사ㅣ 또ᄒᆞᆫ 흥셩ᄒᆞ리로다.

뎨십이졀 치민ᄒᆞᄂᆞᆫ 법이라

보로사 본국 인구ᄂᆞᆫ 남녀ㅣ 이쳔팔ᄇᆡᆨ만 인이요, 기여 일이만 졔소국은 불과 일쳔팔ᄇᆡᆨ만 인이라. 다 합ᄒᆞ야 덕국이 되ᄆᆡ 남녀ㅣ ᄉᆞ쳔칠ᄇᆡᆨ만 인이요, 샹하 두 의원이 잇스니 상의원 졔ᄃᆡ신은 ᄐᆡ반이 다 덕황의 명ᄒᆞᆫ 바이요, 하의원 의원은 민간이 공쳔ᄒᆞᆫ ᄇᆡ라. 거관ᄒᆞᄂᆞᆫ ᄇᆡᆨ셩이 삼등에 난호여 비록 직상지인이 편벽히 경즁ᄒᆞᆫ 폐 업게 ᄒᆞ나 그러나 부셰 다과ᄅᆞᆯ ᄶᅡ라 거관ᄒᆞᄂᆞᆫ 슈효ᄅᆞᆯ 정ᄒᆞᆫ 고로 ᄌᆞ연 부호ᄂᆞᆫ 부셰 만흐ᄆᆡ 권이 즁ᄒᆞ고 빈ᄌᆞᄂᆞᆫ 부셰 적으ᄆᆡ 권이 경ᄒᆞ야 젼혀 권이 업슴과 달으지 안코 ᄯᅩ 덕인이 간혹 ᄉᆞ룸을 부탁ᄒᆞ야 ᄃᆡ신 의원을 거쳔ᄒᆞ야 리히ᄅᆞᆯ 샹관코ᄌᆞ ᄒᆞ니 엇지 그 리치에 당ᄒᆞ리요. ᄯᅩ 덕국 법례에 하의원 의원을 ᄆᆡ일 봉금 일 방을 쥬고 퇴직홈을 허치 아니ᄒᆞ니 이ᄂᆞᆫ 시무ᄅᆞᆯ 힘쓰ᄂᆞᆫ 자ㅣ 불가불 알 일이러라.

뎨십슴졀 교화와 학교라

보인이 야소교를 봉힝ᄒᆞᄂᆞᆫ ᄌᆞᄂᆞᆫ 슴분에 일이 못되고 텬주교를 봉힝ᄒᆞᄂᆞᆫ ᄌᆞᄂᆞᆫ 졍히 슴분일이 되고 기여ᄂᆞᆫ 다 다른 교를 힝ᄒᆞ며 야소 텬주 두 교ㅣ 교화를 맛타 그 경비ᄂᆞᆫ 국가로셔 발급ᄒᆞ고 야소교 즁 각 싱에 보ᄂᆡᄂᆞᆫ 교ᄉᆞᄂᆞᆫ 다 졍부에셔 파견ᄒᆞ고 텬쥬교 교ᄉᆞᄂᆞᆫ 봉교ᄒᆞᄂᆞᆫ ᄉᆞ름이 공쳔ᄒᆞᄂᆞᆫ 비요, 국가ㅣ ᄯᅩ흔 츌쳑ᄒᆞᄂᆞᆫ 권을 가졋더라.

덕황이 학교에 더욱 유심ᄒᆞ야 법을 졍ᄒᆞ야 민간에 아히 독셔흘 년긔에 입학지 아니ᄒᆞ면 그 부모를 징벌ᄒᆞᄂᆞᆫ 고로 소학교에 든 아히 남녀 병ᄒᆞ야 ᄉᆞ빅팔십만 명이 되니 대략 보로스 일경 인구 륙분일이 되고 [일이만 젼부ᄂᆞᆫ 이 수에 잇지 아님이라] 흔 례비간에 셩시 즁 아히ᄂᆞᆫ 학비 금이 영금 슴 넌니요[일 변니ᄂᆞᆫ 엽준 두 돈 가량이라] 향촌간 아히ᄂᆞᆫ 일 변니 되고 만일 부죡ᄒᆞ면 디방관이 빅셩의 힘을 싸라 츄렴ᄒᆞ게 ᄒᆞ고 졍부ᄂᆞᆫ 특이 흔 대관을 ᄂᆡ야 관할케 ᄒᆞ더라.

뎨십ᄉᆞ졀 군졍이라

보인의 남ᄌᆞ된 ᄌᆞᄂᆞᆫ 나히 이십 셰 추면 [조션 년긔 이십일 셰라] 곳 항오에 들어 익병이 되고 슴년 긔한이 지나면 농사에 돌녀 보ᄂᆡ나 만일 젼징이 잇스면 이십슴 셰 이상으로 슴십이셰 된 남자ㅣ 다 외국에 나가 ᄡᆞᄒᆞ니 이ᄂᆞᆫ 예비병이요, 아홉힌를 치온 후에 ᄯᅩ 병혁이 잇스면 슴십슴셰로 오십셰ᄭᅵ지 나라 직희ᄂᆞᆫ 예비병이 되야 젹군이 들어오면 막고 타국 디경에ᄂᆞᆫ 가지 아니ᄒᆞ니 이 법이 일쳔팔빅십ᄉᆞ년 [순조 십ᄉᆞ년]에 졍ᄒᆞᄆᆡ 구쥬 타국이 거반 다 법바다 힝ᄒᆞ며 지어 일이만ᄒᆞ야ᄂᆞᆫ 이졔 합ᄒᆞ야 일국이 되ᄆᆡ 젼징이 잇스면 각국이 다 군ᄉᆞ를 조발ᄒᆞ고 보왕은 덕의지 황뎨의 권이 잇셔 통활ᄒᆞ니 통계 익병이 ᄉᆞ십구만 이쳔이요, 젼징시에ᄂᆞᆫ 창을 메오 밧게 나갈 자ㅣ 일빅오십만이니 군령이 가장 엄ᄒ고 가장 착ᄒ고로 우연히 동병ᄒ야도 두 레비 동안에 다 가히 모힐지라. 일천팔빅칠십년 [대군쥬 칠년]에 법인과 쑛홀식 두 레 빅가 못 되야 경국지사ㅣ 긔한을 어긔지 아니ᄒ고 젼장에 일으니 이럼 으로 지금가지 인구는 불과 스쳔칠빅만이로ᄃ 란리를 당ᄒ면 가히 단 련ᄒ 군사 슴빅만을 조발홀 거시요, 국즁에 또 방어ᄒᄂ 즁병이 잇셔 외병을 막으ᄂ라.

뎨십오졀 직력과 상무ㅣ라

덕국이 츄관흠이 타국보다 적으니 츄관ᄒ야 쳘로를 츅조흔 경비 외 에 겨우 영금 슴쳔만 방이요, 국고에 미년 셰입이 영금 슴쳔이빅만 방 이 되ᄆ 국용이 족ᄒ니 이 슴쳔이빅만 방은 틱반이나 국가의 즈유흔 공디와 밋 수림 쳘로 광산 철정국 등에셔 상랍이오, 민간 젼디 부셰ᄂ 불과 영금 일쳔만 방이요, 오직 보로사 스름이 직물을 도와 덕황의 공 용을 쓰게 ᄒ고 덕황의 스직는 거반 다 관셰 즁에서 싱ᄒᄆ 랍셰ᄒᄂ 자ㅣ 쏘흔 보인이 가장 만흐니 가사 덕국 셰항이 입불부츌ᄒᄂ 희를 당ᄒ면 일이만 각 방이 그 빅셩의 수효를 따라 부셰를 증가ᄒ야 덕국 에 보ᄂ여 각 싱이 경수를 밧듬과 갓고 보민의 셰 ᄂᄂ 거슨 미년 영 금 일빅오십만 방 가량이러라.

보국은 디즁에 다 보비 잇셔 미년 긔광ᄒᄂ 스름과 그 광물을 융화 ᄒ야 단련ᄒᄂ 장식이 스십만 인이요, 석탄이 영칭 오쳔팔빅만 돈이 니, 영국 소산보다 슴분일이 되고 츄외에 철과 셕과 동연 등이 쏘흔 잇더라.

국즁 빅셩의 졀반은 농스에 젼력ᄒ나 오직 젼답 가진 자ㅣ 부호요 소민은 짜히 잇셔 셰젼지업을 슘ᄂ 자ㅣ 십인 즁에 불과 이인이 되나 쏘 롱히 련쳔누믹흔 것도 아니라. 통이게지ᄒ면 젼답 가졋다 ᄒᄂ 자 ㅣ 빅만인이라 ᄒ되 긔실은 미인에 불과 영국 밧츠로 셰이랑에 지나지 못ᄒ더라.

덕국의 츌구 화물이 영국에 오ᄂᆞᆫ 자ㅣ 양의 털과 수목 종류와 숨과 뉴리와 아ᄒᆡ의 가지ᄂᆞᆫ 완호지물이 불계기수ㅣ니 미년 영금 이십오만 방이 되고, ᄎᆞ외에 ᄯᅩ ᄉᆞ탕과 소쥬ㅣ 잇고, 영국으로 좃ᄎᆞ 덕국에 가ᄂᆞᆫ ᄌᆞᄂᆞᆫ 셕탄 [근년은 년년히 감ᄒᆞ더라]과 철과 포속과 양융과 셰갈포와 비단과 어물과 슉피요, ᄯᅩ 화학에 소용되ᄂᆞᆫ 물건이요, 대져 타국은 영국과 통상ᄒᆞ미 영국 물화 쓰ᄂᆞᆫ 자ㅣ 적고 영국에 입구ᄒᆞᄂᆞᆫ 거시 만ᄒᆞ되, 오직 덕국은 덕국 물화ㅣ 영국에 오ᄂᆞᆫ 자ㅣ 적고 영국 물건이 덕국의 금과 밧고ᄂᆞᆫ 거시 만ᄒᆞ니 통계ᄒᆞ면 영국이 덕국에 가ᄂᆞᆫ 거슨 미년 영금 이천습빅만 방이요, 덕국 츌구화ᄂᆞᆫ 통이 이천이빅만 방이 못되더라.

보국의 철로ㅣ ᄉᆞ만 오천리에 기즁 습분일은 국가의 축조ᄒᆞᆫ 거시 아니면 곳 국가ㅣ 관할ᄒᆞᆫ 거시니 그 ᄉᆞ세ᄅᆞᆯ 보면 타일에 다 졍부에 도라가고 말너라. [미국에 새 디방 넷시 잇스니 욱화38)와 감사사39)와 니파사긱40)과 미니소탑41)이라] 인구ᄂᆞᆫ 다만 습빅만이요 철로ㅣ 습만리에 일으니 실이 보국 철로 습분지 이나 되더라.

덕국 인민이 셔간 왕복을 조와 아니ᄒᆞᄂᆞᆫ 고라 우졍국에 미년 붓치ᄂᆞᆫ 거시 불과 칠만만 봉이라. 영길리ᄂᆞᆫ 본국 인이 다만 덕국 습분이가 되나 붓치ᄂᆞᆫ 셔간이 미년 십일만만 봉이되고 대져 덕인의 셔간이 법인과 근ᄉᆞᄒᆞ야 법인의 인구ㅣ 덕국보다 칠분일이 적은 고로 미년 셔간이 륙만만 봉이 되야 인수ᄅᆞᆯ ᄯᆞ라 셔간 수효도 졍히 상적ᄒᆞ고 덕인이 가장 신문지ᄅᆞᆯ 조와ᄒᆞᄂᆞᆫ 고로 우졍국으로 좃ᄎᆞ 붓치ᄂᆞᆫ 거시 영국과 다르지 아니ᄒᆞ고 젼보 왕ᄅᆡᄂᆞᆫ 법인보다 만ᄒᆞ나 영인에 비ᄒᆞ면 거우 반이러라.

---

38) 욱화(郁華): 이오와. 미셩(美省). 아이오와 주.

39) 감사사(嵌紗絲): 칸사스. 미셩(美省). 캔자스 주.

40) 니파사긱(尼把私略): 늬쌔라스카. 미셩(美省). 네부라스카.

41) 미니소탑(米泥鎭塔, 미니쇄탑): 미늬소타. 미셩(美省). 미네소타.

데십칠권 오지리아국이라[일명은 오사마가라]

영국 마간서 원본, 청국 채이강 술고, 리제마티 번역

데일절 오국 일천팔빅솜십오년 전후 정형이라

구쥬의 대셰롤 말ᄒ면 셔력 일천칠빅구십솜년 [뎡종 십칠년]으로 일천팔빅솜십오년 [헌종 원년]ᄭ지 ᄉ십여년간이 비롤 중류에 쓰임과 갓트야 그 관계 대단히 크거늘 오지리아 황뎨 번셔1) ㅣ 맛춤 그 째롤 당ᄒ지라. 번셔 황이 원릭 이민홈으로 위쥬ᄒ민 항상 틱평무ᄉ홈을 힘쓰나 그 빅셩을 안즙ᄒᄂ 법이 민심에 불합ᄒ야 번셔 황은 갈오딕 빅셩이 엇지 치국ᄒᄂ 권을 간예ᄒ야 이하 룽상ᄒᄂ 화롤 일우리요. 오직 왕명을 쥰힝ᄒ야 빅셩의 분수을 직희ᄂ 자ㅣ 량민이라. 량민이 국중에 편만ᄒ면 국셰 ᄌ연 반셕갓치 구드리라 ᄒ고 그 싱평에 의론이 여ᄎᄒ고 이 째 이믜 신보관이 잇셔 오황이 금치ᄂ 아니ᄒ되 만일 외국 신문이 오면 곳 감찰어ᄉ롤 명ᄒ야 엄히 ᄉ탐ᄒ야 쳑ᄌ편언이라도 두지 못ᄒ게 ᄒ니 대져 영법 냥국 인민이 ᄌ조 조졍을 변경ᄒ민 만일 신문이 파젼ᄒ면 오국 빅셩도 외국 ᄉ졍을 알고 그 긔운에 물들어 장츳 란을 지을지라. 그런 고로 오황이 친신ᄒ ᄉ름을 ᄉ쳐 파젼ᄒ야 조졍을 의론ᄒ거나 신법을 올타 ᄒᄂ 자ㅣ 잇스면 곳 잡아 엄치ᄒ니 오민

---

1) 번셔(飜西 又 飜西約瑟 第一): 으란씨스. 오황(奧皇).

이 감히 입을 여지 못ᄒ고 도로ㅣ 측목ᄒ며 <u>오황의 뜻은 오직 빅셩이</u>
<u>식견이 널지 말고 혼연히 ᄒᆞᆫ 순량ᄒᆞᆫ 인민이 되야 설령 순량ᄒᆞᆫ 데 지나 우</u>
<u>미노둔ᄒ면</u> 더욱 죳코 만일 셰ᄉ를 련달ᄒᆞ야 졍명강의ᄒᆞᆫ 스름이 되면
오국에 장찻 다ᄉ히리라 ᄒ며 그 ᄌᆡ상 몰투니2)는 ᄌᆡ략이 잇고 번셔
황뎨와 일덕동심ᄒᆞ야 말ᄒ되 소민이 교화를 알면 반다시 화란이 빅츌
ᄒᆞ야 나라이 불편ᄒ리라 ᄒ고 그 졍치는 젼혀 괴휼로 일습고 권셰를
빙ᄌᆞᄒ야 무소부지ᄒ니 ᄌᆞ고 급 금에 셰력으로 빅셩 압졔ᄒᆞᆫ 나라히
젹지 아니ᄒ되 오국이 ᄌᆡ오 갓틈이 업더라. 오국 인민 숩쳔칠빅만이
다 혜오ᄃᆡ 하늘이 쥬신 목숨은 나의 가진 거시 아니요, 조상의 젼리ᄒᆞᆫ
ᄌᆡ산도 ᄯᅩ 감히 나의 물건이 아니라 ᄒᆞ야 졍부의 법령이 비록 미흡ᄒᆞ
야도 통국 스름이 한마ᄃᆡ 말도 그르다 ᄒᆞ지 못ᄒ니 이는 오황이 빅셩
을 인류로 아지 아님이라. 연이 오민이 황뎨의 식견이 비루ᄒ고 셩경
이 강픅흠을 알고 변을 짓고ᄌᆞ ᄒᆞ나 오직 오황의 아음이 젼혀 강포흠
은 아니라, 기실은 애민흠이요, 기타 졍ᄉㅣ ᄯᅩᄒ 민간에 유익흠도 잇
고 ᄯᅩ 우리 소민이 젼일에 황뎨와 갓치 법황 나파류의 만모와 학ᄃᆡ를
바닷스니 이졔 황뎨 년긔 놉흐시미 우리 비록 불합흠이 잇실지라도
ᄎᆞᆷ아 그 쇠휴잔년과 우환여ᄉᆡᆼ에 다시 속수ᄃᆡ폐ᄒᆞᆫ 고초를 당케 ᄒᆞ리
요 ᄒ고 마음을 눅이고 ᄯᅢ를 기다리더라. 연이나 일조에 산릉이 붕ᄒ
시면 그 위를 잇는 ᄌᆞ는 도라보지 아닐너라.

　일쳔팔빅숨십오년 [헌종 원년]에 번셔 황뎨 훙ᄒ고 신군 비졉남3)이
즉위ᄒᆞ미 오국 스린에 각국이 ᄐᆡ반이나 다 졔도를 곳쳐 인민이 졍ᄉ
의론ᄒᆞᆫ 권을 가졋는지라. 이 ᄯᅢ 빅셩이 다 외국 스졍을 아는 고로
비록 국가의 금령이 잇스나 사사로이 회를 모와 졍ᄉ득실을 의론ᄒᆞ야
오직 ᄯᅢ 오기를 기다리거늘 졍부는 막연부지ᄒ고 의연히 셰력을 빙ᄌᆞ
ᄒᆞ야 빅셩을 압졔ᄒ며 빅셩의 유익ᄒ고 편안ᄒᆞᆫ 일은 힝치 아니ᄒ고

---

2) 몰투니: 미터니취, 오스트리아 재상.
3) 비졉남(飛蝶南 又 飛蝶南 第二): 예듸난드. 오황(奧皇).

다만 교만ᄒ고 인순흠을 일삼아 그 록위만 보젼코ᄌ ᄒ니 국고금은 미년 입불부츌ᄒ야 옛젹 쥬난왕의 패채되를 가히 ᄊ을지라. 이에 통국 인심이 요란ᄒ야 황뎨와 관장을 밋지 아니ᄒ고 화란이 조셕에 잇더라.

대져 오국 법령이 구쥬 각국 신법을 ᄯ라로지 못ᄒ거늘 기즁 더욱이 대폐 잇스니 이ᄂ 망국ᄒᄅ 장본이라. 오국 인민이 두 종 낙이 잇스니 일은 일이만 동족인이요, 일은 아라사 동족인이라. 오국 졍부ㅣ 일이 만을 친밀ᄒ고 아라사ᄂ 셕긔다 ᄒ야 항상 일이만 족은 두호ᄒ고 아라사 족은 박되ᄒ야 아라사 족이 호소흠이 잇스면 그 시비ᄂ 무론ᄒ고 빅가지에 한가지도 쳥종치 아니며 일이만 족 뉴ᄂ 미양 몽혜ᄒᄂ 일이 만흔지라. 이에 아라사 족뉴의 시랍비4) ᄉ름이 [시랍비ᄂ 아라사 인종 총명이요 ᄯ 항가리 ᄉ름이라 ᄒ며 ᄯ 디명을 인ᄒ야 마가인이 라도 ᄒ더라.] 다 일으되 국가ㅣ 우리를 외되ᄒ니 우리 ᄯ라로이 한 나라 흘 ᄆ들이 올코 허물며 항가리ᄂ 옛젹에 엄연이 한 나라히라. 이졔 시 로이 나라히 되야도 어렵지 아니ᄒ니 하필 오국 울타리 빗히 잇셔 무 엇ᄒ리요 ᄒ야 날로 란을 짓고ᄌ ᄒ거늘 셕호ㅣ라. 오국 군신은 다만 교만ᄒ야 권셰로 빅셩을 압졔ᄒ며 구법만 쥰힝ᄒ고 긔현역쳘ᄒ야 순 량ᄒ 빅셩을 안무치 못ᄒ니 그 엇지 장치구안ᄒ리요.

뎨이졀 오국 일쳔팔빅ᄉ십팔년 졍형이라

이 ᄯ에 법황 노의 비례 빅셩을 학되ᄒ미 빅셩이 견되지 못ᄒ야 일 졔히 란을 지어 황뎨를 쫏거늘 오국 빅셩이 듯고 다 일으되 우리 인군 의 포함흠은 법황에셔 더 심ᄒ더니 이졔 법황이 도망ᄒ얏스니 우리도 이 긔회를 일치 마ᄌ ᄒ거늘 오국 졍부ㅣ 그 말을 듯고 대경ᄒ야 빅셩 이 법국을 효빈ᄒᆯ가 염녀ᄒ나 오히려 빅셩의 ᄯ이 법국과 요요상되ᄒ

---

4) 시랍비(是拉非 亦曰 恒加利 又 馬加): 스라브. 오부민(奧部民). 슬라브.

야 란을 지을 줄은 모로더라. 이 째에 오국 정승 몰투니 벼살이 놉하 왕위에 올으미 안부존영이 셰상에 혁혁ᄒᆞ더니 일천팔빅ᄉᆞ십팔년 [헌종 십사년] 슴월 초일일에 빅셩이 졸연이 이러나 몰투니 왕궁에 다라들거늘 정부ㅣ 급히 군ᄉᆞ를 조발ᄒᆞ야 쫏츠쓰나 빅셩 즁 ᄌᆞ연 죽고 상ᄒᆞᆫ 쟈ㅣ 잇ᄂᆞᆫ지라. 오황이 그 ᄉᆞ셰 급흠을 알고 전일의 학졍ᄒᆞ든 마음을 즘간 도뤼혀 군긔쳐 대신을 쳬츌ᄒᆞ고 조셔를 나리여 각 신문ᄉᆞ에 명ᄒᆞ야 졍ᄉᆞ득실과 치국치민ᄒᆞᄂᆞᆫ 량쳑을 말ᄒᆞ라 ᄒᆞ고 일면으로 상하 의원을 명ᄒᆞ야 졍ᄉᆞ를 의론케 ᄒᆞ고 전일에 무죄히 금고흔 스름을 다 방셕ᄒᆞ고 빅셩의 구ᄒᆞᄂᆞᆫ 바 신법을 일일이 허락ᄒᆞ고 ᄯᅩ 빅셩 의원을 좃ᄎᆞ 관원 쳔거ᄒᆞᄂᆞᆫ 권을 쥬게 ᄒᆞ니 여ᄎᆞ 정형은 가위 빅셩의 ᄯᅳᆺ을 ᄯᅡ라 사사순종ᄒᆞ야 불유여력이어늘 빅셩은 도뤼혀 오황의 마음을 밋지 아니ᄒᆞ고 다 이르되 이는 황뎨 법령을 속히 곳쳐 우리를 유인ᄒᆞ야 민심을 흣터지게 흠이요, 진심은 아니라. 타일에 필연 권셰로 우리를 압졔ᄒᆞ야 구법을 힝ᄒᆞ리라 ᄒᆞ고 란이 긋치지 아니ᄒᆞ거늘 비겁남 황뎨 그 화ㅣ 몸에 밋츨가 ᄒᆞ야 일천팔빅ᄉᆞ십팔년 [헌종 십사년] 오월 십팔일에 가마니 미복으로 유은랍 [유은랍은 곳 유야랍이라] 도셩에 나가 도망ᄒᆞᆯ신 소친다려 일너 왈 우리 빅셩이 우미흠이 여ᄎᆞᄒᆞ니 타일에 져의 번연기오ᄒᆞ면 다시 가히 틔평무ᄉᆞᆫ 복을 누리리라 ᄒᆞ더라.

비겁남 황뎨 손위흔 후 국회 즁 상하 각 관이 두어 레빅 후에 유야랍 도셩에 모히니 대져 오국은 국가히 릉히 흔 번 국회를 모ᄒᆞ면 아모리 졀듸흔 일이라도 다 가히 결단ᄒᆞ든 빅라. 이졔 국회 크게 됨을 보고 다 흔회과망ᄒᆞ야 왈 종전에 빅셩 질고와 폐막을 다 가히 일조에 스러 바리리라 ᄒᆞ야 조와ᄒᆞᄂᆞᆫ 빗치 낫히 드러나더니 다만 오황이 도셩에 잇지 아니ᄒᆞ미 졔반 례졀과 규식을 힝치 못ᄒᆞᆯ지라. 이에 오황을 쳥ᄒᆞ야 도셩에 도라오게 ᄒᆞ니 오황이 도셩에 이르러 다시 혜오되 빅셩이 필연 젼ᄉᆞ를 후회ᄒᆞ야 ᄌᆞᄎᆞ로 안분수명ᄒᆞ고 다시 지졀을 ᄂᆡ지 아니리라 ᄒᆞ고 의연히 옛 규모를 변치 아니ᄒᆞ얏더니 ᄯᅩ 두어 레빅를 지ᄂᆡ미 빅셩이 그 ᄯᅳᆺ을 알고 드듸여 팔월 십이일에 듼란이 다시 이러 홀왕홀

리ᄒ야 두미를 알 수 업다가 십월 스일에 빅셩이 군긔고를 챵탈ᄒ고 대신 뢰토아5)는 년긔 고대혼 스름이라. 맛춤닉 죽이고 초칠일에 비졉남 황뎨 쏘 도망ᄒ야 도셩에 나가니 유야랍이 ᄌ추로 빅셩이 졍스를 주장ᄒ더라.

오국 란리 지추ᄒᄆᆡ 졸연히 평졍키 어례울지라. 그의 싱에 륜파졔6)와 비닉텬7)은 의대리와 이웃이라. 일시에 다 반ᄒ고 지즁히 모든 셤즁에 살졍니아8)도 왕이 엇셔 민당과 연락ᄒ고 의대리 국 스름은 오민의 반흠을 깃거ᄒ고 항가리 스름은 갈오대 우리 이졔 ᄌ주지국이 되얏스니 오국의 압졔를 밧지 아니리라 ᄒ며 추외에 쏘 파형야9)와 셜뇌사10) 냥싱 즁에 잡거ᄒᄂᆞᆫ 아라사 종락 시랍비11) [디명] 스름이 쏘혼 반ᄒ야 항가리 스름 [아라사 동족인이니 디명을 인ᄒ야 일홈홈이라]을 응ᄒ고 유야랍은 빅셩이 졍스를 쥬장ᄒ야 심지어 오황이 의탁흘 곳이 업고 통이닉외 상하인 등이 다 의심ᄒ고 겁닉여 그 황뎨와 대신이 인민을 압졔혼다 ᄒ고 공경ᄒ고 이련ᄒᄂᆞᆫ 마음이 업고 다만 져의 질고를 구ᄒ자 ᄒ야 웃스름을 긔탄치 아니홈이 구쥬 각국 인민과 갓더라.

이 ᄶᆡ에 란당이 사긔 ᄒ나 겨우 수월만에 추뎨 삭평ᄒ니 그 파형야와 셜뇌사 냥싱에 시랍비 인의 란을 평졍혼 스름은 분지가12) 왕작이요, 살졍니아도 왕을 스로잡은 자는 납대스긔13) 총병이라. 납대스긔 쏘 군스를 옴기여 의대리와 이웃흔 비닉텬 륜파졔 냥싱의 란을 평ᄒ고 쏘 비졉남 황뎨 히위흔 지 뎨 슘일에 의병장 쳐릭긔14)라 ᄒᄂᆞᆫ 스름

---

5) 뢰토아(賴兎兒): 라토어. 오대신(奧大臣).
6) 륜파졔: 윤파제. 롬바르드. 이탈리아의 작은 도시.
7) 비닉텬: 미상. 권3의 비리셜(飛泥雪)로 추정됨. 비리셜은 몌닉스. 베니스. 이탈라이 작은 지방.
8) 살졍니아(薩釘泥雅): 쓰듸닉아. 도국(島國).
9) 파형야: 보헤미아.
10) 셜뇌사(雪雷鵟): 시릭시아. 오셩(奧省). 세르비아.
11) 시랍비: 슬라브.
12) 분지가(芬的葭, 분적가): 원듸스취그라쓰. 오작신(奧爵臣).
13) 납대스긔(蠟臺思起): 롸댓스키. 오총병(奧總兵).

이 근왕병 슘만을 거느리고 유야랍에 이르니 유야랍 스름이 폐문불랍
ᄒ거늘 츠릭긔는 극난텬15) 족류ㅣ라. 비록 항가리에 입적ᄒ얏스나 항
가리 인과 동심치 아니ᄒ고 일너 왈 우리 만일 즈립ᄒ야 나라히 되면
필연 복망흠이 오국보다 더 심ᄒ리라 ᄒ더니 이 째에 유야랍 인이 문
을 닷고 들이지 아니ᄒ나 불순일간에 츠릭긔를 응ᄒ야 오는 자ㅣ 점점
더ᄒ야 칠만 인에 일으는지라. 드듸여 유야랍을 에우고 대포를 노으니
유야랍 스름이 막지 못홀 줄 알고 일쳔팔빅ᄉ십팔년 [헌종 십사년] 십
월 슘십일일에 셩문을 대긔ᄒ고 츠릭긔를 영졉ᄒ야 드리니 이 째에
비졉남 황뎨 츠릭긔 군즁에 잇다가 함께 입셩ᄒ민 다시 황뎨위에 올
으게 ᄒ니 비졉남이 혜오듸 짐이 다시 황위에 잇스면 민심이 불복홀
거시요, 짐도 ᄯᅩᄒ 원치 아니ᄒ다 ᄒ고 그 족하 번셔약슬16) 뎨일의게
젼위ᄒ니라.

이 째에 항가리 스름 일쳔일빅만 인이 즈립ᄒ야 일국이 되니 그 싸
히 수쳔리라. 당초 오국에 속ᄒ얏슬 째에는 곤궁막심ᄒ고 깁흔 바다에
ᄲᅢᆫ짐과 갓ᄐ야 진발홀 도리 업스니 듸져 민년 부셰 밧치기는 다 농민
이 진긔사력ᄒ야 쥬야 고싱흠이요 그 진신셰가와 죰영망족은 다 부셰
를 면ᄒ야 조곰도 국가에 보용흠이 업고 기즁 더욱 가련흔 주는 농가
의 작인이라. 죵년 근고ᄒ다가 화곡이 다 셩숙ᄒ면 곳 답쥬의게 돌녀
보늬고 분호도 남은 거시 업스며 지어 관리의 관하 긔흔 물건인즉 시
가는 물론ᄒ고 상고ㅣ 감히 닷토지 못ᄒ며 만일 셰가즈뎨가 물건을 가
져가거나 돈을 취듸ᄒ면 영영 환보치 아니ᄒ며 ᄯᅩ 감히 달나지도 못
ᄒ더라. 이 째 항가리 죵라 즁 마가17)라 ᄒ는 지파ㅣ 잇셔 항가리 싸
졀반을 웅거ᄒ민 항상 즈주홀 마음이 잇더니 밋 법국이 민주국됨을
듯고 흠션불이ᄒ야 먼져 긔ᄉᄒ니 구쥬 스름 방관ᄒ는 자ㅣ 다 말ᄒ되

---

14) 츠릭긔(借來欺): 쎠르라취크. 오의사(奧 義士).

15) 극난텬(克卵天): 크로늬아. 오부락(奧 部落). 크로아티아.

16) 번셔약슬(飜西約瑟 第一 卽 飜西): ᄯ란씨스. 오황(奧皇).

17) 마가: 슬라브.

항가리 스룸이 도탄 즁에 잇슨 지 오린지라. 이졔 승시ᄒᆞ야 이러남이 올타 ᄒᆞ더라.

　오국이 졍히 되란ᄒᆞᆯ시 만일 항가리를 회복지 못ᄒᆞ면 오국은 장찻 나라이 되지 못ᄒᆞᆯ지라. 항가리의 거괴ᄂᆞᆫ 가소18) ㅣ라. 긔스지초에 그 무리를 효유왈 우리 ᄌᆞ립ᄒᆞ야 나라히 된 후에ᄂᆞᆫ 다 갈력동심ᄒᆞ야 일호도 ᄉᆞ심을 두지 말고 무론 귀쳔빈부ᄒᆞ고 ᄌᆞ긔 직산을 다ᄒᆞ야 닉졍을 다ᄉᆞ리고 외젹을 방어ᄒᆞ고 심력이 진흔 후에 말니라 ᄒᆞ고 드듸여 오국을 반흔 지 수월이 되믹 규모와 법졔 졍졍졔졔ᄒᆞ거늘 이웃에 잇ᄂᆞᆫ 파란 법난셔 의듸리 졔국에 부득지흔 스룸이 다 항기리에 가셔 일비지력을 돕고ᄌᆞ ᄒᆞ며 항가리에 군ᄉᆞ를 총독흔 ᄌᆞᄂᆞᆫ 쳘이치19)라. 군무에 련슉ᄒᆞ고 ᄉᆞ리에 통달ᄒᆞ며 부하에 졍병 십이만이 잇고 가소ㅣ ᄯᅩ 용비부족ᄒᆞᆯ가 염녀ᄒᆞ야 지폐를 졔조ᄒᆞ야 국용을 지발ᄒᆞ더라.

　오국이 항가리 반흠을 보고 이에 아라스에 구원을 쳥ᄒᆞ니 아황 니고랄사20) ㅣ 원릭 빅셩이 ᄌᆞ주흠을 믜워ᄒᆞ고 ᄯᅩ 본국이 그 풍습을 본바들가 염녀ᄒᆞ야 일쳔팔빅스십구년 [헌죵 십오년] 오월 팔일에 군ᄉᆞ 십오만을 발ᄒᆞ야 오국을 도웁더라.

　오아 냥국은 원릭 대국이라. 항가리 엇지 져당ᄒᆞ리요. 두어 례빅를 ᄡᅡ호다가 필경 과불젹즁ᄒᆞ야 스졸이 졈졈 이산ᄒᆞ거늘 가소ㅣ 셩ᄉᆞ치 못ᄒᆞᆯ 줄 알고 일조에 군무졔ᄉᆞ를 쳘이치의게 젼장ᄒᆞ고 고비원쥬ᄒᆞ야 부지거처라. 쳘이치 홀일업셔 아라사에 항복ᄒᆞ니 이ᄂᆞᆫ 일쳔팔빅스십구년 [헌죵 십오년] 팔월 십이일이라. 항가리 이믜 픡ᄒᆞ믹 다시 오지리아의 노복이 되거늘 오국 총병이 항가리의 ᄉᆞ로잡은 바 모든 무변을 일일이 다 죽이니 춤혹ᄒᆞ도다. 오국의 포학무도흠을 엇지 말ᄒᆞ리요.

---

18) 가소(可訴): 고슈ᄯᅳ. 항가리 민수(恒加利 民首).

19) 쳘이치(哲邇治): 찌오지, 항가리 무원(恒加利 武員).

20) 니고랄사: 니콜라스 제1세.

뎨솝졀 국톄롤 졍돈홈이라

션시에 오국 신황 번셔약슬 뎨일이 항가리 반홈을 보고 겁ᄂᆞ여 일천팔빅ᄉᆞ십팔년 [헌종 십사년] 십이월 오일에 칙셔롤 나려 왈 즈금 이후ᄂᆞᆫ 국즁 ᄉᆞ무롤 너의 빅셩이 주장케 ᄒᆞ고 너의 긔모이칙을 드리ᄂᆞᆫ 자ㅣ 잇스면 짐이 다 일일 졍죵홀 거시오, 다 즈주지권이 잇게 ᄒᆞ리라 ᄒᆞ고 습월 칠일에 신졔롤 반힝ᄒᆞ야 다시 의원을 셰우고 의원 즁 졔의원은 인민이 공쳔ᄒᆞ야 가가호호이 다 거관ᄒᆞᄂᆞᆫ 권이 잇고 신문ᄉᆞ롤 허ᄒᆞ야 국ᄉᆞ롤 의론ᄒᆞ게 ᄒᆞ고 학교 경비ᄂᆞᆫ 국가ㅣ 발급ᄒᆞ야 ᄉᆞ름마다 독셔케 ᄒᆞ며 각 교회도 일톄 우딕ᄒᆞ야 경즁의 폐단이 업게 ᄒᆞ니 이에 빅셩이 다 심만 의죡ᄒᆞ야 환희고무ᄒᆞ더라. 연이 오황의 이 거죠ᄂᆞᆫ 츌어 부득이요 진심이 아니라, 겨우 대란을 평졍ᄒᆞᄆᆡ 습년이 못ᄒᆞ야 소위 신졔도ᄂᆞᆫ 다 유명무실이러니 일쳔팔빅오십일년 [철종 이년] 십이월 습십일일에 오황이 다시 죠셔롤 나려 모든 신법은 일졔히 혁파ᄒᆞ고 다시 빅셩을 학딕ᄒᆞ더라.

오민이 다시 도탄에 드럿스나 오직 하교ᄂᆞᆫ 신법 이후에 졈졈 확장ᄒᆞ야 민간에 아희 륙계로븟터 십이셰까지 다 학당에 들고 경비ᄂᆞᆫ 관가로셔 판급ᄒᆞ니 이에 독셔ᄒᆞᄂᆞᆫ 아희 빅인 즁 칠팔십인이라. 글 읽ᄂᆞᆫ 소리 쳐쳐에 만터라.

구쥬 각국이 이믜 다 빅셩이 나라의 근본이 됨을 알고 션졍을 힝ᄒᆞ거놀 구구ᄒᆞᆫ 한 오국이 엇지 타국과 달니 빅셩을 압졔ᄒᆞ리요. 일쳔팔빅륙십년 [철종 십일년]에 오황 약슬이 홀연히 령을 나려 왈 이졔 짐이 ᄭᅵ다랏노라. 치국홈은 반다시 상하ㅣ 샹통홈이 올타 ᄒᆞ고 곳 의원을 셰워 대소 신민이 다 거관ᄒᆞᄂᆞᆫ 권이 잇게 ᄒᆞ고 오월 일일에 쏘 령ᄒᆞ야 왈 이졔 의원을 셰웟스니 국가에 리익이 여긔 잇다 ᄒᆞ고 일쳔팔빅륙십칠년 [대군쥬 사년]에 이르러ᄂᆞᆫ 오국이 향일에 두호ᄒᆞ든 일이만 동뉴인만 거관ᄒᆞᄂᆞᆫ 권을 줄 ᄲᅮᆫ 아니라, 지어 아라사 동뉴의 황가리 인도 다 거관ᄒᆞᄂᆞᆫ 권을 가지게 ᄒᆞ니 이럼으로 항가리 인이 오황과 오후롤 쳥ᄒᆞ야 픽사특21)에 이르러 존호를 올녀 왈 항가리 왕 항가리 왕비라 ᄒᆞ니 그 익딕ᄒᆞᄂᆞᆫ 졍을 가지러라.

이 ᄊᆡ에 오병이 보로사의게 픽ᄒᆞ야 젼일 의딕리에 어덧든 ᄯᅡ도 ᄯᅩ ᄒᆞᆫ 의딕리에 돌녀보ᄂᆡ고 일이만의 밍주도 ᄯᅩ 보국에 쎅앗기미 험조간난을 다 렬녁ᄒᆞᆫ지라. 오왕이 이에 강기히 신민다려 일너 왈 오국이 비록 일픽도지ᄒᆞ얏스나 만일 녀졍도치ᄒᆞ면 구쥬 각국에 아릭되지 아닐지라. 짐이 비록 어리셕으나 젼ᄉ의 그르믈 다 아랏노라. 대져 국가 졔도ㅣ 올치 아니ᄒᆞ야 이 지경에 이르럿더니 이졔 법을 곳쳐 빅셩이 다 ᄌᆞ유ᄌᆞ직ᄒᆞ야 속박됨이 업스니 빅셩이 ᄌᆞ연 붓좃칠 거시요, ᄯᅩ 텬하에 빙권ᄌᆞ셰ᄒᆞᄂᆞᆫ 나라는 미양 사사로이 민회 잇셔 국가의 대환을 짓거늘 이졔 오국에 민회 업스니 이ᄂᆞᆫ 짐이 민심을 순히홈을 가지요, 져 빅셩의 질고ㅣ 상달치 못ᄒᆞᄂᆞᆫ ᄌᆞ를 다 직언불휘ᄒᆞ고 ᄯᅩ 의원이 잇셔 살피니 상하ㅣ 엇지 옹폐ᄒᆞᆫ 한이 잇스리요 ᄒᆞ더라. 딕져 이 수어를 보면 오황이 ᄌᆞ강ᄒᆞᄂᆞᆫ 도리를 통달ᄒᆞ야 다시ᄂᆞᆫ 인민을 학딕치 아니홀 거시요, 일쳔팔빅칠십ᄉᆞ년 [대군쥬 십일년]에 ᄯᅩ 션유왈 오민이 관원을 공쳔ᄒᆞ야 국ᄉᆞ를 의론ᄒᆞ니 아국에 다시 닉란이 업슬 거시요, 닉졍이 졍ᄒᆞ면 외국이 감히 침노치 못ᄒᆞ리니 ᄌᆞ강ᄒᆞᄂᆞᆫ 도리 여긔셔 더홈이 업다 ᄒᆞ고 말이 더욱 명빅투쳘ᄒᆞ더라.

뎨ᄉᆞ졀 상무와 토산이라

오민이 란리지여에 다힝이 국가ㅣ 졍령을 곳쳐 폐단이 졈졈 소졔ᄒᆞ야 증증일상ᄒᆞᄂᆞᆫ 긔상이 잇스니 통계 오국 인구 습쳔구빅만에 미년 미 빅인 즁 싱사인수를 비교ᄒᆞ니 딕강 ᄒᆞᆫ ᄉᆞ름이 더 싱ᄒᆞ고 상무도 ᄎᆞᄎᆞ 흥황ᄒᆞ야 일쳔팔빅팔십ᄉᆞ년 [대군쥬 이십일년]에 입구 화물이 영

---

21) 파사특(沛司忒, 패사특): 패스뜨. 항가리지(恒加利地).

금 륙천일빅만 방이라. 일천팔빅칠스년 [대군주 십일년]의 이천오빅만 방 입구에 비ᄒ면 돈연히 습비가 더ᄒ니 일로 미루워 보면 오민의 부흠이 ᄯᅩᄒᆫ 습비요 일천팔빅팔십스년 [대군주 이십일년]에ᄂᆫ 츌구화물이 영금 륙천구빅만 방이 되니 일천팔빅륙십오년 [대군쥬 이년]에 습천스빅만 방과 비ᄒ면 츌구화ㅣ ᄯᅩᄒᆫ 갑절이 더ᄒ니 오국의 토산이 ᄯᅩᄒᆫ 봉봉발발ᄒ야 막지 못흠을 가지요, 토란이 이믜 만ᄒ민 금은이 츙일ᄒ야 릉히 여지로 외국 물건을 스고 오국의 농민은 원릭 습분지 이라, 농스지여에 ᄯᅩ 산에 드러 조흔 지목을 작벌ᄒ야 파는 고로 츌구화 즁 량식과 지목이 뎨일이 되고 ᄯᅩ 가는 측과 굴근 습과 과실로 비진 술과 감남으로 쓰는 기름이 다 토산이요, ᄯᅩ 양의 털로 즈리를 직조ᄒ고 남방 스름은 양즘을 잘ᄒ야 믹년 실갑시 영금 이빅이십오만 방이요, 농가에서 ᄯᅩ 겸ᄒ야 벌을 길너 벌의 통이 일천오빅만 좌히 되고, 믹년 ᄭᅮᆯ갑시 영금 팔빅만 방이 되니 대져 양과 누에와 벌은 비록 동물로 휙리ᄒᄂᆫ 거시나 그 풀의 아름다옴과 ᄲᅩᆼ의 번셩흠과 빅화의 고음을 알 거시요, ᄯᅩ 기광ᄒᄂᆫ 리 잇셔 믹년 갑시 항상 영금 구빅만 방에 이르더라.

근년에 오졍이 빅셩을 권장ᄒ야 긔계로 물화를 직조ᄒ게 ᄒ고 ᄒᆡ관에 입구셰를 즁히ᄒ니 당장에 현효ᄂᆫ 업스나 발셔 단예가 보이니 통계ᄒ야 텰로 직조ᄒᄂᆫ 자ㅣ 졍자 칠십오만 긔 [셔인이 직조의 다과를 상고홀ᄉᆡ 실과스에 다 틀이 잇고 그 틀 ᄒ나에 졍주 ᄒ나식이 잇셔 그 졍주를 셰이면 그 다소를 알미라]가 되고 면화와 사의 졍자는 이빅만 긔가 되니 만일 영국 직조창에 졍주 오천만 긔와 미국의 일천만 긔와 비ᄒ면 비록 대단히 젹으나 ᄎᆞᄎᆞ 오릭면 필연 가관이 잇슬 거시요, ᄯᅩ 셰갈포와 조흔 비단을 ᄶᅡ아 만치는 아니ᄒ되 싱이 박ᄒ지 아니ᄒ고 ᄯᅩ 술을 잘 비져 술집이 습천이빅 처ㅣ 되고 믹년 술 츌구가 십오만만 근이 되고 [믹근 십륙녕] ᄯᅩ 스탕 제조창이 이빅 처이라. 믹년 홍당무 소용이 [홍당무ᄂᆞᆫ 스탕 제조ᄒᄂᆫ 거시라] 영칭 일빅이십오만 돈이요 [쳥국은 감계로 스탕을 제조ᄒ고 오국은 홍당무로 제조흠이라] 슉피를 제조홈과 조회를 쓰는 자ㅣ 잇셔 각국이 다 리익을 보고 기즁 더욱 공교훈 즈는 편리훈 적은 긔계를 믄드러 그림 그리는 긔계와 의약에 쓰는 침과 칼이며 악공의 싱황과 비파와 죽방울과 통소가 다 셰상에 유명ᄒ더라.

오국 쳘노는 ᄉ만 이쳔리요, 국가ㅣ 우졍국을 셜립ᄒ야 ᄆ인 ᄆ년에 십이봉식 되니 영국에 비ᄒ면 겨우 ᄉ분 일이요, 젼보는 셜시훈 지 오ᄅ지 아니ᄆ 민간이 그 리익을 아지 못ᄒ야 ᄆ년에 칠인을 합ᄒ야 겨우 한 봉이 되더라.

뎨오졀 국채라

오국의 국채 ᄯᅩ훈 적지 아니ᄒ니 일쳔칠ᄇᆨ팔십구년 [뎡종 십ᄉ년]에는 영금 삼쳔오ᄇᆨ만 방이러니 구십 여년ᄅ로 년년이 증가ᄒ야 ᄉ만 오쳔ᄉ빅만 방에 이르니 젼에 비ᄒ면 곳 십ᄇᆡ라. 대져 오국은 국용이 입불부츌ᄒ야 금년에는 명년이나 흘가 바라고 명년에는 ᄯᅩ 후명년이나 무슨 도리 잇슬가 ᄒ다가 필경 이 지경에 이르니 구쥬 각국에 이다지 츌입이 상젹지 못훈 나라는 업스며 지어 ᄆ년 셰츌은 영금 륙쳔ᄉ ᄇᆨ만 방이 되니 영국 셰츌과 근ᄉᄒ고 그 셰입 거두는 법을 보면 두 가지 용렬훈 일이 잇스니 일은 국가로셔 산통계표를 방ᄆᄒ며 [셔반아이 여송표 팜과 갓틈이라] 일은 넘셰요 [쳥국 탁지셰입 즁 가장 거관이 넘셰라. 셔인이 ᄆ양 그 학졍됨을 비소ᄒ거늘 오국이 쳥국과 갓더라.] 국가 셰츌에는 ᄇᆡ셩의게 훈가지 큰 리익이 잇스니 학교 경비라. ᄆ년 영금 일ᄇᆨ칠십오만 방이 되더라. [ᄎ외에 ᄯᅩ 각 디방의 보조ᄒ는 금익이 잇셔 가관홀 자ㅣ 만터라.]

396

뎨륙졀 병비라

오국 병비 또흔 구쥬의 풍긔 잇서 유용흔 지물을 헛되이 바리니 그 법에 남자ㅣ 장셩흐면 군적에 너허 슴년 긔한이 츠면 또 예비병에 들 게 흐고 칠년이 지닌 후에야 비로소 군적에 졔안흐고 그 졔안흐기 젼에는 젼징이 잇스면 다 나가 쌋오는 고로 홍평흘 쌔에 익병이 슴십만이요, 만일 병련화결흐야 대젼이 되면 가히 일빅만 명을 조발흘 거시요, 오국은 본릐 연희변이 만치 아니흐나 또흔 병함을 예비흐고 또 기 즁 쳘갑션이 심다흐야 군비가 과다흐더라.

뎨십팔권(貞) 의대리국이라 쏘 일홈ᄒ야 왈 의국이라

영국 마간셔 원본, 청국 채이강 술고, 리제마티 번역

뎨일졀 나마국이 픠혼 후 졍형이라

중국 한나라 째 [신라 시]에 틔셔에 혼 대국이 잇스니 구라파 의 남편 졀반과 아비리가의 북편 졀반과 아셰아 셔편 졀반 모든 유명혼 나라를 합ᄒ야 혼 나라이 되고 인구는 오쳔스빅만이요 [혹 말ᄒ되 이 째 한나라 인민이 오쳔구빅만이 된다 ᄒ나 당나라는 불과 스쳔만이 되니 대져 인구는 즈고이릭로 졈졈 느러왓스니 연즉 한나라 인민이 당나라 보다 지나지 못홈을 가히 알너라.] 그 도셩이 지금 의대리국 나마부에 잇는 고로 국명을 나마라 ᄒ고 수빅년을 젼ᄒ야 둘에 난호와 군스단졍1) [즉금 토이기 도셩이라]에 도읍혼 즈는 동나마가 되고 나마 고국은 셔나마히 되야 인위 나마로 도셩을 숨더니 쏘 수빅년을 지나미 셔나마ㅣ 항상 구쥬 북방 흉노의 만모를 당ᄒ야 심지어 그 도셩을 쳔답ᄒ고 부고를 노략ᄒ며 옥토를 쎗앗기니 나마의 형셰 돈연히 쇠미ᄒ고 쏘 고탁2) 부락 사람들과 륜파졔 부락 스름과 법난극3) 부락 스름 [법

---

1) 군스단졍(肯思丹 卽 康斯但提那泊, 궁사단졍, 강사단졔나박): 콘스탄틔노풀. 돌궐 수도 (突都). 콘스탄티노플.
2) 고탁(古托): 쇼쯔스. 부락(部落). 코트.
3) 법난극(法蘭克): 쯔란크스. 부락(部落). 프란크스.

난서 인종과 근ᄉ흔 ᄉ룸이라]과 일이만 ᄉ룸들이 분분히 소요 겁탈
ᄒ기를 마지 아니ᄒ니 나마 그 룡학을 바드미 엇지홀길 업셔 미양 금
빅을 쥬어 돌녀부닉기도 ᄒ며 혹 져의 임의로 토디를 점령ᄒ고 법도
를 셰워 엄연이 의대리 인군과 갓튼 ᄌ도 잇셔 [이 ᄯᆡ에 나마ㅣ 변ᄒ야
의대리되얏더라.] 여ᄎ히 ᄉ빅년을 지나미 의대리의 잔약홈을 말훌 수
업더라.

중국 송나라 ᄯᆡ [고려시]에 일으러 의대리 비로소 위엄을 썰쳐 금성
탕디에 옥야쳔리라. 그 험요흔 곳에ᄂ 포디를 쏰 군긔를 졔조ᄒ며
위홍이 ᄉ방에 진동ᄒ니 셕일 븍방 도적이 다시 감히 엿보지 못ᄒ더
라.

국셰 이믜 졍ᄒ미 군신 상하ㅣ 다 부요흔 긔상이 잇더니 력디 이릭
로 셩외의 거ᄒᄂ 부호ㅣ 왕왕이 그 형셰를 밋고 소민을 학디ᄒ니 소
민이 다 피ᄒ야 셩닉로 들어오니 이럼으로 셩외에 인연이 요략ᄒ고
젼답이 황무ᄒ거늘 부호ㅣ 후회막급ᄒ야 젼일 긔습을 고치니 이에 소
민이 환향ᄒᄂ 자ㅣ 졈졈 만하 다시 셕일 긔상이 잇더라.

당시에ᄂ 구쥬 각국이 다 교화ㅣ 업셔 우쥰흔 모양이 가소롭고 오직
의대리ᄂ 중국 븍송 틱조 이후로 [고려시] ᄉ빅년을 문물이 융셩ᄒ고
젼답의 거름ᄒᄂ 법이 잇셔 츄슈ㅣ 젼일보자 갑졀이요 농민의 의식이
요족ᄒ고 기즁 륜파졔와 토사가니⁴⁾ 냥싱은 더욱 농ᄉ법을 아ᄂ 고로
만국의 농민이 다 그 법을 효측ᄒ며 부호ᄂ ᄌ본을 닉여 공작 졔조창
을 셜시ᄒ미 ᄡᄂ 비단이 졍미ᄒ고 ᄯᅩ 면화에 베의 후픽ᄒ야 바리ᄂ
거슬 가져다가 조희를 쓰며 유리로 거울을 ᄆᆫ들며 조가ᄒᄂ 그림이
일시에 읏듬이 되고, 상고ᄂ 각국을 릭왕ᄒ야 륙도ᄂ 동방 아셰아의
물화를 약디⁵⁾의게 싯고 ᄉ막 짜으로 단이며 수로ᄂ 홍희로 디즁히ᄭᅡ
지 본국 비셜니⁶⁾히에 이르니 이에 구라파 아셰아의 무역이 틱반이나

---

4) 토사가니(吐絲加泥): 튜스카너. 의셩(意省).

5) 약디: 낙타.

6) 비셜니: 베네치아.

의티리 상고 장악 중에 잇스니 이럼으로 농공상이 다 크게 부요ᄒᆞ고 쏘 당시에 구쥬 각국이 유틱국의 셩적이 [셩적은 야소 강싱ᄒᆞᆫ 즛쵀라] 회회교인 [북방 도젹의 종락이라]의 졈거ㅣ 될가 염녀ᄒᆞ야 각기 즁병을 보ᄂᆡ여 회인과 쓰온지 이빅여년에 비로소 병화ㅣ 침식ᄒᆞ니 기간 젼징시에 군량과 치즁을 다 의티리 션쳑에 수운ᄒᆞ믹 비셜니 항국에 잇ᄂᆞᆫ 상고ㅣ 그 허다ᄒᆞᆫ 물건을 싯고 바든 션가만 ᄒᆞ야도 쏘ᄒᆞᆫ 불가승수요, 져 의티리 항구ㅣ 셋시 잇스니 일은 비셜니요, 일은 피사[7]요, 일은 경나아ㅣ라. 구쥬 각각의 션쳑을 통합ᄒᆞ야도 이 숨 항구를 싸르지 못ᄒᆞᄂᆞᆫ 고로 이 숨 항국에셔 독히 구라파 상무 대권을 가져 즛고이릭에 쳐음이되니라.

이 째에 영국 도셩 륜돈과 법국 도셩 파리ᄂᆞᆫ 다 큰 도회라. 연이나 그 셩즁에 토실과 초가집이 틱반이요 심지어 거친 풀이 무셩ᄒᆞᆫ 곳이 잇고 의대리ᄂᆞᆫ 층누쳡각이 반공에 솟고 화동 조량과 분벽ᄉᆞ창이 광채 찬란ᄒᆞ야 스름의 안목을 놀닐지라. 지금 각국지인이 라마에 드러가 고젹을 유람ᄒᆞᄂᆞᆫ 자ㅣ 다 칙칙칭탄ᄒᆞ기를 마지 아니며 교량의 견실홈이 그 우에 덥흘 자ㅣ 업고 당시 구쥬 각국에 졀듸ᄒᆞᆫ 셩시에도 다만 흙을 메여 도로를 수츅ᄒᆞ거늘 의대리ᄂᆞᆫ 셕로ㅣ 잇셔 각국의 웃듬이 되고 례빅당과 궁젼들은 금일 구쥬의 장려홈으로도 더흘 수 업스며 수도의 통창홈은 영국도 빅년 젼에야 비로소 비견ᄒᆞ게 되고 각 항구의 부두ᄂᆞᆫ 더욱 화미가려ᄒᆞ니 일로 보면 의티리 스름의 긔묘ᄒᆞᆫ 지조ㅣ 졀륜초군홈을 가히 알 거시요, 쏘 글을 져술홈과 그림을 조각ᄒᆞ야 싴임과 밋 벽이 교휘ᄒᆞ고 단쳥이 령농ᄒᆞᆫ 도화에ᄂᆞᆫ 타인이 그 뒤를 싸를 즛가 업고 인졍 풍속은 쏘 돈후졀검ᄒᆞ고 담량이 심히 장듸ᄒᆞ며 지긔도 쏘ᄒᆞᆫ 고상ᄒᆞ고 그 률법은 구쥬 각국이 효측홀 자ㅣ 만코 일졀 학문과 민싱의 유익ᄒᆞᆫ 일이 실로 이 당일 구쥬의 뎨일이러라.

의티리 젼부 즁에 민주ᄒᆞᄂᆞᆫ 두어 소방이 잇셔 의티리의 속ᄒᆞᆫ 셩디

---

7) 피사(披沙): 피스. 의해구(意海口). 피사. 이탈리아의 항구.

룰 쎅아셔 그 나라에 붓치고 날이 오릭미 점점 큰 자ㅣ 적은 즛룰 초즘 식지ㅎ니 당시에 비니셜8)과 졍나아 두 항구와 미란9)셩과 박비야10) 셩이 다 민주국 소방에 관할이 되고, 이윽고 쏘 분ㅎ야 민주국 넷시 되야 다 강국이요, 민주국이 쏘 셔로 투긔ㅎ야 병화룰 일의키며 즁국 숑시 [고려시]에 교황이 구쥬의 셔졔 [셔졔ᄂ 셔방 황뎨라]로 더부러 교의 권을 닷토와 교환은 이르되 닉 교ᄉ룰 봉ㅎᄂᆫ 권이 잇스니 교의 권은 나의 속ᄒ 거시라 ㅎ며 셔졔ᄂ 왈 닉 셰샹을 다ᄉ리니 교화도 응 당 닉가 맛ᄂ다 ㅎ야 셔로 ᄊ와 용병ᄒ 지 다년에 원슈ㅣ 영영이 고결 불히ㅎ더라.

대져 이 ᄶᅢ의 젼징은 피츳 긔모 니ᄎᆡᆨ11)이 업고 오작 북방 각국은 량마ㅣ 만코 의듸리ᄂᆫ 량마ㅣ 업ᄂ 고로 항상 히ㅎ다가 이윽고 한 ᄭᅬ 룰 닉야 말 기르ᄂ 셰가와 약조룰 뎡ㅎ엿더니 즁국 원나라 [고려 시] ᄶᅢ에 이르러 북인이 침노ᄒ거ᄂᆯ 모든 셰가ㅣ 말을 닉여 조력ㅎ고 쏘 큰 포듸룰 싸코 졍병을 초모ㅎ야 직희더니 인ㅎ야 위엄이 셜치ᄂ 곳 에 국권이 쏘ᄒ 날로 즁ㅎ야 인민이 병긔 가짐을 엄금ㅎ니 이ᄂ 구쥬 ᄉ름이 권력으로 치국ㅎᄂᆫ 악풍의 시초ㅣ라. 연이 의국의 군권이 셩ㅎ 미 의국 국셰 쏘ᄒ 날로 쇠ㅎ고 슴ᄉ빅년 전에 이르러 구쥬 ᄉ름이 쳐 음으로 아비리가 쥬 대랑산12)을 [즉 호망각이라] 둘너 인도룰 통ㅎᄂᆫ 쳡경을 어드니 수로ㅣ 더욱 신속ㅎ야 동방 졔국 물화ㅣ 드듸여 의대리 항구룰 지나지 아니ㅎ니 의국의 샹무ㅣ 쏘ᄒ 쇠픽ㅎ고 [이 수로룰 어 든 후 ᄉ빅년간에 영국 션척이 왕릭ㅎ야 동방 화물이 다 영국 륜돈에 모히여 드듸여 구쥬 각국의 극대ᄒ 부두가 되얏더니 이졔 별로이 소 이ᄉ싀13) 하슈룰 녈미 대랑산이 쏘 머다 ㅎ야 의대리 옛길이 다시 홍

8) 비니셜: 베니스.
9) 미란(迷蘭): 미관. 의셩(意城). 밀라노. 이탈리아 지명.
10) 박비야(帕飛爺): 파예아. 의소셩(意小城).
11) 긔모 니ᄎᆡᆨ: 기모(奇謨)와 이책(利策).
12) 대랑산(大浪山 即 好望角): 캡 오쁘 굿 홉. 비주 해각(非洲 海角). 아프리카의 희망봉. '해각(海角)'은 '육지가 바다로 뿔처럼 뻗어 있는 곳'을 뜻하는 말. 『표준국어대사전』

황ᄒ더라.] 의국 인민은 병긔를 금ᄒ 후로부터 담ᄃᆡᄒ든 자ㅣ 변ᄒ야 나타무용ᄒ니 이에 각국이 날로 침로ᄒ야 일이만 법난셔 셔반아ㅣ 다 그 ᄊᆞ홀 할거ᄒ고 의ᄃᆡ리 젼국이 변ᄒ야 젼징 마당이 되고 북방에 잇ᄂᆞᆫ 셔ᄉᆞ국은 만산쳡쳡 즁에 벽쳐ᄒ야 의국의 평원광야를 탐ᄒ고 그 동방에ᄂᆞᆫ 토이긔국이 먼져 아셰아로부터 야료ᄒ다가 구라파에 이르러 동남방의 ᄒ 토디를 ᄎᆞ지ᄒ고 의ᄃᆡ리 젼국을 슴키고져 ᄒ니 구쥬 각 국이 다 겁ᄒ며 ᄌᆞᄎᆞ이후 슴빅년에 의ᄃᆡ리 항상 외국의 웅거ᄒ 비 되 야 지극히 쇠미ᄒ고 지극히 잔약ᄒ니 ᄃᆡ져 의국 인민은 원ᄅᆡ 담략이 잇거ᄂᆞᆯ 병긔를 금흠으로부터 이 지경에 이르니 이ᄂᆞᆫ ᄌᆞ취지화ㅣ라. 연 이 의국이 타국의 날로 흥흠을 보고 ᄯᅩᄒ ᄌᆞ쥬홀 ᄯᅳᆺ이 잇더라. [즁국 한나라 셩뎨 원연 년간에 구쥬 인구 합이 이쳔 슴빅만이러라.]

뎨이졀 나파륜이 의ᄃᆡ리를 졍돈흠이라

의국 인민이 비록 ᄌᆞ쥬홀 마음이 잇스나 필경 그 셩ᄉᆞ케 ᄒᄂᆞᆫ 자ㅣ 젼혀 남의 나라를 ᄲᅢᆺᄂᆞᆫ 나파륜 뎨일의 손에 잇슬 줄 누ㅣ 아랏스리 요. ᄃᆡ져 당시에 나파륜이 의국에 드러갈 째에 륜파뎨 일경은 오지리 아 국에 속ᄒ고 나파나사[14]ᄂᆞᆫ 셔반아 인이 주장ᄒ고 긔외 ᄯᅩ 수습쳐 ᄂᆞᆫ 교황의 관할이요, ᄯᅩ 민주ᄒᄂᆞᆫ 소국 다ᄉᆞᆺ과 ᄎᆞ외에도 무수ᄒ 명목 이 잇셔 긔간에 착잡ᄒ거ᄂᆞᆯ 나파륜이 이에 긔연 장탄 왈 셕일 의ᄃᆡ리 ᄂᆞᆫ 구쥬 셔방에 뎨일 대국이라. ᄯᅩ 우리 조상의 지피이 다 여셕셔 난호 엿거ᄂᆞᆯ 이졔 리산픡망흠이 지어ᄎᆞ극ᄒ니 엇지 슬푸지 아니리요. 늬 이 졔 각 소국을 합ᄒ야 큰 나라를 믄드러 구쥬 각국과 동등이 되게 ᄒ면 늬 원이 맛치리라 ᄒ더니 시이ᄉᆞ변ᄒ야 나파륜이 사로잡히여 희도 즁

---

13) 소이ᄉᆞ싁: 수에즈운하.
14) 나파나사: 나폴리.

에 갈 째에도 오히려 말ᄒᆞ야 왈 의듸리 비록 스분오렬ᄒᆞ얏스나 <u>언어가 갓고 문ᄌᆞ와 풍속이 갓트니 엇지 흔 나라롤 ᄆᆞᆫ드지 아니리요.</u> 쏘 닉 쳐음 의대리에 일을 째에 일이 거의 되야 오지리아 스룸의 륜파졔에 잇는 거슨 쏫츠닉고 각 소국은 다 멸ᄒᆞ야 의대리의 륙빅만 인구롤 합ᄒᆞ야 일국을 ᄆᆞᆫ들고 그 인민이 다 ᄌᆞ주지권이 잇게 ᄒᆞ얏스니 닉 의국에 공이 업다 홀 수 업다 ᄒᆞ나 연이나 나파륜의 욕심은 ᄌᆞ연 드러나는 곳이 잇스니 그 셔방의 잇는 폐망15)싱과 경나아 항구와 토사간16) 디방과 나마 싱 등 각쳐의 륙빅만 인구롤 버혀 법국에 예속ᄒᆞ고 오직 나파나 스 일듸 디방의 칠빅만 인구는 일국을 ᄆᆞᆫ드러 일졀 졔도롤 다 긔혁ᄒᆞ야 그 빅셩으로 ᄒᆞ야곰 ᄌᆞ유ᄌᆞ지ᄒᆞ는 복을 누리게 ᄒᆞ니 이는 나파륜의 공이요, 나파륜이 쏘 각 디방을 듸신ᄒᆞ야 률볍들 싱로 졍ᄒᆞ야 의대리 구법보다 공졍ᄒᆞ고 명빅ᄒᆞ며 쏘 일너 왈 타일에 짐이 이 셰나라를 합ᄒᆞ야 한 큰 나라를 ᄆᆞᆫ든다 ᄒᆞ더라.

데ᄉᆞᆷ졀 합ᄒᆞ야 ᄌᆞ쥬ᄒᆞᆫ 긔틀이라

이 째에 의국이 부득불 합홀지라. 연이나 나파륜이 픠ᄒᆞ믹 열국이 오지리아 도셩에 모히여 무릇 나파륜이 경장ᄒᆞᆫ든 일을 일일이 다 복고ᄒᆞ니 의인이 비록 편안치 못ᄒᆞ나 엇지홀 길 업셔 의국의 일홈만 잇고 실은 나라히 아니라. 연이 그 빅셩이 다 ᄌᆞ주지심이 잇셔 만일 직샹흔 쟈ㅣ 포학흔 일이 잇스면 비록 만번 죽어도 밧지 아니ᄒᆞ리라 ᄒᆞ더라.

이 째에 사사로히 모은 회가 쳐쳐에 잇셔 다 말ᄒᆞ듸 타국은 다 거관홈과 ᄌᆞ유ᄒᆞᆫ 권이 잇거늘 우리 엇지 독이 업스리요 ᄒᆞ고 불긔시에

---

15) 폐망: 피트몬드.
16) 토사간(吐司干): 류스칸. 의지(意地).

션비와 인민이 회에 든 자ㅣ 칠십만 인이러라.

일쳔팔빅이십년 [순조 이십년]에 셔반아 국이 졔도를 크게 변ᄒ니 의인이 일너 왈 이졔 긔회 이르럿스니 우리 빅셩을 건진다 ᄒ고 나파나사와 폐망 냥셩이 먼져 란을 이릐키고 회즁인이 쏘 일시에 일고주 ᄒ거늘 오아보 각국 군왕은 이 일이 올은 줄은 아지 못ᄒ고 도뤼혀 각국에 격셔를 젼ᄒ야 권력으로 압졔코주 ᄒ며 영국은 혜오듸 의인이 일이 올타 ᄒ야 춤예치 아니ᄒ고 법국은 의듸리 인군이나 빅셩이나 편벽되이 도읍지 아니ᄒ다 호듸 법국 긔화당은 오히려 법국이 리치를 싱각지 아니ᄒ고 권셰만 밋는다 ᄒ야 칙망ᄒ고 아황 익렬산덕은 말호듸 향주에 우리 빅셩을 압졔홈이 틔과ᄒ얏스니 의대리 변란이 우리 징계될지라. 우리 소민을 관듸ᄒ야 그 복쳘을 드듸지 말미 올타 ᄒ나 다만 빅셩이 나라의 령은 기다리지 아니ᄒ고 셩군쟉당ᄒ야 조졍을 겁박홈이 불가ᄒ니 지금은 권셰로 누름이 가ᄒ다 ᄒ고 이에 각국 즁에 오국이 먼져 거병ᄒ야 의국에 드러가니 의인이 츌기불의에 방비치 못ᄒ고 다 도망ᄒ는지라. 열국이 다시 권셰로 뼈 그 빅셩을 속박ᄒ더라.

자츠 이후 이십오년에 의민이 감히 동치 못ᄒ로 륨파졔와 비닉턴 량 싱은 오국의 할거흔 빅 되야 그 인군된 자ㅣ 원듸 본국인이 아니요, 쏘 빙권주셰ᄒ야 빅셩을 학듸ᄒ며 나파사 왕은 법국 포이분 왕족의 후에니 그 일홈은 비졉남이라. 포이분의 럭듸 이릐 악습을 바리지 아니ᄒ고 의인의 부주는 억륵으로 원랍을 식이고 불쳥ᄒ는 주는 임의 학듸ᄒ더니 교황이 쏘 홀연이 흔 법을 늬여 빅셩을 가라치지 아니ᄒ고 오직 말ᄒ되 빅셩이 불식부지ᄒ여야 웃스름의 명령을 조치리라 ᄒ며 혹 간ᄒ는 자ㅣ 잇스면 곳 살지쥬지ᄒ니 이럼으로 도망ᄒ야 타국에 간 자ㅣ 만흐며 다 말호듸 타국은 날로 고명흔데 이르거늘 우리 인군은 인민을 학듸홈이 너무 심ᄒ다 ᄒ고 젼국에다 스회를 모ᄒ니 의국의 합홈은 조모간에 잇슬너라.

데수졀 일쳔팔빅수십팔년 졍형이라

일쳔팔빅수십팔년 [헌종 십사년]에 법난셔 국이 쏘 크게 변ᄒ거늘 의인이 다시 말호ᄃᆡ 이 ᄲᅢᄅᆞᆯ 일치 아니리라 ᄒ고 타국에 도망ᄒ 주슘이 다 도라올ᄉᆡ 기즁 영국 륜돈에 피ᄒ얏든 믹졔이17)와 몽퇴비례야18)에 피ᄒ얏든 무관에 가례파지19)ᄂᆞᆫ 다 명망이 잇든 사ᄅᆞᆷ이라. 의인이 밋기ᄅᆞᆯ 팀산북두갓치 알며 쏘 로 쟝군 몃 사ᄅᆞᆷ은 외방에 피란ᄒ얏다가 이졔 도라오ᄆᆡ 빅발이 표연ᄒ고 ᄎᆞ외에 쏘 셔원즁 사자와 각쳐 상고들이 다 동심협력ᄒ야 무론 병민무무ᄒ고 민졔히 직물과 셩명을 익기지 아니ᄒ고 모ᄒ이니 당시에 비록 셩공치ᄂᆞᆫ 못ᄒ얏스나 후일 긔업ᄂᆞᆫ 다 이 ᄲᅢ에 졍ᄒ얏더라.

의대리 인민이 다 말호ᄃᆡ 오국인을 쫏고 의국 사ᄅᆞᆷ을 셰워 인군을 슴으면 명졍인순ᄒ리라 ᄒ더니 맛춤 새 교황 피하 뎨구20) ᄌ 즉위ᄒᄆᆡ 주못 민원을 죳고ᄌ ᄒᄂᆞᆫ 뜻이 잇거늘 빅셩이 교황을 셰워 인군을 슴고ᄌ ᄒ나 다만 교황은 원릭 그 집졍ᄃᆡ신과 갓치 력ᄃᆡ로 건립ᄒ 규모ᄌ 잇셔 비록 감언리셜로 빅셩을 속이나 기실은 열국 군왕과 갓치 지동도합ᄒ야 빅셩을 압졔ᄒᆯ ᄲᅮᆫ이라. 이 ᄲᅢ에 의ᄃᆡ리에 원릭 단련ᄒ 민병이 잇셔 의민을 도와 오국인을 쫏고ᄌ ᄒ야 교황게 쳥ᄒ야 허락을

---

17) 믹졔이(麥薺膩): 마써늬. 의문인(意文人). 마치늬(1805~1872). 이탈리아의 문호. 비밀 혁명단체인 '청년 이탈리아당(Giovine Italia)'을 세웠고(1832) '리소르지멘토(Risorgimento)'로 알려진 이탈리아 통일운동의 기수였다. 공화주의자였던 그는 이탈리아가 통일과 독립을 이루었을 때(1861) 사보이 왕가의 왕정 아래 설립된 의회정부에 참여하기를 거부했다. 『브리태니커』

18) 몽퇴비례야(蒙退非禮耶): 몬트 에듸오. 지(地). 몬테비디오.

19) 가례파지(嘉禮巴地): 까리볼듸. 의무원(意武員). 가리발디(1807~1882). 이탈리아의 정치가. 이탈리아를 통일함.

20) 피하 뎨구(披霞 第九): 피어스 나인. 교황(教皇). 피우스 9세(1792~1878). 비오 9세. 역대 교황들 가운데 가장 오래 재위했고, 자유주의에서 보수주의로 선회한 것으로 유명하다. 재위기간 동안 1854년 무원죄잉태(無原罪孕胎) 교리를 공포했고, 제1차 바티칸 공의회(1869~70)를 소집했는데, 이 공의회 동안 교황 무류설(無謬說)이 권위있게 정의되었다. 『브리태니커』

바덧더니 홀연이 일쳔팔빅ᄉ십팔년 [헌종 십ᄉ년] ᄉ월 이십구일에 교황이 다시 령을 환슈ᄒ고 빅셩을 만류ᄒ야 왈 짐이 하늘을 ᄃᆡ신ᄒ야 하민을 교화ᄒᄆᆡ 화목으로 주장을 숨으니 구쥬 각국은 혼 집안이요, 짐은 집안의 어른이라. ᄌ녀ㅣ 옹목우ᄋᆡ홈을 깃거홀지라. 엇지 집안에셔 젼쟁을 이릐켜 짐의 ᄯᅳᆺ을 상ᄒ리요 ᄒ거늘 의민이 다 ᄃᆡ로ᄒ야 교황의 령을 좃지 아니ᄒ니 빅셩이 비록 텬주교를 봉힝ᄒ나 교황의 권은 ᄌᄎᆞ로 조곰도 힝치 못ᄒ더라.

의인이 ᄋᆡ지즁지ᄒᄂᆫ ᄌᄂᆫ 오직 살뎨니아21) 왕 잡늑사아빅22)이라. 그 왕의 ᄯᅳᆺ은 갈오ᄃᆡ 의민의 소견은 오른 리치라. ᄂᆡ 도와쥬리라 ᄒ니 의민이 ᄃᆡ희ᄒ야 왕을 밧들고 륭파계를 직힐ᄉᆡ 가셕혼 ᄌᄂᆫ 왕이 원ᄅᆡ 과인지ᄌᆡ 업고 ᄯᅩ 셩품이 요량미졍ᄒ야 치국ᄒᄂᆫ 법을 아지 못ᄒ고 륭파계에 이르럿슬 ᄲᆡ에도 발호시령홈이 ᄯᅩ 민심을 열복지 못ᄒ고 필경 도쳐 봉픠ᄒ야 공연히 의인만 상ᄒᆡᄒ고 ᄒ나토 셩ᄉ치 못ᄒ며 일쳔팔빅ᄉ십구년 [헌종 십오년] 合월 이십ᄉ일에 ᄯᅩ 대픠ᄒ니 왕이 민심이 불복홈을 알고 곳 위를 그 아들의게 젼ᄒ고 물너나니라.

---

21) 살뎨니아(薩諦尼亞): 사르데냐.

22) 잡늑사아빅(卡勒司亞伯): 찰스 알버트. 살체니아 왕(薩諦尼亞 王). 사르데냐 국왕 카를로 알베르토. 1849년 3월 18일에 밀라노와 베네치아에서 반란이 일어났다. 밀라노에서 일어난 반란은 5일 간의 시가전(Cinque giornate di Milano)을 치른 후 오스트리아 주둔군을 몰아내는 데 성공하였다. 라데츠키가 이끄는 오스트리아 군대는 밀라노를 포위하였지만, 대중들의 반군에 대한 지지와 잇따른 배신 때문에 후퇴할 수밖에 없었다. 사르데냐 왕국의 국왕인 카롤로 알베르토는 베네치아와 밀라노의 반군들을 지지한다고 밝히고, 전 이탈리아가 연합하여 오스트리아를 몰아낼 때가 왔다고 하였다. 전쟁 초반에는 승리를 거두었으나, 7월 24일에 쿠스토자 전투(Battle of Custoza)에서 라데츠키가 이끄는 오스트리아 군에 치명적인 패배를 당한다. 얼마 후 휴전 협정이 체결되었고, 라데츠키는 롬바르디아 지방과 베네치아 지방의 통제권을 되찾았으며, 다니엘레 마닌(Daniele Manin)이 공화국 수립을 선포했던 베네치아도 다시 되찾는다. 라데츠키는 롬바르디아와 베네치아 지방의 통제를 강화하였으며 카롤로 알베르토는 치명적인 타격을 입었다. 이 전쟁은 이탈리아의 다른 지방에도 매우 중요한 변화를 가져온다. 1848년 3월 경에는 마지못해 헌법을 승인했던 군주들이, 입법부와 노골적인 갈등을 빚기 시작하였다. 처음엔 공화주의자들이 우세하여, 비오 9세 등 일부 군주들의 경우 수도로부터 도망쳐야만 했다. 『브리태니커』

뎨오졀 교황이 쏘치믈 당홈이라

일천팔빅스십구년[헌종 십오년] 이월 팔일에 교황의 관할흔 빅셩이 즈립흐야 민주국이 되고 교황이 쏙긴 바이 되야 먼리 도망흐야 감랍23) 싸에 이르니 션시에 나파나사 왕이 쏘 도망흐야 감탑에 이르거늘 교황이 드듸여 동거흐고 다시 조셔를 나려 왈 빅셩이 감히 짐의 위를 쎅스니 실로 죄가 크고 악이 즁흐다 흐니 빅셩이 듯고 다 우슈며 조금도 불상히 아는 자ㅣ 업더라.

뎨륙졀 나파륜 뎨솜이 다시 교황을 라마부에 셰움이라

연이 쳔만 의외에 교황을 돕는 자ㅣ 잇스니 일쳔팔빅스십팔년 [헌종 십스년] 십이월 이십일에 노의 나파륜이 법국 황뎨되야 본릭 도를 즁히 녁이지 아니흐다가 지시흐야 교황이 피츅홈을 듯고 홀연 대경왈 교황은 뎨왕 즁 뎨일 인군이라. 이졔 그 빅셩의게 쏫기엿스니 만일 속히 구흐지 아니면 오지리아 국이 나보다 먼져 구흘지라. 연즉 늬 픠업이 즁도에 폐흘 거시요, 쏘 늬 교황을 구흐면 타일에 교황이 나의 덕을 감동흘 쑨 아니라 교인이 더욱 나를 도으리니 이는 일거냥득이라 흐고 곳 오첩나24) 쟝군을 명흐야 군스 스만오쳔을 거느리고 교황을 밧드러 복위케 흐더라. [법황이 스름다려 일너 왈 이번 용병홈은 짐의 쏫이 아니라 졔 대신이 강잉이 짐을 권홈이라 흐더라.]

법국이 원릭 민주국이라 흐고 옛 인군을 쏫찻거늘 이졔 법황이 그 빅셩을 권흐야 린국을 쳐 민주국됨을 히룹게 홈이 말흐기 어려운지라. 이졔 스즈를 보늬여 나마인다려 일너 왈 법국의 발병홈은 너의를 위

---

23) 감탑(甘塔 又 坎塔, 감탑, 해탑): 싸에타. 지(地). 시칠리아 왕국의 가에타.
24) 오첩나(伍牒拏): 오늬놋트. 법쟝군(法將軍).

ᄒ야 평란코즈 홈이라. 너의 교황을 쫏찻스나 엇지 릉히 오히 티평ᄒ리요. 만일 짐의 말을 드러 원수를 바리고 화목홈을 주장ᄒ면 짐이 즈연 너의 즈주지권이 잇게 ᄒ리니 엇지 만젼지칙이 아니리요 ᄒ고 나마인을 쇠이여 즈긔 계칙에 드러올 쥴 아랏더니 나마인이 그 스즈다려 왈 우리 이믜 즈주지권이 잇스니 너의 노의 나파륜의 계칙을 바라지 아닐지라. 너의 염녀홀 빅 아니라 ᄒ고 가례파지로 장군을 슴고 법국을 막을시 일천팔빅스십구년 [헌종 십오년] 오류월 간에 법국과 싼온 지 수월 만에 법국의게 픽ᄒ야 다시 교황으로 나마부에 도라오게 ᄒ니 교황의 쾌락홈은 가지어니와 빅셩의 원굴홈은 다시 의민이 강포홈을 당ᄒ믹 호소홀 곳이 업고, ᄯᅩ 법병이 교황을 호위ᄒ며 의극 북방에는 오국 대병이 진입ᄒ니 의민이 더욱 겁ᄒ며, ᄯᅩ 타국에 도망ᄒᄂᆞᆫ 쟈ㅣ 잇스면 다 잡아죽이니 이럼으로 셕일의 그 인군과 항거ᄒᄂᆞᆫ 쟈ㅣ 오직 부수청명ᄒ야 그 노복과 갓치 홀 ᄲᅮᆫ이러라.

뎨칠졀 가부이 후의 힝젹이라

의인이 민주국이 되고즈 ᄒ다가 졸연이 법황의 위력으로 압졔홈을 당ᄒ야 다시ᄂᆞᆫ 거의 그 영향도 업셔질 쥴 아랏더니 하늘이 ᄒᆫ 긔걸ᄒᆫ 사름을 ᄂᆡ니 이ᄂᆞᆫ 가부이 후[25]라. 딕딕로 후작을 셰습ᄒ고 가셰 ᄯᅩᄒᆫ 거부ㅣ니 의국인이 그 대명을 틱산북두갓치 넉이며 그 의표ᄂᆞᆫ 신장이

---

25) 가부이 후: 카보우르 백작. 카밀로 벤소(이탈리아어 Camillo Benso Conte di Cavour, 카밀로 벤소 콘테 디 카보우르: 1810년 8월 10일~1861년 6월 6일). 이탈리아의 정치가. 토리노에서 출생하였으며 토리노 사관학교를 졸업하였다. 1847년에 『국가 재흥』지를 발간하여 사보이가를 중심으로 하는 이탈리아의 통일을 제창하였다. 그 후 사르데냐 왕국 의원을 거쳐 우익당의 당수, 농무상, 재무상 등을 지냈다. 1859년에 프랑스 군의 원조를 얻어 오스트리아군을 무찌르고 이탈리아 중부와 북부를 점령했다. 1861년에 가리발디를 원조하였고, 그 해 비토리오 에마누엘레를 즉위시켜 이탈리아 왕국의 건설을 완성시켰다. 주세페 가리발디, 주세페 마치니와 함께 이탈리아 통일의 3걸이라고 불린다. 『위키백과』

극단ᄒ고 ᄯᅩ 살지며 머리 극히 크고 미목간에 영특ᄒᆫ 긔상이 형형이 ᄉᆞ름을 놀ᄂᆡ며 언어ㅣ 유화겸공ᄒᆞ야 미미히 가이 드를 만ᄒᆞ며 먼져 살ᄐᆡ니아 국 [의대리의 히도ㅣ라] 의원에 잇다가 다시 각국을 유력ᄒ고 그 정치득실을 상고ᄒᆞ야 본국에 도라오니 년이 ᄉᆞᆷ십팔 셰라. 황연이 국가의 곳칠 정사ㅣ 셰 가지 잇슴을 ᄭᅢ다르니, 민간이 의원을 천거ᄒᆞ야 국가 긔밀ᄉᆞ롤 의론홈이요, 이ᄂᆞᆫ 민간이 각국과 통상ᄒᆞᄆᆡ 국가ㅣ 그 ᄌᆞ유 ᄌᆞ재홈을 허ᄒᆞ야 금단ᄒᆞ지 말미요, ᄉᆞᆷ은 국가ㅣ 인민으로 ᄒᆞ야곰 ᄌᆞ쥬지권이 잇게 홈이라. 가부이 후ㅣ 이 셰 가지 ᄯᅳᆺ을 근본ᄒᆞ야 의대리국이 증증일상홈을 바라더니 이졔 ᄇᆡᆨ셩이 곤고련련ᄒᆞ며 이긍측달ᄒᆞᆫ 형상을 보고 항상 분탄이 넉이다가 일천팔ᄇᆡᆨ오십년 [철종 원년]레 살ᄐᆡ니아 국이 후를 청ᄒᆞ야 대신을 ᄉᆞᆷ으니 대져 가부이 후ㅣ 입항ᄒᆞᆫ 후 셰샹을 바리기ᄭᅥ지 인민을 구졔ᄒᆞᄂᆞᆫ 외에는 타ᄉᆞ를 무를 결을이 업스니 이ᄂᆞᆫ 하늘이 가부히 후를 싱ᄒᆞ야 의국 일경을 밋김이라. 의국 인민이 고진 감히홀 날이 머지 아니ᄒᆞ너라.

일천팔ᄇᆡᆨᄉᆞ십팔년 [헌종 십ᄉᆞ년]에 의민이 다시 군왕의 속박을 당ᄒᆞ거늘 가부이 후ㅣ 가만이 혜오ᄃᆡ 의국 대셰가 외국 군사ㅣ 응치 아니면 이 ᄇᆡᆨ셩을 도탄에 면케 홀 길 업다 ᄒᆞ고 다시 혜오ᄃᆡ 살ᄐᆡ니아의 인민은 불과 ᄉᆞᄇᆡᆨ만이오 오황의 속ᄃᆡ와 교황의 인민이 이천만에 이르니 이졔 살ᄐᆡ니아 국은 의원을 셰우고 인민과 국ᄉᆞ를 의론ᄒᆞᄆᆡ 정히 오황과 교황의 법보다 상반홀지라. ᄂᆡ 만일 살ᄐᆡ니아 국을 강ᄒᆞ게 아니ᄒᆞ면 타인이 필연 나를 억늑ᄒᆞ야 법령을 긔혁ᄒᆞ라 홀지니 장찻 엇지홀고 오직 긔호 도라옴을 기다려 이러나리라 ᄒᆞ더라.

뎨팔졀 의국이 영법 냥국과 화친홈이라

수년 전에 살ᄐᆡ니아 국이 의대리와 실화ᄒᆞ얏다가 다시 화호ᄒᆞᄆᆡ 구쥬 각국이 다 말호ᄃᆡ 살ᄐᆡ니아 국은 촬이 소방이라. 연이나 일ᄒᆞᄂᆞᆫ 거

조ㅣ 다 합당ᄒ다 ᄒ야 심히 즁이 넉이더니 밋 영법 냥국이 토이긔를
도와 아라ᄉ를 칠ᄉㅣ 다 혜오ᄃㅣ 살체니아는 국소병과ᄒ니 필연 슈슈방
관ᄒ야 참예치 못ᄒ리라 ᄒ얏더니 이에 가부이 후ㅣ 시셰를 통달ᄒ고
긔틀을 헤아려 궐연이 이러 왈 의국이 오국과 원릭 깁혼 원수ㅣ 잇스
니 이졔 오국이 비록 젼칭에 춤예치는 아니ᄒ얏스나 오국은 엄연히
각국과 갓치 간셥ᄒ리니 기시에는 오국의 권셰 졈졈 즁ᄒ고 의국의
국톄는 날로 삭ᄒ야 지어 살체니아는 더욱 화가 장ᄎᆺ 이르리니 이졔
도모홈이 올타 ᄒ고 영법 군즁에 겨셔를 젼ᄒ야 군ᄉ 이만오쳔을 조
발ᄒ야 영법을 도와 아라사를 치리라 ᄒ니 영법 냥국이 대희ᄒ며 허
믈며 영국은 졍히 군사ㅣ 젹으믈 염녀ᄒ다가 더욱 감격ᄒ야 치ᄉᄒ고
ᄯᅩ 말호ᄃㅣ 귀국의 군량을 영국이 담당ᄒ리라 ᄒ니 가부이 후ㅣ ᄯᅩ ᄉ
양ᄒ야 밧지 아니ᄒ고 군ᄉ를 발홀ᄉㅣ 보닌 바 장수ㅣ ᄯᅩᄒᆫ 장직 잇거
늘 영법이 더욱 경즁이 너기더라.

밋 아라사의 란이 평ᄒ고 의ᄃㅣ리의 긔초ㅣ 졍ᄒ며 각국이 회의ᄒ야
화친홀ᄉㅣ 살테니아 국은 조금도 손익이 업스나 그 은근이 의ᄃㅣ리 젼
국에 리익됨은 즈ᄎ로 의국이 영법 냥국과 교의가 더 친밀ᄒ고 가부
이 후ㅣ ᄯᅩ 간담을 기우려 영국에 하수연ᄒ니 영국이 그 용심홈을 올
히 녁여 극진히 획칙ᄒ야 쥬나 아직 일비지력은 도읍지 아니ᄒ더라.
[영국이 비록 군ᄉ를 닉여 의대리를 돕지는 아니ᄒ나 의대리 젼국이
합고ᄌ 홈을 더욱 죠와ᄒ고 일쳔팔빅오십구년에 법황이 의대리를 합
ᄒ야 합즁국을 믄들고ᄌ ᄒ얏스니 만일 이 계교가 일우럿스면 의대리
의 형셰 즈연 졀반은 오국에 드러갈지라. 타일에 영국 지상이 이 말을
의론ᄒ야 왈 이 ᄲᅢ에 노의 나파륜의 계교는 과연 깁고 파측ᄒ야 알 수
업다 ᄒ며 영국 지상 박무사 등이 ᄯᅩ 갈오ᄃㅣ 의ᄃㅣ리를 합ᄒ야 합즁국
믄듦이 의인의 원이 아니니 필경 셩스치 못홀 거시오 셩수홀지라도
ᄯᅩᄒᆫ 오릭지 못ᄒ고 기시에 오국이 ᄯᅩ 즈긔 위력을 낫ᄐ닉야 의ᄃㅣ리
각 졔후로 ᄒ야곰 복위케 ᄒᆯ 홈이라 ᄒ고 박무ᄉ 등이 ᄯᅩ 갈오ᄃㅣ 오
국이 즈긔를 즈쳐홈이어는 등수에 잇고ᄌ ᄒᄂᆫ지 이졔 억지로 의국

일을 츰예코즈 ᄒ니 오국이 만일 회과치 아니ᄒ고 의국의 전국을 히 ᄒ면 영국이 법국과 의론ᄒ고 오국 스신을 쫏츠 의국에 잇지 못ᄒ게 ᄒᆯ지니 이럼으로 법황도 감히 의국을 합ᄒ야 합중국을 믄드지 못ᄒ고 오황도 ᄯᅩᆫ 의국의 각 졔후를 복위케 못ᄒ얏다 ᄒ니 이ᄂᆫ 영국이 다시 의국을 구ᄒᆫ 일이라. 의국이 만만 감격ᄒ야 및 살테니아 국이 나파나사를 회복ᄒᆫ 후에 셔간을 보ᄂᆡ여 감스흠을 말ᄒ더라.]

뎨구졀 의국이 오국과 전징흠이라

당시에 법황 노의 나파륜이 즈긔를 순종ᄒᄂᆞᆫ 즈ᄂᆞᆫ 곳 도와쥬고 은연이 종중취리ᄒ거늘 가부이 후ㅣ 그 ᄯᅳᆺ을 알고 법황의게 구원을 청ᄒ니 법황이 듸희ᄒ야 드듸여 살테니아 국과 약조를 정ᄒ니 그 ᄯᅳᆺ에 ᄒ얏스되, 법국은 의대리에 웅거ᄒᆫ 오국인을 구축ᄒ고 륜파졔 비ᄂᆡ텬 량싱을 취ᄒ야 살테니아 국에 예속ᄒ고 살체니아 국은 살비26)와 니사27)의 ᄯᅡ흘 법국에 밧친다 ᄒ얏더니 일쳔팔ᄇᆡᆨ오십구년 [철종 십년] 정월 일일에 법경 파리에 주찰ᄒᆫ 각국 사신이 법황의게 폐현ᄒ고 신셰 틱평흠을 경축ᄒᆯᄉᆡ 급기 오국 사신에 이르러 법황이 홀연이 긔연탄식왈 짐이 오황과 교의 돈목ᄒ거늘 이제 냥국간에 조금 미흡처이 잇스니 심이 가셕ᄒ다 ᄒᄂᆞᆫ지라. 듯ᄂᆞᆫ 자ㅣ 악연치 아니리 업고 다 말ᄒ되 이러ᄒᆫ 원조 경하에 황뎨가 홀연이 이러타시 말흠은 종리 쳐음이라. 이엇지 나파륜 뎨일의 옛법을 효측ᄒᄂᆞᆫ가 ᄒ니 대져 일쳔팔ᄇᆡᆨ습년 [순조 습년]에 나파륜 뎨일이 일즉이 영국 스신을 향ᄒ야 영국의 허물을 칙망ᄒ니 각국 사신이 다 대경ᄒ고 전징이 장찻 조모간에 잇슬이라 ᄒ얏더니, 이졔 나파륜 뎨습이 오국 스신을 듸ᄒ야 언사ㅣ 비록 완전

---

26) 살비(殺斐): 사왯이. 의지(意地). 사보이.
27) 니사(泥司): 늬스. 의지(意地).

ᄒ나 종초로 냥국의 병혁이 일믈 가히 알지라. 영국 정부ㅣ 듯고 먼져 오황을 권ᄒ야 살테니아 국에 병단을 이릐켜지 말나. 만일 늬 말을 듯지 아니면 화란이 곳 잇스리라 ᄒ얏더니 오황이 듯지 아니ᄒ고 일쳔 팔빅오십구년 [철종 십년] 스월 이십 팔일에 오병이 살테니아 국에 드러가 그 싸흘 졈거ᄒ니 법황이 곳 명장출스ᄒ야 살테니아 국으로 향ᄒ더라.

과연 살테니아 국에 드러갓든 오병이 법국 군스를 맛나미 다 망풍분괴ᄒ야 류월 스일과 류월 이십오일에 두 번 싸와 오병이 거의 젼군 함몰ᄒ야 죽고 상흔 자ㅣ 슴만 명이라. 대져 오군이 법군을 맛나미 양의 무리 호랑이를 당홈과 갓ᄒ며 더욱이 살테니아 군병이 합ᄒ야 오군을 모라 의대리 디경 밧게 쫏츠니 그 군즁스를 뭇지 아니ᄒ야도 가히 알너라. 연이나 법군이 대첩흔 후 십유오일이 지나도 조곰도 동졍이 업눈지라. 살테니아 군이 다 혜아디 금번에 법군이 만일 흔 번 더 도와주면 오국 스름의 즈취를 다 쓰러바리리라 ᄒ얏더니 쳔만의외에 법황이 시종이 여일치 못ᄒ야 칠월 류일에 홀연이 소문이 들니되 법국 관원이 오디리아 황뎨 힝궁에 이르러 수작흔 일이 잇다 ᄒ며 쏘 초칠일에 젼호디 작일에 보왓든 법국 관원이 쏘 친히 오국 군문으로 좃차 나옴을 보왓다 ᄒ더니 쏘다시 드르니 법황이 과연 스름을 오국 진젼에 보늬야 오국과 화친홈을 말ᄒ얏눈지라. 연즉 법오 냥국이 화친홀 날이 머지 아니ᄒ얏더라.

의국 사름이 이 말을 듯고 다 일너 왈 이 스름의 괴휼홈이 이에 이를 쥴은 못낫다 ᄒ고 일시에 분로홈을 마지 아니ᄒ야 당초에 법황이 구원흔 뜻은 아지 못ᄒ더라. 연이나 당시에 강약지셰 현슈ᄒ미 엇지홀 길 업셔 급기 법오 냥국이 화친홀식 살테니아 국도 쏘흔 그 약조늬에 일홈을 두고 오직 가부이 후는 갈오디 나는 패관동문ᄒ고 갈 쑨이요 일홈 두기는 만만불가라 ᄒ더라.

화친이 졍ᄒ미 오국이 륨파졔 일싱과 밋 그 인민 슴빅만을 살테니아 국에 돌녀보늬고 오직 비늬텬 일싱과 인구 이빅오십만을 병ᄒ야 의구히 오국에 예속ᄒᆞ니 이ᄂᆞᆫ 칠월 십일일 ᄉᆞ이러라. 이 ᄶᆡ에 의ᄃᆡ리 졔소국 즁에 토ᄉᆞ가니28)와 파아마29)와 모졔30)라 ᄒᆞᄂᆞᆫ ᄯᅡ히 잇스니 그 인민이 다 다시 졔후 왕의 학ᄃᆡ 밧기를 실혀ᄒᆞ며 ᄯᅩ 교황에 예속ᄒᆞᆫ 인 민도 다 반ᄒᆞ야 의병이라 칭ᄒᆞ고 교황의 약속을 밧지 아니ᄒᆞ니 법인 이 비록 한악ᄒᆞ나 감히 위력으로 압졔치 못ᄒᆞ고 일쳔팔ᄇᆡᆨ륙십년 [철 죵 십일년] ᄉᆞ월에 다시 약죠를 곳여 왈 의민이 젼일과 갓치 예속됨이 죠커니와 만일 원치 아니ᄒᆞᄂᆞᆫ ᄌᆞᄂᆞᆫ 임기ᄌᆞ편ᄒᆞ야 각기 ᄌᆞ주지권이 잇 슴을 허ᄒᆞ리라 ᄒᆞ니 의민 수ᄇᆡᆨ만이 다 일시에 동셩 향응ᄒᆞ야 살ᄐᆡ니 아 국에 속ᄒᆞᆷ을 원ᄒᆞ니 살ᄐᆡ니아 국의 인민이 졸연히 구ᄇᆡᆨ만 명에 이 르ᄂᆞᆫ지라. 이ᄂᆞᆫ 실로 다 법인의 도음이어ᄂᆞᆯ 연이 의민이 법국의 은혜 를 ᄉᆡᆼ각ᄒᆞᄂᆞᆫ ᄌᆞᄂᆞᆫ 젹고 법인의 간ᄉᆞᄒᆞᆷ을 믜워ᄒᆞ더니 이윽고 가례파지 쟝군이 즁인을 호령ᄒᆞ야 왈 법황의 힝실은 원ᄅᆡ 그 ᄇᆡᆨ셩의게도 실신 ᄒᆞ거든 허물며 우리 타국을 두호ᄒᆞ리요. 금번애 의ᄃᆡ리를 도음은 불과 아국에 살비와 밋 니사를 버혀 법국에 예속고ᄌᆞ ᄒᆞᆷ이요 그 진심이 아 니라 ᄒᆞ고 ᄯᅩ 졍부 ᄉᆞᄅᆞᆷ다려 일너 왈 졔공이 조샹의 젼ᄅᆡᄒᆞ든 토디를 일조에 타인의게 부치고ᄌᆞ ᄒᆞᆷ은 엇지ᄒᆞᆫ 일이뇨 ᄒᆞ더라.

법황이 오국과 ᄊᆞ홀 ᄶᆡ에 말ᄒᆞ되 의ᄃᆡ리 일경을 합ᄒᆞ야 일국을 믄 든다 ᄒᆞ더니 이졔 스ᄉᆞ로 식언ᄒᆞᄆᆡ 타인의 그 뒤ᄒᆞᆯ 의론ᄒᆞᆯ가 염녀ᄒᆞ 야 이에 발명ᄒᆞ야 왈 의국 인민의 바라ᄂᆞᆫ 바ᄂᆞᆫ 의ᄃᆡ리를 합ᄒᆞ야 일국 이 되고ᄌᆞ ᄒᆞᆷ이라. 짐이 쳐음 ᄯᅳᆺ을 바리지 아니ᄒᆞ고 긔혜히 합고ᄌᆞ ᄒᆞ 나 다만 짐이 의국 일만 젼력ᄒᆞ고 법국 일은 불고ᄒᆞᆷ은 텬하에 이러ᄒᆞᆯ 리치 업슬지라. 이졔 부득이 ᄒᆞ야 의국은 고ᄉᆞᄒᆞ고 법국을 보젼코ᄌᆞ ᄒᆞ니 경경ᄒᆞᆫ 이 마음은 의인이 살피믈 바라노라 ᄒᆞ니 ᄃᆡ져 법황의 ᄯᅳᆺ 은 법황이 만일 오국을 과히 핍박ᄒᆞ면 구쥬 각국이 필연 시비ᄒᆞᆯ 자ㅣ 잇고 ᄯᅩ 일이만 젼국이 난인하에 잇셔 ᄯᅩ 일을 자단ᄒᆞᆯ가 ᄒᆞᆷ이니 이거

---

28) 토ᄉᆞ가니(吐絲加泥): 튜스카니.
29) 파아마(怕兒馬): 파마. 의지(意地).
30) 모졔(摸蹄那): 모데나. 의지(意地).

시 법황의 일은 바 만만 부득이 홈이라. 연즉 그 부득이 ᄒ다는 자ㅣ
과연 부득이혼 말이요 ᄯᅩ 의뎌리를 도와줌이 만ᄒ민 이졔를 당ᄒ야는
의민이 비록 법국이 도음이 업셔도 파쥭지셰되야 다시 타인의 힘을
빌 거시 업더라.

뎨십졀 나파사[31] | 포학이라.

법오 냥국이 강화홀시 나파사 국 ᄯᅡ에 인민 구빅만이 잇스니 그 왕
은 법국 포이분 왕족이라. 전혀 권셰로 빅셩을 학뎌ᄒ니 디져 나파사
ᄉ름은 원리 총명 순량ᄒ나 수빅년을 교육지 아니ᄒ민 이에 나타흔
풍속이 셩습ᄒ고 ᄯᅩ 귀신을 숭상ᄒ야 선악을 가리지 못ᄒ고 각쥬 각
현에 걸식ᄒᄂᆫ ᄉ름이 기에 널니고 만일 녀막에 드러가면 문전과 계
하에 귀머은 즈와 눈먼 즈와 각종 폐질 잇ᄂᆫ ᄉ름이 젼후좌우에 나렬
ᄒ고 형용이 초최ᄒ고 의관이 남누ᄒ며 몸에 창질이 잇거나 문둥이들
이 힝긱을 향ᄒ야 돈을 구걸ᄒ며 그 신당에 잇ᄂᆫ 즈ᄂᆫ ᄉ름의게 보시
를 청ᄒ야 령혼의 복을 빈다 ᄒ고 빅셩이 문묵을 통ᄒᄂᆫ 자ㅣ 전혀 업
스니 집졍즈의 ᄯ뜻은 이 빅셩이 글을 통ᄒ야 ᄉ리를 알면 각국 졔도를
본바다 학졍을 밧지 아니리라 홈이라.

그 왕은 비졈남 뎨라. 그 인민을 포학홈이 션뎌보다 더 심ᄒ야 국
조가 그 손에 망ᄒ니 이ᄂᆫ 하은의 걸쥬갓ᄐ야 나파나스 빅셩이 질슈
축알ᄒ야 민양 시일갈상을 부를 ᄲᅮᆫ 아니라 지어 구쥬 각국이 다 뮈워
ᄒ야 나라로 뒤졉지 아니ᄒ더니 일쳔팔빅오십일년 [철종 이년]에 영
국 명사 그랄ᄉ단[32] [곳 영국 지상이라]이 그 ᄯᅡ에 유람ᄒ고 도라와
비졈남 뎨의 학졍홈을 보고 글을 져술ᄒ야 영국 상의원 뒤신 아빅

---

31) 나파사: 나파나사. 나폴리.
32) 그랄ᄉ단: 그라드스튼.

뎐[33] 후에게 밧치니 그 딕락에 ᄒᆞ얏스되 나파나사 인이 그 왕을 심복지 아니ᄒᆞᄂᆞᆫ 자ㅣ 되강 이만인이라. 왕이 옥에 가두니 만일 ᄌᆞ셰히 문초ᄒᆞ면 실로 죄상이 업고 오직 학졍을 항복지 아니홈이라. 이에 가둔 지 수년이 되야도 한 번 국문ᄒᆞ지도 아니ᄒᆞ고 옥즁이 흑암 협착ᄒᆞ야 쳥명ᄒᆞᆫ 긔운이 통ᄒᆞᆯ 곳도 업고 ᄯᅩ ᄉᆞ름이 만하 셔로 엇기를 맛다히며 ᄯᅩ 낫고 비습ᄒᆞ야 ᄉᆞ름이 들어셜 수 업고 병이 든 ᄌᆞᄂᆞᆫ 아모리 오예를 피치 아니ᄒᆞᄂᆞᆫ 의ᄉᆞ라도 들어가기를 실여ᄒᆞ고 문 밧게셔 병인을 불너 약을 쥬니 그 괴악추루홈은 가지요, ᄯᅩ 압뇌라ᄒᆞᄂᆞᆫ 수직군이 잇셔 각종 형구로 죄인을 겁박ᄒᆞ야 돈을 ᄲᅢ스며 법관이 문초ᄒᆞᆯ ᄯᅢ에ᄂᆞᆫ 공졍이 쳐치ᄒᆞᆫ다 ᄒᆞᆯ ᄲᅮᆫ이요, 그 방셕되ᄂᆞᆫ 자ᄂᆞᆫ 반다시 관원과 ᄉᆞ졍이 잇슴이요, 그럿치 아니면 위틱ᄒᆞ다 ᄒᆞ니 이 글이 셰샹에 힝ᄒᆞᄆᆡ 각국이 믜워홈이 젼보다 더 심ᄒᆞ야 왈 이러ᄒᆞᆫ ᄉᆞ름을 엇지 밋기며 치국ᄒᆞ게 ᄒᆞ야 무고적ᄌᆞ로 ᄒᆞ야곰 함졍에 ᄲᅢᆫ지게 ᄒᆞ리요 ᄒᆞ니 딕져 당시에 다른 나라ᄂᆞᆫ 반란이 이러나면 각국이 츌력ᄒᆞ야 구원ᄒᆞ더니 독이 나파나사에 이르러ᄂᆞᆫ 텬로 인원ᄒᆞ야 한 나라도 도읍지 아니ᄒᆞ며 ᄯᅩ 영국 지샹 박무ᄉᆞ[34] 등이 긔랄ᄉᆞ단의 지은 글을 긔간ᄒᆞ야 영국 사신이 각국에 가ᄂᆞᆫ ᄌᆞ를 다 ᄒᆞᆫ 권식 쥬어 보닉여 나파나사의 포학홈을 드러닉니 나파나사 왕이 그 글을 보고 크게 겁닉야 급히 그 신하를 명ᄒᆞ야 다시 ᄒᆞᆫ 글을 져술ᄒᆞ야 긔랄ᄉᆞ단의 모소홈을 발명ᄒᆞ니 긔랄ᄉᆞ단이 곳 그 발명ᄒᆞᆫ 즁에 잇ᄂᆞᆫ 말을 인징ᄒᆞ야 다시 한 글을 지어 왈 나파나사 왕이 모모ᄉᆞ를 ᄌᆞ긔가 ᄌᆞ복ᄒᆞ니 이것만 보아도 나의 말이 허탄치 아니믈 아니라 ᄒᆞ더라.

---

33) 아빅던(雅白顚): 아버뒨, 영대신(英大臣).
34) 박무ᄉᆞ: 팔머스트.

뎨십일졀 가례파지 장군이 나파나사 디경에 들어감이라[35]

　의국 북방은 이믜 법황의 구원을 어더 살테니아 국이 돈연히 구법을 곳치니 의국 남방 빅셩이 듯는 자ㅣ 다 흠션불이ㅎ며 기즁 셰계리[36] 히도ㅣ 쏘흔 의국 남방에 잇스니 그 강토ㅣ 장 이륙빅리요 광은 습빅여리라. 일쳔팔빅륙십년 [쳘종 십일년] 오월 오일에 도민이 그 왕을 반ㅎ고 가례파지 장군을 놉히여 졍스를 잡게 ㅎ니 혼 북소리에 향

---

35) 가리발디의 나폴리 진격: 1860년 봄에 이탈리아 독립 세력은 네 개만 남게 된다. 오스트리아는 여전히 베네치아를 통치하고 있었고, 나머지 지역은 교황령, 사르데냐 왕국, 양시칠리아 왕국이 각각 지배하고 있었다. 양시칠리아 왕국의 프란체스코 2세는 약 15만명의 군대를 가지고 있었다. 하지만 아버지였던 페르디난도 2세의 폭정으로 인해 비밀단체들이 활동하고 있었으며, 스위스 출신 용병들도 스위스 국내법 개정으로 인해 본국으로 귀환하였고 남은 것은 신용할 수 없는 자국군뿐이었다. 1860년 4월, 메시나와 팔레르모에서 반란이 발생하였고, 반란군은 손쉽게 승리를 거두었다. 가리발디는 자신의 지지자들을 이끌고 프랑스로부터 니스를 되찾으려 하였다. 카보우르는 가리발디가 프랑스와 전쟁을 벌이려는 것을 막기 위해 시칠리아의 반란을 지원해달라고 설득하였다. 1860년 5월 6일, 가리발디는 천명의 군대를 이끌고 출발하여, 시칠리아섬 서부해안가의 마르살라 근방에 위치한 탈라모네(Talamone)에 도착하였다. 가리발디의 군대는 시칠리아반군 패전병들과 합류하여 5월 13일에 정규군을 격파한다. 3일 만에 부대원 수는 4천명에 이르렀고, 5월 14일에 가리발디는 비토리오 에마누엘레 2세의 이름으로 시칠리아섬을 통치하겠다고 선언한다. 여러 군데에서 격전을 치른 끝에, 주도인 팔레르모에 도착하였다. 5월 27일 팔레르모에 위치한 테르미니 항구를 둘러싼 공방전이 시작되었고, 시내에서는 시가전이 벌어졌다. 나폴리의 장군인 페르디난도 란차(Ferdinando Lanza)가 이끄는 25,000명의 군대는 반란을 진압하기 위해 팔레르모 시를 포격하였다. 하지만 영국해군의 개입으로 인해 휴전이 선포되었고, 나폴리 군대는 철수하였고 팔레르모 시는 가리발디에게 항복한다. 이 사건으로 인해 가리발디는 이탈리아 사람들에게 널리 알려지게 되었고, 국가적인 영웅으로 떠오른다. 반면 양시칠리아 왕국 정부는 충격과 혼란에 빠진다. 팔레르모가 함락된 지 6주 후, 가리발디는 메시나를 공격하였고, 1주일 뒤에 항복을 받아낸다. 시칠리아 정복을 마친 후, 가리발디는 메시나 해협을 건너 이탈리아 본토로 원정을 떠난다. 칼라브리아주의 군대는 곧 항복하였으며, 가리발디는 군중들의 환영을 받으면서 큰 저항을 받지 않고 북쪽으로 진격하였다. 가리발디는 8월 말에는 코젠차, 9월 5일에는 살레르노근처의 에볼리(Eboli)까지 진격하였다. 한편 나폴리는 계엄령을 선포하였고, 9월 6일에 프란체스코 2세는 4천 명의 군대와 함께 후퇴한다. 그 다음날 가리발디는 기차를 타고 민중들의 환영을 받으며 나폴리에 입성한다. 『위키백과』

36) 세졔리(細細哩, 세세리): 씨시릭. 의도(意島). 시칠리아.

응ᄒᆞ는 자ㅣ 이천인이요, 다 젼일 휘하 용사ㅣ라. 가례파지 이 긔회를 인ᄒᆞ야 의ᄃᆡ리를 합ᄒᆞ야 일국을 숨고ᄌᆞ 홀ᄉᆡ 그 군호를 ᄂᆡ여 왈 의ᄃᆡ리 국 비토ᄋᆡ만월37) [왕의 일홈이라]이라 ᄒᆞ니 살ᄐᆡ니아 국이 이 말을 듯고 의론ᄒᆞ야 왈 의ᄃᆡ리는 원리 우리 친구의 나라히라. 이제 반ᄒᆞ는 자ㅣ 의대리로 군호를 숨으니 우리의 ᄉᆞ상이 좌우 냥난이라 ᄒᆞ더라. 이 ᄯᆡ에는 가부이 후ㅣ 살ᄐᆡ니아 국 대신이라. 말ᄒᆞ야 왈 ᄂᆡ 평싱 열력 간험ᄒᆞᆷ이 만아쓰나 이와갓튼 일은 쳐음이니 ᄂᆡ 나파나사의 빅셩을 돕고ᄌᆞ ᄒᆞ면 반다시 법국에 상의ᄒᆞ야 그 가부를 결국 후에야 쟉졍홀 거시어늘 이에 의대리 북방 빅셩은 다 말ᄒᆞ되 의ᄃᆡ리 남방 빅셩이 도탄에 잇슨 지 오ᄅᆡᄆᆡ 반다시 우리 북방 ᄉᆞ람이 져의를 도와 그 인군을 항거홀 줄노 알지라. 이러ᄒᆞᆫ 일은 법국에 의론홀 것도 업다 ᄒᆞ니 연즉 ᄂᆡ 그 즁간에 잇셔 엇지ᄒᆞ여야 올홀지 모른다 ᄒᆞ더니 이윽고 살ᄐᆡ니아 졍부ㅣ ᄯᅩ 판포ᄒᆞ야 왈 가례파지의 일졀 거동은 우리가 명ᄒᆞᆫ 바이 아니라 ᄒᆞ고 지어 가례파지의 올코 그름은 말ᄒᆞ지 아니ᄒᆞ며 ᄯᅩ 가례파지를 위ᄒᆞ야 그 혈셩과 츙심을 타국에 발명ᄒᆞ고 일쳔팔빅륙십년 [쳘종 십일년] 칠월 이십칠일에 살ᄐᆡ니아 왕이 친히 글을 지어 가례파지의게 보ᄂᆡ여 경술이 망동ᄒᆞᆷ을 경계ᄒᆞ니 가례파지 답셔ᄒᆞ야 그 츙셩을 말ᄒᆞ고 ᄯᅩ 말호ᄃᆡ 신이 본ᄅᆡ 의ᄃᆡ리 남방을 도모코ᄌᆞ ᄒᆞᆷ이 아니라 오직 나파나사 빅셩이 신을 권ᄒᆞ야 남으로 힝ᄒᆞᄆᆡ 신이 아모리 만류ᄒᆞ야도 듯지 아니ᄒᆞ니 원컨ᄃᆡ 왕은 신의 ᄯᅳᆺ을 살피소셔 ᄒᆞ거늘 살ᄐᆡ니아 왕이 그 글을 보고 ᄯᅩᄒᆞᆫ 칙망홀 길 업셔 치지 아니ᄒᆞ얏더니 이윽고 의ᄃᆡ리 남방 ᄉᆞ람이 다 가례파지의게 락죵ᄒᆞ야 피ᄎᆞ 좃는 자ㅣ 불

---

37) 빅토ᄋᆡ만월(肥土愛滿月): 액토, 의왕(意王). 비토리오 에마누엘레 2세(이탈리아어: Vittorio Eman-uele II, 1820년 3월 14일~1878년 1월 9일)는 사르데냐 왕국의 왕이자, 이탈리아 왕국의 왕이다. 이탈리아는 19세기 중엽까지 오스트리아·프랑스·로마 교황 등의 지배를 받아왔으나, 북이탈리아 사르데냐만은 독립을 지키고 있었다. 그는 카보우르를 재상으로 등용하고, 선정을 베풀어 국력을 높이는 한편, 교묘한 외교로 프랑스·영국 등과 협상을 맺어 통일을 방해하는 오스트리아와 싸워 이김으로써 큰 소망이었던 통일의 꿈을 달성시켰다. 국민들로부터 '조국의 아버지'라고 불리며 존경을 받았다. 『위키백과』

가승수ㅣ라. 이에 가부이 후ㅣ 그 되스ㅣ 속히 셩취홈을 보고 긔이이 녁여 수염을 어로만지며 왈 나도 쳐음에는 이에 밋칠 쥴 몰낫노라. 이졔 살테니아 국이 이 째를 타 령수ㅣ 되지 아니면 의딕리를 통합홈이 맛춤닉 셩공홀 날이 업깃다 흐더라.

이 히 팔월십구일에 가례파지 바다를 건너 나파나사 히구에 이르니 막는 자ㅣ 업고 군사 오는 곳에 빅셩이 다 환희 영접흐야 적자ㅣ 어미를 만남과 갓트며 겨우 셰 례빅간에 그 국도에 이르니 나파나사 왕 비 졉남 데이는 그 왕비를 다리고 먼져 도망흐고 빅셩은 등을 달고 잔치를 비셜흐야 환락홈이 긔국 이릭에 쳐음이러라.

오직 불토나38)의 잇는 나파나사 관군이 굴강불복흐야 걸견이 폐요홈과 갓거늘 가례파지 즉시 토멸흐고 빅셩의게 션유흐야 왈 너의 등이 장찻 엇더흔 나라히 됨을 원흐느뇨. 나의게 밝히 고흐라 흐니 빅셩이 살테니아 국과 합흐즈는 자ㅣ 십분에 구히라. 이에 살테니아 왕이 조셔를 나리여 왈 하늘이 의딕리를 합흐야 흐나히 되게 흐시니 오직 나의 바라는 바는 우리 빅셩이 셔로 화목흐야 영영히 난호이지 말고 국가 제도의 편 불편을 다 의론흐라 흐더라.

가례파지 장군은 긔걸흔 스롬이라. 일시간에 흔 나라를 어덧스나 심즁에 조금도 계련홈이 업고 오직 가부이 후ㅣ 즈긔를 돕지 아니홈을 긔의흐야 먼져 살테니아 왕게 청흐야 가부이 후를 파츌코즈 흐니 왕이 듯지 아니흐거늘 가례파지 곳 흔 글을 신문지에 올녀 왈 가부이 후ㅣ 먼져 의딕리 젼국을 법국에 파라 즈긔 영화랄 구흐니 나는 평싱에 이러흔 스람과 합홈을 원치 아니흔다 흐고 쏘 즈긔의 도ㅣ 힝치 못홀 쥴 알고 일조에 벼슬을 바리고 가박뢰날39) 히도에 들어가 안빈락도흐야 그 몸을 맛치니 가위 인걸이러라.

---

38) 불토나(佛吐腦): 엠만뉴엘. 의지(意地).

39) 가박뢰날(佳珀雷剌): 왤퇴노. 의도(意島).

뎨십이졀 의국이 쏘 오국과 젼징홈이라

이 째 의드리 국에 지모 겸비ᄒ고 국궁진쵀ᄒᄂ 가부이 후ㅣ 아니면 엇지 국가를 유지ᄒ리요. 일쳔팔빅륙십륙년 [대군쥬 슴년] 보오 냥국 젼징시에 만일 위엄을 베풀지 아니ᄒ면 의드리 필경 평안치 못ᄒ리라 ᄒ야 거국 신민이 류력동심ᄒ야 보국을 돕다가 밋 보오ㅣ 화찬홀 시 보국이 오국다려 일너 왈 오국이 만일 비늬텬 일싱을 의국에 돌녀보늬지 아니ᄒ면 반다시 쏫호리라 ᄒ야 오국이 듯지 아니ᄒ거늘 이에 의드리의 비토이만월 왕이 경국지스를 발ᄒ야 수륙병진ᄒ야 보군을 도와 오군을 치다가 여러 번 픽ᄒ고 오직 다힝이 칠월 오일에 보군이 오병을 딕파ᄒ니 오황이 헐일업셔 그졔야 비늬텬 일싱을 법황의게 부탁ᄒ야 의드리에 돌녀보늬게 ᄒ야 오국 톄면을 손상치 아니코즈 ᄒ얏더니 법황 노의 나파륜이 그 일을 빙즈ᄒ야 즈긔 공이 잇ᄂ 톄ᄒ고 사신을 의국에 보늬여 왈 짐의 본의가 의드리로 ᄒ야곰 북산으로부터 남히신지 합ᄒ야 ᄒᆫ 큰 나라히 됨을 바랏더니 이졔 다힝이 셩공ᄒ고 비늬텬 일싱을 귀국에 보늬노라 ᄒ더라.

뎨십슴졀 교황의 따흘 취홈이라

이 째 의드리 션부 인민이 깃거홈이 옛날 탕무가 걸쥬를 치고 빅셩을 구ᄒᆫ 듯ᄒ야 쳐쳐이 가무요 가가히 경사ㅣ라. 그 희한ᄒ고 쾌락ᄒᆫ 긔상을 말홀 길이 업더라. 연이 홀노 향우지탄이 잇ᄂ 나마부 빅셩 오십만은 교황의 관할이라, 다 의드리에 하ᄒ야 교왕의 학딕를 밧지 아니코즈 ᄒ며 쏘 드르니 구쥬 각국 졔도ㅣ 교황에셔 더 포학홈이 업슴을 알고 져의 그림즈를 도라보고 스스로 가련홈을 익의지 못ᄒ며 타국은 빅셩이 다 즈유즈직ᄒ야 안락틱평홈이 신션 부럽지 아니ᄒ거늘 우리 엇지 이다지 고히에 씬졋ᄂ고 ᄒ고 오직 구원홀 스룸이 옴을 기다리며, 뒤져 이 째 의대리 각 부ㅣ 합호야 호나히 되얏스니 엇지 하날이 이 일편토를 두어 그 교화를 막으며 허믈며 나마는 의국의 옛도읍이라. 셕시 나마 대국 국호를 일로 인호야 일홈호얏스니 이졔 교화을 밋기여 두면 모양에도 관계되거늘 엇지 치지불문호리요. 연이나 텬시인사ㅣ 졸연히 일오지 못홈은 노의 나파륜이 군스를 파견호야 교황을 보호호고 또 말호되 니 교황을 위호야 그 위를 보젼호리라 호고 또 일천팔빅륙십스년 [대군쥬 원년] 구월 간에 법황이 의왕과 언약호야 교황의 위를 보호호고 타인이 만일 범호는 자ㅣ 잇스면 의대리 국이 구호다 호얏스니 이졔 밍셰혼 피가 마르지 아니호얏거늘 엇지 비약망동호리요. 연이 의국인은 왕다려 왈 의법 냥국이 비록 언약이 잇스나 이졔 시이스변호니 엇지 구구셰졀을 싱각호야 대스를 그릇치리요 호니 노의 나파륜이 이 말을 듯고 곳 의국에 글을 보니여 왈 귀국이 젼약을 폐코즈 혼다 호니 이는 필연 허언이라. 연이 만일 리히를 관계호야 교황을 히호면 짐은 오직 약조를 의지호야 귀국과 간과로 셔로 보리라 호니 이는 일천팔빅륙십칠년 [대군쥬 스년] 십일월 일일이러라. 연이 노의 나파륜은 비록 셩셰당당호야 범키 어려우나 의대리 스름은 졍히 호긔만발호야 안하무인이라. 엇지 구구혼 글을 인호야 그 뜻을 막으리요. 이졔 나마부 인민이 먼져 일을 일리켜 교황을 항거홀시 가례파지 장군이 곳 가박뇌날 히도로 좃추 그 부하을 거느리고 나마에 드러와 빅셩을 도으더니 천만 의외에 법병이 교황을 위호야 민당을 쳐 파하고 그 두령과 수하를 혹 가두기도 호며 혹 잡아 교황의게 밋기기도 호니 불과 순일간에 법국 병셰 대진호고 구쥬의 대셰 진동호는지라. 일천팔빅륙십칠년 [대군쥬 스년] 십일월 십구일에 영국 군쥬 유다리아ㅣ 의원에 션유호야 왈 짐의 바라는 바는 오직 법국이 나마에 잇는 군스를 철귀홈이니 만일 법병이 호로라도 지체호면 의법 냥국의 실화홈은 곳 호로이 더호리라 호니 법황이 영군주의 션유홈을 듯고 불각송연호야 겨우 십일이 지나미 곳 철병퇴귀호고 오히려 즁인을 호령 왈 의국이 만일 교황의 짜을 졈거코즈 호면 법국이 단단코 수수방관치 아니리라 ᄒᆞ더라.

법병이 쳘귀ᄒᆞᆫ 지 ᄉᆞᆸ년에 구쥬 졍형이 ᄯᅩ 대변ᄒᆞ야 노의 나파륜이 보국에 ᄉᆞ로잡ᄒᆞᆫ 빈 되고 보병이 법국 파리 도셩에 들어가거늘 의대리 이 긔회를 타 일쳔팔빅칠십년 [대군쥬 칠년] 구월 이십일에 대병을 잇글고 나마부에 들어가니 나마부 인민이 다 환텬희디ᄒᆞ야 의대리에 속홈을 원ᄒᆞ니 ᄌᆞᄎᆞ로 의대리 젼부ㅣ ᄒᆞᆫ 나라히 되야 완젼무결ᄒᆞᆫ 된국이 되더라.

데십ᄉᆞ졀 가부이 후ㅣ 졸홈이라

셕일 의대리ᄂᆞᆫ 일홈만 잇고 나라히 아니러니 이졔 엄연히 각 대국과 동등이 되니 엇지 깃부지 아니리요. 연이 앗갑도다. 된지를 품고 된ᄉᆞ를 셰우든 가부이 후ㅣ 홀노이 셩ᄒᆞᆫ 일을 보지 못ᄒᆞ도다. 된져 가부이 후ㅣ 나파나사를 합ᄒᆞᆫ 후 수월 간에 젼국 즁임을 혼ᄌᆞ 맛하 식불감미ᄒᆞ고 침불안셕ᄒᆞ다가 심력이 다 진ᄒᆞ야 익년 봄을 당ᄒᆞ야 뇌병을 일우러 젼후 칠쥬야에 불셩인ᄉᆞᄒᆞᄂᆞᆫ지라. 의국 빅셩이 문병ᄒᆞᄂᆞᆫ 자ㅣ 가부이 후의 궁을 위지ᄉᆞᆸ잡ᄒᆞ야 다만 드리니 다 ᄌᆞᄎᆞ틱식ᄒᆞ야 왈 후의 병셰 여ᄎᆞᄒᆞ니 회츈키 어려울지라. 의국의 일이 다시 바랄 것 업다 ᄒᆞ며 림죵ᄒᆞ기 젼 일일에 살테니아 왕이 친림시질ᄒᆞ고 후의 손을 잡고 우러 왈 경은 십문 조리ᄒᆞ라 과인이 명일에 ᄯᅩ 오리라 ᄒᆞ된 가부이 후ㅣ 된왈 명일에 신이 셰상을 하직ᄒᆞ리니 된왕을 보압지 못홀가 ᄒᆞ나이다 ᄒᆞ더니 과연 그 익일에 합연장셔ᄒᆞ니 이ᄂᆞᆫ 일쳔팔빅륙십일년 [쳘종 십이년] 륙월 륙일이라. 오호ㅣ라 앗갑도다. 가부이 후의 평싱 된지가 오직 의대리를 합ᄒᆞ야 ᄒᆞᆫ 나라를 ᄆᆞᆫ들고ᄌᆞ ᄒᆞ야 젼심치지ᄒᆞ다가 급기 졸ᄒᆞᄆᆡ 아직 일은 일우지 못ᄒᆞ얏ᄂᆞᆫ지라. 후의 눈이 감지 못홀너라. 연이나 의된리의 긔초ㅣ 이믜 확실이 졍ᄒᆞ야 유한이 업게 되니 된져 쳔만가지 긔계이칙을 ᄂᆡ여 만리판도를 널니여 큰 규모를 셰옴은 가부이 후오, 만년의 안락을 누림은 후세 스룸이라. 슬푸도다.

뎨십오졀 의국이 합혼 리익이라

딕져 의딕리는 합혼얏다가 난호인 지 수빅년이라. 그 수빅년 간에는 전국이 완연이 한 산양ᄒᆞ는 마당이요, 각 소국의 인군은 산양군이요, 빅셩은 시와 노루 ᄉᆞ슴 각 즘싱이라. 산양ᄒᆞ는 자ㅣ 마음딕로 살진 즘싱을 퇴ᄒᆞ야 잡을시 혹 그믈에도 들고 함졍에도 ᄲᆞᆫ지며 슬피 울고 춤 혹키 부르지져 살기를 구ᄒᆞ야도 구원ᄒᆞ는 자ㅣ 잇지 아니ᄒᆞ고 ᄯᅩ 국셰 령셩ᄒᆞ고 다 쇠미부진ᄒᆞ야 인민은 만분 괴로움을 밧고 인군은 ᄒᆞ로도 날 펴안홈을 누리지 못ᄒᆞ야 강국이 ᄉᆞ면에 둘니여 위험홈이 말홀 길 업더니 이졔 합ᄒᆞ야 ᄒᆞᆫ 나라이 되미 인군과 빅셩이 ᄒᆞᆫ가지로 다ᄉᆞ려 견일의 빅셩을 압졔ᄒᆞ는 폐와 강린의 룽모홈을 일조에 다 쓰러바리고 토디의 광딕홈이 딕약 영길리 본국과 방불ᄒᆞ고 오직 인구ㅣ 좀 적으며 토디 비옥ᄒᆞ고 긔후ㅣ 격즁ᄒᆞ며 동셔남북에 바다히 둘니여 수로ㅣ 편 리ᄒᆞ야 상고ㅣ 뉴통ᄒᆞ고 옛젹 나마는 본릭 유명ᄒᆞᆫ 딕국이라. 세계에 조요ᄒᆞ더니 즁간 쇠운이 들어 환란을 격근 지 십여딕에 이졔 비로소 동심합력ᄒᆞ는 긔회를 맛나쓰니 타일 진흥홀 긔상과 조쳐홀 일은 우리 는 보지 못ᄒᆞ거니와 [이 칙 지은 마간셔 션싱이 ᄌᆞ탄ᄒᆞ난 말이라] 우 리 후 스룸은 반다시 ᄶᅢ를 어루만지고 일을 감동ᄒᆞ야 다시 나의 말을 싱각ᄒᆞ리로다.

뎨십륙졀 학교라

딕져 스룸이 ᄌᆞ쥬지권이 잇셔 포학을 밧지 아니홈이 진실로 크게 아름답고 ᄯᅩ 동족을 모와 일톄됨은 더욱 쾌활ᄒᆞ나 연이 다만 이를 밋으면 나라히 홀연이 흥ᄒ고 썰치지 못홀 거시요, 허믈며 의딕리의 퇴풍과 악속이 수빅년이라. 만일 졔반 폐단을 다 혁졔ᄒ고 일신홈을 보랴ᄒ면 이슘딕를 지닉야 겨우 셩공홀 거시요, 더욱이 교황과 텬주교사는 인민을 가라치지 아니ᄒ고 외국의 졔후 왕은 교화ㅣ 빅셩의게 유익홈은 아지 못ᄒ야 의국인의 우민함이 드딕여 목셕갓타야 그 본국ᄉ도 근원을 아지 못홀 ᄲᅳᆫ 아니라 만일 타국ᄉ졍을 무르면 다 몽연부지ᄒ야 열겹 운무 즁에 잇슴과 갓트니 ᄯᅩ흔 크게 가련ᄒ도다. 이럼으로 일쳔팔빅륙십ᄉ년 [대군쥬 원년] 의딕리 쳐음 합홀 ᄶᅢ에는 일빅인 즁에 목불식졍ᄒᄂᆫ 자ㅣ 팔십인에 이르더니 일쳔팔빅칠십년 [대군쥬 칠년]에는 그 병졍을 시험ᄒ니 빅인 즁에 글ᄌᆞ 모로ᄂᆫ 자ㅣ 겨우 륙십ᄒᆫ인이 되고, 의국이 이믜 인군과 빅셩이 ᄒᆞᆫ가지 다ᄉ리ᄂᆫ 나라히 되민 황연히 치국ᄒᆞᄂᆞᆫ디 졍이 교화ㅣ 졋진됨을 알고 만일 가라치지 아니면 군민 공치가 엇지되리요 ᄒ고 이에 먼져 신학문을 셜ᄒ야 민년 국고금을 지발ᄒ다가 추후에 영금 일빅만 방에 이르고 ᄯᅩ 의국에 원릭 텬주교의 교당이 이쳔ᄉ빅 쳐이 잇고 기즁 남녀 슘만인이 유의유식ᄒ야 빅셩의게 유익홈이 업고 그 가진 직물은 심히 부요ᄒ거늘 일쳔팔빅륙십륙년 [대군쥬 슘년]에 법을 셰워 국닉 교당을 다 회쳘ᄒ고 교당에 잇ᄂᆞᆫ 스름은 민년 혹 이십 방 혹 십 방을 쥬어 겨우 긔한을 면ᄒ게 ᄒ고 기여 직산은 다 속공ᄒ야 학교의 경비를 당ᄒ니 ᄌᆞ후로 헌송지셩이 ᄭᅳᆫ이지 아니ᄒ더라.

뎨십칠졀 공장과 상고ㅣ라

의국이 ᄉᆡ 나라히 되민 공쟉의 흥왕홈이 스름의 소료에 지나가니 그 긔간흔 ᄯᅡ히 겨우 슘분의 이가 되나 오히려 일신월셩ᄒᄂᆞᆫ 긔상이 잇고 그 츌구화물은 일쳔팔빅륙십팔년 [대군쥬 오년]에 겨우 영금 이쳔이빅만 방이러니 일쳔팔빅팔십륙년 [대군쥬 이십슘년]에는 사쳔만 방에 일으고 또 의인의 비단 쓰는 법이 수빅년 젼부터 영인이 스승ᄒ든 비라. 이졔 양즁ᄒ야 단속을 ᄶᆞ며 그 ᄶᆞ에 또 모시와 슘과 귤과 소주와 셕뉴황 등물이 잇고 그 인민이 감남과 감남의 기름을 조와ᄒ나 이졔는 오히려 그 나마지로 츌구ᄒᄂᆞᆫ 자ㅣ 만코 ᄃᆞᆯ져 통이계지ᄒᆞ면 의ᄃᆞ리의 츌구홈으로 그 나라의 흥홈을 알 ᄲᅮᆫ 아니라, 입구ᄒᄂᆞᆫ 화물로도 그 빅셩의 흥왕홈을 가히 알지라. 만일 빅셩이 부요치 아니면 타국 물건이 비록 들어갈지라도 미미ᄒᆞᆯ 힘이 업슬 거시어늘 이에 일쳔팔빅륙십팔년 [대군쥬 오년] 입구화는 영금 슘쳔ᄉᆞ빅만 방이러니 일쳔팔빅팔십륙년 [대군쥬 이십ᄉᆞ년]에는 오쳔륙빅만 방에 이르고 기즁 량식 갑시 가장 만흐니 ᄃᆞᆯ져 의ᄃᆞ리 량식 소츌이 원리 그 빅셩 먹기예 부족ᄒᆞ고 또 타국의 면화와 양융과 쳘과 셕탄 등속을 만히 ᄉᆞ며 그 민졍이 다 통상홈을 락ᄉᆞ로 아니 타일에 셩홈을 가히 예료ᄒᆞᆯ너라.

뎨십팔졀 국용이라

이졔 의ᄃᆞ리 ᄉᆞᄅᆞᆷ은 셕년 나마인의 교만ᄒᆞ든 구습을 씨셔 바리고 또 타인의 토디를 욕심ᄂᆡ지 아니며 허물며 각국 혼일홀 ᄯᆡ를 당ᄒᆞ야 계도를 졍돈ᄒᆞᄆᆡ 타국을 요란홀 결을이 업고 그 심디를 최탁ᄒᆞ니 실로 돈목홈을 숭상ᄒᆞ고 또 평안무ᄉᆞ홈이 곳 큰 복이라 ᄒᆞ야 가비여히 병단을 열지 아니ᄒᆞ며 또 타국은 날로 강ᄃᆡᄒᆞ니 병비를 졍돈홈이 올타 ᄒᆞ야 그 승평ᄒᆞᆫ 날에 수륙 군ᄉᆞ 이십만 명을 길으고 병함은 만코 또 졍ᄒᆞ며 군긔는 량비홈을 익기지 아니ᄒᆞ고 먼져 영쳥으로 일빅 돈 되는 ᄃᆡ포를 ᄆᆞᆫ드니 져 지극히 부강ᄒᆞᆫ 영길리에도 뎨일 큰 ᄃᆡ포가 팔십일 돈에 지나지 못ᄒᆞ더라.

의국 졍ᄉᆞ에 가장 착지 못ᄒᆞᆫ 즈는 탁지부의 미비라. 일쳔팔빅륙십이년 [쳘종 십ᄉᆞ년]에는 일년 국용이 영금 슘쳔팔빅만 방이러니 일쳔팔빅팔십칠년 [대군쥬 이십ᄉᆞ년]에 칠쳔이빅만 방이 되고 그 셰입을 무르면 셰츌의 절반이 못되야 미년 국채 심다ᄒᆞ야 지극히 적은 히ᄂᆞᆫ 영금 이ᄇᆡᆨ만 방이 부족이요, 그 만흔 히ᄂᆞᆫ 이쳔ᄉᆞᄇᆡᆨ만 방에 일으러 국용의 호번홈과 국채의 다수홈이 불문가지라. 그런 고로 일쳔팔ᄇᆡᆨ륙십이년 [철종 십ᄉᆞᆷ년]에ᄂᆞᆫ 국채 영금 일만 ᄉᆞᆷ쳔오ᄇᆡᆨ만 방이러니 이졔 일쳔팔ᄇᆡᆨ팔십칠년 [대군쥬 이십ᄉᆞ년]에ᄂᆞᆫ ᄉᆞ만 초연만 방에 을이나 오히려 다힝홈은 근년에 셰입이 졈다ᄒᆞ야 비록 국채를 갑지는 못ᄒᆞ나 다시 취ᄃᆡ를 더ᄒᆞ지는 아니ᄒᆞ더라.

데십구절 쳘로와 젼션이라

가장 가셕ᄒᆞᆫ 즈ᄂᆞᆫ 쳘로를 긔츅홈이 ᄃᆡ단지쳬ᄒᆞ야 렬방이 합ᄒᆞ야 일국이 된 이후로 쳘로ㅣ 불과 이만 이쳔리요, ᄯᅩ 그 절반은 졍부ㅣ 관할ᄒᆞ며 혹 민간에셔 수츅ᄒᆞᆫ 쳘로도 국가에 발미ᄒᆞ니 그 시쟉의 어려움이 여ᄎᆞᄒᆞ고,

젼션은 오만 칠쳔리라. 민간에셔 젼보와 우졍국을 인ᄒᆞ야 음신을 통ᄒᆞᄂᆞᆫ 자ㅣ 만치 아니ᄒᆞᆫ 고로 영국 영류 일싱으로 논ᄒᆞ야도 미년 미인에셔 간ᄉᆞ십봉이요 아이란 일싱은 적기ᄂᆞᆫ ᄒᆞ나 미년 미인에 오히려 열네 봉이오, 법난셔 젼국으로 말ᄒᆞ면 미년 미인에 십팔 봉이어늘 독이 의ᄃᆡ리ᄒᆞ야ᄂᆞᆫ 미년 미인에 네 봉이라. 연이 이ᄂᆞᆫ 오히려 우졍국으로 ᄒᆞᄂᆞᆫ 말이오 젼보로 논ᄒᆞ면 영국은 미년 미인에 ᄒᆞᆫ 봉식이어늘 의ᄃᆡ리ᄂᆞᆫ 미년에 다삿 스름을 합ᄒᆞ야 ᄒᆞᆫ 봉이 되더라.

목하로 논ᄒᆞ면 의국이 시 나라히 되미 쟝찻 엇더ᄒᆞᆫ 등에 나라히 될지 모르나 만일 후일의 셩취홈을 예탁ᄒᆞ면 ᄃᆡ져 의민이 관원 쳔거ᄒᆞᄂᆞᆫ 권이 잇고 [의ᄃᆡ리인이 이십일셰 찬 스람과 미년 부셰 영금 일 방 되ᄂᆞᆫ 즈ᄂᆞᆫ 다 거관ᄒᆞᄂᆞᆫ 권이 잇스니 이 칙 ᄆᆞᆫ드든 히에 그 나라 인민이 거관ᄒᆞᄂᆞᆫ 권 가진 자ㅣ 불과 륙십만이라. 연즉 국ᄂᆡ에 학교가 만치 못ᄒᆞ미 지식이 열니지 못ᄒᆞ야 거관ᄒᆞᄂᆞᆫ 법을 아지 못ᄒᆞ니 혹 일을 그

롯칠가 ᄒ야 그 적음이 오히려 ᄒᆞ롭지 아니홈이라.] ᄯᅩ 립국ᄒᆞᆫ 후로 극히 군민공치ᄒᆞᄂᆞᆫ 법을 깃거ᄒᆞ고 국가의 례를 직희니 되져 셕인을 인민이 교화를 듯지 못ᄒᆞ야 다 몽ᄆᆡ무식ᄒᆞ더니 이졔ᄂᆞᆫ 학교를 셜시ᄒᆞ 야 챡ᄒᆞᆫ 스승의 교도홈이 잇셔 날노 고명ᄒᆞᆫ 지경에 나아가고 ᄯᅩ 인민 이 국ᄉᆞ를 말ᄒᆞ고ᄌᆞ ᄒᆞᄂᆞᆫ ᄌᆞᄂᆞᆫ 신보관이든지 의논을 져술ᄒᆞ든지 국가 로셔 조곰도 금ᄒᆞ지 아니ᄒᆞ고 빅셩은 국가의 졀졔를 순종ᄒᆞ야 지별을 닉지 아니ᄒᆞ니 이럼으로 크게 틱평ᄒᆞᆫ 긔상이 잇고 ᄯᅩ 공작이 흥ᄒᆞ야 풍죡ᄒᆞ고 부요ᄒᆞᆫ 긔상이 잇스니 아지 못게라. 의디리 무슴 복이 잇셔 이러ᄒᆞ뇨. 셕일에 의디리ᄂᆞᆫ 다병입고ᄒᆞ야 긔슈회싱홀 수 업다 ᄒᆞ더니 이졔 일조에 거연히 젹년 고질을 곳치니 타일에 의디리 다만 그 나라 에 유익홀 ᄲᅮᆫ 아니라 ᄯᅩ 구쥬 각국으로 ᄒᆞ야곰 평안ᄒᆞᆫ 복을 누리게 ᄒᆞ 리로다.

426

뎨십구권 아라사국이라

영국 마간셔 원본, 청국 채이강 술고, 리졔마티 번역

아라사] 금일에야 진실노 엄연흔 강되지국이라. 연이나 이빅년 젼에는 구라파 스름이 언론간에도 밋지 아니ᄒᆞ든 바이요 지어 일빅오십년 젼만 ᄒᆞ야도 구쥬 문명흔 싸에는 아라사 스름의 그림즈도 업셧고 그 토디는 구라파와 아셰아에 쌔ㅅ치여 극히 광되흠이 각국에 싸룰 즈] 업고 그 인민은 종락이 셔로 다르고 토디가 셔로 믹히여늘 거쥭기가지 왕리치 아니ᄒᆞ는 즈] 만흐며 혹 상관이 잇셔도 피츠 상합지 아니ᄒᆞ야 거의 한나라 스름갓지 아니ᄒᆞ고 교화는 슈빅년 젼 아왕이 인민를 명ᄒᆞ야 긔독교를 쥰힝ᄒᆞ라 ᄒᆞ니 빅셩이 다 무블락종ᄒᆞ야 외모로 보면 교즁 규측을 직희는 듯ᄒᆞ나 기실은 우쥰완악ᄒᆞ야 교화 업는 사름 갓고 상무는 타국과 무역이 업고 화물을 졔조ᄒᆞ는 공장도 업스며 간혹 잇셔도 둔ᄒᆞ고 졸흠을 형언흘 길 업고 쏘 문을 닷고 스사로 직희여 타국과 왕리 업는 고로 타인의 조흔 법은 다 몽연부지ᄒᆞ고 국뉘의 문학은 학교가 무엇신지 모르고 군비도 졍병의 익슈를 아지 못ᄒᆞ고 륙디는 도로] 불편ᄒᆞ고 슈로는 쥬즙이 단졀ᄒᆞ야 허다흔 야만의 풍긔가 나라 칭흘 거시 업스며 겨우 농스를 힘스는 인민이 잇스나 다만 농스ᄒᆞ는 법이 쏘 지극히 졸누ᄒᆞ고 쏘 싸로이 흔 종락은 스방에 류리ᄒᆞ야 졍쳐] 업는 고로 틱평지일에는 그 인민이 다 의식만낙으로 알고 산업을 일삼지 아니ᄒ며 란리가 이러나면 호용투한ᄒ야 셩명을 익기지 아니ᄒ니 통이언지ᄒ면 일싱 ᄉ업이 의식과 용한흔 이 두 가지에 넘지 못ᄒ야 츄루ᄒ고 한악흔 졍형을 가이 알너라.

데일졀 피득1)황뎨라

아라사ㅣ 비로소 구쥬에 일이 잇슬 째ᄂᆞ 뎡이 영국이 민심을 부슌ᄒ야 군쥬국을 변ᄒ야 군민공치ᄒᄃᆞᆫ 째라. 일쳔뉵빅팔십구년 [슉종 십오년]에 아황 피득이 즉위ᄒ니 나이 겨우 십칠셰요 후인이 그 훈업를 셩취ᄒ얏다 ᄒ야 놉혀 왈 되피득이라 ᄒ니 대피득이 즉위ᄒ기 젼에 그 맛누의 황뎨 위에 올나 셕일 누습을 좃ᄎ 피득으로 ᄒ야곰 독셔치 아니ᄒ고 낭유 셰월케 ᄒ야 지어 하류상쳔의 일이라도 무소불위ᄒ더니 밋 인군이 되민 무론 대소ᄉᄒ고 ᄒ나토 아ᄂᆞᆫ 거시 업고, 그 좌우에 잇ᄂᆞ 쟈ᄂᆞ 날노 쥬육으로 잔치홈과 ᄎ외 용렬누츄흔 구습을 인도ᄒ니 대져 피득이 ᄌᆞ소로 소인의게 옹폐흔 빅 됨이 불가형언이라. 연이나 피득의 위인이 원릭 총명ᄒ야 왕위에 올은 후로부터 졸연이 형일 악습을 곳치고 먼져 어진 스승을 쳥ᄒ야 횡실을 닥가 젼ᄉ를 회과ᄒ고 향년 오십숨에 훙ᄒ니 그 평싱을 논ᄒ면 건강흔 ᄯᆺ이 극대극난흔 일을 일우고ᄌᆞ ᄒ야 비록 향슈ᄂᆞ 못ᄒ얏스나 지셰흔 하로ᄉᆞ이에ᄂᆞ 곳 하로 힘을 다ᄒ니 대져 ᄌᆞ고급금 졔왕 즁에 숩힙여년을 위에 잇셔 그 큰 거슬 힘쓰되 져근 일을 씻치지 아니ᄒ며 공업이 이 인군 갓트니ᄂᆞ 잇지 아니ᄒ더라. [피득이 비록 모든 션졍을 힝ᄒ나 그 츄한흔 긔운을 룽이 억졔치 못ᄒ야 반란흔 빅셩을 죽일 째에 그 힝형홈을 친이 볼 ᄲᆞᆫ 아니라 ᄯᅩ 친이 리흔 칼을 가지고 여러 스름을 죽이며 ᄯᅩ 궁즁에 잇슬 째에 존귀홈이 스승과 되신이라도 ᄯᆺ을 거스리ᄂᆞᆫ 쟈ᄂᆞ 피득이 친이

---

1) 피득(彼得): 피터. 아황(俄皇). 러시아어로는 표트르 1세. 영어 발음으로 피터 1세.

막디를 가지고 째리니 인군의 도량이 아니러라.]

피득이 쳐음 구라파 각 셔국 스름을 보고 곳 아라사ㅣ 타국만 못ᄒ
다 ᄒ야 국정을 긔혁홀시 빅셩을 핍박ᄒ야 구라파 쥬 군졔를 의방ᄒ
나 맛ᄎᆷᄂᆡ 군법이 련슉지 못ᄒ더니 이윽고 셔뎐국 후리왕 뎨십2)이 군
ᄉ 일만을 거나리고 아라사에 드러오거늘 피득이 팔만 대병을 조발ᄒ
야 막다가 한번 쓰홈에 되픠ᄒ야 죽은 즈ㅣ 산과 갓치 쓰이더라. 연이
나 피윽이 마음을 변치 아니ᄒ고 심력을 다ᄒ야 쥬야 훈련ᄒ더니 날
이 오릭믜 졈졈 룽이 타국과 방불ᄒ며 또 아라사에 원릭 병션이 업거
늘 피득이 이에 영국 덕복3) 바다와 밋 하란국 안사단4) 바다에 이르러
빅짓ᄂᆞᆫ 공장의 뎨즈ㅣ 되야 친이 장싴의 일을 빅화 졸업ᄒᆫ 후 모든 공
장을 다리고 회국ᄒ야 아인을 가라치니 슈년이 지닉믜 아라사 북방
복늑뎨5) 바다에 션쳑이 편만ᄒ야 희군을 슴으니 타국이 감히 만모치
못ᄒ더라.

목사구6)ᄂᆞᆫ 아라사 옛 도셩이라. 구쥬 각국 도회와 상거ㅣ 심이 요원
ᄒ거늘 피득이 복늑뎨 바다에 이르러 디형을 편람ᄒ고 대희 왈 닉 쟝
찻 이 싸에 도읍을 옴기고 먼리 바라보면 구쥬 각국이 안젼에 잇스리
니 엇지 쾌ᄒ지 아니리오 ᄒ고 곳 닉화7)하 하슈 언덕의 싸을 가리혀

2) 후리왕 뎨십이(婞裡 第十二, 沙里, 하리 제12, 사리, 호리(婞裡)로 기록하기도 함): 찰스
   퇘얼쁙. 셔젼왕(瑞典王). 칼 12세. 바다로의 교역로를 열기 위해 발트 해로의 진출이 필요
   했던 표트르는 1700년 스웨덴의 칼 12세에 대항하여 덴마크, 폴란드가 맺은 동맹에 참가
   하여 스웨덴과 대북방전쟁에 돌입했다. 전쟁 초기에는 전사왕(戰士王)으로 자칭할 정도
   로 군사적인 재능이 뛰어난 칼 12세의 스웨덴 군에게 크게 패했으나(1700년 나르바 전
   투), 표트르는 포기하지 않고 군을 재정비하여 다시 스웨덴에 도전, 1709년 폴타바에서
   칼 12세가 친히 지휘하던 스웨덴 군에게 결정적인 패배를 안겼다(폴타바 전투). 스웨덴으
   로의 퇴로가 끊긴 칼 12세는 남쪽 오스만 제국으로 도주하여 오스만 제국과 동맹을 맺었
   고, 이에 따라 1710년 오스만 제국은 모스크바 대공국에 선전포고를 했다. 『위키백과』
3) 덕복(德福): 쎕윗드. 영해구(英海口).
4) 안사단(安思丹): 암스터담. 화해구(和海口). 암스테르담.
5) 복늑뎨(卜勒梯 卽 波羅的): 쏄틱. 아해안(俄海岸). 발틱해.
6) 목사구: 모스크바.
7) 닉화(耐華): 내쌔. 아하(俄河). 네바강.

도셩을 셰울시 역군 숨십만을 발ᄒ야 나무를 작벌ᄒ야 도로를 통ᄒ며
기쳔을 파 물을 쌔ㅣ이고 ᄯᅩ 그 ᄉ면에 대로를 슈츅ᄒ얏더니 의외에
홍슈ㅣ 창일ᄒ야 셜시ᄒᆫ 거슬 일조에 다 함몰ᄒ며 역군이 ᄯᅩ 염질을
드러 죽ᄂᆫ 즈ㅣ 슈쳔인이라. 아황이 ᄯᅩ 혜오디 닉 아라사의 황뎨 되얏
ᄉᆞ니 엇지 하슈를 겁ᄒ리오 ᄒ고 다시 오삭을 경영ᄒ야 지졍을 굿게
다지고 [즉금 아라사 경셩 피득나보8)ㅣ니 곳 아황의 일홈을 인ᄒ야
칭홈이라.] 그 도셩 동셔남북 각 요히쳐에 포디를 쓰ᄒ니 셔젼국의 강
병으로도 ᄯᅩᄒᆫ 감이 엿보지 못ᄒ더라.

　피득이 쳔도ᄒᆫ 후 황뎨위를 졍ᄒ고 그 인민을 령ᄒ야 비단과 양융
싸ᄂᆫ 법과 셔쳑을 인쇄홈을 비호게 ᄒ고 ᄯᅩ 각국어 언문즈를 통ᄒ라
ᄒ며 슈륙 도로를 슈츅ᄒ야 힝녀를 편케 ᄒ고 슌포를 셜시ᄒ야 도젹
과 간악홈을 사실ᄒ고 우졍국를 비셜ᄒ야 문셔를 통ᄒ며 셔양 법률을
춤호ᄒ야 아라사 신법을 졍ᄒ며 셕년에ᄂᆫ 각 아문이 회계홀 ᄯᅢ에 쥬
판을 쓰더니 아황이 영국 ᄉᆞ름을 쳥ᄒ야 필산법을 가라치고 ᄯᅩ 광무
국을 비셜ᄒ야 디즁에 잇ᄂᆫ 보닉를 캐며 시병원과 의학셔원을 셜ᄒ야

8) 피득나보(彼得羅堡): 피터스쎈라우. 아도(俄都). 페테르부르크. 상트페테르부르크(러시
　아어: Санкт-Петербург, 이수르어: Pietari, 핀란드어: Pietari, 보트어: Pietari, 문
　화어: 쌍크뜨-뻬쩨르부르끄). 러시아의 북서쪽에 있는 연방시이다. 네바 강 하구에 있
　으며, 그 델타지대의 형성된 자연섬과 운하로 인해 생긴 수많은 섬 위에 세워진 도시이
　다. 발트 해의 핀란드 만에 접해 있다. 예전에는 페트로그라드(러시아어: Петроград,
　문화어: 뻬뜨로그라드, 1914~1924)와 레닌그라드(러시아어: Ленинград, 1924~
　1991)로 불리기도 했다. 1924년 1월 21일 레닌이 죽자 1924년 1월 26일 그를 기념하여
　레닌그라드로 불리게 되었고, 1991년 9월 6일 다시 옛 이름을 되찾았다. 러시아 제국의
　차르 표트르 대제가 1703년 설립한 이 도시는 1713년 모스크바에서 천도하여 1918년까
　지 러시아 제국의 수도였다. 1918년 수도는 다시 모스크바로 옮겨졌다. 2002년 현재 469
　만 4000명이 살고 있으며, 러시아에서는 수도 모스크바 다음으로, 유럽에서는 네 번째
　로 인구가 많은 도시이다. 모스크바에 이은 러시아의 대공업도시로 복잡한 정밀기계의
　제조가 특색이다. 선박, 터빈, 발전기, 디젤기관, 트랙터, 공작기, 계기류(計器類), 각종
　장치의 제조공장이 있고, 화학공업(고무제품·과린산비료·화학합성 자재·염료·도료·향
　료), 섬유공업, 인쇄업 등도 성하다. 다수의 학술 연구기관, 미술관, 박물관 등이 있어 학
　술·문화의 중심지이기도 하다. [1] 도심은 유네스코의 세계문화유산으로 등록되어 있다.
　레닌그라드 주와는 분리된 연방시를 이루고 있으나, 레닌그라드 주의 행정 중심 도시로
　되어 있다. 『위키백과』

아인을 가라치니 이는 다 아황이 친이 경영홈이요 또 틴소스무를 일일이 친집ᄒ니 틴져 큰일노는 틴포를 지음과 지어미셰스의 식기소는 것도 다 친이 ᄒ더라.

이윽고 아황이 혜오틴 국가 모든 일이 신법을 셰운 후에야 가이 취셔될 것이요 또 교즁의 구습을 졍돈ᄒ리하 ᄒ고 드듸여 교즁의 일년젼지 츌입을 관홀ᄒ고 모든 일을 다스리니 틴져 셕년의는 틴쥬교 ᄒ나이 교즁권을 맛더니 아황이 다시 틴쥬교 슈인을 차츌ᄒ야 나노아 교즁 스무를 다사리게 ᄒ고 또 법을 졍ᄒ야 오십 셰 이하되는 즈는 교당에 드러 도사라 칭홈을 금ᄒ더라. [도사는 즁국에 즁과 승 갓틈이라.]

아라사 풍속이 동방으로 좃차 온 고로 보녀ㅣ 문에 나지 아니홈과 남녀 혼취를 부모ㅣ 쥬장홈이 다 조곰도 다름이 업는지라. 아황이 령을 나려 왈 부부는 인륜의 웃듬이라. 부모ㅣ 엇지 억지로 비합식이여 죵신 원망이 잇게 ᄒ리오. 즉금 이후는 혼인코즈 홀 쌔에 남녀 냥인이 먼져 한가지 거쳐혼 지 류례빅 [곳 스십이일이라]되야 셔로 션악을 안 연후에 스스로 졍혼케 ᄒ고 또 셔국법을 의방ᄒ야 다회와 식회를 빅셜ᄒ야 [다회는 차회요 식회는 음식회라.] 소년 남녀로 ᄒ야곰 셔로 교졔를 통ᄒ게 ᄒ고 또 아라사의 의복은 장슘광슈요 슈염이 심이 길거늘 아황이 명ᄒ야 다 구쥬법을 좃ᄎ 그 슈염 긴 즈를 짜르게 ᄒ고 [아라사에 교ᄒ는 우민이 이 령을 듯고 다 학경이라 ᄒ야 그 슈염을 감초아 즈손을 쥬어 왈 타일에 닉 죽거든 슌장ᄒ라 불연이면 나의 령혼을 구치 못ᄒ리라 ᄒ야 그 풍속이 슈염두는 거슬 도 닥는다 ᄒ아 심이 사랑ᄒ나 쏘혼 감이 령을 어기지 못ᄒ더라.] 만일 의복을 곳치지 아니ᄒ거나 슈염을 두는 즈는 즁법으로 다사리며 그 더욱 우슌 거슨 도성 스문 밧게 신식 의복 양즈를 달고 빅셩으로 ᄒ야곰 효측ᄒ라 ᄒ고 감이 옛 의복을 입은 즈는 곳 그 의복을 벼혀 짜르게 ᄒ더라.9)

9) 표트르 대제의 서방화 정책: 표트르 대제는 몽골의 잔재가 남아 있던 러시아를 서유럽

아라사 정월은 곳 셔력 구월 간이라. 아인이 이르되 이는 상뎨 쳐음 텬디를 기벽흔 날이라 ᄒ거늘 아황이 듯지 아니ᄒ고 곳 령을 ᄂᆞ려 틱양력을 쓰게 ᄒ야 구쥬 각국과 갓치 힝ᄒ더라. [아라사 직금 력셔는 셔력과 십이일이 틀니니 대져 구쥬 타국은 교황의 츄측흠을 쥰힝ᄒ야 신력을 쓰고 아라사는 그 구력을 인존흠이라.]

뎨이졀 크게 강토를 기쳑흠이라

아황이 불탄노고ᄒ고 일졀 졍ᄉᆞ를 다 곳치니 그 창립흔 신법이 다 인민의게 유익ᄒ야 지어 의복은 편리ᄒ고 경쳡ᄒ믹 효험이 더욱 나타나고 싀로이 셰운 도읍은 피득나보ㅣ라 [후인이 ᄯᅩ 츄슝ᄒ야 왈 셩 피득나보라 ᄒ더라] 한 번화흔 대도회가 되니 대져 아황의 ᄯᅳᆺ은 아라사로 ᄒ야곰 구쥬 각 대국에 동렬이 되고ᄌᆞ 흠이라. 연이나 목사구 고도는 구쥬 셔방과 심이 요원ᄒ야 셩식이 불통ᄒ는 고로 비록 신도를 졍ᄒ얏스나 신도에도 오히려 남방에는 토이기 잇셔 디즁히를 통홀 슈 업고 그 셔방은 파란국이 잇셔 각 셔국 가는 길을 막으니 연즉 아라사를 강ᄒ고ᄌᆞ ᄒ면 위션 토디를 널닐지라. 아황이 드듸여 한 독흔 마음과 영결흔 긔운으로 그 나라를 강뒤케 ᄒ고자 ᄒ나 연이나 그 외교ᄒ

화하는 것을 중히 여겼는데, 서유럽보다 발전이 늦은 러시아를 근대화하기 위한 것이었다. 표트르는 서유럽 여행에서 돌아오자마자 여성에게는 러시아 전통의상인 긴 치마를 서유럽 식으로 짧게 자르라고 하였고, 무도회에 나와 술을 마시게 했다. 동양의 영향으로 긴 수염을 기르는 사람에게는 수염세를 매겼다. 또한 무질서하고 비능률적인 러시아의 전체적인 행정기구를 그 기능상 좀 더 효율적인 임무 수행이 가능하도록 개혁하기 위해 유럽의 여러 제도를 면밀히 조사하도록 한 뒤, 스웨덴을 모델로 삼아 상설 행정 기구(12행정원, 군무성, 해군성 등)를 만들고 관리들의 관등을 정한 관등표를 제정했으며, 성문법전을 만들었다. 또한 서구의 발달된 학문을 러시아에 소개하고 번잡하던 키릴 문자를 간소하게 개혁하여 문자를 쉽게 익힐 수 있게 하는 한편, 학술원을 세워 학문을 장려하였다. 또한 젊은이들은 유럽으로 유학 보내서 서유럽의 학문을 익히게 하였고, 유럽인을 초빙하여 유럽의 문화와 기술의 도입에 힘썼다. 『위키백과』

는 도리 올치 못ᄒᆞ야 아라사 근쳐에 잇ᄂᆞᆫ 나라를 병탄코ᄌᆞ ᄒᆞ더라.

아황이 즉위 시에ᄂᆞᆫ 그 ᄯᅡ이 영리 오빅만 방리 [일 방리ᄂᆞᆫ 조션리 수십 방리라]러니 지금 이렬산덕 황뎨에 이르러ᄂᆞᆫ 구빅만 방리 [죠션리 수합 구쳔만 방리]가 되니 대져 피득으로부터 지금ᄭᆞ지 강토 ᄀᆞ쳑 ᄒᆞ기로 일ᄉᆞᆷ음이라. 연이나 이빅년 간에 졸연이 일빅가 더ᄒᆞ니 오대쥬 각국 즁 비견ᄒᆞᆯ ᄌᆞ | 업고 곳 영국으로 논ᄒᆞ야도 그 어든 바 인도 ᄯᅡ이 비록 영리 일빅만 방리가 되나 아라사 어든 ᄯᅡ와 비ᄒᆞ면 오히려 뒤소 가 판이ᄒᆞ니 뒤져 아라사이 ᄉᆞ쳐에 ᄀᆞ쳑ᄒᆞᆫ ᄯᅡ를 합ᄒᆞ면 그 너름이 구 파라 일경과 갓더라.

아라사의 탐심이 뒤단ᄒᆞ야 아라사 요츙에 잇셔 그 독을 밧은 ᄌᆞ | 셔뎐이 더욱 심ᄒᆞ니 대져 셔뎐이 아라사 북방에 잇셔 그 변방의 져분 아10) 싱과 분난달11) 싱이 다 아라사의 바다 통ᄒᆞᄂᆞᆫ 길을 막을지라. 아 라사 | 그 숨 싱을 쎅앗고 아라사 셔방에 파란도 ᄯᅩᄒᆞᆫ 아라사 | 구라 파 통ᄒᆞᄂᆞᆫ 길을 당ᄒᆞ야 아황의 믜움을 바다 한 큰 ᄯᅡ을 쎅앗고 ᄯᅩ 오 지리아 보로사 냥국과 숨츠 결약ᄒᆞ야 파란12)을 멸ᄒᆞ고 그 ᄯᅡ을 나노 니 파란이 드듸여 망ᄒᆞ니라. [타국이 아라ᄉᆞ를 의론ᄒᆞᄂᆞᆫ ᄌᆞ | 다 아라 사 | 파란은 너무 ᄉᆞ다롭게 ᄒᆞ얏다 ᄒᆞ나 나ᄂᆞᆫ 뻐 ᄒᆞ되 이 ᄯᅢ ᄉᆞ셰ᄂᆞᆫ 목젼만 가지고 ᄒᆞᆯ 말이 아니라, 파란이 아라사로 더부러 륙빅년간에 피ᄎᆞ 불목ᄒᆞ야 아인은 항상 그 우즁ᄒᆞᆫ 법을 가지고 파란의 학뒤를 바 든 지 오히며 파란은 그 강흠을 밋고 아라사의 인후를 눌너 움지기지 못ᄒᆞ게 ᄒᆞ고 ᄯᅩ 각국과 결약ᄒᆞ야 아라사를 압졔ᄒᆞ니 아인이 졀치부심 ᄒᆞ나 엇지 ᄒᆞᆯ 길 업다가 이졔 아황이 보오 냥국과 동밍ᄒᆞ야 파란을 멸 ᄒᆞ니 기실은 셕일 파란이 강흠을 밋고 방자이 구다가 아황의 득지ᄒᆞ 믜 수빅 원수를 밥품이니 이 ᄒᆞᆫ가지요, ᄯᅩ **파란이 망ᄒᆞᆯ 지음에** 그 왕이 치민ᄒᆞᄂᆞᆫ 법을 아지 못ᄒᆞ고 그 빅셩은 글을 아지 못ᄒᆞ며 ᄯᅩ 나타ᄒᆞ야

---

10) 져분아(麗芬芽, 려분아): 릭앤니아. 서성(瑞省). 리보니아.

11) 분난달(芬蘭達 又名 芬蘭): 앤랜드. 서성(瑞省): 핀란드.

12) 파란: 폴란드.

날노 빈약흔 데 이르고 쏘 술을 질겨ᄒ야 금일ᄉ만 알고 명일 일은 싱
각지 아니ᄒ니 이 두 가지가 다 망국ᄒᆯ 장본이라. 근릭 영국 령ᄉ관이
파란 고도에 잇든 즈ㅣ 영국에 보ᄒ야 왈 파란 일경이 지금에 크게 이
러ᄂᆫ 빗치 잇셔 통상과 농ᄉ와 빅공이 날노 흥왕ᄒ니 그 부강흠을
가이 셔셔 보리라 ᄒ니 실노 의사 밧기러라.]

　아라사의 남방을 긔쳑흠도 쏘흔 대피득으로부터 위시ᄒ니 일쳔칠
빅십일년 [슉종 ᄉ십칠년]에 토이기 아라사의 핍박흔 빅 되야 아슉
부13) 짜을 밧치고 쏘 극돌14)과 긔마아15)와 비사쟐16) 파례17) 짜와 밋
흑ᄒ 겻히 잇ᄂᆫ 각 디방을 다 아라사에 속ᄒ고 쳥국 짜 이리18) 셔븍방
은 폭원이 광활 극대ᄒᄆᆡ 비록 아라사에 속ᄒ야도 토디 황무ᄒ야 용
쳐ㅣ 업스나 그 동은 토품이 비옥ᄒ야 바라기 가셕ᄒ거늘 아인이 쏘
쎅앗고 파사국19)은 질아져20) 싱과 쳑비사21) 싱을 쎅앗기니 아황 피득
이 변방 긔쳑ᄒᆯ 의론을 닉인 후로부터 리히 흑히 [다 바다 일홈이라.]
즁간에 잇ᄂᆫ 짜을 럭디 아황이 어육을 ᄆᆞᆫ드러 창잣 다 쎅슬너라.

　일쳔팔빅ᄉ십칠년 [헌죵 십ᄉ년]에 아인의 죡젹이 비로소 즁아셰아
쥬에 이르니 이 ᄯᆡᄂᆫ 영인이 졍이 인도 셔븍 핑지싱을 어들 ᄯᆡ라. 아인
이 갈오ᄃᆡ 영이 날노 짜을 긔쳑ᄒ니 우리 아셰아 쥬 즁간에 잇ᄂᆫ 상무
ㅣ 영인의 히를 당ᄒᆯ 거시요, 아부한국22) 븍방에 긔와23) 짜와 포긱
나24) 일딕 디방에 위ᄐᆞ흠이 잇슬지라. 부득불 방비흔다 ᄒ고 이에 병

---

13) 아슉부(亞叔夫): 아오앤. 돌지(突地). 아조프.

14) 극돌(克咄): 커취. 돌지(突地).

15) 긔마아: 크리미아. 크림.

16) 비사쟐(卑沙喇筆): 쎄사라비아. 돌지(突地).

17) 파례: 미상.

18) 이리: 쳥국땅.

19) 파사: 페르시아.

20) 질아져(姪兒姐): 씨오지아. 파사셩(波斯省).

21) 쳑비사(腸飛撕, 셕비시): 틔ᄈᆞ릭스. 파셩(波省).

22) 아부한(阿富汗): 아프가니스탄.

23) 긔와(機窪): 키얘. 아속지(俄屬地). 킵차크.

함을 보니야 아나하25) 하수에 다이고 아병이 점점 남으로 향ᄒ니 그
ᄯᅡ에 인민은 원리 산란무통ᄒ며 겸ᄒ야 군ᄉ가 업ᄂ지라. 아병이 오믈
보고 다 분분 도망ᄒ니 아병이 더욱 긔탄이 업셔 긔미아26) ᄯᅡ에 이르
러 토이긔를 침노ᄒ다가 영법토 습국과 쏴 [견뎨 팔권이라] 아군이
대픠ᄒ미27) 국용이 핍졀ᄒ야 변방 긔쳑ᄒᄂ 데 쓸 부비가 업스나 응
심을 억졔치 못ᄒ야 수년을 기다려 일쳔팔빅륙십ᄉ년[대군쥬 원년]에
먼져 츈견28) 디방을 뎜거ᄒ고 드듸여 긔와와 밋 포긱나 일딕 하수를
좃ᄎ 힝ᄒ야 융마소경지데에 다 아라사 ᄯᅡ을 슴으니 이ᄂ 다 옥토ㅣ
라. 아라사의 유명ᄒ 인군 고찰과29)ㅣ 슴더러 일너 왈 아라사ㅣ 모
든 ᄯᅡ을 뎜령ᄒᆷ은 부득이 ᄉㅣ라. 이졔 다힝이 셩공ᄒ얏스니 죵ᄎ로
다시 타인을 침노치 아니리라 ᄒ거늘 슴이 밋ᄂ ᄌㅣ 만은지라. 연
이나 아병의 남으로 오ᄂ ᄌㅣ 궁진홀 긔한이 업스니 먼져ᄂ 치강30)
ᄯᅡ랄 뎜령ᄒ고 ᄯᅩ 고감31) ᄯᅡ을 웅거ᄒ야 드듸여 긔와 ᄯᅡ로 ᄡᅥ 속국을
믄들고 이졔 포긱나ᄂ 형셰 고립ᄒ얏스니 두리건딕 타일에 필경 아라
사의 속국이 되리로다.

---

24) 포긱나(布喀喇): 복하라. 아지(俄地). 우즈베키스탄의 부하라.

25) 아나하(阿那): 아랄. 이리 서북하(伊犁 西北河). 아랄해.

26) 긔미아(開迷啞): 미상. 크리미아. 크림.

27) 크림전쟁: 크림 반도를 중심으로 러시아가 영국, 프랑스, 오스만 제국과 벌인 전쟁(1853.
10~1856. 2). 1853년 러시아가 오스만 제국 내 러시아 정교도를 보호한다는 명목으로 도
나우 강 연안 공국을 점령하자 오스만 제국이 전쟁을 선포하고 영국과 프랑스가 이를
지원하였다. 러시아는 오스트리아의 참전을 막았으나 결국 오스트리아는 러시아를 적대
했다. 1854년 연합군이 러시아 크림반도 세바스토폴을 공격하자 러시아는 세비스토폴
에서 철수했다. 주요 전투지는 알마강, 발라클라바, 인케르만이다. 파리 강화로 종전된
후 러시아는 후진성을 탈피하기 위한 개혁을 시작했으며, 오스트리아는 러시아의 지지
를 잃자 그 영향권 아래 있던 독일과 이탈리아가 통일을 이루는 계기가 되었다. 크림전
쟁에서 나이팅게일은 군대위생에 대한 중요성을 부각시키는 계기가 되었다. 『브리태니
커』

28) 춘견(春鞬, 춘갱): 칩컨드. 아지(俄地).

29) 고찰과(古擦胯): 꼿스차코쯔. 아왕작(俄王爵).

30) 치강(他侈强, 타치강): 타쉬켄트. 아지(俄地). 타시겐트.

31) 고감(苦堪): 칸. 아지(俄地).

아라사 ㅣ ㅈ초 기척홈으로 금일신지 [마간셔가 이 글 지은 히로 말홈이니 금년 정유 건양 이년 전 칠팔년이라] 셔으로 구쥬신지 영리 팔빅리요 [죠션 리슈 이쳔ㅅ빅리라] 남으로 디즁히신지 영리 ㅅ빅오십리요. 북은 셔뎐 도셩신지 영리 ᄉᆸ빅리요, ᄯᅩ 동남으로 아셰아 쥬신지 여러 번 기척ᄒᆞᄒᆞ야 아부한 싸은 길을 빈다 칭ᄒᆞ고 어든 ㅈㅣ 영리 일쳔리가 되니 영국 소속 인도국 싸와 샹거ㅣ 불과 영리 ᄉᆸ빅리러라. [영리 일리ᄂᆞᆫ 죠션 리 슈ᄉᆞᆷ리라].

법황 나파륜 뎨일이 피흘 ᄯᅢ에 시무ᄅᆞᆯ 통달흔 ㅈㅣ 다 말호ᄃᆡ 법국의 권은 삭ᄒᆞ얏ᄉᆞ나 아라사의 권이 셩ᄒᆞ야 큰 근심이라 ᄒᆞ니 대져 셕일에ᄂᆞᆫ 구라파의 시국이 다 법국을 죳더니 밋 아라사ㅣ 각국을 도아 나파륜을 쫏치ᄆᆡ 구쥬 각국 군왕이 비로소 아라사ᄅᆞᆯ 허ᄒᆞ야 각국과 동등이 되게 ᄒᆞ니 대져 빅년 전에ᄂᆞᆫ 구쥬 ᄉᆞ름이 아라사ᄅᆞᆯ 나라라 칭ᄒᆞ지 아니ᄒᆞ더니 시이ᄉᆞ변ᄒᆞ야 지금에ᄂᆞᆫ 그쥬 대ᄉᆞᄅᆞᆯ 거의 아황을 밋기여 집권케 ᄒᆞ고 ᄉᆞ름마다 공수쳥명ᄒᆞ야 막감수하ᄒᆞᆯ 쥴 뉘 아랏스리요. 대져 아인이 셰력을 밋고 탐심을 ᄂᆡ여 힝ᄉᆞㅣ 괴이ᄒᆞ거늘 각 대국이 셔로 의론왈 우리 만일 아라사ᄅᆞᆯ 졉홀 것 업다 ᄒᆞ고 방비치 아니면 타일에 구라파 쥬ㅣ 장ᄎᆞᆺ 그 독을 밧드리라 ᄒᆞ며 ᄯᅩ 아라사ᄂᆞᆫ 항상 ㅈᄀᆞᆼ 왈 타국은 나의 젹수ㅣ 아니라 ᄒᆞ고 ᄯᅩ 각국 졔도와 학교와 풍속이 다 나ᄅᆞᆯ ᄯᅡᄅᆞ지 못흔다 ᄒᆞ더라.

뎨ᄉᆞᆷ졀 니고랄 황뎨의 ᄯᅢ라

아라사 ᄉᆞ름의 교만흔 마음이 ᄉᆞ십년이 한갈갓고 아라사의 위엄이 ᄯᅩ 일증월가ᄒᆞ나 그 나라ᄂᆞᆫ 국권이 아니요 군권이 잇스며 아인의 아황 존경홈이 곳 셩인으로 아ᄂᆞᆫ 고로 니고랄 황뎨[32] 모년에 권셰ᄅᆞᆯ 빙

---

32) 니고랄 황뎨: 니콜라이 제1세(1796~1855). 러시아의 황제(재위 1825~1855). 로마노프

자ᄒᆞᄂᆞᆫ 마음이 더욱 심ᄒᆞ야 ᄌᆞ긔 외에ᄂᆞᆫ ᄒᆞᆫ 스름도 감이 정ᄉᆞ에 참에 치 못ᄒᆞ고 아황이 ᄯᅩ 노ᄒᆞ기ᄅᆞᆯ 잘ᄒᆞ야 조곰 그 ᄯᅳᆺ을 거살니ᄂᆞᆫ ᄌᆞᄂᆞᆫ 사호도 용셔치 아니ᄒᆞ야 지어 대신이라도 곳 불측지화ᄅᆞᆯ 맛나ᄂᆞᆫ 고로 당일 아황의 위엄은 ᄲᆞ른 바람이 풀을 누룸과 갓타야 아니 너머질 ᄌᆞ ㅣ 업스며 니고랄 황뎨의 마음이 학교ᄅᆞᆯ 즁히 아지 아니ᄒᆞ고 오직 염 녀ᄒᆞᄂᆞᆫ 바ᄂᆞᆫ 독셔ᄉᆞᄌᆞㅣ 대셔원의 모이여 조정을 변경ᄒᆞᆯ가 ᄒᆞ야 아라 사에 보관이 잇샤도 일언일구ㅣ라도 조정을 회방ᄒᆞᄂᆞᆫ ᄌᆞㅣ 잇스면 곳 그 글 지은 스름을 잡아 옥에 가두니, 대져 아황의 심지가 악ᄒᆞᆷ이 아니 라 오직 식견이 고루ᄒᆞ야 신법을 믜워ᄒᆞ고 만일 다문박식ᄒᆞ고 구식을 바리고ᄌᆞ ᄒᆞᄂᆞᆫ ᄌᆞᄂᆞᆫ 다 긔 ᄉᆡ긔ᄅᆞᆯ 바드며, 니고랄 황뎨 소원은 스름이 다 두문불츌ᄒᆞ고 늘거 죽도록 셰상ᄉᆞᄅᆞᆯ 아지 못ᄒᆞᆷ이 뎨일 착ᄒᆞᆫ 빅셩 이라 ᄒᆞᄂᆞᆫ 고로 지어 쳘로도 츅조ᄒᆞ다가 즁도에 혁파ᄒᆞ고, ᄯᅩ 스름더 러 일너 왈 각국이 빅셩을 가라쳐 틱평을 이룬다 ᄒᆞᄆᆞᆯ 짐이 더러이 아 노라. 오직 양병ᄒᆞᆷ이 치국의 뎨일 법이라 ᄒᆞ고 평ᄉᆡᆼ에 군ᄉᆞᄅᆞᆯ 훈련ᄒᆞ 야 그 권을 밋고 셰계ᄅᆞᆯ 헌동코자 ᄒᆞᆯ ᄲᅮᆫ이러라.

밋 영법 냥국이 토이기ᄅᆞᆯ 도아 아라사ᄅᆞᆯ 막을ᄉᆡ 스름이 다 대희ᄒᆞ 야 말ᄒᆞ되 아황의 병법이 디구샹에 뎨일이라. 타국이 감이 항거ᄒᆞᆯ ᄌᆞ ㅣ 업거늘 이뎨 영법 냥국이 우리ᄅᆞᆯ 막으니 이ᄂᆞᆫ 이란격셕[33]이라 ᄒᆞ 고 아인이 ᄌᆞ원츌젼ᄒᆞᄂᆞᆫ ᄌᆞㅣ 심이 만코 지어 부연녀ᄌᆞㅣ 다 일으되 금번에 필연 승쳡ᄒᆞ리라 ᄒᆞ더니 쳔만 ᄯᅳᆺ밧게 니고랄 황뎨 대픽ᄒᆞ야 그 셩ᄒᆞᆫ 일홈이 업셔질 ᄲᅮᆫ 아니라 그 나라ᄅᆞᆯ 압졔ᄒᆞᄂᆞᆫ 대권도 ᄯᅩᄒᆞᆫ ᄯᅡ 라 손상ᄒᆞ니 만일 민졍을 부슌치 아니면 본국 빅셩이 장ᄎᆞᆺ 능멸이 알 너라.

———
왕조의 11번째 군주.
33) 이란격석: 계란으로 바위를 침.

뎨ᄉ졀 애렬산덕 황뎨의 째라

아병이 이믜 픽ᄒᄆᆡ 아인의 마음이 크게 변ᄒ야 셕일에 황뎨를 존숭ᄒ든 ᄌᆡ 도리혀 그 시비를 론란ᄒ고 취모멱자홈이 무소부지ᄒ고 다 말ᄒ되 황뎨의 권셰도 업셔질 날이 잇다 ᄒ고 젼 국즁이 일창빅화ᄒ야 다 황뎨의 각박홈을 원망ᄒ니 이 째 아라사의 ᄉ셰ᄂᆞᆫ 거의 ᄒ로를 견듸지 못홀 ᄯᅳᆺᄒ더니 일쳔팔빅오십오년 [철종 륙년]에 니고랄 황뎨 훙ᄒ니 아인이 불상이 넉이리 업고 도리혀 깃거 왈 아라사의 폐막이 업셔젓도다. 대져 니고랄 황뎨의 우졸ᄒᆞᆫ 법은 고질이 되야 죽기 젼에ᄂᆞᆫ 업셔지지 아니홀너니 이졔 죽엇스니 우리 장찻 안심ᄒ며 쏘 갑이 바를 거시 잇다 ᄒ더니 밋 이렬산덕 뎨이[34] 황뎨 즉위ᄒ야 구법을 긔혁ᄒ니 국ᄂᆡ의 신보관이 홀연이 대훙ᄒ야 국졍을 다 일일이 말ᄒ고 쏘 졍부의 득실을 의론ᄒ야 민간에 유익홈을 구ᄒ니 듸져 토이기로 더부러 화친ᄒᆞᆫ 후에 목사구와 피득나보 두 도셩 즁에 졸연이 보관칠십쳐이 더ᄒ고 그 보관을 감찰ᄒᄂᆞᆫ 어ᄉ도 쏘ᄒᆞᆫ 아라사의 폐단이 만음을 아ᄂᆞᆫ 고로 ᄆᆡ양 보관의 의론을 좃ᄎ 졍부에 고ᄒ며 보관의 쥬필ᄒᆞᆫ ᄉᆞ름은 이 긔회를 만나 더욱 소민의 질고를 박ᄎᆔᄒ야 신문에 올니며 지어 구쥬 셔방 졔국의 션졍은 니고랄 황뎨 지위시에 엄금ᄒᆞᆫ 고로 졍치학 격물학 모든 일졀 신법을 아인이 다 망연부지ᄒ야 몽즁에 잇슴과 갓고 오직 션비ᄂᆞᆫ 사사로이 강마ᄒᆞᆫ지 다년이러니, 이졔 다힝이 보관이 다 훙ᄒᄆᆡ 다 일으되 아국이 맛당이 학교를 광셜ᄒ야 인민을 교육홈이 당시 급무ㅣ라. 불연이면 각국 ᄉ졍을 아지 못ᄒ니 시비와 셩픽를 판단치 못ᄒ야 국가 흥왕홀 날이 업깃다 ᄒ더라.

---

34) 이렬산덕 뎨이(愛烈珊德 第二): 아ᄅᆡᆨ산더 투. 아황(俄皇). 알렉산더 제2세(1818~1881). 러시아의 황제(재위 1855~1881). 크림전쟁 직후 니콜라이 1세에 이어 러시아의 황제가 되었음.

데오졀 작인을 방셕홈이라[35]

아라사의 폐단이 학교만 힘쓰지 아닐 뿐 아니라, 농민으로 말ᄒ야도 슙빅년 젼부터 지금ᄭ지 농부 ᄉ쳔팔빅만 명이 젼답의 폐단이 종신고 질이 되야 능히 발근치 못ᄒ니 엇지 이다지 혹독ᄒ뇨. 대뎌 아라사의 젼답 쥬인은 거반 부호ㅣ요 그 작인된 ᄌᄂ 젼ᄌ젼손ᄒ야 감이 그 젼 답을 써나지 못ᄒ고 만일 답쥬ㅣ 그 ᄯ사을 팔고ᄌ ᄒ면 작인을 병ᄒ야 미미ᄒ미 작인이 ᄉ 답쥬를 맛나면 곳 상뎐과 다름이 업스니 되뎌 틔 셔 각국도 젼일에는 이러ᄒ 누습이 잇다가 다 혁파ᄒ얏스나, 오직 아 라사의 부호ᄂ 작인을 취리라 ᄒ야 혁파ᄒᆯ 의론을 져희ᄒᄂ 고로 비 록 력디 이ᄅ 모든 현군이 잇셔도 조쳐ᄒᆯ 방략을 엇지 못ᄒ야 격덕령 데이[36] 황후 지위시 [일쳔칠빅륙십이년부터 지일쳔칠빅구십륙년]에 변통코ᄌ ᄒ다가 이루지 못ᄒ고 그 황후의 손ᄌ 이렬산덕 데일[37]이 지위시 [일쳔팔빅일년으로 지어 일쳔팔빅이십오년]에도 격덕령 황후 의 ᄯᆺ을 맛치고ᄌ ᄒ다가 ᄯ 의연이 셩ᄉ치 못ᄒ니 이ᄂ 다 의론이 겨 우 이룰 만ᄒ야 곳 타국과 젼징이 잇셔 결을치 못홈이요, 니고랄사 데 일 황뎨[일쳔팔빅이십오년 지일쳔팔빅오십오년] 즉위 초에 특별이 대 신을 차츌ᄒ야 작인의 고싱홈을 사실ᄒ얏더니 의외 일쳔팔빅슙십년 [슌조 슙십년]에 파란의 젼징이 이러 ᄯ 즁지ᄒ고 일쳔팔빅슙십륙년 [헌종 이년]에 니고랄사 데일 황뎨 다시 곳치고ᄌ ᄒ다가 힝치 못ᄒ고

35) 러시아의 농노 해방령: 제정러시아의 농노를 해방시키기 위해서 1861년 3월 3일(구력 2. 19)에 황제 알렉산드르 2세가 공포한 포고령. 『브리태니커』

36) 격덕령 데이(扄德玲 第二): 카예린 투, 아 황후(俄皇后). 예카테리나 2세(1729~1796). 러 시아 제국의 황후이자 여제(재위 1762~1796). 로마노프 왕조의 8번째 군주로, 본래는 프 로이센 슈테틴 출신의 독일인이었다. 무능한 남편 표트르 3세를 대신하여 섭정을 맡았 으며, 화려한 남성 편력으로도 유명하였다. 1762년 남편 표트르 3세를 축출하고 차르가 되었다. 『브리태니커』

37) 이렬산덕 데일(愛烈珊德 第一): 알렉산드르 1세(1777~1825). 러시아 제국의 황제(재위 1801~1825). 본명은 알렉산드르 파블로비치 로마노프로 로마노프 왕조의 10번째 군주. 『브리태니커』

일쳔팔빅솜십팔년 [헌종 스년]에 뎨습츠 스름을 파견ᄒ야 사실ᄒ더니 이히에 홀연 크게 흉년이 드러 더욱 챡슈키 어려운지라. 이에 다시 힝홀 방칙이 업셔 치지ᄒ얏스니 니고랄사 황이 림죵시에 그 틱즈의게 유언ᄒ야 왈 작인을 방셕홈은 션졍이라. 짐이 힝치 못ᄒ얏스니 이졔 너의게 부탁ᄒ다 ᄒ더라.

익렬산덕 뎨이 황뎨 즉위ᄒ니 젼국 작인이 국가 은혜 가다라기를 대한에 망우홈과 갓트며 아황이 ᄯᅩ흔 급히 변통코즈 ᄒ야 져희ᄒᄂ쟈ㅣ 비록 만으나 다 듯지 아니ᄒ고 곳 일쳔팔빅오십륙년[철종 칠년] 팔월에 젼쟝 가진 부가대족을 명ᄒ야 구식을 춤작ᄒ야 젼후 범습년에 습스츠 변통ᄒ여 드듸여 일쳔팔빅륙십일년 [철종 십이년] 이월 십구일에 칙지를 나리여 작인 오쳔만을 일시에 방셕ᄒ니 농민의 폐단이 다 혁졔되더라. [칙지 처음 나릴 째에 다만 민간의 작인된 즈 이쳔이빅만을 방셕ᄒ고 기외 황실과 황족의 작인 이쳔류빅만 명을 아황이 쟝찻 별노이 쳐분흔다 ᄒ더라.]

뎨륙졀 젼답을 난호ᄂ 법이라

대져 아라사의 작인이 즈쥬지권은 부족ᄒ나 사름의 노복보다ᄂ 다른 고로 흑노와 갓튼 고싱은 업고 거가 대족의 젼쟝이 대강 습분일은 스스로 관할ᄒ야 풍흉간 작인의게 리히업고 기외 습분이ᄂ 부호ㅣ 짜을 사셔 마름의게 밋기여 마름의 젼쟝과 갓트니 그 마름이 답쥬 알기를 쥬인과 갓ᄒ야 미스를 품명ᄒ며 혹 죄과ㅣ 잇스면 쥬인이 박지타지ᄒ되 감이 항거치 못ᄒ며 부가이 짜을 살 째에 작인과 병ᄒ야 미미작인 약간 명 즁 답쥬ㅣ 멧 명을 씌여 집안에 스환을 식이며 기외 작인도 미양 흔 례비간에 습일은 쥬인의 밧히 힘쓰고 기여 습일은 져의 싱업을 다사리며 만일 그 죵신토록 고싱을 면코즈 ᄒᄂ 즈ᄂ 돈을 밧치고 졔 몸을 속량ᄒ며 그 속신흔 즈ㅣ 미양 셩시간에 드러와 시졍이 되야

440

왕왕이 거상되고ㅣ 되거나 혹 은힝과 큰 져즈를 비셜ㅎ야도 오히려 스
계삭 혹 츈츄 냥등을 분ㅎ야 젼일 답쥬의게 돈을 밧치고 쥬인이라 칭
ㅎ며 감이 셕일 규모를 변치 못ㅎ며,

한 촌락에 각 집이 졔비를 쏩아 종즈를 나노고 그 인구 다소를 짜라
젼답의 다소를 졍ㅎ고 졔비법이 졍흔 후에는 아홉ㅎ를 졍한ㅎ야 다시
졔비를 쏜부며 각 촌밍이 무론 하인ㅎ고 몃 히간 원츌홀지라도 그 짜
을 일치 아니ㅎ고 혹 쳔리 만리를 갓다가도 밋 고향에 도라오면 곳 져
의 고업을 찻고 감이 막는 지 업더라.

아황이 작인을 셕방흔 후 작인이 다 즈쥬지권이 잇스나 이는 그 신
법의 되강이요, 그 셰졀목에는 쏘 작인과 답쥬를 다 도라보는 법이 잇
셔 셕일에 스름의 하인되든 즈는 반드시 냥년을 위한ㅎ고 답쥬를 위
ㅎ야 그 짜에 농스ㅎ고 졔반 잡비는 답쥬ㅣ 다 당ㅎ고 쏘 그 슈로지공
을 쥬며 그 속량ㅎ야 간 스름은 아직 구법을 좃ᄎ 미년 일차식 돈을
그 옛쥬인의게 밧치고 냥년이 지닌 후 다 상관이 업게 ㅎ더라.

마름 즁 작인과 갓튼 즈를 쏘흔 방셕ㅎ야 그 여러 히 농스ㅎ든 짜은
인위 가지게 ㅎ고 그 토디 갑슬 쥬인의게 갑푸라 ㅎ야 만일 돈이 업다
ㅎ면 그 토디는 가지고 빅년ㅎ야 닉이게 ㅎ고 쏘 도디도 닉일 슈 업는
즈는 그 쥬인의 집에 고용이 되야 미일 고가를 쟉졍ㅎ야 도디와 상계
ㅎ라 ㅎ니 가위 쟉인 등을 위ㅎ야 방편ㅎ도다. 오즉 향촌 스름이 먼리
나가면 젼디 황무홀지라. 이럼으로 만일 부득이흔 일이 잇스면 먼져
그 동리와 의론ㅎ야 동리 빅셩이 다 허락흔 후에야 비로소 임의 츌타
ㅎ니 그런고로 아라사 북방 각촌민은 지물을 닉여 즈편 두 글즈를 사
는 즈ㅣ 잇스니 대져 아라사 향촌간 농스는 일촌인이 공론ㅎ야 쟉졍ㅎ
고 단단코 한 스름이 독단ㅎ지 못ㅎ야 국가 부셰를 밧칠 때에는 모든
빅셩이 모이여 일동이 공론ㅎ는 고로 부셰 밧는 곳에서 다만 모촌 모
동만 난ㅎ고 짜로 모셩 모인을 분간치 아니ㅎ는 고로 나타흔 빅셩은
포흠이 되단이 만으되 오히려 소요즈지ㅎ고 농스에 젼력ㅎ고 차가를
근검이 ㅎ는 즈ㅣ 도리혀 타인의 히를 입어 돈을 횡징ㅎ니 이럼으로

졈졈 농스에 힘쓰지 아니ᄒᆞ다가 ᄯᅩ 만일 답쥬ㅣ 밧괴면 젼일의 진력ᄒᆞᆫ 거시 ᄯᅩ 허스ㅣ 되니 연즉 타인의 젼답을 ᄌᆞ긔 짜 갓치 알 길이 업고 아라사 젼국 농민이 극히 궁곤홈과 극히 부요ᄒᆞᆫ 스룸이 업스니 그 부요치 못홈은 져의 여간 져축이 잇셔도 동즁과 동리의 빗무리ᄒᆞᄂᆞᆫ ᄭᅡᆨ 닥이요, ᄯᅩ 극빈치 아니면 일촌 즁의 잇ᄂᆞᆫ 거슬 ᄌᆞ긔도 가이 나용ᄒᆞ야 씀이요, ᄯᅩ 젼답을 난홀 ᄯᅢ에 민인의 분비ᄒᆞᆫ 사이 젹은 고로 츈경츄슈 홈도 만치 아니ᄒᆞ고 민양 안한무스ᄒᆞ야 랑유홈을 일슴아 술 먹기로 셰월을 보ᄂᆡ여 취향에 ᄲᅡᆫ지미 쟉인 방셕ᄒᆞ기 젼보다 더 만코 [아라사 셰입 즁 쥬셰가 부셰뎡공에 졀반이 되고 관리와 밋 교즁 교스ᄂᆞᆫ 다 음 쥬홈을 권ᄒᆞ고 만일 계쥬ᄒᆞ라 ᄒᆞᄂᆞᆫ ᄌᆞㅣ 잇스면 도리혀 불열ᄒᆞ더라.] 셩경이 인ᄒᆞ야 나타ᄒᆞ민 혹 셕일 답쥬ㅣ 고용ᄒᆞ야 쟝식을 슴기도 ᄒᆞ나 기실은 츌어 부득이ᄒᆞ야 억지로 응역홀 ᄲᅮᆫ이라. 이러므로 졔조ᄒᆞᆫ 물화 ㅣ 심소ᄒᆞ고 젼디 소츌은 젼일보다 대단이 감ᄒᆞ더라.

뎨칠졀 형률을 졍돈홈이라

일쳔팔ᄇᆡᆨ륙십이년 [쳘종 십삼년]은 아라사 긔국ᄒᆞᆫ 지 일쳔년이라. 신법이 ᄒᆡᆼᄒᆞᆫ 후로부터 독셔스ᄌᆞㅣ 말ᄒᆞ되 금년은 긔국ᄒᆞᆫ 지 쳔년이니 텬디 다시 긔벽홈과 다름이 업ᄂᆞᆫ 희라. 한 나라이 이러타시 오릭 누리 엿스니 일졀 뎡스룰 긔현역쳘홈이 올타 ᄒᆞ야 아황게 쳥ᄒᆞ야 져의 마 음ᄃᆡ로 교룰 ᄒᆡᆼᄒᆞ게 ᄒᆞ자도 ᄒᆞ고 ᄯᅩ 보관을 허ᄒᆞ야 져의 식견ᄃᆡ로 국 스룰 의론ᄒᆞ게 ᄒᆞ자도 ᄒᆞ며 기즁 큰 ᄯᅳᆺ 잇ᄂᆞᆫ 스룸은 이르되 아라사 군 쥬국을 곳쳐 군민공치국을 믄드자도 ᄒᆞ니 대져 인민을 즁히 아ᄂᆞᆫ 나 라ᄂᆞᆫ 이 ᄯᅢ룰 당ᄒᆞ얏스면 민원을 좃침이 올코 ᄯᅩ 지금 좃지 아니ᄒᆞ여 도 지속간 필경 될 일이어늘 아라사ᄂᆞᆫ 불연ᄒᆞ야 민심의 향비와 시셰 의 변쳔홈은 뭇지 아니ᄒᆞ고 오즉 아황과 집졍대신이 ᄌᆞ긔 권셰룰 밋 고 임의로 홀 ᄲᅮᆫ이요, 타인은 일졀로 참예치 못ᄒᆞ게 ᄒᆞ더라.

인렬산덕의 국량이 비록 관홍치는 못호나 항상 제도를 졍돈호고 소민을 구제코자 호야 특이 신장졍을 닉니 듸져 젼일에는 형법 스무를 공당에서 관리치 아니호고 사사집에 잇셔 송민 냥쳑의 뇌물 다과를 싸라 구류호든지 가두든지 경률을 즁호게 호며 즁죄를 경호게 호야 무문롱묵호야 젼혀 스졍을 힝호며 쏘 부가즈데는 디방관이 두려울 것 업다 호고 이왕 결안혼 일이라도 다시 감사나 경사에 돈을 드리고 곳 번안호야 시비곡직이 조셕변기호미 이러혼 악혼 일을 도리혀 잘혼 양으로 즈랑호며 그 관리된 즈는 다 불학무식혼 우부요 더욱이 국가 률법이 일졍혼 규모ㅣ 업스미 비록 공졍이 판단하고자 호나 어늬 거슬 좃츠야 올홀지 모르니 이럼으로 아라사 속담에 일으되 텬하에 가장 불공불법혼 즈는 관부ㅣ라 호더라.

아황 인렬산덕이 송스의 폐단을 막고즈 호야 드듸여 일쳔팔빅륙십이년 [철종 십삼년] 구월에 조칙을 닉리여 즈후로는 법부 관원을 스리 명빅혼 스름으로 졍호야 빅셩의 송스ㅣ 잇거든 량쳑이 공졍에서 대변케 호고 그 랍뇌호는 폐를 업시호야 그 득송홈과 락송홈이 관장의 임의가 아니요 률법듸로 쥰힝호며 혹 스졍을 쓰는 즈ㅣ 잇스면 죄에 다닷고 쏘 셔양의 비심관 법을 쥰힝호야 공평졍직게 판단호고 옥안이 졍혼 후에는 다시 형셰를 밋고 상사에 졍장홈을 금호니 아민이 다 무불감격호며 관장도 쏘혼 신법을 각근이 직희더라.

뎨팔졀 각쳐에 판공소를 셜시호고 구법을 곳침이라

셕일 아라사는 국가에셔 민쥬호는 권이 업게 홀 쑨 아니라 지어 일싱 일읍이 다 빅셩으로 호야곰 졍스를 의론호는 권이 업게 호고 일졀 졍령을 오직 아황이 두어 대신과 밋 그 지츠관원과 회의호야 임의로 작졍호고 민심의 원불원은 뭇지 아니호며 그 빅셩에도 농부는 불학무식호며 상고는 물화를 민민호야 구호는 비 다만 승두미리요, 지어 일읍의 일이라도 다 인군과 집뎡대신이 잇셔 총찰ᄒ고 인민은 분호도 춤예치 못ᄒ더라.

익렬산덕이 즉위 후로 각싱을 명ᄒ야 인민이 국ᄉ를 춤예ᄒ게 ᄒ고 각 부쥬현에도 ᄯ쏘 디방 판공소를 셜립ᄒ야 공소의 감동[38]은 본토의 부호와 밋 향촌과 셩시 ᄉ름에 지조잇ᄂᆫ 이를 쳔ᄒ야 디방 ᄉ무를 의론ᄒ고 ᄯ쏘 감동이 어진 이를 쳔ᄒ야 각싱 각도회에 보ᄂᆡ여도 감동이 되게 ᄒ고 각 디방의 도로와 교량 등 슈츅ᄒᆷ과 상무 공무 장정은 다 디방 판공소로 좃차 회의ᄒ야 결뎡ᄒ고 국가의 부셰도 ᄯ쏘흔 공소에셔 결슈를 마련ᄒ야 슈쇄ᄒ게 ᄒ얏스나 오직 각 공소 감동이 다 조심ᄒᆯ 쥴만 알고 국가 대ᄉ를 감이 간예치 못ᄒ며, ᄯ쏘 명빅히 의론치도 못ᄒ니, 아라사 졍부ㅣ 그 인민이 우미ᄒ야 졍ᄉ에 간셥지 아니믈 조하ᄒ나 기실은 각 감동이 원릭 농민 즁에셔 취퇵흔 ᄉ름이라 위인이 원릭 총명치 못ᄒ야 국ᄉ에 춤예코자 ᄒ나 ᄯ쏘흔 두셔를 아지 못ᄒ고, 판공소의 ᄒᄂᆫ 일도 ᄯ쏘흔 규모가 업ᄂᆫ 고로 비록 디방관이 간졀이 교도ᄒ야도 다 망연부지ᄒ야 쳐ᄉ에 미례ᄒ고 급기 공소에 이르러 의론ᄒᆯ ᄯ재ᄂᆫ 즈긔에 유익흔 일도 오히려 룽이 졍졍방방이 말ᄒᄒ지 못ᄒ니, 다른 일은 더욱 말ᄒᆯ 것 업고, 이럼으로 심지가 나약흔 무리 미양 지상흔 ᄉ름이 권셰를 쥬장ᄒᆷ이 올타 ᄒ야 구쥬 셔국에 인민이 일을 당ᄒ면 즈긔에 유익ᄒ고 겸ᄒ야 타인을 리익이 잇게 ᄒᆷ과 다르더라.

익렬산덕이 ᄯ쏘 군즁의 형법을 곳쳐 각 장관이 임의로 ᄉ졸을 치죄치 못ᄒ게 ᄒ며, 아라사의 슝봉ᄒᄂᆫ 교ᄂᆫ 원릭 긔독교에 일문이라. 명왈 희랍교ㅣ니 다른 교ㅣ 희랍교와 혼잡ᄒᆷ을 금ᄒ더니 지금에 아황이 령을 ᄂᆞ려 왈 우리 인민이 오직 져의 직분을 직히미 올코 무슴 교를 봉힝ᄒᄂᆫ지 국가ㅣ 금지치 아니ᄒ리라 ᄒ며, ᄯ쏘 희랍교의 신부ㅣ 익키ᄂᆫ 글이 구쥬 각국 신부와 교ᄉ보다 용렬ᄒ다 ᄒ야 희랍교인을 명ᄒ야 독셔ᄒᄂᆫ 법을 졍돈ᄒ고 ᄯ쏘 젼황 니고날사ㅣ 뎡ᄉㅣ 포학ᄒ야 원방

---

38) 감동: 한문본에서는 동(董), 곧 감독이나 기관원을 뜻함. 감독.

에 정ᄇᆡᄒᆞ얏든 ᄉᆞᄅᆞᆷ을 다 불너 도라오게 ᄒᆞ며, 국ᄂᆡ에 쳘로ᄅᆞᆯ 츅조ᄒᆞ야 ᄅᆡ왕을 편ᄒᆞ게 ᄒᆞ니, 대져 셕년에ᄂᆞᆫ 인민의 원유ᄒᆞᄂᆞᆫ ᄌᆞㅣ 반ᄃᆞ시 국가의 빙표ᄅᆞᆯ 맛틀ᄉᆡ 그 빙표 갑시 한 장에 영금 팔십 방이라 [죠션 시가로 팔ᄇᆡᆨ원 가량이라], 이럼으로 ᄉᆞᄅᆞᆷ이 감이 먼리 ᄯᅥ나지 못ᄒᆞ더니 이졔 다 혁파ᄒᆞ고 빙표 한 장에 불과 지필갑 몃 푼에 지나지 아니ᄒᆞ니 종차로 소민이 가계 져윽이 요족ᄒᆞᆫ ᄌᆞᄂᆞᆫ 다 가이 타국에 유람ᄒᆞ야 식견을 널닐지라. 총이언지ᄒᆞ면 아황의 신법이 다 ᄇᆡᆨ셩의게 유익고자 ᄒᆞᆯ ᄉᆡᆫ이요, 기외에 리ᄒᆡᄂᆞᆫ 교계치 아니ᄒᆞᆷ이라.

연이 가셕ᄒᆞᆫ ᄌᆞᄂᆞᆫ 일쳔팔ᄇᆡᆨ륙십ᄉᆞᆷ년 [철종 십ᄉᆞ년]에 이믜 멸ᄒᆞ얏든 파란국이 아라사ᄅᆞᆯ 반ᄒᆞ고 이러나거ᄂᆞᆯ 아라사ㅣ 다시 신법을 정돈ᄒᆞᆯ 결을이 업고 ᄯᅩ 국ᄂᆡ의 ᄀᆡ화당이 파란 ᄉᆞᄅᆞᆷ을 도아 ᄌᆞ립ᄒᆞ야 ᄉᆡ로이 한 나라이 되고ᄌᆞ ᄒᆞ거ᄂᆞᆯ 기외 다른 인민은 아라사ᄅᆞᆯ 위ᄒᆞ야 젼국이 병력ᄒᆞ야 절ᄃᆡᄒᆞᆫ 셰력으로 란을 평정ᄒᆞ니 파란을 위ᄒᆞ든 ᄀᆡ화당이 ᄒᆞᆯ일업셔 드듸여 아라사의 박ᄃᆡᄒᆞᆷ을 당ᄒᆞ니 ᄌᆞᄎᆞ 이후로 아라사의 폐단을 곳치고 ᄀᆡ화ᄒᆞᆫ다ᄂᆞᆫ 일도 젼에 비ᄒᆞ면 더욱이 젹어졋더라.

뎨구절 ᄇᆡᆨ셩이 무식ᄒᆞᆷ이라

아라사 농민이 지금ᄭᆞ지 글이 무엇인지 모르니 ᄃᆡ기 오십 명 즁에 독서ᄒᆞᆫ ᄌᆞㅣ 불과 일인이요, [그 셔북 분란[39]ᄯᆞᆼ ᄉᆞᄅᆞᆷ이 심이 문묵을 슝샹ᄒᆞ야 학교ㅣ 타 ᄯᆞᆼ보다 셩ᄒᆞ고 근ᄅᆡ에 아라사ㅣ 군ᄉᆞᄅᆞᆯ 권장ᄒᆞ야 병정 즁에 식ᄌᆞ 잇ᄂᆞᆫ ᄌᆞᄂᆞᆫ 상격을 쥬니 ᄌᆞ후로 기예ᄒᆞᄂᆞᆫ 여가에 다 독셔ᄒᆞᄂᆞᆫ 소ᄅᆡ ᄭᅳᆫ이지 아니ᄒᆞ더라.] 셕년 아병은 ᄇᆡᆨ명 즁에 글ᄌᆞ 아ᄂᆞᆫ ᄌᆞㅣ 일인에 지나지 못ᄒᆞ고 셩시 즁에 잇ᄂᆞᆫ 공장도 ᄯᅩᄒᆞᆫ 독셔ᄒᆞᄂᆞᆫ ᄌᆞㅣ 요요무문ᄒᆞ며 오직 ᄌᆡ물이 잇ᄂᆞᆫ ᄌᆞᄂᆞᆫ 비로소 그 ᄌᆞ뎨로 글을 익키

39) 분란(芬蘭): 핀랜드. 핀란드. 아성(俄省).

더니 이렬산덕 황뎨 지위시에 각 보관이 항상 신문지에 말호디 빅셩이 식주ㅣ 업셔 싱계 빈곤한다 한며 유식한 주ㅣ 쏘흔 올히 넉이여 이에 각 부쥬현과 밋 되도회에 사립학당을 셰우더니 미긔에 쏘 말하는 주ㅣ 잇셔 학교에 학도들이 집권한 이를 론난한다 한니 각 관원이 듯고 심이 믜워한야 곳 학당을 금한고 오직 교당은 인민을 화도한다 한야 그 교즁 학당은 금치 아니한니 이럼으로 민간의 글을 읽고주 한는 주는 다 교당에 이르거늘 국가ㅣ 다시 흔 법을 셰워 신부 [교수와 갓튼 스룸이라]로 한야곰 문묵을 졍통한 후에 빅셩을 가라치게 한나 그 법이 지극히 우졸한야 시무에 합당치 아니한고 쏘 <u>신부 노릇한고주 한는 주는 다만 도셔와 경문은 곳 희랍교의 뉴젼한든 틔고 쌔 글이요, 만일 시사의 시 글은 읽거나 오이지 못한게 한니 되져 그 쓴이 교회 즁에셔 국수롤 의론한다 한야 이제 옛젹 무근 글만 잠심한고 셰졍을 아지 못한게 함이라.</u> 슬푸다. 그 졍치 빅셩을 어리셕게 함이 가위 혹독한도다. [아라사의 교ㅣ 일홈은 희랍교요 쏘 일명은 동텬쥬교ㅣ니 동셔 텬쥬교의 규측이 되불 상동한야 셔텬쥬교는 신부된 주는 취쳐싱주치 못한게 한야 불교와 갓고, 동텬쥬교는 장가 가기 젼에는 신부ㅣ 되지 못한며 이믜 취쳐한얏다가 쳐이 먼져 죽으면 쏘흔 신부ㅣ 되지 못한고, 쏘 지취도 못한는 고로, 그 신부로 잇다가 환부된 주는 곳 텬쥬교당에 드러 일홈한야 왈 도스라 한고 종신토록 그 당에 나오지 못한게 한더라.]

아라사 농민을 교육함도 지금신지 쏘흔 조흔 법이 업셔 교즁에셔 가라치는 거시 다 쳔근한고 비루한며 그 엄연이 신부된 스룸도 지식이 업고 스리에 밝지 못한며 술 마시기에 골몰한야 종종 악습이 농부와 분호도 다른 거시 업는고로 학당의 일홈도 업고 쏘 스승과 뎨주의 분별도 업스니 그 무어슬 가지고 교라 한는지 모를너라.

446

뎨십절 인구와 치국법이라

농부의 거쳐ᄒᆞᄂᆞᆫ 집은 듸기 나무로 가가를 짓고 기와나 박셕도 업고 혼가이 겨우 큰 가가를 의지ᄒᆞ야 날이 져믈면 그 안에셔 부즈 형뎨 고식 슈숙의 분별이 업시 일톄 동거ᄒᆞ고, 아라사 북방은 긔후ㅣ 극히 한링ᄒᆞ고 음식이 쓰흔 불편ᄒᆞ며, 그 ᄯᅡ에셔 난ᄂᆞᆫ 곡식도 경결ᄒᆞᆫ 먹을 거시 업스니 듸져 스름이 싱게 부족ᄒᆞ거늘 하가에 무슴 글을 읽그리요. 그 하우불이홈이 ᄉᆞ세고연이요, 쏘 그 쟉인을 방셕ᄒᆞᆫ 후에ᄂᆞᆫ 답쥬ㅣ 다시 쟉인을 미미홈과 형벌홀 권리ᄂᆞᆫ 업스나 만일 기젼 쟉인이 부호의게 불합ᄒᆞᆫ 일이 잇스면 부호ㅣ 동리 스름을 명ᄒᆞ야 그 죄를 공론ᄒᆞ라 ᄒᆞ야 그 스름이 과연 죄 잇다 ᄒᆞ면 곳 ᄯᅡ리고 형벌ᄒᆞ되, 감이 도피치 못ᄒᆞ고, 부슈텽명ᄒᆞ며, 듸져 향촌 중에 한 부호ㅣ 잇스면 의연이 존경ᄒᆞ야 일후에 다시 그 부호ㅣ 권력이 잇셔 져의를 압졔ᄒᆞ리라 ᄒᆞ니 그 가련ᄒᆞ고 우미홈은 가지요, 오직 크게 가취홀 거슨 용어공젼ᄒᆞ고 겁어ᄉᆞ투ᄒᆞ야 국가 유ᄉᆞ지시에 항오에 드러 젹국을 말을 ᄯᅢ에ᄂᆞᆫ 목숨을 도라보지 아니ᄒᆞ고, 곳 대단이 어려운 일이라도 릉이 견듸고 피ᄒᆞ지 아니ᄒᆞ니 그 담량의 큼이 여ᄎᆞᄒᆞ되 만일 그 집에 잇슬 ᄯᅢᄂᆞᆫ 여호와 독갑이 갓튼 거슬 우연이 니야기만 ᄒᆞ야도 다 포두셔찬ᄒᆞ야 도망ᄒᆞ고 듸단이 겁ᄂᆞ니 엇지 감이 무고히 스름으로 더부러 ᄊᆞ호리오.

아라사를 가외홀 거슨 디댱인다홈이라. 만일 그 인민을 학문식이여 총명과 직식이 더 증가ᄒᆞ면 더욱 가외홀지라. 연이 학문이 업다 ᄒᆞ야도 타국이 그 나라를 치고즈 ᄒᆞ면 그 뇌디 빅셩이 릉이 방어ᄒᆞ고 결단코 그 나라를 명치 못홀 거시요, 만일 아라사ㅣ 외국에 용병ᄒᆞ면 구라파 쥬 동부 졔국은 릉이 다ㅣ 젹기 어렵고 만일 셔으로 향ᄒᆞ면 셔방 졔국은 겁닐 즈ㅣ 업슬너라.

아라사의 폭원은 북으로 북빙양에 이르고 남으로 디즁히에 이르고 동은 틱평양이요, 셔은 대셔양에 밋치니 디구의 륙디를 통계ᄒᆞ야 아라사 뎜령ᄒᆞᆫ 거시 곳 칠분일이 되더라.

아라사 인민 일만만 스빅만 [일빅만식 알빅 네히라] 그 짜 구쳔만 방리 가온딕 훗터 잇스니 그 짜의 크미 구라파 일쥬보다 두 갑절이요 혹 말호딕 이 일만만 스빅만 인구ㅣ 만일 한곳에 단취ᄒ야 잇셔스면 더욱 강ᄒ리라 ᄒ더라.

구라파 쥬 군쥬국 즁에 오직 아라사ㅣ 뎡수 경장홀 쥴을 모르고 그 일만만 스빅만 인민이 한집안과 갓타야 가장의 지휘를 듯고 감이 망동치 못ᄒ며 아황의 권셰는 법률이든지 관원이든지 교회든지 졋히 스름이 간예치 못ᄒ고, 오직 아황의 의견딕로 법률이 되야 인민이 다 각근 봉힝ᄒ고, 혹 별노이 신관을 파견홈과 구관을 쳔젼홈도 다 아황의 임의ᄌ힝ᄒ며 아황의 스사 직물은 그 슈를 확실이 아지는 못ᄒ나 대강 믹년에 영금 이빅오십만 방은 되고, 아황이 혹 그 셰력을 밋든지 식견이 부죡ᄒ든지 잘못ᄒ 일이 잇셔도, 그 히를 밧는 즈ㅣ 무론 빈부 귀쳔ᄒ고 다 하눌이 지앙을 닉림과 갓타야 인력으로 면치 못ᄒ다 ᄒ며, 아황이 일조 기셰ᄒ면 그 권셰와 자지의 금익은 다 그 계위ᄒ는 인군의게 돌녀 보닉더라.

뎨십일졀 병졔라

아황의 권이 스름으로 ᄒ야곰 겁닉게 ᄒ는 즈는 병익이 만음이라. 일쳔팔빅칠십일년 [대군쥬 팔년]에 아황이 ᄯ 덕국 군졔를 의방ᄒ야 국즁에 하령ᄒ야 아라사 인민은 다 군사 아님이 업게 ᄒ고 남즈ㅣ 나이 이십일셰로 지어이십칠셰ᄭᆞᆫ디 항오에 드러 군사ㅣ 되엿다가 륙년 긔한이 차면 다시 예비영이 되야 아홉 히를 지는 후에 향리에 돌녀보닉는 고로 승평시 군익이 칠십오만이오 유수지시에는 가이 이빅이십오만 명이 되고 ᄯ 마병 십스만이 잇셔 명왈 가살극[40]이라. 가살극 십

---

40) 가살극(可殺克): 코사크. 아 마병(俄馬兵). 카자크(우크라이나어: козаки, 러시아어:

스만 명이 무스지시에는 전답을 가리혀 농사ᄒ되 부셰와 도디를 밧지
아니ᄒ다가 만일 아황이 명ᄒ야 츌전ᄒ라 ᄒ면 다 각기 군량을 ᄌ비
ᄒ고 국가ᄂ 상관이 업더라.

뎨십이졀 탁지라

아라사 군비에 호대홈은 ᄆ년에 영금 스쳔만 방이로ᄃᆡ [일방은 은
젼 십원 가량이라] 학교 경비ᄂ 겨우 슴빅만 방이 되니 이ᄂ 군비와
비교ᄒ면 십분일이 차지 못ᄒ고 문관의 봉급이 ᄯᅩᄒᆫ 영금 슴빅만 방
이요, 교즁 경비가 ᄯᅩᄒᆫ 겨우 영금 칠십오만 방이요, 국가 잡니ᄂ 영금
일만만 스쳔오빅만 방이 되니, 그 셰입을 상고ᄒ면 대강 셰츌과 상젹
ᄒ지라. 이 육십년리로 비록 국채를 차관홈이 만으나 만일 긔한 젼에
갑고ᄌ ᄒ야도 ᄯᅩᄒᆫ 부족지 아니ᄒ며 국채의 수효를 통계ᄒ면 구라파
쥬와 교젼ᄒ기 젼에도 발셔 영금 슴만만 륙쳔만 방이요 [빅만 방식 슴
빅륙십이라], ᄯᅩ 토이기와 교젼ᄒᆫ 병비가 대강 영금 일만만 슴쳔만 방
이 되니, 만일 아라사ㅣ 국채를 쳥장코ᄌ ᄒ야 환젼법을 다시 힝ᄒ면
그 돈의 거관됨이 이에셔 더 지날 거시 업스나, 연이나 원릭 그 국채
즁에 졍부로셔 ᄂᆡ여쥰 헷돈표가 심다ᄒ더니 환젼법 곳친 후에 그 돈
표 갑시 졈졈 져락ᄒ야 강고들이 통용ᄒᆯ 재에 반ᄃᆞ시 표의 긔록ᄒᆫ 돈
슈효보다 얼마식 감가ᄒ야 힝용ᄒ니 이럼으로 무역에 크게 구이되ᄂ
지라. 이제 다시 환젼법을 복고ᄒ야 국채를 갑고ᄌ ᄒ면 필연 슌죵홀
스름이 업슬 기시요, 만일 국채를 긔혜히 미봉코ᄌ ᄒᆯ지라도 민간의
부셰 극즁ᄒ니 다시ᄂ 단단코 더 쥰민고틱홀 길 업스며, 아라사의 ᄯᅡ
이 비록 광대ᄒ나 젼토가 날로 황무ᄒ야 부셰밧든 ᄯᅡ이 졈졈 진폐되

казáки, 폴란드어: Kozacy) 또는 코사크는 15세기 말부터 20세기 초까지 우크라이나
와 러시아 남부에 있었던 군사 집단이다. 구성원의 출신 국가는 다양하였다. 『위키백과』

는 거시 만코, 일국의 관원은 다 스탁을 경영ᄒ야 즈위드게라 ᄒ니 이럼으로 우와 아릭가 다 곤궁ᄒ고 가온딕 잇ᄂ 스름만 비부르더라.

믹년 츌구화ᄂ 영금 팔쳔오빅만 방이 되니 보리와 칡과 슴과 밋 슈목 등물이 큰 물건이 되고, 입구화ᄂ 츌구화보다 젹이 만으나 틱반이 다 구쥬의 직조물이라. 구쥬 타국의 통샹과 비ᄒ면 그 사소ᄒ이 말ᄒ 것 업더라.

뎨십ᄉ졀 국ᄉ롤 흥홈이라

아라사 짜에 긔광홀 물건이 무궁ᄒ나 지금ᄭ지 움지기지 아니ᄒ고 그 약간 단예가 뵈이ᄂ 거슨 탄광이니 그 장광이 영국 일경보다 못ᄒ지 아니ᄒ나 믹년 긔광ᄒ 셕탄을 보면 불과 영칭 슴빅팔십만 돈 [일 돈은 일쳔륙빅팔십 근이라]이 되니 영국에 비ᄒ면 오십분일이요, 쏘 금광이 잇스나 쳐금ᄒᄂ 법이 쏘ᄒ 너무 졸ᄒ니 만일 신법을 힝ᄒ면 아라사의 부홈이 금일보다 몟 빅가 될 거시요, 그 옥토도 쏘ᄒ 만흐나 농수ᄒᄂ 법이 졸직ᄒ며 젼토 미미ᄒᄂ 법도 쏘ᄒ 한 스름이 쥬장ᄒ지 못ᄒ게 ᄒ니 대져 별노이 량칙을 닉기 어렵고 통이언지ᄒ면 아라사ㅣ 릭두에 장찻 크게 흥홀지라. 연이나 그 완고ᄒ 법을 곳쳐 흥셩ᄒ기를 바라랴 ᄒ면 결단코 몟ᄒ간에ᄂ 셩ᄉ치 못ᄒ리로다.

뎨십ᄉ졀 쳘로라

쳘로ᄂ 아황이 갈력ᄒ야 츅죠ᄒ얏스나 아직도 가량이 업스니 대져 긔장이 스만팔쳔 리요 [죠션 리슈ㅣ 대져 리슈롤 말ᄒᄂ 데 영리라 아니ᄒ 곳은 다 조션 리슈로 ᄒᄂ 알이니 이샹 이하가 다 갓틈이라.] 그 갑시 영금 이만만 방에 이르나 별양 아름답지도 못ᄒ고 관활홈도 쏘

450

혼 법에 맛지 아니ᄒ며 허믈며 아라사의 짜히 크기가 한이 업거늘 구구혼 철로ᄂ 젹고 령셩홀지라. 영국으로 논ᄒ면 미 칠십 방리에 철로 삼리가 되고, 미국은 ᄉ빅 방리에 철로ㅣ 슴리어늘 아라사ᄂ 일쳔이빅 방리에 겨우 슴리가 되니 무슴 일을 건지리요. 그럼으로 아라사에 무슈혼 고유지디가 잇샤 샹등믹을 산츌ᄒ되 미미홀 량칙이 업고 그 갑슨 쳔ᄒ미 미두에 한 돈 오푼 [조션 엽젼]이 되나 한갓 도로ㅣ 불통ᄒᄂ 고로 항구와 대도회에 슈운치 못ᄒ고 젼야간에 썩어바리며 지금에 오직 다힝혼 바ᄂ 아라사 정부ㅣ 철로를 증츅고자 홀ᄉ 가돈하41) 하슈가에 탄광이 잇슴을 위ᄒ야 철로를 ᄊ아 산에 드러가 셕탄을 운젼코자 ᄒ고, ᄯ 한 길은 동으로 시작ᄒ야 셔빅리아42)와 홉극도43) 홍룡강 일디로 가게 ᄒ고, ᄯ 한 길은 아셰아 쥬 즁앙 빅잡라44) 일디에 이르게 ᄒ랴 ᄒ니 만일 큰 녁ᄉ를 챵기ᄒ면 아라ᄉ가 반다시 타국 ᄉ름의게 취신케 ᄒ야 거익되ᄂ 금을 차관혼 후에야 비로쇼 일을 경영ᄒ리러라. [셔빅리아 디 철로45)를 년리로 졈졈 증츅ᄒ니 아라ᄉ의 홍흠이 장챗 여긔 잇슬리로다.]

아라ᄉㅣ ᄉ 토디를 긔쳑ᄒ미 그 크기 무한ᄒ나 리익은 보지 못ᄒ고 도리혀 거관을 허비ᄒ니 그 파란국 다사림과 리히 혹히 두 사이에 잇ᄂ 고고사46)라 ᄒᄂ 짜와 아셰아 쥬 즁앙 디경을 다사리미 미년 용비 젹지 아니ᄒ니 나의 의견에ᄂ ᄎ차 이후로ᄂ 아라ᄉㅣ 만일 강토롤 긔쳑홀 마음이 잇셔도 필연 젼일을 복쳘을 발바 무용혼 짜롤 장만치 아니홀

---

41) 가돈하(加敦河): 한문본에서는 '가돈하(加敦河)'로 나타나며, 인지명표에는 '돈(敦)'으로만 표기함. 돈. 아하(俄河).

42) 셔빅리아(西伯里亞): 사이베리아. 아지(俄地). 시베리아.

43) 홉극도(拾克圖): 키아크타. 아지(俄地).

44) 빅잡라(博卡喇): 복하라. 아지(俄地). 앞에서는 포긱나(布喀喇)로 표기함. 현재 우즈베키스탄의 부하라.

45) 시베리아 철도: 우랄 산맥 남동 기슭의 첼랴빈스크에서부터 아시아 대륙을 가로질러 블라디보스토크까지 잇는 철도. 제정러시아의 극동 정책 추진에 중요한 역할을 하던 철도로, 1916년에 완성되었다. 길이는 7,416킬로미터이다. 『다음 사전』

46) 고고사(考靠司): 코카슈스. 아지(俄地). 코카서스.

거시요, 쏘 아영 량국이 다 극되흔 속지 잇셔 부득이 뎜령ᄒᆞ미 엇기가 날로 무거우니 되져 이 두 나라ㅣ 각기 ᄌᆞ긔 힘을 헤아려 다시 무거운 짐을 더ᄒᆞ야 그 엇기롤 누르게 아니ᄒᆞ리로다. [영국 총리 인도 ᄉᆞ무되신 유박나 후작이 말ᄒᆞ야 왈 닉 아라ᄉᆞ의 뜻을 보니 다시 남방을 기쳑ᄒᆞ야 인도에 이르러 타인의 짜을 뎜령치 아니홀 거시요, 다만 임의 뎜령흔 짜을 보호코쟈 ᄒᆞ야 부득이 ᄌᆞ연 남의 토디롤 침탈흠이니 우리 영국의 뜻과 갓다 ᄒᆞ더라.]

뎨십오졀 교회라

아라사 국즁에 산쳐ᄒᆞ야 교화업는 인민이 불계기슈ㅣ러니 이제 아라사ㅣ 농ᄉᆞ흠과 공작흠을 가라쳐 유용흔 빅셩을 믄드니 이에 져의 종낙이 셔로 모이여 거쳐ᄒᆞ고 아황을 공쥬로 셤기니 [공쥬는 졔후ㅣ 텬ᄌᆞ 셤김과 갓틈이라] 다ᄒᆡᆼᄒᆞ도다. 연이나 아라사의 교화ㅣ 실로 깁지 못ᄒᆞ야 다만 그 ᄌᆞ긔 아는 것과 룽흔 거스로 가라치고 극진흔 디경에 이르지 못ᄒᆞ며 아인의 족격이 이르는 짜는 곳 ᄌᆞ긔 나라 판도에 예속ᄒᆞ고 노비롤 둠과 미미흠을 금ᄒᆞ며 법률이 쏘흔 극히 엄ᄒᆞ야 포학흔 데 이르니 되져 그 뜻에 헤오되 법이 엄치 아니면 치민치 못흔다 ᄒᆞ며, 쏘 법을 변경ᄒᆞ면 빅셩이 심복지 아니홀가 겁흠이라. 연이나 통이언지 ᄒᆞ면 아라사의 관할바든 인민들이 젼일보다는 좀 낫더라.

뎨이십권 토이긔국이라

영국 마깐셔 원본, 청국 채이강 술고, 리졔마튀 번역

당나라 스긔에 칭흔 바 돌궐이니 이졔 청인이 번역ᄒ야 토이긔라 ᄒ니 대뎌 그 글자 음이 상ᄉ홈이라.

뎨일졀 돌궐의 근원과 지파라

야소 강ᄒᆡᆼ시에 달달[1]이라 ᄒᄂ는 종뉴ㅣ 잇스니 명왈 흉노라. 리ᄒᆡ[2] 바다와 즁국 ᄉ이에 릐왕ᄒ야 교화가 무엇신지 모르며 엣젹 ᄉ긔 짓ᄂ는 ᄉ름이 져의 교화ㅣ 업고 ᄯᅩ 면목이 괴악ᄒ다 말호ᄃᆡ 흉노ᄂ는 눈이 젹고 눈방울은 깁흐며 코의 납작홈이 얼골과 갓치 평평ᄒ고 ᄯᅩ 터러 귀가 젹고 슈염이 업스니 이ᄂ는 짐ᄉᆼ이 ᄉ름쳐럼 셔셔 울미라 ᄒ며 그 더욱 깁히 뮈워ᄒ든 주ᄂ는 ᄯᅩ 일으되 흉노ᄂ는 여호와 삵긔의 종자ㅣ니 인류에 춤예치 못ᄒ리라 ᄒ나 만일 그 담략을 론ᄒ면 ᄯᅩ 다 말호ᄃᆡ ᄉ름이 비홀 자ㅣ 업다 ᄒ며, 흉노ㅣ ᄯᅩ 말달니기를 잘ᄒ야 지극히 용녈ᄒᆫ 말이라도 ᄒᆫ 번 ᄎᆡ를 치면 다 마음과 갓치 치빙ᄒ야 쥰마와 다르미

---

1) 달달(達靼, 달단): 타타르의 음역. 몽골족의 후손으로 크림 칸국을 건설하였음.
2) 리ᄒᆡ(裡海): 발하슈 호로 추정.

업스니 이는 다른 종락 스름이 밋츨 자 업다 ᄒ고 성품이 싸홈을 조
와ᄒ고 주효가 쏘 만혼 고로 구라파 아셰아 스름이 두리지 아니리 업
고, 중국은 흉노를 방비코즈 ᄒ야 동북방에 쟝셩 슈쳔오빅리를 싸앗스
되 [만리쟝셩이라] 오히려 항상 그 히를 당ᄒ야 심지어 미년 폐빅을
쥬고 화친을 쳥ᄒ야 거의 그 속국과 갓다 ᄒ니 그 용한흠을 가지러라.

흉노의 종적이 표홀무상3)ᄒ야 졸연히 남으로 침노ᄒ다가 쏘 셔편
을 야료4)ᄒ며 쏘 셕일에 가지 아니ᄒ든 싸에 드러가기를 조하ᄒ야 지
물 잇는 대로 다 창탈흔 연후에야 비로소 도라가며 쏘 싸로이 흔 부락
이 잇셔 남으로 박잡라5)를 [지금 중국 신강 셔북방이라] 범ᄒ야 필경
웅거ᄒ고 그 일홈을 곳쳐 왈 돌궐이라 ᄒ니 후에 아자빅6) 스름이 수
긔를 지어 왈 셰계 토디 중 조혼 자 박잡라에셔 더 지날 ㄱ곳이 업스
니 흉노 비록 그 명승지디를 뎜령ᄒ얏스나 필경 오리 누리지 못ᄒ리
라 ᄒ더니 셔력 류빅이십이년 [신라 진평왕 시]에 아즈빅 싸에 회회교
시조 모한묵덕7)이 출셰ᄒ야 아즈빅 스름을 가르쳐 왈 우리 등이 텬
하 셰계 스름을 인도ᄒ야 다 뎡도에 도라오게 ᄒ여야 바야흐로 공덕
이 원만ᄒ리라 ᄒ니, 아즈빅 스름이 신종ᄒ는 자 수방에 나아가 젼
교홀시 불쳥ᄒ는 즈는 병력으로 쎠 겁박ᄒ니 이에 셔방인이 회교를
좃는 자 티반이요, 쏘 동으로 힝ᄒ야 동방 졔국을 삭평코즈 ᄒ다가
박잡라에 이르러 돌궐과 싸혼 지 여러 히에 돌궐이 력진ᄒ야 항복ᄒ
거늘 회교인이 돌궐로 ᄒ야곰 의구히 박잡라에 잇게 ᄒ나 돌궐인은
거의 회교인의 노복이 되야 유령시종ᄒ고 미긔에 돌궐이 다 회교를
쥰힝ᄒ더라.

돌궐이 박잡라를 웅거흔 지 슈ᄉ빅년에 면목이 변ᄒ야 량션ᄒ고 셩

---

3) 표홀무상(飄忽靡常): 표홀미상. 바람처럼 갑작스럽고 급히 쏠리는 듯한 모양.

4) 야료: 문득 소란스럽게 함.

5) 박잡라: 앞에서는 복하라 곧 우즈베키스탄의 부하라를 일컫는 지명으로 쓰였으나, 여기
서는 신강 지역의 지명으로 쓰임.

6) 아자빅(亞刺伯, 아랄백): 아라비아. 회회지(回回地).

7) 모한묵덕(謨罕黙德 西名 殺拉生): 모함메드. 회교조(回敎祖). 모하메드.

정도 쏘흔 순슉흐나 만일 쏘홈을 당흐야 창을 메이고 젼장에 나아가면 담략이 심이 쟝흐고 쏘 츙심이 경경흐야 등한이 항복지 아니흐니 이럼으로 회교왕이 익즁이 녁여 수하 친군을 숨으며 지어 공로ㅣ 잇다 흐야 쟝군 벼슬을 가진 자ㅣ 잇고 쏘 그 우등되는 자를 가리혀 일셩을 관할흐야 당나라 졀도〯와 지금 쳥나라 순무〯와 갓탄 〯도 잇스며 회왕 주우에 잇셔 집졍대신된 〯도 잇고 셕년 돌궐의 츄한무례흐든 긔습이 변흐야 온〯흐고 묵즁흐며 [이졔 돌궐 〯름이 풍긔 잇더라] 셔력 일쳔여년 간[고려 초]에 돌궐이 쏘 박잡라를 주장흐더라.

데이졀 동라마 경셩을 파흠이라

돌궐이 회교랄 쥰힝흔 지 수빅년에 현져이 셕일 〯름은 아니나 용밍흔 긔운은 의연히 변치 아니흐야 무론 동셔남북흐고 토디 긔쳑흠을 상칙이라 흐고 동으로는 아셰아 쌰를 엇고 일쳔일빅년 [고려 숙종 오년]에 쏘 셔으로 소아셰아와 밋 셔리아⁸⁾ 쌰을 어드며 유틱국 도셩 야로살닝⁹⁾은 텬쥬교와 긔독교인이 다 야소의 강〯흔 쌰히라 흐야 귀즁히 녁이더니 이졔 쏘 돌궐의게 쎗긴 바ㅣ 되고 그 소아셰아 쥴를 어들 째에는 영국 리 수일리 허는 [영국 일리는 조션 습리 가량이라] 곳 라마국의 궁〯단¹⁰⁾ [동경 셔울이라] 동라마 황뎨 그 핍박흠을 보고 심이 겁니여 구쥬 각국에 구원을 쳥흐야 왈 돌궐인이 소도쳐에 긔독교룰 원수갓치 녁이니 우리 각국이 합력흐야 막〯흐니 긔시 동라마의 위틱흠이 조셕에 잇더라.

이 째 돌궐이 유틱국 야로살닝을 어든 후에 긔독교인이 야로살닝에 오는 〯는 다 학딕흐며 혹 그 쌰에 뉴람흐는 〯름의 힝장을 겁탈흐기

---

8) 셔리아: 시리아.
9) 야로살닝: 예루살렘.
10) 궁〯단: 콘스탄티노플.

도 ᄒ고 긔독교의 대주교를 머리를 써들너 각 져ᄌ로 조리돌니다가 옥에 가두며 ᄯ 구쥬 ᄉ름은 야로살링을 성인의 싸히라 ᄒᄂ 고로 야소 졸ᄒ 후 다시 환싱ᄒ야 사라ᄂ 곳에 한 례빅당을 지엇더니 이 ᄶ에 회교인이 항상 그 당에 드러와 무례ᄒ 일을 힝ᄒ며 긔독교인은 감히 당에 드러오지 못ᄒᄂ지라. 구쥬 셔방 각국인이 더욱 불평ᄒ야 다 말ᄒ되 돌궐이 유틱국을 겸거홈은 오히려 고ᄉᄒ고 그 인민을 학틱ᄒ며 ᄯ 긔독교인을 능멸ᄒ니 이ᄂ 용서치 못ᄒ리라 ᄒ고 드듸여 각국이 합병ᄒ야 젼쟁ᄒ 지 이빅년이 되도록 돌궐이 의연히 강셩ᄒ고 구쥬 ᄉ름은 젼쟝에셔 죽은 자ㅣ 이빅만 인에 이르니 구쥬 각국이 다시 감히 츌병ᄒ야 치지 못ᄒᄂ지라. 돌궐이 더욱 교만ᄒ야 여러 번 군ᄉ를 발ᄒ야 라마 동경을 핍박ᄒ다가 필경 일쳔ᄉ빅여년 [틱조 틱죵 년간]에 바다를 건너 셔으로 향ᄒ니 라마인이 망풍분괴ᄒᄂ지라. 이에 라마 동경 궁ᄉ단 셩이 돌궐의 겸령ᄒ 빅 되야 지금 돌궐의 도셩이 되니라.

돌궐이 이믜 라마국 동경을 겸령ᄒ믜 구쥬에 다년 용병ᄒ야 거의 구라파 쥬 일경을 싱킬11) 형셰 잇스니 대져 당시에ᄂ 구쥬 동남 각국이 교의 권셰를 닷토와 릉히 동심합력ᄒ야 외국을 막지 못ᄒᄂ 고로 돌궐이 이르ᄂ 곳에 오직 져의 나라마다 ᄒ나식 대젹ᄒ야 쓰호니 이럿틋시 미약ᄒ 소국들이 엇지 용밍ᄒ 돌궐을 당ᄒ리요. 불과 수년에 픽망ᄒ 나라히 분분히 만ᄒ며 희랍국 일경은 그 나라 ᄉ면 바다에 잇ᄂ 히도를 병ᄒ야 돌궐의게 다 쎅앗기고 싴이유아12)ᄂ 본이 라마 속국이라. 돌궐의 싸히 되고 ᄯ 수년만에 파ᄉ년13) 싱과 밋 아파니아14) 디방도 돌궐의 싸히 되고 긔미아15)ᄂ 의대리 국 경라아16) 항구의 속디라. ᄯ 쎅앗기고 항가리 디방 모든 소국왕은 권셰를 닷토거ᄂ 돌궐

---

11) 싱킬: 삼킬.

12) 싴이유아(索爾唯阿): 사부이(?).

13) 파ᄉ년(波斯年 又名 波斯囁, 파사섭): 쏀스니아. 돌지(突地).

14) 아파니아(啞巴呢啞): 알바늬아. 돌지(突地). 알바니아.

15) 긔미아(開迷啞): 미상.

16) 경라아(耕羅亞): 경나야. 코르시카.

이 그 긔회를 인ᄒ야 항가리의 큰 ᄯᅡ ᄒᆞᄂᆞ를 ᄎᆞ지ᄒᆞ고 그 외에 ᄯᅩ 항가리 ᄯᅡ 화ᄌᆞ가17)와 모듸비18)를 다 속국을 삼아 ᄆᆡ년 방물을 공헌ᄒᆞ게 ᄒᆞ더니 이윽고 익급국이 ᄯᅩᄒᆞᆫ 속국이 되거늘 돌궐이 그 강ᄒᆞᆷ을 밋고 드듸여 대병을 보ᄂᆡ여 오ᄉᆞ마가 국의 유야랍 도셩을 치더라. [오사마가ᄂᆞᆫ 오지리국이라.]

데숨졀 그 셔방은 긔쳑지 못ᄒᆞᆷ이라

돌궐의 인군은 즉금 속언에 토이기 왕이라. 셰셰상젼ᄒᆞ야 타셩이 밧귀지 아니ᄒᆞ고 일국에 오직 왕이 가장 존귀ᄒᆞ야 다만 치국ᄒᆞᄂᆞᆫ 권이 잇슬 ᄲᅮᆫ 아니라 겸ᄒᆞ야 교를 주장ᄒᆞᄂᆞᆫ 권이 잇셔 텬쥬교의 교황과 갓ᄐᆞ니 이럼으로 나라와 교의 두 권이 다 그 장악에 잇셔 일국 즁에 다시 어ᄂᆞ 사ᄅᆞᆷ이 감히 항거ᄒᆞ며 ᄯᅩ 구쥬 동남 디경과 밋 라마 속디가 다 돌궐의 속국이 되얏스니 연즉 외국에도 ᄯᅩᄒᆞᆫ 감히 항형ᄒᆞᆯ 자ㅣ 업거늘 오직 의대라 바다와 상듸ᄒᆞᆫ 언덕에 한 죵락이 잇스니 명은 민탄이갈령19)이라. 만산이 쳡쳡ᄒᆞᆫ 가온듸 거ᄒᆞ야 병마가 릉히 가지 못ᄒᆞᄂᆞᆫ 데요, ᄯᅩ 인구ㅣ 심이 번경ᄒᆞ야 슈빅년 이ᄅᆡ로 항상 돌궐과 힐항ᄒᆞ더니 십여년 젼에 [대군주 십오년] 구쥬 각국이 덕국 경셩 빅령에 모히여 민탄이갈령 왕으로 ᄒᆞ야곰 ᄌᆞ주지국이 되게 ᄒᆞ니 돌궐이 더욱 핍박지 못ᄒᆞ더라.

돌궐의 죵뉴ᄂᆞᆫ 토이기라 ᄒᆞᆯ ᄲᅮᆫ 아니라 ᄯᅩ 옥토만20)이라 칭ᄒᆞ니 옥토만이 ᄯᅡ을 긔쳑ᄒᆞᄂᆞᆫ 형셰가 아라사보다 먼져 시작ᄒᆞᆫ 지 슈빅년이러니 일쳔오빅칠십일년 [션조 ᄉᆞ년]에 돌궐이 대병을 거ᄂᆞ리고 의대리

---

17) 화자가(華喇加, 화라가): 헝가리의 지명. 미상.
18) 모듸비(謨大鼻 又名 磨稻芽): 몰다예아. 돌속(突屬). 몰다비아.
19) 민탄이갈령(悶呑藹竭鈴): 몬테늬그린스. 종류 소국(種類 小國). 몬테니그로.
20) 옥토만(屋土蔓): 옷토만. 돌인별명(突人 別名). 오스만.

바다 여반만21)에 이르니 이에 비니셜22)과 경라아 두 항국의 군사ㅣ 셔반아와 밋 교황의 병선을 합ᄒᆞ야 막거늘 돌궐이 대픽ᄒᆞ야 도망ᄒᆞ니 이ᄂᆞᆫ 돌궐이 젼징ᄒᆞᆫ 이릭로 픽ᄒᆞᄂᆞᆫ 시초ㅣ라.23) ᄌᆞ후로 그 형셰 날로 쇠ᄒᆞ야 다시ᄂᆞᆫ 타국을 침탈치 못ᄒᆞ고 그 강포ᄒᆞᆫ 마음을 옴기여 빅셩을 학딕ᄒᆞ며 관리의 폐단이 ᄯᅩᄒᆞᆫ 졈졈 심ᄒᆞ야 인민이 젼답이 잇셔도 감이 농ᄉᆞ치 못ᄒᆞ고 방옥이 잇셔도 안거치 못ᄒᆞ며 인구ㅣ 날노 감ᄒᆞ고 국용이 ᄯᅩᄒᆞᆫ 인ᄒᆞ야 핍졀ᄒᆞ더라.

긔독교와 회회교인이 셔로 ᄊᆞᆫ혼 지 오릭미 지금은 긔독교인이 원수를 갑고ᄌᆞ ᄒᆞ며 항가리 인은 먼져 구업을 회복ᄒᆞ고 비니셜 인은 돌궐의 군ᄉᆞ를 구츅ᄒᆞ야 희랍으로 돌녀보닉고 파란인은 돌궐과 수ᄎᆞ ᄊᆞ와 이긔고 졈졈 일헛든 싸홀 ᄎᆞ지며 ᄯᅩ 아라사ᄂᆞᆫ 력딕 이릭로 돌궐을 큰 원수라 ᄒᆞ야 그 나라를 멸치 아니면 마음이 싀원치 아니ᄒᆞ다 ᄒᆞ더라.

뎨ᄉᆞ졀 돌궐이 토디 어듬이 너름이라

돌궐이 누딕 창궐ᄒᆞ야 어든 토디와 지산이 다 극히 조ᄒᆞ니 그 폭원의 너름은 법국보다 습비요, 토홈이 다 비옥ᄒᆞ야 비록 농ᄉᆞ법을 아지 못ᄒᆞᄂᆞᆫ ᄉᆞ롬도 이 짜에 거ᄒᆞ면 추수가 풍등ᄒᆞ며 텬긔 ᄯᅩᄒᆞᆫ 불한불열ᄒᆞ고 산즁 미라 가온딕 찬란이 보이ᄂᆞᆫ 거시 다 황금이라. 취지무금ᄒᆞ고 용지불갈ᄒᆞ며 수은은 은싀암 솟둣ᄒᆞ야 쳐쳐에 다 잇고 셕텬과 쳘

---

21) 여반만(黎攀塊, 려반토): 래판토. 의해구(意海口). 레판토.
22) 비니셜: 베니스.
23) 레판토 해전: 레판토 해전(그리스어: Ναύπακτος, 터키어: İnebahtı, 이탈리아어: Battaglia di Lepanto, 라틴어: Proelium Lepanthinum)은 1571년 10월 7일 베네치아 공화국, (교황 비오 5세 치하의) 교황령, (나폴리와 시칠리아, 사르데냐를 포함한) 스페인 왕국과 제노바 공화국, 사보이 공국, 몰타 기사단 등이 연합한 신성 동맹의 갤리선 함대가 오스만 제국과 벌인 해상 전투로 오스만의 전투용 갤리선 함대를 결정적으로 패배시켰다. 『위키백과』

과 동과 금과 소곰 등 졔물이 넉디와 연ᄒᆞ변 일디에 다 번셩ᄒᆞ야 이럼
으로 돌궐인이 구라파 아셰아 아비리가 쥬와 통상ᄒᆞ야 크게 리익이
잇더라.

뎨오졀 돌궐의 셩졍이라

흉노ㅣ 긔국ᄒᆞᆫ 후로부터 지금ᄭᅡ지 권셰로 그 인민을 압졔ᄒᆞ니 대져
타국으로 말ᄒᆞ면 즁국 송나라 째[고려 시]에 락이만24) 부락 스름은 법
난셔로부터 영길리에 이르러 영국 ᄯᅡ을 뎜령ᄒᆞ야 날이 오릭믹 영국
스름과 피ᄎᆞ 혼인을 결ᄒᆞ고 물과 졋이 셔로 합흠과 갓ᄐᆞ야 쥬직을 난
호지 아니ᄒᆞ거늘 <u>오직 돌궐인은 불연ᄒᆞ야 그 죵락이 박잡라 등디의 토민
과 불합ᄒᆞ야 져의 쳐음 일을 ᄯᅢ에 회회교롤 쥰힝치 아니ᄒᆞᄂᆞᆫ 스름은 다면
쳔히 녁일 ᄲᅮᆫ 아니라 ᄯᅩ 원수갓치 믜워ᄒᆞ니</u> 그 쳐음에ᄂᆞᆫ 쥬직이 혐이 잇
스니 혹 그러ᄒᆞᆯ 듯ᄒᆞ려니와 지금 쳔여년이 되도록 의연히 곳치지 아
니ᄒᆞ니 이 엇지 된 일인지 그 마음을 알 수 업스며, 오직 그 국즁에
싱싁되ᄂᆞᆫ 일은 긔독교 인이니 리문아25) [리문아ᄂᆞᆫ 동방 긔독교 즁 한
문호ㅣ라] 밋 유틱인이 다 그 국ᄂᆡ에 잇셔 은힝을 긔셜ᄒᆞ고 희랍국인
[희랍인이 아라스 교와 갓고 ᄯᅩ 일홈ᄒᆞ야 왈 동텬쥬교라] 그 나라의
상고와 수수26)ㅣ 되고 [수수ᄂᆞᆫ 빅 부리ᄂᆞᆫ 스름이라] 긔여 각 교인이
ᄯᅩ ᄯᅡ을 긔간ᄒᆞᄂᆞᆫ ᄌᆞ도 잇셔 돌궐의 유익흠이 젹지 아니ᄒᆞ고 지어 돌
<u>궐 죵락은 다 난타27)ᄒᆞ고 사치ᄒᆞ며 그 음탕흠이 ᄯᅩ 말ᄒᆞᆯ 수 업고 그 임식
흠은 다 농민의 힘을 조뢰ᄒᆞ나 그러나 긔독교 즁 농부롤 쳔딕ᄒᆞ야 인류로
딕졉지 아니ᄒᆞ니</u> 그 ᄯᅩ 엇지ᄒᆞᆫ 리치며 국가ㅣ 만일 젼쳥이 잇스면 그

---

24) 락이만(諾爾曼): 노만스. 부락(部落). 노르망.
25) 리문아(雅門雅 又名 雅孟尼亞): 한문본은 '리문아(離門雅)'. 아메늬안스. 교문(敎門).
26) 수수(水手): 배 부리는 사람.
27) 난타(嬾惰, 란타): 게으름.

스치흐고 음탕흐든 스름이 곳 졸연히 용밍흐고 한악흐며 져의 힘을 다흐야 출전흐다가 급기 파젼흐고 도라오면 의연히 스치흐고 의연히 음탕흐며 쏘 만스를 타인의 리히질통을 불고흐고 오직 졔 마음되로 힝흐며 쏘 셩졍이 락을 아지 못흐야 근심흐고 괴로워흐는 빗치 종싣 노록 얼골에 낫타나며 만일 스름이 무슴 일이 잇다 흐면 곳 심긔 화평 흐야 미양 혼연락죵흐니 이러트시 이상흔 셩졍은 다 구셜부득흘 일이 요, 기즁에도 쏘 셔로 지긔지우ㅣ라 흐야 한 집에 모히여 왕왕히 수작 이 단란흐야 셰월 가는 쥴을 모르니, 이는 쏘 무슴 일인지 알 수 업고, 대져 돌궐의 교는 시법을 조와 아니흐고 그 교의 경문은 일홈흐야 왈 부이간[28]이라 흐니 한문으로 번역흐면 '과연[29]'이라 흐는 두 글즈 쯧 이라. 국즁 졍치도 쏘흔 과연 두 글즈에셔 치츌흐야 시힝흐고 풍속 습 상도 쏘 과연 니즈이요, 돌궐인이 다 말호되 과연 경즁에 졍흔 법이 여츠흐니 우리 결단코 곳치지 못흔다 흐니, 대져 <u>과연 경즁의 졍흔 률 레는 아즈빅 짜에 우쥰흔 스름이 지은 거시라.</u>[30] 이졔는 일쳔이빅여 년이 되얏고 목하에 쏘 큰 나라히 되얏스니 엇지 그 법이 젹당흐리요. 연이나 영영히 직희여 감이 변긔치 아니흐니 그 어리셕음은 더욱 알 수 업고, 쏘 글즈 식이는 각 공과 그림 그리는 화공을 쓰지 아니흐니 이는 회교 경문에 각즈흐애 인쇄흠과 그림을 그리지 못흐게 흠이요, 의슐도 쏘흔 극히 용렬흐니 과연 경즁에 죽은 스름의 신톄를 쏙의여 그 병 근원을 삵히여 징험치 못흐게 흠이니, 의슐의 소명흠을 엇지 바 라며 지이 퇴셔에 격치학은 아모리 유명흐야도 돌궐인이 한 번도 상 고치 아니흐더라.

---

28) 부이간니(富爾干尼): 코란. 회교경(回敎經). 코란.

29) 과연(果然): 코란의 의미. '아닌 게 아니라 정말로'의 뜻.

30) 코란을 지은 사람에 대한 평가임.

데륙절 돌궐의 풍속이라

회회교는 비록 교라 주칭ㅎ나 학교를 즁히 아지 아니ㅎ야 여항간에
학당이 요요무문ㅎ며 셔젹은 희교 경문 외에는 편언척주라도 머물지
아니ㅎ더라. [토이기 국즁 파라가현31)싱 짜에 긔독교인이 잇셔 독셔
홈을 힘뻐 학교 장졍을 셰우믹 더욱 졍밀ㅎ고 그 학교 관할흔 주는 다
빅셩이 공쳔흔 스름이라 이십년릭로 더욱 학교 스무를 졍돈ㅎ니 뎨주
들이 총명흔 자ㅣ 만터라.]

돌궐의 부녀는 젼혀 교화를 아지 못ㅎ고 그 직물 잇는 주는 어린 계
집아히를 스다가 대강 음식 믄드는 법과 규방 직희는 례졀을 가라쳐
년긔 장셩ㅎ면 곳 부주의게 파라 별실이 되게 ㅎ고 [토이기에 릭치
득32)이라 ㅎ는 스름은 벼슬이 총독이라. 연이나 나이 어린 계집 사십
여명을 길너 부주가 되엿다 ㅎ더라.]

혹히 리히 스이에 질아져33)ㅣ라 ㅎ는 일싱 짜히 잇스니 산수ㅣ 미
려ㅎ고 녀항간 녀주ㅣ 다 주식이 잇셔 쳐음 팔니는 째에는 봉두돌빈34)
에 모양이 추루ㅎ다가도 밋 궁스단 도셩에 보닉여 수년을 교도ㅎ고
목욕 식이고 향수를 발나 졔반 단장을 갓오면 션연흔 틱도와 요라흔
의용이 스름을 놀닐지라. 이에 부가랑이 쳔금 쥰마를 앗기지 아니ㅎ고
밧구워다가 소쳡을 숨으며 귀족주뎨와 왕후의 종실이 다 큰 보비와
갓치 귀즁이 넉이고 필경은 혹 후궁이나 귀비로셔 황후에 이르는 자ㅣ
잇는지라. 대져 로류장화의 쳔질노 졸연히 놉히여 국모 위에 오르되
교육을 바든 자ㅣ 업스니 일국 부녀ㅣ 다 그 풍속을 좃ᄎ 주연 유한뎡
졍흔 녀주ㅣ 젹고, 소위 교라 홈도 불과 옛법을 직희여 변통치 못ㅎ니
만일 타국의 수시변통ㅎ야 긔화홈과 비ㅎ면 그 우미ㅎ고 어리셕음이

---

31) 파라가현(波羅嘉賢): 팰가리안스. 돌셩(突省). 불가리아.
32) 릭치득(來喫得, 래낏득): 쾌스치드 파샤. 돌총독(突總督).
33) 질아져(姪兒姐 又名 爵爾嘉): 씨오지아. 돌셩(突省).
34) 봉두돌빈(蓬頭突鬢): 봉두난발.

말홀 슈 업더라. [만일 돌궐의 풍속을 스긔에 올니고즈 ᄒ면 영인이 다 머리를 혼들고 이마를 집프려 왈 이러ᄒᆫ 나라를 보호ᄒ면 져의 악습을 기름이라 ᄒ며 영국 명수 고불등은 말호되 돌궐의 악속과 학뎡은 불가승언이라. 닉 붓슬 더레일가 ᄒ야 칙에 긔지치 아니ᄒ노라 ᄒ더라.]

뎨칠졀 졍치가 착지 못홈이라

돌궐이 빅셩을 즈식갓치 아니 아니ᄒ고 원수갓치 되졉ᄒ니 그 국가 대졍은 인군이 독단ᄒ야 빅셩의 신명과 지산이 다 인군의 가진 비요, 쏘 억지로 회교를 좃치라 ᄒ며 지어 긔독교ᄒᄂᆫ 위령으로 겁박지 아니면 부세를 더 증출ᄒ며 쏘 인군이 만일 그 지산을 가지고즈 ᄒ면 임의 탈취ᄒ되 감히 힐난치 못ᄒ니, 대져 회회교의 졔도ᄂᆫ 다만 회교만 보호ᄒ고 타교ᄂᆫ 보호치 아니ᄒ며 쏘 인군 외에도 더욱 혹독ᄒᆫ 자ㅣ 잇스니 이ᄂᆫ 일국 부세를 맛튼 스름이라. 그 스름이 빅셩을 되신ᄒ야 부세를 먼져국가에 밧치고 다시 빅셩의게 수쇄홀시 억지로 돈을 남봉홈과 긔한을 촉박히 홈과 은젼을 환롱홈이 다 스름의 의스밧기요, 대소 각관과 공문 즁 스름은 무론하인ᄒ고 항상 민간을 향ᄒ야 토식ᄒ미 장물이 랑즈ᄒ되 국가ㅣ 흔번 뭇지도아니ᄒ니 그 연고를 말ᄒ면 벼슬ᄒᄂᆫ 스름이 다 국가에 랍뇌ᄒ야 져의 관작으로 싱계를 숨아 벼슬홀 째에 드린 밋쳔을 빅셩의게 츠질지라. 이에 쥰민고틱ᄒ야 본젼을 쎅고 쏘 타일 향리에 도라가 싱계홀 돈을 장만ᄒ니 이럼으로 관장이 시뎡에 모리비와 갓튀야 무슴 례의 넘치를 도라보며 혹 농부와 소민이 보리 열 셤만 잇셔도 관장이 즁죄로 얼거 심지어 죽이고 그 지산을 젹몰ᄒ니 이럼으로 돌궐의 빅셩이 학졍을 견되지 못ᄒ야 다 죽게 되얏스니 가련ᄒ도다.

구쥬 스름이 다 말ᄒ되 돌궐은 치국홈이 아니요, 살인ᄒᄂᆫ 강도ㅣ

라. 디구샹에 뎨일 되든 옥토가 지금은 변ᄒ야 일편 황무ᄒᆫ 싸히 되고
인구의 수요ᄂᆞᆫ 년년이 감ᄒ야 셕일 라마국을 할거ᄒ든 째보다 이졔ᄂᆞᆫ
습분에 일이 되니 이럼으로 그 싸에 류람ᄒᄂᆞᆫ 쟈ㅣ 미양 탄식왈 져 원
ᄉᆞ름이 이러틋시 촘아 이런 일을 힝ᄒᄂᆞᆫ고. 이졔도 오히려 곳치지 아
니ᄒ니 타일에 빅셩이 쟝찻 씨도 업슬리로다. 셕일에ᄂᆞᆫ 유명ᄒᆫ 도회에
인민의 쾌락홈이 ᄉᆞ름으로 ᄒ야곰 흠모ᄒᆞᆯ너니 금에ᄂᆞᆫ 인연이 돈졀ᄒ
고 셩곽이 구허를 일우며 왕왕이 고시에 셩젹이 거친 풀 가온뒤 미몰
ᄒ야 가시덤불과 구리약뒤가 [구리로 ᄆᆞᆫ든 약뒤라] ᄉᆞ름의 마음을 슬
푸게 ᄒ며 ᄯᅩ 긍ᄉᆞ단 도셩으로부터 동편 안고랍35) 디방ᄭᆞ지 수빅리에
팔십년 간에 촌락이 ᄉᆞ오십쳐ㅣ 되더니 이졔ᄂᆞᆫ ᄒ나토 업스며 만일 ᄉᆞ
미나36) 바다 가ᄂᆞᆫ 길에ᄂᆞᆫ 일빅오십년간에 애빅여 동리가 지금은 ᄒ
ᄉᆞ름도 업고, 다만 ᄉᆞ미나로 론ᄒ야도 슴십년 젼에ᄂᆞᆫ 인구 팔만이러니
지금은 겨우 ᄉᆞ만 일쳔이요, ᄉᆞ미나 바다 남편 감졔아37) 희도 즁에도
팔십년 젼에 인구ㅣ 오만이러니 금에 겨우 일만이오 구쥬 ᄉᆞ름 ᄒ나이
돌궐국 북방으로 좃ᄎ 이빅여리를 힝ᄒ미 도쳐에 토디가 비옥ᄒ야 오
곡을 다 맛당히 심을지라. 연이나 망망ᄒᆫ 너른 들에 종일토록 ᄒᆫ ᄉᆞ름
도 보지 못ᄒ며 ᄯᅩ 그 북방으로좃ᄎ 남으로 힝ᄒ니 젼야 즁에 거친 풀
이 편만ᄒ야 춤혹ᄒᆫ 긔샹이 눈을 드러 볼 수 업고, 급기 긍ᄉᆞ단 도셩에
이르러 바야흐로 도로ㅣ 의희이 보이고 셔리아와 파시스 싸 두 디경에
ᄂᆞᆫ 냥변에 큰 하수ㅣ 잇셔 가히 물을 뒤힐지라. 연이나 황폐ᄒᆫ 토디
십분에 구가 되니 돌궐의 괴이ᄒᆫ 힝실은 이 엇지 ᄉᆞ름이라 칭ᄒ며 그
나라히 구라파 쥬와 졉계ᄒᆫ 화라가38)와 마도아39) 냥셩을 비혀 라미니
아40) 국 된 싸도 토디가 다 비옥ᄒ나 농ᄉᆞᄒᄂᆞᆫ 싸히 겨우 이십분일이

---

35) 안고랍(安古拉): 앙고라. 돌셩(突省). 앙카라.

36) ᄉᆞ미나(思梅那): 스미나. 돌해구(突海口).

37) 감졔아(嵌提牙): 칸듸아. 돌도(突島).

38) 화라가: 헝가리의 지명. 미샹.

39) 마도아(磨稻芽 又名 謨大鼻): 몰다예아. 돌셩(突省). 몰다비아.

40) 라미니아(羅美尼亞): 로마늬아. 국(國). 루마니아.

라. 아세아 쥬에 잇ᄂᆞᆫ 토이기와 다를 것 업스니 대져 ᄌᆞ고 급 금텬하 세계에 돌궐갓치 정치가 픠리괴악ᄒᆞᆫ 나라도 업고 ᄯᅩ 이러틋시 수빅년 을 지나도 하ᄂᆞᆯ이 아직가지 머물너 두니 이상ᄒᆞ도다.

뎨팔졀 아라사ㅣ 돌궐의 경셩을 병탄코ᄌᆞ ᄒᆞᆷ이라

아라사ㅣ 력뒤 이ᄅᆡ로 항샹 돌궐의 도셩과 밋 그 연ᄒᆡ변 싸흘 엇고 ᄌᆞ ᄒᆞ며 ᄯᅩ 옛젹 비긔가 뉴젼ᄒᆞ야 왈 돌궐의 싸혼 조만간에 아라사이 된다 ᄒᆞ니 이 비긔가 어늬 ᄯᆡ부터 낫ᄂᆞᆫ지 박학ᄌᆞ도 아지ᄂᆞᆫ 못ᄒᆞ며 팔 빅년 젼 돌궐이 궁사단을 웅거ᄒᆞ기 젼에 안뎨와41)로부터 [안뎨와ᄂᆞᆫ 셔리아의 옛젹 유명ᄒᆞᆫ 항구라] 궁사단으로 오ᄂᆞᆫ 자ㅣ 그 힝장 즁에 돌 노 ᄆᆞᆫ든 말이 잇셔 그 빅에 젼ᄌᆞ로 싁이엿ᄃᆡ 아라사ㅣ 궁사단을 어 드리라 ᄒᆞ며 이윽고 돌궐인이 ᄯᅩᄒᆞᆫ 비긔와 밋 옛 그릇에 쓰인 글이 다 이러ᄒᆞᆷ을 보고 마음에 항상 겁ᄂᆡ며 아라사ᄂᆞᆫ 이를 인ᄒᆞ야 싱각ᄒᆞ되 궁ᄉᆞ단은 나의 물건이라. 시운이 이르거든 대병을 의릐켜 토멸ᄒᆞ리라 ᄒᆞ고 익렬산덕 뎨일 황뎨ᄂᆞᆫ 일즉이 말호ᄃᆡ 아라사 젼국 즁에 겨우 ᄒᆞᆫ 사ᄅᆞᆷ이 돌궐 싸흘 졈령코ᄌᆞ 아니ᄒᆞ니 이 스ᄅᆞᆷ은 누구뇨. 곳 짐의 몸이 라 ᄒᆞ며 니고랄사 황뎨ᄂᆞᆫ 갈오ᄃᆡ 짐이 구타여 궁ᄉᆞ단을 취ᄒᆞᆯ 거시 업 고 지속간에 필연부득이 취ᄒᆞᆯ 날이 잇슬지라. 므릇 셰샹에셔 아라사ㅣ 돌궐 멸ᄒᆞᆷ을 막ᄂᆞᆫ 자ㅣ 업시나 대져 물이 바다에 드러감과 갓ᄐᆞ야 그 룽히 막을 자ㅣ 업스리라 ᄒᆞ니 두 인군이 말을 다 가히 싱각ᄒᆞᆯ 거시요, 더욱이 그 국즁에 졍령이 포학ᄒᆞ야 인민이 항상 변을 짓고ᄌᆞ ᄒᆞ니 아 라사ᄂᆞᆫ 이에 일으되 이ᄂᆞᆫ 긔회 이르럿다 ᄒᆞ야 돌궐의 란 짓ᄂᆞᆫ ᄌᆞ를 가 만이 도와 져의 ᄌᆞ샹 살ᄒᆡᄒᆞ야 스스로 망ᄒᆞ게 ᄒᆞᆫ 후에 말 거시요, 대져 젼후 일빅오십년간 [영조 초로 지 대군쥬 시ᄉᆡᆨ지]에 여러번 이런 일이

---

41) 안뎨와(安梯凹 又名 安提阿): 안틔오취. 셔리아 해구(敍利亞 海口).

잇셧고 쏘 현연히 발병ᄒ야 돌궐과 싸혼 지 이믜 아홉 번이라. 만일 구쥬 각국이 말니지 아니ᄒ얏스면 돌궐이 그 비긔의 말을 맛치지 아니코즈 ᄒ나 되지 못ᄒ리로다.

뎨구졀 렬국이 그 위권을 억졔ᄒᄂ 법이라

영국 력ᄃᆡ에 집졍대신이 다 말ᄒᄃᆡ 구쥬 각국 중에 ᄑᆡ업 가진 즈ㅣ 잇슴이 불가ᄒ다 ᄒ야 권셰 잇ᄂ 나라ᄂ 억졔흠을 일솜다가 아라사ㅣ 돌궐을 엇고즈 흠을 듯고 곳 혜오ᄃᆡ 아라사ㅣ 만일 돌궐을 어드면 다만 구라파가 불안ᄒᆯ 쑨 아니라 쏘 영국이 홀노 그 화ᄅᆞᆯ 당ᄒ리니 대져 디즁히 동편에 한 미약ᄒ 나라이 그 사이에 잇스면 외타 각국이 다 구ᄋᆡᆯ ᄒᆯ 거시 업거니와 만일 그 싸을 관할ᄒᄂ 즈ㅣ 잇셔 일조에 강국이 되면 영국의 인도 왕ᄅᆡᄒᄂ 길이 막키여 영국에 ᄒᆡ되리라 ᄒ야, 이럼으로 영국이 타국과 교셥 간에 항상 돌궐을 보호ᄒ야 타국이 침탈치 못ᄒ게 ᄒ고 쏘 혹 ᄃᆡ신을 보ᄂᆡ여 일을 조쳐ᄒ며 쏘 ᄃᆡ병으로 호위ᄒ다가 이졔ᄂ 그 공연ᄒ 일인 줄 알고 은근이 후회ᄒ나 그러나 젼ᄉᆞᄅᆞᆯ 싱각ᄒ면 여러 번 용병ᄒ야 ᄉᆞ름을 살히ᄒ고 필경 보호ᄒ얏다 ᄒᄂ 나라이 불과 디구상에 뎨일 무도ᄒ 돌궐인 일ᄇᆡᆨ여만으로 ᄒ야곰 [오십여년 젼에 구라파 젼쥬 즁에 돌궐인이 이ᄇᆡᆨ칠십만이러니 지금에 겨우 일ᄇᆡᆨ십오만에 지나지 못ᄒ니 그 소멸흠을 가히 알 거시요, 대져 돌궐이 구쥬ᄅᆞᆯ ᄒᆡ롭게 ᄒ 지 ᄉᆞ오ᄇᆡᆨ년이라. 만일 그 죵낙이 다 멸망ᄒ얏스면 오히려 다ᄒᆡᆼᄒᆺ도다.] 그 타족인과 밋 다른 교의 ᄉᆞ름 팔ᄇᆡᆨ만을 학ᄃᆡ흠이라. 오호ㅣ라. 영국이 돌궐을 보호흠은 실노 돌궐을 ᄒᆡ흠이요, 쏘 무궁ᄒ 옥토로써 황무ᄒ 싸흘 ᄆᆞᆫ드니 ᄃᆡ져 <u>영국이 토이긔롤 보호ᄒ다 흠은 ᄒᆞᆫ갓 조긔에 ᄒᆡ 잇슬신</u> ᄒ야 미리 방비흠이어니와 영국은 원<u>리 ᄉᆞ름의게 유익ᄒ 일을 ᄒᆡᆼᄒ더니 이졔ᄂ 이 반다시 망ᄒ여야 올은 나라룰 보호ᄒ니 이ᄂ 무슨 뜻신지 모로리로다.</u> [일쳔팔ᄇᆡᆨ칠십륙년에 돌궐에 쥬찰흔 영국 ᄉ신 익략42)이 영국 정부에 공문을 올녀 왈 돌인이 리치를 모르고 긔운을 밋는 일이 간혹 유지ᄒ야 목하에 파라가 현싱에 잇는 긔독교인을 죽이는 일이 잇스나 다만 우리 영국은 셕일부터 그 나라를 보호ᄒ야 우리의 화를 면ᄒ얏스니 지금도 ᄯᅩ 의구이 보호홈이 올타 ᄒ니 듸져 익략 공ᄉ의 ᄯᅳᆺ은 일오듸 멸륜픽상흔 돌국이라도 이믜 영국에 리가 잇스니 맛당이 보호ᄒ자 홈이라. 슬푸다. 후셰 스름이 이 일을 의론ᄒ면 반ᄃ시 영국이 국가 위엄만 도라보고 빅셩의 히는 싱각지 아니흔다 ᄒ리니 텬리와 공도가 어듸 잇는고. 비록 영국을 위ᄒ야 은휘코자 ᄒ야도 되지 못ᄒ리로다.

뎨십절 희랍이 돌궐을 항복지 아님이라

영국이 돌국을 보호ᄒ든 마음이 졈졈 변홈은 희랍국과 돌국이 셔로 젼칭홀 쌔43)에 완연이 드러나니 션시 일쳔칠빅ᄉ오십년 [영조 시]으

---

42) 익략(愛略): 알랙오트. 영사돌대신(英使突大臣).

43) 그리스 독립전쟁: 그리스 독립전쟁 또는 그리스혁명은 1821년에서 1829년까지 근대 그리스의 혁명주의자들이 오스만제국에 대항하여 일으킨 독립전쟁으로, 나중에 유럽 열강들의 지원을 받아 독립을 얻고 그리스왕국이 성립하였다. 비잔티움제국이 멸망하고 오스만제국 시대에 그리스 땅은 대부분 투르크인의 지배를 받았다. 이 시대에 그리스 사람들은 독립을 얻기 위해 수차례 반란을 일으켰다. 1814년 친우회($\Phi\iota\lambda\iota\kappa\acute{\eta}\,E\tau\alpha\iota\rho\epsilon\acute{\iota}\alpha$)라는 비밀 단체가 그리스의 해방을 목표로 조직되었다. 친우회는 펠로폰니소스반도와 도나우공국, 콘스탄티노폴리스에서 반란을 일으키기로 계획하였다. 이들의 첫 반란은 1821년 3월 6일에 도나우공국에서 일어났으나, 이내 오스만제국에 제압되었다. 북쪽에서 일어난 이 사건으로 이들 그리스인은 펠로폰니소스에서 행동을 개시하였으며, 같은 해 3월 17일에 마니 사람들은 오스만제국에 전쟁을 선포하였다. 그 달 말, 펠로폰니소스반도에 투르크에 대항한 반란이 일어났으며, 같은 해 10월에는 테오도로스 콜로코트로니스가 이끄는 그리스 사람들이 트리폴리를 장악하였다. 펠로폰니소스 반란으로 크리티섬, 마케도니아, 중부 그리스에서도 반란이 뒤따랐으나 곧 진압되었다. 그러는 사이 에게해에서 임시 그리스 해군이 오스만 해군을 물리쳤고, 투르크의 지원군이 바다에서 건너오지 못하도록 막아냈다. 여러 그리스인 파벌 사이에 긴장이 높아지면서, 사실상 내전이 벌어졌다. 이때 오스만의 술탄은 이집트의 무함마드 알리와 협상하여 알리는 영토를 대가로 아들 이브라힘 파샤와 진압군을 보내었다. 1825년 2월 이브라힘은 펠로폰

로 지 일쳔팔빅여년 [순조 시]에 돌궐이 희랍을 심이 학되ᄒ니 희랍이 비록 그 속국이나 견되지 못ᄒ야 반복이 무상ᄒ거ᄂᆞᆯ 아라사ㅣ 가만이 희랍을 도아쥬다가 밋 돌궐이 희랍을 삭평ᄒ고 더욱 포학ᄒᄆᆡ 희랍의 원한흠이 날노 더 심ᄒ더니 일쳔팔빅이십일년 [순조 이십일년]에 희랍 스룸이 크게 이러 란을 지으니 돌궐이 평졍치 못ᄒᆞᆫ 지 여러 ᄒᆡ라. 구쥬 각국이 희랍의 반흠을 보고 다 크게 깃거ᄒ야 좌관셩픽ᄒ얏더니 이에 돌궐이 희랍인을 사로잡아 죽이지 아니면 곳 노예를 삼으니 희랍인 죽은 ᄌᆡ 틱반이요, 젼징ᄒᆞᆫ 지 칠년에 희랍국에 인연이 돈졀ᄒ고 토디가 황무ᄒ야 거의 망흘지라. 이에 영법아 슴국이 셔로 의론ᄒ고 돌국에 글을 보닉여 다시 희랍을 침노치 말고 희랍은 의구이 돌국의 속국이 되야 믹년 일ᄎ식 방물을 공헌ᄒ되 그 닉졍은 ᄌᆞ쥬케 ᄒ고 돌국이 다시 간예치 말나 ᄒ니 이ᄂᆞᆫ 일쳔팔빅이십칠년 [순조 이십칠년] 칠월이라. 돌궐왕이 그 글을 보고 되로왈 이ᄂᆞᆫ 돌국의 닉란이라. 타국과 무슴 관계 잇스며 ᄯᅩ 희랍 인민은 곳 나의 빅셩이니 엇지 타인의 보호를 바드리요. 나ᄂᆞᆫ 오직 작란ᄒᄂᆞᆫ ᄌᆞ를 죽일 ᄲᅮᆫ이로다 ᄒ거ᄂᆞᆯ 영법아 슴국이 ᄯᅩ 일너 왈 너의 말은 우리 알 빅 아니요, 오직 네 즉각에 쳘병ᄒ라. 불연이면 우리 장ᄎᆺ 병션을 조발ᄒ야 치리라 ᄒ고 곳 병

니소스에 상륙하여 즉시 승리하였고, 1825년 말 펠로폰니소스 대부분이 이집트군의 손 아귀에 넘어갔으며, 1825년 4월부터 투르크군대가 포위하던 메솔롱기시는 이듬해 4월에 함락되었다. 이브라힘은 마니반도에서 패배하긴 하였으나, 펠로폰니소스에서 일어난 반란 대부분을 진압하고 아테네를 수복하였다. 러시아제국, 영국, 프랑스 3개 열강은 몇 몇 동안 협상 끝에 그리스분쟁에 개입하기로 하여 각국 해군을 그리스에 파병하였다. 투르크-이집트 함대가 그리스의 이드리 섬을 공격하리란 소식을 접한 연합군 함대는 나바리노에서 투르크-이집트 함대를 가로막았다. 일주일간 대치하다 해전이 일어나 투르크-이집트 함대가 궤멸되었다. 프랑스 원정군의 도움으로 그리스인들은 투르크인을 펠로폰니소스에서 몰아내고 나아가 1828년 중부 그리스의 일부도 장악하였다. 몇 년간 의 협상 끝에 1832년 5월 그리스는 독립국으로 승인되었다. 그리스 혁명은 단순한 일개 지역의 독립 운동이 아니라, 빈 체제에 대한 도전이라는 성격도 있어 독립 과정은 복잡하게 전개되었다. 그리스가 독립전쟁의 와중에 자유주의적 헌법을 채택한 것도 이에 일조하였다. 러시아가 빈 체제의 수호자로서의 지위를 벗어던지고 그리스의 독립을 지지하고 나섬에 따라 빈 체제가 동요하게 된다. 『위키백과』

션을 보닉여 희랍 셔히의 나발려노[44] 바다에 이르니 이 바다는 곳 돌국의 대딕 병함이 잇는 곳이요, 쏘 견실ᄒᆞᆫ 포딕 잇셔 항구 안에 각 병션을 호위ᄒᆞ얏더라. 습국 병션이 곳 항국에 드러가 돌국 병함과 갓가이 딕고 아직 격셔를 젼치 아니ᄒᆞ며 각국 군왕도 긔젼ᄒᆞ라는 칙지 업더니 이 ᄌᆡ에 영국에 한 관원이 일쳑 소션을 타고 놉피 빅긔를 달고 돌국 병션에 이르러 스무를 의론코즈 홀ᄉᆡ 의외에 돌인이 총을 노아 그 관원을 죽이는지라. 영병이 보고 대로ᄒᆞ야 군령을 기다리지 아니ᄒᆞ고 각기 돌병을 치니 이 ᄌᆡ를 당ᄒᆞ야 각 젼션이 홀연이 크게 이러 교젼ᄒᆞᆫ 지 스덤종 동안에 돌국 병함 오십이 수를 다 함몰식이고 돌병이 죽은 즈ㅣ 칠쳔 명이라. 다 바다에 잠기니 이는 일쳔팔빅이십칠년 [순조 이십칠년][십일월 이십일이라. [영국 군쥬ㅣ 이 젼징을 말ᄒᆞ야 왈 이러ᄒᆞᆫ 불힝한 일은 몽상부도쳐라. 실로 가련ᄒᆞ다 ᄒᆞ며 지상 혜령탄은 본딕 돌궐을 보호ᄒᆞ다가 지금에 더욱 마음이 간졀ᄒᆞ더라.] 죵ᄎᆞ로 희랍국이 돌궐의 학경을 버셔나 즈쥬국이 되니 구쥬 스름이 그 무도ᄒᆞᆫ 돌궐이 대픽ᄒᆞᆷ을 듯고 다 깃거ᄒᆞ더라.

돌궐이 본딕 아라사와 불화ᄒᆞ더니 희랍이 즈쥬ᄒᆞᆫ 후에 돌왕이 더욱 분한이 녁이며 쏘 아황과 혼단을 열거늘 일쳔팔빅이십구년 [순조 이십구년]에 아황이 졸연이 대군 십이만을 거나리고 돌궐을 치니 돌궐이 막다가 필경 픽ᄒᆞ는지라. 아황이 그 포딕를 파ᄒᆞ고 고산준령을 넘어 곳 궁사단 도셩 밧 이빅스십리지디에 쥬찰ᄒᆞ니 돌병이 막을 즈ㅣ 업더라.

아병이 이 ᄯᆡ에 이르믹 구쥬 각국이 쏘 아라사ㅣ 구쥬 대셰를 어지러일가 넘녀ᄒᆞ야 영길리와 오디리아 냥국이 합력ᄒᆞ야 아라사와 힐난홀ᄉᆡ 아라사ㅣ 만일 듯지 아니ᄒᆞ면 영국 각 병션이 이믜 다 조발ᄒᆞ야 크게 아라사를 삼킬 긔셰 잇는지라. 아황이 졸연이 영오 냥국의 거동을 보고 다시 혜오딕 궁사단 셩이 이믜 우리 장악에 잇스니 이는 돌궐

---

44) 나발려노(拿伐麗奴): 나에리노. 돌해구(突海口). 나바리노.

이 거의 망흠이라. 우리 하필 득농망촉ㅎ다가 타국에 득죄ㅎ리요 ㅎ고 드듸요 돌궐국과 화친을 명홀식 그 약조 중에 ㅎ얏스되 돌국의 싸 얼마와 돈 얼마는 아라사에 비상ㅎ고 쏘 한 조건은 아라사 스름이 돌국에 우거ㅎ는 즈를 돌국 정부ㅣ 학듸치 못ㅎ게 ㅎ니 돌궐의 허다흔 슈치는 말흘 것 업고, 쏘 싀이유아45) 한 싱 싸은 돌궐의 포학 바든 지 여러 히라. 인민이 견듸지 못ㅎ더니 지금에 돌왕으로 ㅎ야곰 그 늬졍을 간예치 못ㅎ게 ㅎ니라.

이 젼징 이후로 돌궐의 쇠픠홈이 날노 심ㅎ야 위령이 힝치 못ㅎ는지라. 일쳔팔빅슴십구년 [헌종 오년]에 이급국이 쏘흔 돌국을 반ㅎ야 자쥬코즈 ㅎ미 아라사ㅣ 쏘 가만이 도읍거늘 돌궐이 아지 못ㅎ고 대병을 보늬여 칠식 이급이 아라사의 도음을 어더 크게 돌병을 파ㅎ니 돌궐이 다시 병선을 보늬여 이급을 치라 ㅎ얏더니 돌궐 희군 졔독이 겨우 이급의 아력슴타46) 바듸에 이르러 곳 젼군이 이급왕게 항복ㅎ니 츠후로 이급이 비록 돌궐의 속국 일홈은 잇스나 기실은 다 즈쥬ㅎ더라.

뎨십일졀 차관이라

영법 냥국이 이믜 긔미아47) 싸에셔 돌궐을 보호ㅁㅁ [견 뎨팔ㅎ라] 다 혜오듸 돌궐이 필연 즈긔의 허믈을 씨닷고 국스를 졍돈ㅎ야 민심을 톄쳡ㅎ리라 ㅎ고, 쏘 영국은 돌왕더러 일너 왈 귀국 인민에 회교인과 긔독교인을 일톄로 듸쳡ㅎ고 후박이 업게 ㅎ라 ㅎ니 돌왕이 일일이 허락홀 쑨 아니라, 쏘 싱이 공경치사 왈 이는 리치에 당연ㅎ니 존명을 쥰힝ㅎ리라 ㅎ더니 불과 긔일에 그 힝ㅎ는 모든 일이 영국의 쯧과 대샹부동ㅎ고 그 왕실의 허다흔 용비도 쏘흔 감싱흔다 ㅎ더니 지금에

---

45) 싀이유아(塞爾維阿): 써빼아. 국(國). 세르비아.
46) 아력슴타(亞力三打): 알렉싼드리아. 애해구(埃海口). 알렉산드리아.
47) 긔미아: 크리미아. 크림.

분호도 시힝치 아니ᄒᆞ야 망연이 이져바림과 갓트며 구쥬 스름은 다
혜오ᄃᆡ 돌궐이 영국 보호를 바닷스니 필연 그 은덕을 감동ᄒᆞ리라 ᄒᆞ
며, 영국은 그 보은홈도 바라지 아니ᄒᆞ고 오직 자조 부탁ᄒᆞ야 빅셩을
구ᄒᆞ라 홀 쓴이요, ᄯᅩ 돌왕이 약조를 지속간에 응당 쥰힝ᄒᆞ리라 ᄒᆞ얏
더니, 돌왕이 필경 그 말은 힝치 아니ᄒᆞ고, ᄯᅩ 영국이 고호ᄒᆞᄂᆞ 쯧을
알고, <u>영국을 향ᄒᆞ야 허다ᄒᆞᆫ 돈을 차관ᄒᆞ거놀, 영인이 다시 싱각ᄒᆞ되 돌
국이 국스를 졍돈ᄒᆞ민 필연 거관을 허비홀지라. 늬 만일 허치 아니면 셩
인지미가 아니라 ᄒᆞ고 곳 기연이 허락ᄒᆞ니 돌왕이 영국이 즉시 허락홈</u>
을 보고 차후 지지지슴에 여러 번 차관ᄒᆞ야 가니 대져 돌왕은 국스를
졍돈홈이 아니요, 젼혀 그 신하와 갓치 <u>탐비탐용ᄒᆞ야 다 업시바리고 지
차의 차관ᄒᆞᆫ 돈은 젼 차관ᄒᆞᆫ 변리를 갑ᄒ 여ᄎᆞᄒᆞᆫ 지 몃히에 젼후 가져간
거시 영금 일만스쳔만 방이라.</u> 영국이 그계야 그 스연을 알고 다시 슈
응치 아니ᄒᆞ고 ᄯᅩ 젼 빗슬 갑푸라 ᄒᆞᄃᆡ 돌왕이 다만 돈이 업다 ᄒᆞ고
갑지 아니ᄒᆞ니 대져 돌왕이 증젼에 본국 인민의게 취ᄃᆡᄒᆞ얏다가 급기
차질 쌔ᄂᆞ 돈이 업다 ᄒᆞ면 빅셩이 감이 달나지 못ᄒᆞ얏스미 이졔 그 법
으로 영국을 ᄃᆡ졉ᄒᆞ더라.

뎨십이졀 파시뉸 등 졔셩이 반홈이라

영국은 이믜 돌국의 속은 빅 되고, 돌국에 ᄯᅩ ᄃᆡ란이 이러ᄂᆞ니 이ᄂᆞ
파시뉸[48] 싱과 희사가비나[49] 싱에 긔독교인이 회교인의 학ᄃᆡ를 바다
견ᄃᆡ지 못ᄒᆞ야 일쳔팔빅칠십오뉸 [대군쥬 십이뉸]에 냥싱 스름이 각

---

48) 파시뉸: 보스니아.

49) 희사가비나(海螄哥飛拏): 허비쏘예나. 돌셩(突省). 헤르체고비나(보스니아어: Hercegovina,
   세르비아어: Херцеговина)는 보스니아 헤르체고비나의 지역 이름이다. 19세기
   중엽까지는 이슬람교 국가였던 서헤르체고비나가 따로 있었다. 크로아티아인이 다수를
   차지하며 47.2%에 이른다(112,948명). 면적은 9,948km²이다. 『위키백과』

기 반ᄒᆞᄂᆞᆫ지라. 구쥬 각국이 돌왕을 권ᄒᆞ야 다시 빅셩을 잔히치 말고 지어 파시녠 싱과 희사가비나 싱 인민은 실노이 억울ᄒᆞ니 다시 졍ᄉᆞ를 졍돈ᄒᆞ여야 간졍이 된다 ᄒᆞ며, 그 냥 싱 ᄉᆞ름은 다 말ᄒᆞ되 우리 구ᄒᆞᄂᆞᆫ 거시 셰 가지 잇스니, 일은 왕이 긔독교 회회교 냥등인을 일톄로 졉되ᄒᆞᆷ이요, 일은 민간의 부셰를 졍칙되로 슈쇄ᄒᆞ야 람봉치 말미요, 일은 본 싱의 샹랍ᄒᆞᄂᆞᆫ 젼곡은 각기 본 싱에셔 공용ᄒᆞ게 ᄒᆞᆷ이라. 돌왕이 ᄒᆞᆯ 길 엽셔 회회 긔독 냉교 즁 관원을 파견ᄒᆞ야 의론ᄒᆞ라 ᄒᆞ니 말ᄒᆞᄂᆞᆫ 즉 일으되 돌왕이 만일 구습을 곳치면 즈연 평안무ᄉᆞᄒᆞ리라 ᄒᆞ나 기실은 그 나라이 병들미 깁푸미 치료키 어려운지라. 이에 파시녠과 희사가비나 냥 싱 빅셩이 다 일너 왈 국가ㅣ 여러 번 식언ᄒᆞ미 금번도 밋을 슈 업다 ᄒᆞ야 졍이 샹지ᄒᆞᆯ 즈음에 쏘 쇠이유아 싱이 격셔를 젼ᄒᆞ야 파시녠과 희사가비나 냥 싱을 도아 돌국과 쏘혼다 ᄒᆞ며 다시 그 학졍을 밧지 안케 ᄒᆞ더라.

뎨십ᄉᆞᆷ졀 발이긔리아인을 포학ᄒᆞᆷ이라

일쳔팔빅칠십륙년 [대군쥬 십ᄉᆞᆷ년] ᄉᆞ월에 발이긔리아[50] 인이 쏘혼 그 포학을 견되지 못ᄒᆞ거ᄂᆞᆯ, 영국이 돌왕을 최쵹ᄒᆞ야 각 싱을 안돈ᄒᆞ라 불연이면 위퇴ᄒᆞ리라 ᄒᆞ얏더니, 돌왕이 이에 션졍을 힝치 아니ᄒᆞ고 도리혀 혜오되 빅셩을 위엄으로 탄압ᄒᆞᆷ이 올타 ᄒᆞ고, 더욱 엄형쥰법ᄒᆞ야 잔학을 일ᄉᆞᆷ으며 지어 발이긔리아 싱 ᄒᆞ야ᄂᆞᆫ 병력으로 토평혼 후에 기즁 한 고을은 군ᄉᆞㅣ 긔독교ᄒᆞᄂᆞᆫ 향촌에 드러가 살인방화ᄒᆞ며 지물을 창탈ᄒᆞ고 죽은 즈ㅣ 쳔여인이라. 무론 남녀노유ᄒᆞ고 ᄒᆞ나토 면혼 즈ㅣ 업스며 다만 살이ᄒᆞᆯ 쁜 아니라 각죵 악형을 베풀고 례빅당에 피혼 즈ᄂᆞᆫ 다 잡아 죽이며, 그 로방에셔 죽은 즈ᄂᆞᆫ 여화와 긔의 밥이 되니, 참혹혼

---

50) 발이긔리아(勃而崑里亞): 쎌가리아. 불가리아.

형상은 목불인견이니 이는 구쥬 각국 근릭에 업는 일이러라.

다힝이 영국에 한 신보관이 잇스니 일홈은 일보관이라. [일보관은 믹일 신분 닉다는 말이라.] 이 스졍을 일일이 신보에 긔직ᄒ니 륜돈에 잇는 각국 스롬이 보고 다 대로ᄒ야 왈 돌궐은 춤인류ᅵ 아니라 ᄒ더니 이윽고 돌궐과 친목한 나라 스롬이 일보관에 글을 보닉여 발명왈 병화 지는 곳에 량민이 혹 란을 당한 즈ᅵ 잇스나 엇지 이다지 춤혹한 일이 잇스리요. 필연 귀보관에셔 과이 드럿도다 ᄒ나 이는 다 져의 짐작의 말이요, 일보의 긔직홈은 눈으로 친이 본 스롬의 말이라. 비록 돌궐을 위ᄒ야 발명ᄒᄂ 즈ᅵ 잇셔도 스롬이 밋지 아니ᄒ더라.

뎨십스졀 아라사ᅵ 발이긔리아인의 고싱홈을 춤지 못홈이라

영국이 그졔야 비로쇼 돌궐을 보호홈이 올치 안타 ᄒ며 전국인이 다 분로통한ᄒ야 돌궐의 스롬 아니믈 ᄭ지즈니 정부ᅵ ᄯ호 감이 그 무도한 나라를 보호지 못할지라. 아황이 영국에셔 돌궐을 믜워홈을 듯고 대희왈 돌궐을 멸할 긔회 이르럿다 ᄒ고 이에 각국에 반포ᄒ야 왈 돌궐이 치민ᄒᄂ 법을 아지 못ᄒ니 짐이 각국으로 더부러 동심합력ᄒ야 먼져 돌궐의 치국ᄒᄂ 권을 쎅앗고자 ᄒ노니 만일 각국이 원치 아니ᄒ면 아라사ᅵ 혼즈 담당ᄒ야 맛트리라 ᄒ거늘 구쥬 각국이 그 글을 보고 다시 돌왕을 권ᄒ야 졍치를 곳치라 흔딕 돌왕이 맛춤닉 곳치지 아니ᄒ니 이는 일편팔빅칠십륙년 [대군쥬 십숨년] 십이월이라. 타국이 그 말ᄒ야 쓸딕업슴을 알고 다 슈슈방관ᄒ야 벽상에 관초견ᄒ더니 아황이 드듸여 일천팔빅칠십칠년 [대군쥬 십스년] 스월 이십스일에 군스를 거나리고 돌국을 향ᄒ야 진발홀시 아돌 냥국 분계처에 슈로는 단우파[51] 강이요, 륙로는 파록감[52] 산이니 다 일부당관에 만부막긔홀

_____

51) 단우파: 다뉴브. 도나우 강.

지라. 돌국이 만일 슈어ᄒᄂᆞᆫ 방법을 아랏스면 아병이 엇지 가븨야이 지나리요. 연이나 슈륙 냥로에 다 막ᄂᆞᆫ 즈ㅣ 업셔 아병이 여입무인지 경ᄒᆞ야 칠월 십ᄉᆞ일에 셜별잡53) 령을 너머 잠간 교봉ᄒᆞ고 곳 라미 련54) 싱에 이르더라.

십오졀 돌궐이 아라사와 젼징홈이라55)

52) 파륵감(巴勒嵌): 뽈칸. 돌산(突山). 발칸.

53) 셜별잡(雪鼈卡, 셜별잡): 쉽카. 돌령(突嶺).

54) 라미련(羅美連): 로메릐아. 돌셩(突省). 루마니아.

55) 터키－러시아전쟁: 1875년에 헤르체고비나에서는 오스만 투르크의 지배에 반발하여 반란이 일어났다. 이를 지원하기 위해 1876년에 세르비아와 몬테네그로는 오스만 제국에 대해 선전을 포고했다. 하지만 두 나라는 오스만 제국군에게 큰 타격을 입어 휴전할 수밖에 없었는데 같은 시기 불가리아에서 일어난 오스만에 대한 반란인 4월 봉기마저 진압되고 말았다. 이때 4만 명에 달하는 불가리아인이 오스만 제국군과 이슬람교도들에게 학살당하면서 대학살의 충격이 유럽에 크게 파급되었다. 오스만 제국은 이 일로 영국의 지지를 잃게 되어 단독으로 러시아와 맞불을 수밖에 없게 되었다. 1876년 6월 28일부터 7월 8일에 걸쳐 러시아와 오스트리아 헝가리 제국은 비밀협정인 라이히슈타트협정을 체결하였다. 이는 러시아가 벳살라비아 및 코카서스전쟁으로 획득했던 코카서스를, 오스트리아 헝가리 제국은 보스니아, 헤르체고비나를 획득하는 것을 조건으로 오스트리아 헝가리 제국이 중립을 지키기로 약속하는 것이었다. 그리고 발칸반도에서의 민족분쟁을 수습하기 위한 국제회의가 1876년 12월에 오스만 제국의 수도였던 이스탄불에서 개최되었지만 이듬해 1월에 소득 없이 해산했다. 러시아는 슬라브 민족의 구제라는 명목으로 전쟁으로의 개입을 결의했다. 러시아는 1850년대에 일어난 크림전쟁의 아픈 패배의 기억을 되살려, 범 슬라브주의적인 심정에 호소하여 발칸반도의 슬라브 민족독립을 위한 전쟁이라고 선전했다. 그러나 이 배후에는 지중해로의 통로를 확보하려던 러시아의 의도가 있어, 부동항을 획득하기 위한 남하정책의 일환으로서 전쟁을 하겠다는 속셈도 있었다. 러시아 제국은 1877년 4월 24일에 오스만 제국에 선전을 포고하여 전쟁을 시작했는데, 발칸반도와 아나톨리아반도 동부가 전쟁터로 변하여 러시아군은 발칸반도에서 브레벤요새를 수비하던 오스만 파샤의 강력한 저항에 막혀 5개월간 포위전을 벌였다. 그 후 시부카고지를 확보한 러시아군은 브레벤요새를 완전히 고립시키는데 성공하여 싸움에서 우위를 점했다. 결국 브레벤요새가 함락되면서 러시아군은 이스탄불로 향해 진격하여 에디르네를 점령하고 이스탄불 근교의 예시르기에까지 도달했다. 그 사이 아나톨리아 반도에서는 카르스가 함락되어 발칸반도에서는 러시아, 터키전쟁의 시발점이 된 세르비아가 전쟁을 재개하기 위한 국내에서의 대립 끝에 결국 전선에 복귀했다. 이리하여 전투는 1878년 3월에 러시아의 승리로 끝났다. 러시아와 오스만 제국은 산 스테파노조약을 체결하고 강화했는데, 러시아가 승리한 배경에는 1874년에 실시한 징병제

아병이 라미련에 이르니 돌궐이 바야흐로 씌닷고 병부대신을 명ᄒ
야 아라사를 막으니 이 ᄶ에 아병은 돌궐을 가비야이 알고 퇴군ᄒ야
셜별잡 령에 이르럿다가 거의 젼군이 복몰홀 번ᄒ며 돌궐 와사만56)
졔독이 쏘 졍병을 거ᄂ리고 라미련 싱 발뢰나57) ᄯ에 포ᄃᆡ를 쌋코 진
문을 구지 닷고 아병을 막으니 발뢰나ᄂᆞᆫ ᄉᆞ면이 다 산이요 디형이 극
히 험쥰ᄒ더라.

아돌 냥군이 상지ᄒᆞᆫ 지 오삭만에 다 발뢰나 젼쥥의 득실노 승부를
견단홀ᄉᆡ 와사만의 담략과 계칙이 ᄉᆞ름에 쮜여나고 겸ᄒ야 일단 츙심
이 분불고신ᄒ며 그 부하 각군이 다 긔계졍리ᄒ고 쏘 젼쥥에 관슉ᄒᆞᆫ
ᄉᆞ름이라. 아병이 엇지 당ᄒ리요. 연이나 날이 오ᄅᆡ미 분한홈을 견ᄃᆡ
지 못ᄒ야 한번 ᄊᆞ호다가 아병 죽은 ᄌᆞᅵ 슈쳔이라. 아황이 다시 타득
뇌분58) 졔독을 보ᄂᆡ야 돌국에 이르니 이 ᄉᆞ름은 젼일에 사파사토발59)
젼쟝에셔 영인을 ᄃᆡ젹ᄒ든 이라. 타득뇌분이 젹셰 호대홈을 보고 의론

<hr>

도에 있었다. 이것은 크림전쟁 이후 알렉산드르 2세 황제가 실시한 〈대 개혁〉이라 불려
진 개혁의 성과가 표출된 것이기도 했다. 산 스테파노조약으로 인해 세르비아, 몬테네그
로, 루마니아의 각 공국은 오스만 제국으로부터 독립하였고, 또 러시아의 영향을 크게
받은 자치령인 〈대 불가리아 공국〉의 성립이 이루어졌다. 하지만 군사적인 승리를 거머
쥔 러시아의 세력 확대에 유럽의 열강들은 경계하여 신생 독일제국의 재상인 비스마르
크의 중재 하에 베를린회의가 열렸다. 여기서 산 스테파노조약을 수정한 베를린조약이
체결되었는데, 베를린회의 후 러시아 국내에서는 황제인 알렉산드르 2세에 대한 실망과
불만이 넓어졌다. 이 전쟁에서 싸웠던 루마니아는 러시아와 동맹하여 러시아가 전쟁 후
에도 자국의 영토 반환을 하지 않겠다는 약속을 받아냈지만 베를린회의에서 벳살라비
아 남부를 러시아에게 병합해 줄 수밖에 없었다. 한편 그리스 왕국은 오스만 제국의 불
리함을 보고 참전을 결의했지만 그 전에 러시아와 오스만 제국이 휴전하는 바람에 기회
를 잡지 못하고 철군할 수밖에 없었다. 불가리아 및 카프카즈에서는 전후 다수의 이슬
람교도가 난민이 되어 오스만 제국으로 달아난 후 시리아 및 요르단 등으로 이민했다.
오스만 제국의 국내에서는 전쟁기간 동안 비상사태를 구실로 무기한 헌법정지와 의회
가 봉쇄당했다. 이로 인해 제1차 입헌제는 무너지고 압둘하미드 2세에 의한 술탄 전제
정치가 이어지게 되었다. 출처: 미샤 글리니, 『발칸의 전쟁』.

56) 와사만(瓦思曼): 오스만. 돌졔독(突提督). 오스만 제국의 오스만 파샤 제독.

57) 발뢰나(潑賴拿): 프래쁘덴. 돌지(突地). 브레덴.

58) 타득뇌분(拖得擂盆): 로드래빈. 아졔독(俄提督).

59) 사파사토발: 흑해에 있는 지명. 제8권 참고.

ᄒᆞ야 왈 이ᄂᆞᆫ 지혜로 취ᄒᆞᆯ 거시요, 힘으로 치지 못ᄒᆞ리라 ᄒᆞ고 드듸여 대군을 조발ᄒᆞ야 길이 에워 슈셜불통ᄒᆞ게 ᄒᆞ니 돌병의 군량이 ᄯᅩᄒᆞᆫ ᄭᅳᆫᄒᆡᆯ지라. 연이나 와사만이 굿게 직희여 왈 발뇌나ᄂᆞᆫ 나의 죽을 싸이 라 ᄒᆞ더니 이윽고 군ᄉᆞ 죽은 ᄌᆡ 틱반이오 군심이 ᄯᅩᄒᆞᆫ 변ᄒᆞ거ᄂᆞᆯ 와 사만이 잔병을 거나리고 힘을 다ᄒᆞ야 ᄊᆞ혼 지 슈 덤종 동안에 필경 아 병 오ᄂᆞᆫ ᄌᆡ 점점 더ᄒᆞ거ᄂᆞᆯ 이에 부득이 항복ᄒᆞ니 이ᄂᆞᆫ 일천팔빅칠십 칠년 [대군쥬 십ᄉᆞ년] 십이월일이러라.

전징ᄒᆞᆫ 지 슈월 간에 셜별잡 령에 잇ᄂᆞᆫ 아병이 여러 번 돌병의게 픽 ᄒᆞᆫ 빅 되더니 이윽고 아병이 그 녕을 너어 발뇌나에 잇ᄂᆞᆫ 아병과 합ᄒᆞ 니 돌국의 셜별잡 령을 치든 군ᄉᆞ 이만병이 ᄯᅩᄒᆞᆫ 력진ᄒᆞ야 아라사에 항복ᄒᆞ니 이ᄂᆞᆫ 일천팔빅칠십팔년 [대군쥬 십오년] 졍월이라. 아병이 이믜 듸쳡ᄒᆞᄆᆡ 곳 궁사단 도셩 근쳐 아젹나박아[60] ᄯᅡ에 이르니 듸져 셜별잡 령에 잇든 아병도 텬긔 염한ᄒᆞ고 산로ㅣ 험조ᄒᆞ야 사망ᄒᆞᆫ 자ㅣ 젹지 아니ᄒᆞ더라.

이 ᄊᆞ홈에 돌인이 ᄌᆞ초지종토록 그 잔포ᄒᆞᆫ 힝실을 바라지 아니ᄒᆞ고 젹군을 잡으면 곳 혹독히 형벌ᄒᆞ며 아병의 이믜 상ᄒᆞᆫ 자라도 ᄯᅩᄒᆞᆫ 쥬 지살지ᄒᆞ더라. 연이나 아병은 그 원슈를 보복지 아니ᄒᆞᆯ 쑨 아니라 ᄯᅩ 돌병의 상ᄒᆞᆫ 자ᄂᆞᆫ 시병원에 보ᄂᆡ여 아병과 갓치 치료ᄒᆞ야 일톄로 듸 쳡ᄒᆞ니 구쥬 ᄉᆞ름이 칭송 아니리 업더라.

뎨십륙졀 돌아 냥국이 약조를 졍홈이라

돌군이 이믜 픽ᄒᆞᄆᆡ 장찻 셩하지밍을 결ᄒᆞᆯ지라.[61] 이에 영국 지상

---

60) 아젹나박아(雅笛拿泊兒): 아드리아노플. 돌지(突地).

61) 산스테파노조약: 산스테파노조약은 1878년 3월 3일 러시아와 오스만 제국 양국이 산스 테파노(현재 이스탄불 서쪽의 예실키)에서 체결한 평화조약. 1876년 불가리아에서 터키 에 의한 유혈 반란 진압, 그리고 또한 세르비아인들을 향한 보스니아 폭도들의 대우에

체식62)이 반포ᄒ야 왈 우리 영국이 아라사로 ᄒ야곰 돌국을 멸치 못
ᄒ게 ᄒ고 ᄯ 돌국이 그 젼일 가졋든 토디를 다 다시 관할케 ᄒ다 ᄒ
ᄂ지라. 연이나 돌국이 의구히 토디를 관할ᄒ면 돌권인의게ᄂ 대불힝
이러라. 일쳔팔빅칠십팔년 [대군주 십오년] 칠월 십슴일에 구쥬 각국

관한 호소 후 세르비아와 몬테네그로는 오스만 제국에게 전쟁을 선포했다. 러시아는 슬
라브 민족들을 지지했지만, 그 전에 오스트리아-헝가리 제국의 중립성은 연장되었어야
했다. 부다페스트 협약에서 러시아는 발칸에서 단 하나의 슬라브 국가도 건설하지 않으
며 보스니아는 오스트리아의 영향권에 있다는 것을 인정하기로 약속했었다. 후에 러시
아-터키전쟁에서 러시아는 거의 오스만 제국의 모든 유럽 부분을 획득했고, 단지 콘스
탄티노플만은 서방 국가의 간섭으로 가져가지 못했다. 러시아 세력의 괄목할 만한 증대
속에서 대영제국과 프랑스는 자신들의 이익의 손실을 보았고, 자신들의 존재를 보여 주
기 위해 지중해 주변의 함대를 해협으로 보냈다. 이것을 향해 러시아는 신중한 태도로
터키와의 산스테파노조약에서 달성될 성취를 확실히 규정하려 노력했다. 터키는 러시아
의 최대 요구를 수용할 수밖에 없었다. 1878년 3월 16일 산스테파노에서 비준서의 교환
이 이루어졌으며 조약은 효력을 발생했다. 러시아 측에서는 콘스탄티노플 주재 대사였
던 백작 니콜라이 이그나치예프와 발칸에 있는 러시아 육군 총사령관 외교서기 책임자
와 다음의 대사인 넬리도프가조약에 서명했다. 터키 측은 외교부 장관 사브페트 파샤였
다.
산스테파노조약은 세르비아, 몬테네그로와 루마니아의 독립을 인정했고, 그들의 영토는
늘어났다. 보스니아와 헤르체고비나는 자치주를 구성해야 했다. 발칸에서는 모이시아,
트라키아와 마케도니아에서 인종상 불가리아의 영토로 된 불가리아 새 자치 슬라브 공
국이 생겨났다. 불가리아는 두나야에서부터 에게해까지 늘어났고, 흑해부터 오흐리드호
까지는 2년 동안 러시아의 통치 아래에 놓여있어야 했으며, 그 후에는 완전한 자치권을
가질 수 있었지만, 터키에게 명목상의 조세를 바쳐야만 했다. 터키는 배상금 1조 4100억
루블을 지불해야 했고, 그 중 아시아의 아르다칸, 카르스, 바투미, 비야지드; 도브루자,
델타의 섬 두나야, 유럽에 있는 뱀 섬들의 영토 양도를 희생으로 11억을 갚았다. 베사라
비아의 남부를 보상으로써 러시아에 돌려주는 대신, 터키 사람들에 의해 양도된 유럽에
있는 영토는 뱀 섬을 제외하고는 루마니아에게 옮겨갔다. (즉, 북 도브루자) 터키는 크
레타 섬과의 관계에서 정확하게 제한된 법규를 지키는 것, 테살리아와 알바니아에서의
유사한 법칙에 따른 통치, 아르메니아에서 개혁을 실시해야 하는 의무를 지게 되었다.
유럽의 강대국들은 이런 조건들에 동의하기를 원치 않았다. 영국과 오스트리아-헝가리
제국은 러시아가 자신의 위성국 불가리아를 통해 지중해로 가는 출구를 손에 넣는 것을
방지하고 싶어 했다. 키프로스에 대한 교환으로 대영제국은 터키에게 보호를 보장했다.
러시아, 불가리아와 체르노고리아의 손해를 위했던 산스테파노조약의 결과가 거의 완전
히 재검토되었던 베를린 회의의 소집으로 바야흐로 일어나게 될 새로운 전쟁의 긴장은
완화되었다. 산스테파노조약의 서명 날은 불가리아 정부의 해방과 부흥의 날로 등록된
불가리아의 국가 공휴일이다. 『위키백과』
62) 체식(諦息): 벤자민 디즈리레일리.

직상이 덕국 빅령 도셩에 모히여 의론ᄒ야 왈 돌궐의 관할ᄒ 토디가 구라파 디경에 심이 만으니 이졔 아직 의구히 가지게 ᄒ되 다만 그 위권을 삭ᄒ야 졈졈 피약ᄒ 나라이 되게 ᄒ고 파특감[63] 산 북방에 잇ᄂ 발의기리아 싱은 ᄌ립ᄒ야 한 소국이 되게 ᄒ고 그 ᄂᆡ졍은 돌국이 분호도 간예치 못ᄒ며 오직 ᄆᆡ년에 발이긔리아 싱의 공헌을 밧고 파륵감 산 남편에 잇ᄂ 동라미련 싱은 그 인민이 긔독교ᄅᆞᆯ 봉ᄒᆡᆼᄒ매 곳 긔독교 총독을 셰워 다스리고 그 빅셩은 의구히 돌국에 예속ᄒ나 졍치ᄂ 간예치 못ᄒ고 의대리와 이웃ᄒ 민ᄐᆞᄂᆡ일갈령 스름은 ᄉᆞ빅년 이리로 돌궐과 항상 셔로 싸호니 이졔 ᄯᅩ 그 토디ᄅᆞᆯ 더 널니여 나라ᄅᆞᆯ 셰우게 ᄒ며, 라미련 싱과 식이유아 싱도 ᄯᅩᄒ ᄌ쥬지국이 되게 ᄒ고, 파ᄉᆞ년[64] 싱과 희사가비나 싱은 오디리아 국에 관할식이고 ᄯᅩ 빅ᄉ라필[65] 싱은 근본이 아라사의 ᄯᅡ이어ᄂᆞᆯ 이십슴년 젼에 돌궐이 쎗아슨 거시라. 이졔 아라사에 돌녀 보ᄂᆞ나, 다만 그 즁에 이련싱의 관할ᄒᄂ ᄯᅡ히 잇스니 이졔 아라사ㅣ 다른 ᄯᅡ을 주어 ᄃᆡ층케 ᄒ며 ᄎ외에 ᄯᅩ 파토항[66]과 잡이사[67]와 아이ᄃᆡ함[68] 셰토디 아셰아 쥬에 잇ᄂ 것도 ᄯᅩᄒ 아라사에 보ᄂᆡ고 ᄯᅩ 영국은 이믜 돌궐을 위ᄒ야 강화식히엿스니 ᄌ연 리익이 잇슬지라. 돌국이 디즁히에 셜보나사[69] 도ᄅᆞᆯ 가져다가 영국을 쥬고 ᄯᅩ 돌인의 소관ᄒ 아셰아 쥬 ᄯᅡ은 영국이 보호주ㅣ 되게 ᄒ다 ᄒ며, 돌궐이 ᄯᅩ 영국을 허ᄒ야 이상 각 디방 ᄉᆞ무ᄅᆞᆯ 졍돈케 ᄒ니라.

처음 젼칭 시에ᄂ 돌궐의 관할ᄒ 구라파 스름이 팔빅오십만이요, 만일 각 속디ᄅᆞᆯ 병ᄒ면 일쳔슴빅만 명이러니 파젼ᄒ 후에 속디ᄂ 다 ᄌ주케 되고 발이긔리아와 파스년과 희사가비나와 셜보나ᄉᄂ 다 타인

<hr>

63) 파륵감: 발칸.
64) 파ᄉᆞ년: 보스니아.
65) 빅라사필(伯沙喇畢): 쎄사라비아. 돌셩(突省).
66) 파토항(罷吐恒, 파토궁): 빠토움. 돌지(突地).
67) 잡이사(卡爾士): 카아스. 돌지(突地).
68) 아이대함(阿爾大喊): 아다한. 돌지(突地).
69) 셜보나사(雪補螺蝴 又名 居比路): 씨프루스. 돌도(突島). 키프로스.

에 속ᄒ고 돌라미련은 조만간에 ᄯᅩᄒᆫ ᄌᆞ주ᄒᆯ지라. 뒤져 ᄉᆞ오빅년 젼 돌
궐의 졈령ᄒᆫ ᄯᅡ 수쳔만 인민이 오릭 학졍을 바닷더니 이졔ᄂᆞᆫ 다만 ᄉᆞ빅만
인을 머물너 그 관할을 밧게 ᄒ니 만일 영인이 구원치 아니핬드면 져
돌궐 죵뉴ᄂᆞᆫ 발셔 구쥬 토디와 구쥬 인민을 관할치 못ᄒ깃더라. [일쳔팔
빅칙십팔년 대군주 십오년에 각국이 덕국 빅령 도셩에셔 회의ᄒᆯᄉᆡ 아
라사ㅣ 파륵감 산과 린근ᄒᆫ 졔 ᄉᆡᆼ을 간예흠을 금치 아니핬더니 이에
아라사ㅣ 혹 현져이나 은근이나 그 인민을 주촉하야 일을 ᄌᆞ단코ᄌᆞ ᄒ
니 동라미련 ᄉᆡᆼ과 발이긔리아 국이 겁ᄂᆡ야 셔로 합하야 ᄒ나히 되고
발이긔리아70) 왕 아력산대71)를 쳥하야 ᄉᆡ 나라 왕이 되게 ᄒ니 이ᄂᆞᆫ
일쳔팔빅팔십륙년 대군주 이십ᄉᆞᆷ년이라. 아라사ㅏ 말ᄒᆞ되 아력산대
ᄒᆫ ᄉᆡ 나라를 셰우되 아라사 와 의론치 아니핬다 ᄒ야 곳 핍박하야
왕위를 퇴ᄒ게 ᄒ니 발이긔리아 인민이 대단이 불평ᄒ더라.]

---

70) 발이긔리아: 불가리아.
71) 아력산대(雅力山大): 아력산더. 발왕(勃王).

데이십일권 미리견국이라

영국 마간셔 원본, 청국 채이강 술고, 리졔마티 번역

뎨일졀 국톄라

지금 빅년 중 대셔양 셔편에 홀연이 나라 다스리는 신법이 츌하미 만국 스름이 다 유심ᄒ야 살피니 당초 일쳔칠빅칠십륙년 [영조 오십이년]에 영국에 예속ᄒ얏든 습빅만 인구ㅣ 영국 졔도를 복종치 아니ᄒ고 스스로 흔 신법을 셰우고 곳 미쥬의 일홈을 인ᄒ야 그 국호를 숨으니 그 나라는 원리 강토를 기쳑홀 마음도 업고 그 겻히 ᄯᅩᄒᆞᆫ 강흔 나라히 업는 고로 수륙 냥로에 양병홀 것도 업고, 이에 일쥬니 [일쥬는 오딕쥬 가온디 한 쥬라] 안거ᄒ야 틱평흔 복을 누리거ᄂᆞᆯ, 당시에 구쥬 각국은 불연ᄒ야 불과 두어 종락이 토디를 관활ᄒ며그 어든 바 리익되는 거슨 허다흔 병비에 모손ᄒ고 그 뎨왕된 ᄌᆞ는 항상 타국과 젼징을 일숨아 빅셩으로 ᄒ야곰 무궁흔 고초를 당ᄒ니, 이는 젼혀 다 각국 뎨왕의 사심사욕이라. 미국과 비ᄒ면 딕단히 다르더라.

일쳔팔빅년 [뎡종 이십ᄉᆞ년]부터 일쳔찰빅십이년 [순조 십이년]ᄭᅵ지 미국이 빅비나 틱평ᄒ고 초연히 물의에 ᄶᅱ여나 타국과 상관이 업스나 다만 기국흔 지 오릭지 아니ᄒ미 영국이 젼에 학ᄃᆡᄒ든 일을 잇지 못ᄒ거ᄂᆞᆯ 오즉 그 인군 화셩돈이 항상 인민을 권ᄒ야 왈 우리 맛당히 텬하 만국과 돈목홈을 숭상홀 거시요, 지어 영국은 우리 미국 인종의 근본지디라. 더욱이 화호홈이 올타 ᄒ니 이에 미인이 그 뜻을 감화ᄒ야 화친을 조와ᄒᄂ 고로 구쥬 각국은 당시에 젼징을 질겨홈이 병풍상셩ᄒ야 밋친 ᄉ름 ᄀᆺᄐ나 미국은 틱평무ᄉᄒ야 안거락업ᄒ더라.

뎨이졀 일쳔팔빅십이년에 영미 냥국 젼징[1]이라

일쳔팔빅십이년 [순조 십이년]에 영법 냥국이 셔로 ᄊ화 다 통상을 금ᄒ믹 미국은 인ᄒ야 안져 곤경을 당ᄒ니 대져 미국은 토산을 가지고 구쥬에 일으러 물건과 상환ᄒ야 순화부졀ᄒ야 리익을 엇더니 밋 영법이 실화ᄒ믹 미국 션쳑은 한가히 항국에 믹여두고 미국의 졀딕ᄒ 도회와 져ᄌ에 릭왕ᄒᄂ ᄉ름이 믄어져 심지어 잇기가 셥돌에 덥힐지라. 연이 영국이 싀로이 쟝졍을 셰워 미국 션쳑을 일일이 구류ᄒ야 수험코ᄌ ᄒ니 대져 그 션즁에 영인이 피ᄒ야 잇슬가 홈이라. 미인이 듯고 대단이 불열ᄒ더라.

이윽고 영국이 미인의 마음을 알고 즉시 쟝졍을 곳쳐 미인의 션쳑 즁에 의심나ᄂ ᄌᄂ 먼져 미국과 의론ᄒ고 다시 억지로 수험치 아니케 ᄒ고, 이에 싱각ᄒ되 일이 무ᄉ타쳡ᄒ얏다 ᄒ더니 이 ᄍ에 미인은 젹분이 지즁ᄒ야 맛ᄎᆷᄂ 영국에 격셔를 젼ᄒ야 ᄊ호기를 쳥ᄒ니, 대져 미국이 그 분심을 이긔지 못홈이요, ᄌ긔 군수가 단련치 아니믄 아지 못ᄒ더라. 웃ᄂ 자ㅣ 잇셔 왈 미국 일국의 병션이 영국 병함 ᄒ 쳑을

1) 미-영전쟁 (미국: War of 1812, 영국: American War of 1812 to 1815)은 1812년 6월 18일에 미국이 영국에 선전포고를 하면서 발발한 32개월(2년 8개월) 간의 충돌이다. 이 전쟁의 원인은 크게 두 가지로 나뉜다. 첫째, 당시 미국의 대통령이던 제임스 매디슨과 그의 지지 세력들이 영국에 적대적이었다는 것과, 둘째, 영국이 프랑스로 가던 미국 선박들을 나포하여 미국의 수출에 타격을 주었다는 것이다. 이 전쟁은 누구의 승리도 없이 끝났다. 미국은 백악관이 불에 타 잿더미가 되는 등 많은 피해를 입었다. 이 불타버린 백악관을 매디슨이 하얗게 칠했는데, 이것이 오늘날까지 이어지고 있다. 『위키백과』

당치 못흘지라. 이제 쏫호고즈 흐니 그 료량 업스믈 가히 알깃다 흐더니 이히 류월에 영국에 졍병이 일빅만이요 병함이 일쳔 쳑이라. 미국이 그 힘을 혜아리 지랑 못흐고 발셔 츠발병흐야 미쥬에 잇는 영국 속디 감나듸에 일으러 그 짜흘 졈경코즈 흐거늘 영인이 셔셔히 힝군흐야 일으는 곳에 미국 군스를 무론 다소흐고 다 스로잡으니, 미인이 크게 탈긔흐더라. 연이나 처음 긔젼흘 째에 미인이 영국 병함 수쳑을 쎄앗거늘 영인이 대로흐야 곳 화셩돈 도셩에 일으니 [화셩돈 도셩은 곳 그 긔국흔 인군의 일홈을 스모흐야 도셩 일홈을 슴음이라.] 영병이 불과 슴쳔오빅인이로듸 미국 젼국이 룽히 당치 못흐는지라. 영병이 곳 화셩돈에 들어가 궁젼을 웅거흐야 볼모 숨고 벌금을 늬야 속흐라 흐니 미인이 듯지 아니흐거늘 드듸여 불을 노와 슬으니라. 이 째 신와이련2) 짜은 미국 남싱이라. 다 분연히 이러 왈 이졔 영인을 파치 아니면 나라히 쟝찻 망흐리라 흐더니 일쳔팔빅십오년 [슌조 십오년] 졍월 팔일에 영국 졔독 파긍함모3)ㅣ 셔반아 포도아 량국을 대쳡흐고 도라올 시 부하 졍병이 류쳔인이라. 나아가 신와이련 싱을 치니 미국 졔독 져극손4)이 먼져 진문 밧게 희즈를 깁히 파 병마 릐왕을 막고 쏘 쟝원을 쓰아 스졸을 호위흐거늘 영국 졔독이 급기 미국 진젼에 다라들어 희즈를 보고 크게 뉘웃쳐 왈 늬 엇지 부교를 [부교는 물을 건너는 다리라.] 이졋는요. 흔 물이 격흐야 건널 길이 업는지라. 졍히 염녀흘시 미

2) 신 와이련(新卬爾連): 뉴 오랜스. 미셩(美省). 뉴올리언스. 미국 남동부 부이지애나 주의 시. 루이지애나 주에서 가장 큰 시이다. 미시시피－미주리 수계의 어귀에 있는 주요항구이자 관광지이며, 산업·교육·의학의 중심지이다. 인구는 48만 4,674명(2000년 추계)이다. 시를 가로지르는 미시시피 강은 서쪽에서 흘러들어와 남동쪽 하구까지 180km를 흘러 멕시코 만으로 유입된다. 주요 주거지역은 강의 동쪽 기슭에 있다. 기후는 온화하며, 지면이 해수면보다 1.5m 낮고 평균 강수량이 1,425mm이기 때문에, 방파제와 적절한 방수장치가 중요하다. 1717년 미시시피 강이 급격히 굽어 흐르는 지역의 동쪽 기슭에 최초의 시가지가 생겨났다. 1958년 그레이터뉴올리언스다리가 건설되어 강 동쪽과 서쪽이 연결되었다. 백인과 흑인의 비율이 거의 비슷하며, 흑인들은 흑인가곡·춤곡·성가를 혼합한 뉴올리언스 재즈를 탄생시켰다. 『브리태니커』
3) 파긍함모(泊肯喊暮, 박긍함모): 팍켄함. 영졔독(英提督).
4) 져극손(姐剋孫): 짝크쏜. 미졔독(美提督). 앤드루 잭슨.

인이 토장 안히 잇셔 총으로 영인을 노흐니 경각 간에 영인 죽은 쟈ㅣ
이쳔인이요, 미군의 상흔 쟈눈 불과 십스인이러라.5)

젼졍이 지츠흐미 냥국이 다 피폐홀지라. 미인이 그졔야 후회흐야 영
국과 화친을 쳥흐거늘 영인은 원릭 강화코즈 흐며 쏘 장찻 구라파 쥬
타국과 용병홀지라. 관계 업눈 미국과 젼쥥흠이 불길흐다 흐야 피츠
화약을 졍흐니 대져 영미 냥국이 교젼흔 지 슴십삭이 되얏스나 기실
은 불과 션쳑 수험흐눈 미셰사ㅣ러니 급기 강화시에눈 션쳑스눈 한 말
도 졔긔치 아니흐니 더욱이 이샹흐더라.

뎨슴졀 국셰 크게 흥흠이라

즈후로 미국이 쏘 만사ㅣ 퇴평흐야 젼심치지흐야 식 쌰홀 긔간홀시
젼후 오십년간에 그 홍셩흠이 만고 이릭 보텬지하에 잇눈 빅 아니라.
일쳔팔빅륙십년 [쳘종 십일년]에 인구 호젹을 셩칙흐고 쏘 국즁에 일
졀 대스를 긔록흐니 이눈 그 긔이흠을 구쥬 각국이 놀날 쏜 아니라,
곳 미인도 싱각지 못흔 빅라. 대져 구쥬 각국에도 본릭 홍왕흔 쟈ㅣ
만흐나 만일 미국과 비교흐면 미인은 거름 잘 것눈 스룸이 더욱 급히
다라남과 갓고 구쥬인은 가만히 셔셔 움작이지 아니흠과 갓트니 그
엇지 지속을 말흐며 쏘 스룸의 일만 그러흘 쏜 아니라 지어 뉴츅과 토
산이 쏘한 홍치 아님이 업더라.

미국이 긔국흐든 째에눈 인구ㅣ 슴빅만이러니 이졔눈 슴쳔이빅만인
이요 [이눈 일쳔팔빅륙십년에 셩칙흠을 보고 이르눈 말이요, 일쳔팔빅

  5) 뉴올리언스 전투: 1814년 12월 24일 별 성과 없던 전쟁은 벨기에 겐트에서 맺어진 겐트
  조약의 조인과 함께 종결되었다. 그러나 미-영전쟁 중 가장 치열한 전투는 뉴올리언스
  전투로 통신사정이 나빠 겐트조약이 맺어진 지 며칠 뒤에 발생했다. 이 전투에서 영국
  군은 2,037명의 전사자를 낸 데 비해 미국군은 단 21명의 전사자만 낸 값진 승리로 지휘
  관 앤드루 잭슨이 영웅으로 떠올랐다. 『위키백과』

구십년에는 륙쳔이빅만 인에 일으고 기여 모든 일이 다 증가ᄒ얏더라.] 길으는 말이 인력을 도을 자ㅣ 륙빅만 필이요, 소의 인력을 도읍는 자ㅣ 이빅만 필이요, 졋는는 자ㅣ 팔빅만 필이요, 기여 나귀와 노새가 일쳔오빅만 필이요, 양이 이쳔이빅만 두요, 도야지가 슴쳔슴빅만 두에 일으니 이는 뉴축의 번셩홈이요, 토디 소산이 쏘흔 극셩ᄒ야 일년 소츌ᄒ는 면화ㅣ 영칭으로 일빅만 돈이 되니 다 구쥬인이 쓰는 바이요, 십년으로 계지ᄒ면 면화ㅣ 이믜 갑졀이 되고 량식은 민년 셔양국 두수로 십이만 두ㅣ 되고 [민 두 즁수가 스십일 근이라.] 담비 일종도 십년늬에 갑졀이 되니 민년 영칭으로 오만만 방이요 [민방 십이냥 즁이라] 수로에 가히 힝션ᄒ는 리수가 일만 오쳔리요, 쳔로ㅣ 구만리니 그 즁 륙만륙쳔리는 쏘흔 십년늬에 슈축흔 거시요, 직조화물에 양융과 포속은 민년 영금 스쳔만 방에 이르고, 셔원과 학당은 십일만 슴쳔 쳐이요, 셔원의 원장과 학당의 교사ㅣ 십오만 인이요, 셔원과 학당에 들어 독셔ᄒ는 학싱이 오빅오십만 인이니 국가의 민년 보조금이 칠빅만 방이요, 쏘 도학을 강론ᄒ는 강당이 오만스쳔이니 통계 각쳐 강당늬에 가히 일쳔구빅만 인을 안칠 거시요, 쏘 신보관 스쳔이 잇셔 민년 신문지가 십만만 권이러라.

미국이 쳐음은 십슴싱이 합ᄒ야 일국이 되얏더니 이제 슴십스싱이 되니, 그 노의스나[6] 싱은 법난셔에 스고 복녹이달[7] 싱은 셔반아에 어

---

6) 노의사나(魯意寫拿): 로위시아나. 미셩(美省). 루이지애나. 멕시코 만과 경계를 이루며 미국의 남부 중앙지역을 차지한다. 동쪽으로 미시시피 주, 북쪽으로 아칸소 주, 서쪽으로 텍사스 주와 경계를 이룬다. 주도는 배턴루지이다. 장화 모양인 이 주의 남북 길이는 약 443km 정도이고 동서로는 해안을 따라 약 480km 정도 뻗어 있다. 최초의 주민은 인디언들로서 1만 6000년 전부터 이곳에서 거주했던 것으로 여겨지는데 B.C. 700년경의 고고학적 유적이 발굴되었다. 최초의 유럽인들이 정착할 당시에는 캐도족과 촉토족이 가설천막을 짓고 사냥과 채집생활을 하거나 농경촌락을 이루고 살았다. 1682년 프랑스 탐험가인 라 살공(公) 로베르 카블리에가 미시시피 강을 따라 내려와 강유역 전체를 프랑스 영토로 선언했다. 1718년 비앵빌공 장 바티스트 르 무안이 뉴올리언스 시를 세웠다. 1731년 루이지애나가 프랑스 왕령식민지가 되었을 때 흑인노예를 포함해 인구가 약 8,000명에 이르렀다. 1760년대에 프랑스어를 사용하는 아카디아인(케이전)이 도착하면서 식민지 건설이 급속도로 진행되었는데 이들은 영국의 압력으로 노바스코샤에서 추

덧고 퇴극스[8] 싱과 가리븍니아[9] 싱은 [곳 구금산이라] 믁셔가에 쎅앗고 쏘 닛디에 **토민이 왕왕히 그 토디롤 미국에 밧치고, 미국 인민 되기롤 원ᄒᆞ니 이에 관할 흔 싸히 영리 습빅십만 방리 [조션 리수 흠쳔일빅만 방리라.]라.** 연이나 그 기간흔 싸히 젼국 닉에 겨우 오분의 일이오, 쏘 오분의 ᄉᆞᄂᆞᆫ 황무흔 되로 잇스나 이ᄂᆞᆫ 다 옥토ㅣ라. 타일 국가의 리익이 한량 업슬너라.

뎨ᄉᆞ졀 노예라

미국이 가장 <u>타인의게 우음을 밧ᄂᆞᆫ 즈ᄂᆞᆫ</u> 흑노 두ᄂᆞᆫ 풍속이라. 남싱 ᄉ

방당해 이주해 온 사람들이었다. 1762년부터 1800년까지는 스페인의 지배하에 놓였으나 다시 프랑스의 차지가 되었다. 그러나 1803년 미국이 프랑스로부터 루이지애나를 사들여 미국이 이 땅을 차지하게 되었다(→ 색인: 루이지애나 매입). 현재 주의 심장부를 이루는 뉴올리언스 도시지역이 1804년에 설립되었으며 1812년에 18번째로 연방에 가입했다. 『브리태니커』

7) 복녹이달(福祿利達): 쁘로리다. 미셩(美省). 플로리다. 미국의 가장 남동쪽에 있는 주. 주도는 탤러해시이며, 면적 15만 1,939㎢, 인구 1,931만 7,568명(2012년 추계)이다. 북쪽은 앨라배마 주와 조지아 주, 동쪽은 대서양, 남쪽은 플로리다 해협, 서쪽은 멕시코 만과 접하고 있다. 스페인령이었던 플로리다는 1819년 미국의 영토가 되었고, 1845년 미국의 27번째 주가 되었다. 플로리다의 대부분은 해발 30m도 안 되는 저지대 평원이다. 주의 2/3가량이 숲으로 덮여 있고, 1,700개 이상의 시내와 3만여 개의 호수가 곳곳에 있다. 기후에 따라 열대·아열대 두 지역으로 분류된다. 연평균기온은 북부가 20℃, 남부가 25℃로 연중 거의 변화가 없으며, 강우량은 여름에 가장 많다. 전국 감귤류의 75%가 생산되고 채소류도 2위의 생산량을 자랑한다. 주요 광물자원은 인산염이다. 『브리태니커』

8) 퇴극스(退克沙): 텍사스. 미셩(美省). 텍사스. 미국 중남부지역에 있는 주. 미 대륙 내의 48개 주 가운데 가장 큰 주로 주도는 오스틴이다. 면적은 691,027km²인데 낮고 비옥한 연안평야가 1/3을 차지한다. 인구 22,490,022명(2004년 추계). 인구 구성이 다양하고 인구 증가율이 높아서 미국 평균의 2.5배에 달한다. 1836년 멕시코로부터 독립을 선포하고 1845년 미국의 28번째 주가 되었다.1901년 석유가 발견되어 경제적인 전환기를 맞았다. 전국 석유 매장량의 1/4을 보유하고 있어 석유와 천연가스 생산, 정유용량에서 선두를 지키고 있다. 천연자원이 풍부하고 목화 생산지로 유명하며, 농산물 총생산량에 있어서도 전국 순위 2~4위 내에 든다. 도로와 철도 이용률이 전국 1위이며, 댈러스-포트워스 공항은 전국 최대 규모이다. 『브리태니커』

9) 가리븍니아: 캘리포니아.

름은 노예가 수빅만에 이르니 피츳 물건갓치 셔로 미미ᄒ고 화성돈
도성 즁에도 노예를 짐싱갓치 녁이며 미국 물화 즁 면화와 쏠과 담비
습죵이 뎨일 큰 물건이라. 이ᄂᆫ 다 흑노가 농ᄉᆞᄒᆫ 거시요, 국가에셔 흑
노 ᄃᆡ졉흠이 편벽되이 각박ᄒᆞ야 곳 만분억울ᄒᆫ 일이 잇셔도 감히 신
원치 못ᄒᆞ더라.

미국이 영국에 속ᄒᆞ얏슬 ᄹᅢ에 영인이 아비리가 쥬 흑인을 사다가
미국 남싱 황무지디에 보ᄂᆡ여 농ᄉᆞ를 식이엿더니 미인이 항상 그르게
아다가 긔국ᄒᆫ 후 수년에 화성돈과 졔비싱10)과 합미탄11) 갓튼 모든
어진 인군이 다 말ᄒᆞ되 ᄉᆞ름을 ᄉᆞ셔 노예 ᄆᆞ들미 불가ᄒᆞ다 ᄒᆞ야 그 악
풍을 곳치고ᄌᆞ ᄒᆞ더라.

연이 날이 오ᄅᆡ미 흑노 미미ᄒᆞᄂᆫ 일이 점점 큰 장사ㅣ 되며, ᄯᅩ 셕년
에ᄂᆞᆫ 면화를 심어도 씨 쏩ᄂᆞᆫ 법을 아지 못ᄒᆞ다가 밋 영국이 화륜긔계
로 사와 베를 쌰미 면화ㅣ 더욱 만히 쓰이고 미국 쟝식이 면화씨 빗ᄂᆞᆫ
긔계를 [아국의 씨아와 갓탐이라] 창시ᄒᆞ미 미인이 면화 심으기를 되
리소관이라 ᄒᆞ야 민간의 일편토ㅣ 잇셔도 다 흑노 일이명을 두어 면화
를 심으며 더욱 미국에 황디 허다ᄒᆞ미 흑노를 사다가 긔간ᄒᆞ야 면화ㅣ
날노 셩ᄒᆞ고 부ᄌᆞ히 ᄯᅩᄒᆞᆫ 날노 만하지더라.

남방 ᄉᆞ름이 흑노를 인ᄒᆞ야 싱계 홍왕ᄒᆞ미 거국이 다 그 법을 효측
ᄒᆞ야 혹 흑노 방셕흠을 말ᄒᆞᄂᆞᆫ 자ㅣ 잇스면 듯지 아니ᄒᆞ며 심지어 말
ᄒᆫ 자ㅣ 셩명을 보젼치 못ᄒᆞ기도 ᄒᆞ며 그 풍속이 점점 뢰불가파요 ᄯᅩ
흑노를 인ᄒᆞ야 지물을 모흔 ᄌᆞᄂᆞᆫ 타인이 ᄌᆞ연 그 부가옹이라 ᄒᆞ야 랍
쳠ᄒᆞ고 그 그름을 말ᄒᆞ지두 못ᄒᆞ며 젼교ᄒᆞᄂᆞᆫ 교사ㅣ ᄯᅩᄒᆞᆫ 말을 삼이이
왈 흑인이 극히 용렬ᄒᆞ니 ᄉᆞ름이 부리지 아니면 쓸 듸 업다 ᄒᆞ고, ᄯᅩ
경문의 말을 인증ᄒᆞ야 왈 옛젹 셩인도 노복이 잇스니 이ᄂᆞᆫ 하늘이 분

---

10) 졔비싱(姐飛生): 쌔여쏜. 미군(美君). 제퍼슨(1743~1826). 미국 독립선언문을 기초하였
   으며, 제3대 대통령을 지냄.
11) 합미탄(哈迷吞): 하밀톤. 미군(美君). 해밀턴(1755~1804). 미국 제헌회의의 뉴욕 대표
   (1787), 초대 재무장관(1789~1795).

명이 식킴이라 이제 우리 엇지 홀노 업스리오 ᄒ고 만일 흑인이 그 포학을 견듸지 못ᄒ야 도망ᄒᄂ 지 잇스면 그 죄가 주인의 물건 도적ᄒᄂ니보다 더 즁ᄒ고 그 노예를 길으지 말나 ᄒᄂ 자ᄂ 지목ᄒ야 왈 이ᄂ 하늘을 거슬니ᄂ 스름이니 하늘이 용납지 아니리라 ᄒ더라.

영인이 미쥬에 잇슬 ᄯᅢ에 남셩에만 흑노를 둘 ᄲᅮᆫ 아니라 븍셩에 잇ᄂ 영국 속디에도 ᄯᅩ 흑노를 두어 만일 흑노 ᄒ나흘 븍방에 잇ᄂ 교ᄉ의게 보ᄂ니면 교사ㅣ 곳 듸단히 치ᄉᄒ고 밧으니 교ᄉ라 ᄒᄂ 스름이 이러ᄒ미 타인을 가지라. 연이나 밋 미국이 ᄀᆡ국ᄒᆫ 후에 븍방의 노비 두ᄂ 자ㅣ 심히 젹으니 대져 흑노ᄂ 본릐 염열ᄒᆫ ᄯᅡ에 싱장ᄒᆫ 스름이어 놀 이제 억지로 븍방 극한지디에 잇게 ᄒ니 흑노ㅣ 즈연 한고를 견듸지 못ᄒ야 몸이 수쳑ᄒ고 졔반 쳔역을 ᄒᆞᆯ 수 업ᄂ 연고요, 남방은 긔후ㅣ 흑인에 합당ᄒᆫ 고로 남방에 노예 둔 자ㅣ 만터라.

자후 븍방 스름은 비록 흑노를 두지 아니ᄒ나 ᄯᅩᄒᆫ 남방 스름을 그르다 아니ᄒ니 이ᄂ 남방인이 부자ㅣ 만흐미 븍방 스름이 ᄯᅩᄒᆫ ᄯᅡ라 득리홀 ᄲᅮᆫ 아니라 ᄯᅩ 남방인이 면화를 심을 ᄯᅢ에 항상 븍방인의게 ᄌᆞ본을 취ᄒ야 즁변으로 갑고 면화가 된 후에ᄂ 븍방에 가셔 물건을 환ᄆᆡᄒ야 슌환부졀ᄒ야 셔로 싱계가 되ᄂ 고로 븍방인도 ᄯᅩᄒᆫ 노예 ᄉᄂ 법을 곳치고ᄌᆞ 아니ᄒ더라.

이러ᄒᆫ 지 다년에 븍방인이 홀연히 싱각ᄒ되 흑노 두ᄂ 거ᄉ 텬리에 올치 아니ᄒ다 ᄒ야 긔여히 곳치고ᄌᆞ ᄒ더니 일쳔팔ᄇᆡᆨ슴십일년 [순조 슴십일년] 졍월에 가리싱12)이라 ᄒᄂ 스름이 신보관을 셰우고 젼혀 흑노 ᄆᆡᄆᆡᄒᆞᆷ이 불가ᄒᆞᆷ을 의론ᄒ니 미긔에 븍방 스름이 다 그 어질믈 감동ᄒ야 일쟝빅화ᄒ야 셔로 간졀히 권ᄒ며 ᄯᅩ 동지ᄒᆫ 스름 십이인이 흑노 방셕회를 셰웟더니, 그 후 슴년 즁에 흑노 방셕회가 이ᄇᆡᆨ 처이요, 십년이 지나미 곳 이쳔 처이 되야 글을 져술ᄒ고 의론을 셰워

---

12) 가리싱(加利生): ᄭᅡ리손. 미주필(美主筆). 윌리엄 개리슨(1805~1879). '리버레이터'지를 발행하고 주필이 되었으며, 미국 노예폐지운동의 선구자로 활동함. 1832년 뉴잉글랜드 노예폐지협회를 조직하고, 1933년 미국노예폐지협회를 조직함.

주야 강론ᄒ니 남방 ᄉᆞᆷ이 그 회중인 보기를 원슈갓치 너기며 북방 ᄉᆞᆷ 즁 남방인과 졍분이 둣터온 ᄌᆞ는 ᄯᅩ흔 남방 ᄉᆞᆷ을 위ᄒᆞ야 그 회 를 져회ᄒ며 발ᄉᆞ등13) 디방에는 녀ᄌᆞ가 모히여 ᄯᅩ 셕노회를 셰울ᄉᆡ ᄒᆞᆫ 남자 l 들어와 듸단히 야료ᄒᆞ며 비랍덕비아14) 디방은 더욱 창궐ᄒᆞ 야 흑노를 죽이고 방옥을 소화ᄒᆞ며 셕노회인이 회의ᄒᆞᆯ 째에 왕왕이 들어와 야단ᄒᆞᄂᆞᆫ 자 l 만터라.

남북싱이 흑노를 인ᄒᆞ야 론난흔 지 슴십년에 북방인의 분흔ᄒᆞ고 강 긔흔 모양은 불가형언이라. 심지어 노예둔 ᄌᆞ를 믜워ᄒᆞ야 인류가 아니 라 ᄒᆞᄂᆞ니도 잇셔 이에 남북싱이 수화상극과 갓타며 그 남방에 벼슬 흔 ᄉᆞᆷ은 빅계로 남방인을 위로코ᄌᆞ ᄒᆞ야 흑노 l 도망ᄒᆞᄂᆞᆫ ᄌᆞ l 잇스 면 곳 긔포ᄒᆞ야 그 주인의게 보늬고 북방인은 노예 방셕ᄒᆞᆯ 마음이 날 로 심ᄒᆞ야 뼈 ᄒᆞ되 져의 셰력으로 ᄉᆞᆷ을 압졔ᄒᆞ고 도덕과 의리를 아 지 못흔다 ᄒᆞ야 셔로 시비ᄒᆞ기를 마지 아니ᄒᆞ니 이럼으로 피츠 원슈

---

13) 발사등(撥獅燈): 샷스톤. 미지(美地). 보스턴. 미국 북동부 매사추세츠 주의 주도이며 서 픽군의 군청소재지. 매사추세츠 만의 입구에 있는 주요항구이며 뉴잉글랜드의 역사·문 화·상업·산업의 중심지이기도 하다. 면적: 시 119km², 대도시권 3,191km², 인구: 시 569,165명(2004), 보스턴－로렌스－세링럼 대도시권 4,171,643명(1990). 원래 반도였던 곳의 전면이 변모됨으로써 크게 확장되었다. 이전의 평원지대가 퍼블릭 가든과 파리 양 식의 커먼웰스 가의 공원지대가 되었다. 주요 경제활동은 은행업, 보험업, 투자 경영업, 기타 금융·전문경영활동 등이다. 보스턴의 기후는 대체로 온화하고 습기가 많으나 대륙 의 끝부분은 연중 기온차가 상당히 심한 것이 특징이다. 보스턴 중심부에는 고층 빌딩 사무실과 주거용 고층건물이 들어서 있다. 거리에 형성되는 시장과 좁고 굴곡이 많은 도로가 보스턴 중심부의 전통적인 특징이다. 『브리태니커』

14) 비랍덕비아(非拉德飛鴉): 필레듭애아. 미지(美地). 필라넬씨아. 미국 펜실베이니아 주 남 동부에 있는 항구도시. 면적 370km², 인구 151만 7,550명(2000년 추계)이다. 펜실베이니 아 주에서 가장 큰 시이며, 델라웨어 강과 스쿨킬 강이 합류하는 지점에 있다. 1681년 퀘이커교도 정착지였던 이곳은 미국 독립혁명과 산업혁명의 중심지였다. 비옥한 대서양 연안에 있지만 서쪽 경계는 구릉지대이고, 여름은 덥고 습한 기후이며 겨울은 비교적 춥다. 시 곳곳에는 식민지시대풍의 특색 있는 건물들이 많이 있다. 다양한 인종과 민족 들이 분포하는데, 중심부를 기준으로 북서부에는 독일인 지구가, 북부에는 흑인과 푸에 르토리코인 지구가, 남부에는 유럽인 지구가 있다. 도로·철도·수로·항공편 등 편리한 교통로를 갖추고 있어 대서양 연안지방의 주요 교통 중심지이다. 선박장비·식품·출판 등의 제조업 분야가 활발하며, 금융 중심지이기도 하다. 『브리태니커』

를 결ᄒ야 필경 국가의 화단을 일우더라.

뎨오절 일천팔ᄇᆞᆨ륙십년에 인군 천거홈이 미흡홈이라

미국의 인군되ᄂᆞᆫ 자ㅣ 미양 남방 스름에 만코 혹 남방 스름이 아니라도 반다시 남방인과 동심합의ᄒ니 이ᄂᆞᆫ 남방의 권이 북방보다 더홈이라. 일천팔ᄇᆞᆨ륙십년 [철종 십일년]에 쏘 시 인군을 천거홀ᄉᆡ 북방 스름이 이 긔회ᄅᆞᆯ 인ᄒ야 흑노ᄅᆞᆯ 방셕코즈 ᄒ니 남방 스름이 말ᄒ되 우리 남셩은 다 가히 즈주홀지라. 너의 싸로이 북셩에셔 즈주ᄒ고 셔로 불상간셥홈이 올타 ᄒ더니 밋 인군을 천거ᄒ믜 다 림궁15)을 들어 인군 위에 올리니 림궁은 원릭 북방인이요, 즈소로 노예 길으믈 불합다 ᄒ든 빅라. 남방 스름이 크게 진동ᄒ더라.

뎨륙절 남방 졔셩이 불복홈이라

남방 스름이 림궁이 대통령됨을 보고 흑노ᄅᆞᆯ 방셕홀가 염녀ᄒ야 다 정부ᄅᆞᆯ 향ᄒ야 즈퇴ᄒ고 한나라됨을 원치 아니ᄒ니 당초 남방 각셩이 나라ᄅᆞᆯ 합홀 째에 북방과 명의가 갓지 아니ᄒᆫ 고로 그 즈퇴홈도 쏘ᄒᆞᆫ 스스로 흣터짐이요, 반란홈과 드라니 대져 각셩이 합ᄒ야 ᄉᆡ 나라히 될 째에 미국에 두 당이 잇셔 ᄒᆞᆫ 당은 말ᄒ되 국권이 놉지 못ᄒ면 각셩이 리산키 쉬우니 인군이 대권을 가짐이 올타 ᄒ며, 쏘 그 외 ᄒᆞᆫ 당

---

15) 림궁(林肯): 린콘. 미군(美君). 링컨. 미국의 제16대 대통령(1809~1865, 재임 1861~1865). 대통령에 취임하자마자 발발한 남북전쟁(南北戰爭)을 승리로 이끌어 미연방(美聯邦)을 분열로부터 보호하였으며, 1863년 노예해방을 선언하였다. '인민(人民)의, 인민에 의한, 인민을 위한 정부는 지상에서 영원히 사라지지 않을 것이다'라는 그의 게티즈버그 연설은 민주주의의 진면목을 대변한 것으로 유명하다. 재임 중 워싱턴의 극장에서 존 월크스 부스의 총에 맞아 사망하였다.

은 말ᄒᆞ되 국권이 과즁ᄒᆞ면 각싱이 반다시 구라파인과 갓치 인군의
학졍을 바드리니 이ᄂᆞᆫ 각싱의 권이 국권보다 즁흠이 올타 ᄒᆞ야 두 당
이 상지불결ᄒᆞ고 ᄯᅩ 이윽고 븍싱 스름이 말ᄒᆞ되 우리 비록 각싱의 ᄌᆞ
원을 싸라 합ᄒᆞ얏스나 이믜 일국이 되얏스니 다시ᄂᆞᆫ 단단코 난호이지
못ᄒᆞ리라 ᄒᆞ며 남방 졔싱 스름은 왈 각싱이 다 ᄌᆞ쥬지권이 잇스니 합
고ᄌᆞ ᄒᆞ면 합ᄒᆞ고, 난호고ᄌᆞ ᄒᆞ면 난호일지라. 무슴 불가흠이 잇스리
요 ᄒᆞ더라.

이에 남방인이 다 ᄌᆞ퇴ᄒᆞ야 일국이 되고ᄌᆞ 홀ᄉᆡ 드듸여 일쳔팔빅륙
십년 [쳘죵 십일년] 십이월 이십일에 남가록리나16) 싱이 먼져 란을 이
리키고 기외 작이가17)와 아랍파마18)와 밀셜셜피19)와 노의스나20)와
복녹리달21) 다셧 싱이 분분이 ᄌᆞ퇴ᄒᆞ고 ᄯᅩ 수월이 지나믹 비졀니아22)
와 븍가리록나23)와 텬늬셔24)와 아감스25)와 퇴극스26) 다셧 싱이 ᄯᅩ

---

16) 남가록니아(南嘉祿利拿): 쓰우쓰 카로릐아. 미셩(美省). 사우스 캐롤라이나. 미국 남대서
   양 지역의 주.
17) 작이가(爵爾嘉 又名 姪兒姐): 씨오지아. 미셩(美省). 조지아 주. 조지아는 남쪽으로 플로
   리다와, 동쪽으로 사우스 캐롤라이나 및 대서양과, 서쪽으로 앨라배마와, 서남단 끝으로
   플로리다와, 북쪽으로 노스 캐롤라이나 및 테네시와 주 경계를 접하고 있다. 주의 북부
   에는 애팔래치아 산맥의 한 줄기인 블루 리지 마운틴이 위치한다. 중부는 완만한 평지
   이며 미국 남부의 강들이 흘러 대서양으로 빠져나간다. 조지아에서 가장 높은 곳은
   1,458미터의 브래스타운 산이다. 면적은 미국의 50개 주 중 24번째로 큰 153,909km²이
   다. 조지아는 미시시피 강 동쪽의 주들 중 육지 면적으로는 가장 크지만 총 면적으로는
   미시간, 플로리다, 위스콘신 다음으로 네 번째를 차지한다. 『브리태니커』
18) 아랍파마(雅拉巴瑪): 아래바마. 미셩(美省). 앨라배마. 미국 남동부에 있는 주.
19) 밀셜셜피(密雪雪皮): 미시시피. 미셩(美省). 미시시피. 미국 중남부에 있는 주. 북쪽은 테
   네시 주, 동쪽은 앨라배마 주, 남쪽은 멕시코 만 및 루이지애나 주와 접하며, 서쪽은 미
   시시피 강을 사이에 두고 루이지애나 주, 아칸소 주와 경계를 이룬다. 주도는 잭슨이다.
   『브리태니커』
20) 노의스나: 루이지애나.
21) 복녹리달: 플로리다.
22) 비졀니아(斐節尼亞): 쌔지니아. 미셩(美省). 버지니아 주.
23) 븍가리록나(北嘉利祿拿): 노쓰 카로릐아. 미셩(美省). 노스캐롤라이나 주.
24) 텬늬셔(天乃西): 텐늬스. 미셩(美省). 테네시 주.
25) 아감스(鴉嵌沙): 아칸사스. 미셩(美省). 아칸소 주.
26) 퇴극스: 텍사스.

주퇴ᄒ니 이 주퇴한 십일싱의 토디ᄂ 영국 리수 일빅만 방리요, 남녀 인구ㅣ 륙빅만 명이요, 흑노ㅣ 슴빅만 명이라. 다 ᄯᅡ로이 합ᄒ야 일국 이 되고 셩명ᄒ야 반포왈 북싱 ᄉ롬이 만일 핍박ᄒ야 합고ᄌ ᄒ면 오 직 병력으로 싸홈이라 ᄒ더라.

뎨칠졀 남북싱이 교젼홈이라

북싱이 먼져 남가록리 싱이 반홈을 듯고 혜오ᄃᆡ 이ᄂ 션긔지졀이라. 블과 반월에 가히 삭평ᄒ리라 ᄒ얏더니 수월이 지나ᄆᆡ 반ᄒᄂ 자ㅣ 졈 졈 만커ᄂ 이에 일쳔팔빅륙십일년 [철종 십이년] 칠월 이십일일에 군 ᄉᄅᆞᆯ 발ᄒ야 비졀나아 싱에 일으러 남싱인과 싸호다가 대픽ᄒ니라.

남싱 ᄉ롬이 이믜 이긔ᄆᆡ 더욱 챵궐ᄒ거ᄂ 북싱이 곳 민간에 령을 ᄂ려 주원 출젼ᄒᄂ 자ㅣ 잇거든 속히 군부에 와셔 보ᄒ라 ᄒ니 령이 ᄂ린 지 불긔일에 무론빈부 인민ᄒ고 셩군작ᄃᆡᄒ야 오ᄂ 자ㅣ 빅만이 라. 이에 갈진심력ᄒ야 긔혜이 남방을 평코ᄌ ᄒ더라.

뎨팔졀 항구ᄅᆞᆯ 봉홈이라

남싱은 원리 량식이 풍족ᄒ나 다만 챵포와 약탄과 의복과 의약 등 은 젼혀 외국인의 졉졔홈을 기달릴지라. 이에 미국 졍부ㅣ 곳 령을 ᄂ 려 남방 각싱 항구ᄅᆞᆯ 봉ᄒ야 션쳑 릭왕을 금ᄒ니 남싱인이 크게 곤ᄒ 더라.

남싱에 북으로부터 남으로 오ᄂ 쟝강이 잇스니 밀셜셜픠 강수라. 흘 너 믁셔가 바다에 일으니 남싱이 이 강을 인ᄒ야 또 분ᄒ야 동셔 냥부 ㅣ 되고 밀셜셜픠 바다에 항구ㅣ 잇스니 슈옥량[27]이라. 일쳔팔빅륙십 이년 [철종 십삼년] 사월에 북싱인이 뉴옥냥 항구ᄅᆞᆯ 쎅아스니 남싱인이 곳 타국과 도로ㅣ 불통ᄒ고 쏘 노의나스와 퇴극스와 아감스 습싱은 다 밀셜셜피 강 셔편에 잇스니 북인이 이 강을 어드면 먼져 습싱 스룸은 곳 강 동편에 잇는 다른 제 싱과 셔로 구원치 못ᄒ올지라. 남싱이 그 강을 굿게 직희거늘 북방인이 바다 어귀로쏫츠 북으로 향ᄒ올시 이 ᄯᅢ에 격난탈28) 제독이 [격난탈은 후에 미국 대통령이라.] 강변 각 요히쳐를 웅거ᄒ니 밀셜셜피 강 셔편에 잇는 습싱이 고립ᄒ야 구원홀 자ㅣ 업고 쏘 일쳔팔빅륙십삼년 [철종 십사년] 칠월 사일에 비극스파29) 싸홀 이기고 중병을 둔찰ᄒ니 남싱이 드듸여 분ᄒ야 둘이 되고 동셔에 소딕이 불통ᄒ더라.

이 ᄯᅢ에 남싱인이 비졀니아 싱에 도회를 셰우니 이 싱은 북싱 화성돈 도성과 상거ㅣ 불과 영리 일빅삼십리라. 북싱이 더욱 분한ᄒ야 군사 이십만을 조발ᄒ야 마극뇌란30)으로 제독을 습고 남싱 제독 니31)위로 더부러 셔로 막다가 마극뢰란이 겁니야 견군을 명ᄒ야 퇴ᄒ니 니위 뒤를 쏫츠 칠일만에 졀몰사32) 하수에 이르러 북싱인의 병함 잇슴을 보고 그졔야 다시 핍박지 못ᄒ더라.

남병이 마극뇌란이 퇴흠을 보고 곳 간도로 쏫츠 북싱에 일으러 화성돈을 치고ᄌᆞ ᄒ거늘 미국 정부ㅣ 마졔독을 블너 셩야 회군ᄒ야 남병을 막으라 ᄒ얏더니 필경 광일지구ᄒ야 이긔지 못ᄒᆞᆫ지라. 미국 정부ㅣ 마 졔독이 병법에 릉치 못홈을 알고 일쳔팔빅륙십이년 [철종 십삼

<hr>

27) 슈옥량(紐屋樑, 又名 新星梁 又 凹爾連, 뉴옥량, 신성량, 요이련): 뉴 오륀스. 미부(美埠). 뉴올리언스.

28) 격난탈(格蘭脫): 그란트. 미군(美君). 미국의 제18대 대통령(1822~1885). 남북전쟁 때 북군(北軍)의 총사령관이 되어 남군(南軍)을 격파하고 전쟁을 종결하였다. 1868년에는 공화당 후보로 대통령 선거에 출마하여 당선되었다.

29) 비극스파(斐克斯婆): 얘스색. 미지(美地). 빅스버그. 미시시피 주의 도시. 남북전쟁 당시 빅스버그 전투가 유명함.

30) 마극뇌란(馬克賴蘭 又名 馬利欄): 믹 크래린. 미제독(美提督). 조지 B. 매클레런 (George B. McClellan).

31) 니(李): 릭. 미남제독(美南提督). 로버트 리.

32) 졀몰사(節沒士 又名 雅各 又 借黑私): 제임스. 미하(美河).

년]에 마 졔독을 쳬츠ᄒ니라.

뎨구졀 노예라 -이

긔젼홀 쳐음에 미국 졍부ㅣ 흑노 ᄉ건을 판리키 심이 어려우니 대져 븍셩인은 다 젼징이 흑노로 인ᄒ야 난 쥴 아랏스니 타일에 국가ㅣ 반 ᄃ시 흑노를 방셕ᄒ야 그 폐를 졔ᄒ리라 ᄒ며, ᄯ 남북이 교젼 이후로 부터 남셩에 잇는 흑노ㅣ 왕왕이 셩군결당ᄒ야 븍셩으로 오거늘 졍부 ㅣ 그 흑노를 안돈홀 방칙이 업스니 흔가지 어려온 일이요, ᄯ 츠외에 흑노ㅣ 잇셔도 반치 아니흔 각셩 여러이 잇스니 이졔 만일 신법을 ᄂᆡ 여 흑노를 방셕ᄒ라 ᄒ면 이는 반치 아니흔 셩을 핍박ᄒ야 흔가지 반 ᄒ라 홈이라. 이 ᄯ 한가지 어려운 일이니 미국 졍부의 ᄉ셰 실노 극난 ᄒ더라.

연이나 ᄉ이지츠ᄒ니 ᄂᆡ 이졔 병력을 인ᄒ야 폐단을 혁졔ᄒ리라 ᄒ 고 이에 일쳔팔빅륙십이년 [쳘종 십ᄉ년] 구월에 림궁 대통령이 령을 반포ᄒ야 왈 남셩에 흑노는 ᄂᆡ 다 방셕ᄒ노니 일쳔팔빅륙십ᄉ년 [쳘 종 십ᄉ년] 졍월 일일 위시ᄒ야 흑노로 ᄒ야곰 다 ᄌ쥬케 ᄒ고 각 군 각 디에 임의 왕리ᄒ야 평민과 갓치 ᄃᆡ졉ᄒ라 ᄒ니 흑노 습빅만이 운 무를 헷치고 쳥텬을 본 듯ᄒ며 수월이 지나ᄆᆡ 븍셩 ᄉ룸이 ᄯ흔 ᄌ원 ᄒ야 흑노를 방셕ᄒ고 일쳔팔빅륙십오년 [대군쥬 이년]에 국가 법률 외에 흔 조목을 더 쳠입ᄒ야 영영히 흑노 ᄆᆡᄆᆡ홈을 금ᄒ니 이에 노예 폐단이 다 업셔지더라.

뎨십졀 최후 젼징이라

븍셩이 남셩의 반홈으로부터 젼국 인민이 다 ᄊ홈을 도을ᄉ 젼징이 필흘 째에 군사 l 일빅만 명이요, 병션이 류빅쳑이요, 쏘 민간은 직물을 닉여 국가의 취되흠을 기다리고 졔조국은 주야로 군긔를 지으며 지어 구쥬 각 졔조창이 미국을 되신흐야 창포를 믄드니 대져 미국은 원릭 틱평흔 나라히라. 양병치 아니흐더니 이졔 홀연히 오대쥬 만국 즁에 뎨일 군스 만흔 나라히 되고 쏘 젼징 수년에 병법이 연슉흐며 수륙군 졔독과 지츠 장수 l 다 용병흐는 대지 잇슨 연후에야 일국이 쳔거흐야 인군을 숩으니 격난탈과 셰이만33)과 타마사34)와 사례단35)이 다 당시 위명이 되져흐든 졔독이러라.

븍싱에는 직물이 츙일흐고 장사 l 쏘흔 만흐며 남싱은 날노 쇠픠흐야 잇는 바 네 싱 짜도 쏘흔 븍군이 요로를 단졀흔 빅 되야 만스 만물이 다 결핍흐고 국고 l 쏘흔 공허흐고 병익이 다 억지로 츙군흔 빅라 븍군을 되젹지 못흘 줄 알고 도망흐는 자 l 날노 만터라.

남싱 스룸의 곤경이 여츠흐나 연이나 니위 졔독의 신긔묘산이 빅츌흐야 젼징 이러난 지 숨년에 여러 번 븍군을 파흐고 일쳔팔빅륙십숨년 [쳘종 십스년] 칠월에 븍군과 숨일 대젼흐다가 필경 대픽흐야 상망흔 자 l 틱반이라. 니 졔독이 위연탄왈 이는 텬망아요 비젼지죄라 흐고 셩야 회군흐야 남싱에 도라가니 종츠로 븍싱에 남병의 즈최 업더라.

이 째에 미국 졍부 l 격난탈을 명흐야 대병을 거느리고 니위 졔독을 쏫츠 남싱에 이르니 니 졔독이 븍군이 이름을 듯고 부하 군스 류만을 명흐야 비졀니아 싱 산곡간에 믹복흐고 격난탈을 기다리더니 일쳔팔빅륙십스년 [되군쥬 원년] 오월 숨일에 격난탈의 군스 십이만이 이르거늘 니위 졘족이 진젼에 히즈를 파고 군스를 그 속에 감초고 격난탈을 막으니 종츠로 냥군이 쓰혼 지 십여일에 격난탈의 군사 l 죽은 자

---

33) 셰이만(細爾蠻): 쉬만. 미군(美君). 셔먼(1820~1890). 미국 남북전쟁 당시의 장군.
34) 타마사(拖馬思): 쏘마스. 미군(美君). 토머스 제퍼슨(Jefferson, Thomas 1743~1826) 미국의 제3대 대통령(재임 1801~1809년). 미국 독립 선언서를 기초하여 '미국 민주주의의 아버지'로 불린다. 부통령을 거쳐 1800년에 대통령에 당선되었다.
35) 사례단(瀉禮丹): 쉬리단. 미군(美君).

ㅣ류만인이라. 연이나 니위 졔독은 원릭 병소장과홈으로 격난탈을 당키 어렵더라.

격난탈이 남싱의 철로를 쓴허 량식과 군사를 졉졔치 못ᄒ게 ᄒ고 ᄯᅩ 믹일 싸홈을 도도와 쉬이지 못ᄒ게 ᄒ니 니위 졔독이 대단히 곤ᄒ더라.

이 ᄶᅢᄂᆞᆫ 냥군이 샹지ᄒᆞᆫ 지 열달이라. 연이 남병이 ᄒ나토 항복ᄒᄂᆞᆫ 자ㅣ 업고 격난탈 군즁은 량식과 긔계 산과 갓치 싸히고 니위 졔독은 군량과 병긔가 간난ᄒᆞᆯ ᄲᅮᆫ 아니라 군ᄉᆞ를 다시 증발코ᄌ ᄒ나 다 노약 부녀ᄲᅮᆫ이라. 졍히 민망ᄒ더니 일쳔팔빅륙십오년 [대군쥬 이년] 슘월 이십구일에 격난탈 ᄃᆞᆷ병이 ᄉᆞ면 협공ᄒᆞ야 다시 져당ᄒᆞᆯ 길 업거늘 니 졔독이 셰궁력진ᄒᆞ야 곳 군ᄉᆞ를 명ᄒᆞ야 항복ᄒ니 통계 남싱의 란이 범 ᄉᆞ년에 이졔 다 탕평ᄒ니 ᄌᆞ후로 미국이 동히로부터 셔히ᄭᅡ지 이르고 북방 큰 하슈로부터 남방 믁셔가 바다ᄭᅡ지 다 틱평ᄒ더라.

뎨십일졀 전쟁 후 졍형이라

북싱인이 비록 대쳡ᄒᆞ얏스나 남싱인을 후례로 ᄃᆡ졉ᄒ고 ᄯᅩ 일너 왈 우리 바라ᄂᆞᆫ 바ᄂᆞᆫ 츠후에 남북이 일가이 되야 영원히 틱평을 누리고 ᄯᅩ 다만 본국이 합홀 ᄲᅮᆫ 아니라 반다시 각국과 합홈이 올타 ᄒ니 이러ᄒ 어질고 착ᄒᆞᆫ 말이 오히려 ᄉᆞ름의 귀에 잇거늘 쳔만 의외에 ᄯᅩ 지극히 가련ᄒ고 익셕ᄒᆞᆫ 일이 싱길 쥴 뉘 아랏스리요.

뎨십이졀 림긍 대통령이 우희홈이라

대통령 림긍이 즉위ᄒᆞᆫ 지 이믜 긔한이 ᄎᆞᆫᄂᆞᆫ지라. [미국 인군을 ᄯᅩ 칭ᄒᆞ야 왈 빅리시텬덕36)이라 ᄉᆞ년을 위한ᄒᆞ야 관장의 과만과 갓치 쳬

494

등하고 다른 인군을 셰우며 혹 인임37)도 홈이라.] 빅셩이 다시 드러
인임혼 지 십여일에 곳 격난탈 졔독 진즁에 친림하니 대져 북군이 대
첩할 째에 림궁이 디통령이 션봉으로 잇셧고 밋 남군이 항복홀 째에
는 림금 대통령이 길거리에셔 혼 동조를 잇글고 단이니 그 안한혼 긔
샹이 소름으로 흠모홀지라. 미국인이 다 혜오디 이 째에 혼힝하고 경
츅홈이 림궁 디통령에셔 지나리 업다 하나 오직 림궁은 일후에 남북
싱이 화목홀 도리를 싱각하고 염녀하야 조곰도 깃거홀 여가이 업고
그 남싱 소름을 디하면 믜워하는 빗과 형벌홀 싱각도 업스며 항샹 말
하야 왈 장리 화란을 막고조 하면 은이와 조션혼 마음으로 남싱 사름
의게 베푸는 거시 올타 하니 디져 미국 력디 군왕 즁 화셩돈 이후로
민심이 익즁히 넉이는 림궁 디통령에셔 지나리 업고 쏘 가장 신법을
닉여 인민을 안돈하는 고로 남북이 동심합의홈을 형졔와 갓더니 <u>앗갑
도다. 졍히 나라의 폐단을 곳치고조 홀시 텬즈의 뎨셩이 홀연이 하늘에셔
써러져 이러혼 어진 인군이 샹소날 쥴을 뉘 아랏스리요.</u>

남싱이 항복혼 지 수일에 화셩돈 셩즁에 큰 연회쟝을 비셜하고 [연
회쟝은 광디 노름하는 데라] 경소를 하례홀시 림궁 디통령이 원리 연
회쟝을 조와 아니하나 이날은 미국 인민이 다 크게 경츅하는 잘이라.
뇌 만일 아니가면 민심을 위로치 못하리라 하고 드듸여 민졍을 부순
코조 하야 친히 회쟝에 이르러 졍히 의관을 졍졔하고 샹에 오를시 불
의에 남싱인 포특38)이라 하는 놈이 조고만 총을 가졋다가 림궁 디통

---

36) 빅리시텬덕(伯理璽天德): 프레지던트.

37) 인임(連任): 연임.

38) 포특(布忒): 쌕쯔. 미령(美伶). 링컨 암살범 부스. 링컨 암살 사건은 남북전쟁이 끝난 지
5일 후인 1865년 4월 14일 금요일 오후 10시경 미국의 16대 대통령 에이브러햄 링컨 대
통령이 포드극장에서 남부 지지자 가톨릭 교도인 존 윌크스 부스일당에게 암살당한 사
건이다. 에이브러햄 링컨 대통령은 포드 극장에서 아내 메리 토드 링컨 등과 〈우리 미국
인 사촌(Our American Cousin)〉의 공연 중에 존 윌크스 부스에 의해 저격을 당했다. 링
컨은 다음날 아침, 1865년 4월 15일 토요일 오전 7시 22분에 윌리엄 피터슨(William
Petersen) 집에서 사망했다. 링컨을 살해한 부스는 배우로 남부동맹의 지지자였다. 부스
의 공범은 루이스 파월(Lewis Powell)과 데이빗 헤럴드(David Herold)로 그들에게 국무

령의 머리를 향ᄒᆞ야 노ᄒᆞ니 탄환이 그 뇌후에 드러가ᄆᆡ 림궁이 곳 머리를 수기고 안좌 부동ᄒᆞ나 종ᄎᆞ로 불셩인ᄉᆞᄒᆞ야 뎨 잇튼날 식벽에 드듸여 훙ᄒᆞ니 오호ㅣ라. 이ᄂᆞᆫ 일쳔팔빅륙십오년 [듸군쥬 이년] ᄉᆞ월 십ᄉᆞ일이라. 림궁 듸통령이 훙ᄒᆞᄆᆡ 남싱 일이 더욱 착수키 난편ᄒᆞ니 듸져 남방에 십일싱이 잇스니 각 싱의 옛 관원은 다 남싱 반당의 쳔거ᄒᆞᆫ 바ᄒᆡ니 부득불 북싱 ᄉᆞ롬을 보ᄂᆡ여 관할ᄒᆞᆯ지라. 연이 신관으로 가ᄂᆞᆫ 자ㅣ 승시작간ᄒᆞ야 남싱 인민을 포학ᄒᆞᄂᆞᆫ 즈도 잇고, ᄯᅩ 남싱에 돈 쓰ᄂᆞᆫ 법이 란잡ᄒᆞ야 두셔를 찰힐 길이 업ᄂᆞᆫ지라. 향ᄌᆞ 젼졍시에 미국 졍부ㅣ 령ᄒᆞ야 왈 만일 남싱 인민의게 차관ᄒᆞ야 쥰 돈은 일후에 졍부ㅣ 갑지 아니ᄒᆞ리라 ᄒᆞ니 이럼으로 차관이 비록 만치ᄂᆞᆫ 아니ᄒᆞ나 이졔 식로 도임ᄒᆞᆫ 관원이 도뤼혀 디방 공용에 쓴다 핑계ᄒᆞ고 타인의게 취듸ᄒᆞ야 즈긔 ᄉᆞ탁을 채오ᄂᆞᆫ 자ㅣ 만흔지라. 졍부ㅣ 노ᄒᆞ야 심지어 신관의 차관ᄒᆞᆫ 돈도 모른다 ᄒᆞ야 갑지 아니ᄒᆞ고 ᄯᅩ 혹 갑하쥰다 ᄒᆞ야도 리식을 쥬지 아니ᄒᆞ니 이럼으로 남싱인만 도쳐 낭픽라. 그 소셩됨이 심이 어려울너라.

ᄯᅩ 남북을 합ᄒᆞ야 ᄒᆞ나히 되기도 어려운 일이 잇스니 이ᄂᆞᆫ 인군과 의원이 합지 못ᄒᆞᆫ 연고ㅣ라. 미국 법률에 ᄒᆞ얏스되 인군이 긔흔이 ᄎᆞ지 못ᄒᆞ고 훙ᄒᆞ면 그 다음 인군을 셰우니 대져 미국 의원이 인군을 쳔거ᄒᆞᆯ 째에 미리 한 ᄉᆞ롬을 더 쳔거ᄒᆞ야 다음 인군으로 졍ᄒᆞ얏다가 만일 인군이 훙ᄒᆞ면 그 다음 인군이 즉위ᄒᆞ야 고군의 지위ᄅᆞᆯ 긔한을 채우고 물너나면 그졔야 식 인군을 다시 쳔거ᄒᆞᄂᆞᆫ지라. 이 째에 다음 인군은 즁싱39)이라 ᄒᆞᄂᆞᆫ ᄉᆞ롬이니 다만 셰샹 일을 통달치 못ᄒᆞᆯ ᄲᅮᆫ 아니

부장관 윌리엄 수어드의 암살도 명령했다. 부스의 목적은 링컨, 수어드, 부통령 앤드류 존슨을 암살하여 워싱턴을 혼란에 빠뜨리고, 미국 정부(북부 연방)를 전복하고자 하는 것이었다. 부스는 링컨 암살에 성공했지만, 정부 흔들기는 그의 예상을 빗나갔다. 수어드는 부상당했지만 생명을 건졌고, 존슨의 암살을 명령받았던 조지 애체롯은 암살을 단행할 담력이 없었고, 아무것도 하지 못한 채 워싱턴을 떠났다. 『위키백과』

39) 즁싱(仲生): 쫀쏜. 미부군(美富君). 앤드류 존슨. 미국 제17대 대통령. 알래스카를 사들이고, 먼로 독트린을 발표하여 유럽의 간섭을 받지 않는 정책을 내세움.

라 또 마음이 교만호야 주긔의 의견만 올타 호고 타인은 간섭지 못호
게 호더니, 중싱이 직위호 지 슴년에 항상 의원과 불합호야 졍론불결
호미 드듸여 남븍싱 인심을 안무치 못호고, 또 졍호 바 신장졍 즁에
호 조건이 잇셔 왈 흑인과 빅인이 셔로 동등이 되야 치국흠과 거관호
눈 권을 갓치 호라 호니 [빅인은 셔양 스룸의 뉴식이 흰 고로 빅인이
라 흠이라.] 남방 스룸이 심복지 아니호고 힐난호 지 여러 히러니 일천
팔빅칠십년 [대군쥬 칠년]에 격난탈이 대통령이 되미 남싱 스룸이 비
로소 이 법을 쥰힝호고 종츠 이후로 남븍이 합호야 호나라히 되고 평
안무스호니라.

데십숨졀 즁흥흠이라

격난탈을 이어 인군이 된 이는 희사[40] l 라. 직위 사년 간에 힐난되
눈 일이 업는 고로 남븍싱 스룸이 주연히 화긔융융호야 즁인의 의론
호는 바는 오직 미국 니외 관원의 장졍을 약간 졍돈홀 뿐이요, 일천팔
빅팔십일년 [대군쥬 십팔년]에 또 가비[41]를 드러 인군을 숨으니 가비

---

40) 희사(海師): 헤이스. 미군(美君). 러더퍼드 버처드 헤이스(Rutherford Birchard Hayes,
   1822. 10. 4~1893. 1. 17)는 미국의 19번째 대통령(1877~1881)이다. 『위키백과』
41) 가비(嘉飛): 싸엘드. 미군(美君). 제임스 에이브램 가필드(James Abram Garfield, 1831.
   11. 19~1881. 9. 19)은 미국의 20번째 대통령(1881. 3. 4~9. 19)이며, 취임 후 총상을 당
   하며 미국의 대통령 중에서 두 번째로 짧은 재임 기간을 가졌다. 1881년 7월 2일 가필드
   는 윌리엄스 대학교에서 자신의 클래스 25회 동창회를 참석하러 워싱턴을 떠날 직전이
   었다. 그가 역의 대합실을 지나갈 때 그에게 두 발의 총알이 쏘아졌다. 가필드가 쓰러지
   면서 암살범은 "난 건장파이며 아서가 대통령이다!"하고 울부짖었다. 암살범 찰스 기토
   는 즉시 체포되었다. 그는 가필드가 자신을 파리 주재 미국 공사로 임명하기를 거절하
   였다는 이유를 밝혔다. 재판에서 기토는 격노처럼 행동하였으며, 그의 변호사는 그를 제
   정신이 아닌 이유에 의하여 무죄를 주장하였으나, 배심원들은 유죄 판결을 내렸다. 기토
   는 1882년 교수형에 처해졌다. 가필드는 여러 번 수술을 받았으나 9월 19일 뉴저지 주
   엘버론에서 패혈증까지 겹치며 사망하였다. 향년 50세. 그의 시체는 클리블랜드에 안장
   되었으며, 그의 친구들은 가필드의 부인과 자식들을 도우기 위하여 큰 모금을 하였다.
   『위키백과』

딕통령은 어진 인군이라. ᄉ로의 분경ᄒᄂ 폐단을 곳치고ᄌ ᄒ야 정히 쥬야 염녀ᄒᆯᄉ 또한 불ᄒᆼ이 림궁 딕통령의 복철을 당ᄒ야 참혹히 훙ᄒ니 그 훙도ᄂ 곳 ᄉ졍으로 벼슬을 구ᄒᄃ ᄌ이러라.

미국은 본이 민쥬국이라. 연이나 다만 인민이 두반에 난ᄒ여 일은 민반이니 범ᄉᄅᆯ 다 인민이 집권코ᄌ ᄒ며 일은 관반이니 말ᄒᄃ 빅셩이 이믜 관원을 쳔거ᄒ얏스니 범ᄉᄅᆯ 관원이 주장ᄒᆷ이 올타 ᄒ야 곳 이상 두반의 ᄯ이라. 이십슴년을 지나도록 쳔거ᄒ 인군은 다 관반 즁 ᄉᄅ이러니 일쳔팔빅팔십ᄉ년 [대군주 이십일년]에 관반 즁 ᄉᄅ이 셔로 불화ᄒ거ᄂ 민반이 이 ᄌᆞ를 타 득셰ᄒ야 극례픠란42)을 드러 인군을 슴을ᄉ 극례픠란이 인군될 ᄌᆞ에 두 가지 일을 허락ᄒ니 일은 외국 통상ᄒᄂ 셰젼을 감ᄒᆷ이오, 일은 관작출쳑ᄒᆷ을 정돈ᄒᆷ이니 이 일은 곳 인군을 거쳔ᄒ ᄉᄅᆷ들도 심복지 아니ᄒ나 관반 ᄉᄅᆷ은 다 극례픠란과 화동이 된 고로 일쳔팔빅팔십팔년 [대군주 십오년]에 다시 ᄉ 인군을 쳔거ᄒᆯᄉ 쳔거된 ᄉᄅᆷ은 관반 즁 ᄉᄅᆷ 합리싱43)이러라.

뎨십ᄉ졀 빅공을 진흥ᄒᆷ이라

미국의 란이 이믜 졍ᄒ미 곳 빅공을 진흥ᄒᄂ 신법을 창시ᄒ니 죵

---

42) 극례픠란(克禮픠蘭): 크랜앳랜드. 미군(美君). 스티븐 그로버 클리블랜드(Stephen Grover Cleveland, 1837. 3. 18~1908. 6. 24)는 미국의 22번째(1885~1889)와 24번째(1893~1897) 대통령이다. 그는 연속되는 임기가 아닌 임기를 건너뛰어 대통령을 두 번 역임한 유일한 미국 대통령이다. 또 그는 1885년 남북전쟁 이후부터 1912년 선거에서 우드로 윌슨이 승리하기까지, 공화당이 정치적 우세를 유지하던 시대에 유일하게 민주당에서 대통령으로 당선되었다. 『위키백과』

43) 합리싱(哈利生): 하리슨. 벤저민 해리슨 6세(Benjamin Harrison VI, 1833. 8. 20~1901. 3. 13)은 미국의 23번째 대통령(1889~1893)이다. 독립선언서에 서명한 헨리 해리슨의 증손자이며, 제9대 해리슨 대통령의 손자이다. 마이애미대학을 졸업하고 변호사로 일하였다. 남북전쟁 때 중서부 전선에서 활약하였다. 1881년 공화당 상원의원을 거쳐, 1889년 대통령이 되었다. 그는 보호 관세 정책과 내정 개혁 문제를 실시하였다. 다음해 범 아메리카 회의를 열었다. 저서에 『우리들의 나라』가 있다. 『위키백과』

추로 만사ㅣ 흥셩흠이 젼보다 더흐야 일쳔팔빅륙십년 [철종 십일년]에
는 그 빅셩의 인구ㅣ 숨쳔이빅만이러니 일쳔팔빅칠십년 [대군주 칠년]
에는 숨쳔팔빅만이요, 쏘 십년을 지나 일쳔팔빅팔십년 [대군쥬 십칠
년]에는 오쳔만에 이르니 [일쳔팔빅구십년에는 륙쳔이빅만이 되더라.]
이 인구를 논흐면 구라파에 아라사를 졔흐고 타국은 싸룰 자ㅣ 업고
근년에 이르러 다시 인구ㅣ 더 증가흐니 딕져 미리견이 긔국 이릭로
젼혀 구라파 스룸이 건너와 스는 고로 호구ㅣ 년년이 더흐야 구쥬 각
국 중에 부요흐기 영인 갓튼 즈와 궁곤흐기 아라사 갓튼 즈와 토디 온
화흐기 의딕리 갓튼 즈와 텬긔 한링흐기 익스난44) 히도 갓튼 데 인민
이 [익스난은 영국 셔북이라] 다 미국은 디광인희45)흐아 농스홀 긔계
만 가지면 곳 의식이 걱정업다 흐고 문풍이릭흐는46) 자ㅣ 불가승수라.
일쳔팔빅팔십칠년 [대군쥬 이십스년]에 미인의 칙에 등록흔 거시 십
년늬에 긱민47) 식빅오십만이 틱반 다 밀셜셜피 강 냥안에 스는 고로
그 강변 일딕 각 도회에 인구 수효ㅣ 십년 중에 젼보다 갑절도 되며
두 갑졀되는 데도 잇그니 그 형흠을 가지요, 쏘 미국 셔방에 긔간흔
신디에 토산은 동방에 와셔 발미훌식 중간에 잇는 각 셩시는 원릭 디
형이 궁벽흐고 인연이 요락흐더니 이졔는 다 큰 도회를 일우며 셩나
의48) 흔 싸로 말흐야도 젼에는 겨우 십륙만 인이러니 이졔 숨십일만
인이 되고 지가고49)는 [곳 근년에 식빅년 딕회를 빅셜흐듯 곳이라.]
셕일에 겨우 십만 구쳔인이러니 이졔는 이십구만 팔쳔인이라. [일쳔팔
빅구십년에난 쏘 느러 두어 갑졀이 되더라.] 연이나 미국 일경 늬 토디
를 이믜 긔간흔 거시 불과 오분지일이니 타일에 나마지 오분지스되는
싸흘 다 경종흐면 그 부요흠을 엇다 비흐리요.

---

44) 익스난(艾斯蘭): 아이스랜드. 해도(海島). 아이슬란드.
45) 디광인희(地廣人稀)흐아: 땅은 넓고 사람은 드물어.
46) 문풍이릭(聞風麕集, 문풍균집)흐는: 소문을 듣고 몰려드는.
47) 긱민(客民): 이주민.
48) 셩나의(聖羅意): 쎄인트 로위스. 미지(美地). 세인트루이스.
49) 지가고(芝嘉辠): 시카고. 미지(美地).

미국 물화 츌구흠도 또흔 날노 증가흐야 일천팔빅륙십년 [쳘죵 십일년]에는 그 갑시 영금 륙쳔만 방이러니 일쳔팔빅칠십년 [대군쥬 칠년]에는 구쳔만 방이 되고, 일쳔팔빅팔십스년 [대군쥬 이십일년]에는 일만칠쳔만 방에 이르니 이는 이십년 릭에 이빅가 더흐고 그 입구화물은 크게 상반흐니 빅년 젼에는 미국이 영국에 속흐믹 영국 셰쟉 개탄50)이 말흐딕 미인은 물화 제조흠을 허치 말고 심지어 미셰흔 쇠못흔 기라도 영국에 사셔 쓰게 흔다 흐니, 이는 영국이 즈긔만 알고 타인은 싱각지 아님이라. 이윽고 미국이 즈립흐믹 원슈 갑흘 뜻이 잇셔 타국으로셔 입구화물은 다 즁셰를 졍흐고 그 인민을 권쟝흐야 제조에 힘뻐 일용 각싴 물건을 타국을 기다리지 아니케 흐고, 타국 물건은 즁셰를 졍흐야 미국에 입구치 못흐게 흐니, 이럼으로 미인이 미국 토화만 쓰믹 당시 타국 물화는 모다 고등흐야 히가 젹지 아니흐더니, 금일에는 미국 인민이 다 릉히 제조흐야 젼일 소원을 맛치니 이에 입구화물은 졈졈 감흐야 젼일 영국 물화 입구흐는 쟈ㅣ 믹년 영금 수쳔만 방이러니, 이졔는 불과 습쳔만 방이오, 쳘 등도 틱반이나 영국에 사더니 지금은 본국에셔 치광흐며 포속도 또흔 영국으로 좃ᄎ 가는 쟈ㅣ 만터니, 이제는 도릒혀 즈긔가 쓰고 남은 거슬 타국에 발믹흠이 영국과 근사흐고, 목하에 미국 직조챵이 일쳔 쳐이오, 양의 털노 쓰는 직조챵이 습쳔 쳐이오, 그 챵즁에 고용흐는 쟝싴이 륙십만 명이요, 동쳘챵의 쟝싴이 십스만 명이요, 마ㅣ년 소츌 싱쳘이 영칭 습빅칠십오만 돈이요 [흔 돈은 일쳔륙빅팔십 근이라] 셕탄이 칠쳔만 돈이 되니 다 거의 영국의 졀반을 당흐더라.

---

50) 개탄(楷炭, 해탄): 차암. 영쟉신(英爵臣).

뎨십오졀 교화와 학교라

아라스는 미년 군비가 영금 수쳔만이 되고 학교 용비는 불과 영금 습빅만 방이요, 미국은 미년 군비가 겨우 일빅만 방이 되나 학교 부비는 이쳔습빅만 방에 이르니 비록 이 허다흔 거관으로 인민을 가르치나 오히려 글즈 모로는 자ㅣ 스오빅만 명이니 기즁 남싱에 잇는 흑인 즈뎨 티반이요, 북싱 스름은 거의 다 식즈가 잇더라.

지어 교회 일졍흐야는 타국은 국가로셔 보조흐나 미국인 즉 민간에셔 츌염흐야 독촉지도 아니흐고 금흐지도 아니흐야도 인민이 스스로 질겨 원랍흐니 디뎌 회당이 구만일쳔이요, 그 회당에셔 강론을 드를 스름 습쳔만 인을 용랍흘 만흐고, 교회에 잇는 방옥과 지산이 젼국 즁에 영금 칠쳔만 방이 되니, 만일 영국과 비교흐면 양국 레빅당이 대략 습만 좌이 되고, 국가로셔 보조흐나 오히려 미국 인민의 원랍흐니 갓치는 만치 못흐더라.

뎨십륙졀 선쳑과 탁지라

미국 남북싱이 대란흐기 젼에는 타국과 통상 물화를 미국 선쳑으로 운지흐는 자ㅣ 오분의 스가 되더니 이윽고 졍부ㅣ 타국 물화를 가셰홈으로부터 타국 상고ㅣ 날노 감흐고 미국 상고도 운지흘 물화ㅣ 젹은 고로 선쳑을 졔조치 아니흐며 쏘 남북싱이 실화흐야 북싱의 선쳑이 왕왕 남싱의게 겁탈흔 바ㅣ 되니 이럼으로 미인이 그 견탈흘가 염녀흐야 타국에 발미흐야 지금신지 그 법을 곳치지 아니흐고 통상 물화는 타국 선쳑을 쓰는 고로, 수운흐는 선가는 타국에 씌긴 자ㅣ 십분의 칠이 되니 통계 미국 상션이 불과 이만스쳔 쳑이라. 흔 번 운지흐면 겨우 영칭 스만 이쳔오빅만 돈에 지나지 못흐고 기즁 륜션이 오쳔스빅 쳑이요, 기여 일만 팔쳔류빅 쳑은 다 풍범션이러라.

미국이 셕년에는 국채 업는 고로 탁지에 세입셰츌이 항상 유여ㅎ야 도뤼혀 입관이 츌관보다 만흐믈 염녀ㅎ더니 의외 남븍젼쥥이 이러난지 불과 ᄉ년에 졸연이 국채 허다ㅎ야 거의 영금 류만만 방에 이르러 다시 입불부츌ㅎ는 나라히 되고 ᄯ 민년에 리식이 심즁ㅎ니 대져 남븍젼쥥 시에 븍셩이 현져히 이길 승산이 업는 고로 ᄯ 리식이 후치 아니면 ᄉ름이 츠관치 아니홀가 염녀홈이라. 딕란이 이믜 평흔 후 진심갈력ㅎ여 국채를 갑흐믹 이졔 나마지가 불과 영금 ᄉ만 ᄉ쳔오빅만 방이요, ᄯ 변리 경흔 빗슬 어더 젼일에 즁변되든 츠관을 갑흐니, 그 싱직ㅎ는 법이 ᄯ흔 올흐며 병익은 불과 이만오쳔 명인 고로 군비가 심소ㅎ고 츠외에 국용이 비록 날노 증가ㅎ나 민년에 불과 영금 류쳔이빅만 방이요, ᄯ 그즁 국채의 리식 갑는 거시 거의 ᄉ분일이 되고 국용의 실상은 불과 영금 ᄉ쳔여만 방이 되니 딕져 현금에 각 딕국은 민년 무수흔 금은을 허비ㅎ야 군용에 드러거늘 미국은 독히 그 폐단을 낫낫히 곳치니 그 졍치가 가히 각국의 스승이 되리로다.

뎨이십이권 교황이라

영국 마간셔 원본, 청국 채이강 술고, 리졔마티 번역

뎨일졀 텬쥬교 총론이라

영국 륜돈 경셩에 왕릭ᄒᄂ 스름이 다 공총ᄒ 긔상이 잇스나 졈졈
힝ᄒ야 불과 수리허ᄅ 지나면 홀연이 놉고 오ᄅ 누각이 반공에 소삿
스니 그 건츅ᄒ 디ᄂ 긔빅년이 되얏ᄂ지 알 수 업스며 이윽키 셔셔 보
면 황연이 퇴고지풍을 지금 당장에 본 듯ᄒ며 스스로 싱각건딕 누추
ᄒ 범부속자ㅣ 엇지 여긔 왓든지 졍한ᄒ 풍경이 곳 셰계와 샹관이 업
ᄂ 듯ᄒ더라.

구쥬 빅년닉에 신법을 구ᄒᄂ 즈ᄂ 다 륜돈 경셩에셔 분쥬 골몰ᄒ
며 교황의 도학을 비호ᄂ 즈ᄂ 빈촌 누항 즁에 잇셔 일동일졍이 셔로
샹거ㅣ 텬양지간이라. 대져 근릭 빅년 즁에 경텬동디ᄒᄂ 스업을 셩취
ᄒ야 신식 긔계ᄅ 졔조ᄒ며 스름을 구졔ᄒᄂ 량법을 셰우고 학뎡ᄒᄂ
폐단을 산졔ᄒ며 <u>만민의 신학문을 인도ᄒ야 괴로온 바다ᄅ 버셔나게 ᄒ</u>
얏스니 이 스젹은 스람마다 다 보고 듯ᄂ 바이요, 쏘 복의 져슐ᄒ 바
이 칙 이십여 권 가온딕 잇스니 대져 이 칙을 보면 <u>칠팔빅년 이릭로</u>
<u>조상의 말ᄒ든 바와 조상의 비호든 바이 다 목젼에 잇ᄂ 것 갓고 이졔ᄂ</u>
<u>별노이 문명진보ᄒ야 한 셰계ᄅ 밧고앗거ᄂ</u> 져 신법을 믜워ᄒᄂ 교황은

항상 말호되 하늘이 신법 힝호는 자를 벌쥰다 호고 스름을 공동호고 빅년늬에 학식이 고인보다 초월호다는 유명호 스름이라도 곳 크게 수지져 왈 이 스름은 세상에 히롭게 홈이 불소호니 맛당히 명고이 공지홀 거시라 호더라.

데이졀 나파륜과 교섭홈이라

구십년 전에 교황이 나파륜의 히를 당홈이 격지 아니호니 대져 당시에 법국이 민주국을 창시호미 라마교인이 [즉 텬쥬교인이라] 곳 믜워홈을 원수갓치 알며 민주국은 말호되 라마교인이 각국 인군과 갓치 권세를 빙즈호야 인민을 학되호고 민주국을 압졔한다 호야 또흔 교황과 깁흔 원수를 결호거늘 교황이 크게 근심호야 일쳔칠빅구십륙년 [뎡종 이십년]에 군쥬 각국과 합호아 법국을 히코즈 호얏더니 나파륜이 그 쇠를 알고 셩야츌병호야 곳 나마에 이르니 대져 교황의 관할호 인민은 이만만 인이요, 나파륜의 인민은 불과 이슘쳔만이라. 연이나 나파륜이 이르는 곳에 교황이 저당치 못호야 년젼년피호야 셩하지밍을 쳥호거늘 나파륜이 곳 벌금 일빅만 방을 밧고 또 력디의 보븨로 감초앗든 명화 일빅폭을 구호니 교황이 엇지홀 길 업셔 다 일일이 시힝흔 후 법병이 비로소 퇴호는지라. 교황이 분긔홈을 이긔지 못호야 이극고 오지리아 국 군수를 합호야 법국을 치다가 또 대픽호야 법병이 라마 도셩을 쎄아스니 교황이 크게 겁늬야 다시 화친을 쳥흔딕 법황이 더욱 중히 비상을 물니거늘 교황이 돈을 변통홀 길 업셔 부득이 그 지귀흔 보븨 금강대보셕을 파라 벌금을 쳥장호얏더니, 즈츠로 법국이 교황의 위를 쎗고즈 호야 일쳔칠빅구십팔년 [뎡종 이십이년]에 법병이 또 라마부에 이르니 라마는 교황의 도셩이라 나파륜이 군수를 노와 지물 잇는 딕로 다 쎼셔가고 또 교황을 핍박호야 법국 도셩 파리에 보닉야 잇게 호니 교황이 나히 이믜 팔십이셰라. 원도분치호야 파리에

504

이른 지 수일만에 훙ᄒ거늘 법황이 또 라마 도셩으로 민주국을 슴으니 대져 라마는 텬주교인 이쳔년 이릭로 밧드러 성인의 싸히라 ᄒ는 곳이라. 이제 무례무덕ᄒᆫ 나파륜을 맛나 그 싸을 관할ᄒ니 교중인이 크게 근심ᄒ더라.

수년 후에 나파륜의 권셰 졍히 셩ᄒ 쌔를 당ᄒ야 홀연이 그 허몰을 ᄭᅢ다른 듯ᄒ더니 일쳔팔빅스년 [순조 스년]에 ᄌ립ᄒ야 황뎨될ᄉ 이에 ᄉ 교황 벽하 뎨칠[1]을 쳥ᄒ야 그 손으로 황뎨의 면류관을 밧드러 나파륜게 올니게 ᄒ니 교황이 나파륜의 위엄을 거스리지 못ᄒ고 또 젼ᄉ를 곳칠가ᄒ야 일일이 순종ᄒ며, 텬주교인은 대희ᄒ야 왈 법황이 이제 회과ᄒ얏스니 쟝ᄅ에 필연 우리와 화목ᄒ리라 ᄒ고 벽하 교황도 또ᄒ 혜오ᄃ 법황이 진심으로 회과ᄒ니 긔회 이르럿다 ᄒ고 법황을 향ᄒ야 옛 토ᄃ 돌녀보ᄂᆷ을 쳥ᄒᄃ 법황이 허치 아니ᄒ고 또 일으되,

---

1) 벽하 뎨칠(碧霞師 第七): 피어스, 교황(敎皇). 교황 비오 7세(라틴어: Pius PP. VII, 이탈리아어: Papa Pio VII)는 제251대 교황(재위: 1800. 3. 14~1823. 8. 20)이다. 본명은 바르나바 니콜로 마리아 루이지 치아라몬티(이탈리아어: Barnaba Niccolò Maria Luigi Chiaramonti)이다. 비오 7세는 재위 초기부터 오스트리아 제국으로부터의 독립을 선언하고 어렵게 해로를 통해 7월 3일 로마에 입성하여 콘살비 추기경을 국무성성 장관으로 임명하였다. 로마에 도착하자마자 프랑스의 제1통령이 된 나폴레옹 보나파르트로부터 정교조약의 제안이 들어왔다. 나폴레옹은 혁명으로 인해 황폐해진 프랑스의 질서를 바로잡고 국민 감정을 일치시키기 위해서는 교황의 힘을 빌리지 않을 수 없었다. 조건은 교회 재산 몰수 승인, 교황이 임명한 주교를 파직하는 것, 성직자 공민헌장에 따라 충성을 선서한 자를 주교로 임명하는 것 등 모든 면에서 교황청에 상당히 불리하였다. 그러나 비오 7세는 여러 사람들의 반대를 물리치고 교회의 영적인 유익을 앞세우면서 1801년 7월 15일 조약을 맺고 인준하였다. 그러나 나폴레옹은 갈리아주의에 입각한 교회를 재건하려는 속셈뿐이었다. 그리하여 정교 협정 이후 77개의 부속 법령을 만들어 교회의 권리를 유린하였다. 영국과 러시아를 제외하고 유럽을 모두 점령한 나폴레옹은 로마 교황청마저 수중에 넣으려고 하였다. 비오 7세는 1804년 나폴레옹의 황제 즉위식을 거행하기 위해 파리에 갔으나 얻은 소득이라고는 성직자들을 위한 소액의 보수금과 유서 깊은 수도원 2, 3개의 재건 그리고 외국 선교를 위한 신학교 건립, 일부 수도회의 활동을 인정하는 것뿐이었다. 그러나 나폴레옹의 통치기간이 지속되면서 교황령은 모두 프랑스에 합병되었고 교황청에게는 연 200만 프랑이 지급되었다. 비오 7세가 이에 항의하자 나폴레옹은 1809년 7월 비오 7세를 납치하여 사보나와 퐁텐블로에 감금해 버렸다. 1814년 비오 7세는 로마에 재입성하여 예수회를 복구하였다. 교황령은 1815년 빈 회의에서 콘살비 추기경에 의해 회복되었다. 『위키백과』

네 교황 위에 잇스니 다만 도를 닥가 경문을 외오고 텬주를 섬길 쑨이니 토디는 잇셔 무엇ᄒ리요 ᄒᄂ지라. 교황이 헐일업셔 오직 교황의 권이나 삭탈치 아니ᄒᆯ가 ᄒ얏더니 일쳔팔빅구년 [순조 구년]에 법병이 ᄯ 라마에 이르러 교황의 짜을 젼수히 뎜령ᄒ거늘 교황이 대로ᄒ야 그 익일에 곳 조셔를 나려 왈 우리 텬주교인은 맛당히 나라룜의 무례ᄒᆷ을 알지라. 우리 즉금으로 나파룜을 무례ᄒᆫ 스룸으로 대졉ᄒᆷ이 올타 ᄒ니 나파룜이 그 말을 듯고 곳 교황을 스로잡아 법국에 보ᄂ니 디져 나파룜은 혜오디 교황이 즈긔 번속이 되야 미스를 법국 명령디로 좃게 ᄒᆫ 후에는 텬주교인이 즈연 법국 빅셩이 되고, 법황으로 저의 황졔를 숨으리라 ᄒ며, 허믈며 그 쳐음 ᄯᆺ은 즈긔가 교황이 되고즈 ᄒ나 다만 텬주교인이 츄디치 아니ᄒᄂ 고로, 지금가지 춤고 잇다가 이졔 교황을 법국 파리에 구류ᄒ얏스니 각국 텬주교인이 응당 말호되 파리는 교황이 잇는 곳이라 ᄒ야 즁이 녁일 거시요, ᄯ 날이 오릭면 각국의 졍령을 ᄂ가 다 주장ᄒᆯ 쑨 아니라 곳 각국 교즁 권셰도 ᄯᅩᄒ 잡으리라 ᄒ니 법황이 비록이 마음은 가졋스나 실노이 허황ᄒᆫ 싱각이러라.

교황이 이믜 스로잡히믹 교황의 속디 인민은 도리혀 리익을 바드니 대져 나파룜의 졍ᄒᆫ 바 신법이 다 공평ᄒ고 ᄯ 젼일에는 민간이 젼혀 노략질과 겁탈ᄒᆷ으로 일숨더니 나파룜이 관할ᄒᆫ 후로부터 란민이 다시 일지 아니ᄒ며 ᄯ 이젼에는 라마부 근쳐에 디형이 져하ᄒᆫ 곳에 물이 ᄲᆫ지지 못ᄒ더니 나파룜이 물 ᄲᆸᄂ 법을 창시ᄒ야 드듸여 옥토가 되고 ᄯ 라마부에 고젹이 심히 만흐니 날노 박낙ᄒ야 구리 약대와 돌말2)이 [구리로 ᄆᆫ든 약디와 돌로 ᄆᆫ든 말이라] 다 황초쇠연 즁에 미몰ᄒ얏더니3) 나파룜이 일일이 즁수ᄒ야 만스ㅣ 다시 싀로오며 민졍이 듸열ᄒ더니 밋 교황이 도라오믹 졍스ㅣ ᄯᅩ 히이ᄒ고 빅셩이 크게 곤ᄒ더라.

---

2) 구리 약대와 돌말: 동타셕마(銅駝石馬). 구리로 만든 낙타와 돌로 만든 말.
3) 황초쇠연 즁에 미몰ᄒ얏더니: 매몰황진(埋沒荒榛). 거친 덤불에 묻었더니.

나파륜이 교황을 금고ᄒᆞᆫ 지 오년이러니 後에 다시 분탄이발녹4) 디방에 옴기고 스름의 릭왕을 금ᄒᆞ야 그 평일에 좌우딕신도 ᄯᅩᄒᆞᆫ 피차 보지 못ᄒᆞ게 ᄒᆞ니 교황의 고ᄉᆡᆼ은 말ᄒᆞᆯ 것 업고 심지어 의복이 남누ᄒᆞ야 교황이 손슈 바ᄂᆞᆯ을 가지고 헌옷을 쒸여민더니 밋 나파륜이 아라사 목사구 도셩에셔 픽귀ᄒᆞᆯᄉᆡ 홀연이 ᄉᆡᆼ각ᄒᆞ딕 닉 이졔 딕픽ᄒᆞ얏스니 교황을 약간 후딕ᄒᆞ야 교인을 달닐지라. 불연이면 교인이 나의 쇠흠을 타 나를 도모ᄒᆞ리니 엇지ᄒᆞ리요 ᄒᆞ고 드듸여 교황을 명ᄒᆞ야 라마로 돌녀보닉니 교황이 대희ᄒᆞ야 즉일에 속장발졍ᄒᆞᆯᄉᆡ 나파륜이 ᄯᅩ 엇지ᄒᆞᆫ 마음이 든지 쾌히 보닉지 아니ᄒᆞ고 교황이 길 한참을 가면 곳 명ᄒᆞ야 거긔 잇스라 ᄒᆞ며 ᄯᅩ 한춤을 가면 ᄯᅩ 가지 말나 ᄒᆞ야 필경 일쳔팔빅십사년 [순조 십사년]에 각국이 나파륜을 사로잡든 날까지도 교황이 오히려 라마부에 가지 못ᄒᆞ얏다가 이윽고 각국이 오지리아 도셩에셔 회의ᄒᆞᆯ ᄉᆡ에야 교황의 옛 토디를 다 교황의게 돌녀 보닉더라.

교황이 라마에 이르니 그 빅셩이 교황이 나파륜의 학딕 밧으믈 보고 다 불상이 녁이더니 이제 일조에 고국을 회복ᄒᆞ믹 다 사랑ᄒᆞ고 공경ᄒᆞ야 그 치국ᄒᆞᄂᆞᆫ 법이 비록 포학ᄒᆞ나 빅셩이 오히려 교계치 아니ᄒᆞ다가 날이 오릭믹 졈졈 견딕지 못ᄒᆞ야 이에 사사로이 회를 모오고 반코자 ᄒᆞᆯᄉᆡ 일쳔팔빅삼십일년 [순조 삼십일년]에 회당이 홀연이 딕란ᄒᆞ고 슈일간에 거국이 일졔 향응ᄒᆞ야 기즁 피득5) 례빅당에 모이여 [피득 례빅당은 기즁 가장 존귀ᄒᆞᆫ 례빅당이라] 다 말ᄒᆞ되 교황의 치국ᄒᆞᄂᆞᆫ 권을 금일 위시ᄒᆞ야 업식바린다 ᄒᆞ더니 이윽고 오지리아 구원병이 홀연이 다라드니 란민이 다 흣터지더라.

---

4) 분탄이발녹(糞呑唉勃碌): 퐁테인애부락. 법지(法地). 프랑스의 퐁텐블로.

5) 피득 례빅당(聖彼得): 쎄인트 피터. 천주교단(天主敎祖).

뎨숨졀 기격리 뎨십늇이라

라마부 빅셩이 반ᄒ든 젼날에 구교황이 기셰ᄒ고 신교황 기격리 뎨십늇[6]이 즉위ᄒ야 졸연이 되란을 당ᄒ니 신교황은 원릭 구법을 직희고자 ᄒ며 ᄯᅩ 력딕 교황의 젼릭ᄒ든 법이 잇셔 빅셩 구흠을 힘쓰지 아니ᄒ거늘 구라파 쥬 각국이 극히 권ᄒ야 왈 만일 구법을 쥰힝ᄒ면 교황의 위를 보젼치 못ᄒ리라 ᄒ고 아라사와 오지리아 냥국은 원릭 정치가 브릭지 못ᄒ 나라이라. 연이나 ᄯᅩ흔 교황을 권ᄒ니 연즉 교황의 포학은 아라사 오지리아 냥국보다 더흠을 가지리라. 기격리 뎨십늇이 맛ᄎᆞ니 듯지 아니ᄒ고 십오년이 지닉도록 빅셩과 불합ᄒ야 항상 권세로써 압졔ᄒ더라.

뎨ᄉ졀 교황의 본국 졍형이라

다시 교황의 인민이 가장 고싱을 당ᄒ고 교황 부하 졔신은 치국ᄒᄂᆞᆫ 법을 아지 못ᄒ야 국닉 젼토ㅣ 쳐쳐에 진황이 되고 민궁직갈ᄒ야 견딕ㄹ 수 업ᄂᆞᆫ지라. 이에 도젹이 사쳐 봉긔ᄒ야 릉히 금치 못ᄒ고 신보관이 잇셔도 교황이 국사 의론홈을 허치 아니ᄒ고 ᄯᅩ ᄉᆞ름이 학문을 통홈과 어린아히 우두 식키ᄂᆞᆫ 법을 금ᄒ야 글자 아ᄂᆞᆫ 자ㅣ 일쳔인 즁에 겨우 ᄒ나이 되고 만일 신법을 창긔코자 ᄒ면 다 금법이라 ᄒ고 말ᄒ되 하늘이 너의를 궁곤흔 ᄯᅡ에 싱케 ᄒ얏스니 응당 안빈ᄒ야 셰상을 보닐지라. 엇지 부요홈을 구ᄒ리요 ᄒ며 혹 션쳑을 가지고 타국 항구에 릭왕코자 ᄒ면 비록 약조를 졍ᄒ얏슬지라도 교황이 통상홈을 허치 아니ᄒ고 계반 포학흔 졍ᄉᆞᄂᆞᆫ 다 무식흔 신부ㅣ 긔단ᄒ야 믄드럿

---

6) 기격리 뎨십늇(蓋格利 第十六): 그릭고리 씩스틴. 교황(敎皇). 1831년부터 1846년까지 교황으로 재위. 파리 외방 선교회 조선 파견을 결정했던 교황.

508

거늘 교황이 편벽되히 치민ᄒᆞᄂᆞᆫ 권을 신부의게 맛기니 뒤져 당시 라
마 ᄉᆞ름은 열집 즁에 신부 ᄒᆞ나식 파견ᄒᆞ야 약속ᄒᆞ더라.

뎨오졀 벽하 교황이 셩모를 의론홈이라

일쳔팔빅ᄉᆞ십뉵년 [헌종 십이년]에 ᄀᆞ격리 뎨십뉵이 훙ᄒᆞ고 벽하
뎨구ㅣ 즉위ᄒᆞ니 벽하 뎨구ᄂᆞᆫ 원릭 마음이 인후ᄒᆞ나 그 좌우 신부ㅣ
다 구습을 고집ᄒᆞ야 교황이 고장난명이라 [상견 뎨십팔권이라] 그 치
국홈이 항시 어둡고 오직 도를 의론홈으로 뒤ᄉᆞ를 삼으며 교황의 인
민은 다 포학을 견뒤지 못ᄒᆞ야 회를 셰우고 당을 결ᄒᆞ야 반코자 호뒤
벽하 교황이 맛ᄎᆞᆷᄂᆡ 씌닷지 못ᄒᆞ고 죵일 셩모의 고ᄉᆞ를 의론ᄒᆞ니 [셩
모ᄂᆞᆫ 야소의 모친이라] 뒤져 력뒤 이릭로 텬쥬교인의 셩모를 의론ᄒᆞ
ᄂᆞᆫ 쟈ㅣ 두 가지 말이 잇스니, 일은 셩모ㅣ 셰상에 싱흔 후에 본신에
그 조상의 쳔릭흔 죄악이 업다 ᄒᆞ며[7], 일은 죄악이 잇다 ᄒᆞ더니, 벽하
뎨구ᄂᆞᆫ 갈오뒤 셩모를 본신에 죄 잇다 ᄒᆞᆷ은 기즁 관계 뒤단ᄒᆞ다 ᄒᆞ야
법을 셰워 후인이 그릇 알가 넘녀ᄒᆞ야 일쳔팔빅ᄉᆞ십구년 [헌종 십오
년]에 조칙을 나리여 각국에 잇ᄂᆞᆫ 뒤교사의게 반포ᄒᆞ야 그 의견을 질
문ᄒᆞ니 각 교사ㅣ 교황의 ᄯᅳᆺ을 알고 다 교황의 의견을 좃거늘, 교황이
드듸여 일쳔팔빅오십ᄉᆞ년 [쳘종 오년]에 각국에 반포ᄒᆞ야 그 일을 발
키니, 뒤져 교황이 이 관계 업ᄂᆞᆫ 일로 관계 극키 크다 ᄒᆞ더니, 이윽고
뎨일 놉푼 면류관을 셩모 마리아 신상 머리 우에 올니고 ᄯᅩ 션유 왈,
텬쥬ㅣ ᄉᆞ름의게 묵연이 가라치사 셩모 마리아ㅣ 원릭 그 조상의 젼릭
흔 죄악이 업스니 ᄌᆞ금으로 이 일을 의심ᄒᆞᄂᆞᆫ 쟈ᄂᆞᆫ 교회에셔 곳 이단
으로 알니라 ᄒᆞ더라.

---

7) 셩마리야셩 본무죄(聖瑪理耶性無罪): 셩마리아의 본셩은 무죄라는 셜. 셩마리야(聖瑪理
耶): 쎄진 마리. 셩모(聖母).

데륙졀 교황의 칙지라

성모의 의론이 졍혼 후 십년은 일쳔팔빅뉵십사년 [대군쥬 원년]이라. 이 히 십이월 팔일에 교황이 칙지를 나려 그 인민을 교도ᄒ야 왈 셩모 마리아는 우리 즁인의 모친이라. 텬하의 이단을 멸ᄒ고 텬하의 졍도를 흥ᄒᄂ 고로, 교회에셔 크게 존경혼다 ᄒ며 ᄯᅩ 이단 팔십조를 모아 의론 왈, 이 팔십조를 힝ᄒᄂ 자ᄂ 하늘이 지앙을 쥬리라 ᄒ고, ᄯᅩ 갈오ᄃᆡ 셰샹의 가쟝 악혼 자ᄂ 사름이 망녕되이 교황을 의론홈과 사름이 임의로 신법을 힝홈과 교를 ᄌ긔 마음ᄃᆡ로 좃침과 신보관이 졍사를 의론홈이니 다 텬하의 악혼 일이라. 그 악이 무궁ᄒ니 하늘이 필연 벌역이 잇슬리라 ᄒ고, ᄯᅩ 교황의 싱각은 ᄌ긔를 반홈은 곳 하늘을 반홈이라 ᄒ더라.

구쥬 사름은 빅년 ᄂᆡ에 각 사를 졍돈ᄒ야 신법을 구ᄒ거늘 홀노 라마부 사름은 민사를 져희ᄒ야 신법 힝ᄒᄂ 자ᄂ 다 사름을 히혼다 ᄒ야 ᄃᆑ져 텬쥬교ᄂ 옛젹 일만 즁히 알고 신학문을 녁히 녁여 텬도ㅣ 빅년에 혼 번 변홈을 아지 못ᄒ며, ᄯᅩ 셰샹 일은 비컨ᄃᆡ 물을 거슬려 비를 힝홈과 갓ᄐ야 나아가지 아니면 퇴ᄒ거늘 라마인은 다만 교황의 훈계만 쥰힝ᄒ야 변혼 쥴을 아지 못ᄒ니 그 쇠픿홈을 가이 알너라.

일쳔팔빅뉵십팔년 [대군쥬 오년]에 라마인이 교황의 학ᄃᆡ를 견ᄃᆡ지 못ᄒ더니 맛춤 법국이 교황을 보호ᄒ든 군사ㅣ 쳘귀ᄒ거늘 라마부 빅셩이 다시 반ᄒ야 교황 잇ᄂ 뎐각 아ᄅᆡ에 화약을 뭇어 불을 놋코 의ᄃᆡ리의 가례파디 쟝군이 ᄯᅩ 교황의 군사를 파ᄒ며 각 신문사로 ᄒ야곰 졍치득실을 의론케 ᄒ고 오지라아 국 학교ᄂ 견일에 교황이 관할ᄒ든 비라, ᄯᅩ혼 상관치 못ᄒ게 ᄒ니, 교황이 분한홈을 이긔지 못ᄒ며, 의ᄃᆡ라 국이 ᄯᅩ 교황의 옛 도셩을 취ᄒ야 의ᄃᆡ리 도셩을 삼고ᄌ ᄒ니 교황이 칙지를 나려 그 죄를 토론ᄒ더라.

뎨칠졀 마라부 뒤회라

일쳔팔빅뉵십구년 [대군쥬 륙년] 십이월 팔일에 뒤소 신부 팔빅인이 라마부에 모이니, 이는 텬주교 만국 뒤회에 뎨이십차이요, 이 회에 춤예흔 자ㅣ 습십국 사룸이요, 이 히 십이월 팔일은 셩모 마리아ㅣ 무죄흔 뜻을 반포흐는 날이라. 이윽고 교황이 빅의를 입고 례빗당에 올으니, 각 교사ㅣ 일일이 교황 압희 이르러 국궁 괴빅흐고, 교황은 텬주교의 졔반 사무를 션유흐고, 각 교사를 신칙흐야 동심합력흐야 이단을 막으라 흐더라.8)

뎨팔졀 교황이 조존흐는 뜻이라

빅년 이릭로 텬쥬교의 관할흔 싸이 졈졈 타인의게 쎗기고 교황의 교훈을 듯는 자ㅣ 젹은지라. 교황이 분홈을 견듸지 못흐야 다시 션유왈 짐은 하늘이 쥬신 권이 잇다 흐고 그 지하지인은 다 그말을 봉힝흐야 신법 힝흐는 사룸을 회방흐더라.9)

뎨구졀 조존홈이 쇠픠흐는 장본이라

교황이 비록이 션유를 나럿스나 영국과 밋 동방 졔국이 텬쥬교를 밋는 자ㅣ 젹으며 듸져 하늘이 졍흔 운슈ㅣ 잇스니, 엇지 거슬니리요. 그 억지로 망상홈은 쇠픠를 조취홈이러라.

---

8) 『태서신사남요』에서는 제8절의 내용을 상세하게 설명하였으나, 언역본에서는 발췌하여 번역함.

9) 『태서신사남요』에서는 제9절의 내용을 상세하게 설명하였으나, 언역본에서는 발췌하여 번역함.

데십절 나라를 쎗김이라

교황의 밋는 바는 법황 노의 나파륜이러니, 일천팔빅칠십년 [대군쥬 칠년] 칠월 십구일에 천만 의외 법황이 보로사 국과 젼졍을 이리키다 가 크게 픠호야 다시 교황을 도을 자ㅣ 업는지라. 이에 의디리의 군사 ㅣ 곳 라마부에 드러와 빅셩다려 일너 왈 너의 교황의 인민이 되든지 의디리 왕을 좃든지 각기 소원을 말호라 호니 라마 인민이 일졔이 만 구동셩호야 의디리에 속홈을 원호거늘 [라마 빅셩 즁 의디리를 좃는 자ㅣ 십삼만 삼쳔뉵빅팔십일 인이요, 불원호는 자ㅣ 일쳔오빅칠 인이 러라. 지금까지 라마인이 믹년 그 날로 조혼 령졀이라 호야 의디리 스 룸이 우리로 호야곰 교황의 학졍을 면혼돌 긔록혼다 호더라.] 이에 의 디리 왕이 법을 뎡호야 텬쥬교 스무는 의구이 교황이 관할호고 치국 홈은 간셥지 못호게 호고, 쏘 믹년 영금 십오만 방을 츌급호야 그 용비 를 쓰게 호고, 쏘 교황의 디궐 발톄감[10]궁 일만 일쳔 간과 기외 례빅 당을 쥬어 거호야 각국과 스신 왕릭홈이 엄연이 셕일 갓치 호게 호고, 이 히 십이월 삼십일에 의디리 왕 비토의만월[11]이 라마부로써 의디리 도셩을 삼으니, 이 째에 교황의 고싱은 다시 말홀 것 업고, 그 수하 여 러 교사는 오히려 교황의 말을 존숭호고 그 보로사에 잇는 교사는 더 욱 학교 스룸를 유인호거늘 보국 졍승 비사믹이 이 졍졍을 보고 화단 이 잇슬가 념녀호야 일쳔팔빅칠십이년 [대군쥬 구년] 삼월에 신법을 셰워 국닉 학교 스무를 국가로셔 관할호고 텬쥬교ㅣ 춤예치 못호게 호 더라.

비사믹이 쏘 혜오딕 텬쥬교인이 항상 스룸의 나라를 요란혼다 호야 이 히 칠월에 시법을 졍호야 일이만 경닉에 잇는 텬쥬교인을 다 구츅 호야 츌경 식이고 일쳔팔빅칠십삼년 [대군쥬 십년]에 례부상셔 발

---

10) 발톄감(發替嵌): 얘틱간. 교황궁(敎皇宮). 바티칸.
11) 비토의만월: 비토리오 에마누엘레 2세. 제8권 참고.

극12)이 또 신장정을 셰워 왈 덕국 장정에 원릭 야소교 교스와 텬쥬교 신부의 월급을 다 국가로셔 발급ㅎ얏스니13) 국가ㅣ 맛당이 국법으로 다사림이 올타 ㅎ야 지금까지 그 법을 쥰힝ㅎ니, 명왈 발극신장정이라. 그 법에 ㅎ얏스되 무론 야소교 교스든지 텬쥬교 신부든지 다 덕국 셔원에 입학ㅎ야 젹어도 <u>습년을 독셔ㅎ고</u> 또 격치학 학문을 취지ㅎ 후에야 비로소 그 젼교홈을 허ㅎ고, 혹 국법을 범ㅎ는 자는 국가로셔 징치ㅎ야 젼교치 못ㅎ게 ㅎ고 또 교즁 규측을 범ㅎ는 자는 오직 덕국 되 교사ㅣ 치죄ㅎ고, 타국이 간셥지 못ㅎ며, 인민이 무슴 교를 좃든지 관가에 이르러 품쳥장을 졍ㅎ야 미스를 다 국가의 졍ㅎ 법되로 시힝ㅎ게 ㅎ더라.

뎨십일졀 벽하 뎨구 교황이 흥홈이라

벽하 교황이 발테감 궁에 잇슨 지 팔년에 홍홀식 그 소친다려 왈 짐이 여긔 잇슨지 팔년이라. 일용 졔물을 다 교민의게 어든 거시요, 의되리 국이 짐의게 보닌 거슨 사호도 쓰지 아니ㅎ얏노라. 닉 셰상 스름을

---

12) 발극(發克): 빠르크, 보 예부상서(普禮部尙書). 팔크(Adalbert Falk, 1827~1900). 1872년, 프로이센의 문화부 장관으로 임명된 반가톨릭 성향의 국민자유당 소속 팔크는 교회 관할로 있던 모든 학교교육을 국가의 감독 하에 두어 성직자들의 학교 감독권을 박탈하였다. 4월 7일, 예수회 수도사들의 활동을 금지하는 법령이 발효되면서, 이들의 체류권도 제한받게 되었다. 여러 명의 주교들과 수백 명의 신부들이 감옥에 갇히고, 많은 신학교들은 폐쇄되었다. 『위키백과』

13) 비스마르크의 문화 투쟁: 비스마르크는 자신의 반대세력인 특히 남부 독일을 중심으로 한 로마 가톨릭 교회 신자를 억압하기 위하여 가톨릭 중앙당과 교회에 공격을 가하였고, 1872년 이후 벌어진 이 투쟁을 '문화 투쟁(Kulturkampf)'이라고 부른다. 이러한 투쟁은 가톨릭교회가 프로테스탄트의 영향력이 큰 프로이센에 대해 종교를 이유로 분리주의적 태도를 취한 데서 시작되었다. 비스마르크가 수많은 수도원을 폐쇄하고 주교와 수사들을 구속하자, 가톨릭신자들은 교회를 지키려고 가톨릭 중앙당을 중심으로 뭉쳐서 저항했다. 이러한 종교탄압에 대한 불만이 커졌고, 더욱이 의회에서 사회민주주의자들의 세력이 강해지자 그들에 맞서기 위해서 가톨릭 중앙당의 지지가 필요해진 비스마르크는 교황 레오 13세와 협상을 시작하였다. 『위키백과』

보니 ᄒ나토 나를 도옵ᄂᆫ 자ㅣ 업스니 닉 만ᄉᆞ를 오직 하날에 부치노라 ᄒ고 일쳔팔빅칠십팔년 [대군쥬 십오년]에 벽하 교황이 훙ᄒ니라.

차후 텬쥬교인이 례육 뎨십ᄉᆞ14)을 드러 교황을 삼으니 례육은 원릭 덕힝과 학문이 슌슉ᄒ고 ᄯᅩ 도량이 관훙ᄒᆫ 고로 계위ᄒᆫ 후에 그 힝실이 젼황과 형이ᄒ고 ᄯᅩ 각국의 인군과 셔로 돈목ᄒᆯ 뿐 아니라, ᄯᅩ 야소교의 규측을 방힝ᄒ야 그 교민으로 ᄒ야곰 임의딕로 경문을 읽게 ᄒ야 야소교와 화합홈을 원ᄒ나 다만 화합 식이ᄂᆫ 법이 아직 진션진미치 못ᄒ야 야소 텬쥬 희랍 각 교로 ᄒ야곰 형뎨와 갓지 못ᄒ니 대뎌 각 교인이 피ᄎᆞ 시비를 분간코자 ᄒ면 필연 합지 못ᄒᆯ 거시요, 합지 못ᄒ면 셔로 믜워ᄒᆯ지라. 진실노 타일에 룽이 셔로 화합ᄒ야 방히홈이 업스면 틱셔의 교로 시비되는 거시 ᄉᆞ사로 환연빙셕ᄒ리로다.

---

14) 례육 뎨십ᄉᆞ(禮育 第十三): 넬오 ᄲ틴. 교황(敎皇). 레오 13세(1810~1903). 로마의 가톨릭 교회 교황(재위 1878~1903). 본명은 Vincenzo Gioacchino Pecci.

데이십솜권 구라파쥬의 빅성을 편안이 ᄒᆞᄂᆞᆫ 총론이라

영국 마간셔 원본, 청국 채이강 술고, 리제마티 번역

데일절 법국 되란의 관계라

법난셔의 란이 비록 일시에 졍돈치ᄂᆞᆫ 못ᄒᆞ얏스나 셕년의 폐단은 영영이 혁졔되얏스니, 되져 셕년에ᄂᆞᆫ 국가ㅣ 다만 권셰만 밋고 빅셩이 리치로ᄡᅥ 다토믈 허치 아니ᄒᆞ고, 법황 나파륜 데일도 본심은 비록 권셰로ᄡᅥ 빅셩을 억졔코자 ᄒᆞ나 오직 <u>구쥬 각국이 항상 말호되 빅셩은 나라의 근본이니 국스를 맛당이 빅셩을 믹김이 올타</u> ᄒᆞ니, 나파륜이 공론을 어긔지 못ᄒᆞᄂᆞᆫ 고로 그 졍흔 바 법률이 텬하 각국 스름으로 ᄒᆞ야곰 다 귀쳔 경즁지별이 업게 ᄒᆞ고, 곳 모든 소국 인군을 쫏친 연후에 빅셩이 젼일에 그 인군을 하ᄂᆞᆯ갓치 아든 구습이 업셔지고, 쏘 나파륜이 일이만 졔소국을 합ᄒᆞ야 ᄒᆞ나을 ᄆᆡᆫ드럿더니 날이 오릭ᄆᆡ 그 합지 아니ᄒᆞ얏든 소국도 쏘흔 셔로 합ᄒᆞ기를 원ᄒᆞ고, 나파륜이 쏘 의되리의 두어 싱 짜을 합ᄒᆞ야 ᄌᆞ쥬케 ᄒᆞ얏더니 츄후에 의되리 스름이 쏘 젼국을 합ᄒᆞ고자 ᄒᆞ며, 지어 의되리의 나파나사와 보로사의 셔법련[1]과 밋 셔

---

1) 셔법련(西法蓮): 왜스트ᄯᅡ릭아. 일소국(日小國).

반아 국은 다 군쥬국이어늘, 나파륜이 군민공치국을 믄들며, 교황도 권이 틱즁ᄒᆞ거늘 나파륜이 그 권을 억졔ᄒᆞ고, 구쥬 각국에 또 졔후와 밋 모든 세작이 다 젼ᄌᆞ젼숀ᄒᆞ거늘 나파륜이 말ᄒᆞᄃᆡ 그 조상은 공이 잇스니 귀홈이 올커니와, 그 ᄌᆞ손되ᄂᆞᆫ 자도 또한 공이 잇슨 후에야 세습ᄒᆞᄂᆞᆫ 영화를 누리미 올타 ᄒᆞ고, 또 명조상이 잇셔 부귀ᄒᆞᄂᆞᆫ 자와 명조상이 업다ᄒᆞ야 빈궁ᄒᆞᆫ 자ᄂᆞᆫ 나파륜이 일으되, 부귀ᄌᆞ뎨ᄂᆞᆫ 엇지 장구이 부귀ᄒᆞ며 빈쳔ᄌᆞ뎨ᄂᆞᆫ 엇지 장구이 빈쳔ᄒᆞ리요. 되져 유공ᄒᆞ면 귀ᄒᆞ고 무공ᄒᆞ면 쳔ᄒᆞ리라 ᄒᆞ야 <u>조상의 음과 문법의 귀쳔을 다 벽파</u>ᄒᆞ니 이와 갓치 공평명빅ᄒᆞᆫ 리치ᄂᆞᆫ 나파륜이 한번 반포ᄒᆞᆫ 후로부터 인심이 곳 바름에 물결치듯ᄒᆞ야 한 ᄉᆞ름이 열 ᄉᆞ름에 젼ᄒᆞ고 열 ᄉᆞ름이 빅 ᄉᆞ름 쳔만 ᄉᆞ름의게 젼ᄒᆞ야 불과 슈년에 구쥬 각국 ᄉᆞ름이 다 이 리치를 의론ᄒᆞ더니, 밋 나파륜이 픽ᄒᆞᆯ 쌔에 이르러ᄂᆞᆫ 구라파 쥬 ᄉᆞ름이 다 <u>민쥬ᄒᆞᆯ</u> 마음이 잇고, 또 나파륜이 픽ᄒᆞ기 젼에ᄂᆞᆫ 각국 군왕이 그 빅셩을 권ᄒᆞ야 나파륜을 치고자 홀시 다 민심을 부슌ᄒᆞ고 셕일 압졔ᄒᆞ든 구습을 바리며 빅셩도 또ᄒᆞᆫ 말ᄒᆞᄃᆡ 우리 응당 <u>자쥬지권</u>이 잇다 ᄒᆞ야 지상ᄒᆞᆫ 자ㅣ 감이 어긔지 못ᄒᆞ더라.

뎨이졀 오국 셩 유야랍 듸회라

나파륜이 대픽ᄒᆞᆫ 후 각국 군왕이 오국 도셩에 듸회ᄒᆞᆯ 쌔에 오히려 민심의 변ᄒᆞᆷ을 아지 못ᄒᆞ니 앗갑도다. 당시 각국 군왕은 다만 갈오ᄃᆡ 치국ᄒᆞᄂᆞᆫ 권은 오직 군왕이 가질 빅라. 엇지 소민이 감이 항거ᄒᆞ리요 ᄒᆞ야 지어 폐망2)왕은 그 위를 회복ᄒᆞᆫ 후에 즉시 란리 젼 구법을 쥰힝ᄒᆞ며 또 각국 군왕의 ᄯᅳᆺ도 다 혜오ᄃᆡ 나파륜의 란은 비컨ᄃᆡ ᄉᆞ름이 우연이 병드럿다가 이제 나암과 갓트니 젼일 나의 권셰ᄂᆞᆫ 의연이 잇슬

---

2) 폐망: 피트몬드.

지라. 무삼 가감이 잇시리요. 다만 지상 흔 스룸이 존중ᄒ니 엇지 소민의 질고를 도라보리요 ᄒ나, 기실은 되란홀 쌔에 빅셩이 이믜 각국의 폐단을 아는 고로, 각국 군왕이 다시 권셰로 빅셩을 압졔흔 지 불과 오십년에 빅셩이 그 왕의 말을 좃지 아니ᄒ고 다 이러나 ᄌ쥬코ᄌ ᄒ야 인군이 부득불 좃지 아니치 못ᄒ게 ᄒ고 밋 각국이 그 빅셩을 즁이 알고 ᄌ쥬ᄒ게 흔 후에야 각국이 비로쇼 크게 흥ᄒ더라.

뎨숨졀 일쳔팔빅이십년에 구라파 남방 나라의 변경홈이라

각국 군왕이 오국 도셩에셔 졍흔 법이 완젼치 못ᄒ야 빅셩이 이러나 권을 다토는 자ㅣ 남아미리가 쥬에셔 몬져 시작ᄒ니 기시 일쳔팔빅이십년 [순조 이십년]에 남미쥬에 잇는 셔반아에 속흔 짜 인민이 셔반아 왕을 심복지 아니ᄒ고 곳 ᄌ립ᄒ야 나라이 되니 셔반아 국 빅셩이 ᄯᅩ흔 군권이 과즁홈을 알고 편안치 아니ᄒ더라. 션시 일쳔팔빅십이년 [순조 십이년]에 법국이 셔반아 졍수를 변ᄒ야 군민공치국을 믄드러 가가호호이 거관ᄒᄂ 권이 잇게 ᄒ고 의원은 이년으로 과만을 삼앗더니 밋 포이분 왕족이 셔반아에 도라와 왕위를 회복ᄒᄆ 다시 구법을 쥰힝ᄒ야 일국 권셰 모다 왕 흔 스룸의 장악에 잇게 ᄒ얏더니 빅셩이 항복지 아니ᄒᄂ지라. 이에 다시 일쳔팔빅십이년 [순조 십이년]의 졍흔 바 신법을 힝ᄒ니 ᄌ츠로 셔반아 셔편 포도아와 동편 의되리의 나파나사와 폐망 등 빅셩이 다 그 인군을 핍박ᄒ야 군민공치ᄒᄂ 법을 구ᄒ니 각국 군왕이 다 부득이 허락ᄒ고 영길리 법난셔 일이만 삼국 민심은 다 구쥬 남방 빅셩과 갓트나 오직 란을 짓지 아니ᄒ더라.

의되리 동편으로 지어 희랍국 빅셩은 다 돌궐 왕의 포학홈을 원망ᄒ야 드듸여 ᄌ립ᄒ야 나라이 되니 구쥬 각국이 다 가만이 돕ᄂ지라. 돌궐 왕이 부득이 그 권을 사양ᄒ고 이 쌔에 타쳐 인민은 아직 신법의 리익을 엇지 못ᄒ더니 이에 법국 포이분 왕족이 그 동족의 셔반아 왕

된 주ㅣ 권셰 쎅기를 보고 곳 군사를 보늬야 빅셩을 탄압ᄒ야 군민공
치홈을 허치 아니ᄒ고, 오지리아 황뎨는 의딕리 인민이 징권홈을 보고
쏘흔 군ᄉ를 의딕리에 보늬야 민권을 썩그니 이에 구쥬 남방 졔국이
빅셩이 나라 근본됨을 아지 못ᄒ고 국ᄉ랄 뎡돈코자 ᄒᄂ 빅셩을 다
죽이니 가셕ᄒ도다.

뎨ᄉ졀 일쳔팔빅솜십년에 법인이 옛 인군을 항복지 아님이라

희랍국 인민이 돌궐 왕과 징권ᄒ야 그 관할을 밧지 아니ᄒ고 각국
도 쏘흔 인군의 압졔를 밧지 아니ᄒ더니 일쳔팔빅삼십년 [슌조 삼십
년]에 드듸여 법국의 란이 잇고 법국이 어지러운 후로 구쥬 셔방 졔국
이 다 ᄭᅡ라 크게 불안ᄒ야 각국 빅셩이 다만 국ᄉ를 의론홀 ᄲᅮᆫ이요,
다른 일은 뉴심치 아니ᄒ며, 셔사국 졍치는 력딕 이릭로 조뎡에 잇는
두어 딕족이 집권ᄒ고 향촌간 ᄉ름들은 쳑촌만흔 권이 업더니, 이제
빅셩이 크게 이러나 장졍을 곳쳐 무론 경향인ᄒ고 다 관원을 쳔거ᄒ
야 집졍ᄒᄂ 자ㅣ 거국 빅셩이요, 젼일갓치 슈삼인이 독단치 못게
ᄒ고, 파란국도 쏘흔 란이 일거늘 의외에 아라사ㅣ 그 잔인박힝흔 힝
실로 파란을 멸ᄒ고, 영국 빅셩도 쏘흔 두어 딕가이 집권홈을 원치 아
니ᄒ야 일졀 졍ᄉ를 빅셩의게 널이며, 의딕리 인민은 교황을 불복ᄒ야
이러나다가 불힝이 오지리아 국 군사ㅣ 이르러 란을 평뎡ᄒ고, 일이만
렬방은 국가의 폐단을 의론ᄒ야 거의 란이 이러나더니, 다힝이 면ᄒ니
딕져 이 히 이후로는 틱셔 각국 인민이 운무를 헷치고 쳥텬을 보는 날
이라. 이왕 십오년 젼에는 구쥬 인민이 이믜 국가 폐단이 빅셩을 압졔
ᄒᄂ 데 잇는 줄 아랏스나, 그 ᄲᅢ에도 오히려 국법은 시힝ᄒ더니, 필경
견딕지 못ᄒ야 가만이 회를 모아 빅셩을 구코자 ᄒ니, 딕져 당시 형셰
는 화약을 ᄯᅡ에 무덧다가 틈을 기다려 발홈과 갓타야, <u>다시는 권셰로
빅셩을 압졔치 못ᄒ더라</u>. [이 아릭 회당록에 ᄌ셰이 긔록ᄒ얏노라]

오지리아 국은 셰 죵락에 나노야 일은 일이만 동족이요, 일은 아라
사 동족이니, 명은 시랍비3)요, 일은 항가리 동족이라. 항가리와 시랍
비 냥족이 별노이 한 나라를 셰워 일이만 동족인의 권셰를 억졔코즈
ᄒ며 지어 일이만 국 스룸은 비록 국가의 병력을 겁닉야 감이 웃스룸
과 닷토지 못ᄒ나 그 심복지 아니ᄒᄂ 마음이 날노 깁푸니 딕져 하늘
이 빅셩을 닉이미 젼혀 집권흔 자의 노복이 되라 홈이 아니요, 또 젹은
나라이 합ᄒ야 큰 나라이 됨은 젹은 나라 여럿보다 나으리니, 그 니치
분명ᄒ고, 또 의딕리 각쳐에ᄂ 다 회당이 잇셔 국스를 의론ᄒ야 비록
국가ㅣ 엄금ᄒ나 회즁 장졍이 이믜 졍ᄒ야 긔회를 기다려 곳 일을 이
리키고자 ᄒ며, 영국은 셰가ㅣ 인민의 거관ᄒᆷ를 미워ᄒ나, 다만 시운
이 지차ᄒ미 또흔 엇지홀 길 업셔 빅셩을 밋기여 쥬장ᄒ게 ᄒ고, 돌궐
은 권셰 너무 즁흔 고로 더욱 불안ᄒ야 이급과 셔리아ㅣ 다 돌궐 왕을
심복지 아니ᄒ고, 오직 법난셔 일국은 파리 경셩 스룸이 쳔거흔 스룸
으로 왕을 삼고, 타쳐 빅셩은 춤예치 못ᄒ니 외모ᄂ 비록 그 빅셩을
탄압ᄒᄂ 듯ᄒ나 민심이 맛츰닉 복종치 아니ᄒ더라.

뎨오졀 일쳔팔빅ᄉ십팔년에 법민이 시 인군을 항복지 아니 홈이라

일쳔팔빅사십팔년 [헌종 십ᄉ년]에 법국이 뎨삼차 대란ᄒᄂ지라. 즈
후로 법인과 밋 구라파 각국 빅셩을 다시 권셰로 다사리지 못홀 줄을
ᄭ다르니 딕져 셕일은 빅셩이 리치로써 나라와 힐난ᄒ면 각국이 곳
병력을 가지고 압졔ᄒ더니, 이졔ᄂ 각국 군사ㅣ 도리혀 빅셩과 마음이
합ᄒ야 빅셩의 말을 쥰ᄒᆷ이 곳 향일에 왕명을 쥰ᄒᆷ과 갓트니, 이
러므로 그 인군이 미들 곳이 업ᄂ지라. 이에 항가리 인민은 오지리아

3) 시랍비: 세르비아.

룰 항복지 아니ᄒ고 싸로이 나라을 셰우고자 ᄒ거늘 오지리아 군사ㅣ
ᄯᅩᄒᆫ 현져이 도아쥬니 만일 <u>타국이 간셥지 아니ᄒ야던들</u> 필연 영영이
나노이고 다시 합지 못ᄒ얏슬 거시요, 의ᄃᆝ리도 ᄯᅩᄒᆫ 빅셩이 조혼 법
을 졍ᄒ야 의ᄃᆝ리 젼국룰 합ᄒ야 ᄒ나이 되고자 ᄒ고 기즁 살ᄐᆡ니아
국은 그 빅셩을 허ᄒ야 군민공치법을 셰우라 ᄒ며 살ᄐᆡ니아 왕이 ᄯᅩ
ᄒᆫ 민권을 널니고자 ᄒ니 이에 의ᄃᆝ리 통국 스룸이 다 일조에 이러나
오지리아 인을 쫏고 다시 권셰로 압졔치 못ᄒ게 ᄒ며, 오지리아의 신
법을 구ᄒᄂᆫ 자는 그 도셩을 덤령ᄒᄆᆡ 오황이 릉이 파ᄒ지 못ᄒ고, 보
로사와 일이만 렬방 인민은 다 삼십년 젼에 왕이 <u>군민공치ᄒᄂᆫ 법을</u>
허락ᄒ얏다 ᄒ야 지금까지 시ᄒᆡᆼ이 되지 아니ᄒᄆᆡ 다 그 인군을 핍박
ᄒ야 젼일 언약대로 ᄒᆡᆼᄒ라 ᄒ며 법국은 이믜 그 황뎨룰 쫏고 <u>민쥬국</u>
을 ᄆᆫ들며 영인은 젼일에 군권이 ᄐᆡ즁ᄒᆷ을 싱각ᄒ고 이졔 비록 군민
공치ᄒᄂᆫ 법을 ᄒᆡᆼᄒ나 그 법을 더욱 널니고자 ᄒ니 이 ᄯᅢ 각국 인민이
비록 져윽이 리익을 어덧스나 오히려 크게 셩스치 못ᄒ고, 아라사는
군사룰 이리켜 오리지아룰 도아 억륵이로 항가리 인민을 평졍ᄒ고, 오
지리아ㅣ ᄯᅩ 의ᄃᆝ리룰 평졍ᄒ야 민졍의 질고편부룰 도라보지 아니ᄒ
고 인위 권셰로 다스리고 작난ᄒᄂᆫ 스룸을 다 죽이니, 더욱 가련ᄒ며
보로사와 일이만 렬방은 민졍이 좀 편안ᄒᆷ을 보고 인ᄒ야 옛법ᄃᆡ로
빅셩을 압뎨ᄒ며, 법국은 이 ᄯᅢ에 ᄯᅩ 법황의 위권이 ᄐᆡ즁ᄒ고 오직 영
국은 민권을 널이여 빅셩이 크게 편안ᄒ야 반란ᄒᆯ ᄯᅳᆺ이 업더라.

뎨륙졀 신법[4])을 셰워 빅셩을 편케 ᄒᆷ이라

구라파 쥬 인민이 국가 압졔룰 당ᄒ나 그 마음에 혜오대 우리 인군
과 대신이 민졍을 슌치 아니ᄒ니 실로 위에 잇슴이 올치 아니타 ᄒ고,

---

4) 신법: 군민공치의 법을 의미함.

그 뜻이 항상 불평하야 국가를 심복지 아니하는 자ㅣ 도쳐에 편만하니 수세 지차에 틱평무스코자 하나 엇지 쉬우리요. 각국 데왕이 이 정형을 보고 딕란이 잇슬가 겁닉여 비로쇼 안민홀 법을 싱각홀식 보로사ㅣ 먼져 <u>군민공치</u>하는 법을 세워 장릭에 일이만 젼부를 합하야 일국이 되기를 바라며, 일쳔팔빅뉵십년 [철종 십일년]에 오지리아 국은 그 빅셩이 젼일 국가의 잔혹하든 원슈를 갑플가 겁하야 또흔 <u>군민공치</u>하는 법을 준허하야 빅셩을 위로흔 후에야 항가리도 별로이 나라를 세우고자 아니하고, 살데니아 국의 <u>군민공치</u>하는 법은 졈졈 의딕리 일경에 널피여 일쳔팔빅칠십년 [대군쥬 칠년]에 살데니아 국이 의대리를 합하야 일국이 되야, 군민공치법을 세우고, 셔반아는 일쳔팔빅뉵십팔년 [대군쥬 오년]에 빅셩이 그 녀왕을 사례하야 보닉고 졔도를 곳쳐 가가호호이 거관하는 권이 잇게 하고, 영국은 일쳔팔빅뉵십칠팔년 [대군쥬 스년 오년]에 또 민권을 넓리니 딕져 근릭스를 통이언지하면, 법국은 웃스름의 압졔홈을 인하야 란을 먼져 이리켜스나 그 리익 밧기는 도리혀 각국보다 뒤가 되고, 노의 나파륜이 다시 민권을 쎅아슨지 이십년 곳 일쳔팔빅칠십년 [대군쥬 칠년]에 보로사와 교젼하고 민쥬국을 세운 후 그제야 평안하더라.

뎨칠졀 구라파쥬 셔방에셔 옛법을 폐하고 시졍스를 힝홈이라

즈차 이후로 구라파 셔방 졔국이 다 민심을 짜라 나라를 다스리니 딕져 뉵십년 젼에는 각국 데왕이 빅셩을 임의 학딕하야도 빅셩이 감이 항거치 못하며 또 국가ㅣ 교육를 즁이 아지 아니홈은 빅셩이 교육을 바드면 압졔하기 어려울가 홈이러니, 지금은 각국이 데왕의 임의로 다스림이 아니요, 빅셩이 스사로 다스리믹 가가호호이 다 관원 쳔거하는 권이 잇고, 닉외 딕소 졔스를 다 민심을 좃차 힝하며, 셕일에는 구라파 쥬 인민 일만팔천만이 다 샹년이 노복 부림과 갓타야 감이 어기지 못ᄒ더니 지금은 인민이 다 즈쥬ᄒ며 다만 즈쥬ᄒ지라도 식견이 업스면 국ᄉ를 조쳐홀 길 업다 ᄒ야, 이에 국가로셔 학교를 광셜ᄒ야 ᄉ름마다 글을 읽고 리치를 통ᄒ게 ᄒ야 다 큰 리익을 바드며 [아릐 학교록을 보라] 지어 구라파 동방 졀반 각국은 아직 안민ᄒᄂ 법이 업스니, 곳 아라사로 논ᄒ야도 그 디방이 반은 구라파에 잇고 반은 아셰아에 잇셔 의연이 권셰로써 빅셩을 다ᄉ려 그 인민이 타국갓치 리익을 밧지 못ᄒ며, 돌궐은 다시 그 권셰를 밋고 소민을 학ᄃ홈이 형언홀 슈 업더라.

뎨팔졀 신법을 힝흔 후 크게 흥홈이라

딋져 셕일에 권셰를 빙자ᄒᄂ 무리 항상 인민을 속박ᄒ야 신법을 닉지 못ᄒ게 ᄒ더니 밋 구셰교ㅣ 셰상에 힝흔 이후로부터 ᄉ름을 구졔ᄒᄂ 일이 가장 셩힝ᄒ니 이ᄂ 하늘이 ᄉ름으로 ᄒ야곰 졈졈 <u>젼일보다 나아가게 홈이라.</u>5) 이럼으로 디구상 모든 딋국이 그 권셰의 폐단을 다 바리고 빅셩이 크게 편안ᄒ니 즈금 이후ᄂ ᄉ름마다 신법 구홈을 금지 부득홀지라. 딋져 셰상의 폐단이 극다ᄒ믹 폐단이 업셔지ᄂ 쌔ᄂ 법령도 쏘흔 짜라 변ᄒᄂ니 <u>오직 공졍치 못흔 ᄉ름은 즈긔만 알고 그 권셰를 밋고 빅셩의 긔화홈을 막더니</u> 밋 뎨왕의 포학을 버셔ᄂ 이후로ᄂ 빅셩이 텬의를 좃차 힝ᄒ믹 그 리익과 효험이 무궁무진ᄒ리로다.

---

5) 젼일보다 나아가게 홈: 진보. 진화론적 관점을 나타냄. 문명개화론.

데이십ㅅ권 **부록이라**

영국 마간셔 원본, 청국 채이강 술고, 리제마틔 번역

데일절 회당이라[1]

구라파 쥬에 다만 권셰로써 치민ㅎ는 나라는 그 빅셩이 견듸지 못
ㅎ야 우에 잇는 사름을 핍박ㅎ야 정치를 곳치라 ㅎ다가 만일 불허ㅎ
면 반다시 사사로이 회를 결ㅎ야 나라를 항거홀시 보로사는 원릭 전혀
군권으로 치민ㅎ는 나라이러니, 이에 나파륜의 란을 당ㅎ야 그 압계를
바드니, 보국 지상 사덕응[2]이 크게 근심ㅎ야 전국 인민을 권ㅎ야 나파

---

1) 회당: 정치적 결사 또는 정당.
2) 사덕응(賜德鷹): 시턴. 보상(普相). 카를 폼 슈타인(1757~1831). 라인란트 태생 프로이센
   의 정치가. 프로이센 총리(1807~1808)와 러시아 황제 알렉산드르 1세(재위 1812~1815)
   의 개인고문을 지냈다. 나폴레옹전쟁 당시 프로이센의 광범위한 개혁을 추진했고, 나폴
   레옹에 맞선 마지막 유럽 동맹결성에 영향력을 행사했다. 1807년 10월 9일 농노를 해방
   하는 '소유권 제약 철폐와 토지 재산의 자유로운 이용 및 주민들의 인간적 관계에 관한
   법률'이 공포되었다. '10월 칙령'은 수많은 문제(그중에서도 가장 큰 문제는 토지를 농민
   소유로 차츰 이전하는 문제였음)에 만족스러운 해결책을 마련해 주지는 못했지만, 시민
   의 자유를 보장하고 법 앞에 만인이 평등하다는 원칙을 천명한 결정적인 조치였다. 이
   법률이 내포하고 있는 경제적 의미도 그에 못지않게 혁명적이었다. 이전에는 귀족들은
   귀족이 아닌 사람에게 땅을 팔 수 없게 되어 있었지만 앞으로는 누구나 자유롭게 땅을
   사고팔 수 있었다. 그리고 백성들은 직업 선택의 자유를 갖게 되었다. 1808년 11월 19일
   에 공표한 '지방자치 조례(Städteordnung)'는 지속적인 중요성을 갖고 있었다. 이 조례는
   도시에 지방자치를 도입했고, 봉급을 받는 행정관(시장과 치안판사)과 지방의회를 분리

류을 막고자 홀시 일천팔빅칠년 [순조 칠년]에 한 회를 셜ᄒ야 왈 민
회라 ᄒ니 미긔에 전국 관민이 다 그 회에 들고 회즁 장정은 인민을
허ᄒ야 신보관을 셰워 국ᄉ를 의론ᄒ고 국가회 의원을 쏘한 빅셩이
공천ᄒ게 ᄒ니 그 법이 심이 아름답고 민회의 권이 쏘한 인ᄒ야 가장
즁ᄒ며, 보국이 이 회를 셜한 후로부터 일이만 렬방이 다 올희이 녁이
다가 일천팔빅십ᄉ년 [순조 십ᄉ년]에 졸연이 합ᄒ야 ᄒ나이 되야 동
심병력ᄒ야 나파류을 쏯찻더니, 가셕한 ᄌᄂ 보왕이 득지한 후에 젼일
허락ᄒᆷ을 식언ᄒ고 군민공치ᄒᄂ 권을 쥬지 아니ᄒ더라.

쏘 의틱리의 한 회당의 명은 가파나리³⁾라. 일천팔빅십ᄉ년 [순조 십
ᄉ년]에 셰운 빈니 이 회ᄂ 의틱리 정부ㅣ 치민ᄒᆷ이 착지 아니믈 보고
곳 신법을 창셜ᄒ야 회즁인이 범ᄒᄂ ᄌᄂ 신법으로 다ᄉ리니 이 법
은 의틱리 각 방 률법과 틱상부동ᄒ며 그 회의 신법이 다만 법률만 경
돈ᄒᆷ이 아니요, 다 치국ᄒᄂ 신법이라. 의틱리 젼부 즁에 신종ᄒᄂ 나

했으며, 따라서 각 도시가 지역문제 대부분을 그 도시의 주민을 통해 자치적으로 처리
할 수 있게 했다. 그러나 대도시는 내무장관이 직접 책임을 지는 경찰청장의 감독을 받
았다. 슈타인의 조례는 독일의 지방자치 제도가 발전해나가야 할 방향을 제시해준 셈이
었다. 슈타인은 프로이센의 행정 체계 전반을 효율적으로 근대화했다. 절대 권력을 가진
왕의 무책임한 조언자들, 이른바 내각 참모들은 그때까지 막후에서 일종의 비밀 정부를
구성하고 있었지만 슈타인은 이들을 배제했고, 프리드리히 빌헬름 1세 시대에 권력의
핵심으로 창설된 '전체 각료 회의'도 폐지했다. 그 대신 슈타인은 프로이센 영토 전체를
관할하는 외무부·내무부·재무부·법무부·육군부 등 정부 부서를 창설했다. 그는 같은 원
칙에 따라 중간 행정부(Regierungen : 주청)의 활동도 체계화했고, 중앙정부에 직접 책임
을 지는 지방장관, 즉 주 전체를 대표하는 공식 수반인 지사(Oberpräsident)라는 직위를
창설했다. 그의 계획은 대부분 실행되지 않은 상태였다. 그의 농업 및 경제 개혁안은 하
르덴베르크가 1810년부터 시행했지만, 하르덴베르크는 슈타인의 보수적 자유주의보다
계몽주의에 더 가까운 정신으로 이 개혁안을 다루었고, 슈타인과는 달리 교육이나 도덕
정치에는 관심이 없었다. 『브리태니커』

3) 가파나리(家婆那理 又名 加本羅利): 카보나리. 의회(意會). 카르보나리당. 19세기 초 이
탈리아의 비밀결사. 단수형은 carbonaro(이탈리아 방언으로 '숯 굽는 사람'이라는 뜻).
자유주의적·애국적 이념을 신봉했고, 1815년 나폴레옹의 패전 이후 승전한 연합국들이
이탈리아에 강요한 보수주의 정치체제에 대한 반대운동을 주도했다. 이 운동의 영향으
로 리소르지멘토 운동의 길이 열렸고, 이로 인해 이탈리아의 통일(1861)이 이루어졌다.
『브리태니커』

라이 심이 만코 그 우심흔 나라는 남ㅈㅣ 나이 장뎡될 만ㅎ면 다 회즁
에 드더니 오직 가셕흔 자는 이 회가 국뇌에 편만치 못ㅎ야 각 령슈ㅣ
조급ㅎ야 참지 못ㅎ고 반란을 짓다가 이에 죽은 자ㅣ 무슈ㅎ고 각 령
슈도 죽기도 ㅎ고 갓치기도 ㅎ더니 다시 여러 희를 지나믹 정부ㅣ 젼
일 압졔ㅎ는 법이 금일 인민을 다ᄉ리지 못ᄒᆯ 쥴 알고 ㅈ후로 민심을
톄쳡ㅎ야 상하ㅣ 비로쇼 평안ㅎ더라.

다시 슈년이 지나믹 의국 명사 믹졔이[4]는 직덕이 겸비흔 ᄉ름이라.
가파나리회의 법률이 힝ㅎ지 못흠을 알고 별노이 한 회를 셰와 왈 쇼
의딕리회[5]라 ㅎ니 그 ᄯᅳᆺ이 의딕리국에 민쥬를 셰우고 두 가지 법을
창셜코자 흠이니 ᄒ나은 인민을 교육흠이요, 하는는 모반흠이라. 유식
흔 자ㅣ 그 반코자 흠은 량칙이 아니라 ᄒ나 이 회를 인ㅎ야 의국에
유익흠이 딕단이 컷스니 만일 이 회가 아니면 의딕리의 합흠이 이러
타시 신속지 못ᄒᆯ너라.

일이만과 오지리가와 아라사 파란 희랍 법난셔 셔반아 졔국 ᄉ름은
다 군상의 압졔흠을 괴로이 녁이여 가만이 회를 셰워 국ᄉ를 졍돈코자
ㅎ다가 밋 국가ㅣ 군민공치흠을 허흔 후에는 회당이 곳 흣터지고 조곰도
항거ㅎ는 동졍이 업스니, 딕져 구라파 각국은 민간이 관원 쳔거ㅎ는 권이
잇슴으로부터 영영이 회당을 결ㅎ야 국가를 히ㅎ는 일이 업고, 이졔는 각
쳐 큰 회당이 구라파 쥬 셔방에 잇지 아니ㅎ고 구라파 쥬 동방에 잇스

---

4) 믹졔이: 마치니.

5) 쇼의딕리회: 청년 이탈리아당. 청년 이탈리아당(이탈리아어: La Giovine Italia)은 1831
년, 주세페 마치니가 지도한 이탈리아의 독립과 통일을 목적으로 한 결사(結社). 마치니
는 망명 중, 카르보나리당에 의한 1831년 혁명의 실패를 반성하여, 이탈리아의 혁명은
소수의 혁명가나 그룹의 단순한 정치운동이 아닌, 일반 민중에 뿌리박은 것이어야 한다
고 생각하고, 신에 대한 신앙과 인간성에 대한 확신에 의해 청년 이탈리아당을 창설하
였다. 공화주의와 통일주의를 내걸고 게릴라 전법으로써 외국의 지배에 항거하였고, 기
관지를 발간하여 이탈리아 민중에게 커다란 감명을 주었다. 1833년에는 당 조직이 이탈
리아 각지에 확대되어 당원 수는 6만을 헤아리게 되었다. 그는 이듬해에 청년 유럽당을
조직하여 독일·폴란드·스위스에서도 민족주의적 운동을 고무함으로써 유럽의 혁명적
기운 형성에 중요한 역할을 했다. 『브리태니커』

데이십ᄉ권 부록이라   525

니, 다만 아라사로 말ᄒ야도 권세로써 압졔ᄒᄂ 고로 곳 니희리[6] 회당이 잇셔, 십여년릭로 오작 어리셕은 ᄉ름이 그 회에 들 쑨 아니라, 곳 소리에 명빅ᄒ 사름도 다 질기여 그 회에 드니 ᄃᆽ져 회즁의 뜻은 일으되 민간이 학졍을 바든지 오릭니 다만 아라사 황뎨만 업시ᄅ 쑨 아니라, 곳 군ᄉ와 교회의 산업가 실등을 다 젼혀 구식을 곳치고 신법을 힝ᄒ야 일졔히 폐단을 쓰러바린 후에야 국가ㅣ 크게 흥ᄒ리라 ᄒ니, 이ᄂ 회즁의 과격ᄒ 말이요 기여ᄂ 거반 다 다른 마음이 업스니, 만일 어ᄂ 나라이든지 룽이 권세로 압졔ᄒᄂ 구습을 바리고 구쥬 각국의 민심을 슌이ᄒᄂ 조흔 법을 방힝ᄒ면 ᄌ연 상하ㅣ 평안무ᄉᄒ리라.

뎨이졀 구라파 쥬의 시 졍ᄉ라

ᄃᆽ져 구라파 쥬의 치국ᄒᄂ 신법을 알고자 홀진된 이 아릭 벌닌 조목을 보면 곳 요령을 알니라.[7]

법난셔국(프랑스)[8]: 상의원 의원은 상의원에셔 쳔거ᄒᄂ 자ㅣ 사분일이오, 기외 젼국 즁에 이십일 셰 이상 되ᄂ ᄉ름이 쳔거ᄒ 의원으로 좃차 다시 쳔거ᄒᄂ 자ㅣ 사분의 삼이요, 하의원 의원은 젼국 즁에 이십일 셰 이상 ᄉ름이 쳔거ᄒ며,

비리사국(벨기에): 상의원 의원은 믹년 부셰 영금 일방 십실닝 [이십칠닝이 영금 일방이라] 이상 되ᄂ 여러 빅셩이 쳔거ᄒ고, 하의원 의원

---

6) 니희리(尼希利): 늬히릿스스. 아회(俄會).

7) 헐버트의 『사민필지』에 등장하는 유럽 국명은 '아라사국, 노웨쉬뎐국, 뎬막국, 덕국, 네데란스국, 벨지암국, 엥길리국, 블란시국, 이스바니아국, 포츄갈국, 쉿스란드국(스위스), 이다리아국(이탈리아), 오스드로헝게리국, 터키국, 루마니아국, 셔비아국(세르비아), 만틔늭그로국(몬테니그로), 긔리스국(그리스)' 등 18개 국이며, 『태셔신사람요』의 구라파 쥬 졍사에 등장하는 국명은 19개 국이다.

8) 괄호 안은 현재의 국명으로 주해자가 입력한 것임. 이하 동일.

도 상의원과 갓고

오지리아국(오스트리아): 상의원 의원은 인군이 명혼 자도 잇고, 딕딕
로 셰습ㅎᄂ 자도 잇고, 하의원 의원은 민간에 나히 이십사 셰 이상
되고 겨옥이 젼산이 잇ᄂ 자ㅣ 다 쳔거ㅎ고,

항가리국(헝가리): 상의원 의원은 거반 셰습이요, 하의원 의원은 나히
이십 셰 이상 인민이 ᄆ년에 부셰 영금 십뉵 실닝 되ᄂ 자ㅣ 쳔거ㅎ
고 [한 실닝은 엽젼 두냥 나돈 가량이라],

보로사국(프로이센): 상의원 의원은 틱반 셰습이요, 쏘 인군이 명혼 자
도 잇고, 하의원 의원은 나히 이십오 셰 이상 된 인민이 그 곡식 밧
치ᄂ 다소를 싸라 거관ㅎᄂ 스름의 슈효를 분빅ㅎ야 졍ㅎ고,

일이만 연방(도이치 연방): 상의원 의원은 각 소국 졍부ㅣ 쳔거ㅎ고, 하
의원 의원은 가가호호이 쳔거ㅎ고,

단묵국(덴마크): 상의원 의원은 왕이 명혼 바도 잇고, 그 졀반은 민간
이 하의원에 부탁ㅎ야 쳔거ㅎ게 ㅎ고, 하의원 의원은 나히 삼십 셰
이상 된 빅셩이 쳔거ㅎ고,

영길리국(잉글랜드): 상의원 의원은 인군이 명혼 자도 잇고, 셰습혼 자
도 잇스며, 하의원 의원은 므릇 스름이 이ᄆ 부셰를 밧치고 빈민은
진휼ㅎᄂ 자ㅣ 다 가이 쳔거ㅎ고,

의ᄃ리국 곳 의국이라(이탈리아): 상의원 의원은 인군이 명ㅎ고, 하의
원 의원은 빅셩이 나히 이십일 셰 이상이요, ᄆ년 부셰 영금 일 방
되ᄂ 자ᄂ 다 쳔거ㅎ고,

희랍국(그리스): 겨우 한 의원이 잇스니 그 의원은 장뎡된 인민이 다
쳔거ㅎ고,

포도아국(포르투갈): 상의원 의원은 인군이 명ㅎ기도 ㅎ고 빅셩이 하
의원 의원에 부탁ㅎ야 쳔거케 ㅎ며, 하의원 의원은 빅셩이 ᄆ년 부
셰 영금 이십이 방 되ᄂ 자ᄂ 다 쳔거ㅎ고,

하란국(네덜란드): 상의원 의원은 각 싱 각 회에셔 쳔거ㅎ고, 하의원
의원은 나히 이십삼 셰 이상이요, ᄆ년 부셰 영금 일 방 십 실닝 되

는 빅셩이 다 쳔거ᄒᆞ고,

아라사국(러시아): 의원이 업고 듸권은 황뎨 다 가지고,

셔반아국(스페인): 상의원 의원은 인군과 각 큰 회에셔 쳔거ᄒᆞ고, 하의
원 의원은 관원 쳔거ᄒᆞᄂᆞᆫ 회에셔 쳔거ᄒᆞ고,

서사국(스위스): 상의원 의원은 각 싱 각 회에셔 쳔거ᄒᆞ고, 하의원 의
원은 남ᄌᆞ 나히 이십일 셰 된 자ㅣ 쳔거ᄒᆞ고,

나위국(노르웨이): 겨우 한 의원이 잇스니 그 의원이 두 반에 난오이고,
듸져 인민이 이십오 셰 이상이요, 젼산이 영금 삼십삼 방 되ᄂᆞᆫ 자ㅣ
쳔거ᄒᆞ고,

셔뎐국(스웨뎬): 상의원 의원은 각 큰 회에셔 쳔거ᄒᆞ고, 하의원 의원은
남ᄌᆞ 나히 이십오 셰 이상이요, 젼산이 영금 오십뉵 방 되ᄂᆞᆫ 자ㅣ
쳔거ᄒᆞ고,

시이유아국(세르비아): 본리 돌궐로 좃ᄎᆞ 난호인 나라이라: 상의원 의
원은 왕이 명ᄒᆞ고, 하의원 의원은 남ᄌᆞ 나히 이십일 셰 이상의 부셰
밧치ᄂᆞᆫ 자ㅣ 쳔거ᄒᆞ고,

라마니아국(루마니아): 이도 ᄯᅩᄒᆞᆫ 돌궐의 지파라: 상의원 의원은 젼산
이 잇ᄂᆞᆫ 자ᄂᆞᆫ 다 쳔거ᄒᆞ고, 하의원 의원은 빅셩이 쟝뎡되고 글ᄌᆞ 아
ᄂᆞᆫ 자ㅣ 쳔거ᄒᆞ고

이른바 인민의 년긔ᄂᆞᆫ 그 싱ᄒᆞ든 날을 계산ᄒᆞ야 쥰 일년이 되면 곳
한 살이라 ᄒᆞ니 조선 ᄉᆞᄅᆞᆷ과 비교ᄒᆞ면 민양 일년이 더ᄒᆞᆷ이라.]

뎨숨졀 구라파 쥬 학교라

구쥬 각국 학교 규측을 좌렬ᄒ노라.

오지리아국(오스트리아): 일쳔팔빅사십구년 [헌죵 십오년]에 장졍을
  졍ᄒ야 아히 년긔 뉵셰로부터 십이세 된 자ㅣ 독셔치 아니면 벌이
  잇고, 일이만 죵락인의 거ᄒ는 싸이 쏘흔 갓고, 기여는 독셔치 아니
  ᄒ는 동즈는 벌흠이 좀 경ᄒ고, 뒤소 학교 경비를 국가로셔 발급도
  ᄒ고, 디방관이 민간에 츄렴ᄒ기도 ᄒ고,

단묵국(덴마크): 민간에 년긔 칠세로부터 십사세 된 동즈는 독셔케 ᄒ
  야 어긔는 자는 벌이 잇고, 빈궁흔 아히는 속슈를 밧지 아니ᄒ고,

비리시국(뻴기에): 독셔치 아니ᄒ야도 벌이 업는 고로 글자 모르는 자
  ㅣ 오분의 일이 되고,

법난셔국(프랑스): 국가로셔 믹년 영금 오빅만 방을 늬여 학교 경비를
  믄들고, 국가에셔 관할ᄒ니 민간의 뉵셰 이상 되는 동자ㅣ 글 모르
  는 자ㅣ 빅인 즁 삼십인이요,

일이만 젼부(도이치 연방): 일이만 각 방이 다 독셔치 아니ᄒ는 자를
  벌ᄒ며 경비는 디방관이 인민의게 츄렴ᄒ고 각 디방이 관할ᄒ더
  니 일쳔팔빅칠십년 [뒤군쥬 칠년] 군사를 쏟불 째에 ᄉ룸마다 다
  글즈를 알며,

영길리국(잉글랜드): 동즈ㅣ 독셔치 아니면 벌ᄒ며, 영륜과 위리사 냥
  싱에 학교 경비가 믹년 영금 사빅만 방 가량이오,

희랍국(그리스): 동즈ㅣ 독셔치 아니면 벌이 잇스나 실은 벌치 아니ᄒ
  는 고로 장뎡된 남즈ㅣ 글즈 아는 즈ㅣ 겨우 삼분 일이요, 글자 아
  는 녀즈는 겨우 십사분의 일이오,

의뒤리국(이탈리아): 일쳔팔빅뉵십사년 [대군쥬 원년]에는 민간의 글
  자 아는 즈ㅣ 겨우 오분지일이러니, 즈후로 식즈ᄒ는 자ㅣ 점점 더
  ᄒ고 국가로셔 믹년 영금 일빅만 방을 보조ᄒ고, 차외에 쏘 나라에

속흔 사당집이 잇셔 그 세입을 취ᄒ야 학비를 보조ᄒ고,

하란국(네덜란드): 일쳔팔빅칠십팔년 [대군쥬 십오년]에 신법을 졍ᄒ
야 동ᄌㅣ 독셔치 아니면 벌ᄒ니 인민의 슈를 짜라 회계ᄒ면 미양
칠팔인 즁 반다시 한 ᄉ람이 글을 읽고, 오직 향촌 간 남ᄌ 사분일
과 녀ᄌ 삼분일은 다 글자를 모로며,

포도아국(포르투갈): 동ᄌㅣ 독셔치 아니면 벌이 잇스나 그 법을 힝치
아니ᄒᄂ 고로 인구를 짜라 회계ᄒ면 삼십뉵인 즁 한 ᄉ람이 독셔
ᄒ며,

셔반아국(스페인): 일쳔팔빅뉵십년 [쳘종 십일년]에ᄂ 글 모른 자ㅣ 사
분의 삼이 되더니 일쳔팔빅칠십일년 [대군쥬 팔년]에ᄂ 미 십뉵인
즁 한 ᄉ람이 독셔ᄒ고,

셔사국(스위스): 독셔치 아닌 자ᄂ 벌이 잇고 그 야소교를 봉힝ᄒᄂ 곳
은 독셔ᄒᄂ 자ㅣ 오인 즁 일인이 되고, 텬쥬교를 봉힝ᄒᄂ 짜은 겨
우 구인 즁 일인이 되고, 두 교가 일쳐에 잇ᄂ 데ᄂ 칠인 즁 일인이
되고,

아라사국(러시아): 국가로셔 미년 영금 삼빅만 방을 보조ᄒ나 오직 소
학교에 드리ᄂ 경비ᄂ 불과 영금 삼십오만 방이라. 일쳔팔빅칠십년
[대군쥬 칠년]에 군사 쑵을 ᄲᅢ에 미 빅인 즁 겨우 글 아ᄂ 자ㅣ 십일
인이러니 지금은 졈졈 더ᄒ야 지어 분란싱 갓튼 데ᄂ ᄉ람마다 식
ᄌ가 잇더라.

건양 이년 륙월 일 학부 편즙국 긔인